Oskar Lehner

Österreichische Verfassungs- und Verwaltungsgeschichte

t.

TRAUNER VERLAG

UNIVERSITÄT

4. Auflage 2007

Oskar Lehner

Österreichische Verfassungs- und Verwaltungsgeschichte

mit Grundzügen der Wirtschafts- und Sozialgeschichte

Impressum

Oskar Lehner
Österreichische Verfassungs- und Verwaltungsgeschichte
mit Grundzügen der Wirtschafts- und Sozialgeschichte
4. Auflage 2007

1. Auflage 1992
2. Auflage 1994 – Nachdruck 1998
3. Auflage 2002
4. Auflage 2007

Herstellung
Trauner Druck GmbH & Co KG,
Köglstraße 14, 4020 Linz,
Österreich/Austria

ISBN 978-3-85487-339-6

Gewidmet allen Österreicherinnen und Österreichern,
die sich für politische Freiheit, Demokratie und soziale Gerechtigkeit
eingesetzt haben

Vorwort zur dritten Auflage

Obwohl ich im Jahre 1994 meine Tätigkeit an der Universität Linz beendet habe, bin ich der Einladung des Universitätsverlags Rudolf Trauner, das vorliegende Buch zu überarbeiten, gerne nachgekommen. Die Ergänzungen in der dritten Auflage beziehen sich im Wesentlichen auf die seit 1994 eingetretene Verfassungsentwicklung, wobei die aus dem Beitritt Österreichs zur Europäischen Union resultierenden Verfassungsänderungen im Mittelpunkt stehen.

Durch die Neuauflage des Buches ergab sich darüber hinaus die Möglichkeit, den Text den neuen Rechtschreibregeln anzupassen. Mein besonderer Dank gilt in diesem Zusammenhang Fr. Mag. Elisabeth Kindermann, die das gesamte Manuskript durchkorrigiert hat.

Seit 1993 war ich im Rahmen internationaler Missionen der UNO, OSZE und EU in einer Reihe von post-conflict-Ländern in Süd-Osteuropa, Zentralasien, Zentralafrika und im Nahen Osten tätig. Trotz der tiefgreifenden kulturellen Unterschiede und historischen Verschiedenheiten halfen mir meine Kenntnisse der mitteleuropäischen Rechtsgeschichte beim besseren Verständnis der aktuellen Konflikte in diesen Ländern. Mein rechtshistorisches Wissen vermittelte mir nicht nur wiederholt ein Deja-vu-Erlebnis, sondern erinnerte mich auch daran, dass vieles, was die internationale Staatengemeinschaft von diesen Ländern an politischen Reformen fordert, vor nicht all zu langer Zeit auch bei uns im Rahmen eines schwierigen und langwierigen Prozesses gegen zahlreiche politische Widerstände durchgesetzt werden musste. Auf der anderen Seite habe ich es durch den Aufenthalt in diesen Ländern noch mehr zu schätzen gelernt, was es bedeutet, in einer Gesellschaft mit funktionierenden demokratischen und rechtsstaatlichen Strukturen zu leben.

Linz, Jänner 2002

Vorwort zur zweiten Auflage

Im Gegensatz zum geltenden Recht genießen Lehrbücher der Rechtsgeschichte den Vorzug, dass sich der darzustellende Stoff zwischen zwei Auflagen – in der Regel – nur unwesentlich ändert. Dics trifft auch auf dieses Buch zu. Die vorliegende Ausgabe stellt eine leicht überarbeitete bzw. ergänzte Fassung der ersten Auflage dar. Neben der Aktualisierung der Literaturhinweise wurden verschiedene Anregungen aus den Rezensionen aufgegriffen sowie eine kurze Darstellung des Einflusses des Naturrechts und eine Überarbeitung der Entstehung Deutschösterreichs im Jahre 1918 vorgenommen.

Linz, Juni 1994

Vorwort zur ersten Auflage

Etwa alle zehn bis zwanzig Jahre wird eine neue Gesamtdarstellung der östereichischen Verfassungs- und Verwaltungsentwicklung geschrieben. Diese dient zunächst dazu, die in der abgelaufenen Zeit gewonnenen neuen Erkenntnisse zu verarbeiten und in einem geschlossenen System darzustellen. Obwohl man auch in der Geschichtswissenschaft grundsätzlich auf den Vorarbeiten der Kolleginnen und Kollegen aufbaut, so hat doch jede Forschergeneration und jeder Historiker seinen spezifischen Blickwinkel, unter dem er den historischen Stoff untersucht und darstellt.

Im vorliegenden Werk habe ich versucht, neben der Darstellung der Verfassungs- und Verwaltungsentwicklung die politischen, wirtschaftlichen und ideologischen Zusammenhänge sowie die dahinter stehenden Interessen der verschiedenen Herrschaftsordnungen aufzuzeigen. Daher steht neben der Frage, *was* sich verändert hat gleichrangig das *Warum*. Pointiert gesagt: Neben die Darstellung der (herrschaftlich-autoritativen) Ordnungen, Erlässe und Gesetze treten Überlegungen, warum die Untertanen/Bürger diese befolgt haben. Im Rahmen der Ausführungen zur herrschaftlich/obrigkeitlich/staatlichen Legitimation wird ein weiter Bogen gespannt von der religiös verfassten Gesellschaft des Mittelalters, in denen Herrschaft sakral legitimiert worden war, bis hin zu den modernen pluralistischen Demokratien, in denen der Konsens besteht, dass staatliche Gesetze den „Willen der größeren Zahl“ ausdrücken soll.

Beim Zustandekommen dieses Buches haben mir eine Reihe von Kolleginnen geholfen. Mein besonderer Dank gilt meiner akademischen Lehrerin Prof. Dr. *Ursula Floßmann*, der ich mein „rechtshistorisches Rüstzeug“ verdanke sowie meinen Assistentenkolleginnen Dr. *Gabriele Lug* und Mag. *Elgin Drda*. In gleicher Weise bin ich *Astrid Faltinger*, Mag. *Hildegard Griebl*, *Margareta Gruber*, *Margareta Hammerl*, *Claudia Hochedlinger*, *Elfriede Landschützer* und *Maria Peil* zu Dank verpflichtet, die mit großem Einsatz das Manuskript geschrieben und mich beim Layout unterstützt haben.

Finanziell gefördert wurde die Drucklegung durch die Wissenschaftshilfe der OÖ. Wirtschaft (Handelskammer Oberösterreich), wofür ich mich auf diesem Wege ebenfalls bedanken möchte.

Linz, September 1992

Oskar Lehner

Inhaltsverzeichnis

Abkürzungsverzeichnis

aA	anderer Ansicht
abgedr.	abgedruckt
AH	Abgeordnetenhaus
AJPIL	Austrian Journal of Public and International Law
AKW	Atomkraftwerk
AÖG	Archiv für österreichische Geschichte
AÖR	Archiv des öffentlichen Rechts
arg.	argumento (folgt aus)
Art.	Artikel
Aufl.	Auflage
BGBl	Bundesgesetzblatt
BGH	Bundesgerichtshof
Bgld.	Burgenland
BH	Beiheft
BhS	Beiträge zur historischen Sozialkunde
BIP	Bruttoinlandsprodukt
BKz	Bundeskanzler
Blg	Beilagen
BMI	Bundesminister(-ium) für Inneres
BMin	Bundesminister(-ium)
BMJ	Bundesminister(ium) für Justiz
BNP	Bruttonationalprodukt
BPräs	Bundespräsident
BR	Bundesrat
BReg	Bundesregierung
BVfG	(deutsches) Bundesverfassungsgericht
B-VG	Bundes-Verfassungsgesetz
BVG	Bundesverfassungsgesetz
BVwG	(deutsches) Bundesverwaltungsgericht
CA	Codex Austriacus
CCTh	Constitutio Criminalis Theresiana
COMECON	Rat für gegenseitige Wirtschaftshilfe
cs.	christlichsozial
dBGBl	(deutsches) Bundesgesetzblatt
Diss.	Dissertation
DJZ	Deutsche Juristenzeitung
dn.	deutschnational
dö.	deutschösterreichisch
DÖW	Dokumentationsarchiv des österreichischen Widerstandes
DSG	Datenschutzgesetz BGBl 1978/565
dt.	deutsch
EAG	Europäische Atomgemeinschaft (EURATOM)
EAGV	Vertrag zur Gründung der EAG
EB	Erläuternde Bemerkungen
EFTA	European Free Trade Association (Europäische Freihandelszone)
EG	Europäische Gemeinschaft
EGV	EG-Vertrag
EGKS	Europäische Gemeinschaft für Kohle und Stahl
EGKSV	Vertrag zur Gründung der EGKS (Montanunion)
EheG	Ehegesetz (RGBl 1938 I, 807)
EMRK	Europäische Menschenrechtskonvention (BGBl 1958/210)
EU	Europäische Union
EUV	Europäischer Unionsvertrag (Vertrag über die Europäische Union)
EUGH	Gerichtshof der Europäischen Gemeinschaften
EUGEI	Europäisches Gericht Erster Instanz
EWG	Europäische Wirtschaftsgemeinschaft
fl.	Gulden
FN.	Fußnote
FNZ (fnz.)	Frühneuzeit, frühneuzeitlich
FPÖ	Freiheitliche Partei Österreich
FS	Festschrift
F-VG	Finanz-Verfassungsgesetz
GA	Gesetzesartikel
GBlÖ	Gesetzblatt für das Land Österreich (1938–1940)
gd.	großdeutsch
Gestapo	Geheime Staatspolizei
gh	grundherrlich
GOG	Gerichtorganisationsgesetz (RGBl 1896/217)
GP	Gesetzgebungsperiode
G	Gesetz
GrünhutsZ	Zeitschrift für das Privat- und öffentliche Recht der Gegenwart, begr. von Grünhut
GS	Gedächtnisschrift
GuG	Geschichte und Gegenwart
H.	Heft
HD	Hofdekret
Hfrs.	Hofreskript
Hg.	Herausgeber
HH	Herrenhaus
HkD	Hofkanzleidekret
HMA	Hochmittelalter
hM	herrschende Meinung
Hptst	Hauptstück

HRG	Handwörterbuch zur deutschen Rechtsgeschichte
HZ	Historische Zeitschrift
Hzm.	Herzogtum
idF	in der Fassung
idR	in der Regel
IPM	Instrumentum Pacis Caesareo-Gallicum Monasterii Westphalorum anno 1648 erectum
IPO	Instrumentum Pacis Caesareo-Suecicum Osnabrugis anno 1648 erectum
Jb.	Jahrbuch
JBL	Juristische Blätter
JbLkNÖ	Jahrbuch f. Landeskunde von NÖ
JBÖffR	(deutsches) Jahrbuch des öffentlichen Rechts der Gegenwart
JfZ	Jahrbuch für Zeitgeschichte
Jg.	Jahrgang
JGS	Justizgesetzsammlung, Gesetze und Verordungen im Justizfach (1780–1848)
JN	Juristiktionsnorm (RGBl 1895/111)
Jos. GB	Josephinisches Gesetzbuch 1786
Jos GS	Josefinische Gesetzessammlung
JW	Juristische Wochenschrift
k.	kaiserlich
k.k.	kaiserlich-königlich
k.u.k	kaiserlich und königlich
Kab. Schr.	A. h. Kabinettsschreiben
Kg.	Königreich
KGO	Kammergerichtsordnung
KJ	Kritische Justiz
Konst. NV	Konstituierende Nationalversammlung
KPÖ	Kommunistische Partei Österreich
Krop. HB.	Handbuch aller unter der Regierung des Kaisers Joseph II. für die kk. Erbländer ergangenen Verordnungen und Gesetze (2.Aufl.)
Krop. Slg.	Sammlung aller kk. Verordnungen und Gesetze vom Jahre 1740 bis 1780, die unter der Regierung des Kaisers Joseph II. theils noch ganz bestehen, theils zum Theile abgeändert sind. (Hilfs- und Ergänzungsbuch zu Krop. HB.)
Ktn.	Kärnten
KWEG	Kriegswirtschaftliches Ermächtigungsgesetz 1917
Ldr.	Landrecht
lf.	landesfürstlich
LH	Landeshauptmann
Lib.	Liber (Buch)
Lj.	Lebensjahr
Lnr.	Lehensrecht
LReg	Landesregierung
LT	Landtag
LV	Landesversammlung
MA (ma.)	Mittelalter, mittelalterlich
mE	meines Erachtens
MEW	Marx-Engels-Werke
MGH	Monumenta Germaniae historica
MIÖG	Mitt. des Instituts für österreichische Geschichtsforschung
Mitt.	Mitteilungen
MOÖLA	Mitteilungen des Oberösterreichischen Landesarchivs
MÖSA	Mitteilungen des österreichischen Staatsarchivs
mwN	mit weiteren Nachweisen
NF	Neue Folge
Nov	Novelle
NR	Nationalrat
ns.	nationalsozialistisch
NSDAP	Nationalsozialistische Deutsche Arbeiterpartei
NSRA	Neue und vollständige Sammlung der Reichsabschiede, hg. v. H. Ch. Senkenberg, 1747
NV	Nationalversammlung
o.d.E	ob der Enns
o. J.	ohne Jahr
OECD	Organization for Economic Cooperation and Development
OGH	Oberster Gerichtshof
ÖGL	Österreich in Geschichte und Literatur
ÖJT	Österreichischer Juristentag
ÖJZ	Österreichische Juristenzeitung
ÖVP	Österreichische Volkspartei
ÖVwBl	Österreichisches Verwaltungsblatt
ÖZöR	Österreichische Zeitschrift für öffentliches Recht
PGS	Politische Gesetzessammlung
PrGS	Provinzial-Gesetzessammlung
Prov. NV	Provisorische Nationalversammlung
P	Patent
prov.	provisorisch
RA	Reichsabschied
RGBl	Reichsgesetzblatt
RPO	Reichspolizeiordnung
RReg	Reichsregierung
RT	Reichstag
RV	Regierungsvorlage
RZ	Österreichische Richterzeitung
S.	Seite

SA	Sturmabteilung
Schsp.	Schwabenspiegel
sd.	sozialdemokratisch
SPG	Sicherheitspolizeigesetz BGBl 1991/566
SpMA	Spätmittelalter
SPÖ	Sozialistische Partei Österreich
SS	Schutzstaffel
Ssp.	Sachsenspiegel
StGBl	Staatsgesetzblatt
StGG	Staatsgrundgesetz
StG	Strafgesetz
StK	Staatskanzler
Stmk.	Steiermark
StPO	Strafprozessordnung
StProt	Stenografische Protokolle
StV	Staatsvertrag
StWb	Mischler Ernst/Ulbrich Josef (Hg.), Österreichisches Staatswörterbuch[2]
ThGS	Theresianische Gesetzessammlung
u.d.E.	unter der Enns
UB	Urkundenbuch
UNO	United Nations Organization
USIA	Uprawlenije sowetskowo Imuschtschestwa Awstrii (Verwaltung sowjetischer Güter in Österreich)
UVS	Unabhängiger Verwaltungssenat
V	Verordnung
Vbg.	Vorarlberg
VdU	Verband der Unabhängigen
VF	Vaterländische Front
VfGH	Verfassungsgerichtshof
Vfslg	Slg. der Erkenntnisse und wichtigsten Beschlüsse des VfGH
VG	Verfassungsgesetz
vgl.	vergleiche
Vjh	Vierteljahresheft
VjhZ	Vierteljahrsheft für Zeitgeschichte
VSWG	Vierteljahrschrift für Sozial- und Wirtschaftsgeschichte
V-ÜG	Verfassungs-ÜberleitungsG 1945
VÜG	Verfassungs-ÜbergangsG 1920 bzw. 1934
VVdStRL	Veröffentlichung der Vereinigung der Deutschen Staatsrechtslehrer
Vw Arch	Verwaltungsarchiv
VwGH	Verwaltungsgerichtshof
Wr.	Wiener
Z.	Ziffer
ZAÖRV	Zeitschrift für ausländisches öffentliches Recht und Völkerrecht
ZfP	Zeitschrift für Politik
ZHF	Zeitschrift für hist. Forschung
zit	zitiert
ZÖR	Zeitschrift für öffentliches Recht
ZPO	Zivilprozessordnung (RGBl 1895/113)
ZRG (GA)	Zeitschrift der Savigny-Stiftung für Rechtsgeschichte (Germanistische Abteilung)
ZRG (KA)	Zeitschrift der Savigny-Stiftung für Rechtsgeschichte (Kanonistische Abteilung)
ZUV	Zeitschrift der Unabhängigen Verwaltungssenate
ZStW	Zeitschrift f. d. gesamte Strafrechtswissenschaft

1. Einleitung

„Jedermann verlangt nach objektiver Geschichtsschreibung, meint aber nur jene, die seinem Herzen wohltut.“

Zwiedineck-Südenhorst[1]

1.1. Sinn und Aufgabe der österreichischen Rechtsgeschichte

Die 1978 durchgeführte Reform des Studiums der Rechtswissenschaften[2] hat „das Bild eines Juristen im Auge, der nicht nur die Rechtsordnung kennt, das juristische Instrumentarium beherrscht und die normative Seite des Rechts begreift, sondern auch die Gesellschaftsordnung, die gesellschaftlichen Abläufe sowie die sozialen und ökonomischen Zusammenhänge, der psychologisch und soziologisch geschult ist.“[3] Welchen Beitrag kann nun die Darstellung der Verfassungs- und Verwaltungsentwicklung, wenn sie „mehr sein (soll) als nur eine bildungsbewusste Traditionspflege des Juristenstandes“[4], zur Erreichung der oben angeführten Ziele leisten?

Rechtsgeschichte (insbes. die Verfassungs- und Verwaltungsgeschichte) kann (!) die Wechselbeziehungen zwischen Recht und Gesellschafts- bzw. Wirtschaftsordnung offenlegen. Sie zeigt auf, dass die Entwicklung nicht von ungesteuerten Zufälligkeiten und wohl auch nicht vorrangig von der zunehmenden Erkenntnisfähigkeit der Juristen vorangetrieben wird, sondern dass insbes. **Verfassungsordnungen im Spannungsfeld politischer Machtkämpfe entstehen und das Produkt historischer Kräftekonstellationen darstellen.** Dazu bedarf es neben der Darstellung der Entwicklung der Verfassungsinstitutionen der Einbeziehung des wirtschaftlichen und politischen Hintergrundes sowie des geistesgeschichtlich/ideologischen Umfeldes. Gerade die österreichische Verfassungsgeschichte führt vor Augen, dass die Entwicklung keinesfalls geradlinig in Richtung immer mehr „Gerechtigkeit“ – was immer der Einzelne darunter verstehen mag – verlief. Vielmehr war die Entwicklung gekennzeichnet von wiederkehrenden Rückfällen in autoritär-diktatorische Strukturen.

Häufig wird versucht, das geltende Recht als Ergebnis einer logischen und einzig möglichen Kontinuität zu deuten. Die dabei eingesetzte „Vorwegnahme der Gegenwart in Form einer Präfiguration des geltenden Rechts“ und die zeitliche „Vorverlegung seiner Dogmen und seiner Institute“[5] führt zu einer Selektion der historischen Überlieferung. Der Rechtfertigungscharakter dieses Ansatzes liegt auf der Hand. Im vorliegenden Werk soll daher auch auf das eingegangen werden, was sich nicht durchgesetzt hat, was verdrängt

---

[1]) *Zwiedineck-Südenhorst*, Deutsche Geschichte, Einleitung zum III. Bd.

[2]) BG. über das Studium der Rechtswissenschaften (BGBl 1978/140).

[3]) EB 528 BlgNR XIV. GP, 6.

[4]) *Kroeschell*, Deutsche Rechtsgeschichte I, 13

[5]) *Pio Caroni*, Die andere Evidenz der Rechtsgeschichte, in: *Arzt/Caroni/Kälin* (Hg.), Juristenausbildung als Denkmalpflege?, 46.

und beseitigt wurde. Entstehen soll eine Bild, das aufzeigt wie die (Rechts-)Gemeinschaft in früheren Epochen funktionierte, was sie zusammenhielt, welche Unzulänglichkeiten herrschten und welche Faktoren ihre Überwindung bewirkten.

Das B-VG 1920/29 gehört – verglichen mit den Verfassungen der übrigen europäischen Staaten – zu den am längsten in Kraft stehenden Verfassungen. Ein nicht unbeträchtlicher Teil des geltenden Verfassungsrechts stammt überhaupt aus dem 19. Jh. Durch zahlreiche Novellierungen aus den unterschiedlichsten politischen Epochen sind im heutigen Bundesverfassungsrecht die Einflüsse mitunter sehr konträrer politischer Strömungen enthalten. Das Verständnis für diese Bestimmungen ergibt sich häufig erst aus dem historischen Zugang, nicht selten wird man dabei sogar in die Zeit vor 1920 zurückgehen müssen.

Da der jüngeren Rechtsgeschichte für das Verständnis des geltenden Rechts zweifellos eine größere Bedeutung zukommt, liegt der Schwerpunkt des Lehrbuchs in der Neuzeit. Die Darstellung der mittelalterlich/frühneuzeitlichen Verfassungsgeschichte dient in diesem Zusammenhang insbes. dazu, aufzuzeigen, dass Gesellschaft, Herrschaft und Staat in älteren Epochen völlig anders organisiert waren. In räumlicher Hinsicht wird vor allem auf die Rechtsentwicklung jener Gebiete abgestellt, die im heutigen Österreich liegen. Die Rechtsgeschichte der übrigen Teile des ehemaligen Vielvölkerstaats findet nur soweit Eingang, als sie für das Verständnis des österreichischen Verfassungsrechts notwendig ist.

1.2. Grundbegriffe

Eine Reihe der heute im juristischen Sprachgebrauch verwendeten Begriffe haben im Laufe der Geschichte ihre Bedeutung verändert.

Staat: Der Begriff „Staat" kam erst Mitte des 18. Jhs. in Gebrauch. Die Griechen verwendeten für diese Institution das Wort „politeia". Im römischen, mittelalterlichen und frühneuzeitlichen Sprachgebrauch waren die Ausdrücke „civitas", „respublica", „regnum" oder „imperium" (zB „sacrum imperium") gebräuchlich. Die dem modernen Staat anhaftende Allzuständigkeit staatlichen Wirkens war dem ma. „Staat" fremd. Vielmehr kann man nur von der Vereinigung verschiedenartiger Faktoren in der Hand eines Herrschaftsträgers sprechen[6] (Hierarchisierung von Herrschaftsverhältnissen, Entwicklung von Ämtern und Regalien, Ausbau des Besteuerungswesens, residenzgebundene Zentralverwaltung, Handhabung des Landfriedens, Intensivierung der Gesetzgebung, schließlich Durchsetzung des Gewaltmonopols). Im 19. Jh. entwickelte *G. Jellinek* mit der „Drei-Elemente-Lehre" (Staatsvolk, Staatsgebiet, Staatsgewalt) den modernen Staatsbegriff. Durch seine Abstraktheit fehlt ihm jedoch jede Aussage über Wesen, Entstehung, Form oder Zweck des Staates.

Verfassung: Auch der Begriff „Verfassung" fand erst Mitte des 18. Jhs. Eingang in die Rechtssprache. Zuvor waren Begriffe wie „iura et libertates", „constitutio" oder „Ord-

---

[6]) Vgl. *Willoweit*, „Staat", in: HRG IV, 1794.

nung“ (zB Landesordnung) gebräuchlich.[7] In der heutigen Rechtsterminologie werden mehrere Verfassungsbegriffe unterschieden: Verfassung im formellen Sinn, Verfassung im materiellen Sinn, Verfassung im sozio-politischen Sinn. Zum Begriff **Verfassung im materiellen Sinn** existieren in Österreich zwei Rechtsschulen. *Adamovich/Funk*[8] sehen darin die **„Grundordnung des Staatsverbandes“**, die alle für den Bestand und die Funktionsweise des Staates fundamentalen Entscheidungen und Ordnungselemente umfasst. Demgegenüber verstehen *Walter/Mayer*[9] darunter einengend nur **jene Normen, die regeln, „wer zur Normerzeugung und Aufhebung berufen wird und wie er dabei vorzugehen hat“**. Unwesentlich für die Verfassung im materiellen Sinn ist jedenfalls, ob sie geschriebenes oder ungeschriebenes, gewohnheitsmäßiges oder gesatzes Recht darstellt. Im Gegensatz dazu drückt sich das Verfassungsrecht im formellen Sinn durch eine besondere Form aus. Häufig ist es in einer besonderen Verfassungsurkunde (Konstitution, Staatsgrundgesetz) niedergelegt. Regelmäßig genießt es einen höheren Rang und eine gesteigerte Bestandsgarantie (besondere Beschlusserfordernisse) als einfache Gesetze. Während wir in Österreich bereits im Mittelalter auf ein Verfassungsrecht im materiellen Sinn stoßen, finden wir eine Verfassung im formellen Sinn erst ab 1848/49.

Im Gegensatz zu den beiden oben beschriebenen Begriffen werden bei der **Verfassung im sozio-politischen Sinn** (Realverfassung) auch die Einflüsse außerrechtlicher Faktoren mit in die Betrachtung einbezogen. Forschungsgegenstand bildet hier die Verfassungs*wirklichkeit*.

Verwaltung: In früheren Zeiten wurde der Begriff „Verwaltung“ für die gesamte obrigkeitliche Tätigkeit verwendet. Erst mit dem Aufkommen des Gedankens der Gewaltentrennung erfolgte eine Einengung dieses Begriffs. In Abgrenzung zur Rechtssetzung (Gesetzgebung) und zur (Justiz) versteht man unter **Verwaltung die Vollziehung der Gesetze und Staatszwecke durch abhängige, weisungsgebundene Staatsorgane**.[10]

1.3. Periodisierung

Das vorliegende Lehrbuch orientiert sich an der traditionellen Einteilung der österreichischen Verfassungs- und Verwaltungsgeschichte.[11] Diese fasst Phasen relativ einheitlicher Verfassungsstruktur zusammen und umschreibt folgende Epochen:

1. Österreich in der Frühzeit (von der Urzeit bis zur Völkerwanderung, 5. Jh.)
2. Entstehung der österreichischen Länder und Länderverbindungen (bis 1500)
3. Frühneuzeit (bis 1749)
4. Aufgeklärter Absolutismus – Vormärz (bis 1848)

---

[7]) *Stolz*, Grundriß der österreichischen Verfassungs- und Verwaltungsgeschichte, 14.

[8]) *Adamovich/Funk*, Österreichisches Verfassungsrecht[3], 4.

[9]) *Walter/Mayer*, Grundriß des österreichischen Bundesverfassungsrechts[6], 2.

[10]) *Adamovich*, Handbuch des österreichischen Verwaltungsrechts I[5], 7.

[11]) Vgl. *Brauneder/Lachmayer*, Verfassungsgeschichte[6], 19.

5. Der Frühkonstitutionalismus (1848–1851)
6. Der Neoabsolutismus (1852–1867)
7. Der Konstitutionalismus (1867–1918)
8. Die Republik Deutschösterreich (1918–1920)
9. Die demokratische Republik Österreich (1920–1933)
10. Die Ära der „austrofaschistischen" Diktatur (1933–1938)
11. Österreich unter deutscher Besetzung (1938–1945)
12. Die Republik Österreich 1945–1955
13. Die Republik Österreich nach 1955

1.4. Territoriale Bezeichnung

Lit.: *Brauneder*, Verfassungsgeschichte[7], 17; *Lhotsky*, Was heißt „Haus Österreich"?, Anzeiger d. österr. Ak. d. Wiss. phil.-hist. Kl. 1956, 155; *Müller*, Der Name Österreich, in: Blätter d. Vereins f. Landeskunde v. NÖ, NF. 35 (1901), 402 ff; *Zöllner*, Der Österreichbegriff.

Während der letzten zwei Jahrtausende wurden für die Region, die das heutige Österreich ausmacht, wechselnde Bezeichnungen verwendet.

a) Während der Zeit der keltischen Besiedlung erstreckte sich über die Gebiete des heutigen südlichen Österreich das **Königreich Norikum.** Mit dem Vordringen der Römer wurden nördlich des Alpenhauptkammes drei römische Provinzen errichtet: **Raetia** (Vorarlberg, Tirol, Bayern), Noricum (Gebiete östlich des Inn bis zum Wienerwald), **Pannonia** (Wiener Becken, Ungarische Tiefebene).

b) Im 9. Jh. war vermutlich die Bezeichnung **„Osterland"** im Gebrauch. Die erste urkundliche Erwähnung des Namens **„Ostarrichi"** erfolgte im Jahre 996 und umfasste einen schmalen Landstrich nördlich und südlich der Donau, der etwa von der Mündung der Enns bis zum westlichen Wienerwald reichte. Seit Mitte des 12. Jh. ist auch die Verwendung der lateinischen Form „Austria" nachweisbar.

c) Im Spätmittelalter und in der frühen Neuzeit erfolgte wiederholt eine Aufteilung des habsburgischen Besitzes auf mehrere Linien. Für die dadurch entstandenen Ländergruppen fanden folgende Begriffe Verwendung:

   Vorderösterreich: Gebiete im Elsass, Breisgau, Vorarlberg und Schwaben.

   Innerösterreich: Steiermark, Kärnten, Krain, Istrien, Görz, Triest.

   „Obere Lande" (= „Oberösterreichische Länder"): Vorderösterreich, Tirol.

   „Niedere Lande"[12] (= „Niederösterreichische Länder"): Land unter bzw. ob der Enns; zeitweise wurde Innerösterreich miteingeschlossen.

   Die heutigen Bezeichnungen NÖ bzw. OÖ wurden erst 1920 amtlich. Bis ins 19. Jh. nannte man das eine **Herzogtum unter der Enns** und das andere **Land ob der Enns**.

[12]) Der Begriff erklärt sich daher, dass die Länder vom Inn aus gesehen flussabwärts lagen.

d) Im Zuge der Neugliederung des römisch-deutschen Reiches erfolgte 1512/21 die Errichtung eines eigenen **„österreichischen Kreises".**

e) Ab dem 14./15. Jh. bürgerte sich als Bezeichnung für die landesfürstliche Dynastie der Ausdruck **„Haus Österreich"** ein.

f) Mit Beginn des 18. Jhs. fand für diesen Herrschaftsbereich in offiziellen Schreiben der Name „**Österreichische Monarchie**" (Monarchia Austriaca) Eingang.

g) Durch die Rangerhöhung 1804 wurde die Bezeichnung **„Kaisertum Österreich"** für die vom Haus Habsburg-Lothringen beherrschten Länder eingeführt.

h) Nach dem Ausgleich 1867 war die offizielle Bezeichnung des Doppelstaates **Österreich-Ungarn** (Österreichisch-Ungarische Monarchie). Sie bestand aus zwei Staaten, wobei der westliche Staat inoffiziell **„Cisleithanien"**, offiziell aber **„die im Reichsrate vertretenen Königreiche und Länder"** hieß. 1915 wurde hiefür die offizielle Bezeichnung **„Österreich"** verordnet. Der zweite Staat **„Transleithanien"** trug den Namen **„Die Länder der ungarischen Krone"**.

i) Der 1918 neu entstandene Staat gab sich den Namen **„Deutschösterreich",** musste jedoch nach dem Vertrag von St. Germain die Bezeichnung auf **„Republik Österreich"** ändern.

j) Die autoritäre Verfassung 1934 schuf „Bundesstaat **Österreich"** als neuen Staatsnamen.

k) Von der deutschen Besetzungsmacht wurde 1938 die Bezeichnung **„Ostmark"** eingeführt. Nach dem Verbot dieses Namens 1942 kam die offizielle Umschreibung **„Alpen- und Donaureichsgaue"** zur Anwendung.

l) Nach der Befreiung Österreichs vom Faschismus 1945 kehrte man zum Namen **„Republik Österreich"** zurück.

2. Österreich in der Frühzeit

„Und nun ist die Macht an sich böse, gleich viel wer sie ausübe. Sie ist kein Beharren, sondern eine Gier und eo ipso unerfüllbar, daher in sich unglücklich und muss also andere unglücklich machen. Unfehlbar gerät man dabei in die Hände sowohl ehrgeiziger und erhaltungsbedürftiger Dynastien als einzelner ‚großer Männer' usw., das heißt solcher Kräfte, welchen gerade an dem Weiterblühen der Kultur am wenigsten gelegen ist."

Jacob Burckhardt[1]

Lit.: *Baltl/Kocher*, Österreichische Rechtsgeschichte[9], 18; *Bleicken*, Verfassungs- und Sozialgeschichte des Römischen Kaiserreiches; *Dobesch*, Die Kelten in Österreich nach den ältesten Berichten der Antike; *Dulckeit/Schwarz/Waldstein*, Römische Rechtsgeschichte[8], 231, 272; *Filip*, Die Keltische Zivilisation und ihr Erbe; *Herm*, Die Kelten; *Jung*, Römer und Romanen in den Donauländern; *Kandler*/Vetters (Hg.), Der römische Limes in Österreich; *Noll*, Frühes Christentum in Österreich; *Petrikovits*, Die römischen Provinzen am Rhein und an der oberen und mittleren Donau im 5. Jh. n. Chr.; *Schober*, Die Römerzeit in Österreich und in den angrenzenden Gebieten Sloweniens[2]; *Teubler*, Der römische Staat; *Untermann*, Alpen – Donau – Adria, in: Die Sprachen im römischen Reich der Kaiserzeit. Kolloquium v. 8. bis 10. April 1974, BH der Bonner Jahrbücher, Bd. 40; *Zibermayr*, Noricum, Baiern und Österreich; *Zöllner*, Geschichte Österreichs[7], 16.

Das Territorium des heutigen Österreich ist seit rund 150.000 Jahren nachweislich besiedelt. Im dritten vorchristlichen Jahrtausend wanderten indogermanische Stämme in unseren Raum ein. Ausgehend von Asien und den Hochkulturen des Mittelmeerraumes gelangten ab ca. 1800 v.Chr. Kenntnisse über die Herstellung und Bearbeitung von Metallen (Bronze, ab ca. 800 auch Eisen) in den Ostalpenraum ein. Als eisenzeitlicher Fundort wurde die Siedlung rund um die Salzlagerstätte Hallstatt für eine ganze Periode namensgebend **(Hallstatt-Kultur).**

2.1. Die Kelten – das Norische Königreich

Ab ca. 400 v.Chr. drangen keltische Stämme aus Gallien nach Süden und Südosten vor und besiedelten den Ostalpen- und Donauraum[2], wobei es zu einer Vermischung der keltischen Kultur mit den uns namentlich nicht bekannten ansässigen Völkerschaften kam. Ab Beginn des zweiten vorchristlichen Jahrhunderts errichtete ein Teil der keltischen Völkerschaften unter Führung der Noriker das **Norische Königreich** (Regnum norikum). Dieses reichte zum Zeitpunkt seiner größten Ausdehnung im Süden bis zu den Karnischen Alpen, im Westen bis zum Inn, im Norden bis über die Donau und im Osten bis zur ungarischen Tiefebene.

Im alpinen Raum wurden die Kelten die Träger der **La-Tène-Kultur** (jüngere Eisenzeit). Die keltische Gesellschaft wies eine ausgeprägte hierarchische Gliederung auf, wobei die Kelten als Elite über die unterworfene Bevölkerung herrschten. Die bevorrechteten Stände bildeten der waffendienstpflichtige Adel und die Priesterschaft (Druiden). Die Wirtschaftsverfassung baute auf einem dem späteren Feudalwesen verwandten Gefolg-

---

[1]) Weltgeschichtliche Betrachtungen, 97.

[2]) ZB Noriker (Kärnten, Weststeiermark); Vindelici, Alouni und Saevakes (Alpenvorland); Kamper und Rakaten (Waldviertel); Boier (Böhmen, Slowakei, Waldviertel), Taurisker (Slowenien).

schafts- oder Klientelsystem auf. Durch die Verwendung der Töpferscheibe und des Räderpflugs wurden die Produktions- und Anbaumethoden verbessert. Norisches Eisen bildete wegen seiner hohen Qualität ein wichtiges Produkt im Handel mit Rom. Die Kelten errichteten auf Anhöhen befestigte Stadtsiedlungen (oppidum). Politische und wirtschaftliche Zentren des Reiches waren die (heute nicht mehr lokalisierbare) Hauptstadt Noreia sowie Virunum (am Magdalensberg bei Klagenfurt).[3]

Das Königreich Norikum bildete kein fest gefügtes Reich im Sinne der frühneuzeitlichen Territorialstaaten. Vielmehr handelte es „sich um einen führenden Stamm, dessen König andere Stämme zu einer politischen Gefolgschaft umgebildet hatte."[4] Die unterworfenen Stämme waren durch Klientel- und Bündnisverträge an die Noriker gebunden, regelten darüber hinaus die inneren Angelegenheiten jedoch selbst. An der Spitze eines Stammes stand ein König, dessen Herrschaft wiederholt durch den an die Macht strebenden Adel gefährdet wurde. Wichtige Entscheidungen (zB über Krieg oder Frieden) traf die aus allen wehrfähigen Männern gebildete Volksversammlung.

Außenpolitisch sah sich das norische Königreich eingezwängt zwischen dem Römischen Imperium im Süden und den von Norden vordringenden germanischen Stämmen. Nachdem es dem Königreich Norikum lange Zeit durch einen Freundschaftsvertrag mit Rom (170 v.Chr.) gelungen war, seine Unabhängigkeit gegen die Kimbern, Boier und Daker zu bewahren, wurde es 15 (?) v.Chr. vom Römischen Imperium ohne größere militärische Auseinandersetzungen annektiert.

2.2. Die römischen Provinzen des Ostalpenraumes

Unter Kaiser Augustus (30 v.Chr.–14 n.Chr.) setzte das Römische Imperium die unter Julius Cäsar eingeleitete Expansion nach Norden fort und eroberte ab 15 v.Chr. den Ostalpen- und Donauraum. Das Ziel, das Reichsterritorium bis an die Linie Elbe–March–Donau auszudehnen, scheiterte am Widerstand der germanischen Völkerschaften. Statt dessen entstand an der Linie Rhein–Donau eine befestigte Grenze (limes). Nördlich der Donau trachteten die Römer durch die Etablierung von politisch abhängigen germanischen Satellitenstaaten (Klientelstaaten), eine Pufferzone zu schaffen.

Damit begann für die südlich der Donau befindlichen Gebiete eine rund fünf Jahrhunderte dauernde römische Beeinflussung. Unter der „pax romana" blühte die Region auf und die vor allem in den Städten vorherrschende römische Kultur verschmolz mit der keltischen. Bedeutende zivilisatorische Leistungen bildeten die straßenmäßige Erschließung des Landes sowie die Hebung des Bau- und Wohnstandards. Für eine vollständige sprachliche Romanisierung der Landbevölkerung liegen keine ausreichenden Beweise vor.[5]

---

[3]) Noch heute erinnern viele – später latinisierte – Namen an die keltische Besiedlung: Vindobona (Wien), Lauriacum (Lorch), Lentia (Linz), Tragisamus (Traisen), Escala (Ischl).

[4]) *Dobesch*, Die Kelten in Österreich, 246.

[5]) *Untermann*, Alpen – Donau – Adria , in: Die Sprachen im römischen Reich der Kaiserzeit, 57.

Latein war die Sprache des Militärs, der Staatsverwaltung sowie der christlichen Mission und dominierte in den Städten. Das römische Privatrecht, das unverfälscht nur in Italien galt, fand darüber hinaus Anwendung in den Städten des Ostalpenraums und des Alpenvorlandes. In den entlegeneren inneralpinen Gebieten blieb die keltische Rechtstradition zumindest teilweise erhalten. Im Jahre 212 n.Chr. wurde das römische Bürgerrecht – das ursprünglich nur den Bürgern der Stadt Rom, später auch den Einwohnern Italiens vorbehalten war – allen freien Bewohnern des Reiches verliehen (constitutio antoniniana).

Die an sich religiös toleranten Römer versuchten die einheimischen Religionen in ihren Glauben zu integrieren und brachten vermittelt über Händler und Soldaten das **Christentum** im 3. Jh. in den Ostalpenraum. Nach einer Phase der Christenverfolgung (wegen der Weigerung am römischen Staatskult teilzunehmen) wurde der christliche Glaube im Edikt von Mailand (313) unter Kaiser Konstantin staatlich anerkannt und als reichserhaltende Kraft gefördert. Nach der im Jahre 391 erfolgten Erklärung des Christentums zur Staatsreligion setzte eine Phase der Unterdrückung nicht-christlicher Glaubensströmungen ein.

Der Aufbau der **römischen Verwaltung** im Ostalpenraum erfolgte erst ab Mitte des ersten nachchristlichen Jhs. Das Gebiet wurde in drei Provinzen geteilt: Raetia, Noricum, Pannonia.[6] Alle drei waren kaiserliche Provinzen, in denen ein vom Kaiser auf unbegrenzte Zeit eingesetzter Statthalter (legati augusti pro praetore) mit der gesamten militärischen und zivilen (Verwaltung, Gerichtsbarkeit, Steuereintreibung) Gewalt ausgestattet war. Jede Provinz war in mehrere Stadtbezirke (civitas) gegliedert, die jeweils eine bedeutende Stadt und das Umland umfassten. Einzelnen wichtigen Städten (municipium) wurde das Stadtrecht verliehen, wodurch sie eine städtische Autonomie (zB niedere Gerichtsbarkeit) erhielten.[7]

Im Jahre 293 führte Kaiser Diocletian (284–305) eine grundlegende Reichsreform durch. Die wichtigsten Veränderungen waren: Einführung der absoluten Monarchie („dominus et deus"), Verstärkung des Zentralismus, Trennung der zivilen von der militärischen Gewalt (als Vorbeuge gegen die wiederholten Militärrevolten und Staatsstreichversuche).

Diocletian bzw. sein Nachfolger Konstantin teilten das gesamte Römische Reich in vier Präfekturen (Vorsteher: praefectus, praetorio). Jede Präfektur gliederte sich in Diözesen (Vorsteher: vicarius), die wiederum in Provinzen (insgesamt gab es 120 davon) geteilt waren. Nach dieser Reichsreform existierten im österreichischen Raum folgende Provinzen: Raetia II (Nordtirol, Südbayern), Noricum Ripense (Ufernoricum, nördlich des Alpenhauptkammes), Noricum Mediterraneum (Binnennoricum = Osttirol, Kärnten, Steiermark), Pannonia I. Raetia II unterstand der Diözese Italia, während die übrigen zur Diözese Illyricum gehörten. Beide Diözesen unterstanden der Präfektur Italia. Der der Provinz vorstehende Statthalter (präses provinciae) übte nur mehr die zivile Verwaltung, die Gerichtsbarkeit und die Steuereintreibung aus. Das Militärwesen war territorial anders gegliedert, der Kommandant eines Wehrabschnittes hatte den Titel „dux".

---

6) Raetia erstreckte sich über die heutige Ost-Schweiz, Vorarlberg und das westliche Tirol (Hauptstadt Curia/Chur). Noricum reichte im Osten bis zum Wienerwald und zur Lavnitz in der Steiermark (Hauptstadt Virunum). Pannonia umfasste das Wiener Becken und die ungarische Tiefebene (Hauptstadt zeitweise Carnuntum).

7) Im österreichischen Raum: Brigantium (Bregenz), Aguntum (bei Lienz), Teurnia (bei Spittal/Drau), Virunum (auf dem Zollfeld), Juvavum (Salzburg), Falvia Solva (bei Leibnitz), Ovilava (Wels), Aelium Caetium (St. Pölten), Lauriacum (Lorch bei Enns), Vindobona (Wien), Carnuntum (Petronell).

Nördlich des Limes siedelten sich **germanische Völkerschaften** (zB Naristen, Markomannen, Quaden, Alemannen) an, denen es ab dem 2. Jh. mehrfach gelang, die römischen Grenzbefestigungen zu durchbrechen. Der Vorstoß des ostasiatischen Reitervolks der Hunnen (ab 375) löste in Zentraleuropa die sog. **„Völkerwanderung"** aus. Nach dem Untergang des Weströmischen Reiches (476) ordnete der germanische König Odoaker, der als Reichsverweser auftrat, im Jahre 488 den Abzug der romanischen Bevölkerung aus Noricum an. Diese folgte dem Aufruf jedoch nur teilweise, sodass noch bis Ende des ersten Jahrtausends in einzelnen Gebieten des heutigen Österreich romanische Kultur- und Lebensformen weiterlebten.[8]

[8]) Da die Romanen von den Deutschsprechenden als „Walchen" bzw. „Welsche" (aber auch „Parschalken") bezeichnet wurden, erinnern noch heute Benennungen wie Walgau, Walchensee, Seewalchen oder Wals an diese ehemaligen Siedlungsgebiete (vgl. Zöllner, Geschichte Österreichs[7], 47).

3. Die Entstehung der österreichischen Stammländer und der Länderverbindungen (bis 1500)

„Wenn ich weiter gesehen habe als andere, so deshalb, weil ich auf den Schultern von Riesen stehe.“
Isaac Newton[1]

3.1. Historischer Hintergrund

Lit.: *Baethgen,* Deutschland und Europa im SpMA; *Bloch*, Die Feudalgesellschaft; *Borst*, Lebensformen im Mittelalter; *Bruckmüller*, Sozialgeschichte Österreichs, 35; *Brunner*, Land- und Herrschaft[6]; *Cipolla/Borchardt* (Hg.), Bevölkerungsgeschichte Europas; *Curschmann*, Hungersnöte im MA; Die Entwicklung des österreichischen Städtewesens im 12. und 13. Jh., in: Die Städte Mitteleuropas; *Dopsch*, Die Wirtschaftsentwicklung der Karolingerzeit[3]; *Droege*, Deutsche Wirtschafts- und Sozialgeschichte[2]; *Durant*, Das Zeitalter des Glaubens[2]; *Fehn* ua (Hg.), Die Stadt in der europäischen Geschichte, FS Edith Ennen; *Fleckenstein*, Grundlagen und Beginn der deutschen Geschichte[2]; *Fuhrmann*, Deutsche Geschichte im Hohen MA[2]; *Haverkamp*, Aufbruch und Gestaltung, Deutschland 1056–1273; *Henning*, Landwirtschaft und ländliche Gesellschaft in Deutschland I; *Hoke*, Rechtsgeschichte, 1; *Kriegk*, Deutsches Bürgertum im MA; *Le Goff* (Hg.), Der Mensch des MA; *Leuchner,* Deutschland im späten MA[2]; *Müller,* Entwicklung und Spätformen der Leibeigenschaft am Beispiel der Heiratsbeschränkungen; *Nehlsen,* Sklavenrecht zwischen Antike und MA; Pirenne, Sozial- und Wirtschaftsgeschichte Europas im MA[4]; *Prinz*, Grundlagen und Anfänge, Deutschland bis 1056; *Scheidl,* Die Entwicklung der Stände, ÖGL 1962, 57; *Southern*, Geistes- und Sozialgeschichte des MA[2]; *Southern,* Kirche und Gesellschaft im Abendland des MA; *Stoob* (Hg.), Die Stadt; *Tautscher*, Wirtschaftsgeschichte Österreichs; *Tremmel*, Wirtschafts- und Sozialgeschichte Österreichs; *Waas*, Der Mensch im deutschen MA; *Zöllner*, Geschichte Österreichs[7], 39.

3.1.1. Wirtschaftliche und soziale Entwicklung

Die Wirtschaft des MA war gekennzeichnet durch das Vorherrschen der Agrarproduktion. In dieses landwirtschaftliche Umfeld eingebettet bildeten die Städte und Märkte kleine Inseln, die sich in ihrer Wirtschafts- und Sozialverfassung grundlegend vom umliegenden Land unterschieden. Zwischen Stadt und Land bestand eine sich fortschreitend vertiefende Arbeitsteilung.

Der ländliche Raum: Der Anteil der bäuerlichen Bevölkerung, der im Hochmittelalter noch über 95 % betrug, sank durch den Aufschwung von Handwerk, Handel und Bergbau bis zum 16. Jh. auf unter 80 %. Grundsätzlich lag die Siedlungsdichte weit unter der von heute. Im 13. Jh. lebten auf dem Raum des heutigen Österreich rund sieben- bis neunhunderttausend Menschen; trotz der Pestepidemien stieg die Bevölkerung bis zum 16. Jh. auf ungefähr 1,5 Mio.

In der Agrarwirtschaft dominierte die **Grundherrschaft**, die im Laufe des MA mehrfach ihre Gestalt veränderte. Bis zum 12. Jh. überwog das Villikationssystem, bei dem der

[1]) Vgl. dazu *Merton*, Auf den Schultern von Riesen. Ein Leitfaden durch das Labyrinth der Gelehrsamkeit.

weltliche oder geistliche[2] Grundherr seinen Boden mit Hilfe abhängiger Bauern selbst bewirtschaftete. Ab dem 12. Jh. wurden diese Eigenwirtschaften zusehends aufgelöst, indem der Grundherr seinen Hintersassen in Form der „bäuerlichen Leihe" Land zur selbstständigen Bearbeitung übergab (Grundherrschaft). Diese Feudalbeziehung beinhaltete Aspekte, die wir heute teils dem Privatrecht und teils dem öffentlichen Recht zuordnen würden. Die **Grunduntertanen** (Hintersassen, Grundholden) waren zur Verrichtung von Arbeiten (Hand und Spanndienste, Robot) sowie zu wiederkehrenden Abgaben (bis ins 13. Jh. vorwiegend Naturalien) verpflichtet.[3] Darüber hinaus mussten sie den Grundherrn bei der Gefahrenabwehr (Naturkatastrophen, Kriege und Fehden) unterstützen. Die große Mehrzahl der Grunduntertanen blieb zeitlebens fremdbestimmt und unfrei[4] (zB mangelnde Eheschließungs-, Ausbildungs- und Berufswahlfreiheit, kein Wegzugsrecht). Ihre persönliche Stellung sowie die Leiheverhältnisse wiesen einen vielfältigen Formenreichtum auf. Dominierte ursprünglich die jederzeit vom Grundherrn kündbare Leihe (Freistift), so setzte sich gegen Ende des Mittelalters die Erblichkeit durch. Der **Grundherr** (dominus) übte Herrschaft (in modernen Begriffen: Verwaltung, Gerichtsbarkeit) über seine Hintersassen aus. Er war verpflichtet, ihnen in Kriegszeiten „Schutz und Schirm" zu gewähren und sie nach Möglichkeit bei Missernten wirtschaftlich zu unterstützen. Das Verhältnis zwischen Grundherrn und Hintersassen stellte keine Marktbeziehung sondern ein feststehendes Abgabeverhältnis dar. Erst mit dem Aufkommen der Städte entstand ab dem Hochmittelalter durch den Verkauf der agrarischen Überschussproduktion ein Marktverhältnis zwischen den Grundherrschaften und den Städten bzw. Märkten.

Die nahrungsmäßige Existenzgrundlage der ma. Bevölkerung war die meiste Zeit sehr angespannt. Wettereinflüsse bewirkten große Schwankungen bei den Ernteerträgen. Das ungünstige Verhältnis von Saatgut zu Ernte (1 : 3) und die geringe Leistungsfähigkeit der Viehwirtschaft (die Milchleistung einer Kuh lag selten über 300 l pro Jahr) belegen das niedrige Entwicklungsniveau der Landwirtschaft. Durch Produktionsverbesserungen (Drei-Felder-Wirtschaft), technische Neuerungen (Einführung des Wendepflugs, Verbesserung des Geschirrs der Zugtiere) sowie die Ausdehnung der Anbauflächen in Folge umfangreicher Rodungsarbeiten konnte die Nahrungsmittelproduktion deutlich gesteigert werden. Dies und die durch die Pestepidemien (14. Jh.) hervorgerufene Verlangsamung des Bevölkerungswachstums schufen die Voraussetzungen, dass eine zunehmende Zahl von Menschen im nicht-agrarischen Bereich tätig sein konnten. Als

[2]) Durch Schenkungen von Seiten des Königs und der Gläubigen, durch Klostereintritte sowie umfangreiche Rodungsleistungen war die Kirche im Mittelalter zum größten Grundbesitzer und zur „führenden Wirtschaftsmacht des Abendlandes" (*Becker,* Art. „Kirchengut", in: HRG II, 755) aufgestiegen.

[3]) Es existierte eine Vielzahl (im 18. Jh. rund 700) verschiedener Abgabe- und Leistungsverpflichtungen, die jährlich oder zu bestimmten Anlässen zu erfüllen waren. Zu den wichtigsten zählten der *Grundzins* (das Entgelt für die Nutzung des Bodens), das *Laudemium* (Ab-/Auffahrtsgeld; zu entrichten im Falle des Wechsels des Leihenehmers), das *Besthaupt* (Anspruch des Herrn auf das beste Gewand oder Stück Vieh bei Tod eines Grunduntertanen), *Kopfzins* bzw. *Heiratsgebühr, Zehent* (ein ursprünglich von der Kirche, später auch durch weltlichen Grundherrn geforderter Anteil am Ertrag der Bauernstelle) und *Frondienste* (Ackerfronde, Fuhrdienste, Brücken- und Straßenfronde, Bau- und Jagdfronde, Wachdienste).

[4]) Diese Unfreiheit ist allerdings nicht gleichzusetzen mit Sklaverei. Der Grundholde war nicht Sache bzw. Eigentum des Grundherrn, sondern genoss eine, wenn auch stark beschränkte, Rechtsfähigkeit. Grundsätzlich besitzen die Begriffe „Freiheit" und „Schutz" in der noch weitgehend von privater Gewaltausübung gekennzeichneten mittelalterlichen Gesellschaft einen anderen Stellenwert als in der heutigen.

Energiequelle dienten im Mittelalter vor allem menschliche und tierische Arbeitskraft sowie der Einsatz von Wasser zur Betreibung von Mühlen und Schmelzöfen.

Die Stadtwirtschaft: Rundum befestigte Anlagen sowie entlang der Hauptverkehrslinien entstanden im Hochmittelalter **Städte und Märkte**, deren wirtschaftliche Basis Handel und Handwerk bildeten. Kennzeichnend wurde die fortschreitende Arbeitsteilung, die Entstehung von Marktbeziehungen und das Vorherrschen des Geldverkehrs. Neben Wien, das im 13. Jh. mit weit mehr als 10.000 Einwohnern bereits als Großstadt[5] galt, gab es auf dem Gebiet des heutigen Österreichs nur Klein- oder Mittelstädte (zB Krems, Enns, Innsbruck, Villach, Salzburg, Steyr, St. Pölten, Judenburg, Sterzing, Rottenmann, Schwaz). Viele Städte verdankten ihre Existenz dem **Handel.** Mittels Straßenzwangs sowie Niederlags- bzw. Stapelrechts[6] (verliehen durch landesfürstliches Privileg) versuchten sie, die Handelsströme durch die Stadt zu lenken[7]. Im Laufe des Mittelalters wuchs die Bedeutung des sich in immer mehr Zweige differenzierenden **Handwerks**. Ab dem 12. Jh. schlossen sich die Handwerker auf genossenschaftlicher Basis in **Zünften** (Zechen, Bruderschaften, Einungen) zusammen. Im Spätmittelalter gelang es diesen durch die Vererblichkeit der Werkstätten, den Zunftzwang (Ausübung des Handwerks nur durch Zunftmitglieder; Limitierung der Zahl der Meisterstellen) und das Bannmeilenrecht (im Umkreis von 7,5 km von einer Stadt durfte sich kein Handwerker niederlassen) die innere und äußere Konkurrenz auszuschalten.[8] Wiederholte Verbote der Zünfte (zB 1364 in Wien) blieben erfolglos.

Die ständische Gliederung: Die ma. Gesellschaft war sozial und rechtlich in vier Stände gegliedert: **Adel, Klerus, Bürgertum, Bauern.** Diese unterschieden sich nicht nur

---

[5]) Im 13. Jh. gab es in ganz Europa max. 70 Städte mit mehr als 10.000 Einwohner. Aus ihnen ragte Paris heraus, die einzige Stadt mit mehr als 100.000 Bewohnern.

[6]) Der **Straßenzwang** schrieb den fahrenden Kaufleuten die Benützung einer bestimmten Route vor. Durch das **Stapel**- oder **Niederlagsrecht** wurden die Händler gezwungen, bei der Durchreise ihre Waren mehrere Tage an einem vorgeschriebenen Ort zum Verkauf anzubieten. Mitunter war der Handel mit bestimmten Regionen den Kaufleuten einer einzigen Stadt vorbehalten: zB durfte seit dem Jahre 1198 der Donauhandel von Wien flussabwärts – also mit Ungarn – nur von der Wiener Kaufmannschaft ausgeübt werden; Steyr erhielt 1287 ein drei Tage währendes Stapelrecht auf Eisen und Holz.

[7]) Durch Österreich liefen auch im Mittelalter sowohl in west-östlicher Richtung (Donautal) als auch von Süden nach Norden für den Handel wichtige **Verkehrswege**. Die heute bekannten Alpenübergänge wurden bereits im Mittelalter benützt, konnten jedoch mit Ausnahme des Brenners sowie des Radstädter- und Triebener Tauernpasses nur mit Saumtieren begangen werden. Die wichtigsten Handelsgüter bildeten Holz, Eisen, Wein, Felle, Salz, Vieh, Tuche, Öl, Gewürze und Sklaven. Der Umfang des Güteraufkommens war begreiflicherweise gering. Um 1300 wurden über den Brenner jährlich nur ca. 3000 t transportiert.

[8]) Die Zünfte bemühten sich, durch eine planwirtschaftliche Politik die Sicherung des „standesgemäßen Unterhalts" der Zunftmitglieder zu erreichen. Sie vergaben die Gewerbeberechtigungen, legten Zahl und Größe (Anzahl der Lehrlinge und Gesellen, Maximalarbeitszeit) der Betriebe fest, organisierten den Einkauf der Rohstoffe, bestimmten die Preise, kontrollierten die Qualität und gingen gegen zunftfremde Handwerker („Störer", „Dachhasen") vor. Zwischen den Handwerkern einer Zunft erfolgte der Wettbewerb ausschließlich über die Qualität der Produkte. In Österreich konnte der Einfluss der Zünfte erst durch die GewerbeO 1859 endgültig gebrochen werden.

in Besitz und Vermögen, sondern nahmen – durch Rechtsungleichheit institutionalisiert und per Geburt perpetuiert – unterschiedlichen Anteil am Macht- und Herrschaftsgefüge. Die Stände bildeten nicht bloß eine soziale Schicht, sie stellten vielmehr ein *Element der ma. Verfassungsordnung* dar.

Etwa um die Jahrtausendwende wurde die ursprüngliche Spaltung der Gesellschaft in Freie – Unfreie abgelöst durch eine stärkere gesellschaftliche Differenzierung, die zur Herausbildung von **„Ständen“** („ordo“) führte. Gefördert wurde diese Entwicklung durch den kirchlichen „ordo“-Gedanken, wonach der Gesellschaft eine gottgewollte und hierarchisch strukturierte Schöpfungsordnung vorgegeben sei.[9] *Unter einem Stand versteht man eine bevölkerungsmäßige Großgruppe, die durch Geburt, Beruf oder Besitz ausgezeichnet ist, deren ursprünglich bloß soziale Unterscheidung von anderen Ständen sich in der Folge jedoch verrechtlicht hat.* Die Folge war eine Differenzierung der Rechtsfähigkeiten (zB hinsichtlich Eherecht, Ämterfähigkeit, Waffentragerecht, Kleiderordnungen, Lehensfähigkeit), die die Unmöglichkeit bestimmter Rechtsbeziehungen zwischen Standesungenossen bewirken konnte (Fehlen der Ebenbürtigkeit). ZB konnten Standesniedrigere grundsätzlich nicht über Standeshöhere zu Gericht sitzen; zwischen Standesungleichen bestanden Heiratsbeschränkungen. In der ma. Gesellschaft erfolgte die soziale Positionierung vorwiegend durch Geburt, seltener durch Beruf (Klerus, Ritterschaft). Obwohl die höheren Stände versuchten, sich nach unten hin abzuschließen, war ein sozialer Aufstieg prinzipiell möglich. Er musste jedoch gegen das geltende Norm- bzw. Ordnungssystem durchgesetzt werden. Die ständische Gliederung verschwand erst mit der Verwirklichung des Gedankens von der Gleichheit aller Menschen im ausgehenden 18., 19. und 20. Jh.

Der **Adel** stellte einen politisch bevorrechteten Berufskriegerstand dar, der von den Erträgnissen der Grundherrschaft lebte. Nach der Jahrtausendwende gelang ihm als soziale Klasse eine rechtliche Absonderung, die im 13. Jh. durch eine Abschließung nach unten (Voraussetzung der ritterlichen Geburt, Ahnenprobe) verstärkt wurde. Der Adel genoss im Rahmen des Lehensrechtes Steuerfreiheit. Er besaß das Recht, „ritterliche Waffen“ (Lanze, Schwert) zu tragen, war dafür aber zum (berittenen) Kriegsdienst verpflichtet. Sehr bald war die Ausübung der Fehde zur Rechtsdurchsetzung nur mehr Adeligen erlaubt. Andererseits war es ihm unter Androhung des Standesverlusts untersagt, Handel zu treiben oder bäuerliche Arbeiten zu verrichten. Insbesondere der deutsche Adel wies starke hierarchische Differenzierungen auf. Neben dem alten Blutadel (Fürsten, Grafen, genus nobile) entstand ein bis ins HMA persönlich unfreier Dienstadel (Ministeriale, Ritter).

In der vom religiösen Glauben beherrschten ma. Gesellschaft bildeten die **Geistlichen (Klerus),** denen nach kirchlicher Lehre das Monopol der Weitergabe der religiösen Lehre zukommt, einen von den Laien getrennten eigenen Stand. Während der Lebenszuschnitt der Landpfarrer dem der übrigen Landbevölkerung ähnelte, entsprach der Lebensstil der Äbte, Bischöfe und Erzbischöfe dem des Hochadels. Der Zugang zu den höheren Kirchenämtern blieb, von Ausnahmen abgesehen, nur Personen adeliger Herkunft vorbehalten.[10]

---

[9]) Nach *Augustinus* gab es drei Stände, die Krieger (bellatores), den Klerus (oratores) und die Arbeitenden (laboratores), die als Glieder eines Ganzen zusammenzuwirken hätten. „Der Friede im Staat ist die geordnete Eintracht der Bürger in Bezug auf Befehlen und Gehorchen ... Ordnung ist die Verteilung der gleichen und ungleichen Dinge, die jedem seinen Platz zuweist“ (*Augustinus*: De Civitate Dei, Lib. 19, Kap. 13).

[10]) In der Zeit von 798 bis 1803 amtierten im Erzbistum Salzburg insgesamt 66 Erzbischöfe. Davon waren nur zwei nichtadeliger Herkunft, von acht ist sie unbekannt. Im Salzburger Domkapitel saßen zwischen 1123

Grundsätzlich konnte Träger eines geistlichen Amtes nur ein Freier (bzw. Freigelassener) werden. Kleriker waren den weltlichen Gerichten entzogen, für sie galt ein eigener Gerichtsstand (privilegium fori). Sie waren von bestimmten Pflichten, zB Hand- und Spanndienste sowie Steuern (strittig), befreit. Obwohl nicht kriegsdienstpflichtig, nahm vor allem der adelige Teil des Klerus an den wiederkehrenden Kriegen aktiv teil.[11] Bis zum Anfang des zweiten Jahrtausends waren viele Priester (nicht jedoch die Bischöfe) verheiratet.

Mit dem Aufblühen der ma. Städte entwickelte sich das **Bürgertum** zu einem eigenen Stand. Die Bürger einer Stadt genossen gegenüber Fremden (dh allen Nicht-Bürgern dieser Stadt) wirtschaftliche Vorteile (zB das Recht mit bestimmten Waren Handel zu treiben), mussten dafür aber städtische Pflichten auf sich nehmen (zB Steuern, Militär- und Wachdienste). Nicht jeder der in einer Stadt lebte, war deshalb auch ihr Bürger – vielmehr nur derjenige, dem das Bürgerrecht verliehen wurde. Hausbesitz bildete lange Zeit Voraussetzung hiefür. In Wien war im 15. Jh. nur ein Drittel der Einwohner Bürger, die übrigen nur sog. Inwohner.[12] Eine innerhalb des Bürgertums bevorrechtete soziale Gruppe bildete das Patriziat (burgenses meliores, Erbbürger), häufig große Grundbesitzer und vermögende Kaufleute. Bis ins SpMA stand der Zugang zu den städtischen Ämtern ausschließlich ihnen offen. Die übrigen Bürger (homines boni) arbeiteten als Handwerker und erlangten erst nach langwierigen Auseinandersetzungen Einfluss auf das politische Geschehen der Stadt. Während ursprünglich auch in den Städten viele Unfreie lebten, setzte sich im SpMA der Grundsatz *„Stadtluft macht frei"* durch.[13] Hielt sich ein Unfreier über Jahr und Tag in der Stadt auf, ohne dass ihn sein Grundherr zurückforderte, so erlangte er dadurch die persönliche Freiheit.

Die breite Masse der meist unfreien Bevölkerung bildeten die **Bauern.** Ihre Lebensumstände waren recht unterschiedlich, sie reichten von völliger Freiheit bis weitgehender Unfreiheit. Wirtschaftliche Abhängigkeit (Abgaben, Dienste), persönliche Abhängigkeit (zB Heiratsbewilligungserfordernis) und „politische" Abhängigkeit (Unterwerfung unter die Herrschaft des Grundherrn) kannten vielfältige Abstufungen. An der Spitze dieser Stufenleiter standen die völlig freien „Freisassen" (zB in Tirol), während die Holden, Eigenleute, Hörige und Leibeigene am unteren Ende der sozialen Hierarchie standen und als

und 1514 insgesamt 244 Domherrn. Darunter befanden sich 220 Adelige (3 Herzöge, 6 Grafen) und 3 Bürgerliche (21 unbekannter Herkunft), vgl. *Santifaller,* Reichskirchensystem, 128, 145.

[11]) Bei der Niederlage der Bayern gegen die Ungarn (Schlacht bei Pressburg 907) starben ua der Erzbischof von Salzburg sowie die Bischöfe von Säben und Freising.

[12]) Um 1450 setzte sich die Wiener Bevölkerung folgendermaßen zusammen: Bürger 8.000 (davon Erbbürger und Kaufleute 3.000, Handwerker 5.000); Unterschicht 10.000 (davon Handwerksgesellen 3.000, Arme, Bettler, Prostituierte 2.000); Hof und Adel 3.000; Geistliche 2.000; Universität 2.000 (*Seliger/Ucakar,* Wien I, 33).

[13]) Der Grundsatz ist vielfach bezeugt, zB durch das Privileg von Kaiser Friedrich II. aus 1247: „... daz alle purger und inwaner und zukomund, die unversprochenlich jar und tag in der stat behalten sint nach der stat recht und pewerten gewohnhaiten der stat, daz die leben in unserr und des reiches herschaft under sicherr und vreier ee, ledig und vrei vor aller dienstlich beschaiden" (*Tomaschek,* Rechte und Freiheiten I, 19).

Zubehör (mancipia) mit dem Grundstück verkauft wurden. Als Gegenstück zu den Städten galt der Grundsatz *„Hofluft macht hörig"*. Noch tiefer als die Bauern standen die unterbäuerlichen Schichten der „unbehausten" Leute (Inleute), die über kein eigenes Haus verfügten. Im SpMA vollzog sich innerhalb des Bauernstandes ein schrittweiser Nivellierungsprozess. Wiederholte Verbote untersagten den Bauern den Besitz ritterlicher Waffen.

Außerhalb der ständischen Gesellschaft und daher mit noch geringeren Rechten ausgestattet standen Andersgläubige (Juden, Muslime, Ketzer), unehelich Geborene (ab SpMA) sowie die ländliche und städtische Unterschicht. Diese bestand aus den „unbehausten" Knechten, Gesindeleuten, Dienstboten, Taglöhnern, Vaganten, Bettlern und Landstreichern sowie jenen, die einem „unehrlichen" Gewerbe nachgingen (zB Henker, Latrinenreiniger, Abdecker, Prostituierte).

Die **Sklaverei** war in unserem Raum noch bis zum Ende der fränkischen Epoche verbreitet. Später konnten nur mehr Nicht-Christen (zB Kriegsgefangene aus dem Osten) als Sklaven gehandelt werden.[14] Kritik an der Unfreiheit und Leibeigenschaft eines beträchtlichen Teils der Bevölkerung findet man in den ma. Quellen nur selten.[15]

In der vom germanischen und christlich-römischen Patriarchalismus geprägten Gesellschaft nahmen **Frauen** grundsätzlich eine benachteiligte Rechtsposition ein. Die konkrete Ausgestaltung differierte je nach dem, welchem Stand sie zugehörten.

3.1.2. Der geschichtliche Hintergrund

Die von den germanischen Stämmen während der Völkerwanderungszeit errichteten Reiche hatten mit Ausnahme des **Fränkischen Reichs** nur kurzen Bestand. Die Franken fielen im 5. Jh. in das nördliche Gallien ein, zerstörten die Reste der römischen Herrschaft und unterwarfen bis zum 8. Jh. die übrigen germanischen Stämme in Mitteleuropa (Alemannen, Burgunder, Thüringer, Bayern, Langobarden, Goten und Sachsen). Damit war ein Reich entstanden, das im Westen bis zu den Pyrenäen und im Osten bis zur Linie Oder – ungarische Tiefebene – Istrien reichte. Im Zuge der Südostausdehnung eroberte das Frankenreich auch das Gebiet des heutigen Österreichs, das damals Siedlungsgebiet der Bajuwaren und der Alpenslawen war. Während der ersten drei Jahrhunderte herrschte das Merowingergeschlecht, das im Jahre 751 von Pippin gestürzt wurde, der das Geschlecht

---

[14]) Bspw. heißt es in der um 903 entstandenen Zollordnung von Raffelstetten (bei Linz): „Die rechten Kaufleute, das sind Juden und andere Kaufleute, von woher sie immer auch kommen mögen, von diesem Land oder anderen Ländern sollen den gerechten Zoll zahlen sowohl von den Sklaven als auch von den anderen Waren, wie er immer zu Zeiten der früheren Könige bestanden hat."

[15]) Eine Ausnahme bildete *Eike von Repgow* im Sachsenspiegel (Ldr. III. Buch Art. 42): „Gott hat den menschen nach sich selbst gebildet und hat ihn durch seine marter erlöst, den einen wie den anderen. Ihm ist der arme ebenso nah verwandt wie der reiche … Als man zuerst recht setzte, da gab es keinen dienstmann und waren alle leute frei, da unsere vorfahren hier ins land kamen. Mit meinem verstande kann ich es nicht begreifen, nach der wahrheit, dass jemand eines anderen eigenthum solle sein …"

der **Karolinger** begründete. Mit der Krönung Karl d. Gr. (768–814) im Jahre 800 setzte das Frankenreich auch äußerlich sichtbar das untergegangene Weströmische Reich fort.

Neben der Bedrohung von außen – Abwehr der über die iberische Halbinsel vorstoßenden Araber im 8. Jh. und der aus Zentralasien vorstoßenden Awaren – war der Bestand des Fränkischen Reichs auch ständig durch die zentrifugalen Kräfte in seinem Inneren bedroht (Stammesrebellionen, Erbstreitigkeiten). Im 9. Jh. erfolgten mehrere Reichsteilungen, die schließlich zur Herausbildung eines **Westfrankenreichs** (das spätere Frankreich) und eines **Ostfrankenreichs** (das spätere Deutsche Königreich und „Sacrum imperium") führten. Bis ins SpMA bildeten die Rhone bzw. die Maas die Grenze. Der Großteil des Gebiets des nur kurze Zeit bestehenden sog. Mittelreichs (Lothringen, Burgund, Niederlande, Provence, Ober- und Mittelitalien) fiel im Jahre 880 an das Ostfränkische Reich.

Mit dieser Aufteilung war die Vorstellung eines Nachfolgereichs des römischen Reichs vorerst untergegangen. Erst unter Kaiser Otto I. wurde im Jahre 962 dieser Reichsgedanke – nunmehr übertragen auf das ostfränkische Reich – wieder aufgegriffen. Für dieses Reich bürgerte sich der Name **Imperium romanum,** später **Sacrum imperium**, ein. Dieses Reich befand sich im MA fast ständig in einem Zustand der inneren Unruhe und des Bürgerkriegs. Die Auseinandersetzungen erfolgten zwischen den einzelnen Adelsgruppen und Geschlechtern, zwischen der päpstlichen und der kaiserlichen Partei, zwischen den Reichsfürsten und den deutschen Städtebünden sowie zwischen dem Kaiser und den oberitalienischen Städten.

Die herrschenden Geschlechter nach dem Aussterben der **Karolinger** (911 im Ostreich) waren die **Sachsen** oder **Ottonen** (919–1024), die **Franken** oder **Salier** (1024–1125) sowie die **Staufer** (1138–1254). Nach dem **Interregnum** (1250–1273), während dem mehrere Gegenkönige konkurrierten, wurde 1273 erstmals ein **Habsburger** *(Rudolf)* zum deutschen König gewählt. In den folgenden 150 Jahren lag die Krone abwechselnd in den Händen der Nassauer, Luxemburger, Wittelsbacher (Bayern) oder Habsburger. Letzteres Geschlecht stellte in der Zeit von 1438 bis 1740 ununterbrochen den Kaiser.

Hand in Hand mit der Ausdehnung des Frankenreichs im FMA ging die **Re-Christianisierung** Mitteleuropas. Von Westen her erfolgte seit dem 7. Jh. die Missionierung des Ostalpenraums durch iro-schottische bzw. angelsächsische Mönche *(Columban, Gallus, Winfried/Bonifatius).* Die in diese Zeit fallenden Klostergründungen (Salzburg, Regensburg, Kremsmünster, Mattsee, St. Florian) wurden Ausgangspunkt weiterer Missionstätigkeit. Daraus resultierte die Unterordnung der späteren österreichischen Gebiete unter die römische Kirchenhoheit (Westkirche). Während des HMA wurde die Missionstätigkeit in Osteuropa (Slawen) fortgesetzt. Im Jahre 1054 zerbrach die bis dahin bestehende Einheit der Kirche durch die Bildung einer Ost- und einer Westkirche.

Die Staatenwelt Europas im MA: Im Laufe des MA formten sich zum Teil schon jene Staaten, die auch heute noch die europäische Politik bestimmen. Neben dem sacrum imperium, das im HMA die europäische Politik dominierte, stiegen Frankreich und das von den Normannen eroberte England zu Großmächten auf. Im Osten des sacrum imperiums entstanden der Staat des deutschen Ritterordens sowie das slawische Königreich

Polen und das Großfürstentum Moskau. Auf der iberischen Halbinsel gelang es den Königreichen Portugal, Kastilien und Aragon im 15. Jh., die Araber über das Mittelmeer zurückzudrängen. Nach ihrer Niederlage gegen das Ostfränkische Reich (955) zogen sich die Magyaren in die Gebiete des Donauknies zurück und schufen dort das ungarische Königreich. Nach der Entstehung des Islams war es den Arabern innerhalb kurzer Zeit gelungen, den gesamten südlichen Mittelmeerraum zu erobern. Der Versuch, nach Zentraleuropa vorzustoßen, wurde im Westen durch das Frankenreich (8. Jh.) und im Osten durch das Byzantinische Reich abgewehrt. Das Byzantinische Reich, das das oströmische Reich fortsetzte, wurde von den Teilnehmern des 4. Kreuzzuges im Jahre 1204 zerstört und in mehrere Kleinstaaten aufgespalten. Der byzantinische Reststaat, zuletzt nur noch bestehend aus der Stadt Konstantinopel, erlag 1453 dem Angriff der islamischen Türken (Osmanisches Reich). Diese waren aus Zentralasien in den östlichen Mittelmeerraum vorgestoßen und drangen ab dem 14. Jh. auf dem Balkan vor.

Periodisierung: Um die Darstellung zu erleichtern wird die deutsche Geschichte vor 1500 üblicherweise in folgende Epochen eingeteilt: germanische Zeit bis 500 n.Chr.; Frühmittelalter 6.–10. Jh. (fränkische Zeit ca. 500–900; Merowingerzeit bis 751; Karolingerzeit ab 751); Hochmittelalter 10. Jh. bis 1250; Spätmittelalter 1250 bis Ende des 15. Jh.

3.2. Grundzüge der mittelalterlichen Verfassungsstrukturen

Lit.: *Adler*, Zur Rechtsgeschichte des adeligen Grundbesitzes in Österreich; *Aubin*, Stufen und Formen der christlich-kirchlichen Durchdringung des Staates im FMA, in: *Nürnberger* (Hg.), FS für Gerhard Ritter, 61; *Becker*, Der Kurfürstenrat; *Below*, Der deutsche Staat des MA; *Berber*, Das Staatsideal im Wandel der Weltgeschichte[2]; *Bosl*, Die Reichsministerialität der Salier und Staufer; *Brunner*, Land und Herrschaft[6]; *Conrad*, Der deutsche Staat[2]; *Conrad*, Deutsche Rechtsgeschichte I[2]; *Cram*, Iudicium belli. Zum Rechtscharakter des Krieges; *Diestelkamp*, Lehensrecht und spätmittelalterliches Territorium; *Ebel*, Geschichte der Gesetzgebung in Deutschland; *Eichmann*, Acht und Bann im Reichsrecht des MA; *Engel/Holtz* (Hg.), Deutsche Könige und Kaiser des MA; *Feine*, Kirchliche Rechtsgeschichte. Die katholische Kirche[5], 143; *Feine*, Reich und Kirche; *Ficker/Puntschart*, Vom Reichsfürstenstande; *Gebhardt/Grundmann* (Hg.), Handbuch der deutschen Geschichte[9]; *Gierke*, Das deutsche Genossenschaftsrecht; *Gmür*, Grundriß der deutschen Rechtsgeschichte[5], 14; *Grawert*, Staat und Staatsangehörigkeit; *Heldmann*, Das Kaisertum Karls des Großen. Theorie und Wirklichkeit; *Hellbling*, Österreichische Verfassungs- und Verwaltungsgeschichte[2], 14; *Heydte*, Die Geburtsstunde des souveränen Staates, 9; *Hintze*, Staat und Verfassung; *Hirsch*, Das Recht der Königserhebung durch Kaiser und Papst im hohen MA, in: FS Heymann, 209; *Hlawitschka*, Vom Frankenreich zur Formierung der europäischen Staaten und Völkergemeinschaft 840–1046; *Hoke*, Rechtsgeschichte, 39; *Kämpf* (Hg.), Herrschaft und Staat im MA; *Kaufmann/Backmann* (Hg.), Widerstandsrecht; *Kaufmann*, Aequitatis Iudicium. Königsgericht und Billigkeit; *Kaufmann*, Deutsches Recht; *Kern*, Gottesgnadentum und Widerstandsrecht; *Keutgen*, Der deutsche Staat des MA; *Kienast*, Untertaneneid und Treuevorbehalt, ZRG GA (1948), 111; *Kimminich*, Deutsche Verfassungsgeschichte, 76; *Klingelhöfer*, Die Reichsgesetze von 1220, 1231/32 und 1235; *Krause*, Kaiserrecht und Rezeption; *Kroeschell*, Deutsche Rechtsgeschichte I, 72; *Lassberg*, Der Schwabenspiegel; *Laudage* (Hg.), Der Investiturstreit; *Laufs*, Rechtsentwicklungen in Deutschland[2], 1; *Mikat*, Gesetz und Staat nach Thomas von Aquin unter besonderer Berücksichtigung der Lehre vom Gesetz in der Summa Theologiae, in: Gedächtnisschrift für Hermann Conrad, 439; *Mitteis*, Lehnrecht und Staatsgewalt; *Mitteis*, Der Staat des hohen MA[7]; *Mitteis/Lieberich*, Deutsche Rechtsgeschichte[16], 110; *Moraw*, Fragen der Verfassungsgeschichte im späten MA, ZHF 1977, 59; *Moraw*, Reichsstadt, Reich und Königtum im SpMA, ZHF 1979, 385; *Moraw*, Von offener Verfassung zu gestalteter Verdichtung. Das Reich im späten MA (1250 bis 1490); *Moser*, Von der teutschen Lehens-Verfassung; *Ott*, Der Regalienbegriff im 12. Jh., ZRG (KA) 1948, 234; *Planitz/Eckhardt,* Deutsche Rechtsgeschichte[2], 114; *Poetsch*, Die Reichsacht im MA und besonders in der neueren Zeit; *Rausch* (Hg.), Stadt und Stadtherr im 14. Jahrhundert; *Rothenbücher*, Die Trennung von Kirche und Staat; *Santifaller*, Zur Geschichte des ottonisch-salischen Reichskirchensystems; *Schlesinger*, Die Entstehung der Landesherrschaft[4]; *Schlesinger*, Beiträge zur deutschen Verfassungsgeschichte des MA; *Schneider/Zimmermann* (Hg.), Wahlen und Wählen im MA; *Schröder/Künßberg*, Lehrbuch der deutschen Rechtsgeschichte[7], 419; *Schultz* (Hg.), Mit dem Zehnten fing es an. Eine Kulturgeschichte der Steuer; *Schulze*, Grundstrukturen der Verfassung im MA[2]; *Schwerin/Thieme,* Grundzüge der deutschen Rechtsgeschichte[4], 103; *Seegrün*, Kirche, Papst und Kaiser nach den Anschauungen Kaiser Friedrichs II., HZ 1968, 4; *Sprandel*, Verfassung und Gesellschaft im MA[4]; *Stengel*, Abhandlungen und Untersuchungen zur Geschichte des Kaisergedankens im MA; *Strayer,* Die ma. Grundlagen des modernen Staates; *Suerbaum,* Vom antiken zum frühmittelalterlichen Staatsbegriff[2]; *Tellenbach*, Kaisertum, Papsttum und Europa im hohen MA, in: *Kern* (Hg.), Historia Mundi VI, 9; Vorträge und Forschungen III (Mainauer-Vorträge 1954), hg. vom Konstanzer Arbeitskreis für ma. Geschichte; *Waitz*, Abhandlungen zur deutschen Verfassungs- und Rechtsgeschichte; *Waitz*, Das alte Recht der salischen Franken; *Waitz*, Deutsche Verfassungsgeschichte[2]; *Waitz*, Grundzüge der Politik; *Weber*, Wirtschaft und Gesellschaft[5], 148; *Wodka,* Kirche in Österreich, 21; *Zeumer*, Die deutschen Städtesteuern, insbesondere die städtischen Reichssteuern im 12. und 13. Jh.; *Zeumer*, Heiliges römisches Reich deutscher Nation. Eine Studie über den Reichstitel; *Zippelius*, Geschichte der Staatsideen[4], 42.

3.2.1. Der Staat im Mittelalter

Der Staat des Hochmittelalters unterschied sich grundlegend von dem, was wir heute unter Staat verstehen. Die Elemente unserer heutigen Staatsauffassung stammen teils aus dem Absolutismus (Souveränitätsbegriff, Monopolisierung der Macht) und teils aus der in der liberalen Staatsidee geforderten Beschränkung der Allmacht des Staates (Verfassung, Gewaltenteilung, Grundrechte). Will man unhistorische Rückprojektionen vermeiden und das Wesen des ma. Staates – der Begriff „Staat" tauchte im heute gebräuchlichen Sinn überhaupt erst im 18. Jh. auf[16] – verstehen, so muss man sich von den modernen Staatsvorstellungen und seinen juristischen Kategorien lösen.

* Erst nach und nach nahm der Staat im Mittelalter die Gestalt einer Anstalt an, dh lange Zeit kannte man keine Unterscheidung zwischen der Person des Herrschers und dem Staat[17]. Bei der Weitergabe der Herrschaft spielten erb- bzw. geblütsrechtliche Aspekte eine Rolle. Der Tod des Herrschers bedeutete

[16]) Sprach man im Mittelalter und in der Frühneuzeit von dem, was wir heute unter Staat verstehen, so bediente man sich des Ausdrucks „res publica". Das lateinische Wort „status" wurde vorwiegend zur Umschreibung eines Standes verwendet. „Stat" fand Anwendung in den Zusammensetzungen „Hofstat" und „Fürstenstat" und umschrieb das Netzwerk von Amtsstellen, Dienern und Ressourcen an einem adeligen Hof. Verbunden mit der Vorstellung, dass sich die Person des Monarchen vom Staat löste, sowie durch die Spaltung des Rechts in ein öffentliches und ein privates, wurde ab dem 18. Jh. der Begriff „Staat" zur Bezeichnung eines politisch organisierten Landes verwendet (*Willoweit,* Art. „Staat" in: HRG IV, 1792).

[17]) Das dahinter stehende Problem sowie frühe Ansätze zu transpersonalen Reichsvorstellungen kommen deutlich in einem überlieferten Rechtsstreit aus dem Jahre 1025 zwischen Kaiser Konrad II. und den Bürgern von Pavia zum Ausdruck. Diese hatten in den Monaten, in denen der Thron nach dem Tod Heinrich II. verweist war, den königlichen Palast abgerissen. Sie verteidigten sich damit, dass sie Niemandes Treue gebrochen hätten, da der alte König tot, eine neuer aber noch nicht bestellt gewesen sei. Konrad antwortete ihnen darauf mit den Worten. „Si rex periit, regnum remansit, sicut navis remanet, cuius gubernator cadit". Der darin ausgedrückte Gedankengang, dass das Reich unabhängig von der Person des Herrschers existiert, fand ansonst erst ab dem 12. Jh. Eingang in das deutsche Staatsdenken (vgl. *Beumann,* Zur Entwicklung transpersonaler Staatsvorstellungen, in: Vorträge und Forschung III (Das Königtum), 185).

daher für den Bestand des Gemeinwesens immer eine kritische Phase (Erbfolgestreitigkeiten, Erbteilungen).

* Die Trennung von öffentlichem Recht und Privatrecht war bis in die Neuzeit unbekannt. Ebenso fehlten meist schriftlich festgelegte Regelungen (zB über das Verfahren der Königswahl und die Kompetenzen). Rechte von Personen, Territorien oder Institutionen wurden mittels individuellen Privilegienrechts festgelegt (zB privilegium minus).

* Staatsorgane, eine bürokratische Organisation (Behörden) sowie Ämter mit einem fest umrissenen Aufgabenbereich, die vom Wechsel des Inhabers unabhängig waren, existierten nicht oder nur in Ansätzen (zB der Lehensvasall war generell zu Treue und Gehorsam verpflichtet). Die dezentrale Ausübung der königlichen Hoheitsrechte (im heutigen Sinn) erfolgte überwiegend mittels Lehenswesens und lag in den Händen eines bestimmten Standes, des Adels.

* Der ma. Staat kannte keine Staatsbürger sondern nur Lehensuntertanen. Diese bildeten einen Personenverband (im Gegensatz zum modernen Flächen- oder Territorialstaat) der in *persönlicher* Bindung zum Lehensherrn stand. Ein Vasall konnte Lehensmann mehrerer Könige sein.

* Eine scharfe territoriale Abgrenzung der Herrschaftsgebiete war bis ins 11. Jh. regelmäßig nicht möglich. Herrschaftsräume wurden durch herrenlose Ödlandstreifen getrennt (nördliche Ostgrenze des deutschen Reichs) oder um einen Landstrich konkurrierten mehrere Herrschaften (Westgrenze).

* Ebensowenig existierte bis zum SpMA eine volle Souveränität, dh eine ausschließliche/einheitliche Staatsgewalt nach innen und außen (oberste Staatsgewalt im modernen Sinn). Vielmehr war die Macht dezentralisiert und sowohl der König/Kaiser als auch die Landesfürsten mussten die Existenz konkurrierender autonomer Herrschaften dulden, die Gerichts-, Zoll- oder Abgabenhoheit ausübten, und deren Herrschaft sich nicht von der Zentralgewalt herleitete. Hierarchisierungen und Instanzenzüge fehlten regelmäßig.

* Das uns heute vertraute Gerichts- und Gewaltanwendungsmonopol des Staates war dem ma. Gemeinwesen fremd (Beispiel: Fehdewesen).

* Bis ins HMA bildeten staatliche Dauereinkünfte in Form von Steuern die Ausnahme. Der Herrscher finanzierte seine Ausgaben aus den Erträgnissen seiner Grundherrschaften, den Zolleinnahmen, Regalien etc. Ein stehendes Heer war bis Ende des SpMA unbekannt.

* Die der Nationalstaatsidee des 19. Jhs. zugrunde liegende Verknüpfung von Volk – Nation[18] – Staat, war den ma. Gemeinwesen fremd. Der Kaiser verstand sich als supra-nationaler Herrscher, Reichs- und Landesgrenzen durchschnitten die Siedlungsgebiete. Praktisch alle ma. Reiche waren multikulturell. Das Christentum (civitas dei) und das von Adel, Klerus und Gelehrten verwendete Latein wirkten universalistisch.

* In der zutiefst religiös geprägten ma. Gesellschaft bestand eine so enge Verzahnung zwischen Kirche und Staat, dass eine Abgrenzung erst im Rahmen eines Jahrhunderte dauernden Konflikts möglich wurde.

Bereits im SpMA setzte eine Entwicklung ein, in der wir die Wurzeln späterer Staatsauffassungen wiederfinden können. Es handelte sich dabei um einen Prozess, der grundsätzlich alle Länder Zentral- und Westeuropas erfasste. Das sacrum imperium bzw. das deutsche Königreich nahmen allerdings insoweit eine Sonderstellung ein, als sich dieser

[18]) Im ma. Sprachschatz wurde für die Gliederung der Mitglieder einer Universität bzw. die Teilnehmer eines Konzils die Bezeichnung „natio“ verwendet. Diese hat mit dem modernen Begriff „Nation“ allerdings nichts gemein. Bei den Universitäten verstand man darunter eher landsmannschaftliche Korporationen. Die Konzilsteilnehmer wurden in vier Nationen geteilt: Frankreich (einschl. Navarra und Mallorca), Deutschland (einschl. Ungarn, England, Polen und Nordeuropa), die spanischen Königreiche, Italien (einschl. Sizilien, Sardinien, Korsika, Griechenland, Slavonien, Zypern) vgl. *Becker,* Art. „Natio“, HRG III, 862.

Prozess auf zwei Ebenen vollzog. Auf der Ebene des Gesamtreiches verlief die Umgestaltung wesentlich langsamer und weniger erfolgreich, sodass das spätere Heilige Römische Reich Deutscher Nation bis zu seinem Untergang im Jahre 1806 zahlreiche Elemente des frühfeudalen Staates beibehielt. Hingegen erfolgte auf der Ebene der Territorialherrschaften (Länder) ab dem SpMA eine wesentlich kräftigere Entwicklung in Richtung auf eine **Durchstaatlichung**, die in der Schaffung einer Reihe von frühneuzeitlichen Territorialstaaten im Rahmen des Gesamtreiches mündete. Kennzeichen und Triebfeder dieser Entwicklung auf beiden Ebenen waren zB: Ablösung von Kirche und Staat im Rahmen des Investiturstreits im 11./12. Jh., ausgedrückt durch die Trennung von Temporalien und Spiritualien (vgl. unten); Errichtung von festen Residenzen als Herrschaftsmittelpunkte; Anfänge eines organisierten Steuerwesens; Aufstellung eines stehenden Heeres; Herausbildung der Regalienlehre (vgl. unten); Intensivierung der Gesetzgebung und der Herrschaft insgesamt; schriftliche Fixierung des Verfahrens zur Bestellung der Herrscher sowie der Abgrenzung der Kompetenzen; Hierarchisierung der Herrschaftsträger; Durchsetzung von Einheits- und Unteilbarkeitsideen für bestehende Territorien; Ansätze zu einem Berufsbeamtentum, Eindämmung des Fehdewesens.

Der sich auf diese Weise herausbildende Staat war gekennzeichnet durch eine **dualistische Herrschaftsform**. Dem Herrscher (Kaiser, König, Landesfürst) standen Vertreter der politisch bevorrechteten Stände (Reichsstände, Landstände) gegenüber, die Teilhaber an der Herrschaft waren (vgl. unten).

3.2.2. Königtum – Deutsches Königreich

Territorium, Sprache, Hauptstadt: Das Deutsche Königreich (regnum teutonicum) entwickelte sich aus dem durch die Aufteilung des Fränkischen Reiches im 9. Jh. entstandenen Ostfränkischen Reich. Den Kernraum bildeten die fünf Stammesherzogtümer Sachsen, Franken, Schwaben, Bayern und Lothringen. Um die Westgrenze gab es während des gesamten MA Auseinandersetzungen mit Frankreich bzw. dem Königreich Burgund, wobei umfangreiche Gebietsverluste eintraten. Hingegen dehnte sich das Deutsche Königreich (ausgehend von der Linie: Elbe–Saale) ab dem HMA im Zuge der gewaltsam vorgetragenen Christianisierung der Slawen weit nach Osten hin aus. Böhmen kam im 11. Jh. endgültig zum Reich. Die Südgrenze verlief etwa entlang der Linie Basel – St. Gotthard-Pass – Nordufer des Gardasees – Brixen – Triest. Um von einem Ende des Reiches zum anderen zu reisen waren im MA rund 30 Tage notwendig. Das Deutsche Königreich kannte im MA keine Hauptstadt. Der König zog vielmehr von Pfalz zu Pfalz, später nahm er in den Bischofsstädten Quartier. Herrschaftsmittelpunkt war – bei vorwiegend mündlicher Regierungsweise – der jeweilige Aufenthaltsort des Königs, ab dem 14. Jh. vor allem Prag und Wien.

Die Mehrheit der Bevölkerung sprach Deutsch, die Bewohner in der westlichen Peripherie waren französischsprachig, im Osten und Südosten herrschten slawische Sprachen vor.[19] Unter der verbliebenen romanischen Bevölkerung hielt sich das Latein bis zum Ende des Mittelalters als Umgangssprache. Erst im 13. Jh. verdrängte das Mittelhochdeutsch im Deutschen Königreich das Latein als Rechtssprache.

Nach der Wiedererrichtung des Imperium romanum (962) bildete das Deutsche Königreich einen Bestandteil des Kaiserreichs. Gegen Ausgang des MA vollzog sich eine weitgehende territoriale und institutionelle Verschmelzung des Deutschen Königreichs mit dem Kaiserreich.

Königtum: Im deutschen Königtum vereinigten sich germanische (dominierend) mit christlich-römischen Herrschaftsvorstellungen, wobei beiden eine sakral-transzendentale Komponente anhaftete. Grundsätzlich war bis zum Ausgang des MA Herrschaft immer an die Zustimmung der Beherrschten gebunden und unterschied sich dadurch grundlegend vom Gottesgnadentum des Absolutismus der Neuzeit. Der offizielle Titel lautete Römischer König (rex romanorum bzw. rex Alamannie).

Ausgehend von einem älteren Sakralkönigtum hatten die Germanen die Vorstellung entwickelt, dass ein bestimmtes Geschlecht mit dem Königsheil ausgestattet sei **(Geblütsrecht)**. Der einzelne Angehörige dieses Geschlechts besaß jedoch keinen (Erb-)Anspruch auf den Thron, insbesondere galt keine Primogenitur. Vielmehr war es das Recht der Versammlung der freien Männer (später bestimmter bevorrechteter Rechtsgenossen), den Herrscher aus dem Königsgeschlecht zu wählen. Dieser empfing seine Herrschaft somit sowohl von Gott als auch durch das „Volk".

Im Gegensatz dazu sah die christlich/kirchliche Vorstellung die Königsgewalt zwar ebenfalls von Gott abgeleitet, betonte jedoch den Amtscharakter und die damit verbundenen Aufgaben und Pflichten. Diese wären die Durchsetzung der göttlichen Ordnung (dh der kirchlichen Wertvorstellungen) auf Erden. Daher traten aus christlicher Sicht bei der Auswahl des Herrschers geblütsrechtliche Überlegungen hinter die Frage der Idonität (Geeignetheit) zurück. Der Herrscher sollte demnach sowohl den guten Willen haben als auch über die Macht verfügen, die christliche Ordnung durchzusetzen.[20]

Die Königswahl: Die Geschichte des deutschen Königswahlrechts bewegte sich im Spannungsfeld von Geblütsrecht des Königsgeschlechts, Wahlrecht des hohen Adels, Versuche der Könige, die Thronfolge erblich zu machen sowie den Bemühungen der Kirche,

---

[19]) Auf Grund der Mehrsprachigkeit im Reich wurde die sprachliche Ausbildung der Kurfürsten durch ein Reichsverfassungsgesetz ausdrücklich geregelt. Kap. 31 der Goldenen Bulle (1356) lautete: „Da das Heilige Römische Reich in seiner Würde die Gesetze und Regenten der verschiedenen Länder lenkt, die sich durch Gebräuche, Lebensweisen und Sprachen unterscheiden, ziemt es sich …, wenn man die Kurfürsten – die Pfeiler und Mauern des Reiches – über die Verschiedenheiten der Mundarten und Sprachen belehrt ... Wir bestimmen daher, dass die Söhne, Erben oder Nachfolger der erhabenen Fürsten ... die doch wahrscheinlich als Kinder die deutsche Sprache auf natürliche Weise erlernt haben, vom siebten Jahre an in der lateinischen, italienischen und slawischen Sprache unterrichtet werden. Je nach der von Gott gegebenen Begabung sollen sie mit 14 Jahren in ihnen ausgebildet sein. Dies wird nicht nur für dienlich, sondern aus den genannten Gründen für unentbehrlich gehalten, weil diese Sprachen in besonderem Maße im Heiligen Römischen Reiche benützt und benötigt werden und weil man in ihnen die schwierigsten Reichsgeschäfte erörtert …"

[20]) *Kern,* Gottesgnadentum und Widerstandsrecht, 49. Deutlich kam dies im Jahre 751 beim Schiedsspruch von Papst Zacharias anlässlich des Staatstreichs des fränkischen Hausmeiers Pippin (er verfügte über die reale Macht) gegen den fränkischen König Childerich III. (für ihn sprach das Geblütsrecht) zum Ausdruck: „Es sei besser, dass der König heiße, der die Macht in Händen halte, als der, dem keine königliche Gewalt verblieben sei."

ihre Idonitätsvorstellungen durchzusetzen. Die Geschichte des Thronfolgerechts stellt daher ein Abbild der wechselnden Stärke der Könige, des Adels und der Kirche dar.

Bis zum Jahre 1250 überwog der Einfluss des Geblütsrechts. Das eigentliche Wahlverfahren war schriftlich noch nicht geregelt. Aktiv wahlberechtigt war der nach Stämmen gegliederte höhere Adel (im 12. Jh. einige hundert Männer), wobei die einzelne Stimme je nach Rang ungleich schwer wog. Passiv wahlberechtigt waren alle Edelfreien[21], faktisch kamen jedoch nur Mitglieder des Reichsfürsten- bzw. Grafenstandes zum Zug. In einem Vorverfahren ermittelten die Wahlberechtigten in politischen Verhandlungen untereinander bzw. mit potenziellen Kandidaten die Person des Königs, wobei nicht die Mehrzahl der Stimmen, sondern ihr politisches Gewicht den Ausschlag gab. Anschließend folgte die feierliche Kur (Wahl), bei der Einstimmigkeitsprinzip galt.[22] An diese schloss die Akklamation durch das Volk (Rest der ehemaligen Volkswahl) sowie die Annahmeerklärung des Gewählten an. Nach der Krönung (in Aachen durch den Erzbischof von Köln) und der Salbung (Königsweihe)[23] erfolgte die Übergabe der Reichsinsignien.[24] Nach dem Krönungsgelöbnis[25] des neu gewählten Königs folgten das Krönungsmahl und die Huldigung. Letztere bestand aus einem Eid oder einer Anerkennungshandlung der Untertanen, durch die ihre Treuebindung zum neuen Herrscher begründet wurde.

---

[21]) Nach weltlichem Recht (Ssp. Ldr. III. Buch Art. 54 § 3) waren körperlich Behinderte, Aussätzige, Gebannte, Unfreie und Uneheliche vom Königsamt ausgeschlossen. Hingegen war Unmündigkeit kein Hinderungsgrund. Bis zur Erreichung der Mündigkeit des Gewählten übte der Vormund (meist ein männlicher Verwandter, uU aber auch die Mutter) die **Regentschaft** aus. Da nicht geregelt war, wem die Regentschaft zukäme, war ein unmündiger König haufig das Objekt von Auseinandersetzungen zwischen rivalisierenden politischen Gruppen. Ein typisches Beispiel war das Schicksal von Heinrich IV. Er wurde als Dreijähriger gekrönt, mit fünf Jahren verlobt und stand unter der Vormundschaft seiner Mutter Agnes. Im Jahre 1062 entführte Erzbischof Anno von Köln den zwölfjährige Knaben (einschließlich der Reichsinsignien), um sich der Regentschaft zu bemächtigen.

[22]) Die Vertreter der Mindermeinung mussten die Wahlversammlung verlassen oder sich der obsiegenden anschließen.

[23]) Die Salbung stellt einen aus dem jüdisch-orientalischen Rechtskreis stammenden Initiationsritus dar, der mit geweihtem Öl ausgeführt wird. Wie im Alten Testament überliefert (l. Sam. 10,1), salbte der Priester den König bei Übernahme der Herrschaft. Bis zum 11. Jh. wurde die Königssalbung in der christlichen Lehre zu den Sakramenten gezählt und wies starke Ähnlichkeiten mit der Priester- und Bischofweihe auf. Dies entsprach der Stellung des Königs als „Mittler zwischen Klerus und Volk". Nach dem Investiturstreit hatte die Kirche ein Interesse daran, den Laienstatus des Kaisers/Königs hervorzustreichen. Die Herrscherweihe wurde daher nicht unter die sieben Sakramente der sich im 12./13. Jh. verfestigenden Sakramentslehre aufgenommen (vgl. *Kern,* Gottesgnadentum, 68, 94). Hinter der Salbung steht die Vorstellung, dass das sakrale Charisma eine durch sakramentalen Akt übertragbare oder erzeugbare magische Qualität darstellt (*Weber,* Staatssoziologie, 109).

[24]) Da das MA den Staat noch nicht als juristische Person verstand und transpersonale Staatsvorstellung erst entwickeln musste, kam der Symbolik besondere Bedeutung zu. Das Reich wurde verkörpert durch die **Reichsinsignien** (Reichskleinodien), zu denen insbes. gehörten: Reichskrone, Reichsapfel, Reichszepter, Reichsschwert, Hl. Lanze, Krönungsgewänder, Reichsreliquien. Nur wer über die Reichsinsignien verfügte, galt als echter Herrscher. Diese Reichsinsignien werden heute in der Wiener Hofburg aufbewahrt.

[25]) Der König hatte zu schwören, „dass er das recht stärken und das unrecht schwächen und das reich vertreten werde in seinem rechte, wie er könne und vermöge." (Ssp., Ldr. III. Buch Art. 54 § 2).

Obwohl die Königswürde häufig über mehrere Generationen in der Hand eines Geschlechtes blieb, konnte sich anders als in Frankreich die Erbmonarchie im Deutschen Königreich nicht durchsetzen. Die Erbreichspläne von Heinrich VI. (1196) scheiterten am Widerstand des Hochadels und des Papstes. Politisch starken Königen gelang es jedoch während ihrer Regierungszeit die Designation ihres Nachfolgers durchzusetzen, wodurch das Wahlrecht zeitweise zu einem Bestätigungsrecht absank. Wiederholt kam es aber vor (zB 1077, 1198, 1257, 1314), dass sich die Königswähler nicht auf einen gemeinsamen Kandidaten einigen konnten (Doppelwahl) oder später ein Gegenkönig gewählt wurde. Die daraufhin aufbrechende kriegerische Konfrontation wurde nach germanischer Tradition als Rechtsstreit verstanden, bei dem auf dem Schlachtfeld durch Gottesurteil (vergleichbar dem Zweikampf) über die Herrscherwürde entschieden wurde.

Thronstreitigkeiten dieser Art sowie der Umstand, dass die Wahl zum deutschen König ein Anrecht auf die Kaiserwürde verlieh, bildeten den Hintergrund für die Bemühung des Papsttums verstärkten Einfluss auf die deutsche Königswahl zu erlangen. Seit dem Jahre 1202 (Decretale venerabilem) beanspruchte der Papst ein – vom deutschen Adel jedoch bestrittenes – Approbationsrecht. Dieses sollte eine Überprüfung des Wahlverfahrens sowie das Recht des Papstes einschließen, einen Gewählten abzulehnen.[26]

Im Laufe des 13. u. 14. Jhs. vollzog sich ein politischer Prozess, durch den das Recht zur Königswahl einer immer kleineren Gruppe von höchsten Reichsfürsten vorbehalten blieb und sich das Mehrheitsprinzip durchsetzte. Das im Jahre 1356 von Kaiser Karl IV. erlassene Reichsgesetz (die sog. **Goldene Bulle**) war die erste schriftliche Wahlordnung des Reiches und fixierte im Wesentlichen das bis zu diesem Zeitpunkt entwickelte Gewohnheitsrecht. Aktiv wahlberechtigt waren ausschließlich drei geistliche und vier weltliche **Kurfürsten:** die Erzbischöfe von Trier, Mainz und Köln, der König von Böhmen, der Herzog von Sachsen, der Pfalzgraf bei Rhein sowie der Markgraf von Brandenburg.[27]

Die Kurfürsten konnten sich bei der Wahl zwar durch Gesandte vertreten lassen, nicht jedoch das Stimmrecht übertragen. Bei der Abstimmung galt das Mehrheitsprinzip. War man nach 30 Tagen immer noch nicht zu einer Mehrheit gelangt, so durfte keiner der Kurfürsten den Wahlort (Frankfurt) verlassen und alle mussten sich mit Wasser und Brot begnügen.[28] Für die Zeit der Sedesvakanz, also der Monate zwischen dem Tod eines Herrschers und der Wahl eines neuen Königs, übten der Pfalzgraf bei Rhein sowie der Herzog von Sachsen die Verwaltung über das Reich aus **(Reichsvikariat)**[29]. Ein päpstliches Approbationsrecht kannte

---

[26]) Nach kirchlicher Auffassung sollten folgende Personen vom Königsamt ausgeschlossen sein: Gottlose, Gebannte, Tyrannen, Toren, Ketzer, Heiden, Uneheliche. Weiters alle, die von einem gebannten Geschlecht abstammten.

[27]) Die Kurfürsten übten die sog. **Erzämter** aus: Erzbischof von Mainz (Erzkanzler des Reiches), Erzbischof von Köln (Erzkanzler für Italien), Erzbischof von Trier (Erzkanzler für Gallien und Arelat), König von Böhmen (Erzmundschenk), Herzog von Sachsen (Erzmarschall), Markgraf von Brandenburg (Erzkämmerer), Pfalzgraf bei Rhein (Erztruchses). Die weltlichen Kurfürsten hatten an der königlichen Festtafel die entsprechenden Dienste zu erfüllen (Überreichung des Weinbechers, Überbringung des Pferdehafers und des Wassers zum Händewaschen, Vorlage der Speisen).

[28]) Das transzendentale Moment der Königswürde lebte auch in der Goldenen Bulle fort. Kap. II. § 1. schrieb den Kurfürsten vor Beginn der Wahl den Besuch der Messe vor, „dass der Hl. Geist ihre Herzen erleuchte und ihre Sinne mit dem Licht seiner Vortrefflichkeit erfülle und sie stärke, damit sie zum Heil der Christenheit unter seiner Leitung einen gerechten, guten und tauglichen Mann zum Römischen König und künftigen Kaiser wählen mögen".

[29]) Es war ursprünglich nicht ausdrücklich geregelt, wer das Reichsvikariat bei Thronerledigung (vacante imperio) ausübte. Während im 11. Jh. mehrfach die überlebende Ehefrau des Königs weiter regierte, gelang es im 12. Jh. dem Erzbischof von Mainz das Reichsvikariat an sich zu ziehen. Der ab dem 13. Jh. unter Papst Clemens IV. von der römischen Kurie erhobene Anspruch auf das Reichsvikariat konnte sich nicht durchsetzen. Vielmehr übte dieses Recht seit dem 13. Jh. der Pfalzgraf bei Rhein aus. Die Goldene Bulle teilte das

die Goldenen Bulle nicht. Von personellen Veränderungen abgesehen, bildete die Goldene Bulle in dieser Form bis 1806 die Wahlordnung für das Reich.

Die Absetzung des Königs: Anders als die absoluten Potentaten der Frühneuzeit stand der ma. Herrscher nicht über dem Gesetz, sondern war dem „Recht und Herkommen unterworfen".[30] Verletzte er das Recht, so hatte das „Volk" (in der Praxis wohl nur der Adel) das Recht zum Widerstand. Der König bzw. Kaiser musste sich vor einem weltlichen Gericht verantworten.[31] Ab Ende des 13. Jh. setzten die Kurfürsten tatsächlich mehrmals Könige ab (zB 1298 und 1400). Seit dem 11. Jh. beanspruchte auch die Kirche dieses Recht (Bannung und Auflösung der Untertaneneide). Obgleich mehrfach angewandt (zB gegen Heinrich IV. u. Friedrich II.) wurde dieses päpstliche Recht von den weltlichen Herrschern immer bestritten.

Rechte und Pflichten des Königs: Der König war *oberster* Lehensherr des Reiches. Im Rahmen des Lehenssystems waren König und Volk in einem gegenseitigen Treueverhältnis verbunden. Entsprechend germanisch-/deutschrechtlicher Tradition vereinte der König (modern gesprochen) Verwaltung, Gesetzgebung und Rechtsprechung. Er konnte diese Rechte jedoch nur gemeinsam mit dem Adel ausüben, da Herrschaft im MA – anders als im Absolutismus – an die Zustimmung der Untertanen gebunden war. Der König führte den *Oberbefehl über das* Reichsheer und besaß bis ins 12. Jh. (zumindest theoretisch) das alleinige Recht, Befestigungsanlagen zu errichten (Befestigungshoheit). Mittels **Königsbanns** konnte er auf den Gebieten Gerichtsbarkeit, Verwaltung, Friedenssicherung, Heerwesen und Regalien Befehle erteilen und ihre Nichteinhaltung mit Bußstrafen belegen. Gleichzeitig war der König zum Schutz bestimmter Orte bzw. Personen (zB Klöster, Kleriker, Kaufleute, Juden, Witwen, Waisen) verpflichtet (*Königsschutz*). Als König verfügte er über die **Regalien** (iura regalia). Zu diesen königlichen Hoheitsrechten, die im 12./13. Jh. zum Großteil auf die Landesfürsten und seit 1519 auch auf die übrigen Reichsstände übergegangen waren, gehörten ua: Münz-, Zoll-, Markt-, Straßen-, Strom- (Fluss), Brücken-, Geleit-, Berg-, Salz-, Judenschutz-, Boden-, Schatz- und Strandregale sowie Wildbann und Fischereirechte. Darüber hinaus konnte der König das *Reichs- bzw. Kammergut* nutzen. Zumindest im Früh- und Hochmittelalter nahm der König/Kaiser eine Stellung als *„Mittler zwischen Klerus und Laien"* ein. Diese Ansicht wurde auf die sakralen Wurzeln des Königstums, seine Reichskirchenhoheit und die Salbung gestützt. Als König war er Mitglied zahlreicher Dom- oder Stiftskapitel (Königskanonikat).

Reichsvikariat auf den Pfalzgraf bei Rhein sowie den Herzog von Sachsen auf. Hievon zu unterscheiden ist der **Reichsverweser** (Reichsvikar absente rege), der für die Dauer der Abwesenheit des Königs (zB Romfahrt) bestellt wurde.

[30]) *Conrad,* Rechtsgeschichte I², 222.

[31]) Gem. Sachsenspiegel (Ldr. III. Art. 52 § 3, Art. 54 § 4) und der Goldenen Bulle (Kap. V § 2) stand dieses Gericht unter der Leitung des Pfalzgrafen bei Rhein.

3.2.3. Kaisertum – Reichsgedanke

Begriff, Territorium: Ein die deutsche und italienische Geschichte des MA prägender Begriff war die **„renovatio imperii".**[32]

Damit verbunden war die Vorstellung, dass das antike Römische Imperium das letzte von insgesamt vier Weltreichen[33] vor dem nahenden Weltuntergang sei. Dieses Römische Weltreich wäre zunächst durch das Fränkische Reich und nach der Reichsteilung durch das Ostfrankenreich fortgesetzt worden. In Anlehnung an das antike Vorbild und das noch existierende Byzantinische Kaiserreich sollte der Herrscher über das erneuerte imperium romanum den Titel „Kaiser" („imperator") tragen. Hinter dieser ideologischen Verbrämung standen einige sehr reale machtpolitische Motive: Der Frankenkönig Karl d. Gr. strebte nach einer sakralen Überhöhung und Gleichstellung mit dem oströmischen Kaiser[34]. Der Papst wiederum suchte einen weltlichen Verbündeten im kirchenpolitischen Kampf mit dem Patriarchen von Byzanz um die Vorherrschaft in der Christenheit.

Der Begriff „imperium" bzw. **„imperium romanum"** wurde religiös-transzendental und universell gebraucht, dh das Reich als Verkörperung des *christlichen Weltreichs* (imperium christianum) verstanden. Es war nach der Kaiserkrönung Karl d. Gr. im Jahre 800 zunächst mit dem Großfränkischen Reich identisch. Mit der Teilung dieses Reichs ging der Kaiserreichsgedanke zunächst unter, wurde aber mit der Kaiserkrönung Otto d. Gr. (962) neu belebt (**translatio imperii**[35]). Von da an war „imperium" verknüpft mit dem Ostfränkischen Reich. Der Herrschaftsbereich des „Imperium romanum" umfasste folgende drei Königreiche: Deutsches Königreich (Regnum teutonicum), italienisches Königreich (Regnum italicum = Reichsitalien, dh Ober- und Mittelitalien), Königreich Burgund[36] (seit 1032). Es stellte somit ein multikulturelles Reich dar, das neben dem Siedlungsgebiet der germanischen Völkerschaften viele nicht-deutschsprachige Regionen umfasste. Neben Mittelhochdeutsch wurden im Reichsterritorium noch Französisch, Italienisch, Latein sowie mehrere slawische Sprachen gesprochen.

Ab dem 12. Jh. kam für das Kaiserreich die Bezeichnung **Sacrum imperium** oder Sacrum imperium romanum in Gebrauch. Im Verlaufe des MA gingen immer mehr Gebiete Burgunds an Frankreich verloren und auch südlich der Alpen schwand der Einfluss des

---

[32]) Dieser Begriff wurde sowohl in Kaiserbullen von Karl d. Gr. als auch Otto d. Gr. verwendet und umschreibt die Politik einer gezielten Anknüpfung an römisch/christliche Weltreichsvorstellungen.

[33]) Diese Vier-Weltreiche-Theorie gründete auf den Weissagungen des Alten Testaments (Daniel 7). Gemäß der biblischen Deutung dieser Vision sollte nach dem vierten Weltreich das jüngste Gericht über die Menschheit hereinbrechen. Die vier Weltreiche wären: Babylonisches Reich, Medopersisches Reich, das griechische Reich Alexanders sowie das Römische Reich.

[34]) Durch die Kaiserkrönung Karl d. Gr. im Jahre 800 war das sog. „Zwei-Kaiser-Problem", also die Frage des Verhältnisses der beiden Kaiser zueinander, entstanden. Im Jahre 812 anerkannten die beiden Kaiser einander auf der Grundlage, dass der byzantinische Kaiser den Titel „imperator romanorum" hingegen Karl d. Gr. nur den Titel „imperator" trug.

[35]) Nach der Lehre von der „translatio imperii" war im Jahre 800 die Kaiserwürde durch den Papst von Ostrom auf das Frankenreich (bzw. das Geschlecht der Karolinger) und im 10. Jh. auf das ostfränkische Reich (bzw. das Geschlecht der Sachsen/Ottonen) übertragen worden.

[36]) Dieses umfasste die Provence, die französiche Alpenregion sowie die heutige Westschweiz.

Kaisers, sodass das Kaiserreich zunehmend mit dem Deutschen Königreich identifiziert wurde. Dies drückte sich in dem im 15. Jh. aufkommenden Namen **Heiliges Römisches Reich Deutscher Nation** und der begrifflichen Verschmelzung von „Imperium romanum" mit dem „Regnum teutonicum" sowie der Titel Kaiser – König aus.

Die Kaiserkrönung: Obwohl der Papst bis zum Jahre 800 (Krönung Karl d. Gr.)[37] nichts mit der Erhebung von Kaisern zu tun hatte, waren das päpstliche Recht zur Kaiserkrönung (mit anschließender Akklamation durch die römische Bevölkerung) sowie Rom als Krönungsort ab Mitte des 9. Jh. unbestritten. Nach der Erneuerung des Kaiserreichs durch Otto d. Gr. (962) besaß der deutsche König ein Anwartschaftsrecht auf die Kaiserkrönung.

Im Zuge ihres politischen Machtzuwachses im HMA leiteten die Päpste aus dem Recht der Kaiserkrönung eine Reihe von weiteren (zum Teil bestrittenen) Rechten und damit Einfluss auf die praktische Politik ab: das Recht zur Approbation der deutschen Königswahl; das Reichsvikariat, solange der Thron unbesetzt war; das Recht, den König/Kaiser zu bannen und abzusetzen; schließlich das Recht, das „imperium" auch auf ein anderes Reich als das deutsche zu übertragen.

Als das Papsttum im 14. Jh. unter den Einfluss Frankreichs geriet, entstand im Deutschen Königreich eine Bewegung gegen die Abhängigkeit des Kaisertums vom Papst. Das im Jahre 1338 von Ludwig von Bayern erlassene Gesetz „Licet iuris", das dem zum deutschen König Gewählten bereits alle Herrschaftsrechte und den Titel Kaiser gab, konnte sich politisch noch nicht durchsetzen. Die Goldene Bulle bestätigte das Kaiserkrönungsrecht des Papstes. Erst Ende des MA gelang dem Kaisertum die Loslösung vom päpstlichen Einfluss. Die letzte päpstliche Kaiserkrönung in Rom fand 1452 statt. Seit dem 16. Jh. war mit der Wahl zum deutschen König automatisch die Ernennung zum Kaiser verbunden. Der offizielle Titel lautete „Erwählter Römischer Kaiser".

Rechte und Pflichten des Kaisers: Die sakrale Überhöhung („auctoritas") gewährte dem Kaiser einen **Rangvorzug** gegenüber den übrigen Königen. Der davon abgeleitete **Universal-** bzw. **Weltherrschaftsanspruch**[38] (Weltenthron)[39] konnte gegenüber den anderen Königen jedoch nie durchgesetzt werden. Daneben waren mit dem Kaiseramt einige wenige praktische Rechte verbunden, die zum Teil auch dem Papst zustanden: die Ernennung von Königen, die Legitimation unehelicher Kinder und die Gründung von Uni-

[37]) Die in den zeitgenössischen Quellen überlieferte Verstimmung Karls über den Ablauf der Krönungszeremonie (Krönung durch den Papst) rührt nach einer von mehreren möglichen Interpretationen daher, dass Karl alles vermeiden wollte, was in Richtung auf ein Verfügungsrecht des Papstes über den Kaisertitel gedeutet werden könnte.

[38]) Vgl. *Holtzmann,* Der Weltherrschaftsgedanke des ma. Kaisertums und die Souveränität der europäischen Staaten, HZ 1939, 251.

[39]) Die Goldene Bulle sprach zB davon, dass die Kurfürsten „dem Erdkreis und dem Christenvolk ein weltliches Haupt" wählen (Kap. II § 3).

versitäten; das Recht bzw. die Pflicht zur Verteidigung der Christenheit gegen die Heiden (Kreuzzug, Ostmission, Ketzerverfolgung). Aus dieser Schutzmachtstellung leiteten die Kaiser bis zum 11. Jh. das Recht ab, Päpste ein- bzw. abzusetzen. Dieser Anspruch wurde später zu einem kaiserlichen Bestätigungsrecht für die Papstwahl abgeschwächt. Zu Zeiten der Kirchenspaltung berief der Kaiser allgemeine Konzile ein. Das Verhältnis zwischen Kaiser und Papst führte im Hochmittelalter zu lang andauernden Auseinandersetzungen über die Rangordnung und die Abgrenzung der Kompetenzen.

3.2.4. Kirche und Papsttum

Die ma. Gesellschaft war zutiefst religiös durchdrungen, wobei sich christliche mit germanischen Elementen vermischten und ergänzten. Die christliche Staatsauffassung war lange Zeit geprägt durch die Lehren von Augustinus „De civitate die" („Vom Gottesstaat"):[40]

Augustinus (354–430) ging von der Existenz zweier Reiche aus. Das Reich Gottes (civitas dei) würde gebildet aus dem Jenseits sowie jenen Menschen auf Erden, die nach den göttlichen Geboten lebten. Dem gegenüber stünde das Reich der Erde (civitas terrena, civitas diaboli), das in sich uneins wäre und mit dem Reich Gottes im Streit läge (Lib. XV, 5). Gott gäbe die irdischen Reiche sowohl an Gute wie auch an Böse, wobei er nach einer Ordnung der Dinge und Zeiten vorginge, die uns zwar verborgen, ihm aber offenbar sei (IV, 33). Der Christ wäre verpflichtet, auch einem noch so schlechten und schändlichen Staat zu gehorchen (II, 19). Gott leite und richte die Reiche als Herr und Lenker (IV, 33). Er sei auch in der Gegenwart noch auf der Erde tätig, etwa indem er in Schlachten eingreife und den Ausgang von Kriegen bestimme (V, 22). Aus all dem folgerte *Augustinus* die Forderung, auf Erden einen Staat zu schaffen, in dem die religiösen Gebote befolgt würden (II, 19). Für den christlichen Herrscher bestünde die Pflicht, durch seine Politik die Gerechtigkeit zu verwirklichen (V, 24).

Die Aufgabe des christlichen Staates läge demnach darin, das Reich Gottes auf Erden zu verwirklichen und den Menschen zu Gott zu führen. Staat und Kirche bildeten nach dieser Auffassung zwei Seiten ein und derselben Medaille. Die Folge war eine intensive gegenseitige Durchdringung dieser beiden Einrichtungen, die schließlich im wechselseitigen Bemühen mündete, einander zu beherrschen: Sakralisierung des weltlichen Reichs und der weltlichen Herrschaft; Versuch des Kaisers, die Kirche für seine Herrschaftsinteressen zu instrumentalisieren; Forderung der Kirche nach einer Teilhabe an der weltlichen Macht.

Bis zum 5. Jh. war es dem Bischof von Rom, der den Titel **Papst** („papa" = Vater) für sich in Anspruch nahm, gelungen, zumindest innerhalb der weströmischen Kirche[41] seinen Anspruch auf Vorherrschaft durchzusetzen (päpstlicher Primat) und die kirchliche Macht zu zentralisieren. Nach dem Untergang des weströmischen Reichs war er bemüht, in Mittelitalien eine autonome weltliche Herrschaft zu etablieren, musste jedoch zunächst die Oberhoheit des oströmischen Kaisers und später der Frankenkönige anerkennen. In der

[40]) *Augustinus Aurelius,* De civitate dei.

[41]) Die endgültige Spaltung in eine Ost- und eine Westkirche erfolgte im Jahre 1054.

Zeit vom 6. bis zum 13. Jh. vollzog sich der Wandel vom Lehensuntertan des Kaisers zu dessen (zumindest theoretischen) Lehensherrn. Diese Entwicklung zeigt sich einerseits an der Geschichte der Kaiserkrönung (vgl. oben) und andererseits an der Entwicklung der Papstwahl:

Die **Wahl des Papstes** lag ursprünglich in den Händen der Bevölkerung der Stadt Rom. Bis ins 8. Jh. musste der Papst allerdings beim oströmischen Kaiser um Bestätigung der Wahl ansuchen. Nach dem Bündnis mit den fränkischen Königen nahmen jedoch im 9. Jh. diese und ab dem 10. Jh. die deutschen Könige für sich das Recht in Anspruch, auf die Papstwahl Einfluss zu nehmen. Der Papst musste dem Kaiser einen Treueeid leisten (824) und durfte nur mit Erlaubnis des Kaisers geweiht werden (844). Wiederholt setzten Kaiser politisch unbequeme Päpste ab und ließen eigene Parteigänger wählen.[42] Im Jahre 1059 wurde die Papstwahl neu geregelt und die Wahl den Kardinälen vorbehalten. Der Kaiser verlor damit die Möglichkeit der Einflussnahme.

Ab der 2. Hälfte des 11. Jh. gingen die Bemühungen der Päpste immer mehr in Richtung einer **Hierokratie** (Priesterherrschaft, Priesterkönigtum), die in einer Oberhoheit des Papstes über die weltlichen Herrscher münden sollte. Einen ersten Schritt bildete der „dictatus papae“ (1075), in dem Papst Gregor VII. (1073–1085) seinen **Universalprimat** in Gesetzgebung und Gerichtsbarkeit auch auf die weltliche Sphäre ausdehnte.[43] Am Höhepunkt der Macht stand das Papsttum mit Innozenz III. (1198–1216), dem die meisten europäischen Herrscher dieser Zeit den Lehenseid leisteten. Als Papst Bonifaz VIII. im Jahre 1302 die Bulle „unam sanctam“ erließ, in der er die Abhängigkeit der staatlichen Gewalt von der Kirche betonte, war die päpstliche Macht bereits in Verfall begriffen. In der Auseinandersetzung mit dem französischen Königtum unterlagen die Päpste und mussten ihren Sitz für einige Zeit nach Avignon („Babylonische Gefangenschaft“ 1309–1377) verlegen. Diese Ära sowie das große Kirchenschisma (1378–1417, drei konkurrierende Gegenpäpste) schwächten den päpstlichen Primat und ließen die Bewegung des **Konziliarismus** entstehen. Nach deren theologischer Position stünde ein allgemeines Konzil als Repräsentation der Gesamtkirche über dem Papst und könne diesen richten bzw. absetzen. Das von Kaiser Sigmund einberufene Konzil von Konstanz (1414–1418) sowie das von Basel (1431–1449) beendeten das Schisma und signalisierten den erneut steigenden Einfluss der weltlichen Macht in innerkirchlichen Angelegenheiten. Die auf-

[42]) Bspw. enthob Heinrich III. im Jahre 1046 gleich mehrere konkurrierende Päpste des Amtes und ließ den Bischof von Bamberg als Clemens II. zum Papst wählen. Von den zwischen 955 und 1057 amtierenden 25 Päpsten wurden fünf vom Kaiser ab- und zwölf von ihm eingesetzt bzw. unter seinem Einfluss gewählt (vgl. *Santifaller,* 37, 172).

[43]) Die insgesamt 27 Punkte des päpstlichen Diktats sahen ua vor, dass „... allein der römische Bischof zurecht als universal bezeichnet werde (II.), ... es jenem allein gestattet ist, entsprechend dem Erfordernis der Zeit neue Gesetze zu schaffen (VII.), ... er allein kaiserliche Insignien benutzen könne (VIII.), ... alle Fürsten allein des Papstes Füße küssen sollen (IX.), ... es jenem erlaubt sei, Kaiser abzusetzen (XII.), ... sein Urteil von niemandem widerrufen werden dürfe und er selbst die Urteile aller widerrufen könne (XVIII.), ... er selbst von niemandem gerichtet werden dürfe (XIX.), ... die römische Kirche niemals geirrt hat und nach dem Zeugnis der Schrift auch fürderhin niemals irren wird (XXII.), ... er Untergebene vom Treueid gegenüber Sündern lösen kann (XXVII.)“

grund der Verfallserscheinungen der Kirche notwendige „Reform an Haupt und Gliedern“ konnte jedoch nicht verwirklicht werden.

Worin lag nun das **religiös-politische Gewicht des Papsttums** im Mittelalter? Zunächst zweifellos in der religiös-moralischen Autorität, die mit diesem Amt verbunden war und dem Beitrag zur Sinnstiftung der ma. Gesellschaft. Die materielle Machtbasis des Papstes hingegen war vergleichsweise gering und bestand aus dem (zumindest anfangs) zum imperium romanum gehörenden Kirchenstaat (patrimonium petri), der einen Großteil Mittelitaliens ausmachte.[44] Militärische Defizite konnten durch eine geschickte Bündnispolitik mit den Franken gegen Ostrom und den Normannen gegen die Kaiser wettgemacht werden. Betrachtet man die Kirche in Europa als Ganzes, so stellte sie im MA den größten Grundbesitzer dar.

Eine weitere Machtposition bestand in der im MA anerkannten Fähigkeit des Papstes, einer Herrschaft die **sakrale Legitimation** zu verleihen.[45] Nach und nach verdrängte die christliche Vorstellung, dass alle Herrschaft sich von Gott ableite und alle Gewalten von Gott eingesetzt wären[46], die alte germanische Auffassung vom Geblütsrecht. Besondere Bedeutung erlangte das bis Anfang des 16. Jh. erfolgreich verteidigte Monopol des Papstes über die Vergabe der Kaiserwürde.

Bereits im 2. Jh. hatten sich in der Kirche die Glaubenssätze soweit verfestigt, dass Abweichungen von diesen Bekenntnissen als **Ketzerei** (Häresie) bezeichnet und nach dem Aufstieg des Christentums zur Staatsreligion auch mit Mitteln des staatlichen Strafrechts verfolgt wurden. Der Ketzereivorwurf bildete in der Folge ein wichtiges Instrument zur Durchsetzung der vom Papst intendierten Auslegung der Hl. Schrift[47] und der Festigung des Primats des Papstes. Vertretern abweichender Positionen drohte die **Exkommunikation** (kirchlicher Bann), durch die eine Person aus der Gemeinschaft der Gläubigen aus-

---

44) Die Päpste stützten ihre Herrschaft im Kirchenstaat auf (allerdings nicht eindeutige) Abmachungen mit dem Frankenkönig Pippin („Pippinsche Schenkung“, 754). Später beriefen sich die Päpste jedoch auf eine andere Urkunde, wonach der römische Kaiser Konstantin im Jahre 317 die Herrschaft über die Stadt Rom sowie die italienischen Provinzen auf den Papst übertragen habe. Diese unter dem Namen „Konstantinische Schenkung“ bekannt gewordene Urkunde stellte allerdings eine Fälschung dar.

45) Vgl. den Beitrag des Papstes zur Legitimation des Staatsstreichs Pippins gegen den letzten Merowingerkönig Childerich III (oben Fn. 19).

46) Die Kirche berief sich dabei vor allem auf die Evangelienstelle des Apostel Paulus: „Jeder leiste den Trägern der staatlichen Gewalt den schuldigen Gehorsam. Denn es gibt keine staatliche Gewalt, die nicht von Gott stammt; jede ist von Gott eingesetzt. Wer sich daher staatlicher Gewalt widersetzt, stellt sich gegen die Ordnung Gottes, und wer sich ihm entgegenstellt, wird dem Gericht verfallen.“ (Röm., 13, 1 u. 2).

47) Vgl. dazu die anschaulichen Ausführungen im Roman von *Umberto Ecco,* Der Name der Rose. Ein weiteres Mittel, die Einheit der Lehre aufrechtzuerhalten, bestand darin, dass den Laien das Lesen der Bibel ohne ausdrückliche Zustimmung des Bischofs untersagt war. Dieses Verbot wurde erst in der Neuzeit aufgehoben.

geschlossen wurde.[48] In regelrechten Kreuzzügen wurden die „Ketzer"-Bewegungen[49] der Katharer, Waldenser und Albigenser (13. Jh.) sowie die Hussiten (15. Jh.) vernichtet. Im 13./14. Jh. schuf der Papst mit der Einrichtung der Inquisition eine eigene Behörde (Sondergerichte) zur Verfolgung der Ketzerei.

Die Exkommunikation konnte weiters wegen profaner Verbrechen (Mord, Raub, Hochverrat, Blutschande, Versäumnis des Heeresdienstes etc.) aber auch wegen Verweigerung des Kirchenzehents verhängt werden. Im Kampf um die Vorherrschaft setzte das Papsttum den kirchlichen Bann mehrmals als Druckmittel gegen weltliche Herrscher ein. An die Exkommunikation wurden eine Reihe von kirchenrechtlichen Folgen geknüpft, die massiv in die Existenz des Betroffenen eingriffen, zB: Ausschluss von den Sakramenten und vom christlichen Begräbnis, Verbot Almosen zu nehmen, Erb-, Regierungs- und Lehensunfähigkeit (gesteigert bis zum weitgehenden Verlust der Rechtsfähigkeit). Mit Ausnahme der engsten Familienangehörigen wurde allen Christen der religiöse Verkehr (gemeinsame Messe) und der bürgerliche Verkehr (zB Essen, Trinken, gemeinsames Wohnen) mit dem Gebannten bei Strafe der Exkommunikation verboten.

Unter Berufung auf die Einheit von Staat und Kirche erlangte die Kirche im Jahre 1220[50] die Unterstützung der weltlichen Gewalt (brachium saeculare). Diese musste sechs Wochen nach der Exkommunikation über den Betroffenen die Reichsacht verhängen. Umgekehrt verpflichtete sich die kirchliche Gewalt (brachium ecclesiastici), einen mit Reichsacht Belegten zu exkommunizieren.[51]

Die Gemeinschaft der Gläubigen zerfiel in zwei große Gruppen, die **Geistlichen** (Klerus) und die **Laien.** Der Klerus, der nach katholischer Auffassung das ausschließliche Recht zur Weitergabe des Glaubens besitzt, formierte sich im Mittelalter als eigener Stand.

3.2.5. Die Abgrenzung zwischen regnum und sacerdotium

Bis zum Beginn des HMA bildeten die weltliche (regnum) und die kirchliche Sphäre (sacerdotium) eine relative Einheit. Im 11. Jh. brachen in den meisten mittel- und westeuropäischen Staaten Konflikte auf, die eine stärkere Abgrenzung dieser beiden Bereiche notwendig werden ließen. Im Imperium romanum verlief der als „Investiturstreit" bekannt gewordene Konflikt deshalb so dramatisch, weil in diesem Reich durch das sog. **Reichs-**

---

[48]) Dass der Häresievorwurf nicht nur zur Erhaltung des wahren Glaubens, sondern auch zur Durchsetzung weltlicher Ansprüche eingesetzt wurde, verdeutlicht folgendes Beispiel: Bis ins 16. Jh. setzte sich jemand schon dadurch dem Verdacht der Ketzerei aus, dass er die Echtheit der „Konstantinischen Schenkung" bezweifelte.

[49]) Vgl. *Maleczek,* Die Ketzerverfolgung im österreichischen Hoch- und Spätmittelalter, in: *Zöllner* (Hg.), Wellen der Verfolgung in der österreichischen Geschichte, 18.

[50]) Art. 6–8 der Confoederatio cum principus ecclesiasticis, MGH Const II, 89.

[51]) Daher hieß es zB in Art. 242 des Steiermärkischen Landrechts (14. Jh.): „Von pann: Alls ain mensch in dem pan ist sechs wochen vnd ain tag, so sol in der weltleich richter zu echt tun; vnd wer auch in der echt ist sechs wochen vnd ain tag, so sol man in aber zu pan tun. Daz recht saczt sand Siluester vnd der chunig." *Bischoff* (Hg.), Steiermärkisches Landrecht des Mittelalters, 170.

kirchensystem[52] die machtpolitische Verflechtung zwischen Staat und Kirche besonders intensiv war:

Um den Einfluss der nach wie vor mächtigen Stammesherzöge zurückzudrängen bzw. weil die meisten Lehen erblich geworden waren, gingen die Karolinger- und Sachsenkaiser daran, frei werdende Lehen an kirchliche Würdenträger (Reichsbischöfe, -äbte) auszugeben, da diese keine legitimen Nachfolger haben durften. Das Konzept, die Kirche in die Reichsverfassung einzubauen, die Bischöfe zu Reichsbeamten und somit zur Stütze der kaiserlichen Zentralgewalt zu machen, erforderte die Personalhoheit über die Kirche. Die Könige/Kaiser, die sich aufgrund ihrer sakralen Überhöhung selbst als Quasi-Kleriker und nicht als Laien verstanden, setzten seit dem 9. Jh. auf frei werdenden Kirchenämtern Kleriker, die ihnen nahe standen, als Bischöfe und Äbte ein. Sie bedienten sich dabei der kirchlichen Symbole, dh der Investitur mit Ring und Stab (investitura per annulum et baculum). Die Reichsbischöfe und -äbte erhielten neben ihren geistlichen Ämtern die weltliche Herrschaft über ein Territorium übertragen, in dem sie staatliche Hoheitsrechte (zB Gerichtsbarkeit, Regalien, Bereitstellung eines Heeresaufgebots) ausübten. Mit diesen Bestellungen verletzte der Kaiser allerdings die bestehenden Rechte des Kirchenvolkes bzw. des Klerus (zB Domkapitel), die kirchlichen Amtsträger selbst zu wählen. Die Päpste hatten bis Mitte des 11. Jh. an diesem Vorgehen des Kaisers nichts auszusetzen.

Gegen den weltlichen Einfluss auf die Kirche wandte sich die Reformbewegung von Cluny, die die Laieninvestitur sowie die Simonie (Ämterkauf) bekämpfte und mehr Freiheiten für die Kirche (libertas ecclesiae) forderte. Mit den beiden Persönlichkeiten Kaiser Heinrich IV. (1056–1106) und Papst Gregor VII. (1073–1085) stießen zwei hartnäckige Verfechter der gegensätzlichen Positionen aufeinander. Anlass des Konflikts wurde die Einsetzung des Mailänder Erzbischofs durch den Kaiser. Im Zuge der Auseinandersetzung setzte der Kaiser im Jänner 1076 Papst Gregor ab, woraufhin dieser seinen Widersacher mit dem Kirchenbann belegte. Diese Exkommunikation hatte zur Folge, dass alle dem Gebannten geleisteten Lehenseide aufgelöst wurden. Um angesichts einer ausbrechenden Fürstenrevolte politisch zu überleben, musste Heinrich IV. im Jahre 1077 den berühmten Bußgang nach Canossa antreten, der die Aufhebung der Exkommunikation erbrachte.

Der **Investiturstreit** ging indes weiter. Neben einem allgemeinen Verbot der Laieninvestitur (1078) untersagte der Papst im Jahre 1095 den Klerikern generell die Ablegung eines Lehenseides gegenüber Laien. Nachdem ein zwischen Papst und Kaiser ausgehandelter Kompromiss, in dem die Kirche auf alle aus königlicher Verleihung stammenden Güter verzichtete, am Widerstand der um ihre materielle Machtbasis fürchtenden deutschen Bischöfe scheiterte, brachte erst eine von Ivo v. Chartres entworfene Begriffsunterscheidung eine Lösung des Investiturkonflikts. Demnach wurde zwischen **Temporalien** (weltliche materielle Güter, Regalien) und den **Spiritualien** (dem geistlichen Amt) unterschieden. Auf dieser Grundlage konnte im **Wormser Konkordat** (1122) folgender Kompromiss über die Trennung von Reich und Kirche getroffen werden:

Der Kaiser verzichtete auf die Investitur mit den kirchlichen Symbolen (Ring und Stab) und erlaubte in allen Kirchen die freie kanonische Wahl. Dafür erhielt er im Deutschen Königreich das Recht, bei der Wahl der Bischöfe und Äbte anwesend zu sein und strittige Wahlen zu entscheiden („dem gesünderen Teil Hilfe

---

[52]) Das Reichskirchensystems basierte auf römischen (zunächst heidnischer Staatskult, seit 391 Christentum als Staatsreligion), christlichen (Staatslehre des Augustinus) und germanischen Wurzeln **(Eigenkirchenrecht).** Unter Letzterem verstand man die Herrschaft des Grundherrn (zB König) über die auf seinem Grund und Boden befindlichen kirchlichen Einrichtungen (zB Bistümer). Daraus wurde eine geistliche Leitungsgewalt und ein Besetzungsrecht abgeleitet. Während das Eigenkirchenwesen hinsichtlich der höheren Kirchenämter bereits im Investiturstreit unterging, hielt es sich bzgl. der niederen Ämter (zB Pfarreien) noch bis zum 3. Laterankonzil 1179. Reste dieser Einrichtung lebten später im Patronatsrecht fort.

und Beistand gewähren"). Ein für das Deutsche Königreich Gewählter sollte jedoch vor der Investitur in das Kirchenamt vom Kaiser mit dem weltlichen Lehen belehnt werden (investitur per sceptrum, Zepter als Symbol der weltlichen Belehnung) und dem Kaiser den Lehenseid leisten.

Damit verlor der Kaiser/König die Personalhoheit über die Reichskirche. Reichsbischöfe und -äbte wurden von ihm unabhängig, die Territorien (sog. Zepterlehen) verblieben jedoch in kirchlicher Hand. Die Bestellung durch den Papst verdrängte nach und nach die Wahlrechte des Kirchenvolks. Die Reichsbischöfe und -äbte nutzten ihre Doppelstellung als geistliche und weltliche Herrscher zum Aufbau kirchlicher Landesherrschaften (zB Köln, Mainz, Trier, Salzburg) und verstärkten die partikularistischen Tendenzen. Die Reichskirche wurde in das Lehenssystem eingebaut – aus Reichsbeamten wurden Lehensmänner – und verlor ihren ursprünglichen Charakter als Instrument der Zentralgewalt. Die geistlichen Reichsfürsten rangierten in der Lehenspyramide noch vor den weltlichen Reichsfürsten unmittelbar unter dem Kaiser/König.

Mit dem Wormser Konkordat trat anstelle der Einheit von regnum und sacerdotium das Nebeneinander der beiden Gewalten. Ihr Verhältnis zueinander bildete in den folgenden Jahrhunderten den Gegenstand tiefgreifender Auseinandersetzungen. Die Abgrenzung erfolgte schließlich auf der Basis der **Zwei-Schwerter-Theorie:**

Das im Wormser Konkordat mühsam hergestellte Gleichgewicht, „dass der Kaiser spiritualiter unter, temporaliter aber über dem Papst stand"[53], wurde während der Ära des Interregnums (1250–1273) erschüttert. Angesichts der Doppelwahl zweier Könige nahm der Papst für sich die Entscheidung über die Rechtmäßigkeit von Königswahlen in Anspruch. Er stützte sich auf die Lehre von der „translatio imperii", wonach die Kaiserwürde vermittels des Papstes auf die deutschen Könige übergegangen wäre. Die *kuriale bzw. subordinierende* Zwei-Schwerter-Theorie[54] beanspruchte den Vorrang des Papstes vor den weltlichen Gewalten: Gott hätte dem Papst zwei Schwerter überreicht, wovon dieser eines dem Kaiser übergeben habe, damit er es im Auftrag und mit Duldung der Kirche führe. Aus dieser Überordnung leitete der Papst das Recht ab, Herrscher abzusetzen und Vasallen von ihrem Treueeid gegenüber dem Herrn zu entbinden. Diese Position, die ua der Schwabenspiegel (Kap. 1 § 4) und die päpstliche Bulle unam sanctam (1302) vertraten, wurde von der Katholischen Kirche im Prinzip bis ins 19. Jh. aufrechterhalten.

Die kaiserlicher Seite stellte dieser Ansicht die *imperiale bzw. koordinierende Zwei-Schwerter-Theorie* entgegen. Demnach hätten sowohl der Papst als auch der Kaiser ihr Schwert unmittelbar von Gott erhalten, sodass zwischen ihnen ein Verhältnis der Gleichordnung bestünde. Diese Auffassung (vertreten im Sachsenspiegel Ldr. I 1) setzte sich im 14. Jh. im deutschen Staatsrecht durch und mündete in den Bestrebungen, das Monopol des Papstes auf die Verleihung des Kaisertitels überhaupt zu brechen.

---

[53]) *Mitteis/Lieberich,* Deutsche Rechtsgeschichte[16], 148.

[54]) Neben der Zwei-Schwerter-Theorie gab es im MA eine Reihe weiterer symbolischer Deutungsschemata für das Verhältnis von Papst und Kaiser. Verbreitet war das Sonne-Mond-Gleichnis (Zwei-Lichter-Gleichnis), das den Papst als Sonne und den Kaiser als Mond sah, der das Licht von der Sonne erhielt (*Weber,* Das Sonne-Mond-Gleichnis in der ma. Auseinandersetzung zwischen Sacerdotium und Regnum, in: FS für Adalbert Erler, 147).

3.2.6. Das Lehenswesen

Das Lehenswesen bildete im Hoch- und Spätmittelalter in fast ganz Europa das vorherrschende Element des Staatsaufbaus. Es umfasste ökonomische (Lehen), politisch-administrative (Herrschaft), aber vor allem militärische Aspekte (Kriegsdienst zu Pferd). Die lehensrechtliche Organisation des Staates hatte sich (auf Reichsebene) im 12. Jh. durch die Einbeziehung der an Kirchenfürsten ausgegebenen Herrschaften in das Lehenssystem gegenüber der bis dahin herrschenden gemischten amts-[55] und lehensrechtlichen Staatsordnung durchgesetzt. Der Niedergang des Lehenswesen setzte ab dem 15. Jh. ein, als einerseits die Veränderungen in der Militärtechnik (wachsende Bedeutung der Infanterie, Söldnerheere, Feuerwaffen) das Lehenswesen seiner zentralen militärischen Komponente entkleideten und andererseits die Landesfürsten die sich formierenden Territorialstaaten mit beamteten Untertanen zu administrieren suchten. Trotzdem bestand das Lehenswesen bis zu seiner formellen Aufhebung im 19. Jh. als obsolet gewordene Einrichtung weiter. Der Adel verblieb im Besitz der Lehensgüter, ohne dass er nach der Aufhebung der Heerfahrtspflicht (16. Jh.) eine adäquate Leistung dafür erbrachte. Mit der Aufhebung des Lehensrechts im 19. Jh. wurden die Lehensgüter gegen geringe Entschädigungen zum Eigentum des Adels.

Den Inhalt des Lehenswesens bildete eine **wechselweise**[56] **Treueverbindung** (Rechte und Pflichten) zwischen dem Lehensherrn und dem Lehensmann (Vasall). Grundsätzlich hatte der **Vasall** alles zu unterlassen, was seinem Herrn schadete. Insbes. war der Vasall auf eigene Kosten und persönlich zur Heerfahrt und Hoffahrt verpflichtet. Unter **Heerfahrt** verstand man den örtlich und zeitlich beschränkten Kriegsdienst zu Pferd.[57] Spätestens im 16. Jh. verlor die Heerfahrt an Bedeutung und wurde durch finanzielle Ablösen ersetzt. Die **Hoffahrt** umfasste die Verpflichtung, am Hoftag des Herrn zu erscheinen, ihn bei der Beratung wichtiger Angelegenheiten mit Rat und Tat (consilium et auxilium) zu unterstützen und am Lehensgericht teilzunehmen. Aus diesen Hoftagen entwickelten sich im SpMA der Reichstag und die Landtage. Weiters musste der Lehensmann für seinen Herrn als Bürge bzw. Geisel eintreten. Als Gegenleistung für diese Dienste hatte der **Lehensherr** alle Handlungen zu unterlassen, die den Vasallen schädigten, diesem (militärischen und rechtlichen) Schutz und Schirm zu leisten und ihm den Unterhalt zu sichern.

---

[55]) Im Gegensatz zum Lehenswesen beließ eine **amtsrechtliche Staatsordnung** dem Herrscher größere Eingriffsrechte. Kennzeichnend waren die Absetzbarkeit des Amtsträgers, Unvererblichkeit des Amtes, eventuell Ernennung auf Zeit oder jederzeitige Abberufung, feste Besoldung, Unterwerfung unter ein Befehls- und Weisungsrecht, Dispositonsfreiheit des Herrschers bei der Besetzung.

[56]) Bspw. hieß es im Schwabenspiegel (Ldr. c. 308): „wir suln den herren dar umbe dienen dass sie uns beschirmen. und beschirment si uns nit so sin wir in nit dienestes schuldig nach rehte".

[57]) Die dem König geschuldete Reichsheerfahrt dauerte sechs Wochen pro Jahr und erstreckte sich nur auf Gebiete des Deutschen Königreichs. Eine Ausnahme bildete die „Romfahrt", dh der Heerzug des Königs zur Kaiserkrönung nach Rom. Eine Sonderstellung nahmen die mit einem „Burglehen" betrauten Vasallen ein. Sie waren nicht heerfahrtspflichtig, ihre Aufgabe bestand in der Bewachung und Verteidigung der Burg.

Letzteres erfolgte durch die Belehnung des Vasallen mit einem Lehen (feodum, beneficium), das aus Grundbesitz oder Ertrag bringenden Rechten (zB Renten, Zöllen) bestehen konnte. Daneben besaßen Adel und Klerus auch Eigengut **(Allod),** das in ihrem Eigentum stand und nicht unter das Lehensrecht fiel.

Der Lehensmann konnte das Lehen ohne Zustimmung des Lehensherrn zwar nicht verkaufen[58], jedoch an einen Aftervasallen weiterverleihen. Auf diese Weise entstand eine siebengliedrige Lehenspyramide **(sog. Heerschildordnung)** mit folgender Hierarchie: 1. König, 2. geistliche Reichsfürsten, 3. weltliche Reichsfürsten, 4. Grafen und Freie Herren, 5. Mittelfreie, 6. Ministerialien (Dienstmannen)[59], 7. Einschildritter (milites).[60] Diese Ordnung bedeutete eine soziale und rechtliche Platzierung: wer ein Lehen von einem Gleichrangigen und Rangtieferen annahm, erlitt eine Rangminderung. Umgekehrt konnte, selbst wenn er das Lehen direkt vom König erhalten hatte, niemand höher steigen als es der Rang im Heerschild zuließ.

Mit einem Lehen betraut werden konnte nur, wer zumindest die passive Lehensfähigkeit besaß (dh in der Heerschildordnung aufschien). Daher schloss der Sachsenspiegel (Lnr. II § 1) „Pfaffen, Weiber, Bauern, Kaufleute, Geächtete, Uneheliche“, sowie alle, die nicht ritterlicher Herkunft waren, vom Lehensrecht aus. Davon wurden jedoch durch einzelne Privilegien vielfach Ausnahmen gemacht (Bauernlehen, Bürgerlehen). Spätestens seit dem Jahre 1299 war die Lehensfolge von Frauen mit Zustimmung des Lehensherrn grundsätzlich möglich.[61] Nur Geächtete, Uneheliche und Juden galten während des MA als absolut lehensunfähig.

Die Begründung eines Lehensverhältnisses verlief in drei Schritten: Mannschaftsleistung, Treueeid, Investitur. Bei der eine Unterwerfungshandlung symbolisierenden Mannschaftsleistung (manscap, homagium, Handgang) kniete der waffenlose Vasall nieder und legte seine gefalteten Hände in die seines zukünftigen Herrn. Diese germanischrechtliche Unterwerfungshandlung wurde durch den christlich inspirierten Treueeid (fidelitas, Hulde) bekräftigt. Anschließend erfolgte durch die Investitur die Einräumung der Gewere am Lehensobjekt. Nach den dabei verwendeten Symbolen unterschied man zwischen den weltlichen Fahnenlehen und kirchlichen Zepterlehen.

Das persönliche Treueverhältnis wurde durch den Tod des Lehensherrn (Herrnfall) oder des Vasallen (Mannfall) unterbrochen. Bereits im 9. Jh. waren die meisten Lehen erblich geworden. Dennoch musste der Vasall, bei sonstigem Verfall des Lehens, sowohl bei Herrnfall wie auch bei Mannfall binnen Jahr und Tag eine Lehenserneuerung vornehmen.

Felonie: Verletzte ein Lehensmann seine Treuepflicht (Vasallenfelonie), so konnte ihn der Lehensherr vor das Lehensgericht stellen. Diesem stand der Lehensherr als bloß verhandlungsführender Richter vor, der

---

[58]) Eine im österreichisch-bayrischen Raum häufig anzutreffende Leiheform war das *Inwärtseigen.* Es verschaffte den Ministerialen ein innerhalb der Dienstmannschaft desselben Lehensherrn frei veräußerliches Eigentum an Grund und Boden. *Puntschart,* Das Inwärtseigen im österreichischen Dienstrecht des MA, ZRG (GA) 1922, 66; *Hafke,* Art. „Inwärtseigen“, HRG II, 412.

[59]) Als Ministerialien bezeichnete man ursprünglich unfreie Personen, die im persönlichen Dienst (Kriegsdienst, Verwaltung) des Königs oder eines Hochadeligen standen. Sie erlebten im HMA einen sozialen Aufstieg in den niederen Adel und wurden persönlich frei.

[60]) Schwabenspiegel, Lnr. § 1; die Gliederung des Sachsenspiegel wich hievon ab dem 4. Heerschild ab.

[61]) Durch das privilegium minus (1156) wurde das Herzogtum Österreich zu einem sog. *Weiberlehen.* Dies bedeutete, dass im Herrschergeschlecht subsidiär auch Frauen erb- und damit lehensberechtigt waren. Bei den steirischen Aftervasallen waren Frauen bereits seit 1186 subsidiär erbberechtigt, in Österreich ob/unter der Enns ab dem 16. Jh.

das Urteil von den aus dem Kreis der übrigen Vasallen gebildeten Urteilern erfragte. Als Sanktion drohte der Entzug des Lehens. Verletzte hingegen der Lehensherr die Treueverpflichtung, so konnte sich der Vasall an dessen übergeordneten Lehensherrn wenden.

Die Weiterbelehnung warf das Problem auf, ob der Vasall nur seinem unmittelbaren Herrn oder auch dessen Lehensherrn (insbes. dem König) zur Treue verpflichtet war. Insbes. interessierte der Fall, ob der Vasall seinem Herrn in den Kampf gegen den König folgen musste. Im Gegensatz zu England gelang es den deutschen Königen trotz vereinzelter Versuche (1158 Reichstag von Roncaglia) nicht, einen allgemeinen Treuevorbehalt zugunsten des Königs durchzusetzen.[62]

Ein Vasall konnte Lehen von verschiedenen Herren annehmen, also „Mann vieler Herren" sein.[63] So mancher „fleißige" Vasall brachte es auf bis zu 100 verschiedene Lehensbindungen. Die sich daraus entwickelnden Interessenkonflikte mussten zwangsläufig eine Aufweichung der persönlichen Treueverpflichtung bewirken.

Das Lehensrecht in den österreichischen Ländern[64]: In den sich unter den Habsburgern zu Ländern formierenden Territorien war die Bedeutung des Lehenswesens geringer als auf Reichsebene. Die Habsburger verfolgten bereits im SpMA die Politik, in ihren Territorien die Vasallen durch landesfürstliche Beamte (die regelmäßig Adelige waren) zu verdrängen. Obwohl es zunächst seiner militärischen[65] und später seiner administrativen Bedeutung entkleidet war, bestand das Lehenswesen in Österreich bis ins 19. Jh. fort. Im Jahre 1861 existierten im Kaisertum Österreich (ohne die Länder der ungarischen Königskrone) noch immer mehr als 9500 Lehen.[66] Endgültig abgeschafft wurde das Lehenswesen erst nach 1862.[67]

3.2.7. „Verfassung" und Aufbau des Deutschen Königreichs

Rechtsquellen: Das Deutsche Königreich besaß ebenso wie das Sacrum imperium keine geschriebene Verfassung. Grundsätzlich galt Gewohnheitsrecht, das auf der germanisch/fränkischen Rechtstradition basierte und durch christliche bzw. römisch-rechtliche Einflüsse ergänzt wurde. Erst ab dem 12. Jh. stoßen wir auf Verträge, Gesetze oder Reichsweistümer, in denen zumindest ein Teil der Staatsordnung schriftlich niedergelegt wurde. Sie zeichneten in erster Linie bestehendes Gewohnheitsrecht auf, schufen aber teilweise eine neue Rechtslage. Zu nennen sind vor allem: Wormser Konkordat 1122 (es regelt die Belehnung der geistlichen Reichsfürsten); die „Fürstengesetze"[68] Friedrichs II. (sie übertrugen königliche Rechte, insbes. Regalien, auf die hohen geistlichen und weltlichen Fürsten); „licet iuris" sowie „fidem catholicam" (beide 1338; sie sollten den König/Kaiser vom päpstlichen Einfluss befreien); Goldene Bulle (1356); sententia de iure statuum terrae 1231 (gab den Landständen Mitwirkungsrechte bei der Gesetzgebung); weiters sind die wiederholten Landfriedensordnungen zum Verfassungsrecht zu zählen.

Die Entwicklung des deutschen Königreichs bzw. des Kaiserreichs im MA war geprägt durch die Auseinandersetzung zwischen dem an einer starken Zentralmacht interessierten

---

[62]) *Kienast,* Untertaneneid und Treuevorbehalt, ZRG (GA) 1948, 111 (134).

[63]) Vgl. *Bloch,* 258.

[64]) Vgl. *Adler,* Zur Rechtsgeschichte des adeligen Grundbesitzes in Österreich.

[65]) Im Land Österreich unter der Enns zog das Lehensaufgebot zum letzten Mal im Jahre 1605 in den Krieg.

[66]) *Adler,* Art. „Lehenswesen", in: StWb III^2, 482.

[67]) RGBl. 1862/103 sowie mehrere zwischen 1867 und 1869 erschienene Landesgesetze (vgl. *Adler,* in: StWb III^2, 483).

[68]) Confoederatio cum principus ecclesiasticis (1220), statutum in favorem principum (1231/32).

König und verschiedenen nach Dezentralisierung strebenden Kräften (Stammesverbände, Reichsfürsten, Landesherrn).

Das Deutsche Königreich hatte bei seiner Gründung im 9. Jh. eine Hypothek des Fränkischen Reichs übernommen. Die von den Franken teilweise auf äußerst grausame Art unterworfenen germanischen Stämme waren als Personenverband einschließlich ihrer **Stammesstrukturen** weitgehend erhalten geblieben und bildeten ein destabilisierendes Potenzial. Im ostfränkischen Reich existierten folgende Stammesherzogtümer: Franken, Bayern, Schwaben, Sachsen, Lothringen, Friesland und Thüringen. An der Spitze des Stammes stand der Stammesherzog (herizogo, dux), der innerhalb des Stammes eine königgleiche Stellung einnahm.

Um die Macht der Stammesherzöge zu beschränken und als Mittel zur Stärkung der Reichszentralgewalt, hatten die Frankenkönige ein (allerdings nicht das gesamte Territorium erfassendes) System von **Grafschaften** errichtet. An der Spitze dieses Verwaltungssprengels (Gau, pagus) stand der Graf (comes), ein absetzbarer königlicher Amtsträger. Seine Aufgabe bestand in der Durchsetzung der königlichen Gewalt, der Friedenssicherung, der Erhaltung und Verwaltung des Königsgutes, der Führung des militärischen Aufgebots sowie der Ausübung gerichtlicher Funktionen. Schon sehr bald gelang es dem Adel, sich den Anspruch auf die Grafenämter zu sichern (614 edictum chlotharii) und ab dem 9. Jh. das Grafenamt erblich zu machen[69].

In den Grenzbereichen des Fränkischen Reichs, später des Deutschen Königreichs, wurden **Markgrafschaften** errichtet, die zur Sicherung des Reichsterritoriums dienten und flächenmäßig regelmäßig wesentlich größer waren als eine Grafschaft. An ihrer Spitze stand der Markgraf (marchio, comes marcae) mit einem gegenüber dem Grafen größeren Aufgabenbereich: Wehr- und Befestigungshoheit, erweiterte richterliche Funktion, Befehlsgewalt über die Wehrsiedler. In der Fürstenhierarchie stand der Markgraf über dem Grafen, jedoch unter dem Herzog.

In engem Zusammenhang mit der Grafschaftsverfassung stehen zwei wichtige Einrichtungen des Mittelalters: **Immunität**[70] und **Vogtei**. Der Kaiser/König konnte einen geistlichen oder adeligen Grundherrn durch Privileg mit einem Immunitätsrecht ausstatten. Dies bedeutete, dass dieses Herrschaftsgebiet der Amtsgewalt eines Grafen entzogen wurde (exemptes Gebiet) und meist dem Immunitätsinhaber die Ausübung öffentlicher Gewalt (zB Gerichtsbarkeit, Eintreibung bestimmter Abgaben) übertragen wurde. Insbesondere die

[69]) Ergänzt wurde die Grafschaftsverfassung durch die *Königsboten* (missi dominici), die als kaiserliche Inspektoren die Provinzbeamten kontrollieren sollten.

[70]) ZB erteilte Herzog Friedrich II. v. Österreich dem Deutschen Orden 1239 folgende Immunität: „... die ewig währende Freiheit, dass aus welcher Sache auch immer, in ihren Häusern, wo sie ihren persönlichen Aufenthalt haben, weder unsere Richter noch irgend jemand anderer in unseren Territorien sich herausnehme, so lange sie in ihnen sich aufhalten, sie zu fangen, sie herauszuschleppen oder freventlich herauszuholen … dass weder wir noch irgendeiner unserer Untertanen ihren Pächtern oder Eigenholden … eine besondere oder allgemeine Steuer auferlege ... dass es keinem weltlichen Richter gestattet sei, von ihren Untertanen weder Hörige (coloni) noch Eigenleute (proprii) vor sein Gericht zu zwingen." Zit. nach *Frass,* Quellenbuch I, 107.

geistlichen Grundherrn (Bischöfe, Klöster) übten diese Rechte häufig nicht selbst aus, sondern belehnten damit einen (meist adeligen) Vogt (advocatus).

Die Grafschaftsverfassung erwies sich längerfristig als untaugliches Instrument, um eine starke Zentralgewalt gegen den Hochadel aufzubauen. Dieser besaß in den alten Stammesstrukturen und den erblich gewordenen Lehen eine solide Machtbasis, während der König die „Personalhoheit" weitgehend verloren hatte. Der mit Otto I. (936–973) begonnene Versuch, mit Hilfe des **Reichskirchensystems** (vgl. oben) eine neue Zentralgewalt aufzubauen, scheiterte im Verlaufe des Investiturstreits (Wormser Konkordat). Die Reichsbischöfe und -äbte wurden in das Lehenssystem einbezogen und nutzten fortan ihre doppelte (geistliche und weltliche) Macht zum forcierten Ausbau von Territorialherrschaften.

Im 12. Jahrhundert gelang dem Königtum die endgültige Zerschlagung der alten Stammesfürstentümer. Nach dem Sieg der Stauferkönige über die Welfen, deren Machtbasis in Bayern und Sachsen[71] lag, wurden diese beiden letzten Stammesherzogtümer aufgeteilt bzw. stark verkleinert. Im Rahmen dieses konfliktreichen Prozesses vollzog sich die Abtrennung Österreichs (1156) und der Steiermark (1180) von Bayern und der Aufstieg beider von Markgrafschaften zu reichsunmittelbaren Herzogtümern. Mit Österreich wurde zum ersten Mal der neue Typ eines **Amts-** oder **Territorialherzogtums** geschaffen, das nicht mehr mit einem Stammesverband identisch war und Vorbild für eine teilweise territoriale Neuorganisation des Reichs in den folgenden Jahrzehnten darstellte.

Während der Zeit des Interregnums (1250–1273) erlitt die königliche Gewalt einen weitgehenden Machtverlust, wodurch die Wiederherstellung einer starken Reichszentralgewalt unmöglich erschien. Die Geschlechter, die in den folgenden Jahrhunderten den König bzw. Kaiser stellten, orientierten ihre Politik daher in erster Linie auf den Ausbau ihrer eigenen **Hausmacht**.

Als einer der Gründe, dass im Deutschen Königreich keine starke Zentralgewalt entstehen konnte, wurde häufig der Leihezwang genannt. Man umschrieb damit die angebliche Pflicht des deutschen Königs, frei werdende Lehen nicht als Königsgut (Reichsgut) einzubehalten sondern erneut auszugeben. Tatsächlich haben neuere Forschungen[72] jedoch ergeben, dass eine generelle Verpflichtung dieser Art nie bestanden hat. Vielmehr scheint der Umstand von Bedeutung, dass das Reich Wahlmonarchie blieb, es somit keiner Dynastie gelungen war, ihre Vorherrschaft in der Verfassung zu verankern. Angesichts des nach 1273 häufigen Dynastiewechsels hatten die Könige nur ein beschränktes Interesse an der Stärkung des Königsgutes. Vielmehr trachteten sie, frei werdende Lehen erneut auszugeben, nämlich an die eigene Dynastie als Hausgut. Auf diese Weise belehnte König Rudolf v. Habsburg im Jahre 1282 seine Söhne Albrecht und Rudolf mit den ehemaligen babenbergischen Lehen (Österreich, Steiermark, Krain und Windische Mark) und begründete damit die Basis zum Aufstieg der Habsburger zur führenden Dynastie.

Das Deutsche Königreich war im SpMA in eine Vielzahl von Einzelherrschaften (Herzogtümer, Grafschaften, Rittergüter, Vogteien, Städte, Bistümer, Klosterbezirke etc.) auf-

---

[71]) Nach der Verurteilung des Welfenherzogs Heinrich des Löwen wegen Felonie wurde im Jahre 1180 mit Sachsen das letzte Stammesherzogtum zerschlagen und in mehrere Teilherrschaften aufgeteilt.

[72]) *Gunia,* Der Leihezwang; *Goez*, Der Leihezwang.

geteilt, ohne dass eine einheitliche Ordnung bestand. Neben dem Titel, den ein Herrscher trug, war die **Reichsunmittelbarkeit** das zweite entscheidende Kriterium für die Stellung im Reich. Darunter verstand man, dass ein Herrschaftsgebiet direkt dem König bzw. Reich unterstand. Der rechtliche Status sowie der politische Einfluss einer reichsunmittelbaren Grafschaft oder Stadt unterschied sich daher wesentlich von einer Grafschaft oder Stadt, die nicht direkt dem König, sondern einer zwischengelagerten Herrschaft unterstand und daher **mediatisiert** war. Durch die Verdichtung von Herrschaftsrechten gelang den geistlichen und weltlichen Reichsfürsten in einem Teil dieser reichsunmittelbaren Territorien im Hoch- und Spätmittelalter die Umwandlung zu Ländern mit relativ geschlossenen **Landesherrschaften** (vgl. unten). Als Ergebnis dieses Prozesses gliederte sich das Deutsche Königreich seit dem ausgehenden SpMA in eine Reihe von **Territorialstaaten** (Länder) mit beträchtlicher Autonomie.

3.2.7.1. Die Organisation der Reichsherrschaft

Die Stellung des Königs/Kaisers im Deutschen Königreich sowie das Lehenswesen als tragendes Element der Reichsverfassung wurden bereits dargestellt. Der König übte die Herrschaft allerdings nicht alleine aus. Vielmehr herrschte – zurückgehend auf germanischrechtliche Wurzeln – auf Reichsebene eine Machtteilung **(reichsständischer Dualismus)** zwischen dem König und bestimmten bevorrechteten **Reichsständen**. Die Regeln des Reichsdualismus waren während des MA nur unzureichend fixiert und nahmen erst gegen Ende des 15. Jh. feste Konturen an. Man verstand darunter ganz allgemein die „Mitwirkung von Reichsgliedern der unterschiedlichsten Rangstufen bei Verhandlungen und Entscheidungen des Königs und in der Funktion von Urteilsfindern im königlichen Gerichtswesen“[73]. Von modernen parlamentarischen Repräsentativorganen unterschied sich die „politische Berechtigung“[74] des Reichstags ganz wesentlich dadurch, dass die Reichsstände nicht das „Volk“ vertraten, sondern zur Wahrung ihrer eigenen Individualinteressen berufen waren.

Wer **Reichsstandschaft** besaß und wer nicht, war das Ergebnis eines politischen Prozesses, der bis zum Ende des MA noch nicht abgeschlossen war. Grundsätzlich existierten ausgangs des 15. Jh. drei Kurien: a) Kurfürstenkurie, b) Reichsfürsten (Fürsten, Prälaten, Grafen und Herren), c) Reichsstädte (ihre Reichsstandschaft war im 15. Jh. noch umstritten). Insgesamt dürfte es um 1500 rund 420 Herrschaften mit Reichsstandschaft gegeben haben, unter denen die sieben Kurfürsten politisch über den größten Einfluss verfügten.

Die hauptsächliche Wirkungsstätte für die Reichsstände bildete der **Reichstag.** Als Begriff ist die Bezeichnung „Reichstag“ erstmals im Jahre 1495 belegt. Zuvor waren die Ausdrücke „conventus“, „colloquium“, „curia“, „hof“, „tag“ oder „parlamentum“ ge-

---

[73]) *Gerlich,* Art. „Reichsstände, Reichsstandschaft“, HRG IV, 761.

[74]) *Mitterauer,* Grundlagen politischer Berechtigung im mittelalterlichen Ständewesen, in: *Bosl/Möckl* (Hg.), Der moderne Parlamentarismus und seine Grundlagen in der ständischen Repräsentation, 11.

bräuchlich. Die Wurzeln des Reichstags fußten einerseits in den königlichen Hoftagen (Hoffahrtspflicht der Vasallen: „auxilium et consilium“), andererseits im Streben der Mächtigen des Reiches nach politischer Mitsprache. Die Kompetenzen des Reichstags umfassten vor allem Beschlüsse über Reichsheerfahrten, Reichssteuern, Verfügungen über Reichsgut, die Reichsaußenpolitik sowie die Mitwirkung an der Reichsgesetzgebung und den Reichsweistümern. Ursprünglich hatten die Reichsstände den König gewählt, später monopolisierten die Kurfürsten dieses Recht für sich. Beschlüsse des Reichstags trugen seit dem 15. Jh. die Bezeichnung Reichsabschied (recessus imperii).

Inwieweit ein Beschluss des Reichstags den König bzw. Abwesende oder bei der Abstimmung unterlegene Reichsstände band, bildete im MA immer wieder Gegenstand von Auseinandersetzungen, deren Ausgang von den konkreten Machtverhältnissen abhing. Obwohl das Ausmaß der Mitwirkung der Reichsstände im Einzelnen nicht klar geregelt war, stellte es für den König ein Gebot der Vernunft dar, das Einvernehmen mit dem Reichstag zu suchen. Der Grund dafür lag vor allem im weitgehenden Fehlen eines Reichsverwaltungsapparats auf unterer und mittlerer Ebene, sodass die Umsetzung der königlichen Politik von der Mitwirkung der Reichsstände abhängig blieb.

3.2.7.2. Die Finanzierung der „öffentlichen“ Ausgaben

Die Ausgaben des ma. „Staates“ waren anfangs vergleichsweise gering. Ein Großteil der modernen Staatsaufgaben waren im MA entweder unbekannt (zB viele Bereiche der Daseinsvorsorge) oder geschahen mittels Lehenswesens (Heerwesen, Herrschaft auf unterer und mittlerer Ebene) bzw. der Dienste der bäuerlichen Untertanen (zB Bau von Straßen, Brücken und Befestigungsanlagen). Gegen Ende des SpMA stieg der Finanzbedarf des Kaisers bzw. der Landesfürsten massiv an: die Entwicklung der Kriegsführung und der Waffentechnik machte die Umstellung auf kostspielige Söldnerheere notwendig. Die Hussitenkriege, das Vordringen Frankreichs an der Westgrenze und der sich im Balkanraum abzeichnende Vorstoß der Türken bildeten militärische Bedrohungen, wie sie seit den Ungarnstürmen des 10. Jh. nicht mehr bestanden hatten. Die forcierte Herrschaftsverdichtung, insbesondere auf Ebene der Länder, konnte nur durch eine drastische Vermehrung der Beamtenschaft administriert werden.

Zur Finanzierung der „staatlichen“ Ausgaben waren sowohl der Kaiser wie auch die Landesherrn auf ihre **Einkünfte** aus Grund und Boden (Abgaben in Naturalien oder Geld) angewiesen. Der Herrscher konnte die Königsgüter, bestehend aus seinem Hausmachtbesitz, dem Reichsgut, den Reichskirchengütern, dem Reichslehensgut sowie den Regalien, nutzen. Unter Letzteren waren vor allem das Zoll-, das Salz-, das Münzprägerecht und die Judensteuer[75] die bedeutsamsten. Den darüber hinausgehenden Finanzbedarf deckten die Herrscher mittels Krediten, die durch die Verpfändung von Reichsgut besichert wurden.

---

[75]) Die Juden standen unter dem Schutz des Königs bzw. des Landesherrn und mussten diesem dafür eine Steuer entrichten. Vor dem Hintergrund der Progrome des 14. Jh., bei denen viele jüdische Gemeinden zerstört wurden, wandelte sich diese Schutzabgabe immer mehr zu einer reinen Duldungssteuer (vgl. *Suchy*, Vom „Güldenen Opferpfennig“ bis zur „Judenvermögensabgabe“, in: *Schulz* (Hg.), Mit dem Zehent fing es an. Eine Kulturgeschichte der Steuer, 114.

Die Vorstellung, dass der Herrscher ein Recht hätte, **direkte Steuern** einzuheben, war der ma. Gemeinschaft zunächst fremd. Zum einen war man der Überzeugung, dass der Herrscher durch seinen Besitz über ausreichende Mittel zur Erfüllung der „öffentlichen" Aufgaben verfüge, zum anderen hätte eine allgemeine Steuer das ma. Modell gesprengt, wonach der Vasall nur zu „Rat und Hilfe" verpflichtet war. Während Adel und Klerus[76] bis ins 18. Jh. von direkten Steuern grundsätzlich befreit blieben, setzte sich bereits im SpMA die Besteuerung der (wirtschaftlich meist wohlhabenden) Reichsstädte durch. Schuldner war die Stadt, die die finanzielle Belastung auf die Bürger überwälzte. Der Anteil des einzelnen Bürgers wurde durch Selbsteinschätzung (!) festgelegt. Die Reichsstädte nutzten die Abhängigkeit des Reichs von ihrer Finanzkraft, um im 15./16. Jh. die Reichsstandschaft und schließlich ein Stimmrecht im Reichstag zu erlangen.

Angesichts der Hussitenkriege erfolgte im Jahre 1427 ein erster Versuch, eine außerordentliche Notsteuer einzuführen („gemeiner Pfennig"), die von jedermann zu entrichten war und eine Kombination aus Kopf-, Vermögens- und Einkommensteuer darstellte. Nach mehreren ab 1495 unternommenen Anläufen in Richtung allgemeine Reichssteuer wurden diese Versuche schließlich 1551 aufgegeben. Einer der Gründe des Scheiterns lag im Fehlen einer eigenen Steuereintreibungsbehörde, da die Einhebung der Steuer den Ständen übertragen worden war. Der Anteil der Steuern an den Gesamteinnahmen des Staates blieb im SpMA insgesamt relativ gering.

In den **österreichischen Ländern**[77] verfügte der Landesherr im Wesentlichen über die gleichen Finanzquellen wie der König/Kaiser: Einnahmen aus den Eigen- und Lehensgütern, Abgaben für bestimmte Leistungen (zB Gerichtsabgaben) und Regalien. Zu einer bedeutsamen Einnahmequelle entwickelte sich vor allem das Salzregal[78]. Wie auf Reichsebene, konnte der Landesfürst in den österreichischen Ländern allgemeine direkte Steuern nur in außerordentlichen Notzeiten verlangen. Die Einführung solcher Steuern war den Landesfürsten nach einem Reichsweistum aus dem Jahre 1231 ausdrücklich nur mit Zu-

---

[76]) Das 3. und das 4. Lateran-Konzil hatten die Besteuerung kirchlicher Güter durch weltliche Herrscher ausdrücklich als Sünde qualifiziert, wenn diese ohne die Zustimmung des Klerus erfolgte.

[77]) Vgl. *Mensi,* Art. „Finanzgeschichte", in: StWb II^2, 36.

[78]) Da **Salz** für das Leben von Menschen und Tieren unerlässlich ist, war es von Anfang an eine begehrte Finanzquelle. Bis zum Ende des MA gelang es den Landesfürsten des alpinen Raumes, alle privaten Salzproduzenten auszuschalten und die Salzgewinnung zu monopolisieren. Nachdem der Verkauf des Salzes zunächst in den Händen von privilegierten Salzhändlern lag, wurde der Salzhandel im Jahre 1801 durch die Errichtung eines staatsärarischen Salzverschleißsystems verstaatlicht. Die Zoll- und Staatsmonopolordnung 1835 behielt das staatliche Produktionsmonopol sowie die staatliche Preisfestsetzung bei, kehrte jedoch zum privaten Salzhandel zurück. Bis 1996 (Art. 54 B-VG aF) wirkte der Nationalrat bei der Festsetzung des Salzpreises mit. Die Bedeutung des Salzgefälles lag in seinem vergleichsweise hohen finanziellen Aufkommen: Im Jahre 1437 stammte die Hälfte der Einnahmen der landesfürstlichen Kammer der Steiermark aus der Verpachtung der Salinen (Vgl. *Sribik,* Studien zur Geschichte des österreichischen Salzwesens). In der Neuzeit wurde das Salz mehrfach auch als politische Waffe eingesetzt. Beispielsweise schnitt der Landesfürst die protestantische Bewohnerschaft des Stodertals/OÖ von der Salzzufuhr ab, um sie zur Rückkehr zum Katholizismus zu zwingen.

stimmung der Stände („meliores et majores terrae“) erlaubt **(Steuerbewilligungsrecht der Stände).** Adel und Klerus wälzten diese Steuern regelmäßig auf ihre Grunduntertanen über, sodass die Steuerlast hauptsächlich die Bauern und Bürger traf.

3.2.7.3. Kriegswesen und Wehrverfassung

Das MA war eine durch Gewalt regierte Epoche, in der „Rauben, Plündern, Morden durchaus zum Standard der Kriegergesellschaft“[79] gehörten. Krieg war ein weithin akzeptiertes[80] Mittel zur Ausdehnung bzw. Erhaltung der Herrschaft. Legitimation[81] fand sich sowohl im germanischen Zweikampfprinzip, das im MA ein Element der Gerichts- bzw. Reichsverfassung darstellte[82] (zB bei der Wahl eines Gegenkönigs), als auch in der römisch-christlichen Lehre vom gerechten Krieg („iustum bellum“).

In der germanisch-fränkischen Zeit basierte das Heer auf der allgemeinen Kriegsdienstpflicht aller freien Männer. Diese hauptsächlich zu Fuß kämpfenden Volksheere wurden zwischen dem 8. u. 11. Jh. schrittweise durch die Aufstellung gepanzerter Reitertruppen verdrängt. Daraus bildete sich ein Stand von Berufskriegern (Ritter). Die Kosten für Pferd, Ausrüstung und Unterhalt des Ritters wurden dadurch aufgebracht, dass der Lehensherr dem Ritter Grund und Boden zur Verfügung stellte, der von den übrigen, nunmehr der Kriegsdienstpflicht ledigen, bäuerlichen Untertanen zu bewirtschaften war. Tragende Säule der Reichswehrverfassung bildete damit das Lehensrecht. Die Reichsvasallen waren verpflichtet, mit einem bestimmten Kontingent an Untervasallen[83] an den Kriegszügen des Königs teilzunehmen (Heerfahrtspflicht). Der Gedanke der allgemeinen Wehrpflicht lebte insoweit fort, als auch die ansonst entwaffneten Bauern in Notzeiten zur Landwehr (Landesaufgebot) einberufen wurden.

Ab dem 14. Jh. bewirkte die Weiterentwicklung der Kriegstechnologie (Armbrust, Langbogen, Schießpulver) eine erneute Aufwertung der zu Fuß kämpfenden Truppen und leitete die Entfeudalisierung des Heerwesens ein. Die Niederlage der durch immer stärkere Panzerung unbeweglich gewordenen Ritterheere gegen die Lanzknechte der Schweizer Eidgenossenschaft (14. Jh.) sowie in den Hussitenkriegen (15. Jh.) bewogen die Kriegsherren zur Anwerbung von Söldnertruppen.

Österreichische Länder: Wegen der Stellung als Grenzmark und aufgrund besonderer Privilegien oblag dem Herzog von Österreich nur eine beschränkte Reichsheerfahrtspflicht. Grundsätzlich verfügte er über fol-

---

[79]) *Elias,* Über den Prozeß der Zivilisation, I^2, 268. Der in vielen literarischen Quellen nachweisbaren Kriegsverherrlichung insbesondere innerhalb des Adels stand eine breite Friedenssehnsucht im „gemeinen Volk“ gegenüber. Vgl. dazu *Ebner,* Friedenssehnsucht, Friedensprogramme und friedenssichernde Maßnahmen im hohen und späteren MA, in: Schriftenreihe des Inst. f. Geschichte, Darstellungen II, 55.

[80]) Erst im 20. Jh. erfolgte durch den Briand-Kellog-Pakt (1928) bzw. Art. 2 der Satzung der Vereinten Nationen (1945) eine internationale Ächtung des Krieges.

[81]) Vgl. *Repgen,* Kriegslegitimationen in Alteuropa, HZ 1985, 27.

[82]) *Cram,* Iudicium belli. Zum Rechtscharakter des Krieges im deutschen Mittelalter.

[83]) Im HMA umfasste ein Ritterheer selten mehr als 2000 schwer und 6000 leicht gepanzerte Reiter.

gende Truppen: das ritterliche Lehensheer[84], das bäuerliche Landesaufgebot in Notzeiten[85], das von den städtischen Bürgern gestellte Kontingent[86] und die Söldnertruppen. Wer seiner Kriegsdienstpflicht nicht nachkam, schuldete dem Landesherrn eine Buße in der Höhe von bis zu einem Jahresertrag seines Lehens bzw. Gutes.[87] An privaten Angriffskriegen des Landesfürsten mussten nur seine eigenen Dienstmannen teilnehmen.

3.3. Herrschaft im Mittelalter

Lit.: *Brauneder*, Verfassungsgeschichte[7], 21; *Brunner,* Land und Herrschaft[6], 41; *Buchda*, Art. „Gerichtsverfahren", HRG I, 1551; *Buchda*, Art. „Gerichtsverfassung", in: HRG I, 1563; *Conrad Hermann*, Deutsche Rechtsgeschichte I[2], 140, 374; *Dopsch/Spatzenegger* (Hg.), Geschichte Salzburgs I, 867; *Ebel*, Geschichte der Gesetzgebung in Deutschland; *Elias,* Über den Prozeß der Zivilisation II; *Feine*, Ursprung, Wesen und Bedeutung des Eigenkirchentums, MIÖG 1950, 195; *Franklin*, Das Reichshofgericht im MA; *Gagnér*, Studien zur Ideengeschichte der Gesetzgebung; *Hasenöhrl*, Österreichisches Landesrecht im 13. u. 14. Jh., 165; *Hellbling*, Österreichische Verfassungs- und Verwaltungsgeschichte[2], 89; *Hirsch*, Die hohe Gerichtsbarkeit im deutschen MA[2]; *Hoke*, Rechtsgeschichte, 4; *Huber/Dopsch,* Österreichische Reichsgeschichte[2], 61; *Kaufmann*, Art. „Fehde", HRG I, 1083; *Kaufmann*, Aequitatis iudicium; *Kern*, Gerichtsverfassungsrecht[4], 322; *Krause*, Kaiserrecht und Rezeption; *Kroeschel*, Art. „Herrschaft", HRG II, 104; *Kroeschell*, Haus und Herrschaft im frühen deutschen Recht; *Künßberg/Tzermias,* Rechtsgeschichte und Volkskunde; *Luschin*, Geschichte des älteren Gerichtswesens in Österreich ob und unter der Enns; *Luschin*, Österreichische Reichsgeschichte, 192; *Mitteis/Lieberich,* Deutsche Rechtsgeschichte[16], 145, 185; *Ott*, Art. „Kirchliche Gerichtsbarkeit", in: StWB III[2], 38; *Planitz,* Die deutsche Stadt im MA[2]; *Rausch* (Hg.), Stadt und Stadtherr im 14. Jh.; *Schlesinger*, Die Entstehung der Landesherrschaft[2]; *Schuster*, Das Wiener Stadtrechts- oder Weichbildbuch *Sohm,* Die fränkische Reichs- und Gerichtsverfassung; *Stobbe*, Geschichte der deutschen Rechtsquellen; *Stolz*, Verfassungs- und Verwaltungsgeschichte, 197; *Tomaschek*, Die höchste Gerichtsbarkeit des deutschen Königs und Reiches im XV. Jh.; *Tomaschek*, Die Rechte und Freiheiten der Stadt Wien; *Vittinghof* (Hg.), Stadt und Herrschaft. Römische Zeit und hohes MA, HZ BH 7; *Weber,* Staatssoziologie[2], 99; *Weltin*, Zur Entstehung der nö. Landgerichte, in: Babenbergerforschungen, JbLkNÖ, NF 42 (1976), 276; *Werunsky*, Österreichische Reichs- und Rechtsgeschichte, 53.

Nach der heute vorherrschenden Auffassung stellen Gesetzgebung, Rechtsprechung und Verwaltung Aufgaben dar, die vom Staat wahrzunehmen sind. Darüber hinaus weisen alle jene Verfassungen, die vom aufgeklärten Staatsmodell beeinflusst wurden, eine Trennung dieser drei Staatsgewalten auf. Im MA hingegen folgten Staat und Gesellschaft einem völlig anderen Konzept. Die uns heute geläufigen drei Staatsgewalten waren als solche weder organisatorisch ausgeformt (geschweige denn getrennt) noch inhaltlich scharf geschieden (zB enthielt ein Weistum sowohl Elemente der Gesetzgebung wie auch der Rechtsprechung; der Reichstag richtete und setzte Recht). Da bis ins SpMA keine scharfe Unterscheidung zwischen staatlicher und nicht-staatlicher Sphäre bestand, stellten Gesetzgebung, Rechtsprechung und Verwaltung noch kein Monopol des Staates dar. Vergleich-

[84]) Im SpMA reduzierte sich die Kriegsdienstpflicht dieser Ritter auf max. ein Monat pro Jahr. Für den darüber hinausgehenden Kriegsdienst musste der Landesherr den Rittern Sold zahlen. 1605 erfolgte im Land unter der Enns die letzte Mobilisierung des Lehensaufgebots.

[85]) Diese Landwehr wurde zB in den Hussiten- und Türkenkriegen mobilisiert.

[86]) Die Wiener Bürger besaßen auf Grund zweier Privilege von 1237 bzw. 1247 das Recht, nur so nahe der Stadt eingesetzt zu werden, dass sie bei Sonnenuntergang wieder zur Stadt zurückkehren konnten. Diese Privilege wurden nach 1296 nicht mehr erneuert.

[87]) Art. 45 des österreichischen Landesrechts.

bare Tätigkeiten wurden vielmehr auf den verschiedensten gesellschaftlichen Ebenen ausgeübt, zB: Haus- und Dorfgemeinschaft, Grund-, Stadt-, Zunft-, Kirchen- und Landesherrschaft, Kaiser- und Königreich. Den zentralen Begriff der ma. Gemeinschaft bildete, wie diese Aufzählung zeigt, die **Herrschaft,** dh „die Chance, Gehorsam für einen bestimmten Befehl zu finden".[88] Die Herrschaftsträger besaßen in ihrem Bereich Autonomie, standen also bei der Herrschaftsausübung regelmäßig nicht in einem hierarchischen Verhältnis zueinander bzw. zum König/Kaiser. Über ein und dasselbe Gebiet konnten mehrere Machthaber unabhängig voneinander ihr spezifisches Herrschaftsrecht ausüben (zB hohe/niedere Gerichtsbarkeit, Münzherrschaft, Kirchenherrschaft, Steuerhoheit, Zollregal, Heerbann).

Bevor im Folgenden auf die Darstellung einzelner Herrschaften eingegangen wird, sollen zunächst zur besseren Veranschaulichung die Grundzüge der Gesetzgebung und der Rechtsprechung dargestellt werden.

3.3.1. Die Entwicklung der Gesetzgebung

Nach einer idealtypischen Darstellung[89] entwickelte sich die Gesetzgebung zu Ende des MA nach folgendem – jedoch nie rein, sondern nur in Mischformen vorkommenden – Muster: Gewohnheitsrecht – Satzung – Rechtsgebot.

Recht existierte ursprünglich nur als **Gewohnheitsrecht** (consuetudo), es galt der Grundsatz „altes Recht ist gut" bzw. „gutes Recht ist alt". Die Aufgabe des Herzogs/Königs/Kaisers bestand nicht darin, Recht zu setzen (Gesetzgebung), sondern *das alte Recht zu bewahren.* Die Versammlung der freien Männer (thing, taiding) fand das Recht, rechtskundige Männer gaben es in Form von **Weistümern** (wistuom, banntaiding, ehafttaiding) weiter. Dieses ursprünglich nur mündlich tradierte Gewohnheitsrecht („Recht sagt ein Mann dem andern") der wichtigsten germanischen Stämme (sog. **Stammes- oder Volksrechte**)[90] wurde zwischen dem 5. und 9. Jh. schriftlich in lateinischer Sprache aufgezeichnet. Nach einer weitgehend quellenlosen Epoche erfolgte erst im 13. Jh. eine neuerliche Niederschrift des Gewohnheitsrechts in den sog. Rechtsbüchern: **Sachsenspiegel** (Norden und Osten), **Deutschen-** und **Schwabenspiegel** (Süddeutschland, österreichischer Raum). Diese in mittelhochdeutsch abgefassten privaten Rechtsaufzeichnungen enthielten sowohl ein Abbild der Rechtswirklichkeit als auch persönliche Wertungen und rechtsschöpfende Überlegungen der Verfasser. Im SpMA begann die Aufzeichnung des Gewohnheitsrechts

---

[88]) *Weber,* Staatssoziologie², 99.

[89]) *Ebel,* Gesetzgebung, 11.

[90]) Diese Stammes- oder Volksrechte (leges barbarorum) geben allerdings das germanische Gewohnheitsrecht nicht rein wieder, sondern enthalten bereits römischrechtliche und christliche Elemente. Die wichtigsten sind: Lex Alamanorum, Lex Baiuvariorum, Lex Burgundionum, Lex Ribuaria, Lex Salica, Lex Saxonum, Lex Visigothorum.

einzelner Länder **(Landrecht).**[91] Besonders lange hielt sich das Gewohnheitsrecht im bäuerlichen Raum. Das im Rahmen einer Grundherrschaft geltende Sonderrecht hieß *Hofrecht*.

Das Gewohnheitsrecht besaß nicht nur statische sondern auch dynamische Elemente. Zum einen wurde unterschieden zwischen „guten" und „schlechten" Gewohnheiten, zum anderen existierte die Möglichkeit der „*Rechtsbesserung*", dh man konnte das Gewohnheitsrecht anpassen, damit das gelte, was schon immer hätte Recht sein sollen. Schließlich ermöglichte das Privileg einen Eingriff in das Gewohnheitsrecht: eine Einzelperson oder eine Gemeinschaft erhielten eine besondere Berechtigung (Schenkung, Freiheiten, Herrschaftsrechte, Immunitäten), die von Dritten zu respektieren war und damit zu einem Element der objektiven Rechtsordnung wurde.[92] Häufig galt ein Privileg nur zu Lebzeiten des Verleihenden; darüber hinaus nur, wenn der Nachfolger das Privileg ausdrücklich bestätigte.

Im schroffen Gegensatz zum Gewohnheitsrecht stand die **Satzung** (Einung, Willkür, Statut). Dabei einigte sich eine Gemeinschaft (zB Stadtbürger, Zunftmitglieder) auf Verhaltensregeln, die sie künftig befolgen wollte sowie die Rechtsfolgen der Nichteinhaltung. Diese seit dem 12. Jh. aufkommenden Satzungen gehen dem Gewohnheitsrecht vor. Ursprünglich galt das Einstimmigkeitsprinzip bzw. es war nur der daran gebunden, der sich durch Selbstverpflichtung (Eid) der Satzung unterworfen hatte. Ein typisches Beispiel für diese Einungen sind die ab dem 12. Jh. entstandenen **Stadtrechte**[93] und **Zunftordnungen**. Wegen der andersartigen Wirtschafts- und Sozialverfassung der Stadt schuf sich die städtische Bürgergemeinde durch ein Stadtstatut ein vom umgebenden Land abgehobenes Recht. Der einzelne Bürger unterwarf sich durch den Bürgereid dem Stadtrecht. Ab dem 13. Jh. erfolgte in sog. Stadtrechtsbüchern die (private) Aufzeichnung des städtischen Rechts.

Ebenfalls auf vertraglichen Satzungen basieren die seit dem 11. Jh. aufkommenden **Landfrieden**, die versuchen, das Fehdewesen sowie Verbrechen und Gewaltanwendungen einzudämmen.[94] Bindewirkung entfaltete der Landfrieden ursprünglich nur für jene, die sich ihm eidlich unterworfen hatten.

Als Gesetzgebung (Rechtssetzung) im heutigen Sinn kann erst das Auftreten von **Rechtsgeboten** gesehen werden. Diese stellen weder Rechtsfindung durch Urteil noch

---

[91]) Österreichisches Landrecht (1237?), Steirisches Landrecht (14. Jh.), Kärntner Landrecht (14. Jh.), Salzburger Landesordnung (1328), Tiroler Landesordnung (1352).

[92]) Das Privileg spielte auch beim Aufbau der deutschen Reichsverfassung eine wesentliche Rolle: das Reichskirchensystem wurde durch ca. 1100 kaiserliche bzw. päpstliche Privilege eingerichtet; das privilegium minus markierte einen wesentlichen Schritt in der Landesbildung Österreichs.

[93]) In den österreichischen Städten war der Einfluss der Stadtherrn bei der Entstehung der Stadtrechte ungleich stärker als in den großen mitteldeutschen Städten. Die wichtigsten überlieferten österreichischen Stadtrechte spiegeln dies durchwegs wieder: Stadtrecht von Enns (1212), Wien (1221), Zwettl (1200), Ottensheim (1228), Hainburg (1244), Wr. Neustadt (1276), Mautern (1277), Eggenburg (1277), Klosterneuburg (1298), Krems (1305), Stein (1305), Korneuburg (1311), St. Pölten (1338), St. Veit (1308), Klagenfurt (1338), Wolfsberg (1331), Gmünd (1346), St. Leonhard (1325), Laibach (1320), Innsbruck (1239), Feldkirch (1229), Brixen (1380), Sterzing (1417), Salzburg (1286).

[94]) Bzgl. des österreichischen Raumes vgl. die Übersicht bei *Luschin,* Reichsgeschichte, 137, 144.

Selbstbindungen der Gemeinschaftsmitglieder dar. Vielmehr fordert eine obrigkeitliche Instanz einseitigen Gehorsam. Die Stellung des Herrschers wandelte sich dabei vom Bewahrer des Rechts zum Rechtssetzer. Die Freiheit von gewohnheitsrechtlichen Bindungen erhöhte den Dispositionsspielraum und vergrößerte die Möglichkeit, Gesetzgebung als Instrument der Herrschaftsausübung einzusetzen.

Neben dem generellen Machtstreben der Herrscher trugen zur „Mobilisierung“ des Rechts insbes. folgende Faktoren bei: In der römischen (nach-republikanischen) und der byzantinischen Staatsrechtsauffassung besaß der Herrscher ein umfassendes Gesetzgebungsrecht. Durch den Kontakt mit dem römischen Recht flossen diese Gedanken auch in das ma. deutsche Recht ein.[95] Die zweite Wurzel bildete die christliche Rechtsauffassung. Diese sah es als Aufgabe des Herrschers an, das göttliche Naturrecht auf Erden zu verwirklichen. Daraus ergab sich notwendigerweise eine Stoßrichtung gegen das nach wie vor heidnisch inspirierte Gewohnheitsrecht. Allgemein hatte die Kirche in ihrer Sphäre ein viel unbefangeneres Verhältnis zur Rechtssetzung und nützte diese zum Ausbau der päpstlichen Zentralmacht.

Erste Maßnahmen obrigkeitlicher Rechtssetzungen erfolgten bereits in der karolingischen Zeit, in den sog. **Kapitularien.** Diese waren in Kapiteln abgefasste schriftlich fixierte Maßnahmen insbes. auf dem Gebiet der Reichsverfassung und -verwaltung. Erst im ausgehenden HMA stoßen wir auf eine verstärkte Rechtssetzung auf Reichsebene; im SpMA bedienten sich insbes. die Landesfürsten der Gesetzgebung zum Ausbau ihrer Landesherrschaft. Grundsätzlich galt die Überzeugung, dass neues Recht vom Herrscher **nicht ohne die Mitwirkung der Betroffenen** geschehen dürfe. Für die Landesherrschaften wurde 1231 ausdrücklich festgelegt[96], dass der Landesherr die Gesetzgebung nur unter Mitwirkung der Stände (consensus meliorum et maiorum terrae) ausüben darf. Die konkrete Ausgestaltung dieses Zusammenwirkens war abhängig von den Machtverhältnissen zwischen Herrscher und Beherrschten. Der Herrscher selbst stand im MA (anders als im Absolutismus) nicht über sondern ebenfalls unter dem Gesetz. Generell setzte sich im SpMA aber die Auffassung durch, dass Herrschaft auch das Recht zur Rechtssetzung einschließe.

Das gesatzte Recht wies einen wesentlich höheren Grad an Generalisierung und Abstraktion auf als das alte Gewohnheitsrecht. Verpflichtende Bestimmungen über die Veröffentlichung (Promulgation) des neuen Rechts existierten jedoch ebensowenig wie amtliche Gesetzessammlungen. Um der des Lateins sowie des Lesens unkundigen Bevölkerung den Inhalt der Gesetze zu vermitteln, führte man jährlich wiederkehrende öffentliche Lesungen durch. Grundsätzlich ist festzuhalten, dass zum Ausgang des MA der überwiegende Teil der Rechtsmaterie nach wie vor Gewohnheitsrecht darstellte. Dies galt insbes. für

[95]) Explizit ausgesprochen wurde diese Auffassung im Jahre 1158 auf dem Reichstag von Roncaglia. Dabei rief einer der anwesenden Erzbischöfe Kaiser Friedrich I. Barbarossa folgende Worte zu: „Wisse, dass die ganze gesetzgeberische Gewalt des Volkes auf dich übertragen ist! Dein Wille ist Recht, wie geschrieben steht: Was den Fürsten gutdünkt, hat Gesetzeskraft, da das Volk ihm diese Herrschaft und Gewalt eingeräumt hat. Was daher der Kaiser setzt, entscheidet oder dekrediert, gilt als Gesetz!“ (zit. nach *Ebel,* Gesetzgebung, 43).

[96]) Sententia de iure statuum terrae v. 1. 5. 1231.

viele Bestimmungen, die breitere Volksschichten unmittelbar betrafen sowie den ländlichen Rechtsraum.

3.3.2. Die Gerichtsbarkeit

Die Gerichtsbarkeit des MA unterschied sich grundlegend von unserer heutigen Justiz:

* Die Gerichtsbarkeit stellte ein (finanziell) **nutzbares Recht** dar, aus dem der Gerichtsherr bzw. Richter Einnahmen zog. Sie wurde auch von Privatpersonen ausgeübt und konnte verkauft, getauscht, verpachtet und verliehen werden. Neben den Abgaben, die von den Untertanen wiederkehrend an den Gerichtsherrn zu leisten waren, behielt dieser die Geldstrafen und das Vermögen des Verurteilten ein.[97]
* Grundsätzlich war der **König/Kaiser der oberste Richter.** Mit dem Erstarken der Landesfürsten, der Verleihung von Immunitäten sowie der Erteilung des **privilegium de non evocando et non appellando**[98] wurde die Reichsjustiz immer mehr ausgehöhlt, sodass Ende des SpMA nur mehr ein kleiner Personenkreis der königlichen Gerichtsbarkeit unterstand. Auch die Landesfürsten konnten die Existenz privater, von ihnen unabhängiger Gerichte nie völlig verhindern. Es galt der Grundsatz, dass die (zeitweise) Anwesenheit eines höheren Gerichtsherrn die Zuständigkeit des niedereren suspendiere. Häufig war das Verfahren eininstanzig.
* Bis ins SpMA existierte auf allen Ebenen eine **Trennung zwischen dem Richter und den Urteilern.** Der Richter leitete den Prozess und erfragte das Urteil von den Urteilsfindern (taiding, Gerichtsgemeinde, Umstand). Diese waren anfangs alle freien Männer, später eine Gruppe von mit dem Gewohnheitsrecht besonders vertrauten Personen (Schöffen). An den höheren Gerichten bildeten Personen aus dem Kreis der Reichs- oder Landstände den Umstand.
* Das Gericht tagte zu einem fixen Zeitpunkt unter freiem Himmel an einem bestimmten, eingezäunten Ort[99] (Schranne). Das Verfahren war mündlich und öffentlich. Schriftliche Aufzeichnungen des Urteils bildeten vor allem bei den Niedergerichten die Ausnahme.
* Die Professionalisierung des Richterstandes durch universitär ausgebildete und beamtete Juristen sowie die Verdrängung der Laien aus der Gerichtsbarkeit setzte erst Ende des SpMA ein.
* Die Gerichtszuständigkeit hing nicht nur von der Art des Verbrechens sondern auch vom Stand der Person ab. Verbreitet galt der Grundsatz, dass ein Angeklagter nur vom Standesgleichen bzw. -höheren[100] gerichtet werden durfte.
* Im Laufe der Zeit entwickelte sich die Unterscheidung zwischen **niederer und hoher (peinlicher) Gerichtsbarkeit.** Letztere entsprach häufig der Blutgerichtsbarkeit (Strafen zu „Haupt und Haar“ oder „Hals und Hand“, Malefiz-Gerichtsbarkeit). Ihr unterstanden zB folgende Verbrechen: Mord, Totschlag,

---

[97]) Vgl. die Einziehung des Hauses eines Zinngießers in Monumenta Habsburgica, 1. Abt. Bd. 2, 305.

[98]) Grundsätzlich hatte der König das Recht, jede noch nicht rechtskräftig entschiedene Sache an sich zu ziehen, unabhängig davon, bei welchem Gericht sie anhängig war *(ius evocandi).* Teilweise bestand die Möglichkeit, gegen das Urteil eines Untergerichts durch Urteilsschelte *(Appellation)* an das Königsgericht (Hofgericht) zu „berufen“. Durch das privilegium de non evocando et non appellando wurden Evokationen und Appellationen ausgeschlossen (Ausnahme: Rechtsverweigerung). Dieses Privileg erhielten zunächst nur die Kurfürsten (Goldene Bulle 1356), bis zum 15. Jh. aber auch fast alle anderen Reichsstände. Damit wurde der Landesherr oberster Gerichtsherr in seinem Territorium. Unter Rudolf IV. gaben sich die Habsburger für ihre Erbländer durch das gefälschte privilegium maius (1358) selbst das privilegium de non evocando et non appellando.

[99]) In der Markgrafschaft Österreich waren dies die drei alten „Malstätten“ Mautern, Tulln, Korneuburg.

[100]) Vgl. Schwabenspiegel Ldr. Art. 278; eine Zusammenstellung bzgl. Österreichs bietet *Hasenöhrl,* Landesrecht, 198.

Raub, Diebstahl, Vergewaltigung, Religionsdelikte (Ketzerei, Zauberei, Gotteslästerung), Landfriedensbruch, Sodomie, Kuppelei und Bigamie.

* Neben dem mangelhaft entwickelten Rechtswesen existierte im MA das **Fehdewesen** als Mittel der straflosen Selbsthilfe (Blutrache). Gegen das daraus resultierende Klima der Gewalt richtete sich die kirchliche Gottesfriedensbewegung. Darin untersagte die Kirche die Anwendung der Fehde gegen bestimmte schutzlose Personen (zB Witwen und Waisen) und an bestimmten Orten (zB Kirchen und Klöster). In den zahlreichen weltlichen Landfrieden wurde diese Forderung aufgegriffen. Der Mainzer Landfrieden (1235) gestattete nur mehr Adeligen die Fehde und versuchte eine Verrechtlichung: Fehdevoraussetzung waren die vergebliche Anrufung des Gerichts sowie die offene Ansage der Feindschaft. Durch Selbstbindungen (Einungen) der Landstände erfolgte ab 1400 in den meisten österreichischen Erbländer der Ausschluss der Fehde. Im ganzen Reich wurde die Fehde schließlich durch den **ewigen Landfrieden** (1495) endgültig verboten.

Die aus der Zeit der Völkerwanderung herrührenden Volksgerichte, bestehend aus dem Umstand aller freien Männer, wurden bereits in der fränkischen Zeit durch die Einführung der Grafschaftsverfassung modifiziert. Das Amt des Richters nahm ein Graf ein, die Thingpflicht wurde gelockert, sodass schließlich nur mehr bestimmte, als Schöffen verpflichtete Laien den Umstand bildeten. Ab der Jahrtausendwende bewirkte die Feudalisierung und Zersplitterung (Lokalisierung) der Gerichtsbarkeit eine zunehmende Unübersichtlichkeit und Ineffizienz. Im Raum des heutigen Österreichs gab es im MA folgende Arten von Gerichten:

a) Dorfgericht:[101] Dieses bildete auf Ebene der Landgemeinden den Rest der alten Volksversammlungen (thing). Es war zuständig für zivilrechtliche Feld-, Markt- oder Waldstreitigkeiten sowie minder gefährliche Straftaten (zB Raufhandel). Die Urteiler bildeten die Gemeindegenossen, die ursprünglich auch den Richter wählten. Ab dem 12. Jh. erlangten vielfach adelige Grundherrn die Kontrolle über die Dorfgemeinschaft und machten sich oder einen von ihnen vorgeschlagenen Amtmann zum Richter. Diese Befugnis verfestigte sich bis zum Ende des MA zur **Dorfobrigkeit.**

b) Grundherrschaftliche Gerichte: Die Gerichtsgewalt der adeligen und geistlichen Grundherrn über ihre unfreien oder freien Bauern wurde als Zubehör des Grund und Bodens verstanden und umfasste die niedere Gerichtsbarkeit.[102] Die grundherrschaftlichen Gerichte waren zuständig für alle Klagen betreffend den Grund und Boden der Grundherrschaft, die darauf sitzenden Hintersassen, Rechtsstreitigkeiten der Hintersassen untereinander sowie zwischen Grundherrn und Hintersassen.[103] Erst ab dem 15. Jh. entwickelte sich ein Berufungsrecht an ein höheres Gericht.[104] Die grundherrschaftlichen Gerichte bestanden als **Patrimonialgerichte** bis zum Jahre 1848 fort.

---

[101]) Weitere Namen waren Dorf-, Bann- oder Ehafttaiding.

[102]) Untertanen, die schwere Verbrechen begangen hatten, musste der Grundherr an den Landrichter zur Aburteilung ausliefern, durfte den Besitz des Verurteilten jedoch behalten (Art. 46 österr. Landesrecht).

[103]) Noch bis ins 14. Jh. war der Grundherr auch in seinen eigenen Angelegenheiten Richter: vgl. Wiener Stadtrechtsbuch Art. 119

[104]) *Luschin,* Gerichtswesen, 184.

c) Stadt und Marktgerichte: In den Städten und Märkten entstanden eigene Gerichte (Stadtschranne), die für die Rechtsstreitigkeiten der Bürger untereinander, die Klagen von Nichtbürgern gegen Bürger, die innerhalb des Stadtbezirks liegenden Grundstücke sowie die den Bürgern außerhalb der Stadt gehörenden Grundstücke zuständig waren. Damit bildete das Stadtgericht den ausschließlichen Gerichtsstand des Bürgers. Im SpMA erlangten die meisten Städte die Blutgerichtsbarkeit. Die Rechtsprechung wurde vom Stadtrichter gemeinsam mit einer aus der Bürgerschaft gebildeten Geschworenenbank (Urteilsfinder) ausgeübt. Ursprünglich verfügte der Stadtherr über die personelle Zusammensetzung dieser Ämter. Mit dem Ausbau der städtischen Autonomie gelang es den Bürgern einzelner Städte, ein Vorschlags-, Besetzungs- oder Wahlrecht durchzusetzen. Vereinzelt entwickelte sich ein geordneter Instanzenzug für Berufungen, zB Wien: Stadtschranne (1.), Stadtrat (2.), Stadtherr (3.).

d) Im städtischen Raum gab es darüber hinaus eine Reihe von **Sondergerichten** (bzw. -behörden): der Sterzermeister (Bettelvogt) judizierte über die Bettler, der Spielgraf über das „fahrende Volk". Dem Hansgraf oblag die Überwachung des Handels und Verkehrs. Aufgrund der stadtherrlichen Restriktionen konnte sich im österreichischen Raum die Zunftgerichtsbarkeit nur in Ansätzen entwickeln. Die mit der Münzherstellung befassten Personen standen im Genuss des privilegierten Gerichtsstandes eines eigenen Münzgerichts. Über die jüdische Bevölkerung übten der Vorsteher der jüdischen Gemeinde (niedere Gerichtsbarkeit) sowie der Herzog selbst die Gerichtsbarkeit aus. Die Angehörigen der Universität Wien unterstanden dem aus dem Rektor und den Dekanen gebildeten Universitätsgericht, das bei schweren Übertretungen auch Todesurteile verhängen konnte.

e) Der **Adel** setzte für sich einen **privilegierten Gerichtsstand** durch. Für ihn waren zuständig: das *Landthaiding* (12./13. Jh.), das Hofthaiding (13./14. Jh.) bzw. das Landmarschallische Gericht (14./15. Jh.). Als Richter fungierte bei den ersten beiden Gerichten der Herzog (bzw. ein von ihm eingesetzter Richter), bei Letzterem der aus dem Kreis der Landstände kommende Landmarschall. Bei allen drei Gerichten stellte der Adelsstand die Urteilsfinder. Um den ständischen Einfluss zurückzudrängen, begannen die habsburgischen Landesfürsten ab dem 14. Jh. ein herzogliches Hofgericht aufzubauen. Diesem stand der Herzog als Richter vor, ihm zur Seite amtierten beamtete Räte. Diese wurden ohne Rücksicht auf Stand und Herkunft vom Herzog ausgewählt und besaßen zum Teil schon eine juristische Ausbildung.

f) Untere Landgerichte: Sie übten über alle Personen, die keinen privilegierten Gerichtsstand besaßen (zB alle nicht Rittermäßigen), die hohe Gerichtsbarkeit (Blutbann, „Recht auf Stock und Galgen") und bis ins 15. Jh. die Zivilgerichtsbarkeit aus. Die unteren Landgerichte – der Name sollte sie von den Gerichten des Herzogs unterscheiden – waren im HMA aus den karolingischen Grafschaftsgerichten entstanden. Durch Teilung, Veräußerung und Tausch vollzog sich im SpMA eine Zersplitterung, die zu immer kleiner werdenden, oft nicht einmal geschlossene Gebiete umfassenden Gerichtsbezirken führte.[105] Da jedermann die Landgerichtsbarkeit kaufen konnte, erwarben viele Grundherrn[106] auf diesem Wege die Blutgerichtsbarkeit über ihre Hintersassen. Auch hier fungierte der Richter nur als Leiter des Prozesses. Das Urteil fällten die vom Richter aus den Mitgliedern der Gerichtsgemeinde ausgewählten Urteiler.

g) Für Lehensstreitigkeiten war ein eigenes **Lehensgericht** zuständig, bei dem der Lehensherr als Richter und die Vasallen als Urteiler fungierten.

h) Vogteigerichtsbarkeit: Vielfach gelangte die Kirche (Bistümer, Klöster) auch in den Besitz der weltlichen Gerichtsbarkeit. Sie durfte nach kanonischem Recht die Blutgerichtsbarkeit jedoch nicht selbst ausüben[107], sondern musste einen Vogt bestellen. Die meisten dieser Vogteien gelangten in die Hände der Babenberger.

i) Kirchliche Gerichtsbarkeit: Die Katholische Kirche beanspruchte nicht nur die ausschließliche Gerichtsbarkeit über die Kleriker, sondern versuchte sie auf vielfältige Weise auch auf die Laien auszudehnen, indem sie die Jurisdiktion über alle Verbrechen beanspruchte, die eine schwere Sünde darstellten, zB Mord, Ehebruch, Unzucht, Abtreibung, Diebstahl, Raub, Grenzverrückung, Urkundenfälschung, Wucher, Meineid, Ketzerei. Weiters: Ehe- und Patronatssachen, Ehelichkeit oder Unehelichkeit, Fragen des Kirchenzehents, eidlich bestärkte Verträge, Angelegenheiten der schutzbedürftigen Personen (Witwen und Waisen, Arme, Pilger, Reisende, Kaufleute, Kreuzzugsteilnehmer).[108] Tatsächlich gelang es den österreichischen Landesfürsten jedoch, die kirchliche Gerichtsbarkeit zurückzudrängen und im Wesentlichen auf die Kleriker und die Ehestreitigkeiten zu beschränken.[109] Die kirchliche Gerichtsbarkeit über das Herzogtum Österreich stand lange Zeit dem Bischof von Passau zu.

j) Von der **Reichsgerichtsbarkeit** (Reichshofgericht) waren die Untertanen der österreichischen Erbländer aufgrund besonderer Privilege ausgenommen.

---

105) Die Zersplitterung blieb auch während der Neuzeit aufrecht. Im Jahre 1826 bestanden im Mühlviertel insgesamt 29 Landgerichte. Das größte (Waxenberg) umfasste 3061, das kleinste (Helfenberg) nur 11 Untertanen (vgl. *Pillwein,* Geschichte und Statistik des Erzherzogtums Österreich o. d. E.). Im Land unter der Enns existierten ca. 400 Landgerichte und eine große Anzahl von grundherrschaftlichen- und Dorfgerichten. Im Land ob der Enns arbeiteten 100 Landgerichte und 170 Niedergerichte, in der Steiermark lautete die Zahl 140 bzw. 280. Mitunter umfasste der Sprengel eines Landgerichts nicht mehr als 1,6 Quadratmeilen (vgl. *Stolz,* Verfassungsgeschichte, 203; *Luschin,* Reichsgeschichte, 193).

106) Sie übten häufig die Gerichtsbarkeit nicht selbst aus, sondern verpachteten sie gegen einen fixen Betrag an einen Landrichter. Dieser konnte sich den Überschuss der Gerichtseinnahmen behalten.

107) Erst Papst Bonifatius VIII. hob im Jahre 1298 den Grundsatz „ecclesia non sitit sanguinem" auf.

108) Vgl. dazu die Zusammenstellung bei Ott, Art. „Kirchliche Gerichtsbarkeit", in: StWb III², 38.

109) Das Ringen um Kompetenzabgrenzung spiegelt sich in vielen Kompromissen wider: Während zB der Ehebruch verheirateter Frauen vom weltlichen Richter zu judizieren war, gehörte der Ehebruch eines Ehemannes mit einer unverheirateten Frau vor das geistliche Gericht (vgl. *Werunsky,* Reichs- und Rechtsgeschichte, 84).

3.3.3 Herrschaftsformen

Die ma. Gesellschaft gliederte sich in eine Vielzahl voneinander weitgehend unabhängiger Herrschaften. Die Autonomie dieser Herrschaften bestand darin, dass ihre Ausgestaltung den übergeordneten Herrschaften weitgehend entzogen war und sie Befugnisse ausübten, die heute öffentlich-rechtlichen/staatlichen Organen vorbehalten sind.

a) Haus/Hausherrschaft: Haus und Hof stellten den natürlichen Mittelpunkt des ma. Lebens- und Wirtschaftsraumes dar. Die Hausgenossenschaft bildete eine Wirtschafts-, Wehr-, Tisch- und Kultgemeinschaft. „Haus" war zum einen eine örtliche Bezeichnung (der innerhalb des Zaunes bzw. unter den Dachtraufen befindliche Bereich), zum anderen bezeichnete es einen Personenverband. Dieser umschloss die Kleinfamilie plus deren Verwandte und Nachkommen, die zum Haus gehörigen Unfreien, die Knechte und Mägde sowie Gesellen und Lehrlinge, uU auch die Gäste. Das Haus bildete einen besonderen Rechts- und Friedensbereich (Hausfrieden).[110] Angriffe auf das Haus sowie Verbrechen innerhalb des umzäunten Gebietes wurden besonders schwer bestraft. Königlichen Beamten war der Zutritt zum Haus auch im Zuge der Verbrechensverfolgung lange Zeit versagt (Asyl)[111]. Die Hausherrschaft war patriarchalisch organisiert. Der Hausherr übte die **Muntgewalt** über die Schutzunterworfenen aus, vertrat sie vor Gericht und verfügte über ihren Besitz. Weiters hatte er die Disziplinargewalt (Hausjustiz) inne, die sich im Laufe des MA unter christlichem Einfluss immer mehr abschwächte. Bei Veräußerungen des Familienvermögens besaßen die Söhne ein Mitspracherecht. Besondere Bedeutung erhielt das „Haus" im Hochadel (zB „Haus Österreich" bzw. „Haus Habsburg"). Mittels Hausordnungen (Privatfürstenrecht) gelang es den hochadeligen Geschlechtern, ein vom übrigen Adel abweichendes Familien- und Erbrecht durchzusetzen, das der Erhaltung ihrer Macht dienen sollte.[112]

b) Dorfherrschaft: Das Dorf und seine Bewohner bildeten hinsichtlich der sie unmittelbar betreffenden Angelegenheiten eine eigene Rechtsgemeinschaft mit eigenem Dorfrecht (bäuerliche Weistümer) und Dorfgericht. Die Besitzer einer vollen Bauernstelle (Hube)[113] waren gegenüber den übrigen Dorfbewohnern bevorrangt. Je nach Grad der Unterordnung unter eine Grundherrschaft hatten die Dorfbewohner unterschiedlichen Ein-

---

[110]) *Osenbrüggen,* Der Hausfrieden.

[111]) Wr. Stadtrecht 1221 Pkt. 9: „Wir wollen auch, dass einem jeden Bürger sein Haus eine Freiung (Freistatt) sei, sowie seinen Hausgenossen und einem jeden Flüchtigen, der das Haus betritt. Niemand soll mit Bogen und Wurfgeschoss das Haus eines anzugreifen versuchen oder sonst in der Stadt kämpfen." (zit. nach *Frass,* Quellenbuch I, Nr. 74).

[112]) Zu den Hausgesetzen der Habsburger im MA vgl.: *Hellbling,* Die Habsburgischen Hausnormen des MA in rechtlicher Sicht, in: FS Hans Lentze, 295.

[113]) Unter einer Hube oder Hufe verstand man eine je nach Ertragslage und Region wechselnde landwirtschaftliche Betriebsgröße, die einer Bauernfamilie das wirtschaftliche Auskommen ermöglichte. Häufig umfasste sie ca. 30 Morgen Land.

fluss auf die Bestellung der Dorforgane (Dorfrichter, -vorsteher, -knechte). Vereinzelt gelang es mehreren Dorfgemeinschaften, sich überregional gegen ihren Grundherrn zu verbünden. Aus einem dieser Dorfzusammenschlüsse entstand im 13. Jh. die Schweizer Eidgenossenschaft, der es in den folgenden Jahrhunderten gelang, die Herrschaft der Habsburger abzuschütteln.

c) Grundherrschaft: Sie stellte einen Wirtschafts- (vgl. Kap. 3.1.1.) und Rechtsverband dar, der aus dem Grundherrn und den freien oder unfreien Grunduntertanen (Hintersassen, Grundholden) bestand. Dominiert wurde dieses genossenschaftliche, dh aus gegenseitigen Rechten und Pflichten bestehende Verhältnis durch den Grundherrn. Je nachdem, ob er der König oder Landesfürst, ein niederer oder hoher Adeliger, Bischof, Abt oder Pfarrer bzw. ein Bürger (SpMA: Rentenwirtschaft) war, standen ihm unterschiedliche Machtmittel zur Verfügung. Im Rahmen der Grundherrschaft erfolgten Rechtsweisung (Hofrecht, bäuerliche Weistümer), Rechtsprechung (Hofgericht), Polizeigewalt („Zwing und Bann"), Verwaltung (Koordinierung der Robotdienste), Einziehung der Abgaben und Feindesabwehr (Wehrverband).[114]

d) Stadtherrschaft: Unter einer Stadt verstand man einen ummauerten Ort, dem von einem Stadtherrn das Stadtrecht verliehen worden war und der sich wirtschaftlich sowie nach seiner rechtlichen Verfassung vom umliegenden Land unterschied. Im fränkischen Raum erfolgten bereits vor der Jahrtausendwende zahlreiche Städtegründungen. Ursprünglich standen alle Städte unter der Dominanz eines Stadtherrn. Ab dem 11. Jh. schlossen sich die Bürger einzelner Städte (zB Worms, Köln) zu einer Eidgenossenschaft (Schwurgemeinschaft) zusammen, um in teilweise gewaltsam geführten Auseinandersetzungen (zB Straßburg) die Rechte der Stadtgemeinde („städtische Freiheiten") gegenüber dem Stadtherrn durchzusetzen. Auf diese Weise gelang es im deutschen Rechtsraum zahlreichen Städten (zB Hamburg, Lübeck, Worms, Speyer, Regensburg, Basel, Straßburg, Augsburg, Köln, Konstanz), die Herrschaft des Stadtherrn vollständig abzuschütteln und zu autonomen, dh reichsunmittelbaren Städten aufzusteigen. Im SpMA erreichte das städtische Bürgertum nach und nach eine politische Aufwertung, indem es durch die Erlangung der Reichs- bzw. Landstandschaft mit dem Adel und Klerus gleichzog. In den Städten des österreichischen Raumes (gegründet überwiegend im 12./13. Jh.) blieb hingegen der Einfluss des Stadtherrn (meist des Landesfürsten) dominant. Einzig Wien konnte im 13. Jh. kurzfristig die Reichsunmittelbarkeit erlangen.

Stadtherr konnte der König, der Landesfürst (zB Wien, Freistadt, Wels), ein Geistlicher (Bischof von Passau: St. Pölten, Bischof von Bamberg: Villach) oder ein sonstiger Adeliger bei mediatisierten Städten (zB Graf von Schaumburg: Eferding) sein. Im Gegensatz zu den Inwohnern (incolae) und den Gästen (hospites) genossen die Bürger (Bürgereid) die vollen Rechte (Wahlrecht, Ämterfähigkeit, wirtschaftliche und prozessuale Vorrechte) und Pflichten (zB Steuer-, Wehr- und Mauererhaltungspflicht) der Stadtgemeinde.

[114]) *Brauneder/Lachmayer,* Verfassungsgeschichte[6], 40.

Die aus dem Stadtherrn und der Bürgerschaft gebildete Stadtherrschaft übte Funktionen auf dem Gebiet der Gesetzgebung (stadtherrliche Verordnungen, Satzungen und Einungen der Bürgerschaft), der Gerichtsbarkeit und der Verwaltung (Überwachung des Marktgeschehens, polizeiliche Tätigkeit, Aufrechterhaltung der städtischen Infrastruktur, Finanzverwaltung, Spital-, Armen- und Schulwesen) aus.[115] Zur Durchführung dieser Aufgaben bildeten sich nach und nach eigene Organe heraus, die anhand der Entwicklung der Stadt Wien, die beispielgebend für die übrigen österreichischen Städte wirkte, dargestellt werden sollen:

In **Wien** dominierte ursprünglich der Einfluss des Stadtherrn bzw. der von ihm eingesetzten Beamten, unter denen der Stadtrichter der wichtigste war. Erste Ansätze einer Selbstorganisation der Bürger sind für das Jahr 1221 überliefert. Aufgrund eines lf. Privilegs formierte sich ein aus 24 Bürgern (sog. Geschworene) gebildetes Organ, das vor allem mit der Aufsicht des Markt- und Handelsgeschehens beauftragt war und das Recht besaß, Statuten zu erlassen. Wählbar war nur eine bevorrechtete Schicht von Erbbürgern (Patriziat), die in den nächsten zwei Jahrhunderten in der Stadt politisch tonangebend waren und de facto ein Erbrecht auf die verschiedenen städtischen Ämter besaßen. Weiters wurde eine Einrichtung von insgesamt 100 „Genannten" geschaffen, die als Urkundszeugen für Rechtsgeschäfte größeren Umfangs fungierten.

Im Zuge der Auseinandersetzung zwischen den Babenbergern und Kaiser Friedrich II. erlangte Wien nach 1237 kurzfristig die Reichsunmittelbarkeit und die Stadtgemeinde erhielt ein Mitspracherecht bei der Bestellung des Stadtrichters. Auch Kg. Rudolf von Habsburg baute durch das neue Wiener Stadtrecht von 1278 die städtische Autonomie zunächst aus: Der von der gesamten Stadtgemeinde aus dem Kreis der Erbbürger zu wählende Stadtrat erhielt ein umfassendes Rechtssetzungs- und Anordnungsrecht, dem auch der Stadtrichter unterworfen war.[116] 1288 wurde der Stadtrichter auf die Gerichtsbarkeit beschränkt und die eher verwaltenden Angelegenheiten dem neu geschaffenen Amt des Bürgermeisters zugewiesen. Dieser erhielt später auch den Vorsitz im Stadtrat. Nach erfolgter Konsolidierung der habsburgischen Herrschaft in Österreich schränkte das Stadtrecht von 1296 die städtischen Autonomie wieder ein und verstärkte die Kontrolle des städtischen Rats durch den Landes- bzw. Stadtherrn.

Die Handwerker erlangten erst Ende des 14. Jh. Zugang zu den städtischen Ämtern. Nachdem in allen deutschen Städten schwere Auseinandersetzungen zwischen dem Patriziat und den Zünften ausgebrochen waren, erließen die habsburgischen Stadtherren 1396 ein Privileg, das die drittelparitätische Besetzung des städtischen Rats mit Erbbürgern, Kaufleuten und Handwerkern vorschrieb. Weiters wurden die jährliche Wahl des Bürgermeisters und des städtischen Rats, die Gleichbehandlung aller Bürger sowie Maßnahmen gegen den Nepotismus in den städtischen Ämtern angeordnet.[117]

---

[115]) *Brauneder/Lachmayer,* Verfassungsgeschichte^6, 44.

[116]) Art. 12: „Von den ratgeben und dem rat. Waz auch dieselben ratgeben ser stat in allen iren raeten oder werchen ordent und schickent nach ern des reiches und nuetz der purger und der stat, daz wellen wir gnaem und staet haben, und haizzen und pieten, daz ez staet und vest behalten werde, also daz ez weder von irem richter noch von dhaim andern menschen zeprochen werd; und wer auch, daz der statrichter nicht peigestuend mit rechter beraitschaft aller irr nutzer ordnung, den wolt wir pezzern haizzen mit swerr straf guets und des leibes als einen versmaecher chaiserleichter satzung." (zit. nach Tomaschek, Rechte und Freiheiten I, 60).

[117]) „... die besten und nuzisten auz iegleichen teil sovil, damit die andern tail und auch reich und arm nicht überdrungen noch beswert werden, und die uns und reichen und armen unserr stat hie zu Wienne nutz und gut sein, und daz auch iedemenn gleich und recht geschech, und also daz fürbazz icht mer in dem rat bei einander sitzen sweher, aidem, gebrüder, vettern, oder lötig kaufleut, oder lötig reich, oder lötig erbpurger oder lötig handwercher" (*Tomaschek,* Rechte und Freiheiten II, 1).

e) Zunftherrschaft: Im Laufe des SpMA entwickelten sich in den Städten die Zünfte als Selbstverwaltungsorganisationen des Handwerks. Während die Zünfte in den meisten Reichsstädten zu großer Macht aufstiegen, erlangten sie in Österreich nur eine beschränkte Autonomie. Bspw. galten die Zunftsatzungen regelmäßig nur dann, wenn sie vom städtischen Rat bestätigt wurden. Im Jahre 1364 versuchte Rudolf IV. erfolglos, die Zünfte in Wien überhaupt aufzuheben und ihr Satzungsrecht an den städtischen Rat zu übertragen.[118]

f) Kirchenherrschaft: Im MA stand der Mensch sowohl unter einer weltlichen als auch unter einer kirchlichen Rechtsordnung. Neben der Erscheinung, dass geistliche Würdenträger weltliche Herrschaften innehatten, übte die Kirche über die Gläubigen auch noch die aus dem Glaubensverband herrührende Kirchenherrschaft aus. Träger dieser Herrschaft war der Diözesanbischof.[119] Im Gegensatz zu den weltlichen Herrschaften waren die Mitwirkungsrechte der Beherrschten in der Kirchenherrschaft wesentlich schwächer ausgeprägt. Der weit ausgreifende Herrschaftsanspruch wurde in der Praxis durch den Widerstand des Landesfürsten und der Stände deutlich reduziert. Mit fortschreitendem Ausbau der Landesherrschaft erlangten die Habsburger ein Aufsichts- und Schirmrecht über die in ihrem Herrschaftsbereich liegenden kirchlichen Einrichtungen (landesfürstliche Kirchenherrschaft) und erwarben Vorschlagsrechte für verschiedene Kirchenämter.

[118]) „... daz die freiung, die wir der stat von besunder gunst durch irs frumen und aufnemens willen geben haben, von den zechen und ainungen der hantwercher daselbs und von den saetzen, die sie durch ir sunder nutzes willen gemacht habent und taegleich machent, gehindert und nidergelegt wirt, und der stat gemainklichen schedlich ist, ... vernichten und verpieten an disem brief mit fürstlicher macht all zechen, ainung und gesellschaft und auch alle setz, ordnung und gepot, die die hantwercher in unser egenanten stat daher gehabt oder gemacht habent oder fürbas machen würden, und wellen, daz die genzlich absein und fürbaser nimer zu dhainen zeiten dhain craft haben oder gewinnen in dhain weis, und verpieten auch mit disem brief, daz fürbas niemant in dhainerlei hantwerch dhain gesetzt, ordnung oder gebot mach oder aufsetz, denn alain der burgermaister und rat ..." (*Tomaschek,* Rechte und Freiheiten I, 158).

[119]) Die Diözesangrenzen deckten sich nicht mit den Ländergrenzen; auf dem Gebiet der österreichischen Länder übten der Erzbischof von Salzburg sowie die Bischöfe von Trient, Brixen, Chur, Passau, Bamberg, Gurk, Seckau, Lavant Kirchenherrschaft aus. Mitte des 15. Jhs. wurden die Bistümer Wien, Wr. Neustadt und Laibach errichtet.

3.3.4. Länderbildung und Landesherrschaft[120]

Zur Zeit der Völkerwanderung und in den ersten Jh. der Sesshaftwerdung war die Bevölkerung in Stämmen zusammengeschlossen. Während diese frühen Organisationsformen auf dem **Personenverband** basierten, gewann im HMA das **Territorium** an Bedeutung. Gegen Ende des SpMA nahmen die Gemeinwesen stärker **anstaltlichen Charakter** (Verselbstständigung als juristische Person) an. Vor dem Hintergrund dieser Entwicklung vom Personenverbandsstaat über den organisierten Flächenstaat (Territorialstaat) zum anstaltlichen Staat[121] entstanden ab dem HMA die Länder als neue Organisationsformen. Viele dieser Länder konnten über die Jahrhunderte hinweg eine Kontinuität als Territorialgliederungen bewahren. So reichen die historischen Wurzeln der meisten heute bestehenden österreichischen Bundesländer in das MA zurück.

Die **Wesensmerkmale** eines Landes waren:

* **Landesfürst** (Landesherr): Er war ein reichsunmittelbarer Fürst, der ehemals königliche Rechte ausübte.
* **Landesgemeinde** (**Landstände**, Landschaft, Landvolk, Landleute): Darunter wurde nicht die Bevölkerung allgemein, sondern ein enger Kreis politisch bevorrechteter Personen oder Genossenschaften verstanden.
* **Landesbewusstsein**: ausgedrückt durch den Landesnamen und eine Landessymbolik (Landeswappen).
* **Landrecht** (ius illius terrae): Innerhalb des Landes galt bzw. entwickelte sich eine relativ einheitliche Rechtsordnung.

Der Prozess der Länderbildung war vielgesichtig, uneinheitlich und von zahlreichen regionalen Besonderheiten gekennzeichnet. Neben geografischen, wirtschaftlichen und ethnischen Faktoren wirkten die verschiedensten politischen Kräfte landesbildend: weltliche Landesfürsten (österreichischer Raum), städtisches Bürgertum (mittel- und norddeutsche Städte), bäuerliche Landbevölkerung (zB Schweizer Eidgenossenschaften), geistliche Landesfürsten (zB Salzburg, Köln, Mainz, Trier). Die Ausgangslage war ebenso vielfältig: Länder entstanden aus den Resten alter Stammesherzogtümer (zB Bayern, Kärnten), aus Markgrafschaften (zB Österreich, Steiermark), aus dem Zusammenwachsen mehrerer Grafschaften/Immunitäten/Vogteien (zB Tirol) oder durch Abtrennung von einem anderen Land (zB Land ob der Enns).

Bis ins ausgehende SpMA existierte im Land noch keine Landeshoheit bzw. Souveränität im modernen Sinn. Dh neben dem Landesfürsten, dem zweifellos stärksten Machthaber im Land, existierte noch eine Vielzahl von Herrschaften, die entweder überhaupt

---

[120]) Die folgenden Ausführungen orientieren sich an den Untersuchungen von *Brunner* (Land und Herrschaft[6], 165, 357) und diesem im Wesentlichen folgend *Brauneder/Lachmayer,* (Verfassungsgeschichte[6], 21).

[121]) *Mitteis,* Der Staat des Hohen Mittelalters[7], 4.

autonom (zB Allod) oder reichsunmittelbar waren.[122] Auch die Herrschaft im Lande (Landesherrschaft) konnte im MA der Landesfürst nicht alleine sondern aufgrund der (teilweise schon schriftlich niedergelegten) landständischen Verfassungen nur gemeinsam mit den Landständen ausüben.

Der **Landesfürst** (Landesherr, principatus terrae) war reichsunmittelbar und übte als Bischof, Herzog, Markgraf oder Graf ein Reichsamt aus, mit dem ihm eine Reihe von ehemals königlichen Rechten und Pflichten zustand:

* **Gerichtshoheit**: Er war oberster Richter und Gerichtsherr im Lande.[123] Durch das privilegium de non evocando et de non appellando wurde die königliche Gerichtsbarkeit häufig ausgeschlossen.
* **Landfriedensschutz**: Er förderte und überwachte Abschluss und Einhaltung des Landfriedens sowie die Beachtung der rechtlichen Schranken des Fehdewesens.
* **Wehrhoheit**: Er war oberster Kriegsherr des Landes und befehligte das Lehensheer und das Landesaufgebot.[124]
* **Befestigungshoheit**: Durch die Fürstengesetze (1231) erlangten die Landesfürsten ein generelles Recht zum Bau von Befestigungsanlagen (Burgen, Stadtmauern). Hingegen bedurften die Landesuntertanen zur Errichtung befestigter Anlagen der Erlaubnis des Landesfürsten.[125] Häufig erwarb der Landesfürst das Recht, dass ihm die Burg auf Anordnung geöffnet oder übergeben werden musste.
* **Verwaltungshoheit:** Durch die Fürstengesetze wurden die Regalien auch formal auf die Landesfürsten übertragen.
* **Lehenshoheit:** Innerhalb des Landes übte der Landesfürst die Lehensherrschaft über die Untervasallen aus. Bis in die Frühneuzeit existierten jedoch in fast jedem Land noch eingesprengte reichsunmittelbare Territorien. Andererseits konnten Landesfürsten mit in einem anderen Land liegenden Herrschaften Untervasallen des dortigen Landesfürsten sein.
* **Kirchenhoheit:** Der Landesfürst übte die „advocatia ecclesiae“ über die Landeskirche aus, womit neben der allgemeinen Schutz- und Schirmfunktion häufig auch das Recht verbunden war, Besetzungsvorschläge für Kirchenämter abzugeben.[126]

Neben dem aus dem Reichsamt erfließenden Rechten standen dem Landesfürsten natürlich auch jene Befugnisse zu, die er im Rahmen seiner Herrschaften als Vogt, Kirchen-, Stadt- oder Grundherr innehatte. Diese Klöster, Städte und Grundherrschaften wurden im Begriff Kammergut zusammengefasst.

---

[122]) Beispielsweise hatten viele Grafengeschlechter in den habsburgischen Ländern ihre Güter direkt vom König und nicht vom Landesfürsten beliehen bekommen.

[123]) Für das Herzogtum Österreich ausgedrückt im privilegium minus 1156: „... dass sich niemand, er sei hohen oder niederen Standes, im Amtsbereich des Herzogtums ohne Zustimmung oder Erlaubnis des Herzogs die Ausübung irgendwelcher Gerichtsbarkeit anmaßen dürfe.“

[124]) ZB Art. 45 und 55 des österreichischen Landrechts.

[125]) ZB Art. 58 des österreichischen Landrechts. Nach dieser Bestimmung durfte niemand ein befestigtes Haus oder eine Burg ohne Zustimmung des Landesherrn errichten. Ausgenommen waren nur ebenerdige Gebäude ohne Wehrgang und Zinnen. Die Durchsetzung der lf. Befestigungshoheit stieß oft auf Schwierigkeiten. Speziell während der Wirrnisse des 13. Jh. errichteten viele Adelige Burgen, die später von Landesfürsten gewaltsam gebrochen werden mussten.

[126]) Gewohnheitsrechtlich hinsichtlich der Bistümer Lavant und Seckau, aufgrund besonderer Vereinbarungen mit dem Hl. Stuhl bezüglich der Bistümer Trient, Brixen, Gurk, Wien und Wiener Neustadt.

Die **Landstände** (Landesgemeinde, Landschaft, Landvolk) sind jene bevorrechteten Personen oder Personenverbände (Genossenschaften), die Landstandschaft und somit Sitz und Stimme im Landtag besitzen. Sie waren keine Repräsentanten ihrer Untertanen sondern übten die Landstandschaft zur Durchsetzung ihrer *eigenen Interessen* aus. Allgemeine Voraussetzung der Landstandschaft waren Landesunmittelbarkeit und ein *bestimmtes Maß an selbstständiger, auf Grundbesitz gründender Herrschaft*. Wer in einem Land nun im konkreten Landstandschaft erlangte, war das Produkt eines (mitunter recht verwickelten) politischen Prozesses, der erst im 15. Jh. mit der Abschließung der Landstände gegenüber Neuhinzukommenden endete.

Potenziell landstandsfähig waren die *Herren* (hoher Adel, reichsunmittelbare Bischöfe), die Ritter (niederer Adel, Ministeriale), Prälaten (kirchliche Amtsträger, die unter der Schutzherrschaft des Landesfürsten standen)[127], *landesfürstliche Städte und Märkte* sowie als Sonderfall in Tirol und Vorarlberg die Bauern (Täler und Gerichte). Bei Letzteren handelte es sich nur um Vertreter der landesunmittelbaren Bauern, während die anderen Grundherrschaften Zugehörenden unvertreten blieben.

Die Stände schlossen sich in den Landtagen in Kurien zusammen, wodurch folgende bis ins 19. Jh. aufrechte Gliederung entstand:

Österreich, Land ob der Enns	**Steiermark, Kärnten**	**Salzburg**
Herren	Herren und Ritter	Ritter
Ritter	Prälaten	Prälaten (Domkapitel)
Prälaten	Städte und Märkte	Städte und Märkte
Städte und Märkte		
Tirol	**Vorarlberg**	
Ritter	Städte und Märkte	
Prälaten	Täler und Gerichte	
Städte und Märkte		
Täler und Gerichte		

Ursprünglich besaßen nur die Herren Landstandschaft. Die anderen Stände erlangten sie erst dadurch, dass sie die Einbettung in die Herrschaften dieser Herren durchbrachen.[128] Die Ritter erreichten dies mit Unterstützung des Landesfürsten vereinzelt bereits im 12. (Steiermark), allgemein aber im 14. Jh. Der Prälatenstand erlangte die Landstandschaft erst, nachdem der Landesfürst seine allgemeine Kirchenhoheit gegen die übrigen Herren durchgesetzt hatte. Die landesunmittelbaren Städte erhielten die Landstandschaft im 15. Jh. Weiters existierten Unterschiede zwischen den älteren und den jüngeren Landesbildungen. In den älteren, aus vorgegebenen Einheiten entstandenen Ländern (Österreich, Land ob der Enns, Steiermark, Kärnten)

---

[127]) Zwischen dem kanonischen Prälatenbegriff (Träger einer jurisdictio ordinaria oder quasiordinaria in foro externo) und dem landständischen klaffte ein Unterschied. Daher saßen Reichsbischöfe (kirchenrechtlich Prälaten) in der Herrenkurie, während andererseits in der Prälatenkurie Personen saßen, die kirchenrechtlich keine Prälaten waren (zB Vorstände von Ritterorden oder Frauenklöstern) vgl. im Einzelnen: *Brunner,* Land und Herrschaft[6], 408.

[128]) *Bruckmüller* ua, Herrschaftsstruktur und Ständebildung III, 199.

blieb ein eigener Herrenstand (teilweise sogar in einer eigenen Kurie organisiert) bestehen. Die Ursache hiefür lag darin, dass diese Geschlechter zusammen mit dem Landesfürsten einen wichtigen Beitrag bei der Landeswerdung geleistet hatten. Hingegen entstanden die jüngeren Länder (Salzburg, Tirol, Vorarlberg) nicht aus vorgegebenen Einheiten. Vielmehr erfolgte hier die Landesbildung dadurch, dass mehrere Herrschaften zusammenwuchsen, indem einer der Herren die übrigen ausschaltete, was das Fehlen eines Herrenstandes erklärt. In Tirol und Vorarlberg erlangten schließlich auch die landesunmittelbaren Bauern im Bündnis mit dem Landesfürsten die Landstandschaft.

Landständische Verfassung: Der Landesfürst verfügte im MA noch nicht über eine unumschränkte Staatsgewalt. Er war genauso wie die Stände an das Recht gebunden.[129] Das Verhältnis zwischen Landesfürst und Landständen – die landständische Verfassung – wurde von zwei Seiten her geregelt: zum einen durch das (teilweise aufgeschriebene) Gewohnheitsrecht des Landes, zum anderen durch Reichsgesetze (zB die Fürstengesetze). Seit dem ausgehenden 14. Jh. wurde die Versammlung der Landstände als **Landtag** bezeichnet. Ein Landtag wurde vom Landesherrn zusammengerufen, ohne an einen fixen Termin gebunden zu sein. Die Landstände besaßen weder ein Selbstversammlungsrecht noch einen Anspruch auf Einberufung, mussten dieser jedoch Folge leisten.[130] Im Einzelnen zerfiel die Landesherrschaft in vier Bereiche:

a) **Alleiniges Handeln des Landesfürsten:** Zu diesem Bereich zählten die Lehens- und Kirchenhoheit sowie die Ausübung der Regalien. Alleine handeln konnte der Landesfürst weiters in seinen eigenen Stadt-, Grund- und Kirchenherrschaften.

b) **Gemeinsames Handeln**: Gemeinsam wirkten Landesfürst und Landstände im Gericht (Landtaiding), im Heer (Landesaufgebot) und im Friedensschutz (Landfrieden).

c) **Gegenseitiges Verhandeln**: Es ging dabei nicht nur um die Mitwirkung an der Gesetzgebung (festgelegt in den Fürstengesetzen 1231), sondern generell um Fragen der Herrschaft. Außenpolitische Bedrohungen (Hussitenkriege, Türkengefahr) sowie das Bestreben der Landesfürsten nach Intensivierung der Herrschaft vermehrten die Materien, über die der Landesfürst mit den Landständen verhandeln musste. Zentrales Thema bildeten meist die finanziellen Beiträge der Stände (Steuern), da der Landesfürst die vermehrten Aufgaben aus seinen traditionellen Einnahmequellen nicht mehr decken konnte. Grundsätzlich waren die Landleute zu „Rat und Hilfe" verpflichtet, beides jedoch nur hinsichtlich des „rechtlich und sittlich Zumutbaren". Die Verhandlungen zwischen Landes-

---

[129]) „Die obrigkeitlichen Befugnisse des Landesherrn und der Landleute sind fest umgrenzt. Es besteht daher auf dem Boden mittelalterlicher Rechtsanschauung für den Landesherrn keine Möglichkeit, diese Grenzen eigenmächtig zu überschreiten. Ein solcher Versuch, die ‚Freiheiten' der Landleute zu brechen, würde als ein Vorgehen wider Gott und das Recht angesehen werden und über kurz oder lang zum bewaffneten Widerstand führen" (*Brunner,* Land und Herrschaft[6], 432).

[130]) Versuche der Landstände sich selbstständig zu versammeln, stießen regelmäßig auf den Widerstand des Landesfürsten (vgl. *Huber/Dopsch,* Reichsgeschichte[2], 80; *Luschin,* Reichsgeschichte, 181). Aus mehreren Gründen stellte der Landtag nicht eine Weiterentwicklung des alten Landtaidings dar: vor allem differierte der Kreis der teilnehmenden Personen, weiters bestand bei diesem die Pflicht zur Einberufung zu fixen Terminen an einem bestimmten Ort.

fürst und Landständen drehten sich daher um das rechtlich Zulässige. In diesem Sinn war der Rat der Landstände nicht eine folgenlose Beratung des Landesfürsten, sondern hatte den Charakter einer Zustimmung.[131] Das Steuerbewilligungsrecht stellte in der Folge das zentrale politische Machtmittel der Stände dar.

d) **Alleiniges Handeln der Stände**: In Zusammenhang mit Verträgen über Herrschaftsteilungen wurden die Landstände häufig in die Rolle eines Bürgen oder Schiedsrichters gehoben.[132] Mitunter kam es sogar vor, dass besonders unfähige oder verschwenderische Landesfürsten unter die Kuratel der Landstände gestellt wurden.[133]

Das Verhältnis zwischen dem Landesfürsten und den Landständen basierte auf einer wechselseitigen Treueverbindung. Dabei schwor der Landesherr, das Recht zu wahren und die Privilege bzw. Freiheiten der Stände unangetastet zu lassen. Anschließend schworen die Stände in der Erbhuldigung, dem Landesfürsten treu und gehorsam zu sein.[134] Im SpMA begannen Landesfürst und Landstände im Rahmen ihres Anteils an der Herrschaft eigene Behörden und Ämter einzurichten. Sie schufen damit dem **landständischen Dualismus** auch eine institutionellen Grundlage.

3.4. Die Bildung der Österreichischen Länder und der Länderverbindungen

Lit.: *Appelt*, Kaisertum, Königtum, Landesherrschaft, 163; *Appelt*, Privilegium minus[2]; *Bachmann*, Die Entwicklung der Landstände in Tirol, ÖGL 1963, 289; *Baltl/Kocher*, Österreichische Rechtsgeschichte[9], 48; *Bayern* und *Slawen* in Oberöstereich. Probleme der Landnahme und Besiedlung (Schriftenreihe des OÖ. Musealvereins Bd. 10); *Bilgeri*, Geschichte Vorarlbergs; *Bischoff*, Steiermärkisches Landrecht des MA; *Braumüller*, Geschichte Kärntens; *Brauneder*, Verfassungsgeschichte[7], 21; *Bruckmüller/Mitterauer/Stradal*, Herrschaftsstruktur und Ständebildung III; *Bruckmüller*, Sozialgeschichte, 35; *Brunner*, Land und Herrschaft[6], 197; *Burmeister*, Geschichte Vorarlbergs, 30; *Chabert*, Bruchstücke einer Staats- und Rechtsge-

---

[131]) *Brunner,* Land und Herrschaft[6], 426; *Brauneder/Lachmayer,* 36. Prinzipiell galt der Grundsatz "nil de nobis sine nobis" *(Luschin).* Die Stände legten diesen Satz weit aus und banden auch außergewöhnliche Kriegsrüstungen und lf. Münzverschlechterungen an ihre Zustimmung.

[132]) Vgl. *Turba,* Thronfolgerecht, 144.

[133]) Dies passierte zB dem Habsburger Sigismund von Tirol (Regimentsordnung aus 1487, abgedr. bei *Schwind/Dopsch,* Urkunden, Nr. 225). Da er „mit merklichem alter beladen und laider durch teglich zufallend krankheit unsers leibs plöd und unvermöglich“ war, musste er hinnehmen, dass die Stände die Verwaltung seines Vermögens übernahmen und seine Ausgaben auf 200 Gulden wöchentlich beschränkten. Weiters wurde ihm das Siegel abgenommen und ohne Beschluss des Rates sollte keiner seiner Briefe Kraft haben.

[134]) Für das Herzogtum Steiermark beispielsweise lautete der Eid des Landesfürsten: „Ir werdet swern den landleuten, rittern und knechten zu Steyr, si und ir erben lassen belieben bei allen rechten, freihaiten und guten gewonhaiten, als das von alter herkomen ist, und auch alle die rechten, die eur vorvordern brief beweisent, auch stet wellet halten und dabei genzlich lassen beleiben an all geverde, und uns auch diese brief mit eurn briefen bestettigt in ainem moneid, nach den und man eu si versigelt fürbringt“. Daraufhin hatten die Landstände folgenden Treueschwur zu leisten: „Ir werdet all swern dem hochgeborn fürsten unserm gnedigen herrn herzog Ernsten etx. als dem eltisten und als eurn rechten landesfürsten und erbherren seinen frumen zu furdern und seinen schaden zu wenden und getreu und gehorsam ze sein, als das von alter mit recht herkomen ist ungeverlich“. (zit. nach *Mell,* Verfassungs- und Verwaltungsgeschichte des Landes Steiermark, 148).

schichte der deutsch–österreichischen Länder, 63; *Csendes*, Geschichte Wiens, 24; *Daim*, Die Awaren in NÖ; *Dopsch/Spatzenegger* (Hg.), Geschichte Salzburgs I, 121; *Fein,* Die Territorialbildung der Habsburger im deutschen Südwesten, ZRG (GA) 1950, 176; *Feldbauer*, Herrschaftsstruktur und Ständebildung I; *Feldbauer*, Sozialrevolutionäre Bewegungen im mittelalterlichen Österreich, in: *Zöllner* (Hg.), Revolutionäre Bewegungen in Österreich, 28; *Fichtenau* , Von der Mark zum Herzogtum²; *Frass*, Quellenbuch zur österreichischen Geschichte I; *Freisinger*, Die Slawen in NÖ; *Graber,* Der Einritt des Herzogs von Kärnten am Fürstenstein zu Karnburg; *Gutkas*, Epochen der Geschichte Niederösterreichs, ÖGL 1962, 302; *Gutkas*, Geschichte Niederösterreichs, 21; *Hageneder*, Die geistliche Gerichtsbarkeit in Ober- und Niederösterreich; *Haider*, Geschichte Oberösterreichs, 24; *Hasenöhrl*, Österreichisches Landesrecht im 13. und 14. Jh.; *Havlik*, Die alten Slawen im österreichischen Donaugebiet, in: ÖGL 1965, 187; *Hellbling*, Österreichische Verfassungs- und Verwaltungsgeschichte², 11; *Herrmann*, Slawisch-germanische Beziehung im südostdeutschen Raum; *Hoke*, Rechtsgeschichte, 73; *Hödl*, Habsburg und Österreich 1273–1493; *Huber/Dopsch,* Österreichische Reichsgeschichte², 6; *Jäger*, Geschichte der landständischen Verfassung in Tirol; *Jaksch*, Geschichte Kärntens bis 1335; *Klebel*, Eigenklosterrechte; *Klebel*, Herzogtümer und Marken bis 900, in: Deutsches Archiv für Geschichte des Mittelalters, 2. Jg. (1938), 1; *Kleindel*, Urkund dessen …; *Knittler*, Herrschaftsstruktur und Ständebildung II; *Kolb*, Vorarlberg, ÖGL 1962, 407; *Koller*, Zentralismus und Föderalismus in Österreichs Geschichte in: *Hellbling/Mayer-Maly/Marcic* (Hg.), Föderalismus in Österreich, 99; *Koller*, Zur Rechtsstellung Karantaniens im Karolingischen Reich, in: FS Beumann; *Lechner*, Österreich, in: *Sante* (Hg.), Geschichte der deutschen Länder. „Territorien-Ploetz" I, 619; *Lhotsky*, Geschichte Österreichs seit der Mitte des 13. Jh.; *Lhotsky*, Privilegium maius; *Luschin,* Österreichische Reichsgeschichte, 22; *Mayer*, Fürst und Staat; *Mell*, Die historische und territoriale Entwicklung Krains; *Mell*, Grundriß der Verfassungs- und Verwaltungsgeschichte des Landes Steiermark; *Mitterauer*, Formen adeliger Herrschaftsbildung im hochmittelalterlichen Österreich, MIÖG 1972, 265; *Mitterauer*, Zur räumlichen Ordnung Österreichs in der frühen Babenbergerzeit, MIÖG 1970, 94; *Moraw*, Das „Privilegium maius" und die Reichsverfassung, in: MGH Schriften XXXIII; *Moro*, Zur politischen Stellung Karantaniens im fränkischen und deutschen Reich, in: Südostforschung Bd. 22 (1963), 78; *Neumann*, Grundlinien der Landesbildung (Kärnten), in: ÖGL 1962, 558; *Pirchegger*, Geschichte der Steiermark; *Redlich*, Die Pläne einer Erhebung Österreichs zum Königreich, in: Zeitschrift des historischen Vereins für Steiermark Bd. 26 (1931), 87; *Santifaller* (Hg.), Urkundenbuch zur Geschichte der Babenberger in Österreich; *Schlesinger*, Die Entstehung der Landesherrschaft⁴; *Schuster*, Das wiener Stadtrechts- oder Weichbildbuch; *Schwind/Dopsch* (Hg.), Ausgewählte Urkunden zur Verfassungsgeschichte der Deutsch-Österreichischen Erblande im MA; *Seliger/Ucakar,* Wien. Politische Geschichte I, 27; *Srbik*, Die Beziehungen zwischen Staat und Kirche in Österreich während des MA; *Stolz*, Geschichte des Landes Tirol; *Stolz*, Grundriß der österreichischen Verfassungs- und Verwaltungsgeschichte, 61; *Stolz*, Verfassungsgeschichte des Landes Vorarlberg, in: Montfort 5. Jg. (1950), 1; *Tremel*, Das Werden der Steiermark, ÖGL 1963, 10; *Tremel*, Land an der Grenze. Eine Geschichte der Steiermark; *Turba*, Geschichte des Thronfolgerechtes in allen habsburgischen Ländern; *Vilfan*, Rechtsgeschichte der Slowenen, 35; *Wagner*, Salzburgs Geschichte im Überblick, ÖGL 1963, 204; *Walter*, Wien. Die Geschichte einer deutschen Großstadt an der Grenze I, 15; *Walter*, Die „Kaiserstadt", ÖGL 1961, 65; *Weltin*, Vom „östlichen Baiern" zum „Land ob der Enns", in: Tausend Jahre Oberösterreich, 23; *Weltin*, Die „tres comitatus" Ottos von Freising und die Grafschaften der Mark Österreich, MIÖG 1976, 31; *Werunsky*, Österreichische Reichs- und Rechtsgeschichte, 3; *Wiesflecker* Hermann, Die Entwicklung der landständischen Verfassung in den österreichischen Ländern von Anfängen bis auf Maximilian I., in: Institut für Österreichkunde (Hg.), Die Entwicklung der Verfassung Österreichs, 9; *Wiesflecker*, Meinhard der Zweite; *Zauner,* Tausend Jahre OÖ, in: Tausend Jahre Oberösterreich, 1; *Zöllner*, Das babenbergische Österreich; *Zöllner*, Geschichte Österreichs⁷, 39.

3.4.1. Allgemeines

Im Gegensatz zu dem weitverbreiteten germanophilen Selbstverständnis der Österreicher war die Besiedlung des österreichischen Raumes ein wesentlich komplizierterer Prozess. Nach dem Durchzug germanischer Stämme und hunnischer Völkerschaften während der Völkerwanderung begann im 6. Jh. eine teilweise Neubesiedlung des österreichischen

Raumes. Während die **Alemannen** westlich des Arlbergs siedelten, drangen die **Bayern** von Westen kommend in die Gebiete des heutigen Tirol, Salzburg und Oberösterreich ein. Dabei stießen sie auf **slawische Stämme,** die ab dem 6. Jh. weite Teile Österreichs (Südosten Tirols, Kärnten, Steiermark, NÖ, Teile OÖ) von Nordosten bzw. Südosten besiedelten.[135] Ab dem 8. Jh. drangen die Bayern weiter nach Osten und Süden vor und leiteten eine Kolonisierung der slawischen Gebiete ein.[136] Nach einer mehr oder minder langen Epoche der Zweisprachigkeit setzte sich das Mittelhochdeutsch in den meisten Gebieten als Umgangsprache durch. Teile NÖ wurden im 6. Jh. von den **Awaren** (Turkvolk aus Innerasien) besiedelt, die jedoch aufgrund ihrer geringen Bevölkerungszahl kaum kulturelle und ethnische Spuren hinterließen. Vor allem in den Rückzugsgebieten des Alpenraumes konnten sich Siedlungen der ehemaligen **römischen Bevölkerung** halten.[137] Mitte des 8. Jh. unterwarfen sich die von den Awaren bedrängten Slawen der Oberhoheit bayrischer Herzöge, wodurch sich deren Herrschaftsgebiet nach Osten und Süden ausgedehnte. Ende des 8. Jh. gelang Karl d. Gr. die endgültige Unterwerfung der Bayern und die Eroberung des awarischen Siedlungsgebietes. Dadurch wurde der österreichische Raum zunächst Teil des Fränkischen und später des Deutschen Reichs. Mehrere Aufstandsversuche der slawischen Bevölkerung gegen die Christianisierung blieben erfolglos.

Im 9. Jh. errichteten die fränkisch/deutschen Könige zum Schutz der Südostgrenze im österreichischen Raum mehrere Markgrafschaften. Diese Verteidigungsbezirke wurden während der Ungarnstürme (ca. 881 bis 955) zerstört, nach der Niederlage der Ungarn (955) jedoch unter Otto d. Gr. zurückerobert. Im Jahre 976 erfolgte die Aufteilung des Voralpen- und Alpenraumes zwischen den beiden Herzogtümern Bayern und Kärnten. Die nachfolgende politische und verwaltungsmäßige Neuordnung schuf Verwaltungseinheiten, die später die Grundlage für die Ausbildung der österreichischen Länder darstellten.

---

[135]) Die Siedlungs- bzw. Sprachgrenze verlief etwa entlang folgender Linie: Pustertal (Südtirol), Hauptkamm der Hohen Tauern, Bad Ischl, Steyrtal (OÖ.), Haselgraben (bei Linz). An die Epoche der slawischen Besiedlung erinnern noch zahlreiche Ortsnamen: Döbling, Währing, Lainz, Mödling, Stammersdorf (Stoymirsdorf), Windischgarsten, Feistritz, Liesing, Glognitz, Döllach, Gaflenz, Jauerling.

[136]) Über diese Kolonisierung liegen uns nur wenige urkundliche Dokumente vor. Dass sie auch mit einer Vertreibung der Slawen aus den fruchtbareren Gebieten verbunden war, belegt eine Schenkungsurkunde aus dem Raum Kremsmünster (OÖ.) (UB. d. L. ob der Enns II, 6). Danach schenkte der bayrische Herzog dem Kloster Grund und Boden, auf dem freie Slawen lebten. Diesen wurde freigestellt, hinfort als Klosteruntertanen zu dienen oder wegzuziehen. Zur slawischen Besiedlung Österreichs vgl. den Überblick bei *Havlik,* Die alten Slawen im österreichischen Donaugebiet, in: ÖGL IX (1965), 187.

[137]) Die Romanen wurden von der deutsprachigen Bevölkerung Walchen (Welsche) genannt. Zahlreiche Ortsnamen erinnern noch heute an diese Siedlungen, zB: Walgau, Walchensee, Wals. Während in Österreich heute nur mehr eine winzige Sprachinsel in Vorarlberg existiert, konnten sie sich in Italien und der Schweiz (Friauler, Ladiner, Rätoromanen) länger halten.

3.4.2. Das Entstehen der einzelnen Länder

3.4.2.1. Österreich

Österreich[138] entwickelte sich aus einer in der zweiten Hälfte des 10. Jh. eingerichteten Mark an der Donau, die bis ins 12. Jh. zu Bayern gehörte. Sie umfasste ursprünglich nur einen schmalen Streifen längs der Donau und im Alpenvorland, der von der Ennsmündung bis zum Ostrand des Wienerwaldes reichte. Im Jahre 976 wurde Luitbold von Babenberg mit dem Markgrafenamt belehnt. Gemessen an den übrigen reichskirchlichen[139] und hochadeligen[140] Besitzungen waren die Babenberger[141] ursprünglich nicht das mächtigste Geschlecht im Land. Gestützt auf die Markgrafenwürde gelang ihnen jedoch der Ausbau der Herrschaft nach innen (Entmachtung der übrigen Geschlechter) und außen: Österreich reichte schließlich vom Hausruck (OÖ.) im Westen bis zur Linie Leitha–March im Osten. Im Norden konnten durch Kriege gegen das Großmährische Reich bzw. Böhmen das Wald- und Weinviertel hinzugewonnen und die Grenze an die Thaya vorgeschoben werden.

Einen wichtigen Schritt auf dem Wege der Landeswerdung Österreichs und einen bedeutsamen Ausgangspunkt für die später erfolgte Bildung eines unabhängigen Staates bildete das **privilegium minus** (1156). Den geschichtlichen Hintergrund bildete die Auseinandersetzung zwischen Staufern und Welfen. Als Lohn für geleistete Unterstützung hatte der Babenberger Leopold IV. vom Stauferkaiser Konrad III. das ehemals welfische Herzogtum Bayern übertragen bekommen (1139). Als Bayern nach erfolgter Aussöhnung wieder an die Welfen zurückgegeben wurde, musste der Babenberger Heinrich II. („Jasomirgott“) für seinen Verzicht auf Bayern kompensiert werden. Inhaltlich bewirkte das privilegium minus eine deutliche Aufwertung Österreichs:

* Umwandlung der Mark Österreich in ein **(Amts-/Territorial-) Herzogtum;**
* Abtrennung vom Herzogtum Bayern; Österreich erlangte die **Reichsunmittelbarkeit,** sein Herzog wurde Reichsfürst;
* Beschränkung der herzoglichen Heerfahrts- (nur in benachbarte Königreiche und Länder) und Hoffahrtspflicht (nur nach Bayern);

---

[138]) Im Jahre 996 wurde der Name Ostarrichi zum ersten Mal urkundlich genannt. Später bürgerten sich auch die lateinische Fassung „Austria“ bzw. der Name Osterland (dichterisch) ein. Die Bezeichnung „Ostmark“ hingegen ist den ma. Urkunden völlig unbekannt.

[139]) Durch königliche Schenkungen verfügten die Bistümer Salzburg, Passau, Regensburg, Freising und Bamberg über bedeutenden Grundbesitz in Österreich.

[140]) Bedeutende Geschlechter waren die Peilsteiner, Langenbacher, Siegeharder, Kuenringer sowie die Grafen von Wels–Lambach. Diesen gelang es, durch den Erwerb von Vogteien ihre Herrschaft auch auf den kirchlichen Immunitätsbesitz auszudehnen.

[141]) Die Babenberger sicherten sich durch die Erlangung der Stadtherrschaften über Wels, Linz und Freistadt die Herrschaft über einen wichtigen Verkehrsweg. Damit verfügten sie über bedeutende Finanzquellen aus den Mautstellen der Straße nach Böhmen.

* der Herzog wurde oberster Gerichtsherr (Verbot, im Amtsbereich des Herzogtums ohne seine Erlaubnis Gerichtsbarkeit auszuüben).
* Österreich wurde ein „Weiberlehen“, dh subsidiär waren im Geschlecht der Babenberger auch Töchter erbberechtigt.
* Ad-hoc-Nachfolgeregelung: Mitbelehnung der Herzogin sowie das Recht des Herzogpaares, im Falle der Kinderlosigkeit den Nachfolger für das Reichslehen letztwillig zu bestimmen *(ius affectandi)*.

Durch die Verlegung der Residenz von Klosterneuburg nach Wien wurde diese 1156 Hauptstadt des Landes. Nach dem Aussterben der Babenberger herrschte Kg. Ottokar II. von Böhmen (in Österreich 1254 bis 1278). 1282 gab der Habsburger Kg. Rudolf I. Österreich seinen Söhnen zu Lehen. Pläne, Österreich zu einem Königreich zu erheben, scheiterten im Jahre 1245. Hingegen konnte im 14. Jh. die Gerichtshoheit des Herzogs durch das privilegium de non evocando (1348?) und das privilegium de non appellando (1358) ausgebaut werden. Bereits vor 1280 erfolgte die Aufzeichnung eines eigenen österreichischen Landrechts.[142] 1468 wurde das bislang von Passau betreute Wien Sitz eines eigenen Bistums.

Die landständische Verfassung Österreichs wies die Besonderheit eines zahlenmäßig und politisch starken Herrenstandes[143] auf, der sich getrennt von den Rittern in einer eigenen Kurie organisierte. Hingegen war die Mehrzahl der österreichischen Städte und Märkte mediatisiert und unterstand einem geistlichen[144] oder adeligen Stadtherrn.[145]

Ab der zweiten Hälfte des 13. Jh. vollzog sich eine schrittweise politische Abtrennung der westlich der Enns liegenden Gebiete, die später zur Ausformung eines eigenen „Landes ob der Enns“ führte.

3.4.2.2. Das Land ob der Enns

Das Land ob der Enns[146] entstand als eigenes Land erst im Laufe eines vom 13. bis zum 15. Jh. dauernden Prozesses. Es umfasste ursprünglich das Gebiet des Traungaues (zwischen Enns und Hausruck) und die Riedmark (Teile des unteren Mühlviertels), die bis ins 12. Jh. zu Bayern, später zum Herzogtum Steiermark bzw. Österreich gehörten. In Auseinandersetzung mit Bayern bzw. dem Bistum Passau wurden nach und nach Gebiete an der Westgrenze in das Land einbezogen. Das Innviertel gelangte erst 1779 zum Land o.d.E.

---

142) Abgedr. bei *Hasenöhrl,* Österreichisches Landesrecht, 236.

143) Er umfasste am Beginn des 15. Jh. noch 45 Familien, während in der Steiermark 9 und in Kärnten nur 3 Herrengeschlechter residierten. Der Ritterstand umfasste in Österreich im 15. Jh. nach unterschiedlichen Zählungen zwischen 200 und 400 Geschlechter (*Bruckmüller* ua, Herrschaftsstruktur und Ständebildung III, 118).

144) ZB Bischof von Passau: St. Pölten; Bischof von Freising: Weidhofen/Y.

145) ZB Retz, Dürnstein und Zistersdorf.

146) Die Urkunden verwendeten auch die Ausdrücke provincia supra Anasum bzw. Austria superior. Wiederholt wurde von den superiores partes der terra Austria gesprochen.

Im 11./12. Jh. schufen die Otakare im Raum Steyr/Ennstal einen bedeutenden Herrschaftskomplex. Mit der Einsetzung der Otakare zu den Markgrafen/Herzogen der Steiermark wurde der Traungau von Bayern getrennt und mit der Steiermark vereinigt. Nach dem Aussterben der Otakare fiel er durch Erbvertrag *(Georgenberger Handfeste)* im Jahr 1192 an die Babenberger. Erst die dem Aussterben der Babenberger nachfolgende Aufteilung des Herzogtums Steiermark (König Ottokar von Böhmen erhielt den Traungau und König Bela von Ungarn die Stmk.) setzte die Phyrngrenze im Jahre 1254 fest. Die obderennsischen Gebiete wurden in der Folgezeit als zum Herzogtum Österreich gehörig betrachtet. Bereits Ende des 13. Jh. setzte ein Prozess ein, der im 15. Jh. in die Scheidung des Landes ob der Enns von dem unter der Enns (Österreich) mündete. Im 14. Jh. entwickelte sich ein eigenes (jedoch nicht schriftlich fixiertes) obderennsisches Landrecht. 1408 versammelte sich erstmals ein obderennsischer Landtag, seit 1446 ist ein eigener Landschreiber nachgewiesen. Aufgrund eines Teilungsvertrags herrschten zwischen 1458 und 1463 im Land ob bzw. unter der Enns zwei verschiedene Landesfürsten (Albrecht VI. bzw. Friedrich III.). Aus der Sicht des Deutschen Königreichs bildeten beide Länder jedoch auch in den folgenden Jahrhunderten ein gemeinsames Reichslehen.

Der landständische Aufbau entsprach im Wesentlichen dem des Herzogtums Österreich. Unter den sieben landesfürstlichen Städten[147] stieg Linz im Jahre 1490 zur „Hauptstadt" auf. Der Prälatenstand verfügte im Land ob der Enns über mehr Einfluss als in der übrigen Ländern. Versuche des Schaunberger Grafengeschlechts, gestützt auf reichsunmittelbare Lehen im Raum Eferding, einen eigenen Landesbildungsprozess voranzutreiben, wurden im 15. Jh. von den habsburgischen Landesfürsten unterbunden.

3.4.2.3. Kärnten[148]

Ab 591 wanderten die Alpenslawen (Karantanen), die zeitweise den Awaren tributpflichtig waren, in den Alpenraum ein. Dort errichteten sie ein **slawisches Stammesherzogtum**[149], dessen Herrschaftsmittelpunkt Karnburg (Zollfeld/Kärnten) bildete. Dieses Herzogtum umfasste neben Kärnten, Steiermark und Krain auch Teile NÖ. Etwa um 740 unterstellte sich das Herzogtum Kärnten der Oberhoheit des bayrischen Herzogs, um Schutz gegen die Awaren zu erlangen. Der Vorstoß des Fränkischen Reichs nach Südosten brachte das Herzogtum Kärnten gemeinsam mit dem Herzogtum Bayern Ende des 8. Jh. unter fränkische Herrschaft. Nachdem sich die slawische Bevölkerung in mehreren Aufständen (772, 819–823) gegen die Christianisierung zur Wehr gesetzt hatte, ersetzten die Frankenkaiser die einheimischen slawischen Fürsten durch bayrische bzw. fränkische A-

[147]) Steyr, Freistadt, Wels, Linz, Enns, Vöcklabruck, Gmunden.

[148]) Zum Problem des Kärntner Geschichtsbildes vgl. *Moritsch,* 1000 Jahre Kärnten. Zur historischen und politischen Problematik eines Jubiläums, in: BhS 6. Jg. (1976), 53; *Neumann,* Grundlinien der Landesbildung, ÖGL 1962, 258.

[149]) In den Urkunden wurden folgende Bezeichnungen verwendet: regnum Carantanum, Charentarichi.

delige. Die dadurch zeitweise bestehende Personalunion Kärnten mit Bayern wurde im Jahre 976 endgültig gelöst. Der niedere Adel blieb slawisch (sog. Edlinger). Die Zuwanderung bayrischer Bauern in Verbindung mit der Politik der deutschen Herrenschicht führte in den folgenden Jahrhunderten zu einer Germanisierung des Landes. Ab etwa 1300 sprach auch die bäuerliche Bevölkerung bereits mehrheitlich deutsch, slowenisch wird seit dem 15. Jh. nur mehr im Süden Kärntens verwendet. In seinem Landesbewusstsein verstand sich Kärnten noch bis zum Ende des MA als „windisches Land“.[150]

Mehrfacher Dynastienwechsel[151] führte zu umfangreichen Territorialverlusten (Abtrennung der Steiermark und Krains). Weitläufiger Immunitäts- oder Reichslehensbesitz landesfremder kirchlicher[152] und weltlicher[153] Herren behinderte den Aufbau landesfürstlicher Macht. Den Habsburgern, die 1335 mit Kärnten belehnt wurden, gelang erst in der zweiten Hälfte des 15. Jh. durch die Übernahme der Besitzungen dieser Landherrn die Ausdehnung der landesfürstlichen Herrschaft auf fast das gesamte Herzogtum. Zuletzt wurden im Jahre 1535 die im Besitz des Bischofs von Bamberg befindlichen Herrschaften (zB Villach) der Kärntner Landeshoheit unterworfen und 1759 von den Habsburgern käuflich erworben.

Aufgrund ihrer geringen Zahl[154] bildeten die Herren (einschl. der Bischöfe) mit den Rittern eine gemeinsame Kurie. Die drei lf. Städte St. Veit, Klagenfurt und Völkermarkt erlangten im 15. Jh., die kirchlichen Mediatstädte überhaupt erst im 16. Jh. (und dann nur aufgrund von Sondervereinbarungen) die Landstandschaft. Der große Einfluss auswärtiger Bischöfe behinderte den Ausbau der lf. Kirchenhoheit, sodass sich auch die Formierung der Prälatenkurie verzögerte.

---

[150]) An die besondere historische Stellung Kärntens sowie urspgl. demokratische Rechte der slawischen Bevölkerung erinnerte die bis 1414 gebräuchliche Zeremonie der Herzogseinsetzung am Fürstenstein (Zollfeld). Danach hatte der neue Herzog als Bauer bzw. Jäger gekleidet dreimal den Fürstenstein zu umreiten, während das versammelte Volk slowenische Lieder sang. Auf dem Fürstenstein saß der sog. Herzogsbauer (ein Edlinger), der eine Reihe von Fragen (zB ob er ein gerechter Richter sei) an den Herzog stellte. Erst nachdem der Herzogsbauer dem Herzog eine symbolische Ohrfeige gegeben hatte und der Herzog eine Entschädigungssumme (für die Abtretung der Herrschaft?) zusicherte, gab der Herzogsbauer den Fürstenstein frei, worauf ihn der Herzog bestieg. Die Vergabe der Kärntner Lehen erfolgte an einem anderen Ort, beim sog. Herzogstuhl. Wie schwer das Bekenntnis zu den beiden historischen Wurzeln Kärntens, dem slawischen und dem bayrischen Element, auch heute noch fällt, zeigt die jüngste Vergangenheit. Die Abbildung des Fürstensteins auf der slowenischen Tolarnote führte 1991 zu heftigen Reaktionen nationaler Kreise in Kärnten.

[151]) Salier, Eppensteiner, Spanheimer, Grafen von Tirol (1286–1335).

[152]) Zu erwähnen sind vor allem der Erzbischof von Salzburg, der in Kärnten die Suffraganbistümer Gurk und Lavant gründete, und der Bischof von Bamberg (Stadtherr von Villach).

[153]) Fast ganz Oberkärnten stand zB unter der Herrschaft des Grafen von Görz, im Süden dominierten die Grafen von Cilli.

[154]) Im Jahre 1446 waren für Kärnten zwei Landherren und 96 Ritter ausgewiesen. Zum Herrenstand gehörten weiters die vier Bischöfe von Salzburg, Bamberg, Gurk und Lavant (*Bruckmüller* ua, Herrschaftsstruktur III, 158).

Ein Kärntner Landrecht ist seit dem Jahre 1286 nachgewiesen und wurde 1338 teilweise aufgezeichnet.[155]

3.4.2.4. Steiermark

Das Gebiet der heutigen Steiermark wurde im 6. Jh. von den Slawen besiedelt und war Teil des Herzogtums Kärnten, dessen politisches Schicksal die Steiermark bis ins 12. Jh. teilte. Ab dem 9. Jh. setzte die bayrisch/fränkische Kolonisation ein.

Den gebietsmäßigen Kern der späteren Steiermark bildete die in der zweiten Hälfte des 10. Jh. als Teil Kärntens errichtete Mark an der Mur („Kärntner Mark"), die zunächst nur die heutige Weststeiermark umfasste. In der Folge gelang den Markgrafen die Herrschaftsausdehnung nach Osten (gegen die Magyaren), Norden (Ennstal, Mürztal) und Süden (Raum Marburg, Drautal). Im 11. Jh. wurden die Grafen von Steyr (Otakare), die Stammländer im Traungau (OÖ) hatten, mit der Mark an der Mur belehnt. Der von ihnen eingeleitete forcierte Landesausbau schlug sich in der Namensgebung „Steiermark" nieder.[156] Unter den Otakaren entstand ein Land, das neben der heutigen Steiermark noch Gebiete von OÖ (Traungau), von NÖ (Grafschaft Pitten/Wr. Neustadt) und Nordslowenien (Drautal) umfasste.

Im Jahr 1180 wurde die Steiermark vom Herzogtum Kärnten abgetrennt und zu einem reichsunmittelbaren Territorial-/Amtsherzogtum erhoben. Innerhalb des Landes lagen allerdings noch eine Reihe von exemten, reichsunmittelbaren Territorien.[157]

Aufgrund eines Erbvertrages (Georgenberger Handfeste 1186)[158] der Otakare mit den Babenbergern fiel die Steiermark im Jahre 1192 an die Babenberger. Nach deren Aussterben herrschten kurzfristig König Bela von Ungarn (ab 1254) bzw. Kg. Ottokar II. von Böhmen (ab 1259). 1254 wurden die heute ober- bzw. niederösterreichischen Gebiete von der Steiermark abgetrennt. Im Jahre 1282 belehnte der Habsburger Kg. Rudolf I seine beiden Söhne mit der Steiermark.

---

[155]) Landesordnung für Kärnten, abgedr. bei *Schwind/Dopsch* (Hg.), Urkunden, Nr. 94.

[156]) Andere Bezeichnungen waren marchia styriae und Steierland.

[157]) ZB gehörten Haus bzw. Gröbming (beide Ennstal) zum Bistum Salzburg.

[158]) Die Georgenberger Handfeste, auch als „magna charta libertatum des steirischen Adels" *(Tremel)* bezeichnet, gewährte den steirischen Klöstern und Dienstmannen eine Reihe von Rechten und Freiheiten, die ihnen verglichen mit anderen Ländern eine begünstigte Stellung gaben: Dem Herzog war es untersagt, Klostervogteien weiterzuverleihen; Dienstmänner konnten ihre Güter frei verkaufen oder unentgeltlich übertragen; Abgabenfreiheit; Eintrittsrecht auch der Töchter in das Lehen; Anwendung des (günstigeren) steirischen Dienstrechts auf die Ministerialien; Ausschluss des Zweikampfes als Beweismittel vor Gericht. Für den Fall, dass der Herzog diese Rechte verletzte („einem Tyrannen gleich sich gegen die unseren" erhebe), hatten die Dienstmannen das Recht, sich an den Kaiserlichen Hof zu wenden.

Die Landesbildung war im 13. Jh. durch die Ausformung eigener Landesämter sowie die Herausbildung eines steiermärkischen Landrechts (aufgezeichnet um 1350)[159] weitgehend abgeschlossen.

Landstände: Der steiermärkische Landtag wies eine Dreiergliederung auf, wobei die Herren wegen ihrer geringen Zahl mit den Rittern eine gemeinsame Kurie bildeten.[160] Bereits im 13. Jh. befanden sich fast alle Städte und Märkte sowie viele Klostervogteien in der Hand des Landesfürsten.

3.4.2.5. Salzburg

In der geschichtlichen Enwicklung der heutigen österreichischen Bundesländer nahm Salzburg eine Sonderstellung ein. Es war ein geistliches Fürstentum (nach Köln das reichste) und fiel erst 1803/1816 an die Habsburger. Zu unterscheiden ist zwischen dem Erzbistum Salzburg (diesem waren zB das Bistum Passau und Regensburg unterstellt) und dem etwas kleineren Land Salzburg. Letzteres war allerdings größer als das heutige Salzburg und verfügte über umfangreichen Streubesitz in anderen Ländern.[161] Das Erzstift Salzburg war Missionszentrum für den Alpenraum und gründete die Suffraganbistümer Gurk, Lavant und Seckau. Neben den eingewanderten Bayern hielten sich noch längere Zeit Reste der ehemaligen romanisierten Bevölkerung.

Ausgangspunkt Salzburgs war die Gründung eines Klosters durch den hl. Rupert (um 700), das im Jahre 739 zum Bistum und 798 zum Erzbistum erhoben wurde und im 8. bis 10. Jh. durch königliche Landschenkungen sowie den Erwerb mehrerer Grafschaften einen reichen Besitz an Grund und Boden erhielt. Als größter Grundherr und Besitzer bedeutender Bergwerke (Salz, Gold) gelang es dem Erzbischof, die weltlichen Vogteigewalten auszuschalten (Entvogtung) und unter seiner Führung die Landesbildung voranzutreiben. Indem er die Herrschaften nicht zu Lehen sondern als Amt an seine Dienstmannen ausgab, erfolgte in Salzburg früher als in den habsburgischen Ländern die Errichtung eines zentralistischen Beamtenstaates. Im 14. Jh. erlangte der erzbischöfliche Herrschaftkomplex, der bis dahin zum Herzogtum Bayern gehörte, die Reichsunmittelbarkeit. Seit dem 14. Jh. galt in Salzburg ein von Bayern unterschiedliches Landrecht.[162]

Aufgrund der Dominanz des geistlichen Landesfürsten besaßen die Salzburger Landstände nur wenig Einfluss. Ein Herrenstand konnte sich überhaupt nicht ausbilden, die

---

[159]) *Bischoff,* Steiermärkisches Landrecht des Mittelalters.

[160]) Die steirische Rüstordnung von 1446 führte 9 Herren- und 235 Rittergeschlechter an (*Bruckmüller* ua, Herrschaftsstruktur III, 118). Die Ursache liegt im Umstand, dass die Otakare die Landesbildung vor allem durch die Kumulation verschiedener Herrschaften vorantrieben. Es gelang ihnen, die meisten Herrengeschlechter auszuschalten und zum Eintritt in ihre Dienstmannschaft zu zwingen.

[161]) ZB in Kärnten (Gmünd), Steiermark (Admont), Österreich (Traismauer), Bayern (Mühldorf), Tirol (Defreggental, Zillertal).

[162]) Salzburger Landesordnung von 1328.

Ritter waren idR wenig begüterte Dienstmannen des Erzbischofs. Im Prälatenstand saßen überwiegend geistliche Amtsträger, die vom Erzbischof abhängig waren. Eine größere Rolle als in den Habsburger Ländern bildeten die ausschließlich lf. Städte.[163] Bis zum Jahre 1543 wurden einige wenige Male auch Vertreter der Bauern zum Zweck der Steuerbewilligung zu den Landtagen geladen. Über nicht unbeträchtlichen politischen Einfluss verfügte das Domkapitel, das seit dem 13. Jh. den Erzbischof wählte.

3.4.2.6. Tirol

Ab dem 6. Jh. drangen die Bayern in den von romanisierter Bevölkerung (Rätoromanen) besiedelten Tiroler Raum (Nord-/Südtirol) ein. Um die Jahrtausendwende bestand Tirol aus rund einem Dutzend Grafschaften, von denen die meisten zu Bayern gehörten. Im 11. Jh. trennten die Kaiser eine Reihe dieser Grafschaften von Bayern ab und übertrugen sie den Bistümern Trient und Brixen.[164]

In diesen zu reichsunmittelbaren Fürstentümer angehobenen Bistümern entwickelten sich bereits im 12. Jh. Ansätze zur Landesbildung. Die Bischöfe konnten die Grafenrechte (insbes. Hochgerichtsbarkeit) jedoch nicht selbst ausüben und belehnten damit adelige Vögte. Diese nutzten ihre Vogteirechte zum Aufbau selbstständiger Herrschaften, die schließlich auch die Bistümer unterwarfen (Übervogtung). Verglichen mit Salzburg vollzog sich in Tirol also genau der umgekehrte Prozess. Im 12./13. Jh. gelang es zunächst den Grafen von Tirol (Stammsitz bei Meran) und nach deren Aussterben den Grafen von Görz auf dem Erbwege oder gewaltsam, die anderen Herrengeschlechter auszuschalten und deren Herrschaften zu vereinigen. Die Landesbildung war damit Ende des 13. Jh. abgeschlossen, seit spätestens 1335 war die „gefürstete Grafschaft Tirol" reichsunmittelbar. 1363/64 fiel Tirol durch Erbvertrag an die Habsburger.

Da die Tiroler Landesbildung durch die Ausschaltung der übrigen Herrengeschlechter erfolgte, bestand die Adelskurie im Landtag nur aus Rittern. Neben den Prälaten und Städten/Märkten besaßen auch die Bauern (Täler und Gerichte) Landstandschaft und bildeten eine eigene Kurie. Dadurch stellte Tirol (zusammen mit Vorarlberg und dem Schweizer Raum) eine der wenigen Ausnahmen im Deutschen Königreich dar. Die historischen Gründe für diese Sonderstellung lagen zum einen in der größeren persönlichen Freiheit der Tiroler Bauern, zum anderen in der adelsfeindlichen Politik der Landesfürsten, die die Bauern als Bündnispartner gegen konkurrierende Geschlechter einsetzten. Insgesamt war der politische Einfluss der Landstände in Tirol stärker als in anderen Ländern. Im Jahre 1342 erreichten die Landstände die schriftliche Bestätigung ihrer Rechte. In diesem „Freiheitsbrief", der bis 1808 in Kraft blieb, wurden ihnen das Steuerbewilligungsrecht sowie

[163]) Salzburg, Hallein, Laufen, Tittmoning, Radstadt, Mühldorf, Gmünd.

[164]) Dahinter stand die Absicht, seinem politischen Gegner, dem Bayernherzog, die Kontrolle über die wichtigen Alpenpässe zu entreißen und in die Hände verlässlicher, kaisertreuer Bischöfe (Reichskirchensystem) zu legen.

die Mitwirkung bei der Erlassung neuer Gesetze garantiert.[165] Ein eigenes Tiroler Landrecht betreffend die Rechtsverhältnisse der Bauern und Handwerker wurde in der Tiroler Landesordnung[166] (1352) schriftlich niedergelegt.

3.4.2.7. Vorarlberg (Land im Walgau)

Der Raum westlich des Arlbergs wurde ab dem 3. Jh. von den Alemannen besiedelt. Die rätoromanische Bevölkerung konnte sich hier jedoch länger als in anderen Ländern halten; die Verwendung ihrer Sprache ist zumindest bis ins 17. Jh. nachweisbar.

Im HMA gehörte das Gebiet zwischen Arlberg und Bodensee zum Herzogtum Schwaben, das 1268 mit dem Tod des letzten Staufers unterging. Die im Vorarlberger Raum dominierenden Grafen von Montfort konnten jedoch keine Vorteile daraus ziehen, da sie ihre Herrschaft durch mehrere Erbteilungen selbst zersplitterten. Zwischen 1375 und 1523 erwarben die Habsburger vier Vorarlberger Herrschaften (Feldkirch, Bludenz, Bregenz, Hohenegg), die die Basis für den erst im 18./19. Jh. abgeschlossenen Landeswerdungsprozess bildeten.

Aufgrund des Fehlens adeliger Geschlechter bestanden die Vorarlberger Landstände nur aus zwei Kurien: den Städten und den bäuerlichen Gerichtsbezirken. Nachdem die Vorarlberger Stände zunächst am Tiroler Landtag teilnahmen, wurde 1541 erstmals ein eigener Vorarlberger Landtag einberufen.

3.4.2.8. Weitere Länder (Görz, Krain, Cilli, Küstenland/Istrien, Triest)

Neben den oben behandelten Ländern entstanden im MA einige weitere Länder, die entweder später untergingen oder außerhalb des Territoriums der heutigen Republik Österreich liegen. Das Gebiet des heutigen Burgenlands gehörte bis 1920 zu Ungarn.

Görz: Die Grafschaft Görz umfasste deutsch-, italienisch-, friaulisch- und slawischsprachige Gebiete, die ursprünglich zum Herzogtum Kärnten bzw. zum Patriarchat Aquileja gehörten. Ausgehend von Vogteirechten, die der Patriach an die Grafen von Görz verlieh, bauten diese die **Hintere Grafschaft Görz** (Isonzotal, Görz/Goricia) und die **Vordere Grafschaft Görz** (Pustertal, Osttirol und Oberkärnten) mit Lienz als Herrschaftsmittelpunkt auf. Im 15. Jh. wurde Letztere reichsunmittelbar. Seit 1285 ist ein eigenes Landrecht nachgewiesen. Die Habsburger, die nach 1500 die Herrschaft erlangten, teilten die Gebiete auf Kärnten bzw. Tirol auf.

---

[165]) „Auch suellen wir dhein ungewonlich stiur nicht uflegen on der landluett rat ... Auch suellen wir die grafschaft ze Tyrol handeln und haben nach der besten rat die darinne gesezzen sint, und alle zeit des landes ze Tyrol reht bezzern und nicht boesern nach ir rat.“ (*Schwin Dopsch,* Urkunden, Nr. 96).

[166]) *Schwind/Dopsch,* Urkunden, Nr. 100.

Cilli: Im 14./15. Jh. gelang es den Grafen von Cilli, durch Erbverbindungen einen großen Herrschaftskomplex zusammenzufügen, der Gebiete in Kärnten sowie dem heutigen Slowenien und Kroatien umfasste. Die Landesbildung wurde jedoch durch das Aussterben des Geschlechtes im Jahre 1456 unterbrochen.

Krain: Das Gebiet, im heutigen Slowenien gelegen, gehörte ursprünglich zum Herzogtum Kärnten. Nach seiner Abtrennung im 11. Jh. gelang es mehreren Klöstern (Brixen, Freising) bzw. Geschlechtern (Sponheimer, Andechs-Meranier, Babenberger), in Krain Fuß zu fassen. Im Jahre 1335 gelangte Krain an die Habsburger.

Küstenland, Istrien, Triest: Diese ursprünglich zu Kärnten gehörigen Gebiete waren im Mittelalter Streitobjekte zwischen der Republik Venedig, dem Patriarchat Aquileja, den Grafen von Görz sowie den Habsburgern.

3.4.3. Länderverbindungen

Ab dem HMA vollzogen sich in den Ländern mehrere parallel laufende Prozesse: Die Landesfürsten versuchten, die Herrschaft in ihren Ländern auszubauen, indem sie bestrebt waren, exemte bzw. reichsunmittelbare Gebiete (insbes. auswärtigen Landesherrn gehörende) unter ihre direkte Herrschaft oder Lehenskontrolle zu bringen. Umgekehrt trachtete jeder Landesfürst, seinen in anderen Ländern vorhandenen Streubesitz an Herrschaften und Rechten auszubauen. Darüber hinaus strebten sie die Übernahme der Landesherrschaft in anderen Ländern an. Mittel des Herrschaftsausbaues bzw. der Herrschaftsverdichtung waren neben Kauf, Tausch und Gewalt (Fehde) insbesondere Heiratsverbindungen und Erbverträge. Der Wahl des Ehepartners, der Familiengründung und der Fortpflanzung/Nachkommenschaft (insbes. Söhne) kam eminente politische Bedeutung zu. Da sich bei der Erbfolge das Prinzip der Primogenitur[167] erst in der Neuzeit allgemein durchsetzte, waren alle Dynastien latent von der Zersplitterung ihrer Herrschaft bedroht.[168]

Länderverbindungsmodelle: Die Verbindung mehrerer Länder konnte unterschiedlich organisiert sein. Im einfachsten Fall war ein und dieselbe Person in mehreren Ländern Landesfürst **(landesfürstliche Union).** Regelmäßig trat jedoch der Fall ein, dass in späteren Generationen mehrere legitime Nachkommen um die Herrschaft konkurrierten. Herr-

[167]) Darunter versteht man das Vorrecht des Erstgeborenen und seiner Nachkommen vor den Nachgeborenen und deren Abkömmlingen. Zur Entwicklung vgl. *Weitzel,* Art. "Primogenitur", HRG III, 1950.

[168]) Viele hochadelige Geschlechter bemühten sich daher bei ihrer „Familienplanung", einen Kompromiss zwischen zwei Bedrohungen zu finden: einerseits Vorsorge für ausreichend Nachkommenschaft, um angesichts der häufigen Gefahren (Kriegsdienst, Krankheiten, Jagdunfälle) ein Aussterben der Dynastie zu verhindern; andererseits Vermeidung von Erbstreitigkeiten und Herrschaftszersplitterung durch zu viele Erben. Dazu gab es eine Reihe von Regelungsmechanismen: Erbverzicht, Abschiebung ins Kloster, Einstellung des ehelichen Geschlechtsverkehrs nach einer bestimmten Anzahl von Kindern. Letzteres war für den hochadeligen Mann nicht weiter schlimm, da die eheliche Treuepflicht für ihn de facto nicht galt und unehelich Geborene – anders als in der fränkischen Zeit – nicht erbberechtigt waren. Auf diese Weise brachte es zB Sigmund (Graf von Tirol und Herzog von Österreich 1446–1490) auf 40 uneheliche Kinder (vgl. *Turba,* Thronfolgerecht, 139).

scherhäuser, wie zB die Habsburger, denen es insbesondere wegen innerdynastischer Widerstände[169] misslang, die Primogenitur bzw. Senioriatsvorrechte[170] durchzusetzen, versuchten, die Länder durch eine Aufteilung der Macht auf die ganze Dynastie zu beherrschen **(dynastische Union).** Dabei konnten der Zusammenhalt bzw. die Trennung unterschiedlich weit gehen. Die engste Verbindung bildete die Regierungsgemeinschaft (zB 1282/1283), die auf einer Gesamthandherrschaft und gemeinsamen Regierung basierte. Bei der Regierungsteilung („Auszeigung", zB 1373) hingegen wurde jedem Herrscher ein eigener Regierungsbereich zugeteilt, die Länder blieben jedoch ungeteilt.[171] Einen noch weiteren Schritt in Richtung Trennung bedeuteten Abmachungen über die Aufteilung der Einkünfte. Am ausgeprägtesten gestaltete sich die Teilung dort, wo der dynastischen Union eine *Real- oder Länderteilung mit mehreren Linien* zugrunde lag (zB Neuberger Vertrag 1379).

3.4.3.1. Verbindungen und Teilungen

Die Mehrzahl der österreichischen Länder (Ausnahme: Salzburg, Burgenland) wuchs zwischen dem 12. und 15. Jh. zu einer Länderverbindung zusammen.

* **Herrschaft der Babenberger:** Aufgrund des Georgenberger Erbvertrages (1186) fiel nach dem Aussterben der Otakare im Jahre 1192 die Steiermark an den Babenberger Leopold V. Diese Länderverbindung zwischen Österreich und Steiermark wurde bis zum Aussterben der Babenberger (1246) jedoch wiederholt aufgelöst.

* **König Ottokar II von Böhmen**: Er erreichte die Vereinigung seiner Stammländer Böhmen und Mähren mit Österreich (1254), Steiermark (1260) sowie Kärnten und Krain (1269). Nach seinem gewaltsamen Tod (1278) fielen diese Lehen wieder an das Reich.

* **Herrschaft der Grafen von Görz:** Diesem Geschlecht gelang es, seine Stammländer (dominium Goritie) mit den Ländern Tirol (1253), Kärnten (1286), sowie Istrien, Krain und der Windischen Mark zu vereinigen. Nach mehreren Teilungen fielen diese Gebiete zwischen 1335 und 1500 an die Habsburger.

* **Haus Österreich/dominium Austriae:** Rudolf von Habsburg belehnte als Deutscher König im Jahre 1282 seine Söhne Albrecht und Rudolf (zur ungeteilten Hand) mit den Ländern Österreich, Steiermark und Krain (verpfändet an Görz). Ziel der Habsburgischen Expansionsbestrebungen war es, eine Verbindung zwischen ihren Stammländern in der Schweiz bzw. im Elsass und den neu erworbenen österreichischen Ländern

---

[169]) Dass diese Konflikte bisweilen auch gewaltsam ausgetragen wurden, zeigt das Beispiel von Johann „Parricida". Er fühlte sich erbrechtlich übergangen und ermordete aus diesem Grund 1308 seinen Onkel Kg. Albrecht I.

[170]) Darunter verstand man das Vorrecht des jeweils ältesten männlichen Mitgliedes eines Herrschergeschlechts.

[171]) Dies drückte sich zB darin aus, dass die Vasallen auf alle Herzöge gemeinsam vereidigt wurden.

herzustellen. Dies gelang ihnen weitgehend durch die schrittweise Übernahme der Herrschaften der Grafen von Görz: Kärnten, Krain, Windische Mark (1335); Tirol (1363/64); Istrien und weitere Teile Krains (1374); Besitzungen im heutigen Vorarlberg (Feldkirch 1375, Bludenz 1418, Bregenz 1451/1523); Hintere und Vordere Grafschaft Görz (1500).

Teilungen: Nach rund einem Jahrhundert Auseinandersetzung innerhalb des Hauses Habsburg um Primogenitur, Senioriatsvorrechte, Regierungsbeteiligung und Finanzteilung, erfolgte im Jahre 1379 durch den **Vertrag von Neuberg**[172] die Teilung der Herrschaft in zwei Linien a) Österreich, Land ob der Enns, b) Innerösterreich (Steiermark, Kärnten, Krain), Tirol, Vorlande.[173] Im Jahre 1396 wurde letzterer Herrschaftskomplex neuerlich aufgeteilt, und zwar in Tirol und Vorlande einerseits und Innerösterreich andererseits **(Realteilung der österreichischen Länder auf drei Linien).** Durch Aussterben bzw. Verzicht zweier Linien erfolgte im 15. Jh. die erneute Vereinigung Österreichs und des Landes ob der Enns mit Innerösterreich (1463) sowie mit Tirol und den Vorlanden (1490).

Aufgrund des Privatfürstenrechts besaß der Hochadel das Recht, Erb- und Familienangelegenheiten durch Hausordnungen bzw. Hausvertärge[174] zu regeln (Selbstgesetzgebungsrecht). Nach dem Vertrag von Neuberg wurde die Länderverbindung nur mehr durch folgende Rechte zusammengehalten: gegenseitiges Vorkaufs- bzw. Erbrecht, gegenseitige Vormundschaftsführung, Beistandspflicht. Darüber hinaus sollte jede Linie das Recht haben, Titel, Wappen und Banner aller Länder zu führen.

3.4.3.2. Die Verfassung der Länderverbindungen

Gegenüber dem Deutschen Königreich existierte die Länderverbindung nicht. Die Länder stellten vielmehr auch unter einem gemeinsamen Landesfürsten voneinander unabhängige Reichslehen dar. Allerdings erhielt die dynastische Verbindung dadurch eine reichsrechtliche Bestärkung, dass – beginnend mit der ersten Belehnung 1282 – die österreichischen Länder jeweils zur gesamten Hand an die Nachfolgeberechtigten verliehen wurden.

Der Landesfürst, der in mehreren Ländern herrschte, vereinigte diese in **Personalunion.** Er herrschte nicht als gemeinsamer Landesherr, sondern besaß jeweils nur die Rechte und Pflichten, die ihm in diesem Land zustanden. Da die Landstände in den einzelnen Ländern unterschiedliche Rechte bzw. Freiheiten besaßen, differierte auch die Stellung des Landesfürsten. Bis Ende des MA existierten darüber hinaus keine gemeinsamen Zentralbehörden für die unter der Herrschaft der Habsburger stehenden Länder. Einen ersten Schritt in Richtung Zusammenwachsen der Länder bildeten die seit Mitte des 15.

---

[172]) Abgedr. bei *Kleindel,* Urkund, 53.

[173]) Unter den *Vorlanden* und *Vorderösterreich* verstand man die habsburgischen Gebiete in Schwaben, im Elsass und im heutigen Vorarlberg.

[174]) Vgl. *Turba,* Tronfolgerecht, 66; *Hellbling,* Die Habsburgischen Hausnormen des MA in rechtlicher Sicht, in FS Lentze, 295.

Jh. fallweise einberufenen **Generallandtage.** Dabei versammelte der Landesfürst die Landstände mehrerer Länder zu einer gemeinsamen Tagung.

Grundsätzlich existierte keine länderübergreifende Gesetzgebung. Ausnahmen davon stellten Reichsprivilegien für die Länder der Länderverbindung (zB das privilegium de non evocando 1348), die „österreichischen Freiheitsbriefe" (1358) und die Hausverträge dar.

„Österreichische Freiheitsbriefe" (privilegium maius, 1358): Anlass für diese fünf ge- bzw. verfälschten Urkunden bildete die Goldene Bulle (1356; vgl. oben), die die sieben Kurfürsten mit besonderen Rechten ausgestattet hatte. Die Habsburger, politisch bereits einflussreich, blieben von der Kurfürstenwürde jedoch ausgeschlossen. Mit den Freiheitsbriefen, die zum Teil auf Cäsar und Nero zurückgeführt wurden, wollten die Habsburger mit den Kurfürsten gleichziehen. Die vermutlich von Herzog Rudolf IV. angeordnete Fälschung wurde von seinem Schwiegervater Kaiser Karl IV. jedoch als solche erkannt und entfaltete daher zunächst keine Wirkung. Erst der Habsburger Herzog Friedrich V. bestätigte sich als Deutscher König Friedrich IV. (1442) bzw. Kaiser Friedrich III. (1453) die Freiheitsbriefe selbst, wobei er sich der Zustimmung der Kurfürsten versicherte. Die Freiheitsbriefe bildeten ab dieser Zeit das staatsrechtliche Fundament für das Zusammenwachsen der österreichischen Länder. Ihr wichtigster Inhalt war:[175]

* **Lockerung der Lehensbindungen:** Aufhebung jeglicher Hoffahrtspflicht, Beschränkung der Heerfahrtspflicht (ausschließlich gegen Ungarn und nur mit 12 Bewaffneten); besondere Belehnungsform (in Österreich, zu Pferd); Recht am Lehen uU sogar ohne vorherigen Belehnungsakt.
* **Ausbau der Landeshoheit:** Alle weltlichen Exemtionen und Reichslehen in Österreich verloren ihre Reichsunmittelbarkeit und wurden dem Herzog lehensrechtlich unterstellt (territorium clausum); Gleiches geschah mit der Gerichtsbarkeit.
* **Ausbau der Unabhängigkeit vom Reich:** Der Herzog war selbst keinem Gericht unterworfen. Anordnungen des Herzogs für seine Länder konnten auch vom Kaiser nicht mehr aufgehoben werden.
* **Erbfolge, Verfügungsrecht:** Festlegung der Unteilbarkeit und der einheitlichen Erbfolge für alle Länder; Primogenitur, subsidiäres Erbrecht der Erbtochter. Freies Verfügungsrecht (Verkauf, Schenkung, Erbvertrag) des Herzogs über seine Länder.
* **Rangerhöhung:** Angleichung an die Stellung der Kurfürsten; Einführung des Titels (Pfalz-) Erzherzog.

Die Freiheitsbriefe sprachen zwar nur vom Herzog von Österreich, sahen jedoch die Ausdehnung dieser Privilegien auf alle zukünftig erworbenen Gebiete vor. Insgesamt zielten die Freiheitsbriefe auf eine Verfestigung der Länderverbindung durch die Institutionalisierung eines gemeinsamen Landesfürsten und auf die Lockerung der Bindungen an das Reich.

---

[175]) Abgedr. bei *Kleindel,* Urkund, 38.

4. Frühneuzeit (bis 1749)

„Die Menschen – in Österreich – sind, wie scheint so religiös, dass sie unserm Herrgott nicht wollen in sein Handwerk fallen, sondern wollen ein Ding behalten, wie es ihnen Gott zu geben gefallen hat; das ist die große Unwissenheit der Menschen und die Faulheit dabei, welcher sie verdrossen und nachlässig macht, ihren eigenen Nutzen zu befördern." *Wilhelm Schröder*[1]

4.1. Historischer Hintergrund

Lit.: *Bruckmüller*, Die Strafmaßnahmen nach den bäuerlichen Erhebungen des 15. bis 17. Jh., in: *Zöllner* (Hg.), Wellen der Verfolgung in der Österreichischen Geschichte, 95; *Bruckmüller*, Sozialgeschichte Österreichs, 215; *Cipolla/Borchardt* (Hg.), Europäische Wirtschaftsgeschichte II; *Evans*, Das Werden der Habsburgermonarchie 1550–1700; *Feigl*, Die niederösterreichische Grundherrschaft; *Gebhardt/Grundmann* (Hg.), Handbuch der Deutschen Geschichte II[9]; *Grüll*, Bauer, Herr und Landesfürst; *Hampl-Kallbrunner*, Beiträge zur Geschichte der Kleiderordnungen mit besonderer Berücksichtigung Österreichs, 38; *Henning*, Das vorindustrielle Deutschland[3], 233; *Hörnigk*, Österreich über alles wenn es nur will (hg. v. *Otruba*); *Kann*, Geschichte des Habsburgerreiches 1526–1918, 31; *Mandrou*, Staatsräson und Vernunft; *Press*, Kriege und Krisen. Deutschland 1600–1715; *Rainer*, Die bäuerlichen Erhebungen 1525–1627 im österreichischen Raum, in: *Zöllner* (Hg.), Revolutionäre Bewegungen in Österreich, 67; *Schulze*, Einführung in die Neuere Geschichte[2]; *Sommer*, Die österreichischen Kameralisten in dogmengeschichtlicher Darstellung; *Tautscher*, Wirtschaftsgeschichte Österreichs, 255; *Tremel*, Wirtschafts- und Sozialgeschichte Österreichs, 112; *Zeeden*, Hegemonialkriege und Glaubenskämpfe; *Zöllner*, Geschichte Österreichs[7], 187.

4.1.1. Wirtschaftliche und soziale Entwicklung

Die Zahl der auf dem Gebiet des heutigen Österreichs lebenden Menschen stieg von 1,5 Mio. (1527) auf 2,7 Mio. (1754)[2] an. Insgesamt lebten in den von der österreichischen Linie der Habsburger beherrschten Ländern rund 20 Mio. Menschen (1785). Die Bevölkerung der Residenzstadt Wien erhöhte sich von 50.000 (1600) auf 175.000 (1754), sodass Wien auch im Europavergleich als Großstadt galt.[3] Wiederholte Bevölkerungsverluste traten durch die Türkenkriege, die Bauernaufstände und die Vertreibung der Protestanten ein.

Die frühneuzeitliche Gesellschaft war nach wir vor in die aus dem MA bekannten Stände gegliedert. Der Adel hatte jedoch seine Funktion als Kriegerstand („Schutz und Schirm") weitgehend verloren. Seinen Vorrechten standen keine Vorpflichten mehr gegenüber. Der Auf-/Ausbau des landesfürstlichen Staates und die beginnende bürokratische Durchdringung der Gesellschaft verursachten beim Adel eine Statusverunsicherung. Viele

---

[1]) *Wilhelm Schröder*, zit. nach *Pribram*, Die niederösterreichischen Stände und die Krone in der Zeit Kaiser Leopold I., MIÖG XIV, 641.

[2]) *Bruckmüller*, Sozialgeschichte, 216.

[3]) Die Einwohnerzahl weiterer österreichischer Städte betrug um 1600 bzw. um 1754: Steyr (9.000/7.000), Graz (8.000/20.000), Salzburg (8.000/15.000), Innsbruck (5.700/8.500), Klagenfurt (4.000/7.000), Linz (3.000/10.000), *Bruckmüller*, Sozialgeschichte, 230.

Adelige versuchten dem durch den Eintritt in den lf. Dienst zu begegnen, da die Nähe zum ländesfürstlich/kaiserlichen Hof Sozialprestige und Aufstiegschancen verschaffte. Während auf der einen Seite eine Reihe alter Adelsgeschlechter ausstarb oder emigrieren mussten, stiegen auf der anderen Seite erfolgreiche Unternehmer, Heerführer (zB Wallenstein) und höhere Beamte durch Nobilitierung in den Adelsstand auf. Zahlreiche Bestimmungen sicherten dem Adel das Monopol auf die obersten zivilen und militärischen Ämter.

Zu den oben angeführten Ursachen der Statusverunsicherung gesellte sich die Politik des absolutistischen Landesfürsten, der einen einheitlichen Untertanenverband anstrebte, sowie die Verweltlichung (Säkularisierung) der Gesellschaft, durch die die religiöse Legitimierung des ma. Ordo-Gedankens geschwächt wurde. Als Reaktion darauf bemühten sich die höheren Stände, die Standeszugehörigkeit nach außen hin deutlicher sichtbar zu machen. Als ein Mittel dazu diente die ständisch-abgestufte Reglementierung des Konsums. Über Betreiben der Reichs- bzw. Landstände wurden die Kleider- und Luxusordnungen, die es grundsätzlich auch im MA schon gegeben hatte, stärker ausdifferenziert und ihre Einhaltung schärfer überwacht.[4] Auf Anreden und Titel wurde besonderer Wert gelegt.[5]

Die Lage der **ländlichen Bevölkerung**, die nach wie vor 75 bis 80 % der Bevölkerung ausmachte, verschlechterte sich in der Frühneuzeit (FNZ) und führte zu steigender Verschuldung. Da die landwirtschaftlich nutzbare Fläche nicht mehr ausgeweitet werden konnte, bewirkte die mit der Bevölkerungszunahme verbundene fortschreitende Erbteilung empfindliche Betriebsverkleinerungen. Bis zu 3/4 der ländlichen Bevölkerung zählten zur sozialen Unterschicht (Kleinhäusler, Inleute, Gesinde).

Die landwirtschaftliche Produktion erfolgte nach wie vor im Rahmen der Grundherrschaft. Diese wies gegenüber dem MA beträchtliche Veränderungen auf. Zum einen setzte ein Prozess der **Dekommunalisierung** ein, dh die bäuerliche Gemeinde (Taiding) verlor an Bedeutung. Damit büßten die Bauern ihr Mitspracherecht in Gerichtsbarkeit und Verwaltung des lokalen Bereichs ein. Gleichzeitig nahm der Zugriff des

---

[4]) Vgl. die Augsburger Polizei-Ordnung 1530, Kleider- bzw. Luxusordnungen für Österreich aus 1671, 1686 und 1687. Die Polizei-Ordnung von 1671 (Codex Austriacus II, 153) gliederte die *nichtadelige* Bevölkerung in fünf Klassen. Die 1. Klasse (oberste Beamte, Doktoren der Rechte bzw. der Medizin etc.) durfte bei ihrer Kleidung zwar Marderfelle, Seide, Damast oder Samt verwenden, verboten waren ihr jedoch Kleinodien, echte oder falsche Perlen, gold- oder silbergewirkte Borten oder Spitzen, Tafelsilber, seidene Sessel, Gold- oder Silberbildschnitzereien, Schiffärmel, gekrauste Haarlocken etc. Für ein Hochzeitsmahl durften (exklusive des Weines) maximal 100 fl. aufgewendet und weder Trompeter noch Blumenschmuck eingesetzt werden. Bei ihrem Begräbnis sollten höchstens zwölf Wachswindlichter angezündet werden. Zum Vergleich die 5. Klasse (Tagelöhner etc.): Ihnen war ua verboten: Wolfspelz, Tuch, dessen Elle mehr als 1 fl. und 30 Kreuzer kostete, Seide, Hüte mit einem Preis von mehr als 1 fl. Ihre Hochzeits- bzw. Begräbnisfeierlichkeiten durften einschl. der Getränke höchstens 15 fl. ausmachen. Wer diese Ordnungen übertrat, wurde mit Geldbußen, im Wiederholungsfall sogar mit Gefängnis bestraft.

Hinter diesen Bestimmungen stand ein Bündel von Motiven: religiöse (durch die Abstellung der „Prasserei“ sollte Gottes Zorn besänftigt und damit Katastrophen, Kriege und Epidemien verhütet werden), sozialpolitische (äußerliche Unterscheidung der Stände; Vermeidung von Neid bzw. Übertrumpfen; Vorbeugung der Verschuldung durch gegenseitiges Hinauflizitieren) und volkswirtschaftliche (die Luxusartikel stammten großteils aus dem Ausland). Erst Maria Theresia entschied schließlich 1776, dass von den Kleiderordnungen abzusehen sei. Vgl. *Hampl-Kallbrunner*, Kleiderordnungen, 31; *Bruckmüller*, Sozialgeschichte, 276.

[5]) Zwischen hohem und niederem Adel wurde eifersüchtig auf die Rangunterschiede geachtet. Der Herrenstand versuchte im 17. Jh. mehrmals vergeblich, den Monarchen zu einer Erklärung zu bewegen, dass die Anreden „Herr“, „Frau Gemahlin“, „Fräulein“, „Gnaden“ dem Herrenstand vorbehalten seien (*Pribram*, Die niederösterreichische Stände und die Krone in der Zeit Kaiser Leopold I., MIÖG XIV, 651).

Landesfürsten (an den Grundherren vorbei) direkt auf deren bäuerliche Untertanen zu. Dies drückte sich in einer lf. Gesetzgebung (zB Tractatus de juribus incorporalibus 1679, vgl. Kap. 4.4.3.) sowie insbesondere einer Erhöhung der lf. Steuern aus. Schließlich verschärfte die verstärkte Gewinnorientierung der Grundherren die Ausbeutung der bäuerlichen Untertanen.[6] Diese, aber auch religiöse Forderungen bildeten die Ursache für die während der Zeit des 15. bis 17. Jh. immer wieder ausbrechenden **Bauernaufstände**. Ziel insbes. des großen Bauernkriegs 1525 war die grundlegende Umgestaltung der gesellschaftlich-politischen Ordnung, wobei die Bauern ihre Forderungen ganz wesentlich auf die Bibel stützten. Der Aufstand konnte von den Herrschenden jedoch schon nach wenigen Monaten blutig niedergeschlagen werden.

Auch die **Städte** und das **Bürgertum** wurden in der FNZ von einem wirtschaftlichen Wandel erfasst. Der Landesfürst, der ganz allgemein die Kontrolle über die Städte verschärfte, war bemüht, die ökonomische und politische Macht der Handwerkszünfte durch lf. Handwerksordnungen zu zerschlagen. Mittels Gewerbefreiheit, Kartellverbots und Aufhebung der Produktionsbeschränkungen (1527) versuchte Ferdinand I., die Konkurrenz zu beleben und den Güterausstoß zu erhöhen. Tatsächlich gelang es den Zünften jedoch bis in die 2. Hälfte des 19. Jh. immer wieder, ihre ursprüngliche Macht zumindest teilweise zurückzuerobern. In der Praxis spielte sich ein Mischsystem zwischen zünftischem und freiem Handwerk ein.[7] Neben der traditionellen handwerklichen Produktionsform entstanden durch das Manufaktur- und das Verlagswesen bereits Ansätze eines Unternehmertums.

Der **Verleger** streckte dem Handwerker bzw. Heimarbeiter das Geld für die Rohstoffe vor, kaufte ihm die erzeugten Produkte ab und ging damit auf den Markt. Nach und nach geriet der Handwerker dadurch in seine ökonomische Abhängigkeit. Die **Manufaktur** hingegen stellte ein Unternehmen dar, in dem eine größere Zahl von Arbeitskräften (noch ohne Maschineneinsatz) im *arbeitsteiligen* Verfahren die Produktion durchführte. Diese kostengünstigere Produktionsweise setzte sich zB bei der Herstellung von Sicheln, Papier, Textilien (Linzer Wollzeugfabrik 1672, Schwechater Kotton-Manufaktur 1724) und Luxusartikeln (Seide, Porzellan, Spiegel) durch. Häufig bemühten sich diese Manufakturunternehmen um ein lf. Manufakturprivileg, das ihnen eine Monopolstellung bei der Erzeugung sichern sollte. Gerieten solche Unternehmungen in wirtschaftliche Schwierigkeiten oder fand sich kein privater Unternehmer, so übernahm der Staat den Betrieb. Ganz allgemein begann der Staat sich stärker in Güterproduktion und -vertrieb zu engagieren.[8]

Hauptursache der zunehmenden staatlichen Eingriffe in die Wirtschaft bildete der rasch steigende Finanzbedarf des Landesfürsten. Der Auf-/Ausbau des Staates durch die Übernahme neuer Aufgaben, die Finanzierung der Außenpolitik (werdende Großmachtstellung Österreichs), die rasch steigenden Kriegskosten (Söldnerheer) und nicht zuletzt das ausgeprägte Repräsentationsbedürfnis der Barockzeit (zB Schönbrunn, Wr. Hofburg) verschlangen immer mehr Geld, das durch die traditionelle Ökonomie nicht mehr erwirtschaftet

---

[6]) Die wachsende wirtschaftliche Bedrückung erfolgte regelmäßig unter Verletzung des „guten alten Rechts". Dies wurde wiederholt dadurch augenfällig, dass die Grundherren die Taidingbücher, in denen das Gewohnheitsrecht aufgezeichnet war, einzogen. Neben der Erhöhung bestehender bzw. der Einführung neuer Abgaben und Dienstpflichten versuchten die Grundherren Monopolprofite zu erlangen, indem sie ihre Untertanen zur Benützung der grundherrschaftlichen Mühlen bzw. Gasthäuser zwangen. Gleichzeitig trachteten sie den „Anfailzwang" durchzusetzen. Dieser schrieb den Untertanen vor, ihre Produkte an den Grundherren zu verkaufen anstatt die Städte oder Märkte zu beliefern.

[7]) Um 1736 arbeiteten rund 2/3 der Handwerker als Hofbefreite, Dekretisten oder Störer, während nur mehr 1/3 in den Zünften organisiert war (*Bruckmüller*, Sozialgeschichte, 252).

[8]) ZB Produktions- (ab dem 16. Jh.) und Handelsmonopol (ab dem 18. Jh.) für Salz; Verstaatlichung der Post 1722 bzw. 1769.

werden konnte. In den meisten europäischen Staaten begann in der FNZ eine für damalige Verhältnisse systematische und umfassende staatliche Wirtschaftspolitik, deren Hauptaugenmerk der Sicherung der öffentlichen Finanzen galt, die mit dem öffentlichen Wohl gleichgesetzt wurden. Zwei Theorien beherrschten das Wirtschaftsdenken, der Merkantilismus und der Kameralismus.

Ziel des **Merkantilismus** war die Schaffung einer geschlossenen Volkswirtschaft auf der Basis der Identität von Wirtschaftsraum und Staat. Darüber hinaus sollten durch eine aktive Handelsbilanz die Edelmetallvorräte (Geld) des Staates vermehrt werden. Als Mittel dazu diente eine aktive Außenwirtschaftspolitik mit Schutzzöllen nach außen und der Aufhebung der Zölle im Inneren, Eroberung von Kolonien, Förderung von Handel und Gewerbe, Ausbau der Infrastruktur (zB Verkehrswege, Postwesen), Senkung der Nahrungsmittelpreise, Förderung der Ein- und Verbot der Auswanderung. Diese Wirtschaftspolitik führt in vielen europäischen Staaten zu einem Aufblühen von Handel und Gewerbe, vernachlässigte jedoch die Landwirtschaft. Mit **Kameralismus** bezeichnete man die Anpassung der merkantilistischen Lehren an die spezifischen Wirtschaftsverhältnisse der deutschen und österreichischen Länder. Im engeren Sinn war er die Lehre von der Organisation und Gestaltung der fürstlichen Vermögens- und Einnahmenverwaltung.[9]

Die neuen Wirtschaftsideen konnten sich in den habsburgischen Erbländern bis in die erste Hälfte des 18. Jh. nur teilweise durchsetzen. Die Schaffung eines geschlossenen Wirtschaftskörpers, der identisch mit dem Staat sein sollte, gelang noch nicht (zB Fortbestand der Binnenzollgrenzen). Eher noch bildeten die einzelnen Länder einen solchen. Seine Hochblüte erlebte der Merkantilismus in unserem Raum erst unter Maria Theresia und Josef II.

4.1.2. Der politische Hintergrund

Im 16. und in der ersten Hälfte des 17. Jh. nahm das Kg. Spanien die führende Stellung in Europa ein. Seine Machtbasis fußte vor allem auf den reichen Kolonien, die es in Lateinamerika erobert hatte. Seit 1516 regierte der Habsburger Karl (V.) das Kg. Spanien einschließlich Unteritalien.

Durch eine Reihe von geschickten Heiratsverbindungen (burgundische Heirat 1477, spanische Heirat 1496, böhmisch-ungarische Heirat 1515/1521)[10] hatten die Habsburger ausgangs des 15. Jh. den Grundstein für ihren Aufstieg zum führenden Geschlecht Euro-

---

[9]) Der bedeutendste Vertreter des französischen Merkantilismus war *Jean Baptiste Colbert* (1619–1683). Als österreichische Vertreter des Kameralismus wirkten *Phillipp Wilhelm Hornigk*, *Johann Joachim Becher* und *Wilhelm Schröder*.

[10]) Im Jahre 1506 verlobte Kaiser Maximilian seine Enkel mit den ungarischen Königskindern, darunter dem noch gar nicht geborenen ungarischen Thronfolger. Die geplante Doppelhochzeit war für beide Herrscherhäuser deshalb finanziell besonders günstig, weil man sich durch wechselweise Aufrechnung die Mitgift für die Töchter ersparte. 1515 heiratete Maximilian I. nach 21 Jahren Witwerdasein, während dem er etliche uneheliche Kinder (von denen zehn namentlich bekannt sind) gezeugt hatte, im Alter von 56 Jahren selbst eines dieser ungarischen Königskinder, die zwölfjährige Anna. Dieser Heiratsvertrag war jedoch mit einer Rücktrittsklausel versehen, wonach er für den Fall ungültig sein soll, dass einer seiner Enkel binnen Jahresfrist sich zur Ehe mit Anna entschließen würde. 1516 erklärte sich der zu diesem Zeitpunkt noch landlose Enkel Ferdinand (spätere Kaiser Ferdinand I.) hiezu bereit, ohne dass die Ehe zunächst vollzogen wurde. Hochzeit und Beilager fanden schließlich auf Drängen der ungarischen Stände, die von den vorrückenden Türken bedrängt wurden, Pfingsten 1521 in Linz statt (zur Heiratspolitik Maximilians vgl. *Wiesflecker*, Maximilian I., 310).

pas gelegt. 1477 (Burgund), 1516 (Spanien) und 1526 (Böhmen, Ungarn) ernteten sie die Früchte dieser Heirats- bzw. Erbverträge. Da dieses Riesenreich („das Reich in dem die Sonne nie untergeht") mit den damaligen Mitteln der Kommunikations-, Verkehrs- und Verwaltungstechnik nicht regiert werden konnte, wurde der habsburgische Gesamtbesitz im Jahre 1522 (Vertrag zu Brüssel) zwischen Karl V. (spanische Linie) und Ferdinand I. (österreichische Linie) geteilt. Die österreichische Linie, die gegenüber der spanischen bis in die 2. Hälfte des 17. Jh. nur den „Junior-Partner" darstellte, erfuhr dadurch eine Aufwertung, dass sie von 1558 bis 1740 ununterbrochen den römisch-deutschen Kaiser stellte. In Verbindung mit Böhmen und Ungarn stiegen die österreichischen Länder neben Frankreich, Großbritannien und dem Osmanischen Reich zu einer der führenden Großmächte Europas auf.

Von Südosten bedrohten im 16. und 17. Jh. die Türken (zweimalige Belagerung von Wien 1529 bzw. 1683) den habsburgischen Herrschaftskomplex. Die Türken wurden ihrerseits ab dem 17. Jh. in Asien durch das wiedererstarkte Persische Reich bedrängt. Bei ihrem ersten Vorstoß 1529 brachten die Türken große Teile Kroatiens, Ungarns und Siebenbürgens unter ihre Herrschaft. Erst nach 1683 gelang es dem österreichisch-böhmisch-ungarischen Heer unter *Prinz Euge,n* diese Gebiete in mehreren Kriegszügen zurückzuerobern. Die dabei erreichte Grenze entlang der Save sollte mit einer kurzen Ausnahme bis 1878/1908 die Südgrenze Österreich-Ungarns bilden.

Im 16. und 17. Jh. wurden fast alle europäischen Staaten von schweren **Glaubensauseinandersetzungen** erfasst, die im Deutschen Reich mit den Begriffen protestantische Reformation und katholische Gegenreformation (vgl. Kap. 4.3.3.) umschrieben werden. Dieser Konflikt entzweite das ohnehin nur locker zusammengefügte Heilige Römische Reich Deutscher Nation im 16. Jh. noch weiter. Der von 1618 bis 1648 tobende Dreißigjährige Krieg, bei dem rund 1/3 der Bevölkerung des Reiches umkam, war dennoch nur vordergründig ein Glaubenskrieg. Vielmehr verbanden sich in ihm mehrere Konfliktebenen:

* Die in den habsburgischen Ländern ausgebrochene Auseinandersetzung zwischen dem absolutistisch gesinnten Landesfürsten und den Landständen endete mit dem Sieg des Landesfürsten und der Einführung des Absolutismus.
* Im Gesamtreich hingegen siegten die Reichsstände über den Habsburgerkaiser, sodass die Reichszentralgewalt eine weitere Schwächung erfuhr.
* Auf konfessioneller Ebene konnten die Protestanten durch den Westfälischen Frieden 1648 ihre Existenz gegenüber dem Katholizismus rechtlich absichern.
* Im Ringen um außenpolitische Vormacht gelang es Schweden, seine Herrschaft im Ostseeraum auszubauen; Frankreich wiederum legte den Grundstein für seine Vorherrschaft in Europa. Die unter Ludwig XIV. („Sonnenkönig") eingeleitete französische Expansionspolitik (gerichtet gegen Holland, Luxemburg, Elsass, Lothringen) scheiterte aber in der 2. Hälfte des 17. Jh. an einer Koalition, gebildet aus Spanien, Großbritannien, Schweden, Holland und dem Kaiserreich.

Das Aussterben mehrerer führender Herrschergeschlechter (zB 1700 spanische Linie der Habsburger; 1740 österreichische Linie der Habsburger im Mannesstamm) bildete den

Auftakt zu einer Reihe von Kriegen (spanischer Erbfolgekrieg 1701–1714, polnischer Erbfolgekrieg 1733–1736, österreichischer Erbfolgekrieg 1740–1748), bei denen die Legitimation zur Expansion vorrangig mit Erbansprüchen begründet wurde. Dabei scheiterte die österreichische Habsburgerlinie zunächst beim Versuch, die Herrschaft in Spanien zu gewinnen. Im Krieg 1740/48 konnte Österreich wegen seiner sozialen und ökonomischen Rückständigkeit die Stellung als europäische Großmacht nur unter großer Anstrengung behaupten. Mit Preußen (Königreich seit 1701) erwuchs ab Beginn des 18. Jh. ein ernsthafter Rivale um die Vorherrschaft im Kaiserreich.

4.2. Grundzüge des frühneuzeitlichen Staates

Lit.: *Berber*, Das Staatsideal im Wandel der Weltgeschichte², 155; *Brunner*, Vom Gottesgnadentum zum monarchischen Prinzip. Der Weg der europäischen Monarchie seit dem Hohen Mittelalter, in: *Hofmann* (Hg.), Die Entstehung des modernen souveränen Staates, 115; *Hartung* Fritz, L'État c'est moi, HZ 1949, 1; *Heydte*, Die Geburtsstunde des souveränen Staates; *Hofmann* (Hg.), Die Entstehung des modernen souveränen Staates; Hubatsch (Hg.), Absolutismus²; *Meinecke*, Die Idee der Staatsräson in der neueren Geschichte³, 29; *Menger*, Deutsche Verfassungsgeschichte der Neuzeit⁷, 30; *Möbus*, Die politischen Theorien im Zeitalter der absoluten Monarchie bis zur Französischen Revolution², 27; *Näf*, Die Epochen der neueren Geschichte I², 450; *Näf*, Frühformen des „Modernen Staates" im SpMA, HZ 1951, 225; *Oestreich*, Geist und Gestalt des frühmodernen Staates; *Oestreich*, Verfassungsgeschichte vom Ende des MA bis zum Ende des Alten Reiches, in: *Gebhardt/Grundmann* (Hg.), Handbuch der deutschen Geschichte II⁹, 361; *Willoweit*, Rechtsgrundlagen der Territorialgewalt; *Zippelius*, Geschichte der Staatsideen⁴, 82.

In der Zeit vom 15. bis zum 18. Jh. vollzog sich in Europa ein tiefgreifender Wandel: Verweltlichung des intellektuell/kulturellen Lebens, Säkularisierung der Gesellschaft, Glaubensspaltung. Die menschliche Existenz wurde aus ihrer religiösen Bedingtheit gelöst. An die Stelle sakraler Erklärungsmuster (theozentrisches Weltbild) trat die Überzeugung, dass der forschende Geist des Menschen im Stande wäre, die wahren Ursachen und Zusammenhänge zu erkennen (anthropozentrisches Weltbild). Unter grundsätzlicher Wahrung eines christlich-orientierten Rahmens schufen Humanismus und Rationalismus eine veränderte ideologische Basis des Herrschaftsverständnisses und der Machtverteilungen. Vor diesem Hintergrund hatte bereits im SpMA eine Entwicklung eingesetzt, die in den einzelnen europäischen Staaten zwischen dem 16. und 18. Jh. in die Errichtung des frühneuzeitlichen Staates mündete. Dabei bildete die **Auseinandersetzung zwischen dem Monarchen und den Ständen** um die Vorherrschaft im Staate den zentralen Konflikt. In Spanien, Frankreich und den einzelnen Ländern des Heiligen Römischen Reiches Deutscher Nation siegten die Monarchen, während in England, Holland und im Heiligen Römischen Reich Deutscher Nation (Reichsebene) die Stände die Oberhand behielten.

Der Prozess der Formierung des Staates spiegelte sich in den theoretischen Werken der führenden europäischen Staatstheoretiker der FNZ wider. Sie analysierten einerseits einen sich real bereits vollziehenden Prozess und trugen andererseits durch ihre Schriften zur ideologischen Absicherung der neuen Herrschaftskonzeption bei. **Niccolo Machiavelli** (1469–1527) schrieb vor dem Hintergrund der politischen Auseinandersetzungen in Oberitalien mehrere Werke[11], in denen er Techniken der Machtergreifung, der Herrschafts-

[11]) Discorsi sopra la prima deca de Tito Livio (1522), Der Fürst (1527).

sicherung und der Organisation des Machtstaates lehrte. Er löste das herrschaftliche Regieren aus den religiös-moralischen Bindungen und machte Erhaltung und Ausbau der Macht zum Selbstzweck des Staates. Daraus entwickelte sich später die Lehre von der **Staatsräson**. Um an der Macht zu bleiben, sollte der Fürst alle zweckdienlichen Mittel, einschließlich Gewalt und Treuebruch, einsetzen.[12] Im Gegensatz dazu befasste sich der Franzose **Jean Bodin** (1530–1596) mit dem Inhalt der Herrschergewalt. Zu einer Zeit, als die Religionskämpfe Frankreich an den Rand des Zerfalls brachten, entwickelte er die Lehre von der **Souveränität**.[13] Darunter verstand er „höchste Befehlsgewalt", die auf „keine Weise den Befehlen eines anderen unterworfen" wäre. Der souveräne Herrscher sei selbst nicht an die Gesetze gebunden (nicht den Gesetzen unterworfen), ausgenommen die Gesetze Gottes und der Natur.[14] Hauptmerkmal des souveränen Fürsten, in dem *Bodin* ein Abbild Gottes sah, war sein Recht, „allen Untertanen ohne deren Zustimmung Gesetze auferlegen zu können".[15] **Thomas Hobbes** (1588–1679) setzte sich mit Wesen und Ziel des Staates auf naturrechtlicher Grundlage auseinander. Geprägt von den schweren innenpolitischen Auseinandersetzungen in England im 17. Jh. sah er in der ursprünglichen Freiheit des Menschen den Kampf jeder gegen jeden. Um ein friedliches Zusammenleben und die Sicherheit aller Bürger zu erreichen, müsse jeder auf das Recht, sich selbst zu beherrschen, verzichten und es an ein übergeordnetes Gemeinwesen (Staat) abtreten.[16] Der Herrscher übe als dessen Organ die höchste Gewalt aus. Die hier vorgestellten Rechtsdenker entwickelten das ideologische Fundament des **Absolutismus**, der im 17. und 18. Jh. in einer Reihe von europäischen Staaten an die Macht gelangte.

Ihre Theorien stießen jedoch schon damals auf Widerspruch. Angeregt durch das Modell der Selbstregierung der Bevölkerung in der Schweizer Eidgenossenschaft verteidigte **Johannes Althusius** (1557–1638) die genossenschaftlichen Freiheiten und demokratischen Rechte des Volkes. Völlig konträr zu oben Gesagtem lehrte er, dass die res publica Eigentum des Volkes sei. Der regierende Herrscher amtiere nur als öffentlicher Beauftragter, dessen Macht auf der Wahl durch das Volk fuße. Diese Macht wäre daher weder unbeschränkt,

---

[12]) „Ein kluger Fürst kann und darf demnach sein Wort nicht halten, wenn er dadurch sich selbst schaden würde oder wenn die Gründe weggefallen sind, die ihn bestimmten, es zu geben. Wenn alle Menschen gut wären, wäre diese Vorschrift nicht gut; da sie aber schlecht sind und dir die Treue nicht halten würden, brauchst du sie ihnen auch nicht zu halten. Auch hat es dem Fürsten noch nie an rechtmäßigen Gründen gefehlt, um seinen Wortbruch zu beschönigen ... Man muss nur verstehen, der Fuchsnatur ein gutes Ansehen zu geben und ein Meister sein in Heuchelei und Verstellung: denn die Menschen sind so einfältig und gehorchen so leicht dem Zwang des Augenblicks, dass ein Betrüger stets einen finden wird, der sich betrügen lässt ... Ein Fürst braucht nur zu siegen und seine Herrschaft zu behaupten, so werden die Mittel dazu stets für ehrenvoll gelten und von jedem gepriesen werden." (Fürst, 18. Kap.).

[13]) „Suprema potestas", „plenitudo potestatis", „summa ... legibusque soluta potestas".

[14]) Zu diesen Ausnahmen zählte *Bodin* interessanterweise auch das Steuerbewilligungsrecht und den Besitz. Nur im Fall „zwingender Notwendigkeit" dürfe hier der Fürst ohne die Zustimmung der Stände eingreifen (Les six livres de la république/Über den Staat, 1. Buch, 8. Kap.).

[15]) Ebenda. „Diese Gewalt, Gesetze zu machen oder aufzuheben, umfasst zugleich alle anderen Rechte und Kennzeichen der Souveränität, sodass es streng genommen nur dieses eine Merkmal der Souveränität gibt. Alle anderen Souveränitätsrechte sind darunter subsumierbar: Die Entscheidung über Krieg und Frieden, das Recht der letzten Instanz, das Ernennungs- und Absetzungsrecht für die obersten Beamten, das Besteuerungsrecht, das Begnadigungsrecht, das Münzrecht und die Festsetzung des Geldwerts, das Recht auf Treueid der Untertanen und Vasallen" (Ebenda, 1. Buch, 10. Kap.).

[16]) „ 'Ich übergebe mein Recht, mich selbst zu beherrschen, diesem Menschen oder dieser Gesellschaft unter der Bedingung, dass du ebenfalls dein Recht über dich ihm oder ihr abtrittst.' Auf diese Weise werden alle Einzelnen eine Person und heißen Staat oder Gemeinwesen. ... Staat ist eine Person, deren Handlungen eine große Menge Menschenkraft der gegenseitigen Verträge eines jeden mit einem jeden als ihre eigenen ansehen, auf dass diese nach ihrem Gutdünken die Macht aller zum Frieden und zur gemeinschaftlichen Verteidigung anwende" (*Hobbes*, Leviathan, 2. Teil, 17. Kap.).

noch dauernd, noch absolut. Vielmehr sei seine Herrschaft durch spezielle Organe des Volkes (Ephori) ständig zu kontrollieren.[17]

Die sich in der FNZ formierenden Staatswesen wurden von folgenden Strukturelementen geprägt:

* **Souveränität nach außen:** nach dem Untergang der universalistischen Ideen (Kaiser und Papst als oberste Herrscher eines christlichen Weltreichs, der „respublica Christiana") duldeten die einzelnen Staaten keine Macht mehr über sich.

* **Souveränität nach innen:** Durch Ausschaltung oder Unterwerfung der übrigen Herrschaftsträger setzte sich im Staat eine oberste Gewalt durch, die nur an die göttlichen bzw. natürlichen Gesetze, nicht aber an das Gewohnheitsrecht gebunden ist.

* **Gewaltmonopol des Staates:** Das Verbot der Fehde und der Privatjustiz führte zur Verdrängung der Eigenmacht zwischen den Bürgern. An dessen Stelle trat die Verrechtlichung der Konfliktaustragung durch die Verweisung auf die im Aufbau begriffenen Justizbehörden. Das staatliche Gewaltmonopol manifestierte sich auch darin, dass nur mehr Staaten das Recht haben sollten, Truppen zu unterhalten.

* **Trennung Staat – Gesellschaft:** Hand in Hand mit dem Ausbau des staatlichen Gewaltmonopols ging die Entmachtung der übrigen Herrschaftsträger bzw. -verbände. Sie hörten auf Herrschaftsträger, zu sein und traten wie ihre Untertanen dem Staat als einzelne Individuen entgegen.[18] Der Monarch erlangte dadurch auf einen immer größeren Teil, schließlich das gesamte Volk, einen direkten Zugriff. Seine Politik zielte auf die Herstellung eines einheitlichen Untertanenverbandes ab.

* **Rationalisierung des Staats und des Rechts:** Sakral-magische Elemente (zB Zweikampf, Reinigungseid) verloren an Bedeutung und wurden durch rational nachvollziehbare Regelungen ersetzt.

* **Organisation des Staates:** Aufbau eines vom Fachbeamtentum getragenen Verwaltungsapparats mit entsprechenden Qualifikationsanforderungen an den Amtsträger; Institutionalisierung der Staatsorganisation durch die Schaffung dauernd funktionierender, an sachlichen Aufgaben ausgerichteten Behörden *(O. Brunner)*; Ziel war die Errichtung eines umfassenden Herrschafts- und Machtapparats.

---

[17]) „Ephoren werden diese Amtsträger auch deshalb genannt, weil sie ungerechte Erlässe des Inhabers der höchsten Gewalt für ungültig erklären und seine Entscheidungen mildern oder aufhalten können. Das soll geschehen, wenn diese Entscheidungen dem Wohl des Ganzen und den bestehenden Gesetzen zuwiderlaufen. Ohne die Zustimmung der Ephoren tritt kein allgemeiner Erlass und keine Verordnung des Inhabers der höchsten Gewalt in Kraft." (*Althusius*, Politica methodice digesta, Pkt. 68, zit. nach: *Wolf* (Hg.), Deutsches Rechtsdenken, H. 3, 40).

[18]) Sichtbaren Ausdruck fand diese Distanz zwischen Monarch und Untertanen in der Einrichtung des Hofs und des Hofstaates des Herrschers (*Bruckmüller*, Sozialgeschichte, 238).

* **Staat als göttliche Institution:** Trotz Säkularisierung sah man im Staat noch immer eine göttliche Einrichtung. Gott verstand man als Demiurg, der auch in der Gegenwart aktiv in das Leben eingriff. Konsequenterweise war es Aufgabe des Staates, einen gottgefälligen Lebenswandel durchzusetzen, um Schaden durch Gottes Strafen (zB Kriege, Naturkatastrophen, Pest) von den Bürgern abzuhalten.[19]

* **Gottesgnadentum:** Der absolute Monarch sah seine Stellung als von Gott übertragenes Amt an („Herrscher von Gottes Gnaden")[20]. Gegenüber dem MA erfuhr die „Vergöttlichung" des Monarchen dadurch eine Steigerung, dass die Einbindung in das tradierte Gewohnheitsrecht wegfiel.

* **Polizey- und Ordnungsstaat:** Die Intensität staatlichen Handelns wurde nicht nur gesteigert, sondern der Staat übernahm neue Aufgaben und griff in bisher staatsfremde Bereiche ein. Ausdruck dafür war die enorme Ausweitung der Gesetzgebung (zB Landes- und Polizeiordnungen). Neben Maßnahmen zum Aufbau einer geeigneten Infrastruktur galt angesichts wiederholter revolutionärer Erhebungen (zB Bauernkriege) ein besonderes Augenmerk der Herrschaftssicherung.

Der Begriff **(gute) Polizey** (von lat. politia = Staatsverfassung, Staat) wurde in der FNZ in einem viel weiteren Sinn verwendet und verengte sich erst im 19. Jh. auf den uns heute geläufigen Inhalt. Man verstand darunter ganz allgemein den *Zustand guter Ordnung des Gemeinwesens*. Eine eigene Polizeiwissenschaft beschäftigte sich mit dem weit gefächerten Aufgabenbereich: Flussverbauung, Wald- und Holzbewirtschaftung, Landwirtschaftspolitik, Bodenordnungen, Bevölkerungs-, Aus- und Einwanderungspolitik, Erhebung von statistischen Daten, Sozial- und Wohlfahrtspolitik (zB Armenhäuser, Findelheime), Spitalswesen, staatliche Vorsorge für eine ausreichende Nahrungsmittelversorgung, obrigkeitliche Preisregelung, Stadterweiterungsmaßnahmen, Straßen-, Post- und Fuhrwesen, Hygienevorschriften, Wirtschaftsförderung und

---

[19]) Bspw. wurde in § 11 des RA 1567 die Bevölkerung zum Zweck der Türkenabwehr zu einem gottgefälligeren Leben angehalten: „Dass aber unangesehen solcher unserer väterlichen getreuen und gutwilligen Fürwendungen ... der gütig Gott aus allerhand verhinderlichen Ursachen und Ungelegenheiten, auch der Türkischen überschwenglichen großen Macht halben, fürnehmlich aber sonder Zweiffel, umb des Christlichen Volks mannigfaltiger Sünden, Übertretungen und unbußfertigen Lebens willen, dadurch sein Göttl. gerechter Zorn erweckt wird, die Dinge nicht durchaus und an allen Orten, dermassen wie wir es am liebsten gewolt, und man allenthalben von Gott dem Allmächtigen gebetten, gewünscht und verhofft, geschickt hat, solches müssen wir seinem allerhöchsten Göttl. Willen heimstellen, und befehlen, der guten Hoffnung, da man allenthalben sein Allmächtigkeit mit rechter Christlicher Bekehrung, vom gemeinen sündlichen Wandel und Leben, in wahren innigen herzlichen Gebeth, mit gutem Gewissen und Vertrauen demüthiglich anrufen, seinen durch uns wohl verschuldeten Zorn, gnädiglich wiederum abzuwenden, würde hinführo mehr Gnad, Sieg und Victori gegen diesen allgemeinen Feind und grimmigen Verfolger seiner Christenheit miltiglich verleyhen, und vor seiner Tyrannischen Gewalt, und unerträglich viehischen Joch, Servitut und Dienstbarkeit, vätterlichen schützen und erhalten."

[20]) Dies kam auch in den Anreden der führenden Monarchen zum Ausdruck: „Dei Gratia", „per la Grace de Dieu", „por la Gracia de Dios". *J.-B. Bossuet*, der Hofprediger von Ludwig XIV., schrieb 1682: „Wir haben schon gesehen, dass jede Gewalt von Gott kommt ... Die Fürsten handeln also als Gottes Diener und Statthalter auf Erden. Durch sie übt er seine Herrschaft aus ... Deshalb ist, wie wir gesehen haben, der königliche Thron nicht der Thron eines Menschen, sondern Gottes selbst ... Aus alledem ergibt sich, dass die Person der Könige geheiligt ist; wer sich an ihnen vergreift, begeht ein Sakrileg." *Bossuet*, Die Politik nach den Worten der Heiligen Schrift, Buch II, Art. I, zit. nach: *Dickmann* (Hg.), Renaissance, 451.

-lenkung, Gewerbeaufsicht, Kreditpolitik etc.[21] Eine wesentliche Aufgabe des Staates bestand aber schon damals in der *Vermittlung von Sicherheit* sowohl für die Herrschenden (vor Aufständen und Rebellion) wie auch für die Beherrschten (zB vor Räuberbanden, umherziehenden Landsknechten oder Unredlichkeiten in Handel und Gewerbe). Dabei musste man wegen der noch geringen staatlichen Durchsetzungskraft mit Wenigem zufrieden sein. Die häufige Wiederholung der Verbote (zB des Waffentragens, des Alkoholmissbrauchs, des Vor- und Fürkauf und der Gotteslästerungen) deuten auf ihre Unwirksamkeit hin. Besonderes Augenmerk richtete man auf die aus der Erfindung des Buchdrucks für die herrschende Ordnung resultierenden Gefahren.[22]

Praktische Verwirklichung: Die oben konzipierten absolutistischen Theorien konnten sich in keinem Land völlig durchsetzen, blieben häufig bloß unerfüllter Anspruch.[23] Ihre Verwirklichung erfolgte in den einzelnen europäischen Staaten zu verschiedenen Zeiten und blieb in verschiedenen Etappen des Prozesses hängen. Nach Spanien und dem Kirchenstaat, wo die absolutistischen Ideen am frühesten zum Tragen kamen, näherte sich Frankreich unter *Richelieu* und Ludwig XIV. (1643–1715) am ehesten dem absolutistischen Ideal. In England hingegen scheiterten die absolutistischen Aspirationen der englischen Könige an der revolutionären Erhebung eines Teils der Stände und mündeten schließlich 1689 in einer Machtteilung zwischen König und Parlament. In Holland (Generalstaaten) siegten die Stände gegen den spanischen Monarchen und schufen ein auf Selbstherrschaft der Stände beruhendes Staatswesen. Das Heilige Römische Reich Deutscher Nation behielt auf Reichsebene weitgehend die Gestalt des ma. Lehensstaates bei. Hingegen trieben die Landesherrn in den einzelnen Ländern, soweit es die Ressourcen ihrer kleinräumigen Territorien überhaupt zuließen, den Aufbau des fnz. Staates vehement voran.

In den **österreichischen Erbländern** vollzog sich dieser Prozess in vier Etappen und fand erst 1848 seinen Abschluss: bis 1620 gelang es den Ständen, ihre Macht als politisches Gegengewicht zum Landesherrn zu bewahren; nach der militärischen Niederlage (1620) reduzierte sich ihr Einfluss im Wesentlichen auf das Steuerbewilligungsrecht und ihr Gewicht als Träger der Verwaltung auf mittlerer und unterer Ebene. Unter Maria Theresia und Joseph II. verloren die Landstände die Steuerkompetenz und der Monarch baute unterhalb der bereits bestehenden Zentralverwaltungsorgane auf Ebene der Mittelbehörden einen eigenen Verwaltungsapparat auf. Mit der Aufhebung der Grundherrschaft (1848) ging die letzte ständische Machtbasis verloren, indem der lf. Staat durch die Errichtung

---

[21]) Vgl. *Justi*, Die Grundfeste zu der Macht und Glückseligkeit der Staaten oder ausführliche Vorstellung der gesamten Policey-Wissenschaft.

[22]) Schon bald nach der Erfindung des Buchdrucks waren sich die Herrschaftsträger des mit der gesteigerten Informationsverbreitung verbundenen Verlustes an politisch/religiöser Stabilität bewusst und versuchten durch umfassende Zensurbestimmungen gegenzusteuern. Art. XXXIV der Reichspolizeiordnung 1548 (NSRA II, 604) unterwarf alle Druckschriften und Gemälde einer behördlichen Vorzensur. Um diese Bestimmung praktisch exekutierbar zu machen, wurden ab 1570 (NSRA III, 308) Druckereien überhaupt nur mehr in den Reichsstädten sowie an Orten zugelassen, an denen ein Fürst oder eine Universität ihren Sitz hatten. Die Drucker mussten einen Eid schwören, keine lästerlichen oder schmähenden Schriften herzustellen.

[23]) *Näf*, Epochen I, 452.

von Bezirksgerichten, Bezirkshauptmannschaften und Gemeinden auch die unterste Verwaltungsebene erfasste.

4.3. Das Heilige Römische Reich Deutscher Nation

Lit.: *Angermeier* (Hg.), Säkulare Aspekte der Reformationszeit; *Angermeier*, Die Reichsreform 1410–1555; *Bloch*, Thomas Münzer als Theologe der Revolution[3]; *Böckenförde*, Der Westfälische Frieden und das Bündnisrecht der Reichsstände, in: Der Staat VIII (1969), 449; *Brandi*, Der Augsburger Religionsfriede vom 25. September 1555[2]; *Braubach*, Der Westfälische Friede; *Brauneder*, Österreichische Verfassungsgeschichte[7], 75; *Buchner*, Maximilian I[2]; *Conrad*, Deutsche Rechtsgeschichte II; Deutsche Reichstagsakten, hg. v. d. Hist. Komm. b. d. Bayer. Akad. d. Wiss.; *Dickmann*, Das Problem der Gleichberechtigung der Konfessionen im Reich im 16. und 17. Jh., HZ 1965, 265; *Dickmann*, Der Westfälische Frieden[2]; *Eder*, Die Kirche im Zeitalter des konfessionellen Absolutismus (1555–1648); *Eichhorn*, Deutsche Staats- und Rechtsgeschichte IV; *Engels*, Der deutsche Bauernkrieg[10]; *Feine*, Deutsche Verfassungsgeschichte der Neuzeit[3]; *Feine*, Kirchliche Rechtsgeschichte[5], 447; *Franz* (Hg.), Quellen zur Geschichte des Bauernkrieges, 1963; *Fürstenau*, Das Grundrecht der Religionsfreiheit nach seiner geschichtlichen Entwicklung und heutigen Geltung in Deutschland; *Gmür*, Grundriß der deutschen Rechtsgeschichte[5], 63; *Hartung*, Die Reichsreform von 1485–1495, in: Hist. Vierteljahrschrift 1913, 24 u.181; *Hartung*, Die Wahlkapitulationen der deutschen Kaiser und Könige, HZ 1911, 306; *Heckel*, Deutschland im konfessionellen Zeitalter; *Heckel*, Autonomia und Pacis Compositio. Der Augsburger Religionsfriede in der Deutung der Gegenreformation, ZRG (KA) 1959, 141; *Heckel*, Parität, ZRG (KA) 1963, 261; *Hoke*, Rechtsgeschichte, 143; *Kimminich*, Deutsche Verfassungsgeschichte, 165; *Kleinheyer*, Die kaiserlichen Wahlkapitulationen; *Köbler*, Rechtsgeschichte[3], 144; *Kohler/Scheel,* Die Carolina und ihre Vorgängerinnen; *Koller* (Hg.), Reformation Kaiser Siegmunds; *Kroeschell*, Deutsche Rechtsgeschichte II, 231, III, 9; *Laufs*, Rechtsentwicklung in Deutschland[2], 54; *Laufs*, Reichsstädte und Reichsreform, ZRG (GA) 1967, 172; *Lortz*, Die Reformation in Deutschland[4]; *Mally*, Der österreichische Kreis in der Exekutionsordnung des Römisch-Deutschen Reiches; *Mann*, Wallenstein[3]; *Menger*, Deutsche Verfassungsgeschichte der Neuzeit[7], 12; *Mitteis/Lieberich*, Deutsche Rechtsgeschichte[16], 283; *Moraw*, Der „Gemeine Pfennig". Neue Steuern und die Einheit des Reiches im 15. und 16. Jh., in: *Schultz* (Hg.), Mit dem Zehnten fing es an, 130; *Moser*, Erläuterungen des Westphälischen Friedens aus Reichshofräthlichen Handlungen; *Näf*, Die Epochen der neueren Geschichte I, 331; *Oestreich*, Geist und Gestalt des frühmodernen Staates; *Oestreich*, Verfassungsgeschichte, in: *Gebhardt/Grundmann* (Hg.), Handbuch der deutschen Geschichte II[9], 360; *Palme*, Parlament und Bürokratie im 16. bis 20. Jh., in: *Möckl/Bosl* (Hg.), Der moderne Parlamentarismus und seine Grundlagen in der ständischen Repräsentation, 137; *Planitz/Eckhardt*, Deutsche Rechtsgeschichte[2], 234; *Pototschnig/Putzer/Rinnerthaler* (Hg.), Vom Glaubenszwang zur Religionsfreiheit; *Press*, Kriege und Krisen, Deutschland 1600–1715; *Pufendorf*, De Statu Imperii Germanici; *Pütter*, Geist des Westphälischen Friedens; *Pütter*, Institutiones iuris publici germanici; *Rabe*, Reich und Glaubensspaltung, Deutschland 1500–1600; *Randelzhofer*, Völkerrechtliche Aspekte des Heiligen Römischen Reiches nach 1648; *Ranke*, Deutsche Geschichte im Zeitalter der Reformation, hg. v. *Willy Andreas*; *Rassow*, Forschungen zur Reichs-Idee im 16. und 17. Jh.; *Reuter* (Hg.), Der Reichstag zu Worms von 1521; *Ritter*, Deutsche Geschichte im Zeitalter der Gegenreformation und des Dreißigjährigen Krieges (1555–1648); *Scheuner*, Die Auswanderungsfreiheit in der Verfassungsgeschichte und im Verfassungsrecht Deutschlands, in: FS für Richard Thoma, 199; *Schmauss*, Corpus Juris Publici enthaltend des Heil. Röm. Reichs deutscher Nation Grund-Gesetze; *Schröder/Künßberg*, Lehrbuch der deutschen Rechtsgeschichte[7], 858; *Schulze*, Reich und Türkengefahr im späten 16. Jh.; *Schwerin/Thieme*, Grundzüge der deutschen Rechtsgeschichte[4], 224; *Sellert*, Über die Zuständigkeitsabgrenzung von Reichshofrat- und Reichskammergericht; *Sieber*, Zur Geschichte des Reichsmatrikelwesens im ausgehenden MA 1422–1521; *Smend*, Das Reichskammergericht; *Stupperich*, Die Reformation in Deutschland[2]; *Vierhaus* (Hg.), Herrschaftsverträge, Wahlkapitulationen, Fundamentalgesetze; *Walder* (Hg.), Kaiser, Reich und Reformation 1517–1525[3]; *Weber*, Die Parität der Konfessionen in der Reichsverfassung von den Anfängen der Reformation bis zum Untergang des Alten Reiches im Jahre 1806; *Wolf*, „... zu Einführung einer gottwohlgefälligen Gleichheit auf ewig ..." Steuerreform im Zeitalter des Absolutismus und der Aufklärung, in: *Schultz* (Hg.), Mit dem Zehnten fing es an, 162; *Wolff*, Corpus Evangelicorum und Corpus Catholicorum auf dem Westfälischen Friedenskongreß. Die Einfügung der konfessionellen Ständeverbindungen in die Reichsverfassung; *Zeeden*,

Grundlagen und Wege der Konfessionsbildung in Deutschland im Zeitalter der Glaubenskämpfe, HZ 1958, 249; *Zeumer* (Hg.), Quellensammlung zur Geschichte der deutschen Reichsverfassung in MA und Neuzeit^2.

4.3.1. Die Entwicklung des Reiches

Reichsterritorium: Von den drei Königreichen, die im MA das Sacrum imperium bildeten, war in der FNZ im Wesentlichen nur das deutsche übrig geblieben. Während das Kg. Burgund überwiegend an Frankreich bzw. die Schweiz fiel, waren im ehem. Kg. Italien die meisten Gebiete vollsouveräne Staaten geworden (zB Rep. Venedig) bzw. die wenigen verbliebenen kaiserlichen Rechte in den übrigen Gebieten politisch kaum mehr durchsetzbar. Von der deutlichen Verkleinerung des Reiches profitierte Frankreich, das im 17. Jh. durch den Gewinn des Elsass sein Staatsgebiet teilweise bis an den Rhein ausdehnen konnte. 1648 erlangten die Vereinigten Niederlande und die Schweiz die volle staatliche Unabhängigkeit. Die Südgrenze des Reiches bildeten Savoyen, Tirol, Kärnten und Krain. Im Süden und Osten dehnten die Habsburger ihren Herrschaftsbereich über die Reichsgrenzen hinaus aus, ohne dass diese Gebietsgewinne (Ungarn, Siebenbürgen, Banat, Kroatien, Nordserbien, Hzm. Mailand und Modena) Teile des Reichs geworden wären. Ähnlich agierten die Hohenzoller (Brandenburg) im Nordosten (Kgr. Preußen). Von Randgebieten abgesehen (tschechisch, slowenisch, italienisch, rätoromanisch, französisch) sprach man im Reich überwiegend deutsch. Seit dem 15. Jh. wurde in den Urkunden der Name „Heiliges Römisches Reich“ häufig mit dem Zusatz „Deutscher Nation“ versehen.

Das Reich verfügte über keine Hauptstadt, allerdings bestand die Verpflichtung (zB Ständige Wahlkapitulation 1711, Art. XXIII), dass die kaiserliche Residenz innerhalb des Reiches liegen müsse. Der kaiserliche Hofes residierte zunächst in Prag, seit dem 17. Jh. in Wien.

Die Innenpolitik des Kaiserreiches in der FNZ prägte der Gegensatz zwischen dem Kaiser (zentralistisch) und den Reichsständen (föderalistisch). Letztere fühlten sich von der in den Händen der Habsburgerdynastie akkumulierten Macht (Kaiserkrone, Spanisches Weltreich einschl. Süditalien, österreichische Erbländer, Böhmen, Ungarn) bedroht und suchten die ständische Macht zu Lasten des Kaisers auszudehnen. Mit der Glaubensspaltung entstand als weiterer Konfliktbereich die Konfrontation zwischen Katholiken und Protestanten. Durch die Bündnisse der protestantischen Landesfürsten mit Schweden und Frankreich einerseits und das Zusammenwirken katholischer Reichsstände mit dem katholischen Kaiser andererseits wurden reichsständische, religiöse und außenpolitische Konfliktebenen mit wechselnden Koalitionen miteinander verwoben. Unabhängig von religiösen Überzeugungen trafen sich die Nachbarstaaten des Kaiserreichs und die großen Reichsstände beim gemeinsamen Bemühen, die Reichszentralgewalt zu schwächen und die Macht der Landesfürsten auszubauen. Das Ergebnis dieser rund 150 Jahre währenden Auseinandersetzung bildete schließlich das verfassungsmäßige Gerüst des Reichs bis zu seinem Zerfall 1803/1806. Die wichtigsten Etappen dieser Entwicklung waren:

Reichsreform (ab 1495): Mit dem Reichstag von Worms (1495) setzte eine rund 20 Jahre dauernde Phase der Reichsreform ein. Sie war notwendig, um im europäischen Wettstreit, insbes. gegen Frankreich, bestehen zu können. Die wichtigsten Veränderungen dieser Ära waren: Verkündung des „Ewigen Landfriedens“ 1495[24] (**vollständiges Verbot der Fehde**, Verweisung aller Rechtsstreitigkeiten vor das Gericht), Errichtung des Reichskammergerichts verbunden mit dem Erlass einer Reichskammergerichtsordnung, Neugliederung des Reiches in ursprünglich 6 (1495) später 10 (1512) Reichskreise, Einführung einer allgemeinen Reichssteuer („gemeiner Pfennig“ 1495), Verbot der Fürsten oder Reichsstände, mit ausländischen

---

[24]) NSRA II, 3.

Mächten Bündnisse zum Nachteil des Reiches einzugehen[25], zeitweise Errichtung eines Reichsregiments (1500, 1521), das die Reichsstände an den Regierungsgeschäften des Kaisers beteiligte.

Wahlkapitulation von Karl V. (1519):[26] Aus Angst vor zu großer Machtkonzentration zwangen die Kurfürsten Karl V. bei seinem Regierungsantritt (1519) zu einer Wahlkapitulation. Darin wurden auf Basis der Machtteilung die Herrschaftsbereiche des Königs, der Kurfürsten und der Reichsstände festgelegt: Bestätigung der alten Ordnungen und Freiheiten, Garantie der landesfürstlichen Rechte, Selbstversammlungsrecht der Kurfürsten, Verbot jedes Aufruhrs gegen die Kurfürsten und Reichsstände, Besetzung der Reichsämter ausschließlich mit deutschstämmigen Personen aus dem hohen Adel, Deutsch bzw. Latein als ausschließliche Amtssprache (Ausnahme: anderssprachige Gebiete), Einschränkung des politischen Einflusses der großen Handelsgesellschaften, Verhängung der Reichsacht nur nach ordentlichem Prozess, Ausschluss der Erbmonarchie. Folgende Handlungen durfte der Kaiser nur mit Zustimmung der Kurfürsten tätigen: Abschluss von Bündnissen mit fremden Mächten, Einsatz ausländischer Truppen im Reich, Erklärung eines Reichskrieges, Verfügung über Reichsgut, Einhebung von Steuern und Erhöhung von Zöllen.

Reichsmatrikel 1521:[27] Sie regelte den mannschaftsmäßigen und finanziellen Beitrag jedes einzelnen Reichsstandes zum Reichsheer bzw. Reichskammergericht und beendete die Unklarheit, wem Reichsstandschaft zukam und wem nicht.

Religionsfrieden: Zentrales Thema der Reichsabschiede der ersten Hälfte des 16. Jh. bildete die Glaubensspaltung. Der Augsburger Religionsfriede 1555 überließ die Bestimmung des Religionsbekenntnisses den Landesfürsten (vgl. unten Kap. 4.3.3.).

Prager Frieden 1635:[28] Nach dem (vorläufigen) militärischen Sieg des Kaisers hoben die §§ 77 und 86 des Prager Friedens das Recht der Reichsstände, Bündnisse zu schließen und eigene militärische Truppen aufzustellen („Kriegsvolk zu werben"), auf. Diese verloren dadurch vorübergehend das ius foederis und das ius armorum.

Westfälischer Friede 1648:[29] Der Friedensschluss garantierte völkerrechtlich die Landeshoheit der Landesfürsten (ius territorii et superioritatis, vgl. Kap. 4.3.2.) und ihr Bündnisschließungsrecht. Gleichzeitig wurde der Kaiser hinsichtlich Gesetzgebung, Finanz-, Wehr- und Außenpolitik an die Mitwirkung und Zustimmung der Reichsstände gebunden (IPO Art. VIII, § 2). Das Recht der Landesfürsten, die Religion der Untertanen zu bestimmen, wurde bestätigt und auf das calvinistische Bekenntnis ausgedehnt. In Religionsfragen sollte der Reichstag in zwei Kurien geteilt werden. Binnen sechs Monaten sollte ein Reichstag alle übrigen offenen Verfassungsfragen sowie die Wahl des Königs regeln.

Jüngster Reichsabschied 1654:[30] Statt dieses weitgesteckten Ziels erfolgte 1654 nur die Ordnung des Justizwesens und der Ausbau der Kreisverfassung. Aus der in § 180 auferlegten Verpflichtung, zur Erhaltung der Reichsgarnisonen beizutragen, leiteten die Reichsstände in der Folge ihre Wehrsteuerhoheit ab.

---

[25]) § 7 Handhabung Friedens- und Rechtens, abgedr. in NSRA II, 12.

[26]) Abgedr. bei *Dickmann* (Hg.), Renaissance, 109. Das Institut der **Wahlkapitulation** stammte ursprünglich aus dem ma. Kirchenrecht. Die Domkapitel verlangten von einem Kandidaten, bevor sie ihn zum Bischof wählten, den vertraglichen Verzicht auf die Ausübung bestimmter Rechte. 1519 erfolgte erstmals auch eine Wahlkapitulation im weltlichen Reichsrecht. Mit Ausnahme von 1519 mussten die Königskandidaten die Wahlkapitulationen vor ihrer Wahl abgeben. Die Kapitulationen besaßen Vertragscharakter (Einigungen).

[27]) NSRA II, 216.

[28]) NSRA III, 534.

[29]) Dieser bestand aus zwei Verträgen (NSRA III, 574 bzw. 604), die in Münster (mit dem französischen König) und Osnabrück (mit dem schwedischen König) geschlossen wurden. Da diese beiden Herrscher ein virulentes Interesse an der Aufrechterhaltung der inneren Schwäche des Kaiserreichs hatten, waren sie bemüht, Bestimmungen zur Stärkung der Reichsstände (also Reichsverfassungsrecht) in die Friedensverträge aufzunehmen. Umgekehrt besaßen natürlich auch die Reichsstände ein Interesse an der völkerrechtlichen Sicherung ihrer Rechtsstellung.

[30]) NSRA III, 640.

Reichsdefensionalordnung 1681:[31] Sie ordnete die Reichsverteidigung neu und übertrug das Schwergewicht auf die Reichskreise.

Ständige Wahlkapitulation 1711:[32] Obwohl diese Wahlkapitulation nur ein „Projekt" blieb und nie als Reichsgesetz in Kraft trat, bildete sie die Grundlage für alle folgenden Wahlkapitulationen.

4.3.2. Die Verfassung des Heiligen Römischen Reichs Deutscher Nation

Rechtsquellen: Im Gegensatz zum MA erfolgte in der FNZ die schriftliche Niederlegung fast aller wesentlichen Elemente der Reichsverfassung. Es mangelte allerdings an einem geschlossenen Verfassungswerk, sodass eine Vielzahl von aus unterschiedlichen Zeitepochen stammenden Reichs(grund)gesetzen in ihrer Summe die Reichsverfassung bildeten, va: Goldene Bulle (1356), Ewiger Landfrieden (1495), Kammergerichtsordnung (1495), Reichsmatrikel (1521), Augsburger Religionsfriede (1555), Exekutionsordnung (1555), Westfälischer Friede (1648), Wahlkapitulationen, Reichshofratsordnung (1654), Reichsdefensionalordnung (1681). Man bezeichnete sie zusammenfassend als die „Fundamentalgesetze des Heiligen Reiches".

Allgem. Charakteristik: Im Gegensatz zu Frankreich und Großbritannien stellte das Heilige Römische Reich Deutscher Nation am Beginn des 18. Jh. nach wie vor keinen geschlossenen Macht- bzw. Nationalstaat dar. Es bildete vielmehr bloß einen politischen Körper, der die „volle Entfremdung der sich auseinander entwickelnden Teile verhindert" (*G. Oestreich*).[33] Dem Kaiserreich fehlten bis zu seiner Auflösung im Jahre 1806 zahlreiche Attribute des modernen Machtstaates, insbes. blieben seine zentralstaatlichen Institutionen nur unzureichend ausgebildet. Seiner politischen Verfassung nach stellte es einen dualistischen Staat dar, wobei im Verhältnis Kaiser – Reichsstände (Landesherrn) das Schwergewicht bei Letzteren lag. Der Kaiser bezog seine Machtbasis nicht aus den Reichsinstitutionen sondern aus seiner Hausmacht. Verlässliche Bündnispartner fand er nur in den kleinen Reichsständen, denen er seinerseits Schutz vor den Inkorporationsbestrebungen der größeren Territorialfürsten bieten konnte. Diese waren wiederum einzeln zu schwach, um im Konzert der europäischen Mächte eine Rolle zu spielen. Sie schlossen sich daher zur Durchsetzung ihrer Interessen untereinander bzw. mit ausländischen Mächten zusammen (daher die Bedeutung des Bündnisrechts).

Römischer König/Kaiser:[34] Er bildete die monarchische Spitze des Staates, war in seinen Hoheitsrechten jedoch durch Mitsprache- bzw. Zustimmungsrechte der Kurfürsten

---

[31]) NSRA IV, 141.

[32]) Capitulatio perpetua, NSRA IV, 233 (Project der gewissen und beständigen Kays. Wahl-Capitulation cum Appendice).

[33]) In: *Gebhardt* (Hg.), Handbuch II^{9}, 379.

[34]) Der offizielle Titel lautete: „Von Gottes Gnaden erwählter Römischer Kayser, zu allen Zeiten Mehrer des Reichs, in Germanien, zu Hungarn, und Böheim, Dalmatien, Croatien und Slavonien, etc. König, Erzherzog zu Österreich, Herzog zu Burgund, zu Brabant, zu Steyer, zu Kärndten, zu Kräyn, zu Lüzenburg, zu Würtenberg, Ober- und Nieder-Schlesien, Fürst zu Schwaben, Marggraff des H. Römischen Reichs zu Burggau, zu Mähren, Ober- und Nieder-Lausniz, Gefürsteter Graf zu Habspurg, zu Tyrol, zu Pfierd, zu Kyburg und zu Görz, etc. Landgraff zu Elsass, Herr auf der Windischen Mark, zu Portenau, und zu Salins etc."

oder der Reichsstände beschränkt.[35] Dies war der Fall hinsichtlich der Außenpolitik[36] (Abschluss von Bündnissen, Kriegserklärung, Friedensschlüsse), der Gerichtshoheit und der Vergabe von Reichslehen. Der Anteil des Kaisers an der Gesetzgebung bestand in seinem Vorschlagsrecht (vergleichbar einem Gesetzesinitiativrecht) und der Macht, Beschlüsse des Reichstags zu ratifizieren (absolutes Veto). Insbes. war es dem Kaiser untersagt, Bestimmungen der Reichsverfassung ohne Zustimmung der Stände abzuändern. Selbst bei der Einberufung des Reichstags hing er von der Zustimmung der Kurfürsten ab. Mit der Errichtung des Immerwährenden Reichstags (1663) verlor er auch dieses Recht. Die Personalhoheit über die wenigen Reichsbehörden sowie die Reichsgerichtsbarkeit war dem Kaiser zum Großteil entzogen.[37]

Von den Reichsuntertanen abgesehen, die unter seiner eigenen landesfürstlichen Gewalt standen, besaß der Kaiser kaum Möglichkeiten, direkt auf die Untertanen der übrigen Reichsstände (sog. Mediatstände) Einfluss zu nehmen. Er musste sie zwar zu Gehorsam gegen ihre Landesobrigkeit anhalten, durfte die Untertanen jedoch nicht von der „Bottmäßigkeit und Jurisdiction, wie auch wegen Landes-Fürstlicher hoher Obrigkeit und sonsten rechtmäßig hergebrachten Steuren, Zehenden, und anderen gemeinen Bürden und Schuldigkeiten, weder unter dem Prätext der Lehen-Herrschafft, noch einigem anderen Schein, eximiren oder befreyen …“[38]

Das Kaiserreich blieb bis zu seinem Untergang eine **Wahlmonarchie**. Trotzdem wurden bis zum Aussterben im Mannesstamm (1740) ausschließlich Habsburger zum König/Kaiser gewählt. Die Wahl erfolgte nach wie vor durch die Kurfürsten gemäß den Vorschriften der Goldenen Bulle von 1356. Im 16. Jh. setzte sich die Meinung durch, dass die Kurfürsten nicht bloß die Königs- sondern auch die Kaiserwürde verleihen könnten („erwählter Römischer Kaiser“). Die letzte Kaiserkrönung durch den Papst erfolgte im Jahre 1530. Die Regierungsgewalt des Kaisers erlosch mit seinem Tod, seiner Abdankung (zB Karl V. 1558) oder seiner Absetzung durch die Kurfürsten (strittig).

Bei der Kaiserwahl spielten nicht nur politische Versprechungen (Wahlkapitulationen) sondern auch „Wahlgeschenke“ an die Kurfürsten eine Rolle, die sich bemühten, durch Lavieren den Preis ihrer Stimme hinaufzutreiben. Dadurch waren Summen aufzubringen, die auch die Finanzkraft der führenden europäischen Geschlechter überstiegen. Als bspw. der Habsburger Karl V. und der französische König Franz I. im Jahre 1519 für die deutsche Kaiserkrone kandidierten, konnte sich Karl nur durchsetzen, weil er die Unterstützung des Augsburger Bankhauses der Fugger erlangt hatte und diese mehr Geld mobilisieren konnten als die französischen Banken. Insgesamt wurde die für damalige Verhältnisse riesige Summe von 851.918 fl. für den

[35]) Nur bzgl. einiger weniger Reservatsrechte (Prärogative) konnte der Kaiser ohne Mitwirkung der Reichsstände handeln: zB Standeserhöhungen (Adel), Verleihung von akademischen Graden und Titeln, Legitimation unehelicher Kinder.

[36]) Art. XXVI der Ständigen Wahlkapitulation 1711 verpflichtete den Kaiser zu einer De-facto-Neutralitätspolitik, von der er nur mit Zustimmung der Reichsstände abgehen durfte: „Gegen die benachbarte Christliche Gewälte soll und will der Erwehlte Römische Kayser sich zur Zeit seiner Regierung friedlich halten, Ihnen allerseits zu Widerwertigkeit gegen das Reich keine Ursach geben, weniger das Reich in fremde Kriege impliziren, sondern sich aller Assistenz, daraus dem Reich Gefahr und Schaden entstehet, gänzlich enthalten, auch kein Gezänk, Fehde, Krieg oder Bündnis mit ihnen machen …“

[37]) Bspw. untersagte Art. XXV der Ständigen Wahlkapitulation 1711 dem Kaiser jeglichen Eingriff in die Personalentscheidungen, die der Kurfürst von Mainz als Erz-Kanzler bei der Besetzung der Beamten der Reichshofkanzlei vornahm.

[38]) Art. XV Ständige Wahlkapitulation 1711.

Stimmenkauf aufgewendet.[39] Rund 2/3 des Geldes stammte von den Fuggern, die so großen Einfluss auf die Politik des Kaisers erlangten.

Reichstag (RT): Im RT versammelten sich die Reichsstände zur Mitwirkung bei der Regierung und Gesetzgebung des Reiches.[40] Von den kaiserlichen Reservatsrechten abgesehen, besaß der RT eine unbeschränkte Kompetenz. Voraussetzung für Sitz und Stimme im RT bildete die Reichsstandschaft.[41] Die Reichsritter, obwohl reichsunmittelbar, erlangten diese nicht. Die Zahl der Herrschaften mit Reichsstandschaft sank von ca. 420 (1489) auf 274 (1792).[42] Die Reichsstände formten seit 1489 im RT drei Kollegien:

a) **Kurfürstenkollegium:** Es bestand aus anfangs 7, später 9 (1708) Kurfürsten.

b) **Reichsfürstenkollegium:** Ihm gehörten die reichsständischen Fürsten, Prälaten, Grafen und Herren an. Es gliederte sich in eine geistliche und eine weltliche Bank mit zusammen 100 Stimmen.[43] Der Erzherzog von Österreich und der Erzbischof von Salzburg saßen beide auf der geistlichen Bank und führten abwechselnd den Vorsitz im Fürstenrat.[44]

c) **Reichsstädtisches Kollegium:** Die Reichsstädte besaßen zunächst nur beratendes Stimmrecht, das erst 1648 (Art. VIII § 4 IPO) in ein beschließendes umgewandelt wurde. 1792 bestand dieses Kollegium aus insgesamt 51 Städten[45].

Die drei Kollegien tagten in getrennten Sitzungen und mussten so lange miteinander verhandeln, bis sie Übereinstimmung erzielten. Innerhalb eines Kollegiums galt jedoch Mehrstimmigkeitsprinzip.[46] Das Ergeb-

---

39) *Götz Frh. v. Pölnitz*, Jakob Fugger, 432.

40) *Conrad*, Rechtsgeschichte II, 88.

41) Der RT stellte daher kein Parlament im heutigen Sinn dar. Vielmehr war durch ihn die Entscheidungsmacht auf einige hundert Personen aufgeteilt, während das „Volk" vom politischen Geschehen vollkommen ausgeschlossen blieb.

42) *Gmür*, Rechtsgeschichte[5], 66; *Zeumer*, Quellensammlung II, 552; *Gerlich*, Art. „Reichsstände", HRG IV, 760.

43) Ursprünglich besaß jeder Reichsstand eine Stimme und es dominierten die geistlichen Stände. Mediatisierungen, Säkularisierungen sowie die Zusammenlegung mehrerer kleinerer Reichstände zu einer Stimme (Kuriatstimmen) verschoben das Verhältnis zu Gunsten der weltlichen Bank (1792: 63 weltliche Stimmen, 37 geistliche). Diese Stimmen teilten sich auf 235 Reichsstände auf. Neben den Virilstimmen (ganze Stimmen) gab es fünf Kuriatstimmen, zB verfügten 17 Äbte und 6 Äbtissinnen aus dem schwäbischen Raum zusammen über eine einzige Stimme.

44) Der österreichische (Erz-)Herzog war deshalb auf die geistliche Bank „ausgewichen", weil der Herzog von Bayern die Rangerhöhung zum „Erz-"Haus nicht anerkannt und den ersten Platz auf der weltlichen Bank nicht freigegeben hatte.

45) Von den heutigen österreichischen Städten gehörte mangels Reichsunmittelbarkeit keine einzige dem RT an. Unter den Reichsstädten befanden sich neben großen Städten wie Köln, Frankfurt, Hamburg, Regensburg, Augsburg und Nürnberg auch eine Reihe von Kleinstädten wie zB Zell am Hammersbach, Pfullendorf, Wimpfen, Bopfing und Buchau am Federsee.

46) Dieses komplizierte Prozedere bewirkte in kritischen Epochen immer wieder eine Lähmung des RT. 1685 warf Kaiser Leopold I. in einem Dekret dem RT vor, mit Zeremonienfragen und „Wort-Gezänke" die Reichsgeschafte zu blockieren und dem Ausland den Anlass zu geben „die Teutsche Nation, deren vor Alters berümte Consilia und Tapferkeit verächtlich zu verkleinern und zu verlachen." (NSRA IV, 154).

nis dieser Verhandlungen (das sog. Reichsgutachten, consultum imperii) bedurfte der Zustimmung (Sanktion) des Kaisers, um es zum „Reichsschluss" (Reichsbeschluss, conclusum imperii) zu erheben. Die Sanktion stand dem Kaiser frei (absolutes Veto). 1512 wurde ausdrücklich festgelegt, dass sowohl die überstimmten wie auch die abwesenden Reichsstände an die Reichsschlüsse gebunden wären.[47]

Itio in partes: Zu dem oben beschriebenen Verhandlungs- und Abstimmungsmodus schuf der Westfälische Friede bedeutsame Sonderbestimmungen für Religionssachen sowie den Fall, dass die Stände der Katholischen oder Augsburger Konfession zu getrennten Verhandlungen auseinandertraten (itio in partes). Dann entstanden quer über die drei Kollegien hinweg zwei neue Körper (Corpus Evangelicorum, Corpus Catholicorum). In diesem Fall war ein Überstimmen mit Mehrheit verfassungsrechtlich ausgeschlossen, vielmehr musste eine „freundliche Verständigung" (amicabilis compositio) gesucht werden.[48] Die Anwendung dieser Bestimmung blieb in der Folge nicht auf Religionssachen beschränkt, sondern wurde auch auf die Steuerbewilligung ausgedehnt.

Mehrheitsverhältnisse: Obwohl die protestantischen Stände eine größere Zahl von Untertanen unter ihrer Herrschaft hatten, waren sie im Kurfürstenkollegium (5:3) und im Fürstenkollegium (55:45) in der Minderheit. Einzig bei den Reichsstädten dominierten sie (33:13)[49] (Stand: Ende 18. Jh.).[50]

Reichsgesetzgebung: Der Vorgang des Zusammenwirkens von Kaiser und Reichsständen bei (Gesetzes-)Beschlüssen wurde bereits oben dargestellt.

Die Initiative konnte von beiden Seiten ausgehen. Bis zur Einrichtung des Immerwährenden RT (1663) wurden die Beschlüsse am Ende des RT in einem Reichsabschied (recessus Imperii) zusammengefasst. Eine amtliche Promulgation war nicht vorgesehen, vielmehr wurde die Verlautbarung den Reichsständen überlassen (zB durch „Ausrichten" an nicht anwesende Stände, Anschlag an die Kirchentüren, öffentliche Verlesung oder Versendung von Abschriften).[51] Der Einigungscharakter, der den Reichsschlüssen auch noch in der FNZ anhaftete, kam dadurch zum Ausdruck, dass bis 1654 die Reichsabschiede von allen anwesenden Reichsständen unterzeichnet wurden.

Grundsätzlich galt der Satz „Reichsrecht bricht Landesrecht". Wiederholt enthielten Beschlüsse jedoch einen Vorbehalt, dass die Landesobrigkeit das Recht habe, diese „Ordnung nach eines jeden Landesgelegenheit einzuziehen, zu verringern und zu mäßigen, aber keineswegs zu erhöhen oder zu mehren"[52]. Seit 1530 galten in den Ländern des Hauses Österreich Reichsgesetze nur dann, wenn ihnen der Landesfürst die Zustimmung erteilt hatte.[53]

Reichsverwaltung: Kurfürsten und Kaiser teilten sich den Einfluss auf die Reichsverwaltung. Die Kurfürsten hatten die Erzämter (vgl. oben Kap. 3.2.2.) inne, von denen das Amt des Reichserzkanzler*s* (Leiter der Reichshofkanzlei) das bedeutendste war und dem Erzbischof/Kurfürst von Mainz zustand.

Parallel dazu errichtete der Kaiser eine Reihe von Haus-Hofämtern[54], auf die die Einflussnahme der Reichsstände geringer war: Reichshofrat (gleichzeitig Gericht und Beratungsorgan des Kaisers in Regie-

---

[47]) RA 1512 1. Teil § 7, NSRA II, 137.

[48]) IPO Art. V § 52.

[49]) Fünf Städte galten als religiös gemischt.

[50]) *Conrad*, Rechtsgeschichte II, 96, 98, 100; Gmür, Rechtsgeschichte^{5}, 67.

[51]) Vgl. NSRA II, 24 (1495), NSRA II, 170 (1518).

[52]) RPO 1530 XXXIX. Tit., § 2.

[53]) *Hellbling*, Verfassungsgeschichte^{2}, 223; *Brauneder/Lachmayer*, Verfassungsgeschichte^{6}, 76.

[54]) Weitere Reichsämter: Obrist-Hofmeister, Obrist-Kämmerer, Obrist-Hofmarschall, Obrist-Stallmeister, Reichsbanner-Herren-Amt, Reichs-Obrist-Jägermeister, Reichs-General-Postmeister, Reichs-Erb-Türhüter, Hofpfalzgraf, Reichserbmarschall (vgl. *Conrad*, Rechtsgeschichte II, 78).

rungs- und Verwaltungsangelegenheiten), Geheimer Rat (Beratungsorgane für politische Angelegenheiten). 1500–1502 sowie 1521–1530 versuchten die Reichsstände durch die Bildung einer Art Regierung (Reichsregiment), bestehend aus 20 Vertretern der Reichsstände, die kaiserlichen Regierungsgeschäfte selbst in die Hand zu nehmen. Dieses Experiment scheiterte jedoch jeweils bereits nach wenigen Jahren am Desinteresse der Stände. Erst Anfang des 17. Jh. erfolgte die behördenmäßige Trennung der Verwaltung des Reiches von der der habsburgischen Erbländer. Von den Organen der Reichskreise (vgl. unten) abgesehen, existierten keine Reichsunterbehörden. Die Durchführung der Reichstagsbeschlüsse lag vielmehr in den Händen der Reichsstände.

(Oberste) Reichsgerichtsbarkeit: Das Verbot des Fehdewesens (Ewiger Landfriede 1495) erforderte den Aufbau eines funktionierenden Reichsjustizwesens. Die oberste Reichsgerichtsbarkeit wurde in die Hände von zwei Gerichten gelegt. Das **Reichskammergericht** (1495) stand stärker unter reichsständischem Einfluss. Die anfangs 16 Beisitzer wurden vom Kaiser gemeinsam mit den Reichsständen ausgewählt. Die eine Hälfte musste aus Juristen, die andere aus Rittern bestehen.[55] Von den Beisitzern wurde weiters verlangt, dass sie ihre Tätigkeit hauptberuflich ausübten. Während Gerichtsbarkeit im MA von Laien nebenberuflich ausgeübt wurde, signalisieren diese Anforderungen eine Entwicklung zur Professionalisierung und universitären Qualifizierung der in der Gerichtsbarkeit Tätigen. Das zweite oberste Reichsgericht stellte der Reichshofrat dar, dem der Kaiser selbst angehörte und der politisch unter seinem Einfluss stand. Zuständig war grundsätzlich jenes der beiden Gerichte, an dem die Rechtssache zuerst anhängig gemacht wurde. Beide fungierten sowohl als Berufungsinstanz (Appellationsinstanz) gegenüber den Gerichten der einzelnen Länder als auch als erste und gleichzeitig letzte Instanz (zB bei Klagen gegen Reichsunmittelbare oder bei Rechtsverweigerung). Grundsätzlich erstreckte sich der Amtsbereich über das ganze Reich. Allerdings waren verschiedene Territorien, wie zB Österreich, durch ein Exemtionsprivileg von der Reichsgerichtsbarkeit ausgenommen.

Reichskreise: Nach ersten Anläufen im Jahre 1500 wurde das Reich 1512 in insgesamt 10 Reichskreise aufgeteilt (österreichischer[56], burgundischer, kurrheinischer, obersächsischer, schwäbischer, fränkischer, bayerischer, oberrheinischer, niederrheinisch-westfälischer, niedersächsischer).[57] Der überwiegende Teil des heutigen Österreich lag im österreichischen Kreis.[58] Salzburg gehörte dem bayerischen, die Grafschaft Montfort (in Vorarlberg) dem schwäbischen Kreis an. Die Reichskreise waren sowohl nachgeordnete Einrichtungen des Reichs wie auch Selbstverwaltungskörper der Reichsstände dieses Gebiets. Als wichtigste Organe fungierten Kreistag, Kreishauptmann bzw. *Kreisoberst* sowie die *kreisausschreibenden Fürsten*. Den Reichskreisen oblag ua der Landfriedensschutz, die Reichsverteidigung, die Vollstreckung der Urteile des Reichskammergerichts sowie wirtschaftspolitische und polizeiliche Aufgaben. Der Einfluss des Kaisers auf die Reichskreise war noch geringer als auf Reichsebene (zB kein Ratifikationsrecht hinsichtlich der Kreistagsbeschlüsse).

---

[55]) Seit 1555 wurde auch von Letzteren verlangt, dass sie „der Rechten gelehrt und gerichtlicher Sachen geübt und erfahren, und die gerichtlichen Sachen zu referiren und den andern gleich tuglich und geschickt seyn“ müssen. (KGO I. Teil, III. Art. § 2).

[56]) *Mally*, Der österreichische Kreis in der Exekutionsordnung des Römisch-Deutschen Reiches.

[57]) Zu keinem Reichskreis gehörten Böhmen, Mähren, Lausitz, Schlesien, die Eidgenossenschaft sowie die Territiorien der Reichsritter.

[58]) Zu diesem gehörten Anfang des 16. Jh. der Erzherzog von Österreich, die Bischöfe von Trient, Brixen, Gurk, Seckau, Lavant, die Ritterorden (Balleien) in Österreich, an der Etsch und im Gebirge und die Grafen bzw. Herrn von Schaunburg, Wolkenstein, Losenstein, Rogendorff und Hardek (Reichsmatrikel 1521).

Länder – Territorialstaaten: Die Reichsstände herrschten in ihren Territorien als Landesherrn. Das steigende Eigenleben ihrer Herrschaft entwickelte sich in der FNZ zur **Landeshoheit** (ius territorii et superioritatis). Diese bildeten nicht mehr wie im MA bloß ein Bündel von verliehenen Hoheitsrechten, sondern man verstand ab dem 18. Jh. darin eine selbstständige, nicht mehr vom Kaiser abgeleitete Gewalt. Der Landesfürst war einem Regenten gleich, seine Macht fand ihre Beschränkung allerdings in der Reichsverfassung einerseits und den Rechten der Landstände andererseits.[59] Da der Landesfürst unter der Oberhoheit des Reiches stand, besaß er keine volle Souveränität.

Inhaltlich umfasste die Landeshoheit Gesetzgebung, Regalien, Maut-, Zollrecht, Religionshoheit (ius reformandi), das Recht, militärische Truppen aufzustellen (ius armorum), Krieg zu erklären und Frieden zu schließen, das Recht, untereinander sowie mit dem Ausland Bündnisse zu schließen (ius foederis), ausgen. Bündnisse gegen den Kaiser, das Reich oder dessen Landfrieden. Umgekehrt lasteten auf den Reichständen/Landesherrn die Pflicht zur Teilnahme an Reichskriegen (Truppenkontingente, finanzielle Beteiligung) und Aufgaben aus der Kreisverfassung. Die Untertanen des Territionialstaats unterstanden direkt nur dem Landesherrn, nicht jedoch dem Reich. Die Länder unterlagen der Steuerhoheit des Reichs und dessen Gerichtsbarkeit. Die Reichsgerichte fungierten als Berufungsinstanz gegenüber den Gerichten der Länder und überwachten die Einhaltung der „Landesverfassungen“. Einige Länder, zB Österreich, waren durch Privileg hievon ausgenommen.

Am Beginn der FNZ waren die Länder dualistisch organisiert (Landesfürst – Landstände). Im 17. und 18. Jh. gelang es den meisten Landesfürsten, die Mitwirkung der Stände an der Landesherrschaft/-hoheit weitgehend zu beschneiden. Die Landesfürsten errichteten in dieser Epoche auf Ebene der Territorialstaaten fnz. Staatswesen (vgl. Kap. 4.2.). Elemente dieses **Landesausbaus nach innen** bildeten die Neuordnung der Erbfolge im Sinne der Primogenitur, die Durchsetzung der Unteilbarkeit des Herrschaftskomplexes, die Zurückdrängung der Stände, die Erlangung der lf. Steuerhoheit sowie der Ausbau des Behörden- und Beamtenapparates.

Reichswehrverfassung: Im 15./16. Jh. vollzog sich endgültig der Übergang vom Feudal- zum Söldnerheer.[60] Die Heeresverfassung spiegelte die innere Zerrissenheit des Kaiserreichs wider. Es gab kein stehendes Reichsheer, vielmehr waren die Reichsstände verpflichtet, Truppenkontingente (meist bestehend aus geworbenen Söldnern) zu stellen. Diese Einheiten, dementsprechend unterschiedlich bewaffnet und ausgerüstet, standen unter dem Oberkommando des Kaisers oder eines von Kaiser und RT gemeinsam bestellten Reichsgeneralfeldmarschalls. Die Wormser Reichsmatrikel 1521 legte die Größe des Kontingents jedes einzelnen Reichsstandes fest.[61]

Nach seinem vorläufigen Sieg 1635 erzwang Kaiser Ferdinand II. im Frieden von Prag für kurze Zeit die Entwaffnung der Reichsstände und setzte die Aufstellung eines eigenen Reichsheeres durch. Im Westfälischen Frieden musste er jedoch die Rückkehr zum alten System zulassen. Die **Reichsdefensionalordnung** 1681 übertrug Aufstellung und Unterbringung des Heeres den Reichskreisen, die die Aufteilung auf die

---

[59]) Vgl. *Moser*, Von der Landeshoheit derer Teutschen Reichsstände überhaupt, 9.

[60]) Zur Struktur dieses Heeres vgl. *Möller*, Das Regiment der Landsknechte.

[61]) Insgesamt umfasste die Streitmacht 4.000 Reiter und 20.000 Fußknechte (Simplum, das bei Bedarf vermehrfacht werden konnte). Der auf das Gebiet des heutigen Österreichs (einschließlich Südtirol) entfallende Anteil betrug 274 bzw. 1340 Soldaten. Den Hauptanteil stellten der Erzherzog von Österreich (120 bzw. 600) und der Erzbischof von Salzburg (60 bzw 277). Der Rest entfiel auf Bischöfe, Ritterorden (sog. Balleien), Grafen und Herren, die 1521 noch als reichsunmittelbar galten. Die Reichsdefensionalordnung 1681 erhöhte das Simplum auf 12.000 Reiter und 28.000 Fußknechte.

ihnen zugehörigen Reichsstände neu regeln sollten. Auch nach dieser Heeresreform gab es kein stehendes Reichsheer, vielmehr hielten nur die größeren Reichsstände jeder für sich ein stehendes Heer.[62]

Finanzverfassung: Die laufenden Verwaltungsausgaben des Reiches waren wegen des geringen Umfanges der Reichsorgane bzw. -kompetenzen gering. Für damalige Verhältnisse ungeheure Summen verschlangen jedoch die Kriege gegen die Türken und Franzosen sowie das steigende Repräsentationsbedürfnis. Zur Deckung dieser Ausgaben reichten die Einnahmen der Kaiser bei weitem nicht aus, sodass sie in der FNZ fortwährend bei den großen Bank- und Handelshäusern (zB Welser, Fugger) verschuldet waren. Die Einnahmen aus den Reichsgütern und Regalien hatten sich im Laufe des SpMA durch Vergabungen und Verpfändungen stark verringert. In beschränktem Umfang gingen neue Einkünfte durch die Fiskalisierung des Hofes ein, indem im Zuge der fortschreitenden Verrechtlichung der Verwaltung für die einzelnen Verwaltungsakte Gebühren verlangt wurden. Daneben musste der Kaiser weiterhin auf die Erträge aus seinem Hausmachtsbesitz greifen. Schließlich flossen dem Kaiser die Einnahmen einiger weniger Reichssteuern zu.

Die einzige regelmäßig eingehobene Reichssteuer war der **Kammerzieler**, der für die Finanzierung der Kosten des Reichskammergerichts zweckgebunden war. Der Versuch, 1495 einen „gemeinen Pfennig" (eine kombinierte Kopf-, Vermögens-, Einkommens- und Personalsteuer) für alle Reichsangehörigen einzuführen, der der Finanzierung des Reichsheerwesens dienen sollte, musste bald als gescheitert aufgegeben werden. Statt dessen kehrte man 1521 zum System des Matrikularbeitrags, also einem fixen Aufteilungsschlüssel zwischen den Reichsständen, zurück. Diese Beiträge bedurften jeweils im Vorhinein der Bewilligung durch die Reichsstände. Diese waren berechtigt, die Steuer auf ihre Untertanen überzuwälzen. Dies enthielt in mehrfacher Weise politischen Sprengstoff und war die Ursache für wiederholte Unruhen und Aufstände. Zum einen lasteten diese Abgaben regelmäßig nur auf den Bauern und Bürgern, während sich die Adeligen und Geistlichen ihnen entzogen. Zum anderen leisteten die Bauern ihre Abgabe an den Grundherrn ohnehin bereits unter dem Titel „Schutz und Schirm", mussten also zweimal dafür bezahlen. Schließlich sollte mit dieser Kriegssteuer das Söldnerheer finanziert werden, das an die Stelle des alten Lehensheeres getreten war. Gerade aus der Kriegdienstpflicht als Vasallen – die nunmehr verschwand – hatten die Adeligen im MA jedoch ihre gesellschaftliche Bevorrechtung gezogen.

Wegen des reichsständischen Steuerbewilligungsrechts konnte der Kaiser Reichssteuern nur bedingt zur Sanierung seines Finanzhaushaltes heranziehen. Die Einnahmen unterlagen darüber hinaus einer strengen Zweckbindung und blieben regelmäßig hinter den Erwartungen zurück. Ein wesentlicher Grund hiefür lag in dem Umstand, dass, von einer zentralen Reichs-Steuerbehörde abgesehen, die im Jahre 1599 rund 30 Personen umfasste, der Kaiser mangels eigener Behörden die Steuereintreibung den Reichsständen überlassen musste. Auf diese Weise gelangten bspw. 1713 nur 1/5 der Matrikularbeiträge in die Reichskassa.

4.3.3. Reformation und Gegenreformation

Die im 15. Jh. auf mehreren Konzilen eingeleiteten Reformversuche der Kirche hatten keinen nachhaltigen Erfolg gezeitigt. Der päpstlicher Zentralismus, die fortgesetzte Pfründewirtschaft und Prunkentfaltung der in höheren Rängen vorwiegend von Adeligen getragenen Kirche führten neben der spirituellen auch zu einer finanziellen Krise der Kirche,

---

[62]) Waren die Reichsstände aufgerufen, ein Kontingent zu stellen, dann schickten sie meistens nicht diese gut ausgebildeten, sondern frisch angeworbene Truppen. Ganz allgemein schien es attraktiver, in den Kriegsdienst eines ausländischen Herrschers zu treten, als im Reichsheer gegen die Türken zu kämpfen. Bspw. mahnte ein RA 1594 (NSRA III, 422), dass die „Fürstliche, Gräfliche und andere Jugend, die sonst frembden Kriegen nachziehen, vor allen Dingen gegen den Erbfeind streiten, und mit Darstreckung ihres eigenen Kostens und Auffwendung, Ruhm, Ehr und Lob dem geliebten Vatterland, und ihnen zum besten zu erlangen, sich befleissen sollen."

der man mit der Ausweitung des Ablasshandels zu begegnen suchte.[63] Die im SpMA gewaltsam aufrechterhaltene Einheit der Kirche zerbrach endgültig im 16. Jh.

Seine Opposition gegen den kirchlichen Ablasshandel führte **Martin Luther** (1483–1586) in immer schärferen Gegensatz zur päpstlichen Lehre. Er predigte eine Rückkehr zu den wahren christlichen Werten und anerkannte nur die Autorität der Hl. Schrift (zB nur die dort genannten zwei Sakramente Taufe und Kommunion). Im Gegensatz zur katholischen Unterteilung in Kleriker und Laien vertrat Luther das allgemeine Priestertum der Gläubigen und forderte die Abhaltung des Gottesdienstes in der Sprache des Volkes. Zu diesem Zweck übersetzte er als Erster die Bibel ins Deutsche. Er lehnte die Vorrangstellung des Papstes ab, an der Spitze der lutherischen Kirche sollte der Landesfürst stehen. Die Lehren Luthers wurden 1530 vom **Philipp Melanchton** in einem religiösen Bekenntnis (Confessio Augustina) zusammengefasst und fanden Verbreitung in Deutschland und in Nordeuropa. In Zürich entstand durch **Ulrich Zwingli** (1484–1531) eine weitere religiöse Strömung. Sie bestritt die Realpräsenz Christi beim Letzten Abendmahl, lehnte die Heiligenverehrung ab und forderte die Rückkehr zur Autorität des Neuen Testaments. Verworfen wurde alles, was sich nicht auf die Bibel zurückführen ließ (zB Zölibat, Mess- und Fastenordnung). Beeinflusst von Zwingli entwarf **Johann Calvin** (1509–1564) eine Religionslehre, die von der Vorherbestimmtheit (Prädestination) ausging, da der Mensch nur durch die Hilfe der allein gerechtmachenden Gnade Gottes das Ewige Heil erlangen könne. Erfolg im Leben kennzeichne die Auserwählten bereits im Diesseits. Seine Lehre fand in Frankreich (Hugenotten) und Großbritannien (Puritaner) Zuspruch. Die Anhänger Calvins und Zwinglis wurden zeitgenössisch mit dem Begriff „Reformierte" (später: Helvetisches Bekenntnis) umschrieben. **Thomas Münzer** (1490–1525) legte die Bibel als Programm zu einer radikalen gesellschaftlichen Umgestaltung aus (Verwirklichung des Reich Gottes auf Erden) und bekämpfte jene Theologen, die die Interessen der Herrschenden und Besitzenden verteidigten. Konsequenterweise stellte er sich an die Spitze des Bauernaufstandes von 1525. Die von Münzer beeinflusste Bewegung der **(Wieder-)Täufer** predigte die Rückkehr zum Modell der urchristlichen Gemeinde. Ihren Namen erhielten sie durch die Ablehnung der Kindestaufe und die Forderung der Glaubens- bzw. Erwachsenentaufe. Religiös-kommunistische Glaubenselemente sowie die Verweigerung des Untertaneneides machten die Täufer in den Augen der Herrschenden besonders gefährlich.[64]

Diese Strömungen begannen zunächst als religiöse Bewegungen. Ihre Sprengkraft basierte auf der Infragestellung des Machtfundaments der römisch-päpstlichen Kirchenhierarchie. Sie lehnten das kirchliche Lehrgebäude ab und forderten statt dessen die Rückkehr zur Hl. Schrift. Auswirkungen auf das staatlich-politische Gefüge konnten auf Grund der nach wie vor bestehenden engen Verbindung von Staat und Kirche nicht ausbleiben. ZB ging es im Bauernkrieg 1525 neben ökonomischen und politischen Fragen auch um religiöse Anliegen.[65] Die Glaubensspaltung führte im Heiligen Römischen Reich zur Bil-

[63]) Der Ablasshandel funktionierte folgendermaßen: Um vollkommene Sündenvergabe zu erlangen, sollte der Gläubige nach Rom pilgern und in jeder der sieben Kathedralkirchen eine bestimmte Anzahl von Gebeten verrichten. Wem diese Romreise nicht möglich war, der konnte für einen nach Ständen abgestuften Geldbetrag von den durch das Land reisenden kirchlichen Ablasskommissären einen Ablassbrief kaufen und damit entweder für sich die Sündenvergebung erreichen oder einen Verstorbenen aus dem Fegefeuer befreien. Ein zeitgenössischer Vers lautete: „Wenn der Batzen im Beutel klingt, eine Seele aus dem Fegefeuer springt."

[64]) Aufgrund ihres politischen Programms wurden die Wiedertäufer besonders grausam verfolgt. Wer eine Bekehrung verweigerte, dem drohte die Enthauptung oder der Scheiterhaufen (§ 6 RA 1529, NSRA II, 294).

[65]) Die Kirche hatte im MA den Laien das Lesen der Bibel überhaupt verboten. Im Bündnis mit den Herrschenden vermittelte sie den Bauern jahrhundertelang die Hl. Schrift in einer Weise, die sie zu demütiger Hinnahme der Ausbeutung und Unterdrückung anhalten sollte. Nicht zu Unrecht hegten die Bauern, die den lateinischen Bibeltext und die lateinischen Messe schon auf Grund der Sprachbarriere nicht verstehen konn-

dung von **zwei Religionsparteien**, die sich später sogar zu politisch-militärischen Bündnissen (prot.: Union, kath.: Liga) verfestigten. Die katholische Religionspartei bestand aus Kaiser, Papst und katholischen Reichsständen (zB Bayern, oberdeutsche Bischöfe). Sie wurden zum Träger der sog. Gegenreformation.[66] Darunter verstand man neben einer inneren Reform der Katholischen Kirche (zB Konzil von Trient 1545–1563) den Versuch, mit staatlicher Hilfe verloren gegangene Gebiete gewaltsam zu rekatholisieren. Die evangelische Religionspartei (protestantischen Reichsstände) organisierten sich 1531 im Schmalkaldischen Bund. Sie versuchte, die lutherische Lehre gegen Kaiser und Papst durchzusetzen und fand später außenpolitischen Rückhalt beim schwedischen König.

Die religiös-politische Auseinandersetzung vollzog sich in mehreren Etappen:

1521 verhängte der Reichstag über Martin Luther die Reichsacht. Seine Bücher wurden verboten[67], seine Anhänger sollten niedergeworfen und ihre Güter konfisziert werden **(Wormser Edikt).** Dieses wurde in der Praxis kaum beachtet und unter dem Eindruck der gerade glimpflich überstandenen Bauernerhebung beschloss der RT zu Speyer (1526) den Kompromiss, ein nationales Konzil einzuberufen und die Anwendung des Wormser Edikts der Entscheidung der Landesfürsten zu überlassen. Gegen die Rücknahme dieser Einigung auf dem 2. RT zu Speyer (1529) protestierten die evangelischen Reichsstände (daher der Name „Protestanten").

Nachdem die Gegensätze der beiden Parteien zum Schmalkaldischen Krieg (1546/47) eskaliert waren, brachte der **Augsburger Religionsfriede 1555** eine vorläufige Beilegung der Religionskämpfe. Leitgedanke war die Herstellung der Religionseinheit auf Länderebene, indem der Landesfürst nach den Grundsatz **„cuius regio, eius religio" (ius reformandi)** die Religion seiner Untertanen bestimmte. Zur Wahl standen der katholische Glaube bzw. das Augsburger Bekenntnis. Die Glaubens-/Gewissensfreiheit des Einzelnen fand nur soweit Berücksichtigung, dass Anhänger eines abweichenden Religionsbekenntnisses das Recht zur Auswanderung unter Verkauf von Hab und Gut **(benificium emigrationis)** besaßen.[68] Das Gewaltverbot des Ewigen Landfriedens wurde ausdrücklich auch auf Religionsangelegenheiten ausgedehnt.

---

ten, den Verdacht, dass sie um den wahren Inhalt der Schrift betrogen würden. Es bildete daher ein zentrales Anliegen der Bauern, den Text der Bibel in einer verständlichen Sprache zu erfahren. Bspw. forderten die „Zwölf Artikel der Bauern", ein weitverbreitetes Bauernprogramm aus 1525, die Wahl des Pfarrers durch die bäuerliche Gemeinde und dass dieser „Pfarrer ... uns das heilige Evangelium lauter und klar predigen, ohne allen menschlichen Zusatz, Lehre oder Gebot, nichts als den wahren Glauben uns stets verkündigen" soll.

[66]) „Gegenreformation" stellt einen von *Leopold Ranke* geprägten politischen Kampfbegriff der protestantischen Seite dar. Die katholische Geschichtsforschung bezeichnet diese Zeit als Epoche der „katholischen Reform".

[67]) Wormser Edikt: „Dann wie die allerpeste speis, so mit ainem clainen tropfen gifts vermischet, von allen menschen gescheuhet, sovil mer sollen soliche schriften und bücher, in den so manig der seelen gift und verdambnus eingefürt sein, von uns allen nit allein vermitten, sonder auch die von aller menschen gedechtnus abgethan und verdilgt werden, damit si niemands schaden oder ewiglich tödten ..." zit. nach Dickmann (Hg.), Renaissance, 127.

[68]) Für geistliche Territorien galt die Sonderbestimmung des **„geistlichen Vorbehalts"**, dh die Nichtanwendung des ius reformandi. Trat ein katholischer Geistlicher zum evangelischen Bekenntnis über, so verlor er

Die gegenreformatorisch-absolutistische Politik Kaiser Ferdinands und das Bestreben der böhmischen Stände, den protestantischen Einfluss auszubauen, bildeten den Auftakt zum 30-jährigen Krieg (vgl. Kap. 4.1.1.). An dessen Ende bestätigte der **Westfälische Friede 1648** im Wesentlichen die Bestimmungen des Augsburger Religionsfriedens:

Das **ius reformandi** des Landesfürsten wurde auch auf das Helvetische Bekenntnis erweitert und durch eine **beschränkte Glaubensfreiheit** gewährt: Festgelegt wurde ein bestimmter Zeitpunkt (sog. *Normaljahr*, 1. Jänner 1624), der als Stichtag für die Festschreibung des Religionsbekenntnisses und des Besitzstandes hinsichtlich der geistlichen Güter galt. Untertanen, die bis 1624 das Recht zur Ausübung einer vom vorgeschriebenen Bekenntnis abweichenden Überzeugung besessen hatten, sollten dieses Recht auch künftig behalten. Alle Übrigen, die eine andere Religion annehmen wollten als der Landesfürst, sollten „nachsichtig geduldet und nicht gehindert werden …, sich mit freiem Gewissen zu Hause ihrer Andacht ohne Nachforschung oder Beunruhigung privat zu widmen." Ihre privatrechtliche oder berufliche Diskriminierung wurde untersagt (IPO V §§ 34 ff, *nicht angewandt in den Ländern der Habsburger!* vgl. Kap. 4.4.3.). Dem Landesfürst stand die Duldung eines abweichenden Religionsbekenntnisses offen. Die Einführung der **Parität** (Verpflichtung, in die obersten Reichsorgane auch Vertreter des Augsburger Bekenntnisses aufzunehmen) und der Ausschluss der Majorisierung im Reichstag (itio in partes) institutionalisierten die Machtteilung zwischen den Konfessionen auf Reichsebene.

Die Kompromisse von 1555 bzw. 1648 bedeuteten einen Verzicht auf eine einheitliche Religion auf Reichsebene. Die Religionshoheit (Religionsbann) ging auf die Reichsstände (Landesfürsten) über. Der Glaubenskonflikt führte im 16. und 17. Jh. in beiden Lagern zu einer Stärkung der lf. Gewalt. Die lf. Religionshoheit wirkte in den einzelnen Territorialstaaten als Instrument zur Durchsetzung der absolutistischen Staatskonzeption und zur Schwächung der Landstände. Weiters förderte sie über den Weg der Schutzherrschaft den Ausbau des Einflusses des Landesfürsten auf die Kirche und die Errichtung von drei Staatskirchen. Ein Wahlrecht zwischen den drei Konfessionen besaßen nur die Reichsstände (einschl. der Bürger der reichsunmittelbaren Städte) und die Reichsritter. Die übrigen Untertanen waren vor Zwangsbekehrungen nur durch die Bestimmung des Normaljahres bzw. das Recht zur Auswanderung geschützt. Das Gewaltverbot verwies Auseinandersetzungen in Religionsfragen auf den Rechtsweg **(Justizialisierung des Glaubenskonflikts)**.[69] Dies bedeutete einen historischen Wendepunkt. Im Gegensatz zu den Ketzerverfolgungen früherer Zeiten wurden mit der Zulassung der beiden neuen Bekenntnisse erstmals „Häretiker" unter den Schutz des Reichsrechts gestellt. Damit erfolgte ein erster Schritt in Richtung religiös neutralem Staat.

4.4. Die habsburgischen Erbländer in der Frühneuzeit

Lit.: *Adler*, Die Organisation der Centralverwaltung unter Kaiser Maximilian I.; *Bachmann*, Lehrbuch der österreichischen Reichsgeschichte, 234; *Baltl/Kocher*, Österreichische Rechtsgeschichte⁹, 130; *Barton*, Evangelisch in Österreich, 19; *Bidermann*, Geschichte der österreichischen Gesammt-Staats-Idee 1526–1804; *Brauneder*, Österreichische Verfassungsgeschichte⁷, 58; *Bruckmüller*, Sozialgeschichte Österreichs, 215; *Brunner*, Städtische Selbstregierung und neuzeitlicher Verwaltungsstaat in Österreich, ÖZöR NF 6/1954; *Dopsch/Spatzenegger* (Hg.), Geschichte Salzburgs II/2, 11; *d'Elvert*, Zur österreichischen Finanz-Geschichte, mit besonderer Rücksicht auf die böhmischen Länder; *Eder*, Die Kirche im Zeitalter des konfessionellen Absolutismus 1555–1648, 1; *Eder*, Studien zur Reformationsgeschichte Oberösterreichs; *Feigl*, Rechtsentwicklung und Gerichtswesen Oberösterreichs im Spiegel der Weißtümer; *Fellner/Kretschmayr*, Die österreichische Zentralverwaltung; *Fellner*, Über einen Widerspruch zwischen dem „Pactum mutuae successionis" von 1703 und der pragmatischen Sanction von 1713, in: Festgaben zur Ehren von Max Büdinger, 365; *Floßmann*, Landrechte als Verfassung, 1; *Gampl*, Staat – Kirche – Individuum in der Rechtsgeschichte Österreichs zwischen Reformation und Revolution, 1; *Grüll*, Bauer, Herr und Landesfürst. Sozial-

sowohl sein Kirchenamt wie auch seine weltliche Herrschaft. Damit schloss diese Bestimmung die Reformation von vorneherein von einem beträchtlichen Teil des Reiches aus.

[69]) *Rabe*, Reich und Glaubenspaltung, 299.

revolutionäre Bestrebungen der oberösterreichischen Bauern von 1650–1848; *Hassinger*, Ständische Vertretungen in den althabsburgischen Ländern und in Salzburg, in: *Gerhard* (Hg.), Ständische Vertretungen in Europa im 17. und 18. Jh., 247; *Hellbling*, Österreichische Verfassungs- und Verwaltungsgeschichte², 210; *Hintze*, Der österreichische und der preußische Beamtenstaat im 17. und 18. Jh., in: *Hintze*, Staat und Verfassung², hg. v. *Oestreich*/*Hartung*, 321; *Hoke*, Rechtsgeschichte, 195; *Huber*, Geschichte der österreichischen Verwaltungs-Organisation bis zum Ausgang des 18. Jh.; *Huber*/*Dopsch*, Österreichische Reichsgeschichte², 146; *Kann*, Geschichte des Habsburgerreiches, 31; *Loserth*/*Mensi*, Die Prager Ländertagung 1541/42. Verfassungs- und finanzgeschichtliche Studien zur österreichischen Gesamtstaatsidee; *Luschin*, Österreichische Reichsgeschichte, 259; *Mally*, Der österreichische Kreis in der Exekutionsordnung des Römisch-Deutschen Reiches; *Mecenseffy*, Geschichte des Protestantismus in Österreich, 1; *Mensi*, Die Finanzen Österreichs von 1701–1740; *Pazout*/*Tupez*, Österreich im Reformationszeitalter; *Pototschnig*/*Putzer*/*Rinnerthaler* (Hg.), Vom Glaubenszwang zur Religionsfreiheit; *Pribram*, Die niederösterreichischen Stände und die Krone in der Zeit Kaiser Leopold I., MIÖG XIV, 589; *Putschögl*, Die landständische Behördenorganisation in Österreich ob der Enns vom Anfang des 16. bis zur Mitte des 18. Jh.; *Redlich*, Das Werden einer Großmacht. Österreich 1700–1740; *Schulze*, Landesdefension und Staatsbildung; *Seidler*, Studien zur Geschichte und Dogmatik des österreichischen Staatsrechtes, 32; *Stolz*, Grundriß der österreichischen Verfassungs- und Verwaltungsgeschichte, 37; *Strnadt*, Materialien zur Geschichte der Entwicklung der Gerichtsverfassung und des Verfahrens in den Alten Vierteln des Landes ob der Ens bis zum Untergange der Patrimonialgerichtsbarkeit, in: AÖG XCVII, 188; *Sturmberger*, Adam Graf Herberstorff. Herrschaft und Freiheit im konfessionellen Zeitalter; *Sturmberger*, Aufstand in Böhmen; *Sturmberger*, Dualistischer Ständestaat und werdender Absolutismus, in: Die Entwicklung der Verfassung Österreichs, hg. vom *Inst. f. Österreichkunde*, 24; *Sturmberger*, Kaiser Ferdinand II. und das Problem des Absolutismus; *Sturmberger*, Vom Weißen Berg zur Pragmatischen Sanktion. Der Staat Österreich von 1620–1740, ÖGL 1961, 227; *Tezner*, Das ständisch-monarchische Staatsrecht und die österreichische Gesamt- oder Länderstaatsidee, GrünhutsZ XXXXII, 1; *Tezner*, Die landesfürstliche Verwaltungsrechtspflege in Österreich vom Ausgang des 15. bis zum Ausgang des 18. Jh.; *Tezner*, Technik und Geist des ständisch-monarchischen Staatsrechts; *Thiel*, Die innerösterreichische Zentralverwaltung 1664–1749; *Turba*, Die Pragmatische Sanktion; *Turba*, Geschichte des Thronfolgerechtes, 153; *Turba*, Die Grundlagen der Pragmatischen Sanktion; *Walter*, Österreichische Verfassungs- und Verwaltungsgeschichte von 1500–1955, 21; *Wodka*, Kirche in Österreich, 195; *Zöllner*, Geschichte Österreichs⁷, 187.

4.4.1. Die Durchsetzung des landesfürstlichen Absolutismus

Die „Verfassungs"-Änderungen in der FNZ lassen sich durch einen kurzen Blick auf den politischen Hintergrund besser verstehen. Am Beginn der Neuzeit standen sich die antagonistischen Kräfte Landesfürst – Landstände gegenüber.

Im 16. Jh. nahm die Mehrzahl der Mitglieder der **Landstände** den protestantischen Glauben an. Sie waren dem tradierten Recht verbunden und verstanden die Wahl des Religionsbekenntnisses als Gewissensfrage bzw. Teil der Landesverfassung, bei der sie Mitspracherechte besaßen. Die Stände deuteten das Verhältnis zum Landesfürsten als wechselseitigen Vertrag, an den sie nur solange gebunden wären, als auch der Landesfürst seine Verpflichtungen einhielte. Gemäß der ma. Tradition und monarchomachischen Ideen[70] be-

[70]) Der Begriff stammt aus dem französischen Rechtsraum. Er beschreibt eine publizistische Strömung, die der absolutistischen Ideologie die unveräußerlichen Herrschaftsrechte des Volkes (= der gehobenen Stände) entgegenstellte und ein Recht, ja sogar eine Pflicht zum Widerstand behauptete, wenn der Monarch die althergebrachte Ordnung zu stören versuche. Als Träger des Widerstandsrechts wurden von den meisten Autoren die Stände als Ganzes, seltener der Einzelne bzw. fast nie der einfache Untertan, angesehen. Vgl. *Win-*

haupteten sie ein Recht zum Widerstand, das die Absetzung des Landesfürsten einschloss. Durch Zusammenschlüsse und Bündnisse (Konföderationen) versuchten sie länderübergreifend Front gegen den Landesfürsten zu machen.[71]

Die Landstände standen im 16. Jh. auf dem Höhepunkt der Macht und besaßen vielfältige Möglichkeiten zur politischen Mitwirkung. Gestützt auf ihre eigene Grundherrschaft nahmen sie im Landtag Anteil an der Landesherrschaft. Neben der Mitwirkung an der Gesetzgebung bedeuteten vor allem das Steuerbewilligungsrecht und ihre Zustimmung zu Truppenaushebungen politischen Einfluss. Darüber hinaus verfügten sie im Landesaufgebot über eigene militärische Truppen und betrieben durch die Zusammenarbeit mit den Landständen anderer Länder eine eigene Außenpolitik. Auf die Bestellung der Landesorgane (Personalpolitik) durch den Landesfürsten übten sie durch Vorschlags- bzw. Zustimmungsrechte weitgehenden Einfluss. Auf unterer und mittlerer Ebene lag die Landesverwaltung weitgehend in den Händen landständischer Behörden. Da das Verhältnis zum jeweiligen Herrscher personal gesehen wurde, glaubten sich die Stände nach dessen Tod nicht mehr gebunden. Sie betrachteten aus diesem Grund die lf. Behörden mit Ableben des Landesfürsten für aufgelöst und nahmen während des Interregnums selbst die Regierung in die Hände.

Die habsburgischen **Landesfürsten**, von der in Spanien bereits weit fortgeschrittenen Entwicklung zum Absolutismus beeinflusst, versuchten die lf. Macht auszubauen. Sie gingen von der Existenz einer lf. Landeshoheit aus und nahmen ein ius eminens in Anspruch. Diese Oberherrschaft lasse die übrigen Herrschaften im Lande nur aufgrund entziehbarer Privilegien zu. Unbotmäßigkeit führe zum Verfall auch althergebrachter landständischer Rechte (Verwirkungsthese). Vorbild war das Modell des Fürstenstaates. Die habsburgischen Bemühungen, den aus einem inhomogenen Herrschaftsagglomerat bestehenden Länderkomplex unter eine einheitliche landesfürstliche Zentralverwaltung zu stellen, bildeten die erste Etappe auf dem Weg zur Errichtung eines Staatsganzen (totum). Streng katholisch und von ihrer göttlichen Sendung überzeugt, verstanden die Habsburger ihre Aufgabe als advocatus ecclesiae in der Pflicht zur Ausrottung der Ketzerei (dh aller nichtkatholischen Konfessionen).

Versuche der Habsburger, im frühen 16. Jh. den landständischen Einfluss zurückzudrängen, blieben zunächst erfolglos. Wegen des engen Zusammenhangs zwischen Religion und Politik musste die Religionfrage schließlich zum zentralen Streitpunkt und zum Instrument der Politik werden: Der siegreiche Katholizismus diente nach 1620 als wirksames Mittel zur Ausbildung des Fürstenstaates und als Hebel, den Ständen politisch das Rückgrat zu brechen.[72]

Unter Ausnützung der Türkengefahr (Finanznot des Landesfürsten) und der Auseinandersetzungen zwischen den verschiedenen Linien der österreichischen Habsburger („Bruderzwist im Hause Habsburg“) erreichten die Stände in der 2. Hälfte des 16. Jh. die Glaubensfreiheit (vgl. Kap. 4.3.3.). Eine Wende brachte schließlich die Regentschaft von Kaiser Ferdinand II. (Kaiser von 1619–1637), der schon zuvor in der Steiermark die Gegenreformation durchgesetzt und die Stände entmachtet hatte. Auslegungsstreitigkeiten in

ters, Art. „Monarchomachen“, HRG III, 630; *Wolzendorf*, Staatsrecht und Naturrecht in der Lehre vom Widerstandsrecht des Volkes, 95.

[71]) Diese Konföderationen enthielten Ansätze zur Zusammenfassung der einzelnen Länder in einem gemeinsamen (Gesamt-)Staatswesen und nahmen ständisch geführte Staaten (Schweizer Eidgenossenschaft, niederländische Generalstaaten) zum Vorbild.

[72]) *Sturmberger*, Kaiser Ferdinand II., 16.

religiösen Fragen führten im Mai 1618 in Prag zu offenem Aufruhr, in Zuge dessen die böhmischen Landstände den königlichen Statthalter aus dem Fenster warfen (2. Prager Fenstersturz). Unter Berufung auf ihr Widerstandsrecht übernahmen die böhmischen Landstände in der Folge die Regierungsgewalt, stellten eigene Truppen auf und erklärten im Jahr 1619 Ferdinand in seiner Funktion als böhmischer König für abgesetzt. An seine Stelle wählten sie den pfälzischen Kurfürsten Friedrich V. Im Juli 1619 schlossen sich die böhmischen Länder zu einer Konföderation zusammen (Confoederatio bohemica), die bundesstaatlich organisiert war und die Landstände als Träger der Staatsgewalt sah. Dieser schlossen sich im August 1619 die Landstände Österreichs ob und unter der Enns an.[73] Gestützt auf formalrechtliche Einwände hatten diese Ferdinand die Huldigung verweigert und das Linzer Schloss besetzt.[74] Während der Kaiser Spanien, den Papst und den Herzog von Bayern als Bündnispartner gewinnen konnte, bemühten sich die böhmisch-österreichischen Stände vergeblich um die Unterstützung der protestantischen Länder. Die Entscheidung fiel schließlich in der Schlacht am Weißen Berg 1620, bei der das ständische Heer vernichtend geschlagen wurde. Die Führer des Aufstandes wurden hingerichtet, ihre Güter konfisziert und an den Habsburgern treu ergebene Katholiken vergeben. Die Aufhebung der Religionsfreiheit zwang alle Andersgläubigen zur Emigration.

Gestützt auf die Verwirkungsthese erließ Ferdinand II. für Böhmen anstelle der bisherigen ständischen Freiheiten und Privilegien die **Verneuerte Landesordnung** (1627), die den Geist des Absolutismus atmete: Errichtung einer Erbmonarchie der Habsburger (anstelle der Wahlmonarchie), alleiniges Gesetzgebungsrecht des Königs, Personalhoheit des Königs hinsichtlich der Beamten der Landesverwaltung, Recht des Königs zur Inkolatsverleihung.[75] Die böhmischen Stände blieben zwar als Organisationen bestehen, büßten jedoch mit Ausnahme des Steuerbewilligungsrechts fast allen politischen Einfluss ein.

Die **Länder Österreich ob und unter der Enns** erhielten zwar keine neuen Landesordnungen, durch den Entzug von Privilegien wurden aber auch hier die Rechte der Landstände beschnitten:[76] Verlust des Selbstversammlungsrechts der Stände, Verbot, Bündnisse zu schließen (eine eigene Außenpolitik zu betreiben) sowie eine ständische Regierung während eines Interregnums aufzurichten. Viel tief greifender wirkten jedoch in allen Ländern Veränderungen in der **sozialen Zusammensetzung** der Landstände. Die Güter der an der Rebellion Beteiligten sowie der angesichts der Zwangskatholisierung Emigrierten[77] kamen in die Hände von landfremden Geschlechtern, nobilitierten Beamten oder Günstlingen des Landesfürsten. An die Stelle des mächtigen Landadels traten nun treue katholische Anhänger der Habsburger, die sich zu einem Hofadel formierten und immer weniger gemein hatten mit den selbstbewussten Landständen des 16. Jh.

---

[73]) 15. 8. 1619, abgedr. in: Documenta bohemica bellum tricennale illustrantia II, Nr. 436.

[74]) Im obderennsischen Bündnisvertrag wurde ausdrücklich das landständische Widerstandsrecht für den Fall festgelegt, dass der Landesfürst etwas gegen die Evangelische Religion oder die ständischen Freiheiten unternehme (*Sturmberger*, Aufstand in Böhmen, 51).

[75]) In den meisten Ländern hatten die Stände durchgesetzt, dass die Ratsstellen nur mit einheimischen Räten bzw. mit Fremden, die ein besonderes Recht (Inkolat bzw. Indigenat) besaßen, besetzt werden durften. Durch das Recht der Inkolatsverleihung erlangte der König die Möglichkeit, die Beschränkung auf Landständige zu unterlaufen. Grundsätzlich war der Landesfürst bestrebt, die wichtigsten politischen Ämter mit Landesfremden (zB Spaniern) zu besetzen, die nicht in einem Loyalitätskonflikt zum Landadel standen Vgl. *Luschin*, Art. „Inkolat“, in: StWb II², 886.

[76]) Vgl. *Floßmann*, Landrechte, 185; *Putschögl*, Behördenorganisation, 55.

[77]) Allein aus Kärnten, Steiermark und Krain mussten nach 1628 rund 800 Adelige auswandern, vgl. *Luschin*, Art. „Landstände“, in: StWb III², 375.

Mit der militärischen Entscheidung von 1620 hatten die Habsburger in Böhmen und in den österreichischen Erbländern den Absolutismus durchgesetzt. Dieser war aber nur „relativ“, um ein Wortspiel von *W. Näf*[78] zu gebrauchen. Die Landstände wurden nicht ausgeschaltet, vielmehr ihre Behörden und Einrichtungen der lf. Herrschaft unterstellt und dienstbar gemacht. Damit wandelte sich der **politisch-institutionelle Dualismus** (vor 1620) zum **politischen Absolutismus bei institutionellem Dualismus.**[79] Das Jahr 1620 bildet aber auch die Voraussetzung für die spätere Errichtung einer die böhmischen und österreichischen Länder umfassenden landesfürstlichen Zentralregierung.

Völlig anders als in den böhmisch-österreichischen Ländern verlief die Entwicklung in Ungarn. Gestützt auf das Osmanische Reich als potenziellem Bündnispartner[80] gelang es den ungarischen Ständen, ihre althergebrachten Freiheiten zu verteidigen. Ungarn blieb – allen Versuchen der Habsburger zum Trotz, dort den Absolutismus durchzusetzen – **bis 1849 ein dualistischer Ständestaat**.

4.4.2. Länderverbindungen/Monarchische Union

Territorium: Durch die erfolgreiche Heiratspolitik an der Wende vom 15. zum 16. Jh. erwarb das Haus Habsburg ein riesiges Herrschaftsgebiet, das 1522 (Vertrag von Brüssel) zwischen der spanischen und österreichischen Linie der Habsburger geteilt wurde. Der der österreichischen Linie zufallende Teil umfasste eine Vielzahl von Ländern und Herrschaften, denen als zufällige Agglomeration zunächst jeder innere Zusammenhalt fehlte. Nach dem Verlust der Schweizer Gebiete bildeten die sog. österreichischen Erbländer, also das Erzhzm. Österreich (Land ob der Enns, Land unter der Enns), Hzm. Steiermark, Hzm. Kärnten, Hzm. Krain, Gft. Görz, Gft. Tirol, sowie der nordwestlich des Bodensees liegende Streubesitz (Vorderösterreich) – die Stammländer. 1526 wurden das Kgr. Böhmen, die Mgft. Mähren, das Hzm. Schlesien und der habsburgische Teil Ungarns hinzugewonnen. Im Zuge der Türkenkriege gelang Ende des 17. Jh. die Eroberung von Rest-Ungarn, der Kgr. Kroatien und Slawonien, des Banat und von Siebenbürgen. Nach dem Spanischen Erbfolgekrieg fielen die spanischen Niederlande (1714) und das Hzm. Mailand an die Habsburger. Kurzfristig herrschten sie auch über die Kgr. Sardinien (1714–20), Sizilien (1720–35) und Neapel (1714–35) sowie Nordbosnien, Nordserbien und die kleine Walachei (jeweils 1718–39). Damit hatte der Herrschaftsbereich der österreichischen Habsburger seine größte Ausdehnung erlangt.

Teilung/Wiedervereinigung: Die 1490 unter Maximilian I. erreichte Vereinigung der habsburgischen Herrschaft in einer Hand brach nach dem Tod von Ferdinand I. durch den Teilungsvertrag von 1564 (drei Linien) erneut auseinander:

a) Österreich ob und unter der Enns, Böhmen, Schlesien, Mähren, Ungarn;

b) Innerösterreich: Steiermark, Kärnten, Krain, Görz, Triest, Istrien,

c) Oberösterreich: Tirol, Vorderösterreich

---

[78]) *Näf*, Epochen I², 452.

[79]) *Brauneder/Lachmayer*, Verfassungsgeschichte⁶, 62.

[80]) Im Gegensatz zu den Habsburgern, die in dem von ihnen beherrschten Teil Ungarns den Protestantismus vertreiben und den Katholizismus durchsetzen wollten, gewährten die Türken in dem von ihnen kontrollierten ungarischen Gebieten religiöse Toleranz.

Die Wiedervereinigung erfolgte zwar bereits 1619 bzw. 1665, der durch die Teilung hervorgerufene unterschiedliche Aufbau der Behörden wirkte jedoch bis ins frühe 18. Jh. fort.

Allgemeines: Die in den Händen der Habsburger vereinigten Länder bildeten zunächst einen inhomogenen Herrschaftskomplex mit stark voneinander abweichendem Verfassungsrecht. Durch die Schaffung von gemeinsamen Oberbehörden und in geringerem Maße mit gesetzlichen Bestimmungen, die für mehrere Länder galten, wuchsen nach und nach Teile dieses Herrschaftkomplexes zu einer Realunion zusammen. Da dieser Prozess nach der Schwächung der Stände 1620 ausschließlich vom Landesfürsten vorangetrieben wurde, spricht man von einer **Monarchischen Union.** Die österreichisch-böhmische Länderverbindung (nicht jedoch Ungarn) war zwar Teil des Heiligen Römischen Reichs, nahm in diesem jedoch aufgrund zahlreicher Reichsprivilegien eine Sonderstellung ein. Das Zusammenwachsen der Länder sowie die Herausentwicklung aus den Heiligen Römischen Reich war Mitte des 17. Jh. immerhin schon so weit gediehen, dass *Samuel Pufendorf* 1667 schrieb, Österreich könnte „dank seiner Macht und seiner Lage ohne Schwierigkeit einen besonderen Staat“[81] bilden.

Die **rechtliche Grundlage** der Länderverbindung bildeten zunächst die Reichsprivilegien, darunter insb. die 1530 von Karl V. bestätigten „Österreichischen Freiheitsbriefe“, sowie die für den Aufbau der Zentralbehörden erlassenen Libelle, Hof- und Kanzleiordnungen.[82] Die Erb- bzw. Teilungsordnung regelten die auf dem Privatfürstenrecht basierenden Hausverträge bzw. letztwilligen Verfügungen. 1713 kam als neue verbindende Klammer die Pragmatische Sanktion (vgl. unten) hinzu.

Träger der Herrschaft: Im Unterschied zu den einzelnen Ländern übte in der Länderverbindung der **Monarch** die Herrschaft alleine aus. Seine Stellung in den einzelnen Ländern wies große Unterschiede auf. Bspw. waren Böhmen (bis 1627) und Ungarn Wahlmonarchien, während in den österreichischen „Erb“-Ländern die Erbmonarchie galt. Den Landständen gelang es – teils wegen separatistischer Tendenzen, teils aufgrund des Widerstandes des Monarchen – nicht, sich als Generalstände länderübergreifend zu organisieren. Aus Furcht vor einer möglichen Stärkung der Landstände versammelte der Monarch die Generalstände höchst selten (oft nur in Abständen von mehreren Jahrzehnten zB 1502, 1518, 1541, 1614, 1655, 1714). Anlass bildete regelmäßig die Organisierung der militärischen Abwehr bzw. die Bewilligung höherer Steuern für Kriegsunternehmungen.

---

[81]) *Severinus von Monzambano* (Pseudonym für *Samuel Pufendorf*), Über die Verfassung des Deutschen Reiches, II. Kap. § 4.

[82]) Vgl. die abgedr. Quellen bei *Fellner/Kretschmayr*, Zentralverwaltung, I. Abt., 2. Bd.

4.4.2.1. Behördenaufbau der Länderverbindung

Der Aufbau länderübergreifender[83] Verwaltungs- und Gerichtsbehörden vollzog sich in mehreren Etappen. Die Stände versuchten die Errichtung solcher Behörden anfangs zu verhindern, später auf die personelle Besetzung Einfluss zu nehmen. Vielfach waren die Behörden kollegial organisiert, dh sie besaßen keine monokratische Spitze sondern wurden von einer Mehrzahl von Personen geführt.[84] Die Organisationsvorschriften banden zwar die Behörden, nicht aber den Monarchen, der jederzeit jede Angelegenheit zur persönlichen Entscheidung an sich ziehen konnte.

* **Reformen unter Maximilian I.** (nach 1490): Die Reichszentralbehörden (zB Reichshofrat, -hofkanzlei, Hofkammer, vgl. Kap. 4.3.2.) übten gleichzeitig die Zentralverwaltung im Reich und in den habsburgischen Erbländer aus. Diese wurden in eine *niederösterreichische* (Österreich ob und unter der Enns, Steiermark, Kärnten und Krain), eine *oberösterreichische* (Tirol, Vorlande) und eine *vorderösterreichische* Ländergruppe (Besitzungen an Rhein und Donau, im Elsass und in Schwaben) gegliedert. An der Spitze jeder Ländergruppe stand ein **Regiment** (= Regierung), das aus einem Marschall, einem Landhofmeister, einem Kanzler sowie mehreren Statthaltern und Räten bestand. Diesem Regiment oblag die Vertretung des Landesfürsten, insbes. die allgemeine Verwaltung und oberste Justizpflege (2. Instanz hinsichtlich der Grundherrschafts-, Stadt- und Landgerichte). Die Finanzverwaltung führte eine eigenen Behörde (Rait-, Schatz- oder Rechnungskammer). Darunter amtierten als weitere Behördenebene für jedes Land ein Landeshauptmann (im Land u.d.E.: Landmarschall), als Vertreter des Landesfürsten für die allgemeine Verwaltung, und ein **Vicedom** für die Finanzverwaltung.

* **Unter Ferdinand** I. wurde nach 1527 folgende sachliche Behördengliederung eingeführt:
  - der **Geheime Rat** fungierte als Beratungsorgan des Landesfürsten. Obwohl ohne direkte Befehlsgewalt, übte er als oberste Koordinationsstelle insbes. in der Außenpolitik und in allgemeinen Regierungsangelegenheiten große politische Macht aus;
  - **Hofrat:** Justizbehörde, die bis 1537 auch für Böhmen und Ungarn zuständig war.
  - Die **Hofkammer** leitete bzw. kontrollierte die lf. Finanzverwaltung, den Staatshaushalt und die landesfürstlichen Kammergüter.
  - Die **Hofkanzlei** bildete ursprünglich nur eine Behörde zur Ausfertigung der Beschlüsse des Kaisers und der übrigen Behörden (Schreibstelle). Sie erhielt ab dem 17. Jh. Entscheidungsgewalt insb. auf den Gebieten Justiz, Außenpolitik und innere Verwaltung.[85]
  - 1556 wurde der Hofkriegsrat als oberste Militärverwaltung eingerichtet (Beschaffungswesen, Befestigungsanlagen, Heeresverwaltung etc.).

* Mit der Erbteilung auf drei Linien (1564) wurde für jede der drei Ländergruppen eine dem obigen Schema entsprechende Behördenorganisation aufgebaut.[86] Regierungssitze waren Innsbruck, Graz und

---

[83]) Unter Zentral- oder Oberbehörden werden in der Folge Einrichtungen verstanden, die alle österreichischen Erbländer (teilweise auch Ungarn und Böhmen) erfassten. Als Mittelbehörden zählen die Behörden einer Ländergruppe bzw. eines Landes, mit Unterbehörden wird die Tätigkeit auf lokaler Ebene angesprochen.

[84]) Zwischen diesen galt grundsätzlich das Mehrheitsprinzip. In der Praxis gelang es jedoch einzelnen Personen immer wieder, ihrer Stimme besonders Gewicht zu verleihen.

[85]) Sie war allerdings von Anfang an mehr als eine bloße Schreibstelle, da sie befugt war, die Ausfertigung eines Erlasses einer Behörde zu verweigern, wenn dieser die Verfassung eines Landes verletzte oder die Authentizität des Willens des Monarchen zweifelhaft war (*Tezner*, Verwaltungsrechtspflege, 140).

[86]) In Vorderösterreich fehlte allerdings ein eigener Hofkriegsrat.

Prag bzw. Wien. Diese behördenmäßige Aufgliederung wirkte auch nach der Wiedervereinigung der Länder noch bis ins frühe 18. Jh. nach.

* Nach 1620 wurden die **Reichsangelegenheiten von jenen der Länderverbindung getrennt** und eine eigene österreichische Hofkanzlei bzw. ein eigener Geheimer Rat eingerichtet. Der Reichshofrat wandelte sich zu einer reinen Reichsbehörde.[87]

* Die **Hofkanzlei** entwickelte sich im 17. Jh. zum politisch einflussreichsten Organ. Sie wurde intern sachlich in zwei Departements gegliedert, die für „politica“ bzw. „iuridica“ zuständig waren, welche in etwa den Gebieten Verwaltung bzw. Justiz entsprachen.[88] Räumlich entstanden in den folgenden Jahrzehnten neben der österreichischen eine böhmische, ungarische, italienische, niederländische und siebenbürgische Hofkanzlei.

Zusammenfassend ergab sich folgender (schematisierter bzw. stark vereinfachter) **Behördenaufbau**: Die obersten Behörden bildeten *Hofkanzlei*, *Hofkammer* und *Geheimer Rat* (aus dem 1659 die Geheime Konferenz hervorging). Gegenüber den nachgestellten Behörden existierte folgende Hierarchie von Weisungs- bzw. Kontrollrechten:

* auf Ebene der Ländergruppen: die Regimenter bzw. später die ober- und innerösterreichische Hofkanzlei unter Aufsicht der Hofkanzlei, die Länder-/Raitkammern unter der Hofkammer.

* auf Ebene der Länder: Landeshauptmann (Landmarschall) unter der Hofkanzlei bzw. dem Regiment, Vicedom unter der Raitkammer.

* untere/lokale Ebene vorwiegend landständische Behörden.

Von den Ländergruppen aufwärts war der Einfluss der Landstände auf die personelle Zusammensetzung der Organe gering.

Gesetzgebung: In geringerem Umfang als später im aufgeklärten Absolutismus setzten die Landesfürsten den Erlass von Gesetzen, die für mehrere Länder gültig waren, als Mittel zur Errichtung der Realunion ein. Dabei standen vor allem jene Materien im Vordergrund, bei denen der Landesfürst nicht an die Zustimmung der Stände gebunden war, zB Polizeiordnungen für die nö. Länder (1527, 1542, 1552); Reichsmünzordnung (1559, 1562).

---

[87]) Darin kommt zum Ausdruck, dass sich die Habsburger nach 1620 stärker auf den Ausbau ihrer Hausmacht konzentrierten. Die Absicht, eigene Behörden für die habsburgischen Länder zu schaffen, war schon früher mehrfach erwogen, aus Ersparnisgründen jedoch nicht verwirklicht worden. Mit den neu errichteten Behörden konnte sich der Monarch von der Mitsprache der Reichsstände in der Personalpolitik freimachen und die notwendige Geheimhaltung sicherstellen.

[88]) Dahinter standen allerdings keinerlei Gewaltenteilungsüberlegungen im modernen Sinn. Der Grund lag vielmehr in der Befürchtung, dass die wesentlich aufwändigeren Justizangelegenheiten sonst ständig liegen blieben (vgl. *Tezner*, Verwaltungspflege, 159).

4.4.2.2. Pragmatische Sanktion

Diese bildete bis 1918 ein bestimmendes Grundgesetz für die von den Habsburgern beherrschten Länder. Es fasste diese zu einer gemeinsamen **Realunion** zusammen.[89] Im Gegensatz zu früheren Regelungsversuchen[90] stellte die Pragmatische Sanktion durch die Zustimmung der Landstände der einzelnen Länder Verfassungsrecht dar. Ihr wesentlicher Inhalt war:

* **Unteilbarkeit:** („ohnzertheilt zuverbleiben haben“) Dies bedeutete für das Herrscherhaus den Verzicht auf sein Teilungsrecht (Indivisibilitas) und für die einzelnen Länder den Verzicht auf eine spätere Abtrennung von der Realunion (Inseparabilitas).
* **Verfassungsrechtliche Institutionalisierung** eines **gemeinsamen Herrschers** (noch ohne speziellen Titel) für die Monarchische Union;
* **Erbfolge**: Verankerung der Primogeniturerbfolge im Mannesstamm; subsidiär Thronfolgerecht der männlichen Nachkommen aus Nebenlinien; schließlich, so diese nicht vorhanden, subsidiäres Thronfolgerecht der Töchter (bzw. deren Nachkommen) der herrschenden Linie, sodann der Töchter der Nebenlinie.

Die Pragmatische Sanktion hatte innen- und außenpolitische Hintergründe. In den verschiedenen habsburgischen Ländern herrschte in der FNZ ein unterschiedliches Thronfolgerecht. In den österreichischen Erbländern galt an sich das (1530 reichsrechtlich anerkannte) privilegium maius (Primogenitur, Unteilbarkeit), das jedoch in der Praxis nicht befolgt wurde. Böhmen, ursprünglich Wahlkönigtum, war 1627 in ein Erbkönigtum mit Primogenitur umgewandelt worden. In Ungarn schwankte das Thronfolgerecht je nach Machtverhältnis zwischen Monarch und Ständen zwischen Wahlreich und Primogenitur. Nach dem Aussterben der spanischen Linie der Habsburger (1700) versuchten die österreichischen Habsburger in Spanien eine neue Linie zu begründen. Dies hätte eine enorme Machtkonzentration in den Händen der Habsburger und eine Verschiebung des europäischen Gleichgewichts bedeutet. Um einen Verlust der ausländischen Bündnispartner im spanischen Erbfolgekrieg zu vermeiden, schlossen Kaiser Leopold I. und sein Sohn Joseph (I.) 1703 eine Sukzessionsvereinbarung **(Pactum mutuae succesionis),** in der beide zugunsten des zweiten Sohnes, des späteren Karl VI., auf die Herrschaft in Spanien verzichteten. Für beide Herrschaftskomplexe wurde die Primogenitur im Mannesstamm festgelegt und ein wechselweises Erbrecht zwischen den Linien bei Vorrang der Männer vor den Frauen vereinbart. Nachdem Joseph I. bereits 1711 verstarb, trat Karl VI., der sich in Spanien nicht behaupten konnte, die Erbfolge in den Ländern der österreichischen Linie der Habsburger an. Im Jahre 1713 verkündete Karl VI. vor einer einberufenen Notablenversammlung feierlich das Pactum mutuae successionis.

Karl VI. hatte einen Sohn, der allerdings nach wenigen Monaten verstarb, und zwei Töchter. Die Ältere von beiden war die 1717 geborene Maria Theresia. Um deren Herrschaftsantritt abzusichern und einen Erbfolgekrieg zu vermeiden, bemühte sich Karl VI. ab 1720 sowohl um die staatsrechtliche wie auch die außenpolitische (völkerrechtliche) Anerkennung des pactums. Während die Zustimmung der Stände ohne große Widerstände erreicht werden konnte (einzig in Ungarn waren Modifikationen in der Thronfolgeordnung zu konzedieren), musste die Anerkennung bzw. Garantie durch die ausländischen Mächte mit großen politischen und ökonomischen Zugeständnissen erkauft werden.

---

[89]) Zur Bedeutung der Pragmatischen Sanktion bei den Verhandlungen über den Ausgleich Österreich – Ungarn 1867 vgl. Kap. 8.2.

[90]) Kodizill von Kaiser Ferdinand I. (1554), Testament von Kaiser Ferdinand II. (1621).

4.4.3. Das Land

Rechtsquellen: In der FNZ wurde das bis dahin noch vorwiegend auf ungeschriebenem Gewohnheitsrecht basierende Verfassungsrecht aufgezeichnet und teilweise durch gesatztes Recht verdrängt. Während die Stände versuchten, so gut es ging das tradierte heimische Gewohnheitsrecht zu erhalten, drang durch lf. Einfluss rezipiertes gemeines (römisches) Recht ein. Natürlich existierte noch keine geschlossene umfassende Verfassungsurkunde, vielmehr war das öffentliche Recht auf eine Vielzahl von Ordnungen zersplittert, die von Land zu Land differierten. Verfassungsrechtliche Bestimmungen fanden sich va. in den **Landesordnungen**[91] (Landrechtsbücher, Landtafeln): zB Tirol (1526, 1532, 1573), Österreich unter der Enns (1540, 1646), Land ob der Enns (1559, 1627, 1675), Böhmen (1500, 1627). In Innerösterreich unterblieb der Erlass umfassender Landesordnungen, vielmehr wurden die tradierten Freiheiten und Privilegien gesammelt und herausgegeben (sog. **Landhandfesten**): zB Steiermark (1523), Kärnten (1610), Krain (1598, 1687). Die Verfassungen der Länder wiesen im Einzelnen große Unterschiede auf.

Der Landesfürst: Mit Ausnahme des Erzbistums Salzburg regierte in allen österreichischen Erbländern ein Landesfürst aus dem Hause Habsburg. Nach 1620 übte der Landesfürst die Landeshoheit weitgehend alleine aus. Zu seinen ausschließlichen Rechten gehörten zB die Außen- und Wehrpolitik, die Lehens und Kirchenhoheit sowie die Regalien. Gebunden an ständische Mitwirkungsrechte blieb er dort, wo im Verfassungs-, Straf- und Privatrecht der tradierte Landsbrauch fortwirkte.[92] Zur Bewältigung der wachsenden Aufgaben versuchte der Landesfürst, entweder eigene Behörden zu errichten oder Kontrolle über den landständischen Behördenapparat zu gewinnen.[93]

Die Landstände: Nach der Hochblüte im 15. und 16. Jh. sank der Anteil der Landstände an der Landesherrschaft bzw. Landeshoheit ab 1620 deutlich ab. Politisches Gewicht verliehen ihnen allerdings weiterhin das Steuerbewilligungsrecht und die Zustimmung zur Anwerbung von Truppen. In Verbindung mit diesen konnten sie ihre Beschwerden (Gravamina) vorbringen und politische Zugeständnisse einhandeln.[94] Insbes. konnten sie lf. Eingriffe in das korporative Innenleben der Stände verhindern. Insgesamt war die Abgrenzung der Einflusssphären von Landesfürst und Ständen noch in Fluss und Gegenstand wiederkehrender Kontroversen. Versammlungen der Landstände durften nur mit Wissen und Willen des Landesfürsten erfolgen.

Der Vertreibung alteingesessener Geschlechter im Zuge der Gegenreformation sowie die vom Landesfürsten betriebene Nobilitierung von verdienten Beamten veränderten die Zusammensetzung der Landstände. Innerhalb des Adels stieg die Zahl der Herrengeschlechter im Vergleich zu den Rittern stark an.[95] Während der Prälatenstand im Zuge der Gegenreformation seine Stellung konsolidieren konnte, ging das politische

---

[91]) Vgl. dazu vor allem *Floßmann*, Landrechte als Verfassung.

[92]) *Brauneder/Lachmayer*, Verfassungsgeschichte[6], 63.

[93]) Dementsprechend wuchs auch der landesfürstliche (kaiserliche) Hof, der unter Karl VI. (1711–1740) bereits 2175 Personen zählte.

[94]) Vgl. *Pribram*, Die nö. Stände und die Krone in der Zeit Kaiser Leopold I., MIÖG XIV, 634.

[95]) Im Zeitraum zwischen 1415 und 1848 erhöhte sich im Land u.d.E. die Zahl der Herrenfamilien von 43 auf 224, die der Ritterfamilien sank von 167 auf 118. Ähnlich verlief die Entwicklung im Land o.d.E., wo die Herrenfamilien von 11 (1500) auf 71 (1830) anstiegen. Kärnten zählte im Jahre 1726 insgesamt 176 Herren- und 191 Ritterfamilien, in der Steiermark lautete die Zahl 174 bzw. 207. (*Hassinger*, Ständische Vertretungen in den althabsburgischen Ländern, in: *Gerhard* (Hg.), Ständische Vertretungen, 258).

Gewicht der Städte stark zurück. Die Stimmen mehrerer Städte wurden im Landtag auf eine einzige zusammengelegt, deren Ausübung überdies auf Steuerangelegenheiten beschränkt wurde. Der Landtag sank zu einer einseitigen „Vertretung der Interessen des Großgrundbesitzes sowie zur Versorgungsanstalt für verarmende landständische Familien und die landschaftlichen Bediensteten herab."[96]

Die Willensbildung im **Landtag** verlief je nach Land unterschiedlich. Die Kurien tagten getrennt oder gemeinsam, innerhalb der Kurien ging man von der Einstimmigkeit zum Mehrstimmigkeitsprinzip über. Grundsätzlich gab es keine Verpflichtung des Landesfürsten, den Landtag alljährlich zusammenzurufen. Aus finanzpolitischen Erwägungen (Steuerbewilligungsrecht) bürgerte sich dies jedoch ein.

Behörden/Verwaltung: Für die Verwaltung der Landes bestand ein komplexes Geflecht von Behörden mit nicht immer fest abgegrenzten Zuständigkeiten. Grundsätzlich existierten **zwei voneinander getrennte Behördenorganisationen**, die landesfürstliche und die landständische:

Die Spitzen der **lf. Behörden** im Lande bildeten der **Landeshauptmann** (Österreich u.d.E.: Landmarschall), zuständig für die allgemeine Verwaltung, und der **Vicedom**, zuständig für die Beaufsichtigung der lf. Kammergüter. Der Landeshauptmann wurde vom Monarchen aus den Mitgliedern des Herrenstandes des Landes ausgewählt und war sowohl Stellvertreter des Landesfürsten als auch Vertrauensmann der Stände. Weitere lf. Behörden: zB Jäger- und Waldmeister, Bergwerksbehörden, Anrichter, Kriegskommissare. Dort wo der Landesfürst selbst Grundherr war, existierte eine lf. Lokalverwaltung.

Als Beispiel für die **landständischen Behörden**, die mitunter mehr Beamte aufwiesen als die landesfürstlichen, mag eine Darstellung des Aufbaues im Land o.d.E. dienen:[97] Das **Verordnetenkollegium** vollzog die Beschlüsse des Landtags und vertrat die Stände nach außen. Das Raitkollegium war für die Rechnungskontrolle zuständig. Der Ausschussrat führte die Aufsicht über das ständische Wirtschaftswesens. Unterhalb dieser drei Behörden existierten weiter ständische Ämter, zB Einnehmeramt, landständische Kanzlei, Bauschreiber, ständische Ärzte, Apotheker und Lehrer. In den ländständischen Grundherrschaften übten die ständischen Grundherrn die Lokalverwaltung aus.

Gerichtsbarkeit: Die im MA vorherrschende Zersplitterung des Gerichtswesens bestand auch in der FNZ fort. Grundsätzlich übten fast alle landesfürstlichen und landständischen Behörden sowie Stadt- und Grundherrschaften neben ihren Verwaltungsaufgaben auch Gerichtsfunktionen aus.

Grundherrschaft: Das Verhältnis zwischen Grundherrn und Bauern erfuhr in der FNZ eine wesentliche Änderung. Zunächst gelang es den Grundherrn trotz des Widerstands der Bauern (Bauernkriege), die Mitwirkungsrechte ihrer Untertanen abzuschwächen. ZB verdrängten die Grundherrn die Bauern aus der Gesetzgebung und entwickelten das Höfe-

---

[96]) *Luschin*, Art. „Landstände", in: StWb III^2, 376.

[97]) *Putschögl*, Die landständische Behördenorganisation in Österreich ob der Enns.

recht ab dem 16. Jh. alleine weiter. Im 17. Jh. gerieten die Grundherrn ihrerseits unter den verstärkten Einfluss der lf. Gesetzgebung. Der Landesfürst erlangte dadurch Zugriff auch auf die Untertanen der Grundherrn. Die Grundherrschaft wurde schließlich der lf. Verwaltung untergeordnet.[98] Der Grundherr war für seine Untertanen 1. Instanz hinsichtlich bestimmter Justiz- und Verwaltungssachen **(Patrimonialgerichtsbarkeit/-verwaltung).** Er übte diese regelmäßig nicht selbst sondern durch grundherrliche Beamte aus (Amtmann, Inspektor, Rentmeister, Förster etc.). Neben den Grundherrschaften existierten zum Teil noch die alten **Dorfobrigkeiten**[99] mit Aufgaben im Polizei- und Schankwesen sowie der Niedergerichtsbarkeit (zB für Raufhändel auf offener Straße).

Eine mit Modifikationen bis 1848 fortgeltende Regelung erfuhr die Grundherrschaft in Österreich unter der Enns durch den **Tractatus de juribus incorporalibus**[100] (1679):

* Der Grundherr war *Obrigkeit* für seine Untertanen in allen Zivil-, Straf- und Verwaltungsangelegenheiten (ausgen. die vor das Landgericht und die Dorfobrigkeit gehörigen Sachen), also zB für Eintreibung der Steuern und Landesabgaben, Vormundschaft, Nachlassverfahren, Grundbuchsführung, innerhäusliche Gewalttätigkeiten.
* Regelung, wann und wie (nicht jedoch wie viel) als *Zehent* zu leisten ist; Abgaben für den Fall des Besitzwechsels (Pfundgeld, Abfahrtsgeld); Verbot des Besthauptes.
* *Robot:* Grundsätzlich war jeder Grundholde zur Leistung von zeitlich unbegrenztem Robot verpflichtet. Die Existenzgefährdung des Untertanen bildete die Maximalgrenze und wurde durch die lf. Obrigkeit überwacht. Die Kinder der Grundholden mussten dreijährigen Gesindedienst leisten, erst dann besaßen sie das Recht, sich einen Beruf nach eigener Wahl zu suchen.
* Verbot des Grundherrn, einen Grundholden von Grund und Boden zu vertreiben; Verpflichtung des Bauern, das Land tatsächlich zu bebauen.
* Jagd: Den Bauern und Bürgern war jegliches Jagen untersagt. Die Bauern durften größere Hunde überhaupt nicht, kleinere nur angekettet halten.

Stadtherrschaft/Zunftherrschaft: Die FNZ bildete für die meisten Städte eine Epoche der wirtschaftlichen und politischen Stagnation. Ausgenommen von dieser Entwicklung waren die „höfischen" Städte, die den Sitz einer lf. Residenz bildeten. In ihnen dominierte der lf. Hof, der als größter Arbeitgeber und Hauptabnehmer wirkte. In der FNZ vollzog sich eine **Intensivierung der stadtherrlichen Herrschaft**, die die autonome Willensbildung der Bürgergemeinde schrittweise einschränkte. Zwar blieben in den meisten Städten die traditionellen Organe bzw. Ämter (Bürgermeister, Innerer Rat, Äußerer Rat, Stadtrichter) bestehen, der Landesfürst erlangte jedoch durch Bestätigungs- bzw. Auswahlrechte steigenden Einfluss auf ihre personelle Besetzung. Die städtischen Organe wurden überdies dem Weisungsrecht der lf. Behörden unterstellt.

---

[98]) ZB ergingen 1724 bzw. 1726 zwei Instruktionen, die die grundherrlichen Beamten in Sachen der Landessicherheit den Befehlen der lf. Regierung unterstellten (vgl. *Luschin*, Reichsgeschichte, 455).

[99]) Vgl. dazu den III. Titel des Tractatus de juribus incorporalibus.

[100]) Codex Austriacus I, 581.

Die Verschiebung im stadtherrschaftlichen Machtgefüge zeigte sich besonders deutlich im Wr. Stadtrecht, das der Monarch im Jahre 1526 nach einer misslungenen Rebellion erlassen hatte.[101] Noch weiter ging die Einschränkung der Selbstverwaltung der Zünfte. Ihre Satzungen und Versammlungen bedurften der obrigkeitlichen Genehmigung. Durch Polizei- und Handwerksordnungen[102] gestaltete der Landesfürst die Zunftangelegenheiten nach den wirtschaftspolitischen Interessen des fnz. Staates.

Finanz- und Steuerwesen: Auch in der FNZ wurde noch nicht zwischen den Privateinnahmen des Monarchen und den Staatseinnahmen unterschieden. Seine Mittel bezog der Landesfürst aus den Erträgen des Kammergutes (zB Grundherrschaften, Bergwerke), den Regalien (zB Judensteuer), aus Mauten und Zöllen, aus den indirekten Verbrauchssteuern (sog. Akzise, zB Wein- und Biersteuer, Fleischkreuzer) und aus bestimmten direkten Steuern (Contributionen). Nur auf diese Letztere bezog sich das Steuerbewilligungsrecht der Landstände.

Dieses **Steuerbewilligungsrecht** fußte auf der grundsätzlichen Steuerfreiheit des Adels, die als Ausgleich für seine (ehemalige) Kriegsdienstpflicht gesehen wurde. Trat der Landesfürst mit finanziellen Forderungen an die Stände heran, was fast jedes Jahr geschah, so musste er mit diesen um die meist zweckgebundenen Mittel verhandeln. Die Stände bewilligten Gelder grundsätzlich nur gegen Ausstellung eines Schadlosbriefes, in dem der Landesfürst bestätigte, dass die Stände ohne Pflicht und freiwillig leisteten. Erst gegen Ende des 17. Jh. setzte sich die Auffassung einer Steuerpflicht der Stände langsam durch, sodass sich das Steuerbewilligungsrecht schließlich nur mehr auf die Festlegung der Höhe der Abgabe bezog. Nachdem sich die Landstände mit dem Landesfürsten auf einen bestimmten Betrag geeinigt hatten, legten sie intern die Aufteilung der Aufbringung des Geldes fest.[103] Seit 1518 besaßen die Landstände das ausdrückliche Recht, diese Steuer auf ihre Untertanen zu überwälzen. Durch die Exekutionsordnung 1671 erlangten sie die Möglichkeit, ausständige Steuern mittels Exekution durchzusetzen. Bis in das ausgehende 17. Jh. konnten sich die Landstände erfolgreich gegen die Forderung des Monarchen wehren, eine Steuerbewilligung für mehrere Jahre zu vereinbaren. Etwas länger, bis in die Mitte des 18. Jh., vermochten die Landstände die Verwaltung der Steuern (zB Festlegung der Art der Aufbringung, Einhebung der Steuern) in ihren Händen zu behalten.

In der Praxis ging in die landständischen Kassen aufgrund des herrschenden Steuerwiderstandes immer nur ein Teil der veranschlagten Gelder ein, sodass der Landesfürst den vereinbarten Betrag nur selten in voller Höhe erhielt. Dieser Umstand trug zusammen mit den ständig steigenden Ausgaben für Heer und Hofhaltung sowie großangelegten Unterschlagungen durch höchste Amtsträger[104] zur permanenten Zerrüttung der lf. Finanzen bei.

Heerwesen und Militärverwaltung: Im 16. Jh. ruhte das Heerwesen auf den beiden Säulen *ständisches Landesaufgebot* und *Söldnerheer*. Entsprechend lehensrechtlicher Tradition hatten die Landstände auf Geheiß des Landesfürsten mit ihren Untertanen („gemeines Aufgebot") zur Verteidigung des Landes beizutragen (Defensionspflicht)[105]. Landstände

[101]) Abgedr. bei *Tomaschek*, Die Rechte und Freiheiten der Stadt Wien II, 131.

[102]) ZB für nö. Länder 1527, Allgemeine Polizeiordnung 1552, Handwerksordnung 1732.

[103]) Als Richtmaß hierfür nahm man in Österreich ob und unter der Enns die Erträgnisse der Grundherrschaften. Im 16. Jh. wurden daher sog. Gültbücher („Gült" = grundherrschaftliche Einkünfte) angelegt. Diese enthielten schriftliche Selbstbekenntisse der Grundherrn über ihre herrschaftlichen Einnahmen. Aus einsichtigen Gründen verweigerten die Landstände dem Monarchen die Einsichtnahme in diese Gültbücher (vgl. *Adler*, Das Gültbuch vom Nieder- und Oberösterreich, in: FS Unger, 499).

[104]) Vgl. *Luschin*, Reichsgeschichte, 481.

[105]) In zahlreichen Defensionsordnungen wurde bestimmt, dass je nach Gefahr der 30., 10. oder 5. „gemeine Mann" zur Verteidigung ausrücken musste. Die militärische Schlagkraft dieser Verbände war gering. Die

und Landesfürst waren darüber hinaus berechtigt, Söldnerheere aufzustellen. Dabei wurde ein Vertrag mit einem „Militärunternehmer“ (zB Wallenstein) abgeschlossen, dass dieser gegen Bezahlung Truppen zu werben, auszurüsten und mit diesen eine bestimmte Anzahl von Monaten (meist die sechs Monate im Sommer) Kriegsdienst zu leisten habe. Die Söldner waren nicht dem Auftraggeber sondern ihrem Militärunternehmer verpflichtet. Während das Landesaufgebot im 17. Jh. obsolet wurde, ging der Landesfürst ab dem 17. Jh. dazu über, die Söldnerheere nach Beendigung eines Krieges bzw. im Winter nicht mehr zu demobilisieren sondern als *stehendes Heer* fortzuführen. In Südungarn und Kroatien wurde die sog. *Militärgrenze* errichtet, in der man Wehrbauern ansiedelte, die die Grenze zum Osmanischen Reich schützen sollten.

Glaubensspaltung/Kirchenherrschaft: Die neuen Glaubenslehren verbreiteten sich sehr rasch in allen Bevölkerungsschichten. Bereits Mitte des 16. Jh. hatte sich ein Großteil der Bevölkerung der habsburgischen Länder (im Land o.d.E. praktisch die gesamte) den Protestanten zugewandt. Politisch bedeutsam war insbes., dass die überwiegende Mehrzahl der Landstände die neue Glaubenslehre unterstützte. Vor dem Hintergrund der Türkengefahr und in Austausch gegen hohe finanzielle Zuwendungen an den Landesfürsten gelang es den Ständen in der zweiten Hälfte des 16. Jh., durch Privileg[106] die Ausübung der protestantischen Glaubenslehre (meist nur AB) zu erwirken.

Bereits im Jahre 1523 erging in den österreichischen Erbländern in Ausführung des Wormser Edikts das Verbot der lutherischen Lehre. Ab 1524 erfolgten die ersten Hinrichtungen von protestantischen „Ketzern“[107]. In der Folge richtete sich die religiöse Repression insbes. gegen die Glaubensgemeinschaft der (Wieder-)Täufer, die durch einen breit angelegten Vernichtungsfeldzug in Österreich völlig ausgelöscht wurde.

In der zweiten Hälfte des 16. Jh. formierte sich das Katholische Lager neu. Da die Katholische Kirche alleine nicht in der Lage war, den verloren gegangenen Einfluss zurückzugewinnen, wurden die Habsburger und mit ihnen der lf. Verwaltungsapparat zum Vorreiter der Gegenreformation. Unter Berufung auf das ihnen zustehende ius reformandi hoben die habsburgischen Landesfürsten Ende des 16. und am Beginn des 17. Jh. die konzedierte Religionsfreiheit schrittweise wieder auf. Damit begann die Ära der **gewaltsamen Rekatholisierung**,[108] die nach der Niederlage der Stände (1620) alle österreichischen und böhmischen Län-

---

Stände standen diesem Aufgebot wegen des Entzugs der Arbeitskräfte und der mit der Bewaffnung bzw. militärischen Ausbildung der Bauern verbundenen erhöhten Gefahr bei Aufständen reserviert gegenüber. Die Defensionspflicht spielte jedoch bei den finanziellen Verhandlungen zwischen Landesfürst und Ständen eine Rolle, da sie dem Monarchen ein Druckmittel bei den Steuerverhandlungen gab. Der Adel war bestrebt, seine Verpflichtung durch Geldzahlungen abzulösen (vgl. *Heischmann*, Die Anfänge des stehenden Heeres in Österreich, 140).

106) ZB Religions-Konzession für die Herren und Ritter des Erzherzogtums Österreich (1568), Assecuration für die Untertanen dieser Herrschaft im Land u.d.E. (1671), Kapitulations-Resolution, die die Religionsfreiheit auf die Bürger der Städte und Märkte ausdehnte (1609), Brucker Pazifikation (1572) und Brucker Libell (1578) für Innerösterreich, Majestätsbrief für alle Bewohner Böhmens (1609).

107) *Georg Schärer*, *Kaspar Tauber*, *Leonhard Käser*.

108) Zu ihrer Durchführung wurden sog. **Reformationskommissionen** gebildet. Im September des Jahres 1600 begann so eine Kommission unter Leitung von Bischof *Martin Brenner* ihre Arbeit im Lande Kärnten. In den folgenden Wochen durchstreifte sie mit 300 Soldaten das Land, zwang die Bevölkerung zum Glaubenswechsel und zerstörte 5 Kirchen, 4 Friedhöfe und 5 Pfarrhäuser. Im selben Jahr wurden in Graz von der

der erfasste. Im Jahre 1627 wurden schließlich auch die adeligen Landstände gezwungen, zum Katholizismus zu konvertieren oder das Land zu verlassen.[109] Mitglieder der Landstände konnten hinfort nur Katholiken sein.

Die im Westfälischen Frieden verankerten Bestimmungen zum Schutz der Gewissensfreiheit der Untertanen (vgl. Kap. 4.3.3.) wurden durch eine zweifelhafte Vertragsauslegung[110] von den Habsburgern für ihren Herrschaftbereich als nicht gültig betrachtet. Ihnen stünde vielmehr das ius reformandi nach wie vor unbegrenzt zu (ius reformandi illimitatum). Der Evangelischen Kirche gelang es jedoch trotzdem, im Untergrund zu überleben (Geheimprotestantismus), wobei entlegene Gebiete im inneralpinen Raum begünstigt waren (zB das Gosautal). Der Emigrationszwang[111] sowie die Transmigration, darunter verstand man die Zwangsumsiedlung von Protestanten nach Siebenbürgen, führte in manchen Regionen zu schweren Bevölkerungseinbußen und zum wirtschaftlichen Niedergang zahlreicher Städte.[112]

Die Habsburger nutzten die religiösen Auseinandersetzungen aber auch, um ihre **Herrschaft über die Katholische Kirche** auszubauen und den staatlichen Wirkungskreis zu Lasten des kirchlichen auszudehnen. Bei dieser Politik spielte mit eine Rolle, dass das österreichische Kirchenleben nach wie vor massiv vom „Ausland“ (insbes. durch den Erzbischof von Salzburg) beeinflusst war. Die Verstärkung der Kirchenherrschaft ließ sich in vielen Bereichen beobachten:[113]

Seit 1624 waren für Rechtsstreitigkeiten über geistliche Güter ausschließlich lf. Gerichte zuständig; ab 1695 wurden Berufungen gegen die Entscheidungen bischöflicher Gerichte, die nicht rein geistliche Sachen betrafen (zB Zehent, Verlassenschaften von Geistlichen), außer Landes verboten und hiefür die nö. Regierung zuständig gemacht; staatliche Aufsicht über geistliche Stiftungen; Ausbau der Besteuerung der Geistli-

---

dortigen Reformationskommission an einem Tag alleine 10.000 protestantische Bücher verbrannt. (*Reingrabner*, Die Verfolgung der österreichischen Protestanten während der Gegenrefomation, in: *Zöllner* (Hg.) Verfolgung, 59).

[109]) Für den Adel der nö. und schlesischen Länder wurde der Zwang zur Emigration bereits 1648 aufgehoben und sie erhielten das Recht, zum protestantischen Gottesdienst in die Nachbarländer zu reisen (IPO V § 39).

[110]) Die Nichtanwendbarkeit der Schutzbestimmungen auf die habsburgischen Länder war im Vertragswerk nirgends ausdrücklich erwähnt. Sie wurde interpretativ erschlossen, indem man sich auf IPO V § 41 berief, „Die Krone Schweden und die evangelischen Reichsstände behalten sich vor, zu Gunsten größerer Religionsfreiheit der evangelischen Untertanen in den kaiserlichen Erbländern künftig Fürbitte einlegen zu dürfen,“ und daraus den Umkehrschluss zog, dass die Art. über die Glaubensfreiheit in den habsburgischen Erbländern nicht gelten würden.

[111]) Aus dem Land o.d.E. dürften im Laufe der Jahrzehnte über hunderttausend Menschen freiwillig oder zwangsweise emigriert sein. Im Jahre 1731/32 wurden zB 20.694 Personen wegen ihres protestantischen Glaubens aus dem Erzbistum Salzburg vertrieben. Um die Bestimmungen des Westfälischen Friedens nicht zu verletzen (Salzburg gehörte nicht zu den habsburgischen Ländern), erklärte man sie einfach zu Aufrührern. Damit wurde es jedoch wieder schwierig, für diese Menschen Durchreise- und Einwanderländer zu finden. (Vgl. *Mecenseffy*, Protestantismus, 196).

[112]) Häufig deportierte man nur die Erwachsenen, während ihre Kinder von den lf. Behörden zurückgehalten und in katholische Ausbildungsstätten gesteckt wurden.

[113]) Vgl. Die Zusammenfassungen bei *Luschin*, Reichsgeschichte, 418; *Huber/Dopsch*, Reichsgeschichte^2, 227; *Gampl*, Staat – Kirche – Individuum, 2.

chen („Pfaffengut ist Kammergut“); *placetum regium*: Erfordernis der lf. Erlaubnis für die Kundmachung kirchlicher Rechtsvorschriften. Lf. Vorschriften dienten auch der Durchsetzung katholischer Rituale, zB: obrigkeitliche Überwachung des Fastengebots, Verbot, in der Kirche zu klatschen[114], Verpflichtung des Eigentümers eines Bürgerhauses, die Beicht- und Kommunionsbestätigungen der Hausbewohner einzusammeln und jährlich dem Pfarrer zu übergeben, das Versäumen der österlichen Beichte bzw. Kommunion war auch nach weltlichem Recht strafbar[115], Verbot während der Gottesdienstzeit vor der Kirche herumzustehen.[116]

[114]) Dekrete vom 2. 12. 1677 und 17. 11. 1683.

[115]) Codex Austriacus I, 115; II, 211 ff, 380 ff.

[116]) Vgl. im Einzelnen *Gampl*, 28.

5. Aufgeklärter Absolutismus – Vormärz 1749–1848

„Der Fürstenmantel ist der Teppich, auf dem sich die Herren und Damen vom Adel und Hofe in ihrer Geilheit übereinander wälzen – mit Orden und Bändern decken sie ihre Geschwüre, und mit kostbaren Gewändern bekleiden sie ihre aussätzigen Leiber. Die Töchter des Volkes sind ihre Mägde und Huren, die Söhne des Volkes ihre Lakaien und Soldaten."

Georg Büchner, 1834

5.1. Historischer Hintergrund

Lit.: *Barton* (Hg.), Im Zeichen der Toleranz; *Bauer*, Der Kampf um Wald und Weide, 75; *Berber*, Staatsideal[2], 243; *Bernatzik*, Die Ausgestaltung des Nationalgefühls im 19. Jh.; *Bisinger*, Generalstatistik des österreichischen Kaisertumes; *BMWF/Österr. Akad. d. Wiss.* (Hg.), Österreich im Europa der Aufklärung; *Bruckmüller*, Nation Österreich, 66; *Bruckmüller*, Sozialgeschichte, 283; *Cipolla/Borchardt*, Europäische Wirtschaftsgeschichte IV, 203; *Engel-Janosi*, Über die Entwicklung der sozialen und staatswirtschaftlichen Verhältnisse im deutschen Österreich 1815–1848, VSWG XVII (1924); *Good*, Der wirtschaftliche Aufstieg des Habsburgerreiches 1750–1914, 19; *Gutkas*, Kaiser Joseph II.; *Hantsch*, Geschichte Österreichs II, 137; *Hobsbawm*, Nationen und Nationalismus; *Kann*, Geschichte des Habsburgerreiches, 150; *Koschatzky* (Hg.), Maria Theresia und ihre Zeit[2]; *Kunisch*, Staatsverfassung und Mächtepolitik; *Maaß*, Der Josephinismus; *Matis* (Hg.), Von der Glückseligkeit des Staates. Staat, Wirtschaft und Gesellschaft in Österreich im Zeitalter des aufgeklärten Absolutismus; *Otruba*, Österreichs Industrie und Arbeiterschaft im Übergang von der Manufaktur- zur Fabrikaturepoche (1790–1848), ÖGL 1971, 569; *Otruba*, Zur Entstehung der „Industrie" in Österreich und zu deren Entwicklung bis Kaiser Joseph II., ÖGL 1967, 225; *Pribram*, Geschichte der österreichischen Gewerbepolitik von 1740–1860 I; *Redlich*, Leibeigenschaft und Bauernbefreiung in Österreich, in: Z. f. Sozial- und Wirtschaftsgeschichte III. (1895), 258; *Reinalter*, Aufgeklärter Absolutismus und Revolution; *Reinalter*, Der Jakobinismus in Mitteleuropa; *Rieser*, Der Geist des Josephinismus; *Sandgruber*, Die Agrarrevolution in Österreich, in: *Hoffmann* (Hg.), Österreich-Ungarn als Agrarstaat, 195; *Sandgruber*, Österreichische Agrarstatistik 1750–1918; *Slokar*, Geschichte der österreichischen Industrie und ihrer Förderung unter Kaiser Franz I.; *Srbik*, Metternich; *Tautscher*, Wirtschaftsgeschichte, 258; *Tremel*, Wirtschafts- und Sozialgeschichte, 281; *Turnbull*, Österreichs sociale und politische Zustände; *Valjavec*, Der Josephinismus[2]; *Valjavec*, Die Entstehung der politischen Strömungen in Deutschland 1770–1815; *Wandruszka*, Leopold II.; *Wangermann*, Von Joseph II. zu den Jakobinerprozessen; *Weis*, Der Durchbruch des Bürgertums 1776–1847; *Winter*, Der Josephinismus und seine Geschichte; *Winter*, Romantismus, Restauration und Frühliberalismus im österreichischen Vormärz; *Zippelius*, Staatsideen[4], 104; *Zöllner* (Hg.), Österreich im Zeitalter das aufgeklärten Absolutismus; *Zöllner*, Geschichte Österreichs[7], 304.

5.1.1. Wirtschaftliche und soziale Entwicklung

In der Wirtschaft der Länder der Habsburgermonarchie vollzogen sich zwischen 1740 und 1848 bedeutsame Veränderungen: Reform der Agrarverfassung, Dynamisierung von Handwerk, Gewerbe und Handel, Beginn der Industrialisierung. Der Anteil der landwirtschaftlichen Bevölkerung an der Gesamtbevölkerung ging bereits merkbar zurück und betrug 1850 im Habsburgerreich (ohne Ungarn) nur mehr rund 72 %.[1] Trotz dieses Wandels – der sich in den österreichisch/böhmischen Ländern stärker, in Ungarn jedoch kaum vollzog – behielt Österreich den Charakter eines überwiegenden Agrarstaates bei. Während die österreichischen Erbländer bis zur Jahrhundertwende (18./19.) noch mit der Entwicklung in Frankreich und den deutschen Ländern Schritt hielten, fielen sie in den folgenden Jahrzehnten zurück. Im europäischen West-Ost-Modernisierungsgefälle nahm das Habsburgerreich eine Mittelstellung ein.

Die staatliche Wirtschaftspolitik blieb auch in der 2. Hälfte des 18. Jh. an den Grundsätzen des Merkantilismus und des Kameralismus[2] orientiert. Durch Verbesserung der Infrastruktur, den Abbau von Wirtschaftshemmnissen (insbes. der meisten Binnenzolllinien) sowie massive Förderung von Gewerbe, Handel und Industrie versuchte der Staat, die Wirtschaftskraft zu steigern. Ursprünglich leitend und regulierend, setzte man ab dem beginnenden 19. Jh. unter dem Einfluss wirtschaftsliberaler Theorien eher auf die freie Entfaltung des Wirtschaftslebens. Den staatlichen Konzepten lag eine räumliche Aufgabenteilung zu Grunde, die einen industriell entwickelten Westen und einen agrarischen Osten (Ungarn) vorsah. Besonderen Nachdruck legte man im 18. Jh. auf die Vermehrung der Bevölkerung (Populationistik): Lockerung der Heiratsbeschränkungen, Verbot der Aus- und Förderung der Einwanderung, Maßnahmen zur Senkung der Säuglingssterblichkeit. In der Folge stieg die Bevölkerung der Habsburgermonarchie (einschl. Ungarn, jedoch ohne Venetien und die Lombardei) zwischen 1789 und 1850 von 21,7 Mio. auf 31 Mio. Einwohner. Damit zählte das Kaisertum Österreich zu den volksreichsten Staaten Europas.

Angesichts dieser Bevölkerungsvermehrung stieg die Bedeutung der **Landwirtschaft.** Durch die Einführung neuer Pflanzen (Kartoffel, Zuckerrübe) und die Fruchtwechselwirtschaft anstelle der Dreifelderwirtschaft konnte die Nahrungsmittelproduktion deutlich gesteigert werden. Die staatliche Agrarpolitik war beeinflusst von den Ideen der **Physiokraten.**[3] Die Reformen Maria Theresias und Josephs II. verringerten die Abhängigkeit der

---

[1]) Land u.d.E.: 69,5 % (1762), 53 % (1850); Land o.d.E.: 85,4 % bzw. 60, 9 %, Böhmen; 88 % bzw. 58,4 %. Im Gegensatz zu diesen Ländern waren Salzburg (1850: 71,1 %), Steiermark (75,4 %), Kärnten (67,9 %) und Tirol/Vorarlberg (78,4 %) vom gesellschaftlichen Wandel weniger stark erfasst. (Vgl. *Bruckmüller*, Sozialgeschichte, 290).

[2]) Bedeutende österreichische Vertreter waren *Johann Heinrich Gottlob Justi* (Grundsätze der Polizeywissenschaft, 1756) und *Josef Sonnenfels* (Grundsätze der Polizey, Handlungen und Finanz[6], 1798; Handbuch der inneren Staatsverwaltung, 1798).

[3]) Darunter versteht man eine im 18. Jh. entstandene ökonomische Schule, die im Gegensatz zum Merkantilismus in der Landwirtschaft die einzig produktive Kraft sah. Nur Grund und Boden würden neue Produkte schaffen, während Gewerbe und Handel diese nur weiterverarbeiteten bzw. verteilten. Aus diesem Grunde forderten die Physiokraten (zB *Francois Quesney*) die besondere Förderung der Landwirtschaft und eine Besserstellung der bäuerlichen Bevölkerung. Konsequenterweise traten sie bei der Finanzierung der Staatsausgaben für eine einzige Steuer ein, nämlich die Grundsteuer. Dies brachte sie in Gegensatz zum grundbesitzenden Adel, der auf seine traditionellen Steuerprivilegien pochte.

Bauern, ohne jedoch die Grundherrschaft völlig aufzuheben. Während der folgenden Jahrzehnte flackerten immer wieder Unruhen auf, wobei die Bauern nach dem Vorbild der Französischen Revolution die völlige und entschädigungslose Abschaffung der grundherrschaftlichen Abgaben und Dienste forderten. Mit dem Einsetzen der Industrialisierung verschlechterte sich die Lage der ländlichen Bevölkerung. Traditionelle, auf Heimarbeit basierende Erwerbsmöglichkeiten (zB Weben, Spinnen) wurden durch den Einsatz von Maschinen vernichtet. Allein im Land u.d.E. waren 1810 etwa 100.000 Menschen davon betroffen.

Die **industrielle Revolution** vollzog sich in Österreich in den ersten Jahrzehnten des 19. Jh. Im Gegensatz zum „großen Ruck“ (wie in Großbritannien) ging sie hier wesentlich langsamer[4] vor sich und erfasste zunächst vor allem die Textil- (Baumwolle, Samt, Seide, Schafwolle), Metall- (Maschinenbau) und Papierindustrie. Mit der Industrialisierung verbunden war eine wachsende Urbanisierung der österreichischen Bevölkerung.[5] Die (noch unorganisierten) Arbeiter/innen lebten unter bedrückenden Verhältnissen. Arbeitszeiten von 14 Stunden und mehr, Wohnungselend, hohe Arbeitslosenraten, Fehlen jeder arbeitsrechtlichen oder sozialrechtlichen Absicherung, Löhne weit unter dem Existenzminimum und Kinderarbeit führten zu extremer Ausbeutung.

Im Bereich von **Gewerbe und Handwerk** existierte das Nebeneinander von zünftiger und nicht zünftiger Produktion fort. Unter Maria Theresia erfolgte die Einteilung in Polizeigewerbe (Produktion für den lokalen Bedarf) und Kommerzialgewerbe (überlokal). Ab 1784 bedurfte es zur Gewerbeausübung nur mehr der Bewilligung des Magistrats. Allen lf. Versuchen zum Trotz konnten die Zünfte ihre wirtschaftliche Macht jedoch immer wieder von neuem festigen.

Die mit der Industrialisierung verbundene Produktion von Massengütern bedurfte eines weiträumigen Absatzgebietes und erforderte einen Ausbau des Straßennetzes sowie der Transportmittel. Nach der Inbetriebnahme der Pferdeeisenbahn Linz–Budweis (1832, erste kontinentale Eisenbahn), begann man nach 1836 mit dem Bau der ersten Dampfeisenbahn. 1848 umfasste das Schienennetz des Reiches bereits eine Gesamtlänge von 1.622 km.

Die geschilderten wirtschaftlichen Veränderungen wirkten sich auch auf die soziale Schichtung aus. Politisch dominierte nach wie vor der Hochadel, dem jedoch von reich gewordenen Bank- und Industrieunternehmern Konkurrenz drohte. Die breite Masse der Bevölkerung (Bauern, Arbeiter, Handwerker) blieb vom sozialen Aufstieg weiterhin ausgeschlossen.

---

[4]) Dies zeigt deutlich ein internationaler Vergleich der Dampfkraftkapazitäten (1840). Österreich und Russland rangierten mit je 20.000 PS zwar vor Italien und Spanien, aber hinter Frankreich (90.0000), den deutschen Staaten und Belgien (je 40.000); weit voran Großbritannien mit 620.000 PS. (*Matis*, Technik und Industrialisierung im österreichischen Vormärz, Technikgeschichte 36 (1969), 28).

[5]) Die Zahl der Einwohner Wiens stieg von 208.000 (1791) auf 431.000 (1852), die der Stadt Linz von 16.000 (1784) auf 26.600 (1850).

5.1.2. Die außenpolitische Lage

In der Epoche nach 1740 bestand eine enge Wechselwirkung zwischen Außen- und Innenpolitik. Außenpolitische Ereignisse bildeten wiederholt den Anstoß für Reform- bzw. Stagnationsphasen. Trotz der Vorbereitung durch die Pragmatische Sanktion stieß die Thronfolge Maria Theresias 1740 unter den ausländischen Mächten auf Widerstand. Bayern, Sachsen, Savoyen, Spanien, Preußen und Frankreich beabsichtigten, durch eine Zerstückelung des Habsburgerreichs ihre Positionen auszubauen. Im **österreichischen Erbfolgekrieg** (1740–1748) gelang es dem Habsburgerreich im Bündnis mit Großbritannien nur mühsam, sich gegen jene Staaten zu behaupten. Schmerzlich war vor allem der Verlust Schlesiens (1742), der wirtschaftlich am meisten entwickelten Region, an das in den Kreis der europäischen Großmächte aufgestiegene Preußen. Der Krieg hatte die mangelnde militärische Schlagkraft und die Rückständigkeit des Habsburgerreiches aufgedeckt und bildete den Beginn der erst 1866 durch die Schlacht bei Königgrätz zugunsten Preußens entschiedenen Auseinandersetzung um die Vorherrschaft im deutschen Raum. Der Versuch im Siebenjährigen Krieg (1756–1763), im Bündnis mit Frankreich Schlesien zurückzuerobern, scheiterte. Der eigentliche Sieger dieses Krieges war Großbritannien, das zur führenden Weltmacht aufstieg. Erfolgreicher waren die Habsburger im Osten. Durch die Teilnahme an der Zerstückelung Polens (1./3. Teilung 1772/1795) erhielten sie Galizien und Lodomerien. 1775 erwarben sie vom Osmanischen Reich die Bukowina. Hingegen misslang der angestrebte Erwerb Bayerns (1778) auf Grund der Intervention Preußens, sodass sie sich schließlich mit dem Gewinn des Innviertels (1779) zufrieden geben mussten.

Der Ausbruch der **Französischen Revolution**[6] 1789 bedeutete zunächst eine ideologische Destabilisierung Europas, der mit Kriegsausbruch 1792 die militärische folgte.

In drei **Koalitionskriegen**[7] zeigte sich das vom Nationalgefühl getragene und auf der allgemeinen Wehrpflicht basierende französische Volksheer den Söldnertruppen der Koalition überlegen. Die Habsburger mussten bedeutende Gebietseinbußen hinnehmen (Belgien, Lombardei, Vorderösterreich, Tirol, Vorarlberg) und verloren darüber hinaus ihre Machtbasis im Heiligen Römischen Reich Deutscher Nation. Der Sieg Napoleons bewirkte zunächst eine Umgestaltung des röm.-dt. Kaiserreichs (Reichdeputationshauptschluss 1803) und schließlich 1806 dessen Auflösung (vgl. Kap. 5.4.).

Im nächsten Krieg Österreichs gegen Frankreich (1809) versuchten erstmals auch die Habsburger, patriotische Begeisterung als Mittel zur Mobilisierung der Bevölkerung einzusetzen. Die Aufrufe[8] stießen zwar auf

---

[6]) In der Französischen Revolution gelangten erstmals in einem europäischen Land die Ideen der Aufklärung zum Durchbruch. Die Revolution durchlief mehrere Phasen, die Ausdruck waren für das Vorherrschen jeweils einer bestimmten politischen Richtung: konstitutionelle Monarchie (1789–92), demokratische Republik (1792/3), revolutionäre Diktatur (1793/4), bürgerliche Republik (1794–99). 1799 riss *Napoleon* durch einen Staatsstreich die Macht an sich und krönte sich 1804 zum Kaiser der Franzosen.

[7]) 1. Koalitionskrieg (1792–1797), 2. Koalitionskrieg (1798–1801), 3. Koalitionskrieg (1805).

[8]) Ein an die Völker Österreichs gerichteter Aufruf Kaiser Franz I. vom 8. April 1809 schloss bspw. mit den Worten: „Unsere Sache ist gerecht, die Vorsehung verlässt die nicht, die sich nicht selbst verlassen. Ich baue auf Eure Liebe, auf Eure erprobte Treue gegen Fürst und Vaterland. Baut auch Ihr auf die väterliche Fürsor-

Widerhall, zu einem Volksaufstand kam es jedoch nur im besetzten Tirol unter *Andreas Hofer*. Nach der erneuten Niederlage mussten weitere Gebiete (Südkärnten, Krain, Friaul, Triest, Istrien, Dalmatien, Fiume, Westkroatien, insges. 120.000 km^2) abgetreten werden. Österreich verlor den Zugang zum Mittelmeer und wurde Binnenland. Erst in den Jahren 1813 bis 1815 gelang es schließlich Großbritannien, Russland, Preußen und Österreich *Napoleon* zu besiegen.

1814/15 fand eine internationale Konferenz **(Wiener Kongress)** mit dem Ziel statt, durch die Neuaufteilung Europas eine stabile Nachkriegsordnung zu schaffen. Angestrebt wurde ein Gleichgewicht zwischen den fünf Großmächten Großbritannien, Frankreich, Preußen, Russland und Österreich. Daher erfolgte die Grenzziehung unabhängig von der nationalen Zugehörigkeit der Bevölkerung. Insbes. blieben die italienische, die polnische und die deutsche Frage offen. Österreichs Großmachtstellung wurde wiederhergestellt und im Gegensatz zu früher ein territorial geschlossener Staat geschaffen. Anstelle von Belgien und Vorderösterreich kam Oberitalien (Lombardei, Venetien) an Österreich. In der Toskana und in Modena wurden habsburgische Nebenlinien eingesetzt. An Stelle des untergegangenen Heiligen Römischen Reiches Deutscher Nation wurde 1815 nur ein loser Staatenbund (Deutscher Bund) errichtet.

Zumindest in den ersten Jahren nach 1815 war die europäische Außenpolitik geprägt vom politischen Konzept des österreichischen Kanzlers *Clemens Lothar Metternich*. Die drei Säulen seiner Außenpolitik bildeten **Legitimität, Legalität und Stabilität.**[9] Damit sollten die 1815 geschaffene europäische Ordnung aufrechterhalten, die Monarchien gestützt und aufgeklärte, liberale, demokratische, konstitutionelle oder nationale Bewegungen unterdrückt werden. In regelmäßigen Konferenzen koordinierten die europäischen Großmächte ihr Vorgehen und vereinbarten militärische Interventionen in den Staaten, in denen die innere Ordnung bedroht war.[10] Bereits nach wenigen Jahren zeigte sich das Scheitern des „Metternich'schen Systems“. Zum einen brachen zwischen den Großmächten Interessengegensätze auf, die zum Ausscheren Großbritanniens führten, zum anderen gelang es trotz der Interventionspolitik nationalen, konstitutionellen oder liberalen Bewegungen in einer Reihe von europäischen Ländern (zB Frankreich, Belgien, Griechenland) Einfluss auf die Politik zu gewinnen. Ab 1830 hatten die liberal regierten Länder in West- und die konservativen in Ost- bzw. Mitteleuropa das Übergewicht.

---

ge Eures Monarchen, der seine Glückseligkeit nur in der Eurigen findet.“ Zit. nach *Kleindel*, Urkund, 212. Vgl. auch *Hammer*, Österreichs Propaganda zum Feldzug 1809.

[9]) Auf dieser Basis schlossen sich 1815 der russische Zar Alexander I., der preußische König Wilhelm III. und der österreichische Kaiser Franz I. zur **Heiligen Allianz** zusammen, der später mit Ausnahmen des englischen Königs, des Papstes und des türkischen Sultans alle führenden Monarchen Europas beitraten. Sie sollte als Instrument der monarchischen Solidarität zur Aufrechterhaltung der Herrschaft der angestammten Dynastien dienen. Sie verpflichtete die Mitglieder zu einem christlich-patriarchalischen Kurs und enthielt gegenseitige Eingriffsrechte in innere Angelegenheiten.

[10]) Interventionen zur Niederschlagung insurrektionistischer oder konstitutioneller Bewegungen erfolgten zB in Spanien, Portugal und Süditalien. Überlegungen, die von Spanien abgefallenen Kolonien Lateinamerikas gewaltsam zurückzuerobern, scheiterten ua am Widerstand der USA, die eine Schutzmachtfunktion über die neu entstandenen lateinamerikanischen Staaten übernahmen.

5.1.3. Innenpolitische Entwicklung

Die Epoche von 1740 bis 1848 lässt sich in zwei Abschnitte gliedern, die durch das Jahr 1792 getrennt werden. Das **Reformzeitalter** war geprägt durch drei Herrscherpersönlichkeiten. *Maria Theresia* (1740–1780) war selbst nicht Kaiserin sondern begründete durch die Heirat mit Franz Stephan von Lothringen (als Franz I. dt. Kaiser von 1745 bis 1764) das Haus Habsburg – Lothringen. Ihr Sohn *Joseph II.* war röm.-dt. Kaiser von 1765 bis 1790 und in den Erbländern von 1765–1780 Mitregent bzw. von 1780–1790 Alleinregent. Ihm folgte sein Bruder *Leopold II.* (1790–1792). In der nachfolgenden Epoche der **Stagnation** bzw. Restauration **(Vormärz)** regierten *Franz II.* (1792–1806, als österreichischer Kaiser Franz I. 1804–1835) und der geistesschwache *Ferdinand* (1835–1848). Politisch geprägt wurde diese Epoche jedoch von Staatskanzler *Metternich* (gestürzt 1848).

Der Verlauf des österreichischen Erbfolgekriegs hatte die Rückständigkeit des Habsburgerreiches in aller Deutlichkeit aufgedeckt und gezeigt, dass dieses auf Dauer im internationalen Wettstreit nicht bestehen werden könne. Die Ursache hierfür sahen Maria Theresia und ihre Berater vor allem im nach wie vor bestehenden Einfluss der Stände sowie der mangelnden Homogenität des Reiches. Die Politik Maria Theresias und Josephs II. orientierte sich am Vorbild Frankreich bzw. Preußen und strebte die **Entmachtung der Stände** und die Errichtung eines zentralistisch organisierten **Behörden- und Beamtenstaates** an. Das Ziel, ein Staatganzes (totum) zu schaffen, war unter Joseph II. im Wesentlichen erreicht. Allerdings bezogen sich die Reformen überwiegend nur auf die österreichischen und böhmischen Erbländer, während Ungarn seine Sonderstellung behaupten konnte. Josephs II. Reformabsichten gingen wesentlich weiter als die von Maria Theresia. Sie wurden häufig überstürzt bzw. über die Köpfe der Betroffenen hinweg durchgeführt und stießen wiederholt auf massiven Widerstand der Bevölkerung, übten jedoch auf die Entwicklung in späteren Jahrzehnten eine bedeutende Fernwirkung aus. Als Leopold II. 1790 die Herrschaft übernahm, befanden sich inbes. Ungarn und die österreichischen Niederlande (Belgien) in Aufruhr. Durch die Rücknahme zahlreicher josephinischer Reformen gelang es Leopold II. in kurzer Zeit, das Land zu befrieden. Dabei musste er durch Zugeständnisse im Steuer-, Gerichts- und Rekrutierungswesen den Landständen einen Teil ihrer nach 1740 verloren gegangenen Rechte zurückgeben.

Der „Revolutionsschock", hervorgerufen durch die Ereignisse in Frankreich und eine, allerdings übertrieben aufgebauschte, „Jakobinerverschwörung" (1794) verursachten eine **Verhärtung des innenpolitischen Klimas** und die Abkehr vom Reformkurs. Unter dem neuen Herrscher *Franz II. (I.)* (1792–1835) und seinem Nachfolger *Ferdinand* (1835–1848), wurde die Erhaltung der monarchischen Herrschaft und die Abwehr aufgeklärtliberaler Ideen zum Hauptinhalt der Staatspolitik. Gab es während der napoleonischen Kriege noch gewisse liberale Freiräume und wurden patriotrisch-nationale Leidenschaften 1809 gezielt zur Stärkung der militärischen Abwehrkraft geschürt, so erfolgte nach 1815 eine weitgehende intellektuelle Abschottung Österreichs vom Rest Europas. Durch die

Unterdrückung liberaler, demokratischer und nationaler Bestrebungen versuchten die Herrscher im Vormärz, so werden die der Märzrevolution 1848 vorrangehenden Jahrzehnte genannt, den gesellschaftlichen Wandel zu verhindern.

5.1.4. Aufklärung – Vernunftrecht

Als Gegenkraft gegen die geistige und politische Bevormundung des Menschen durch absoluten Herrscher und kirchliche Institutionen entstand im 17. und 18. Jh. die **Aufklärung**, deren Gedanken vor allem im Bürgertum und im niederen Adel Fuß fassten. Sie strebte die Emanzipation des Menschen aus der Allgewalt von Monarch und Kirche an und entwarf ein gesellschaftliches Gegenkonzept, das auf der **Gleichheit der Menschen,** der **Volkssouveränität,** der **Beschränkung der staatlichen Macht** und einem säkularisierten Naturrecht **(Vernunftrecht)** aufbaute.

Der englische Philosoph **John Locke** (1632–1704) vertrat die Auffassung, dass die Menschen ursprünglich in einem Zustand völliger Freiheit und Gleichheit ohne gegenseitige Unterwerfung oder Herrschaft gelebt hatten. Da es in diesem Naturzustand immer wieder zur Verletzung der Rechte des Einzelnen gekommen wäre, hätten sich die Menschen schließlich zu einer Gesellschaft bzw. einem Staat zusammengeschlossen und einer Regierung unterstellt, mit dem Ziel, Leben, Freiheit und Vermögen zu bewahren. Von den Staatsgewalten – Legislative und Exekutive –, die immer in verschiedenen Händen liegen müssen, sei die höchste Macht im Staat die Legislative. Sie erhalte ihre Gewalt vom Volk durch Wahl oder Ernennung. Verpflichtende Gesetzeskraft könnte nur haben, was die Zustimmung der Gesellschaft erlangt habe. Aber selbst die Legislative als höchste Gewalt im Staate besäße keine absolute Gewalt. Sie sei viel mehr verpflichtet, "to govern by promulgated established laws, not to be varied in particular cases, but to have one rule for rich and poor, for the favorite at court and the countryman at plough ... these laws also ought to be designed for no other end ultimately but the good of the people."[11]

Beeinflusst von diesen Gedanken und angeregt durch die englische Verfassungspraxis nach der „glorreichen Revolution" 1688 entwickelte **Charles de Montesquieu** (1689–1755) seine Lehre von der Gewaltenteilung zwischen Legislative, Exekutive und Justiz. „Sobald in ein und derselben Person oder derselben Beamtenschaft die legislative Befugnis mit der exekutiven verbunden ist, gibt es keine Freiheit. Es wäre nämlich zu befürchten, dass derselbe Monarch oder derselbe Senat tyrannische Gesetze erließe und dann tyrannisch durchführte. Freiheit gibt es auch nicht, wenn die richterliche Befugnis nicht von der legislativen und der exekutiven Befugnis geschieden wird. Die Macht über Leben und Freiheit der Bürger würde unumschränkt sein, wenn jene mit der legislativen gekoppelt wäre, denn der Richter wäre Gesetzgeber. Der Richter hätte die Zwangsgewalt eines Unterdrückers, wenn jene mit der exekutiven Gewalt gekoppelt wäre."[12] Die Legislative sollte nicht das Volk selbst innehaben, sondern von Volk ausgewählte Repräsentanten ausüben. Für bevorrechtete Personen (Adel) sei ein eigener Vertretungskörper zu schaffen (Zweikammersystem, Oberhaus – Unterhaus). Die Exekutive müsse in den Händen eines Monarchen liegen, als Richter sollten Personen (Geschworene) fungieren, die nach einem vorher festgesetzten Verfahren aus dem Volkskörper ausgewählt werden. Die drei Staatsgewalten stünden in einem hierarchischen Verhältnis zueinander, wobei die Exekutive die stärkste Gewalt darstelle. Sie könne Beschlüsse der Legislative verhindern (Veto), hänge jedoch durch das Steuerbewilligungsrecht von dieser ab.

Jean-Jacques Rousseau (1712–1778) sah im Staat das Produkt eines Gesellschaftsvertrags: „An die Stelle der einzelnen Person jedes Vertragsschließenden setzt solcher Gesellschaftsvertrag sofort einen geistigen Gesamtkörper, dessen Mitglieder aus sämtlichen Stimmabgebenden bestehen, und der durch ebendiesen

[11]) *Locke*, Two Treatises of Government II, § 142 (1690).

[12]) *Montesquien*, De l'Esprit des loix (Vom Geist der Gesetze), XI. Buch 6. Kap. (1748).

Akt seine Einheit, sein gemeinsames Ich, sein Leben und seinen Willen erhält."[13] Träger der Staatshoheit wäre das Volk (Volkssouveränität). Dem Volk als Souverän käme der Primat gegenüber allen anderen (Staats-)Gewalten zu. Im Volk bestünde ein allgemeiner Wille (bzw. ein Gesamtinteresse, volonté générale), der durch Stimmenmehrheit zu ermitteln sei. Die Minderheit habe sich der Mehrheit unterzuordnen. Hinsichtlich der Frage der Organisation der Volksherrschaft lehnte *Rousseau* die Herrschaft durch gewählte Abgeordnete ab und forderte ihre Verwirklichung ausschließlich in Form der direkten Demokratie.[14]

Exkurs: Die in der Aufklärung entwickelten Systeme der Gewaltenteilung können nur bedingt auf unsere heutige Gesellschaft übertragen werden. Das von *Montesquieu* entworfene Konzept stellt im Wesentlichen das Modell eines *Machtausgleichs zwischen Monarchen und Volk* dar, berührt also ein Problem, das sich in einer Republik nicht stellt. Auf der anderen Seite konnten die aufgeklärten Staatstheoretiker das Entstehen politischer Parteien nicht voraussehen. Selbst bei vollkommener formaler Trennung zwischen Legislative (Parlament) und Exekutive (Regierung) wird in einer parlamentarischen Demokratie im Regelfall die stärkste im Parlament vertretene Partei auch die Regierung stellen. Schließlich greift das „Drei-Gewalten-Modell" auch deshalb zu kurz, weil es eine Reihe von gesellschaftlich relevanten Machtfaktoren (zB Medien, ökomomische Macht) außer Betracht lässt.

Mit der Glaubensspaltung und dem Fortschritt der Wissenschaft verlor die (christliche) Religion als Quelle des **Naturrechts** immer mehr an Überzeugungskraft. Die Vertreter des **Vernunftrechts** versuchten daher, das Naturrecht aus seiner religiösen Verfasstheit zu lösen.

An der Schwelle zu dieser neuen Auffassung stehend stellte **Hugo Grotius** (1583–1645) das Vernunftrecht über Gott. „Das Naturrecht ist so unabänderlich, dass selbst Gott es nicht verändern kann." Daraus folgerte er: „Das natürliche Recht ist ein Spruch der rechten Vernunft, wonach eine Handlung wegen ihrer Übereinstimmung oder Nichtübereinstimmung mit der vernünftigen Natur selbst moralisch verwerflich oder moralisch notwendig ist und deshalb von Gott, dem Schöpfer der Natur, verboten oder geboten ist".[15]

In der Folge setzte sich eine große Zahl von Rechtsgelehrten mit der Frage auseinander, wie der Inhalt dieses Vernuftrechts im Einzelnen aussähe und wie er zu beweisen wäre. **Samuel Pufendorf** (1632–1694) baute seine Rechtslehre auf der Annahme auf, dass der Mensch auf Grund seiner Unzulänglichkeit einerseits nur in Kooperation mit anderen überleben könne, er jedoch andererseits durch das Ausleben seiner Aggressionen dieses Zusammenleben immer wieder in Frage stelle. Der Mensch sei „ein auf seine Selbsterhaltung und seine Selbstsicherung bedachtes Wesen, für sich allein hilflos und unfähig, ohne Unterstützung von seinesgleichen zu leben, im höchsten Grade auf wechselseitige Förderung angewiesen, zugleich aber auch nicht weniger boshaft, mutwillig und leicht erregbar, ebenso fähig wie geneigt, andere zu schädigen". Das Naturrecht bilde daher die „Grundordnung des Gemeinschaftslebens, welche den Menschen lehrt, wie er sich als richtiges Glied menschlicher Verbände verhalten muss".[16] Aus der Hauptregel „Jedermann muss Gemeinschaft halten und dem Ganzen dienen, so gut er kann" leitete Pufendorf die einzelnen Rechtspflichten ab (zB niemanden schädigen, jeden anderen als gleichberechtigt ansehen).

---

[13]) *Rousseau*, Der Gesellschaftsvertrag, 1. Buch, 6. Kap.

[14]) „Jedes Gesetz, das das Volk nicht persönlich bestätigt hat, ist null und nichtig ... sobald ein Volk Vertreter ernennt, ist es nicht mehr frei ..." (*Rousseau*, Gesellschaftsvertrag, 3. Buch, 15. Kap.)

[15]) *Grotius*, De jure belli ac pacis I, 1.

[16]) *Pufendorf*, De Officio Hominis et Civis, zit. nach: *Wolf* (Hg.), Quellenbuch, 158f.

Noch einen Schritt weiter ging **Immanuel Kant** (1724–1804). Wegen ihrer Situationsbedingtheit lehnte er die Heranziehung historischer Erfahrungen (Empirie) als Mittel zur Erkenntnis der Regeln des Vernunftrechts ab. Statt dessen stellte er an die Spitze seines Lehrgebäudes eine formale bzw. verallgemeinerungsfähige Norm – den *kategorischen* (dh „unbedingten") *Imperativ*: „Handle nach einer Maxime, die zugleich als allgemeines Gesetz gelten kann". Daraus folgerte er einen für das 18. Jh. bemerkenswert weitgefassten Freiheitsbegriff: „Eine jede Handlung ist recht, die oder nach deren Maxime die Freiheit der Willkür eines jeden mit jedermanns Freiheit nach einem allgemeinen Gesetze zusammen bestehen kann".[17] Rechtlich unmöglich wäre es daher nach Kant zB, sich zum Eigentum eines anderen Menschen zu machen.

Neben allgemeinen Überlegungen stellten die Vertreter der Aufklärung und des Vernunftrechts eine Reihe von konkreten Forderungen zur Verbesserung der Staats- und Rechtsordnung auf: allgemeine und gleiche Rechtsfähigkeit aller Menschen; Abschaffung der Sklaverei[18], der Folter, der Todesstrafe, der Geheimprozesse und der Hexenverfolgung; Verbot willkürlicher Verhaftungen, Forderung von unveräußerlichen Menschen- und Grundrechten, Meinungs- und Redefreiheit, Bildung und Wohlfahrt für die breite Masse der Bevölkerung. Hinsichtlich der Religion sprachen sich die Aufklärer für religiöse Toleranz aus und verwarfen den Streit der Konfessionen. Einige waren Anhänger eines „Deismus", dh sie verehrten ganz allgemein ein „höheres Wesen."[19] Die unheilvolle Verknüpfung von Kirche und Staat sollte durch die Trennung der beiden bzw. die Unterordnung der Kirche unter dem Staat ersetzt werden.

Die Ideen der Aufklärung wurden in vielen Staaten unterdrückt und verfielen der kirchlichen Zensur (Index). Praktische Anwendung fanden sie zuerst in Großbritannien (Habeas-Corpus-Act 1679, Bill of Rights 1688), USA (Virginia Bill of Rights 1776, Amerikanische Verfassung) und Frankreich (zB Erklärung der Rechte des Menschen und des Bürgers 1789, Verfassungen ab 1791). Die Leistung der Aufklärung bestand vor allem darin, dass sie die monarchische Herrschaft sowie den Staat ihrer religiösen Herleitung entkleideten und die individuelle Freiheit zur Forderung erhoben. Auf den Ideen der Aufklärung bauten später der Liberalismus und der Konstitutionalismus auf.

5.1.5. Nationalismus

Eine zweite große politische Strömung, die am Ende des 18. Jh. entstand und im 19. Jh. in vielen europäischen Staaten die Politik bestimmte, war der **Nationalismus.** Er war als prägende politische Strömung in älteren Epochen unbekannt. Im MA erfolgte die Identifikation vorwiegend über die Zugehörigkeit zu einem Dorf, einer Stadt oder einer Pfarre. Gruppenbewusstsein vermittelte weiters die Standesangehörigkeit. Ab dem HMA erwuchs ein Wir-Gefühl darüber hinaus aus dem entstehenden Landesbewusstsein und in der FNZ

---

[17]) *Kant*, Metaphysik der Sitten (Einleitung in die Metaphysik der Sitten, Kap. IV) sowie Metaphysik der Sitten (Einleitung in die Rechtslehre, § B).

[18]) Auf dem Wiener Kongress 1815 wurde – allerdings ohne eine bestimmte Frist festzusetzen – die Abschaffung des Sklavenhandels (nicht jedoch der Sklaverei) beschlossen.

[19]) Die zentralen Dogmen dieser „bügerlichen Religion" umriss *Rousseau* mit folgenden Worten: „Das Dasein einer allmächtigen, weisen, wohltätigen Gottheit, einer alles umfassenden Vorsehung; ein zukünftiges Leben, die Belohnung der Gerechten und Bestrafung der Gottlosen, die Heiligkeit des Gesellschaftsvertrages und der Gesetze, das sind die positiven Glaubenssätze. Was die negativen anlangt, so beschränke ich sie auf einen einzigen, die Unduldsamkeit." (Gesellschaftsvertrag, 4. Buch 8. Kap.).

aus dem gemeinsamen Religionsbekenntnis. Der dem Nationalismus inhärenten „sprachnationalen Identifikation" fehlte bis zur Durchsetzung der allgemeinen Schulpflicht insofern die Basis, als in den meisten Ländern eine einheitliche nationale Sprache fehlte.[20] Nationalismus als Massenphänomen entstand erst zu Ende des 18. Jh. Einen nicht unwesentlichen Anteil daran trugen die Revolutionskriege.

Als *Merkmale einer Nation* setzten sich folgende Kriterien durch: a) Verbindung zu einem (bestehenden, untergegangenen, noch zu bildenden) Staat; b) Besitz einer geschriebenen nationalen Literatur- oder Amtssprache; c) erwiesene Fähigkeit zur (Selbst-)Behauptung als Nation und zur Expansion; d) bestimmte Mindestgröße.[21] Anfang des 19. Jh. entsprachen erst wenige Völker diesen Kriterien. Daher wurde vielen nach Unabhängigkeit oder nationalem Zusammenschluss strebenden Völkern im 19. Jh. von den führenden europäischen Herrschern die Eigenschaft abgestritten, eine eigene Nation zu sein (zB den Italienern und Südslawen). Während man am Wiener Kongress 1815 noch glaubte, die nationalen Forderungen übergehen zu können, bewirkte der aufkommende Nationalismus zwischen 1830 und 1918 eine völlige Veränderung der politischen Landkarte Europas. Dort, wo nationale Siedlungsräume auf mehrere Staaten aufgeteilt waren, wirkte der Nationalismus staatsbildend (zB Errichtung des Königreichs Italien 1860 und des Deutschen Kaiserreichs 1871). Staaten, in denen mehrere Völker zusammenlebten, konnten durch den Nationalismus hingegen zerstört werden (zB Österreich-Ungarn 1918, Osmanisches Reich).

5.2. Die Reformzeit (1749–1792)

Lit.: Wie oben Kap. 5.1.; weiters: *Baltl/Kocher*, Rechtsgeschichte^9, 159; *Beidtel*, Geschichte der österreichischen Staatsverwaltung 1740–1848; *BMWF/Österr. Akad. d. Wiss.* (Hg.), Österreich im Europa der Aufklärung; *Brauneder*, Verfassungsgeschichte^7, 79; *Conrad*, Rechtsstaatliche Bestrebungen im Absolutismus Preußens und Österreichs am Ende des 18. Jh; *Conrad*, ua (Hg.), Recht und Verfassung des Reiches in der Zeit Maria Theresias; *Conrad*, Verfassung und politische Lage des Reiches in einer Denkschrift Josephs II. von 1767/68, in: FS Nikolaus Grass I, 161; Feigl, Die niederösterreichische Grundherrschaft; *Hartung*, Der aufgeklärte Absolutismus, in: *Hartung* (Hg.), Staatsbildende Kräfte der Neuzeit, 149; *Hellbling*, Verfassungs- und Verwaltungsgeschichte^2, 283; *Hock/Bidermann*, Der österreichische Staatsrath (1760–1848); *Hoke*, Rechtsgeschichte, 228; *Holzmair*, Maria Theresia als Trägerin „männlicher" Titel, MIÖG (1964), 122; *Huber/Dopsch*, Reichsgeschichte^2, 233; *Kallbrunner*, Zur Neuordnung Österreichs unter Maria Theresia, in: Österreichische Zeitschrift für Geschichte 1918/19, 115; *Kleinheyer*, Aspekte der Gleichheit in den Aufklärungskodifikationen und den Konstitutionen des Vormärz, in: „Der Staat" BH 4 (1980) (Von der

---

[20]) Im Jahre 1789 sprach in Frankreich nur die Hälfte der Bevölkerung Französisch, davon wiederum beherrschte es nur ein kleiner Teil „richtig". Die in Italien Mitte des 19. Jh. durchgesetzte italienische Sprache wurde 1860 überhaupt nur von 2,5 % der Bevölkerung im Alltag verwendet. Auch im deutschen Sprachraum herrschte eine Vielzahl von Dialekten und Regionalsprachen (vgl. die sprachliche Sonderentwicklung in der Schweiz durch das Ausscheiden aus dem Kaiserreich im Jahre 1648), sodass die deutsche Hochsprache nur von einigen hunderttausend Personen als Alltagssprache verwendet wurde. (*Hobsbawm*, Nationen, 75).

[21]) Gerade dieses Schwellenprinzip, das für eine Nation eine Mindestgröße vom mehreren Millionen Menschen vorschrieb, musste dazu führen, dass kleinere Nationen von den größeren zum Verschwinden gebracht werden.

ständischen Gesellschaft zur bürgerlichen Gleichheit), 7; *Kocher*, Höchstgerichtsbarkeit und Privatrechtskodifikation; *Koller*, Zentralismus und Föderalismus in Österreichs Geschichte, in: Hellbling ua (Hg.), Föderalismus, 146; *Lehner*, Von der Kabinettsjustiz zur Unabhängigkeit der Richter, in: *Weinzierl/Stadler* (Hg.), Justiz- und Zeitgeschichte VI, 1; *Luschin*, Reichsgeschichte, 504; *Maasburg*, Geschichte der Obersten Justizstelle in Wien (1749–1848); *Pototschnig/Putzer/Rinnerthaler* (Hg.), Vom Glaubenszwang zur Religionsfreiheit, 145; *Ogris*, De sententiis ex plenitudine potestatis. Ein Beitrag zur Geschichte der Kabinettsjustiz vornehmlich des 18. Jh., in: FS Hermann Krause, 170; *Ogris*, Joseph II.: Staats- und Rechtsreformen, in: *Barton* (Hg.), Im Zeichen der Toleranz, 109; *Ogris*, Maria Theresia Iudex, in: Anzeiger der Österr. Akad. d. Wiss. (Phil.-hist. Klasse) 1973, 232; *Ogris*, Recht und Staat bei Maria Theresia, ZRG (GA) 1981,1; *Ogris*, Staats- und Rechtsreformen, in: *Koschatzky* (Hg.), Maria Theresia und ihre Zeit², 56; *Schimetschek*, Der österreichische Beamte, 77; *Selb/Hofmeister* (Hg.), Forschungsband Franz von Zeiller; *Strakosch*, Privatrechtskodifikation und Staatsbildung in Österreich (1753–1811); *Sturmberger*, Der absolutistische Staat und die Länder in Österreich, in: *Inst. f. Österreichkunde* (Hg.), Föderalismus, 67; *Ulbrich*, Das österreichische Staatsrecht³, 28; *Walter*, Maria Theresia. Briefe und Aktenstücke²; *Walter*, Die ideellen Grundlagen der Österreichischen Staatsreform von 1749, ZÖR XVII, 195; *Walter*, Die österreichische Zentralverwaltung II/1-5; *Walter*, Die Theresianische Staatsreform von 1749, *Walter*, Preußen und die österreichische Erneuerung von 1749, MIÖG (1937), 415; *Walter*, Verfassungs- und Verwaltungsgeschichte, 85; *Weinzierl-Fischer*, Der Absolutismus in Österreich 1740–1848, in: *Inst. f. Österreichkunde* (Hg.), Die Entwicklung der Verfassung Österreichs, 50.

5.2.1. Staatskonzeption und Reformziele des Aufgeklärten Absolutismus

Ziel des aufgeklärten Absolutismus (despotisme éclairé) war die Förderung des Gemeinwohls, also der „nutzen und das beste der größern zahl" der Bürger.[22] Aufgabe des Monarchen war die Förderung des allgemeinen Wohles als „erster Diener des Staates", seine Tätigkeit wurde als *Amt* verstanden. Allerdings existierte (von der präsumtiven Rechtfertigung vor Gott abgesehen) keine Instanz, die den Monarchen bei der Ausübung seines Amtes überwachte. Aufgabe der Untertanen war es, die ihnen auferlegten Pflichten willig zu erfüllen. Der Untertan wurde als Unmündiger betrachtet, der zu seinem Glück gezwungen werden musste. Die Reformen erfolgten daher nach dem Motto „Alles für das Volk, aber nichts durch das Volk" weitgehend ohne aktive Einbeziehung bzw. Beteiligung des Volkes.

Grundsätzlich bedeutet der Begriff „aufgeklärter Absolutismus" einen Widerspruch in sich. Tatsächlich griffen die Monarchen dieser Epoche nur einzelne spezifische Forderungen der Aufklärung auf, nämlich die, die dem **Ausbau des Machtstaates** dienlich waren und zu einer höheren Rationalität der gesellschaftlichen Organisation führten. Weitgehend unberücksichtigt blieben hingegen jene Gedanken der Aufklärung, die sich mit Kontrolle und Beschränkung der monarchischen Macht auseinandersetzten.[23]

---

[22]) Joseph II. in seinem 1783 an die Staatsbeamten gerichteten „Hirtenbrief" (abgedr. in: *Walter*, Zentralverwaltung II/4, Nr. 94). Dieses allgemeine Wohl umschrieb ein Zeitgenosse Josephs II., der in Hall lehrende *Georg Friedrich Lamprecht*, in seinem „Versuch eines vollständigen Systems der Staatslehre" (1784) in § 394 wie folgt: „Der erste Grundsatz in allen Regierungsgeschäften ist die Beförderung der Glückseligkeit der Bürger, sie in allen Betracht gesitteter, gesunder, aufgeklärter, wohlhabender, sicherer zu machen, ihnen Bequemlichkeiten und Annehmlichkeiten des Lebens zu verschaffen ..."

[23]) Ein Ausnahme hievon bildete Leopold II., der 1780 in der Toskana die Einführung einer konstitutionellen Verfassung plante. Die – später nicht realisierten – Richtlinien (abgedr. in: *Dickmann*, Renaissance, 651)

Zu diesem generellen Konzept traten in der Habsburger Monarchie aufgrund ihrer spezifischen historischen Entwicklung weitere Reformschwerpunkte:

* Schaffung eines **geschlossenen Staatskörpers** (totum), der als zentral gelenkter und bürokratisch verwalteter Macht- und Einheitsstaat an die Stelle der einzelnen Länder treten sollte.

* **Ausschaltung der Landstände** inbes. in Bezug auf Staatsfinanzen, Verwaltung und Justiz.

* Herstellung eines **einheitlichen Untertanenverbandes** und „gottgefälliger Gleichheit" durch die Verringerung der Vorrechte der privilegierten Stände.

* **Beseitigung der intermediären Gewalten** (Stadt-, Zunft-, Universitäts- und Grundherrschaften). Durchstaatlichung aller gesellschaftlichen Bereiche; alle obrigkeitliche Herrschaft sollte staatliche Herrschaft sein (Staatsomnipotenz).[24] Mit der Auflösung der traditionellen Obrigkeiten wurde der einzelne Bürger direkter Untertan des Landesfürsten.[25]

Die Durchsetzung dieser Konzeption implizierte den weitgehenden Bruch mit dem tradierten Herkommen. Dazu bedurfte es sowohl der Macht, die Veränderungen durchzudrücken, als auch der entsprechenden politischen Argumentation. Maria Theresia versicherte den Ständen zwar grundsätzlich die Beachtung ihrer Privilege, unterschied jedoch gleichzeitig zwischen *„wohl hergebrachten"* und *„übel hergebrachten"* Gewohnheiten. Letzteren sollte die Bestätigung versagt werden.[26] Joseph II. berief sich in seiner Politik auf die *Wiederherstellung der* lf. Souveränitätsrechte. Freiwillige Zugeständnisse, die seine Vorfahren gemacht hätten, seien jederzeit widerruflich, sobald die Umstände oder die Staatsräson dies notwendig machten.[27] Hinsichtlich des Verhältnisses Staat – Kirche berief er sich ausdrücklich auf die Vernunft anstelle der Bibel.[28] Auf diese Weise kam Joseph II. zu einer „rationalistisch-utilitaristischen Staatsauffassung"[29], die die Herrschaft ihrer metaphysischen Begründung entkleidete.

Den Anstoß für die Reformen bildeten die Erfahrungen des österreichischen Erbfolgekrieges, die die Rückständigkeit der Habsburger Monarchie offen gelegt hatten. Ansatzpunkt war zunächst die Reform des Militärwesens. Um die Stellung als europäische Großmacht behaupten zu können, glaubte man, ein stehendes Heer von 108.000 Soldaten aufstellen zu müssen. Die Finanzierung dieser Truppen (14 Mio. fl) zwang zur Reform der Staatsfinanzen, inbes. einer massiven Erhöhung der Staatseinnahmen. Da die Stände in der Vergangenheit nie mehr als 9 Mio. fl. als Militärkontribution bewilligt hatten, musste die

---

basierten auf den Gedanken der Volkssouveränität (unverzichtbare Freiheit und Selbstbestimmung der Bürger) und der Beschränkung der Macht des Herrschers durch eine geschriebene Konstitution.

[24]) Hand in Hand damit entwickelte sich die Uniform zum Kennzeichen der im Staatsapparat Tätigen. Nachdem sich beim Militär bereits im 18. Jh. eine einheitliche Uniform durchgesetzt hatte, wurde sie schließlich 1815 auch für die zivilen Beamten eingeführt.

[25]) Mit der Zerschlagung der traditionellen Strukturen wurde der Einzelmensch aus seinem bisherigen Sozialgefüge herausgelöst und stand hinfort dem Staat als Individuum gegenüber, wobei das Gemeinwohl gegenüber den Interessen des Einzelnen den Vorrang besaß. Dieser Gedanke sowie die Individualisierung der Gesellschaft kamen im oben zit. „Hirtenbrief" Josephs II. explizit zum Ausdruck: „... nach dem grossen grundsatz benehmen, dass er nur ein einzelnes individuum seye und dass das beste des grössern haufens weit das seinige, so wie eines jeden particulier und selbst des landesfürsten, als einzelner mann betrachtet, übertreffe ..."

[26]) Denkschrift Maria Theresias aus 1750/51, abgedr. bei *Walter* (Hg.), Maria Theresia. Briefe^2, Nr. 72 (S. 75, 89).

[27]) Brief Joseph II. an Papst Pius VI. vom 12. September 1781, abgedr. bei *Maass*, Josephinismus II, 271.

[28]) Brief von Joseph II. an Papst Pius VI. vom 15. August 1782 (ebenda, 390).

[29]) *Ogris*, Joseph II., in: *Barton* (Hg.), Toleranz, 116.

Finanzreform zur Verfassungs- und Staatsreform fortschreiten (zB Entmachtung der Stände, Auflösung der Länderstrukturen, Errichtung lf. Behörden auf den unteren Ebenen). Diese „Revolution von oben“ (*W. Ogris*) wurde von den betroffenen Ständen auch als solche empfunden.[30]

5.2.2. Reform des Finanz- und Steuerwesens

Die Staatsfinanzen befanden sich im Jahre 1740 in einem denkbar jämmerlichen Zustand. Bei jährlichen Staatseinnahmen von ca. 25 Mio. fl. betrugen die Staatsschulden ca. 100 Mio. In der Führung des Staatshaushalts herrschte Chaos. Eine alle Staatsausgaben umfassende jährliche Budgetplanung fehlte, man gab einfach das hereinkommende Geld wieder aus. Die Hofkammer war nicht einmal in der Lage, eine Übersicht über alle Aktiva und Passiva aufzustellen. Zahlreiche Steuern waren zur Besicherung von Krediten an Private verpfändet.

Die aus sicherheitspolitischen Erwägungen für notwendig erachtete Aufstockung des Heeres konnte angesichts dieser Budgetlage nur durch eine Anhebung der von den Landständen aufzubringenden Kontributionale von 9 auf 14 Mio. fl. finanziert werden. Die Stände beharrten auf ihren Steuerprivilegien und wollten die Erhöhung auf die Bauern überwälzen. Da dies politisch nicht vertretbar war, beschritt Maria Theresia den Weg der Einschränkung bzw. **Brechung des landständischen Steuerbewilligungsrechts.** Im Originalton lautete dies: „Der Hof befehle expresse, sie sollten sie (nämlich die erhöhten Kontributionen) freiwillig bewilligen.“[31] Sie zwang die Landstände zum Abschluss von Verträgen (sog. Dezennalrezesse), in denen sich die Landstände auf zehn Jahre im Voraus verpflichteten, die eingeforderten Beträge aufzubringen.[32] Als Ausgleich für die Erhöhung wurden die Landstände von allen Naturalleistungen an das Heer (Ausnahme: Einquartierung) befreit.

Die Theresianische Steuerrektifikation (1748) hob die Steuerfreiheit der adeligen bzw. geistlichen Grundstücke auf. Der Boden der Grundherren (Dominikalgut) wurde allerdings nur halb so hoch besteuert wie der der Bauern (Rustikalland). Um das „Bauernlegen“, dh die Vertreibung der Bauern von der Scholle und die Umwandlung von Rustikalland in Dominikalgut zu verhindern, ließ Maria Theresia erstmals einen staatlichen Grundkataster anlegen. Die Vermessung des Landes erfolgte jedoch erst unter Joseph II. Dieser führte 1789, ohne die Stände zu befragen, anstelle der alten Kontribution eine Grundsteuer ein,

---

[30]) Etwa schrieb der Haushofmeister Fürst Johann Joseph Khevenhüller-Metsch in sein Tagebuch: „... so fande sich alles hierüber betroffen und waren généralement die Gemüther desto niedergeschlagener, weillen man dergleichen Revolution sich nicht erwartet“, zit. nach *Ogris*, Recht und Staat bei Maria Theresia, ZRG (GA) 1981, 8.

[31]) *Walter*, Zentralverwaltung II, 1. Bd., 1. Halbband 122.

[32]) Steiermark, Krain, Görz und Gradiska bewilligten allerdings nur für drei Jahre. Als sich die Kärntner Landstände weigerten, führte Maria Theresia die Abgabe kraft lf. Machtvollkommenheit (iure regio) ein.

welche alle Grundstücke einem einheitlichen Steuersatz von ca. 12,3 % unterwarf[33], aber 1790 auf Druck der Stände bereits wieder aufgehoben werden musste. Auch hinsichtlich der Personalsteuern setzte Joseph II. bemerkenswerte Akzente: Der ökonomisch Stärkere sollte höhere Steuern zahlen als der ökonomisch Schwächere.[34]

Im Ergebnis gelang es nur zeitweise, den Staatshaushalt zu sanieren. Während die Staatseinnahmen auf 57,6 Mio. fl. (1780) gestiegen waren, hatten sich die Staatsschulden im selben Jahr auf 286,6 Mio. fl. erhöht.[35] Auch das zur Finanzierung des 7-jährigen Krieges eingeführte **Papiergeld** konnte die strukturellen Schwächen der österreichischen Staatsfinanzen nicht dauerhaft verbessern. Diese in immer größerer Zahl emittierten Banknoten (sog. Bancozettel) entbehrten der notwendigen Deckung. Aufgrund des den napoleonischen Kriegen nachfolgenden Staatsbankrotts (1811) konnten die Bancozettel nur mehr zum Zwangskurs von 1/5 des Nennwerts umgetauscht werden.

5.2.3. Reform des Staats- und Behördenaufbaus

Bei Regierungsantritt Maria Theresias war die Habsburger Monarchie auch nach ihrer Behördenstruktur weit davon entfernt, ein Staatsganzes zu bilden. Den einzelnen Ländergruppen standen eigene Zentralbehörden vor und die Landstände (insb. der höhere Adel) besaßen großen Einfluss auf die Verwaltung. Die ab 1749 eingeleitete Reform bildete den zweiten Akt im „zähen Grabenkampf um Geld, Behörden, Beamte, Einfluss und Kompetenzen."[36] Ziel der Reform bildeten die Zusammenführung der Behörden der Ländergruppen **(Zentralisation);** die Schwächung der Landstände durch die Ausweitung der lf. Verwaltung auf die mittlere und untere Ebene; damit verbunden, die Schaffung eines Durchgriffsrechts des Landesfürsten auf seine Untertanen und schließlich eine neue sachliche Gliederung der Behörden. Die Reform vollzog sich in mehreren Schüben und erfasste alle Verwaltungsebenen:

Zentralbehörden:

Verwirklicht wurde die Vereinigung der böhmischen mit den österreichischen Behörden. Nur in Ausnahmefällen waren die neu errichteten Zentralstellen auch für Ungarn bzw. die italienischen oder niederländischen Gebiete zuständig. Herauslösung der Justiz aus der allgemeinen politischen Verwaltung auf oberster Ebene. Um den Finanzbehörden bei der

---

[33]) Politisch bedeutsam war einerseits, dass die Steuer nicht mehr durch den Grundherrn sondern durch die Gemeinde eingehoben wurde und andererseits die Verhinderung der Überwälzung der Steuer vom Grundherrn auf die Bauern.

[34]) Noch zu Beginn des 16. Jh. gab es Kopfsteuern, die von jeder Person unabhängig vom Vermögen den gleichen Betrag verlangten. An ihre Stelle traten später sog. „Klassensteuern", bei denen die Bevölkerung in Ständeklassen eingeteilt wurde. Die nach der Größe des Einkommens bzw. Vermögens abgestufte Steuer ist ein Produkt des 18. Jh. (*Mensi*, Art. „Finanzgeschichte", StWb II², 52).

[35]) Vgl. *Mensi*, Art. „Staatsschuld", StWb IV², 438.

[36]) *Ogris*, Recht und Staat bei Maria Theresia, ZRG (GA) 1981, 5.

Steuereintreibung mehr Gewicht zu verleihen, wurden sie mit der allgemeinen Verwaltung vereinigt.

a) 1740–1760:

* Errichtung der **(geheimen) Haus-, Hof- und Staatskanzlei** für die Führung der auswärtigen Angelegenheiten (1742).
* Das **Directorium in Publicis et Cameralibus** (1749–1760) trat an die Stelle der österreichischen bzw. böhmischen Hofkanzlei. Seine Aufgaben umfassten die gesamte innere Verwaltung einschließlich des Finanzwesens. Diese „Superbehörde" zog in der Folge immer mehr Aufgaben an sich, bis sie an der durch die Kompetenzkonzentration entstandenen Schwerfälligkeit scheiterte.
* Um die Justiz von der allgemeinen Verwaltung zu trennen, wurde die **Oberste Justizstelle** (1749–1848) errichtet.

b) 1760–1780:

Die Schwerfälligkeit des mit Kompetenzen überlasteten Directoriums sowie der Mangel an Koordination zwischen den obersten Dienststellen zwang zu einer erneuten Reform. 1760 existierten neben den nachstehenden weitere 15 Zentralbehörden:

* Einführung eines **österreichischen Staatsrats** (bis 1848), der für alle habsburgischen Länder zuständig war und die Oberleitung über die Zentralbehörden ausübte. Er besaß keine Exekutivgewalt sondern diente der Beratung des Herrschers. Seine Mitglieder (drei aus dem Herren-, drei aus dem Ritterstand) tagten nicht gemeinsam sondern entschieden im Umlaufwege.
* Die **k.k. vereinigte böhmisch-österreichische Hofkanzlei** bildete die Nachfolgerin des von der Finanzverwaltung entlasteten Directoriums.
* Das Finanzwesen wurde auf drei Behörden aufgeteilt: **Hofkammer** (Verwaltung der Einnahmen), **Generalkasse** (Auszahlung bzw. Empfang der Gelder), **Hofrechenkammer** (Kontrollbehörde).
* Dem **Kommerzienrat für Handel und Industrie** oblag die Förderung der wirtschaftlichen Angelegenheiten sowie die Führung der Staatsbetriebe.

c) 1780–1790:

* 1782 schuf Joseph II. die **Vereinigte Hofstelle**, in der allgemeine und Finanzverwaltung erneut vereint wurden.
* Für bestimmte Aufgaben existierten eigene **Kommissionen**, zB: Studienhofkommission, Urbarialregulierungskommission, Zensurhofkommission, Geistliche Hofkommission, Gesetzgebungskommission.

d) 1790–1792:

* Leopold II. kehrte im Wesentlichen zum Organisationsmodell von vor 1780 zurück.

Mittelbehörden:

Auf dieser Ebene ging es vor allem darum, den Einfluss der Stände auf die Landesbehörden auszuschalten und eine Ebene tiefer Institutionen zur Kontrolle der Grundherrschaften und Gemeinden zu schaffen.

a) 1740–1760:

* An die Stelle der alten Landesbehörde traten 1749 zwei neue Einrichtungen: Die **Repräsentation und Kammer** war zuständig für die allgemeine politische Verwaltung und die Finanzen. Der (Landes-)Justizstelle oblagen Rechtsprechung und Justizverwaltung.

* Ab 1747 wurden in den Erbländern **Kreisämter** geschaffen, deren räumliche Ausdehnung etwa den historischen Vierteln der Länder[37] entsprach. Im Gegensatz zu allen übrigen Behörden, die kollegial organisiert waren, stand dem Kreisamt ein **Kreishauptmann** vor. Den Kreisämtern oblag die allgemeine Verwaltung und die Überwachung der Vollziehung der Anordnungen der Zentralstellen durch die Ortsobrigkeiten.

b) 1760–1780:

* 1760 wurden Verwaltung und Justiz erneut in einer Behörde vereint, die entweder **Gubernium** (Böhmen, Mähren, Steiermark, Tirol), **Regierung** (Österreich u.d.E.) oder **Landeshauptmannschaft** (Österreich o.d.E., Kärnten, Krain) hieß.

c) 1780–1790:

* Joseph II. fasste die Erbländer zu insgesamt 13 Regierungsbezirken (Gouvernementbezirke, Provinzen) zusammen, sodass diese Regierungsbezirke teilweise mehrere Länder umfassten.[38] An der Spitze des Regierungsbezirks stand das **Gubernium** (Statthalterei), dem die gesamte Verwaltung mit Ausnahme des Militär- und Gerichtswesens oblag.
* Für die Justizsachen wurden **Appellationsgerichte** (2. Instanz) errichtet, die den Einfluss der Landstände auf die Rechtsprechung beseitigten.
* Im Zuge der Bauernbefreiung wurden die Kompetenzen des **Kreisamtes** ausgedehnt, wodurch es zu einer Oberbehörde der Grundherrschaft wurde (vgl. unten).

d) 1790–1792:

* Leopold II. machte die Zusammenlegung mehrerer Länder zu einem Regierungsbezirk rückgängig.

Lokalbehörden:

Grundsätzlich wurden auch während der Reformepoche die alten Lokalbehörden (Grundherrn, Gemeindeobrigkeiten, städtische Organe) beibehalten. Die Ersetzung durch staatliche Organe wäre aus finanziellen sowie personellen Erwägungen nicht möglich gewesen und wohl auch am politischen Widerstand der Stände gescheitert.

* Die städtische Autonomie wurde durch die Einführung der **Magistratsverfassung** (1783) weiter eingeschränkt. An die Stelle der bisherigen Stadtorgane trat ein *Magistrat*[39] mit einem Bürgermeister an der Spitze. Die Magistratsräte wurden zwar nach wie vor von einem Gemeindeausschuss gewählt, wählbar war jedoch nur, wer vor dem Appellationsgericht eine Prüfung abgelegt und vom Gubernium das Qualifikationsdekret (decretum eligibilitatis) erhalten hatte.
* Das Untertans- und das Strafpatent 1781[40] regelten erstmals staatlicherseits das Verwaltungs- und Gerichtsverfahren bei den Grundobrigkeiten. Für die beschwerten Grunduntertanen wurde ein vierstufiger

[37]) 1784 bestand folgende Kreiseinteilung (JGS 1784/268): Land u.d.E.: Oberer Wienerwalder Kreis (St. Pölten), Unterer Wienerwalder Kreis (Traiskirchen), Oberer Mannhartsberger Kreis (Krems), Unterer Mannhartsberger Kreis (Korneuburg); Land o.d.E.: Mühlviertler Kreis (Freistadt), Traunviertler Kreis (Steyr), Hausruckviertler Kreis (Lambach), Innviertler Kreis (Ried).

[38]) Unter ein gemeinsames Gubernium wurden zusammengefasst: Schlesien und Mähren; weiters Kärnten, Krain und die Steiermark; dann Görz, Gradiska und Triest; schließlich Galizien und die Bukovina.

[39]) Die Magistratsräte wurden auf vier Jahre gewählt und waren in drei Senate (Verwaltung, Zivil- und Strafgerichtsbarkeit) gegliedert.

[40]) P. v. 1.9.1781, JGS 1781/23f.

Instanzenzug (Grundobrigkeit, Kreisamt, Gubernium, Zentralbehörde) geschaffen. Bei der Verhängung bestimmter Strafen (zB Arrest von mehr als 8 Tagen) war die Zustimmung des Kreisamtes notwendig.

Hatten alle diese Maßnahmen eine gewaltige Schwächung des Einflusses der Landstände auf die Verwaltung und das Gerichtswesen bewirkt, so erging 1783 darüber hinaus das **Verbot aller ständischen Versammlungen**. Die Landtage durften sich hinfort ausschließlich zur Beratung von Steuerfragen versammeln, wurden aber von Joseph II. nicht mehr einberufen. Gleichzeitig erfolgte die Aufhebung der landständischen Verwaltungsorgane (Ausschüsse, Verordnete) und die Stände verloren die Verwaltung über die Landesfonds, somit die Verfügung über die landständischen Finanzmittel. Ständische Vertreter wurden zwar zu den Sitzungen der Gubernien beigezogen, erlangten jedoch keinen politischen Einfluss. Erst Kaiser Leopold berief ab 1790 die Landtage wieder ein und gab den Landständen einen kleinen Teil ihrer früheren Rechte zurück.

5.2.4. Justizreform/Kodifikationen

Die von Maria Theresia begonnene Neuorganisation bewirkte eine Herauslösung der Justiz aus der allgemeinen Verwaltung auf oberster und mittlerer Ebene. Die **Oberste Justizstelle** (1749–1848) vereinigte die Funktionen eines obersten Gerichtshofs mit der obersten Leitung der Justizverwaltung. Ihr Kompetenzbereich erstreckte sich sowohl auf die böhmischen als auch auf die österreichischen Erbländer. Auf Landesebene wurden die tradierten Landesbehörden zu (Landes-)Justizstellen (bis 1760) umgewandelt, bei denen der ständische Einfluss länger bestehen blieb. Joseph II. richtete ab 1782 **Appellationsgerichte** (2. Instanz; Vorläufer der heutigen OLG) ein, deren Sprengel sich nur zum Teil mit den Regierungsbezirken deckten. Er reduzierte drastisch die Zahl der erstinstanzlichen Gerichte. Sein Versuch, die Strafgerichtsbarkeit bei sog. **Kriminalgerichten** (jeweils eines pro Kreis) zu konzentrieren[41], scheiterte aber am Widerstand der Stände.[42] Die Grundherrn durften die Gerichtsbarkeit nur mehr durch staatlich approbierte Richter ausüben.

Grundsätzlich bestand in Zivil- und Strafsachen ein dreigliedriger Instanzenzug.[43] Bei Gleichförmigkeit der Urteile der beiden Untergerichte fand kein Rechtszug an die dritte Instanz statt:

1. Instanz: Städtischer Magistrat, Grund-, Dorf- oder Marktgericht, Landrecht (für bestimmte Adelige);[44]

2. Instanz: Appellationsgericht (in Strafsachen als Kriminalobergericht);

3. Instanz: Oberste Justizstelle.

---

[41]) Für das Land o.d.E. war je ein Kriminalgericht in Linz, Wels, Gmunden, Freistadt und Ried vorgesehen (JGS 1787/712).

[42]) *Domin-Petrushevecz*, Rechtsgeschichte,172.

[43]) JGS 1782/43-45, 47, 57f, 130, 147.

[44]) Außerhalb dieses Instanzenzuges bestanden weitere Gerichte: Militär- und Berggerichte sowie die Gerichtsbarkeit des kaiserl. Reichshofrats und der kaiserl. Reichskanzlei (P. v. 11. 4. 1782, JGS Nr. 43).

Der **Trennung von Justiz und Verwaltung** in den höheren Instanzen lagen weder gewaltenteilende Überlegungen der Aufklärung noch eine Selbstbeschränkung des Monarchen zugrunde. Dies geht schon daraus hervor, dass die mit der richterlichen Funktion beauftragten Beamten weder unabhängig noch unabsetzbar waren. Vielmehr strebte man eine größere Effizienz der Justiz (Rationalisierung durch Spezialisierung) an.[45] Weiters wollte man die Verwaltung von der Fessel der Justiz (die stärker dem tradierten Recht verbunden blieb) befreien.[46]

Kodifikationen: Die Vereinheitlichung der divergierenden Rechtsordnungen der einzelnen Länder durch länderübergreifende Gesetze wurde als wirkungsvolles Mittel zur Errichtung eines Staatsganzen eingesetzt und bildete die logische Konsequenz der Zentralisierung. Der Unterschied zwischen den zahlreichen Stadt- und Landrechten wurde ausgelöscht Die Kodifikationen stellten darüber hinaus im Zivil- und Strafrecht die Rechtsgleichheit der Untertanen her, indem sie die bisherigen Standesunterschiede aufhoben und ein für alle Bürger („allgemeines") gleiches Recht schufen. Während die Gesetzgebung unter Maria Theresia noch stärker dem tradierten Recht verbunden war, gelangte unter Joseph II. das Vernunftsrecht zum Durchbruch. Ausgearbeitet wurden die Kodifikationen in der 1756 errichteten *Gesetzgebungskommission.*

Strafrecht: Theresianische Halsgerichtsordnung 1768 (Constitutio Criminalis Theresiana); 1787 ersetzt durch das wesentlich modernere Josephinische Strafgesetzbuch.

Strafprozess: Kriminalgerichtsordnung 1788; sie führte das **Inquisitionsprinzip** ein (Vereinigung von Ankläger und Richter in einer Person).

Zivilrecht: Der 1766 fertiggestellte Codex Theresianus erwies sich für die Rechtspraxis als unbrauchbar, bildete jedoch die Basis für spätere Arbeiten. Das Ehepatent 1783 machte die Ehe zu einem bürgerlich--rechtlichen Vertrag und unterstellte sie der staatlichen Jurisdiktion. Das Erbfolgepatent 1786 schuf ein für alle Stände gleiches gesetzliches Erbrecht. Das Josephinische Gesetzbuch 1787 enthielt den 1. Teil (Personenrecht) des noch zu schaffenden einheitlichen Privatrechts.

Zivilprozessrecht: Allgemeine Gerichtsordnung und Allgemeine Konkursordnung (beide 1781).

Die Gesetzgebung der Reformzeit griff zentrale Gedanken der Aufklärung auf: Rechtsgleichheit, Abschaffung der Hexenprozesse[47] (1756), der Folter[48] (1776) und der Todesstrafe im ordentlichen Verfahren[49], Durchsetzung des Analogieverbots im Strafrecht (nullum crimen sine lege).

---

[45]) In einem Handschreiben vom 2. 5. 1749 führte Maria Theresia aus, dass sie „... einem jeden Reich- und Armen die Gott gefällige Gerechtigkeit schleinig administriret" werde. Um dies zu erreichen, fand sie sich „... bemüßiget, eine gänzliche Seperation des Justizwesens von den Publicis und Politicis der Länder vorzunehmen . . . und dadurch zu bewürken, dass eine Materie die andere nicht mehr wie bishero verhinderen und aufhalten, sondern alles ohne Unterbruch beförderet werden möge." (*Walter*, Maria Theresia, Briefe^2, Nr. 69).

[46]) *Ogris*, Recht und Staat bei Maria Theresia, ZRG (GA) 1981, 16.

[47]) 1740 ordnete Maria Theresia an, dass ihr alle Hexenprozesse zur Einsicht vorgelegt werden müssten, um weiteren „Unfug" zu verhindern. Sechzehn Jahre später verfügte sie das Ende der Hexenprozesse, da sicher sei, „dass allein Hexen sich finden, wo die Ignoranz ist, mithin selbe zu verbessern, so wird keine mehr gefunden werden". Zit. nach *Byloff*, Hexenglaube und Hexenverfolgung, 161.

[48]) Die CCTh (1768) hatte die Folter nicht nur noch zugelassen, sondern im Anhang durch umfangreiche bildliche Illustrationen das Gerichtspersonal in der richtigen Anwendung der Tortur unterwiesen.

[49]) Josephinisches Strafgesetzbuch 1787, JGS Nr. 611.

5.2.5. Beamtenschaft – Bürokratie

Die Zahl der (grundherrschaftlichen, landständischen, landesfürstlichen) Beamten war im 17. und beginnenden 18. Jh. verglichen mit der späteren Entwicklung noch relativ gering. Die höheren Positionen befanden sich fest in der Hand des Hochadels, der sich stärker den eigenen Standesinteressen als dem Staat verpflichtet fühlte. Die Entlohnung der Beamten erfolgte meist aus ihrer Tätigkeit heraus durch Naturalien, Sporteln oder Tantièmen und nur zu einem geringeren Teil durch ein fixes Gehalt. Üblicherweise musste ein Beamter zunächst mehrere Jahre unentgeltlich arbeiten, um sich durch die praktische Tätigkeit die Kenntnisse anzueignen. Es gab keine Altersversorgung. Häufig wurde über die fachliche Inkompetenz, mangelnden Arbeitseinsatz sowie die weitverbreitete Korruption geklagt.

Die Reformkonzepte der aufgeklärt-absoluten Herrscher bauten darauf auf, die Beamtenschaft/Bürokratie zur Stütze der staatlichen Herrschaft zu machen und als integrativen Faktor zur Schaffung eines einheitlichen Staatskörpers einzusetzen. Die lf. Beamtenschaft sollte als Waffe gegen die Stände dienen und den Wandel vom Feudalstaat zum Beamtenstaat herbeiführen. Weiters sollte sie als Transmissionsriemen fungieren, um die politischen Konzepte des Landesfürsten ins Volk zu tragen. Die Ausweitung der staatlichen Tätigkeit auf neue Aufgabengebiete sowie die Errichtung staatlicher Behörden auf mittlerer Ebene führten zu einer wesentlichen Vermehrung der Zahl der Beamten. Durch eine geschickte Personalpolitik gelang es den Reformgesinnten, alle wichtigen Staatsstellen mit ihren Parteigängern zu besetzen.[50]

Dieses Konzept konnte jedoch nur aufgehen, wenn die Stellung der Beamten insgesamt reformiert wurde. Dem dienten eine Vielzahl von Maßnahmen, die einen Beamtentypus schufen, der im Wesentlichen bereits modernen Vorstellungen entsprach: lebenslange Daueranstellung, Beamtentätigkeit als (ausschließlicher) Hauptberuf[51], Verbot der Geschenkannahme[52], ab 1772 schrittweise Umstellung der Besoldung auf ein Fixgehalt in Geld, allgemeine Beförderungsrichtlinien, Einführung einer Alters- und Hinterbliebenenversorgung (Pensionsnormale 1781), Erfordernis einer für die angestellte Funktion entsprechend qualifizierenden Ausbildung.[53] Unter Joseph II. kam es zu einer deutlichen Zurückdrängung des Adels in der Bürokratie und einer Zunahme der Beamten bürgerlicher Herkunft. Um die Fähigkeiten und das Betragen der Beamten beurteilen zu können, wurden Führungslisten (Konduitlisten, 1781) eingeführt, die jedoch mehr Schaden[54] als Nutzen anrichteten (abgeschafft 1790).

---

[50]) Ein Überblick über die politische Orientierung der Spitzenbürokratie um 1784 findet sich bei *Beidtel*, Staatsverwaltung I, 213.

[51]) ZB für Kreishauptleute bestimmt durch die Hofentschließung vom 29. 6. 1765.

[52]) Der wiederholte Erlass dieses Verbots deutet auf seine Wirkungslosigkeit hin: Hfrs. v. 19./20. 12. 1749; HD v. 3. 1. 1752, P. v. 18. 2. 1769, Hfrs. v. 12. 1. 1775.

[53]) ZB bestimmte die Hofentschließung von Böhmen vom 22. 12. 1786 (Krop. HB XI^2, 931), dass bei einer Anstellung jedesmal die vorschriftsmäßigen Studienzeugnisse zu überprüfen seien und niemand zuzulassen sei, „der nicht über die erforderlichen Wissenschaften sich ordnungsmässig ausgewiesen hat".

[54]) In diesen Konduitlisten musste der Behördenleiter in tabellarischer Form seine untergebenen Beamten beurteilen. Diesem gegenüber blieb der Bericht geheim. Da sie die Grundlage für Beförderungen darstellte, entstand ein eklatantes Abhängigkeitsverhältnis zwischen Vorgesetztem und Untergebenen. Diese Listen

Neben den personellen Maßnahmen erfolgte eine Modernisierung der Arbeitsmethode der Bürokratie: Einführung des aktenmäßigen Verfahrens bei den Unterbehörden[55] (schriftliche Protokolle und Entscheidungen), Archivierungsvorschriften, schriftliche Aufzeichnungen über die Ausführung einer Weisung etc.

In der Praxis konnte die Beamtenschaft den hoch gesteckten Erwartungen nicht immer gerecht werden. Neben engagierten, vom Geist der Aufklärung und dem neuen Staatsethos durchdrungenen Beamten gab es auch viele obstruierende[56], korrupte, fachlich inkompetente und geistig träge Amtsträger. An diese richteten sich eine Vielzahl von Erlässen und schließlich der berühmte „Hirtenbrief"[57] Josephs II. (1783). Darin warf er ihnen Eifersüchteleien, unnütze Schreibereien und eine „mechanisch-knechtische Art" vor. Er schloss schließlich mit den Worten: „... jener aber, der nur das seinem dienst anklebende utile oder honorificum zum augenmerk hat, die bedienung des staats aber als nebending betrachtet, der soll es lieber voraussagen und ein amt verlassen, zu dem er weder würdig, noch gemacht ist, dessen verwaltung eine warme seele für des staats bestes und eine vollkommene entsagung seiner selbst und aller gemächlichkeiten fordert."

5.2.6. Reformen auf dem Gebiet des Religionswesens

Die Herrschaftsverdichtung im aufgeklärt-absolutistischen Staat und die Betonung des Staatsutilitarismus bewirkten zwei tiefgreifende Änderungen auf dem Gebiet des Religionswesens: Aufgabe des Dogmas, dass der Staat die Glaubenseinheit aufrechtzuerhalten habe und Umwandlung der Kirche zu einem Instrument des Staates.

5.2.6.1. Toleranzgesetzgebung

Maria Theresia stand noch ganz in der alten Tradition der „Verteidigerin der Glaubenseinheit". Sie setzte die Verfolgung, Zwangsbekehrung und Vertreibung[58] der Protestanten bis 1777 fort.[59]

---

dienten auch als Mittel, um sicherzustellen, dass der Wille des Monarchen bis in die unterste Ebene der oft widerstrebenden Verwaltung befolgt wurde. Durch die Inaussichtstellung angemessener Belohnungen sollten die Beamten weiters angeregt werden, Verfehlungen von Kollegen zur Anzeige zu bringen (JGS 1782/53). Dies förderte die Denunziation und schuf ein Klima des gegenseitigen Misstrauens.

[55]) ZB V. in Wien v. 7. 1. 1754, Krop. Slg. II/314.

[56]) *Beidtel* (Staatsverwaltung, 55) berichtete davon, dass Beamte die Verweise höherer Behörden einfach zerrissen hätten, die Protokollierungsvorschriften auch nach 15 Jahren noch nicht befolgt würden und die statistischen Erhebungen mitunter absichtlich so schlecht wie möglich erfolgt wären. Viele Beamte arbeiteten nach dem Grundsatz, „man solle sich in dem, was gut sei, durch schlechte Gesetze nicht irre machen lassen."

[57]) Abgedr. bei *Walter*, Zentralverwaltung II/4, Nr. 94.

[58]) Vgl. *Nowotny*, Die Transmigration ober- und innerösterreichischer Protestanten nach Siebenbürgen im 18. Jh., 38.

[59]) Sie wünschte sich nichts mehr, „als ihre getreueste Unterthanen an Seele und Leibe in vergnügtem Wohlstande zu sehen ... damit die allein seligmachende katholische Religion durchaus in ihrer unverfälschten Reinigkeit erhalten, hierdurch der Segen Gottes um so mehrer herbei gezogen ..." (P. v. 12. 6. 1752 zur „Religionsaufrechterhaltung und Ausrottung der Irrlehren o.d.E.", CA V, 653). Dieses P. enthielt ua folgende Anweisungen: Grundherren sollten nur solche Personen als Untertanen nehmen oder ihnen ein Haus verkaufen, die eine Pfarrbestätigung vorlegen konnten, dass sie bzw. der Ehepartner rechtgläubig seien. Die Pfarrer hätten alle im Besitz der Bauern befindlichen geistlichen Bücher auf ihren Inhalt zu überprüfen. Die

Diese Haltung stand sowohl im Gegensatz zu den Lehren des aufgeklärten Vernunftrechts wie auch den Theorien der führenden österreichischen Kameralisten.[60] Nach deren Ansicht sei die Aufgabe des Staates nicht die *ewige* sondern die *irdische* Glückseligkeit. Im kameralistischen Konzept bildete die Religion ein Instrument zur Beherrschung und Erziehung der Bürger.[61] „... jeder Bürger im Staat (solle) eine Religion haben, die ihn seine Pflichten lieben mache." Diese Aufgabe erfülle jede Religion, die das Richteramt Gottes anerkenne und „für die Zukunft eine Belohnung der Rechtschaffenheit und Tugend, eine Strafe des Lasters lehret ..."[62]

Die von Joseph II. erlassene **Toleranzgesetzgebung**[63] (1781) beendete die Zwangsbekehrung. Die Katholische Kirche blieb zwar nach wie vor dominant und besaß alleine das Recht zur öffentlichen Religionsausübung. Die **Akatholiken** (Evangelische A.B. und H.B., nichtunierte Griechen) erhielten das Recht zum **Privatexerzitium**:

* Voraussetzung war, dass in einem Ort (bzw. im Umkreis von mehreren Gehstunden) mindestens 100 Familien (= 500 Personen) dieses Glaubens lebten (Deklarierungszwang).
* In diesen **Toleranzgemeinden** durften sie Schulen und Bethäuser (ohne Turm, Glocken oder kirchenähnliche öffentliche Eingänge von der Straße) errichten. Die Teilnahme an Gottesdiensten war nur amtlich gemeldeten „Akatholiken" erlaubt.[64]
* Dispensmäßige Zulassung der Akatholiken zu Universitätsstudium, Haus- und Liegenschaftserwerb, Bürger- und Meisterrechten, Anstellung im Staatsdienst.
* Für „Akatholiken" bestand keine Verpflichtung, an katholischen Zeremonien teilzunehmen.
* Die Erörterung von Religionsfragen war „Akatholiken" in Wirtshäusern verboten.[65]

Die Toleranzpatente von 1781 bedeuteten keinesfalls die Einführung der Glaubens- und Gewissensfreiheit, vielmehr leiteten sie eine Ära der „toleranten Mission" ein, einer Epoche der Rekatholisierung mit anderen Mitteln. Die Zahl der deklarierten Akatholiken übertraf bei weitem die Erwartungen. Bis zum Oktober 1782 hatten sich in den österreichisch-böhmischen Erbländern bereits rund 73.000 Personen gemeldet.[66]

Erörterung von Glaubensfragen in der Öffentlichkeit wurde bei Strafe von 1 fl. verboten. Bauerswitwen, die im Verdacht der Irrlehre standen, sollten die Kinder abgenommen werden. Nach einem Religionspatent vom 27. 8. 1778 wurden Besitz und Lektüre evangelischer Bücher mit Zuchthaus bestraft. Auf Abfall vom Christentum stand nach Art. 57 §§ 1f der CCTh (1768) sogar Bestrafung mit dem Schwert.

[60]) Vgl. *Schwarz*, Vom Nutzen einer christlichen Toleranz für den Staat. Bemerkungen zum Stellenwert einer Religion bei den Spätkameralisten Justi und Sonnenfels, in: *Barton* (Hg.), Toleranz, 76.

[61]) Die Religion „ist das sanfteste Band der Gesellschaft; sie unterrichtet durch ihre verehrungswürdigen Lehren im Guten ... sie schrecket durch Drohungen von Übelthaten ab ... Die Gesetzgebung würde sich in unzählbaren Fällen unzureichend finden, wenn ihr die Religion nicht wohltätig die Hand böte. Wo immer das Auge des Gesetzgebers, und eben darum auch die Strafe des Richters, nicht hinreichen kann, ist der erhabene Grundsatz der Allgegenwart Gottes als eines Zeugens und Richters aller, auch der geheimsten Übeltaten, das einzige Mittel, bösen Unternehmungen Einhalt zu thun." (*Sonnenfels*, Grundsätze der Polizey I^6 § 63).

[62]) *Sonnenfels*, Handbuch, §§ 77 und 79. Natürlich wiesen die Kameralisten auch auf die populationspolitischen Auswirkungen hin (Förderung der Einwanderung von in anderen Ländern verfolgten Personen).

[63]) Es handelte sich um eine Reihe von P. und HD, abgedr. Krop. HB. II^2, 421. Vgl. die Gegenüberstellung bei *Barton,* „Das" Toleranzpatent von 1781, in: *Barton*. (Hg.), Toleranz, 152.

[64]) HD v. 17. 11. 1782, Krop. HB. II^2, 429.

[65]) HD v. 2. 1. 1782, Krop HB II^2, 454.

[66]) In Österreich o.d.E. entstanden insgesamt neun Toleranzgemeinden: Scharten, Eferding, Wallern, Thenning, Wels, Neukematen, Goisern, Gosau, Rutzenmoos. In Linz wagten sich aufgrund von Pressionen nur

Bestürzt über den großen Zulauf wurde der 1. Jänner 1783 als Stichtag festgesetzt, nach dem eine Deklarierung[67] nur nach Absolvierung eines sechswöchigen Religionsunterrichts bei einem katholischen Seelsorger möglich war. Den in früheren Jahren aus religiösen Gründen Emigrierten wurde zwar die Rückkehr in ihre Heimat erlaubt, sie erhielten jedoch ihre „wirklich katholisch erzogenen Kinder wegen der Verführungsgefahr nicht zurückgestellt."[68]

Für **Juden** wurden 1781 spezielle Toleranzpatente[69] erlassen. Die Besserstellung ging jedoch nicht so weit wie bei den Akatholiken:

Ziel war eine kulturelle Angleichung (zB durch Beschränkung der jüdischen Sprache, Aufhebung der staatlichen Bekleidungsvorschriften). Weiters sollte den Juden durch die Aufhebung einiger Berufsverbote eine bessere Existenzsicherung und für den Staat eine Belebung der Wirtschaft ermöglicht werden. Während in den österreichischen Erbländern aufgrund wiederholter Pogrome kaum mehr jüdische Familien lebten, existierten in den ab 1772 erworbenen Ostgebieten große jüdische Gemeinden. Die Juden bildeten dort den ärmsten Teil der Bevölkerung. Aus Angst, diese könnten durch eine Südwestwanderung versuchen, in den entwickelteren Erbländern eine neue Existenz zu gründen, stellte man die Juden im Osten deutlich besser als in den böhmisch-österreichischen Ländern.

Das österreichische Toleranzpatent[70] gewährte den Juden das Recht zur Ausübung von Handel und Gewerbe (kein Erwerb des Bürger- oder Meisterrechts), Betreibung von Fabriken und der Anmietung von Wohnungen. Aufhebung des Verbots, an öffentlichen Belustigungen teilzunehmen und an Sonn- und Feiertagen vormittags auszugehen.[71] Untersagt war in Österreich weiterhin die Gründung einer eigene jüdischen Gemeinde, Abhaltung eines öffentlichen Gottesdienstes, Herstellung von Büchern in hebräischer Schrift sowie generell die Zuwanderung aus dem Osten.

Von den fünf zugelassenen Bekenntnissen bzw. Religionen abgesehen waren alle übrigen Glaubensüberzeugungen weiterhin verboten.[72] Wer sich als Deist, Israelit oder Angehöriger einer anderen Sekte deklarierte, dem sollten „ohne weitere Anfrage 24 Prügel oder Karbatschstreiche auf den Hintern gegeben" werden.[73] Desgleichen war es strafbar, gar keinem Religionsbekenntnis anzuhängen.[74]

---

wenige Protestanten zu deklarieren. Aus diesem Grund waren die Linzer Akatholiken bis 1849 zu Thenning zugehörig.

[67]) Der *Glaubenswechsel* blieb weiterhin verboten. Toleriert wurden nur die, die zuvor schon (Geheim-) Protestanten gewesen waren. „... so wollen sie doch keineswegs geschehen lassen, dass katholisch gebohrene und erzogene Untertanen, nach freier Willkür ... ihre angebohrne wahre Religion" verlassen (HD v. 30. 4. 1783, Krop. HB II², 463). Dieselbe Bestimmung stellte das Überreden zum Abfall vom Katholizismus unter Strafe.

[68]) HD v. 14. 07. 1783, Krop. HB II², 474.

[69]) Krop. HB IV², 60 ff. Vgl. *Karniel*, Zur Auswirkung der Toleranzpatente für die Juden in der Habsburger Monarchie im Josephinischen Jahrzehnt, in: Barton (Hg.), Toleranz, 203.

[70]) P. v. 1. 1. 1782, Krop. HB. IV², 65.

[71]) Bemerkenswert ist eine Bestimmung v. 2. 11. 1781 für Böhmen (Krop. HB. IV², 65), die der Diskriminierung der Juden vorbeugen sollte. Die Obrigkeit wurde darin angewiesen, „den Untergebenen vernünftig vorzustellen, dass sie die Juden wie alle anderen Nebenmenschen betrachten, und das bei einigen, besonders bei niedrigdenkenden Leuten gegen die iüdische Nazion bisher beobachtete Vorurtheil einer Verächtlichkeit ablegen".

[72]) HD v. 25. bzw. 31. 1. 1782, Krop. HB. II², 452.

[73]) HD v. 10. 7. 1783, Krop. HB. II², 465.

[74]) Vgl. k.k. Entschließung v. 25. 4. 1767 betreffend die Freygeisterey, den Unglauben und die Religionsverachtung (CA VI, 988). Das Josephinische StG 1787 (II § 61) behandelte eine Person, die Gott verleugnete,

5.2.5.2. Staatskirchentum

Die zweite große Veränderung der Reformära bildete die Unterordnung der Kirche unter den Staat. Die von Maria Theresia eingeleiteten Veränderungen wurden von Joseph II. radikal weitergeführt[75] und bewirkten eine weitgehende Entmündigung der Katholischen Kirche.

Das Motiv hiefür bildeten weder Kirchen- noch Religionsfeindlichkeit; im Gegenteil, beide Monarchen strebten eine Steigerung der Religiosität der Bevölkerung an. Vielmehr sollte die Kirche einerseits auf den rein spirituellen Bereich zurückgedrängt, andererseits der kirchliche Apparat dem Staat dienstbar gemacht werden. Die drastischen Eingriffe in das Kirchenleben waren am Gemeinwohl orientiert, dienten der Steigerung der wirtschaftlichen Produktivität und sollten den ausländischen Einfluss auf die heimischen Gläubigen verringern. Zudem erfolgte eine „Verstaatlichung" vieler vormals kirchlicher Agenden.

* *Förderung der Produktivität:* Aufhebung aller beschaulichen Orden und Klöster (mind. 600)[76]; Verringerung der kirchlichen Feiertage von 25 auf 13; Beschränkung der Wallfahrten; Limitierung der Trauerzeiten.[77]

* *Staatliche Kontrolle über die Kirche:* Das placetum regium wurde ausgedehnt; allgemeine Anweisungen inländischer Bischöfe bedurften vor ihrer Verlautbarung der lf. Bewilligung.[78] Alle kirchlichen Drucklegungen unterstanden der staatlichen Zensur; die kirchliche Zensur besaß staatlicherseits keine Geltung.

* *Einbindung der Kirche in den Staat:* Die Pfarrer erhielten vom Staat eine Reihe von neuen Aufgaben übertragen bzw. mussten bisherige Tätigkeiten als öffentlich-rechtliches Organ weiterführen, zB: Verlautbarung lf. Gesetze, Überwachung der Schulen, Führung der Tauf-, Trau- und Sterbebücher, Einrichtung eines Armeninstituts an jeder Pfarre, Pflicht der Geistlichen, die Bürger zur Einhaltung der Gesetze zu ermahnen[79].

* *Eherecht*: Nach der Durchstaatlichung des Eheschließungsrechtes assistierte der Priester bei der Trauung als Staatsbeamter.

* *Ausbildung der Geistlichen:* Wegen der staatstragenden Funktion der Priester übernahm der Staat selbst deren Ausbildung in staatlichen Generalseminaren (abgeschafft 1790) und legte die Qualifikationsvorschriften für Priesteranwärter fest.

* *Ausweitung der staatlichen Kompetenzen:* Reduzierung der Kirche auf die rein geistlichen Angelegenheiten (Glaubenslehre, Altarfunktion, Beichte), Durchstaatlichung des Eheschließungsrechts und der Ehegerichtsbarkeit (1783). Die Abschaffung des privilegium fori (1787) unterstellte die Kleriker der weltlichen Strafgerichtsbarkeit.

---

als „Wahnwitzigen". Dieser sei in einem „Tollhause in so lang gefänglich anzuhalten, bis man seiner Besserung vergewisset ist."

[75]) Joseph II. wurde stark beeinflusst durch den **Febronianismus**, einer Oppositionsströmung innerhalb der Katholischen Kirche, die gegen die päpstlichen Vorrechte und für die Errichtung katholischer Nationalkirchen eintrat.

[76]) Joseph II. legte den finanziellen Erlös dieser Maßnahmen im sog. **Religionsfond** an. Aus diesem wurde bis zu seiner Einziehung während der nationalsozialistischen Herrschaft ein Teil der Gehälter des katholischen Klerus bestritten.

[77]) Vgl. die Trauerordnungen CA V, 252; CA VI, 1055.

[78]) HD 2. 4. 1784, Krop. HB. IV^2, 477. Die Verweigerung des Placet kam durchaus vor. ZB musste in allen Gebetsbüchern der Satz Papst Gregors VII. überklebt werden, dass der Papst die Macht hätte, Monarchen abzusetzen (Krop. Slg VII/1590).

[79]) Vgl. V. v. 1. 11. 1783, Kropatschek, Staatsverfassung II, 219.

* *Förderung der Religiosität:* Fortbestehen der Pflicht, am Gottesdienst teilzunehmen (Überwachung durch Kreisamt bzw. Grundobrigkeit)[80]; Pflicht der Gymnasialschüler, täglich nach Unterrichtsschluss die Messe zu besuchen, Maßnahmen gegen den Aberglauben.[81]

* *Diözesanverfassung/Pfarrregulierung:* Durch die Errichtung der Diözesen Linz und St. Pölten wurde der Einfluss des Bischofs von Passau beendet. Gleiches erfolgte für Kärnten und Steiermark hinsichtlich des Erzbischofs von Salzburg. Errichtung einer großen Zahl neuer Pfarren, damit niemand mehr als eine Stunde Gehzeit zum nächsten Gotteshaus habe.

5.2.7. Die Reform der Grundherrschaft

Die Bauernbefreiung setzte in den österreichisch-böhmischen Ländern etwas früher als in vergleichbaren europäischen Staaten ein.[82] Sie blieb allerdings auf halbem Wege stecken, indem sie eine Besserstellung der Bauern bei prinzipieller Aufrechterhaltung der Grundherrschaft anstrebte. Neben dem durch physiokratische Lehren beeinflussten Ziel, die materielle Lage der Landbevölkerung zu verbessern, strebten die Reformen die Durchstaatlichung der Grundherrschaft an. Aus der ursprünglich autonomen Herrschaft des Grundherrn wurde eine „Herrschaft im Namen und im Auftrag des Staates".[83] Von den drei Formen der Abhängigkeit wurde die persönliche (Leibeigenschaft) abgeschafft, die wirtschaftliche (Abgaben und Dienste) limitiert und die politische (Grundobrigkeit) der staatlichen Kontrolle unterworfen.

Maria Theresia war zunächst bemüht, die ökonomische Umklammerung der Bauern durch den Grundherrn zu mildern.[84] Mehrere nach 1771 erlassene **Robotpatente**[85] beschränkten die Dienstpflicht auf maximal drei Tage pro Woche. 1781 verschärfte Joseph II. die **staatliche Kontrolle** der Grundherrschaften, schuf einen Instanzen- und Beschwerdezug zu den lf. Behörden und schränkte die patrimoniale Strafgewalt ein.[86] Noch im selben Jahr erfolgte die **Aufhebung der Leibeigenschaft**[87] (Beseitigung der grundherrlichen Heiratsbewilligung, freies Wegzugsrecht, Berufsfreiheit, Aufhebung der Zwangsgesindedienste). Entscheidende Verbesserungen für die Bauern hätte das Steuer- und Urbarialpatent[88] (1789) gebracht, das jedoch aufgrund des politischen Drucks vonseiten der Grund-

---

[80]) Erlass v. 19. 12. 1756, CA V, 1169.

[81]) ZB wandte sich eine V. v. 1. 3. 1755 (Krop. Slg III/385) gegen den Gespensterglauben (Wiedergänger) und verbot es, die Leichen Beerdigter auszugraben und zu verbrennen.

[82]) Baden 1783, Frankreich 1789, Preußen 1807, Bayern 1808, Mecklenburg 1820.

[83]) *Ogris*, Joseph II, in: *Barton* (Hg.), Toleranz, 123.

[84]) Recht der Bauern, ihre Produkte frei zu verkaufen; Aufhebung des gh. Vorkaufrechts und der Pflicht der Untertanen, die Produkte der gh. Betriebe zu konsumieren. (Vgl. P. v. 14. 4. 1770, Krop., Slg. VI/1193).

[85]) Vgl. Krop. Slg VII/1707 ff.

[86]) Untertans- bzw. Strafpatent v. 1. 9. 1781, Krop. HB. I^2, 28 ff. Ein Hfrs. v. 5. 10. 1771 (Krop. Slg. VI/1343) untersagte dem kreisämtlichen Personal ausdrücklich „alle Verständnis und Parteilichkeit" zugunsten der Grundherrn.

[87]) Vgl. JosGS I/366 (Böhmen), JosGS II/305 (Kärnten), JosGS II/578 (Vorlande).

[88]) JosGS IX/93,

herren bereits nach einem Jahr von Leopold II. aufgehoben wurde. Es sah eine einheitliche Grundsteuer in der Höhe von 12,3 % des durchschnittlichen Jahresertrags vor und limitierte gleichzeitig die Abgaben der Grunduntertanen an ihren Grundherrn auf max. 17,7 % des Ertrages. Zieht man von den verbleibenden 70 % weitere 20 % für Saatgut ab, so sollte dem Bauern rund die Hälfte des Ernteertrages zum Konsum verbleiben.

5.2.8. Sonstige Reformen

Wirtschaft: Der Ausbau der heimischen Wirtschaft bildete die Voraussetzung für die Erhaltung der Großmachtstellung. Durch die Schaffung größerer und einheitlicher Wirtschaftsräume wollte man die wirtschaftliche Dynamik ankurbeln. Dazu dienten die **Vereinheitlichung der Maße und Gewichte** (1764)[89] und eine Neugestaltung der Zollpolitik. Lange Zeit waren Zölle primär als finanzielle Einnahmequellen und nicht als Wirtschaftslenkungsmechanismen betrachtet worden. Die Zollordnung 1775 hob die Zölle zwischen den Ländern auf und schuf **zwei große Zollgebiete** (Wirtschaftsräume). Das eine bestand aus den österreichisch-böhmischen Erbländern (bis 1825 ohne die Transitländer Tirol und Vorarlberg), das andere umfasste Ungarn, den Banat und Siebenbürgen.[90] Nach außen hin wurden diese Wirtschaftsräume durch hohe Schutzzölle abgeschlossen.

Schulwesen:[91] Bis weit in das 18. Jh. hinein lag das Schulwesen in den Händen der Stände, insbes. in denen der Kirche. Die im Aufbau begriffene Staats- und Gesellschaftsordnung erforderte Staatsbürger, die ein Mindestmaß an Schreib-, Lese- und Rechenkundigkeit besaßen. Darüber hinaus war es notwendig, die bisher vorwiegend an ihre unmittelbaren Obrigkeiten gebundene Bevölkerung zu loyalen Untertanen gegenüber dem Staat zu erziehen. Die Schulordnung 1774[92] „verstaatlichte“ bzw. säkularisierte das Schulwesen, indem sie ein flächendeckendes Konzept staatlicher Schulen einführte und alle Jugendlichen beiderlei Geschlechts zwischen dem 6. und 12. Lj. **schulpflichtig** machte. In jeder Provinzhauptstadt sollte eine Normalschule, in jeder größeren Stadt eine Hauptschule

---

[89]) Durch P. v. 30. 7. 1764 wurden die in den nö. Ländern in Geltung befindlichen „langen, trocken und nassen Maßgattungern, nicht minder die Gewichter“ in Böhmen eingeführt.

[90]) Die Beibehaltung der Zwischenzolllinie zu Ungarn erfolgte ua aus fiskalpolitischen Überlegungen: In Ungarn war Maria Theresia auch nach 1749 an das Steuerbewilligungsrecht der magyarischen Stände gebunden. Dieses Bewilligungsrecht erstreckte sich jedoch nicht auf Zölle. Da ein Großteil der ungarischen Agrarexporte in die österreichisch-böhmischen Länder ging, konnte man durch den Fortbestand der Zollgrenze den Schutz der heimischen Landwirtschaft mit einer De-facto-„Besteuerung“ Ungarns kombinieren.

[91]) Zur Geschichte des Schulwesens vgl. *Helfert*, Die österreichische Volksschule, 41.

[92]) P. v. 6. 12. 1774 (Krop. Slg. VII/1629). In der Einleitung hiezu hieß es: „Da die Erziehung der Jugend beiderlei Geschlechts, als die wichtigste Grundlage der wahren Glückseligkeit der Nationen, ein genaures Einsehn allerdings erfordert; so hat dieser Gegenstand alle Aufmerksamkeit um desto mehr auf sich gezogen, je gewisser von einer guten Erziehung, und Leitung in den ersten Jahren die ganze künftige Lebensart aller Menschen, und die Bildung des Genies, und der Denkensart ganzer Völkerschaften abhängt, die niemals erreicht werden kann, wenn nicht, durch wohl getroffene Erziehungs- und Lehranstalten, die Finsterniß der Unwissenheit aufgekläret, und iedem der seinem Stande angemessene Unterricht verschaffet wird.“

und auf dem Lande in jedem Pfarrsprengel eine Trivialschule errichtet werden. In Letzterer waren das Trivium (Lesen, Schreiben, Rechnen) und Religion[93] zu unterrichten. Die Schulaufsicht über die höheren Schulen oblag einem staatlichen Direktor, bei den Trivialschulen dem örtlichen Pfarrer und einem gh. Beamten.

Josef II. hob die Autonomie der **Universitäten** auf und verwandelte sie in staatliche Anstalten. Lehrinhalte und Lernbehelfe unterlagen einer strengen Zensur. 1783 ersetzte Deutsch das Latein als Unterrichtssprache. Die Universitäten Graz und Innsbruck wurden aus Sparsamkeitserwägungen zu Lyzeen herabgestuft.

Militärwesen: 1781 wurde die Rekrutierung der Soldaten durch die Einführung der allgemeinen Wehrpflicht für die unteren Bevölkerungsschichten[94] (ab dem 17. Lj.) auf eine neue Grundlage gestellt. Davon wurde allerdings jeweils nur ein kleiner Teil eingezogen.[95] Der Wehrdienst dauerte bis zum 40. Lj. (!) sofern nicht vorher die Dienstuntauglichkeit eintrat. In Vorbereitung auf die allgemeine Wehrpflicht wurde 1770 mit einer „allgemeinen Seelen-, Zugviehes- und Huserbeschreibung" (Konskription) begonnen[96], einer ersten umfassenden statistischen Erhebung der Bevölkerung und der Güter, verbunden mit der Nummerierung aller Gebäude.

Staatssprache: Als weitere Maßnahme zur Schaffung eines Staatsganzen sollte die deutsche Sprache als einheitliche Staatssprache alle anderen verdrängen. Das Mittel zur Durchsetzung bildeten vor allem die staatlichen Behörden und das Schulwesen. Die Einführung der deutschen Schul- und Amtssprache stieß in den slawischen Erbländern (1761/1770) auf wenig Widerstand. Anders in Ungarn: Die 1784 angeordnete Ersetzung der bis dahin üblichen lateinischen Amtssprache durch das Deutsche musste 1790 rückgängig gemacht werden.

5.2.9. Der Ausbau des staatlichen Steuerungspotenzials

In den vorangegangenen Kapiteln wurden die organisatorische Modernisierung und personelle Aufstockung des Staatsapparats, das Vordringen des Staates in bisher staatsferne Bereiche sowie die Verdrängung der vormals autonomen Herrschaften und Korporationen dargestellt. In der Reformära ergingen aber auch eine Vielzahl von Vorschriften, die

---

[93]) 2/3 des im Unterricht gelesenen Stoffes mussten aus dem Religionslesebuch stammen (Lekzionskatalogus für Trivialschulen, Anhang zur Schulordnung 1774).

[94]) Krop. HB III^2, 46. Generell befreit waren Geistliche, Adelige, Beamte, Honoratioren (jeweils einschließlich ihrer Söhne) und Studenten im höheren Semester; weiters Personen, die in der Landwirtschaft, im Handwerk oder im Bergbau unabkömmlich waren.

[95]) Die Auswahl oblag den Grund- oder Ortsobrigkeiten, die den Militärdienststellen eine vorgeschriebene Anzahl von Rekruten namhaft zu machen hatten. Darunter befanden sich meist jene Burschen, die von der Obrigkeit als „unruhige Elemente" qualifiziert wurden.

[96]) P. v. 10. 3. 1770, Krop. Slg. VI/1178. Eine erste politisch-kirchliche „Seelenkonsignation" erfolgte bereits 1754. Vgl. im Einzelnen *Mischler*, Art. „Volkszählung", StWb IV^2, 848.

unmittelbar in das Leben des Einzelnen ge- oder verbietend eingriffen und ihn bürokratisch zu erfassen suchten.

Dies ist zu sehen vor dem Wandel vom Untertanen der lokalen (überschaubaren) Herrschaft zum Staatsuntertanen. Die Staats- und Behördenreformen hatten zu einer Verlagerung der Entscheidungen auf höhere Ebenen sowie zur Zentralisation der Dezisionsmacht geführt. Damit das neue System funktionsfähig blieb, benötigten die neuen Entscheidungsträger Kenntnisse über die zu Beherrschenden. Die statistische Erfassung der Menschen und der Güter wurde Voraussetzung für planvolles staatliches Handeln. Besondere Bedeutung kam in dieser Umbruchsepoche (insbes. angesichts des wachsenden Widerstands gegen die Reformen) der Disziplinierung, Kontrolle und Steuerung der Bevölkerung zu. Schließlich verlangten Merkantilismus und Populationistik eine möglichst effiziente Allokation der Ressourcen, somit die möglichste Vermeidung von Schadensfällen. Dem Staat kam dadurch als neue Aufgabe die „Erzeugung“ von Sicherheit (im umfassenden Sinne) zu.[97]

Eine Vielzahl von gesetzlichen Bestimmungen diente den oben angestrebten Zielen und sollte dem neuen Staat angepasste Untertanen schaffen, zB: Kontrolle bzw. Einschränkung der Volksbelustigungen (Feste, Sonnwendfeuer, Schauspiele, Maskenzüge), Verdrängung des Volkstheaters[98], Spielverbote, „Reinigung“

---

[97]) Woran man in den Zentralstellen interessiert war, ergibt sich aus einem HD v. 11. 3. 1784 für Böhmen (abgedr. bei *Beidtel*, Staatsverwaltung I, 459) betreffend die Gegenstände, über die die Kreiskommissäre bei der Bereisung ihres Bezirks Bericht zu erstatten hätten. Die Liste umfasste mehrere hundert Fragen, wie zB: Sind die Häuser vorschriftsmäßig nummeriert? Welches Religionsbekenntnis überwiegt? Zeigt das äußerliche Ansehen des Volkes Gesundheit, Leibesstärke, Zufriedenheit? Hat das Volk eine gesunde vernünftige Denkart? Ist das Volk arbeitsam, träge, wohlhabend oder arm? Welche Leidenschaften, Tugenden, Laster herrschen vorzüglich? Erfolgt bei der Auswahl der Wehrpflichtigen Parteilichkeit? Herrscht noch hie und da Aberglaube? Enthalten sich die Prediger unbesonnener Vorträge? Sehen die Eltern auf die Erziehung ihrer Kinder? Was gibt es für Schulen? Wären irgendwo Arbeits- oder Zuchthäuser zu errichten? Schwärmen Komödianten und Gaukelspieler im Lande herum? Sind Ärgernisse, liederliche Wörter, Winkelherbergen abgestellt? Sind die Gesträuche an Wegen geräumt? Die Höhlen und Schlupfwinkel verworfen? Werden Bettelhütten in den Straßen geduldet? Ist dafür gesorgt, den Verkauf fruchtabtreibender Mittel zu hindern? Finden sich hin und wieder an öffentlichen Orten ekelhafte Gegenstände oder Menschen, welche durch ihre Gestalt zu Missgeburten Gelegenheiten geben könnten? Ist eine Totenbeschau eingeführt? Ist für die etwa noch mögliche Rettung der sich selbst Erhängenden, Erstickten oder Ertrunkenscheinenden gesorgt? Ziehen Bärenführer und dergleichen Leute mit reißenden Tieren im Lande herum? Sind das Schwimmen in reißenden Flüssen, das Seilschwingen, Sonnwendfeuerspringen und sonst gefährliche Spiele üblich? Wird bei gefrorenen Flüssen die nötige Vorkehrung gemacht, damit nicht zu früh darüber gegangen wird? Gibt es schädliche Sümpfe und Moraste? Sind Kloaken angelegt? Sind die Begräbnisse, Schlachthäuser, unreinlichen Gewerbe und Miststätten von Wohnungen entfernt? In welchem Stande befinden sich die Wälder? Gibt es ausreichend gesundes Wasser? Ist das Gewehrtragen bei den gemeinen Klassen des Volkes gehörig untersagt? Sind die Vorurteile wegen Ehrlosigkeit der Scharfrichter, Schergen, Abdecker, unehelicher Kinder gehoben? Ist dafür gesorgt, dass Weiber, Minderjährige, Blödsinnige in ihrem Vermögen nicht Betrügereien ausgesetzt sind? Werden Ökonomietabellen verfertigt? Wie sind die Straßen, Brücken, Fährten, Gasthöfe zur Unterbringung des Zugviehes? Befinden sich Untertanen im Steuerrückstand? …

[98]) Kunst wurde instrumentalisiert als Mittel zur politischen Lenkung zur Bevölkerung. An die Stelle des Volksschauspiels, das neben seinem Unterhaltungswert auch politisches Ausdrucksmittel der Bevölkerung darstellte, sollten erzieherisch „wertvolle“ Theaterstücke gespielt werden. „Soll die Schaubühne eine Schule der Sitten seyn, so ist darauf zu sehen, dass vorzüglich solche Stücke aufgeführt werden, die diesem Endzwecke zusagen. Das Laster muss als in seiner scheußlichen Larve, und mit der Strafe als einer unabsönderlichen Folge, die Tugend mit allen ihren Reizungen, in ihrer liebenswürdigsten Gestalt, und wenigstens am Ende siegend erscheinen“ (*Sonnenfels*, Grundsätze der Polizey I[6], § 87). Als besonders gefährlich sah er die „Gliedermännchenspiele“ (Marionettentheater) an, wegen der „Ungebundenheit, mit welcher sie die unflätigsten Zoten vorbringen, und das Gelächter des Pöbels erwecken“ (ebenda, § 90).

der mitunter recht derben Sprache[99], Verbot, Unrat aus dem Fenster auf die Straße zu werfen, Sittenverbesserung durch Kleidervorschriften[100], Einführung der Wochenmärkte an Stelle des jederzeitigen freien Verkaufs der Lebensmittel durch die Bauern in den Städten, Hebung der Arbeitsmoral[101] durch Verbot des Almosengebens und Bettelns, Maßnahmen gegen den Alkohol-, Tabak- und Kaffeekonsum[102], Unterdrückung von Aberglauben und Exorzismen, Entwaffnung der Bevölkerung[103], Einführung der allgemeinen Wehrpflicht, Volkszählungen (Konskription), Nummerierung der Häuser, Benennung der Straßen, Pflicht zur Führung eines Familiennamens, Ausweispflicht außerhalb des Heimatbereichs, Ausbau des Meldewesens, Einschränkung der Auslandsreisen (1752).

In der Reformära wurde das Gesetz zum wichtigsten Steuerungsmechanismus zur Durchsetzung des staatlichen Willens. Unter Maria Theresia und Joseph II. entwickelte sich die Habsburger Monarchie zu einem **„Gesetzes"staat,** in dem die alten personal-feudalrechtlichen Treuebindungen endgültig überwunden wurden. Generell-abstrakte Normen umschrieben in Hinkunft die Rechte und Pflichten der Staatsbürger. Dies erforderte, dass die Gesetze und Verordnungen – während der Regierungszeit von Joseph II. ergingen davon alleine 9000 – den Normadressaten bekannt waren. Vermehrte Aufmerksamkeit galt daher der **Publikation** der Gesetze. Amtliche[104] und eine Vielzahl von privaten Gesetzessammlungen[105], teils chronologisch, teils systematisch gegliedert, sollten für die Verbreitung der notwendigen Rechtskenntnisse sorgen. Darüber hinaus mussten die Gesetze unter Joseph II. vom Pfarrer von der Kanzel[106] und unter Leopold II. von der weltlichen Obrigkeit in Gegenwart des Pfarrers vor der Kirche verlesen werden.[107]

---

[99]) Vgl. *Sonnenfels*, Grundsätze der Polizey[6] I, §§ 92 f.

[100]) Eine V. v. 1. 5 1753 (Krop. Slg. II/264) zur Abstellung der Ausgelassenheit unter dem jungen Bauernvolke befasste sich mit dem „sündlichen Leben", das „von den uneingeschränkten nächtlichen Zusammenkünften beiderlei Geschlechts, ... von den gar zu spät in die Nacht getriebenen Tänzen, und ... von der unehrbaren der Weibspersonen in einem Striche dieses Landes gebrauchten Leibskleidung herrühre." Die Tänze wurden verboten, Frauen mussten ihre Kleider durch Hinabrücken des Rocksaumes soweit verlängern, dass „sie den Fuß bis auf die Waden" bedeckten und die „unartig ausgeschoppten Mieder aber ebenfalls nach und nach auf eine sittsamere Art" abändern.

[101]) Nach dem von *Sonnenfels* propagierten Grundsatz, dass Müßiggang aller Laster Anfang sei, wurden 1765 staatliche Spinnschulen eingerichtet (CA VI, 763). In diese wurden „alle müßigen und armen Kinder", aber auch erwerbslose Erwachsene gesteckt.

[102]) In der 1784 von *G. F. Lamprecht* verfassten „Staatslehre" hieß es (§ 556): „Die Aufmerksamkeit der Polizei muss sich außer auf die kalten Getränke auch auf die warmen erstrecken. Durch die Wohlfeilheit jener und insbesondere des Biers, und durch höhere Beispiele und Belehrungen, muss man dem immer mehr und mehr überhandnehmenden Gebrauch derselben Einhalt zu tun suchen, indem sie nach der Erfahrung der Ärzte den Magen schwächen, worunter die Verdauung und mithin die Gesundheit leidet. Es gehören dahin der Tee, Schokolade und insbesondere der Kaffee …" (zit. nach *Dickmann*, Renaissance, 603).

[103]) Das P. v. 4. 2. 1741 verbot den Bauern und Knechten den Besitz von Gewehren. Gleiches erging am 22. 12. 1749 hinsichtlich der Handwerker und Diener.

[104]) Justizgesetzsammlung (JGS) 1780 - 1848; Politische Gesetzessammlung (PGS) 1792–1848.

[105]) Vgl. den Überblick bei *Mahl-Schedl*, Art. „Gesetzessammlungen", StWb II[2], 462.

[106]) HD v. 17. 5. bzw. 26. 8. 1782, Krop. HB II, 58.

[107]) HD v. 17. 3. 1791.

Einen besonderen Platz im Konzept der Herrschaftsabsicherung nahmen der Ausbau des Polizeiapparats und das Zensurwesen ein.[108] 1751 wurde in Wien die erste staatliche **Polizeibehörde** eingerichtet. Nach diesem Vorbild erfolgte 1785 auch in den übrigen Landeshauptstädten die Herauslösung der Polizeiaufgaben[109] aus der magistratischen Tätigkeit durch die Errichtung eigener Polizeidirektionen (zB Linz, Graz, Innsbruck, Prag). Integralen Teil der Polizeiorganisation bildete ein „geheimer Dienst" (verdeckte Agenten, Konfidenten, Spitzel).[110] Im Jahre 1781 lockerte Joseph II. die unter Maria Theresia sehr streng gehandhabte **Zensur**. Während Kritik an der Regierung grundsätzlich möglich wurde[111], sollte „was unsittliche Auftritte und ungereimte Zotten enthält, aus welchen keine Gelehrsamkeit, keine Aufklärung iemals entstehen kann" weiterhin verboten bleiben. Diese Freigabe führte kurzfristig zu einem Aufblühen des Publikationswesens. Als sich der steigende Unmut der Bevölkerung im Laufe der Achtzigerjahre auch publizistisch artikulierte, wurde das Zensurwesen wieder verschärft.

Auf das 18. Jh. gehen die Wurzeln des **Heimatrechts** zurück. Aus dem Schubwesen, mittels dem Vagabunden in ihre Heimatgemeinde abgeschoben wurden[112], entwickelte sich die Vorstellung, dass jeder Staatsbürger ein „politisches Domizil" (Heimatgemeinde) habe. Dieser Gebietsstatus wurde durch Geburt oder mindestens zehnjährigen Aufenthalt in der Gemeinde erworben und bildete später den Anknüpfungspunkt für das Recht zum ungestörten Aufenthalt im Gemeindegebiet und den Anspruch gegenüber der Heimatgemeinde auf Versorgung im Falle der Dürftigkeit.[113]

---

[108]) Zur Geschichte der Polizei vgl. *Oberhummer*, Die Wiener Polizei.

[109]) Der Begriff „Polizey", der urspgl. das gesamte staatliche Handeln umfasst hatte, erfuhr eine Einschränkung auf die mit der Aufrechterhaltung von Ruhe, Ordnung und Sicherheit verbundenen Tätigkeiten.

[110]) Über die Aufgaben dieser politischen Polizei gibt eine „geheime Instruktion" aus 1786 Auskunft (abgedr. bei *Oberhummer*, Die Wiener Polizei II, 186): Überwachung der Beamten, des Militärs und des Klerus, Ausforschung, „was im Publikum von dem Monarchen und seiner Regierung gesprochen werde", Beobachtung verdächtiger Ausländer und Spione, Überwachung religiöser Sekten, Auslandsspionage. Dabei sollten sich die Beamten ua des Mittels bedienen, Dienstboten über ihre Herrschaften auszufragen und sich in den Postdienst einschleichen, um den Briefverkehr zu überwachen. Bereits die Polizeiordnung 1754 (Krop. Slg. II/348) trug der Polizei auf „besonders in den Schank- und Wirthshäusern zu ungewissen und unvermutheten Stunden, frühe und spät öfters selbst nachzusehen."

[111]) Zensurpatent v. 11. 7. 1781, § 3 (Krop. HB. I^2, 517): „Kritiken, wenn es nur keine Schmähschriften sind, sie mögen nun treffen, wen sie wollen, vom Landesfürsten an bis zum Untersten, sollen, besonders wenn der Verfasser seinen Namen dazu drucken lässt, und sich also für die Wahrheit der Sache dadurch als Bürge darstellt, nicht verboten werden, da es iedem Wahrheitsliebenden eine Freude sein muss, wenn ihm selbe auch in diesem Wege zukömmt."

[112]) Vgl. zB. Res. v. 16. 11. 1754, CA V, 905.

[113]) Vgl. *Spiegel*, Art. „Heimatrecht", in: StWb II^2, 809.

5.2.10. Ergebnis

Im Ergebnis bedeutete die Reformepoche bis 1792 die Durchsetzung des fnz. Staatsmodells. Aus dem ursprünglichen Länderkonglomerat waren in politischer, organisatorischer und ökonomischer Hinsicht **zwei Kernstaaten** mit unterschiedlicher Struktur entstanden. Während sich der Absolutismus in den österreichisch-böhmischen Erbländern auf allen Ebenen durchgesetzt hatte, blieben in den ungarischen Ländern die tradierten ständisch-feudalen Strukturen weitgehend intakt.

Grundsätzlich bestanden die Landstände in den österreichischen Erbländern weiter. Sie hatten jedoch (bis zu ihrem teilweisen Wiedererstarken unter Leopold II.) jeglichen Einfluss verloren und waren aus ihren traditionellen Positionen (zB Steuerbewilligung, Landesverwaltung, Gerichtsbarkeit) verdrängt. Die den Landesfürsten von den Bürgern trennenden Zwischengewalten wurden weitgehend beseitigt, und wo dies aus finanziellen oder organisatorischen Gründen noch nicht möglich war, staatlich durchdrungen oder kontrolliert. Von der autonomen Herrschaft der Grundherren und der städtischen Bürger blieben nur einige wenige Restrechte. Die Länder sanken zu Provinzen ab, die von Wien aus zentral verwaltet wurden. Die wirtschaftliche und organisatorische Zusammenfassung sowie die länderübergreifende Vereinheitlichung der Gesetzgebung bewirkten ein Zusammenwachsen der böhmisch-österreichischen Länder zu einem Staatsganzen.[114] Die Gleichheit der Bürger war zwar noch nicht erreicht, der Adel hatte jedoch einen beträchtlichen Teil seiner Vorrechte eingebüßt.

Indem Maria Theresia die Fessel des tradierten Rechts abgeworfen hatte, war es ihr gelungen, das **alleinige und unbeschränkte Gesetzgebungsrecht** des Monarchen durchzusetzen. In gleicher Weise verwirklichten Maria Theresia und Josef II. ihre ausschließliche **Verwaltungshoheit** (Ausnahme: Lokalebene). Die österreichisch-böhmischen Länder unterstanden einem vierinstanzigen Verwaltungsapparat mit gemeinsamen Zentralbehörden. Die Justiz lag, von der Lokalebene abgesehen, in den Händen staatlicher Beamter. Oberster Richter war der Monarch, der in jedes Gerichtsverfahren eingreifen und sich selbst das Urteil vorbehalten konnte.[115]

---

[114]) Symptomatisch für die Umwandlung der Länder zu einem gemeinsamen Staat war die Aufhebung des Inkolats bzw. Einstandsrechts durch das Jos. GB 2. HptSt, §§ 4 und 6 (JGS 1786/591 und 1787/649). Dennoch bestanden diese Rechte – allerdings in stark abgeschwächter Form – bis 1848 weiter. Vgl. *Ebengreuth*, Art. „Inkolat", StWb II^2, 886.

[115]) Bspw. waren gem. Art. 21, §§ 2 ff CCTh eine Reihe von Delikten (zB Majestätsbeleidigung, Aufruhr, Landesverrat) überhaupt den Gerichten entzogen und der Monarchin zur Entscheidung vorbehalten. Darüber hinaus blieb es ihr nach der selben Bestimmung unbenommen, nach „freyen Willkuhr ... auch in ein- oder anderer sonst unausgenommenen Malefizbegebenheit eine eigene Commission, oder ein judicium delegatum anzustellen, und durch selbes die Untersuchung auf Art, und Weise, wie Wir es jeweilig für gut befinden werden, vornehmen zu lassen". Vgl. *Ogris*, Maria Theresia Iudex, in: Anzeiger der Österr. Akad. d. Wiss. (Phil.-hist. Klasse) 110. Jg. 1973, 232; *Ogris*, De sententiis ex plenitudine potestatis. Ein Beitrag der Geschichte der Kabinettsjustiz vornehmlich des 18. Jh., in: FS Krause, 171; *Lehner*, Von der Kabinettsjustiz

Durch die Toleranzgesetzgebung verlor der Katholizismus zwar seine Stellung als Staatsreligion, die volle Glaubens- und Gewissensfreiheit wurde jedoch nicht verwirklicht. Nach wie vor besaß die Religionszugehörigkeit wesentlichen Einfluss auf die individuelle Rechtsstellung des Bürgers.

Die beträchtliche Erweiterung des staatlichen Apparats bewirkte ein Ansteigen des staatlichen Kontrollpotenzials und eine Einschränkung der Freiheit der Untertanen. Andererseits bewirkte gerade erst dieser Staatsausbau die Schwächung der lokalen Obrigkeiten und schuf dadurch für die breite Masse der Landbevölkerung erst die Voraussetzungen für mehr Freiheit. Seit der Reformära kann man in Österreich von einer (All-)Macht des Staates sprechen. Dieser stand allerdings noch kein entsprechender Schutz des Bürgers vor dem Staat gegenüber. Die negativen Folgen zeigten sich rasch, als nach 1792 weniger aufgeklärte Monarchen folgten.

5.3. Die Zeit der Restauration und der Vormärz

Lit.: *Baltl/Kocher*, Rechtsgeschichte[9], 188; *Barth-Barthenheim*, Das ganze der österreichischen politischen Administration; *Barton*, Evangelisch in Österreich, 129; *Beidtel*, Staatsverwaltung II; *Brauneder*, Verfassungsgeschichte[7], 90; *Brauneder*, Leseverein, 63; *Brunner*, Staat und Gesellschaft im vormärzlichen Österreich im Spiegel J. Beidtels Geschichte der österreichischen Staatsverwaltung 1740-1848, in: *Conze* (Hg.), Staat und Gesellschaft im deutschen Vormärz 1815–1848, 39; *Gampl*, Staat-Kirche-Individuum, 119; *Hellbling*, Verfassungs- und Verwaltungsgeschichte[2], 323; *Hock*, Staatsrath, 637; *Hoke*, Rechtsgeschichte, 306; *Johnston*, Österreichische Kultur- und Geistesgeschichte, 27; *Kann*, Geschichte des Habsburgerreiches, 219; *Kulturamt der Stadt Wien* (Hg.), Wien und Europa zwischen den Revolutionen (1789-1848); *Luschin*, Reichsgeschichte, 558; *Marx*, Die österreichische Zensur im Vormärz; *Marx*, Die öffentliche Sicherheit in den österreichischen Ländern von 1840–1848, MIÖG 1957, 70; *Saurer*, Straße, Schmuggel, Lottospiel. Materielle Kultur und Staat in Niederösterreich, Böhmen und Lombardo-Venetien im frühen 19. Jh.; *Saurer*, Verfolgungen von Revolutionären und „Demagogen" im Vormärz und während des Neoabsolutismus, in: *Zöllner* (Hg.), Wellen der Verfolgung,118; *Schnedel-Bubenicek* (Hg.), Vormärz; *Sturmberger*, Der Weg zum Verfassungsstaat; *Srbik*, Metternich; *Walter*, Die österreichische Zentralverwaltung II/1/2/2; *Walter*, Verfassungs- und Verwaltungsgeschichte, 118; *Winter*, Romantismus, Restauration und Frühliberalismus im österreichischen Vormärz; *Wodka,* Kirche in Österreich, 312; *Zöllner*, Geschichte Österreichs[7], 329.

5.3.1. Allgemeine Charakteristik

Die Epoche zwischen 1792 und 1848 wird üblicherweise mit den Begriffen Reaktion, Restauration, Stillstand, rückwärts gewandte Beharrung umschrieben. Bei der Beurteilung dieser Jahrzehnte muss allerdings berücksichtigt werden, dass sich Österreich bis zum Jahre 1815 fast permanent im Kriegszustand befand. Darüber hinaus kann von einem Stillstand nur in Bezug auf die staatlich-institutionelle Sphäre gesprochen werden. Dort war tatsächlich der Leitgedanke des aufgeklärten Absolutismus, der „Wohlstand einer möglichst großen Zahl von Bürgern", völlig anders gelagerten Staats- und Regierungsgrundsätzen gewichen. **Aufrechterhaltung von Ruhe und Ordnung** sowie die Stabilisie-

zur Unabhängigkeit der Richter – Die Stellung der Justiz im 18. Jh. und 19. Jh. in: *Weinzierl/Stadler* (Hg.), Justiz- und Zeitgeschichte VI, 1.

rung des monarchisch-absolutistischen Herrschaftssystems traten in den Vordergrund. Die auf Beharrung orientierte Regierungsmaxime kam deutlich in dem politischen Testament zum Ausdruck, das Franz I.[116] (1792–1835) seinem ältesten Sohn, dem geistesschwachen und weitgehend regierungsunfähigen[117] Ferdinand (1835–1848), hinterließ: „Verrücke nichts an den Grundlagen des Staatsgebäudes; regiere und verändere nicht."[118] Zudem lähmte die Rivalität der beiden führenden österreichischen Politiker dieser Zeit *Klemens Lothar Fürst Metternich* (Außenpolitik) und *Franz Anton Graf Kolowrat-Liebsteinsky* (Innenpolitik) das politische Geschehen in Österreich.

Ganz im Gegensatz zur Verkrustung des staatlichen und politischen Lebens stand der gesellschaftliche Wandel, der sich in der ersten Hälfte des 19. Jh. vollzog. Die beginnende Industrialisierung schuf neue gesellschaftliche Eliten (Unternehmertum, Besitz- und Bildungsbürgertum), die sich längerfristig nicht von der politischen Mitsprache ausschließen lassen würden. Mit der Konzentration von Arbeitern in Fabriken entstand die Grundlage für die sich formierende Arbeiterklasse. Die Einführung der allgemeinen Schulpflicht ließ die Zahl der Lesekundigen rasch ansteigen und führte im beginnenden 19. Jh. zu einer geistigen Mobilisierung der Bevölkerung. Die Kodifikationen auf dem Gebiet des Privat-, Straf- und Prozessrechts hatten mit den jahrhundertealten Standesunterschieden gebrochen und eine für alle Stände gleiche Rechtsordnung geschaffen. In der Folge schwanden auch im äußeren Erscheinungsbild (zB Kleider- und Wohnkultur) die ständisch begründeten Unterschiede und wurden durch vermögensbedingte ersetzt. Tendenziell ging die Entwicklung in Richtung bürgerliche Gesellschaft. Schließlich erhielt nach den napoleonischen Kriegen im Kaisertum Österreich die slawische, italienische und ungarische Nationalbewegung immer größeren Zulauf.

Diese sozialen und politischen Veränderungen in der Habsburger Monarchie vollzogen sich vor dem Hintergrund eines sich wandelnden europäischen Umfeldes. In den Revolutionen von 1830 in Frankreich und Belgien kamen bürgerlich-konstitutionelle Bewegungen an die Macht. Mit Ausnahme von Österreich und Preußen wurde bis Anfang der 30er-Jahre in fast allen deutschen Staaten die Herrschaft auf konstitutionelle Basis gestellt.[119] Anstatt auch in Österreich das politische System den sozialen Veränderungen anzupassen, versuchten die Herrschenden mit den Mitteln des Staatsapparates, insbesondere der

---

[116]) Napoleon nannte Franz I (II.) eine „Nichtigkeit in Galauniform".

[117]) In einer zeitgenössischen Darstellung (*Kübeck*, Tagebücher I, 679) wurde Ferdinand als ein Herrscher beschrieben, der „durch Krankeit schwachsinnig, von allem dem, was ihm vorgetragen wurde, kein Wort verstand und immer bereit war zu unterschreiben, was man ihm vorlegte". *Metternich* nannte ihn ein Mirakel des „Legitimismus". Praktisch stellte Österreich in der Epoche von 1835–1848 eine „absolute Monarchie ohne Monarchen" dar. (*Walter*, Verfassungsgeschichte, 123).

[118]) Zit. nach *Walter*, Zentralverwaltung, II/5, Nr. 53.

[119]) Vgl. die Übersicht bei *Mitteis/Lieberich*, Rechtsgeschichte[16], 376.

Polizei[120] und der Zensur[121], am Althergebrachten festzuhalten und das Einströmen liberalen und demokratischen Gedankenguts zu verhindern. Bei diesen Maßnahmen ging es inbes. darum, das Entstehen einer politischen Öffentlichkeit zu verhindern.[122] Für Venetien erging bspw. 1834 ein „Verbot der Diskussion von Gegenständen der Gesetzgebung, Verwaltung sowie des Untertänigkeitsverhältnisses in Vereinen, abgesehen vom Falle eines behördlich abgeforderten Gutachtens".[123]

Die Reaktion der Bevölkerung war der Rückzug in die Privatheit und das Unpolitische. Ausdruck dieser „inneren Emigration" wurde die Kultur des **Biedermeier**. Unter der Oberfläche jedoch enstand ein wachsendes oppositionelles Potenzial. Die Schwäche des vormärzlichen politischen Systems zeigte sich schließlich am 13. März 1848, als ein völlig unkoordinierter und unvorbereiteter Aufstand das Regime innerhalb von einem Tag wegfegte.

5.3.2. Staatsorganisation und öffentliches Recht 1792–1848

Die Weiterentwicklung der Organisation des Staatsapparats verlief mit einer Ausnahme – der Ausrufung des Kaisertums Österreichs – innerhalb des vor 1792 entworfenen Rahmens.

5.3.2.1. Das Kaisertum Österreich

Am 10. 8. 1804 nahm Franz II. den Titel *„erblicher Kaiser von Österreich"*[124] an, um die „vollkommene Gleichheit des Titels und der erblichen Würde mit den vorzüglichsten Europäischen Regenten und Mächten aufrecht" zu erhalten.[125] Die Errichtung des Kaiser-

---

[120]) Über das Ausmaß der Kontrolle und Überwachung der Bevölkerung hieß es in einer im Ausland verlegten zeitgenössischen Schrift: „Die weite Verzweigung der Geheimpolizei in Österreich übersteigt jede Vorstellung, und sie beweist eigentlich nur das schlechte Gewissen der Regierung. Jeder Hoteldiener ist ein gezahlter Spion; es gibt Spione, welche dafür entlohnt werden, Wirtshäuser und Hotels aufzusuchen und an der Wirtstafel zu horchen. Auch in der Hofbibliothek ist man vor ihnen nicht sicher, und die Buchhandlungen werden von Spionen heimgesucht, welche sich über die Einkäufe der Kunden unterrichten lassen. Selbstverständlich werden alle nur im geringsten verdächtigten Briefschaften geöffnet, und man bemüht sich so wenig, diese Verletzung des Briefgeheimnisses zu verbergen, dass der Stempel der Polizei neben dem erbrochenen Siegel des Absenders angebracht wird." *Charles Sealsfield* (Pseudonym für *Karl Postl*), Austria as it is, 83.

[121]) Vgl. *Marx*, Die österreichische Zensur im Vormärz.

[122]) *Saurer*, Verfolgungen von Revolutionären und „Demagogen" im Vormärz und während des Neoabsolutismus, in: *Zöllner* (Hg.), Wellen der Verfolgung, 119.

[123]) Venetianische PrGS 1834, 211.

[124]) Der offizielle Titel lautete daher: „Franz der Zweyte; von Gottes Gnaden erwählter römischer Kaiser, zu allen Zeiten Mehrer des Reiches erblicher Kaiser von Österreich, König in Germanien, zu Ungarn und Böheim etc.; Erzherzog zu Österreich, Herzog zu Lothringen, Venedig und Salzburg, etc." (PGS 1804 II, 76, „Kleiner Titel"). Wien war fortan „römisch und österreichisch kaiserliche Haupt- und Residenzstadt".

[125]) PGS 1804 II, 72. Eine Kaiser*krönung* unterblieb 1804 wegen der angespannten Finanzlage des Staates. Auch die Nachfolger von Kaiser Franz übernahmen ihr Amt ohne Krönung.

tums Österreich bedeutete zunächst nur eine Rangerhöhung. Ein voll souveräner Staat wurde es erst mit dem Untergang des Heiligen Römischen Reiches Deutscher Nation (1806). Es umfasste alle habsburgischen Länder (einschl. der ungarischen)[126], somit Gebiete, die innerhalb und solche die außerhalb des röm.-deutschen Kaiserreiches lagen.[127]

Zwei Ereignisse bildeten den Anstoß für die Errichtung eines Kaisertums Österreich. Durch die 1803 erfolgte Reform der Verfassung des röm.-deutschen Kaiserreiches (vgl. Kap. 5.4.) hatten sich die Mehrheitsverhältnisse im Kurfürstenkollegium zugunsten der Protestanten verschoben. Es war daher zu befürchten, dass bei der nächsten Kaiserwahl nicht mehr ein katholischer Habsburger sondern der protestantische preußische König zum röm.-deutschen Kaiser gekürt würde. Darüber hinaus hatte Napoleon am 18. Mai 1804 Frankreich in ein erbliches Kaiserreich umgewandelt.

5.3.2.2. Behördenorganisation

Zwischen 1792 und 1848 erfolgten wiederholte Umstrukturierungen der Behördenorganisation[128], ohne dass neue Organisationsformen entwickelt wurden. Weiterhin stand an der Spitze der meisten Behörden eine kollegiale Führung. Nach rund zwei Jahrzehnten des Experimentierens setzte sich ein Behördenaufbau durch, der im Wesentlichen bis 1848 bestehen blieb.

Die wichtigsten **Zentralbehörden** waren: Vereinigte Hofkanzlei (politische Verwaltung), Oberste Justizstelle (Justizverwaltung und oberster Gerichtshof), Allgemeine Hofkammer (Finanz- und Kameralsachen), Hofkriegsrat, General-Rechnungs-Direktorium (Kontrolle der Buchhaltung der Behörden), Studienhofkommission (Unterrichtswesen). Im Gegensatz zu diesen Behörden besaß der Staatsrat keine Exekutivgewalt, sondern sollte den Kaiser in den Gegenständen beraten, die ihm dieser zuwies.

Eine neue Einrichtung stellte die 1835/36 geschaffene **Staatskonferenz** dar, die wegen der Regierungsunfähigkeit Kaiser Ferdinands die Staatsgeschäfte führte.[129] Permanente

---

[126]) 1815 bestand es aus 20 Königreichen und Ländern mit 667.000 km² und ca. 40 Mio. Einwohnern. Von diesen waren 21 % Deutsche, 16 % Tschechen und Slowaken, 14 % Italiener, 13 % Ungarn, 8 % Karpato-Ukrainer, 7 % Rumänen, 6 % Polen, 4 % Kroaten, 4 % Serben, 3 % Slowenen, 4 % kleinere Volksgruppen (*Scheithauer ua*, Geschichte Österreichs in Stichworten IV, 30)

[127]) Auf die Stellung der Königreiche und Länder hatte die Rangerhöhung keine Auswirkung, da ihre „bisherigen Titel, Verfassungen, Vorrechte und Verhältnisse“ unverändert blieben.

[128]) ZB versuchte man 1801/2 durch eine extreme Zentralisierung die Tätigkeit der Zentralverwaltung zu beschleunigen. Zu diesem Zweck wurden die gesamte politische Verwaltung, das Finanz- und das Justizwesen bei einer einzigen Behörde (*Vereinigte Hofstellen*) konzentriert.

[129]) Franz I. hatte es jahrelang verabsäumt, in Hinblick auf die Regierungsunfähigkeit seines ältesten Sohnes Vorsorge für die Weiterführung der Regierungsgeschäfte nach seinem Tode zu treffen. *Metternich* gelang es schließlich, den sterbenden Kaiser zur Unterzeichung von zwei von *Metternich* selbst verfassten Handschreiben (sog. „politisches Testament von Franz II.“) zu bewegen. Darin hieß es ua: „Übertrage auf den Fürsten Metternich, Meinen treuesten Diener und Freund, dass Vertrauen, welches Ich ihm während einer solangen Reihe von Jahren gewidmet habe. Fasse über öffentliche Angelegenheiten wie über Personen keine Entschlüsse, ohne ihn darüber gehört zu haben. Dagegen mache Ich es ihm zur Pflicht, gegen Dich mit derselben Aufrichtigkeit und treuen Anhänglichkeit vorzugehen, die er Mir stets bewiesen hat.“ (Abgedr. bei *Walter*, Zentralverwaltung II/5, Nr. 53). Staats- und Konferenzminister *Kolowrat*, dem politischen Gegen-

Mitglieder dieser Staatskonferenz waren neben dem Staatskanzler *Metternich* und dem Staats- und Konferenzminister *Kolowrat* noch die Erzherzöge Ludwig und Franz Karl.

Mittelbehörden: Die Verwaltung eines Landes lag in den Händen des kollegial geführten **Guberniums**. Salzburg, das 1816 an das Kaisertum Österreich gelangt war, wurde mit Österreich o.d.E. vereinigt und unter einem (5.) Kreisamt zusammengefasst (Salzburger Kreis).

Lokalbehörden: Auf lokaler Ebene verblieben Verwaltung und Justiz in den Händen der Grundobrigkeiten und der städtischen Magistrate. Die städtischen Bürger verloren den letzten Rest von Einflussnahme auf die städtischen Organe. Seit 1793 bedeutete das Amt des Bürgermeisters eine lebenslange Dauerstellung. 1803 schaffte Franz I. (II.) die Wahl der Magistratsräte durch die Bürger ab, an ihre Stelle trat die Ernennung durch das Gubernium.

Der Staatsapparat erwies sich als schwerfällig und ineffizient. Die obersten Behörden arbeiteten häufig mehr gegeneinander als miteinander. Die kollegiale Führung der Behörden verzögerte die Entscheidungen und förderte die „Vielschreiberei". „Die Staatsmaschine keuchte in dem alten Geleise fort, durch niemand gelenkt, durch keine Kraft behindert und durch nichts getrieben als durch sich selbst, nach dem Gesetz der Trägheit".[130] Darüber hinaus hatten sich schon unter Franz I. die praktischen Grenzen des Absolutismus gezeigt. Angesichts der ständig wachsenden Staatsaufgaben war der Monarch schon rein physisch nicht mehr in der Lage, die gesamte Entscheidungsgewalt auszuüben.

5.3.2.3. Justiz/Kodifikationen

Im Justizwesen blieb die unter Joseph II. errichtete Gerichtsorganisation bestehen. Veränderungen erfolgten nur auf Ebene der 1. Instanz. Während der napoleonischen Kriege waren die westlichen und südlichen Gebiete des Kaisertums Österreich zeitweise an Bayern bzw. Frankreich gefallen. Diese hoben die Patrimonialgerichtsbarkeit auf und ersetzten sie durch staatliche Gerichte. Nach der Rückgewinnung dieser Gebiete durch Österreich kehrte man nicht mehr zur ursprünglichen Rechtslage zurück, vielmehr wurden in erster Instanz Pfleggerichte (Österreich o.d.E., Salzburg), Landgerichte (Tirol, Vorarlberg) bzw. Bezirkskommissariate (Illyrien) eingerichtet.[131]

Nach 59-jährigen Vorarbeiten trat am 1. 1. 1812 das **Allgemeine Bürgerliche Gesetzbuch** (ABGB) in Kraft. Es schuf ein einheitliches Privatrecht für alle Untertanen und galt in allen Ländern des Kaisertums Österreich, ausgen. Ungarn und dessen Nebenländern. Das **Strafgesetz (StG) 1803** bildete bis zum Jahre 1975 die Grundlage des österreichischen Strafrechts.

---

spieler *Metternichs*, gelang es jedoch, diese De-facto-Machtübernahme *Metternichs* zu verhindern. Die Einrichtung der Staatskonferenz, in die noch einige Angehörige des Herrscherhauses mit einbezogen wurden, stellte einen Kompromiss bzw. eine Machtteilung zwischen diesen beiden Politikern dar.

130) *Schmitt*, Zeitgenössische Geschichten, 524, zit. nach *Srbik*, Metternich II, 21.

131) *Hellbling*, Verfassungsgeschichte^2, 332.

5.3.2.4. Die Landstände

Trotz ihrer 1790 erfolgten Wiederbelebung konnten die Landstände nicht mehr an ihre Machtstellung anknüpfen. Die Gründe hiefür lagen zum einen in der Politik des Kaisers, der die Landtage nur mit mehrjährigen Pausen einberief. Zum anderen isolierten sich die Landstände von den übrigen gesellschaftlichen Sektoren, indem sie die Wiedererringung ihrer privilegierten Stellung anstrebten, anstatt als Vorkämpfer des Konstitutionalismus zu wirken. Nach der Verfassung des Deutschen Bundes hatten alle Bundesstaaten in ihrem Territorium landständische Verfassungen zu erlassen (vgl. Kap. 5. 5.). Ohne darauf Bezug zu nehmen, erließ Franz I. „gnadenhalber" für Tirol (1816), Galizien (1817), Krain (1818) und Salzburg (1826) formelle landständische Verfassungen. Diese offenbarten die politische Schwäche der Landstände: Der Kaiser besaß das uneingeschränkte Recht der Besteuerung. Den Ständen blieb wenig mehr als das Petitionsrecht und das Recht, ihre Beamten selbst zu ernennen.[132]

5.3.2.5. Das Schulwesen / Heerwesen / Religionswesen

Schulwesen: Die Schulordnung 1804[133] hielt die Dreiteilung (Trivial-, Haupt- und Realschulen) aufrecht. Das gesamte Schulwesen wurde der kirchlichen Aufsicht unterstellt[134], die im staatlichen Auftrage und unter dessen Kontrolle (Gubernium) erfolgte. Ganz allgemein nahm die Religion einen besonderen Platz bei der Disziplinierung – oder wie das Gesetz es sagte „Erreichung wahrer Sittlichkeit, gebaut auf echte Frömmigkeit" (Z. 40) – der unteren Bevölkerungsschichten ein.[135] Vorherrschende Lernmethode war das Auswendiglernen, da sich bei „den Deutschen Schullehrern der Trivial-Schulen die auszeichnenden Fähigkeiten nicht erwarten lassen, welche zu einem vernünftig geführten entwickelnden Gespräch nothwendig sind" (Z. 8 Schulordnung 1804).

Die **Universitäten**[136] wurden streng überwacht. Die Lehrinhalte mussten der Zensur vorgelegt werden, sodass viele Wissenschaftler ins Ausland abwanderten und das österreichische Geistesleben einen Niedergang erfuhr.

---

132) Wiedereinführung der ständischen Verfassung in Tyrol, PGS 1816/28.

133) Dekret v. 10. 2. 1804, PGS 1804 I/ 21. Die Schülerhöchstzahl pro Klasse wurde mit 80 Schülern begrenzt. Im Jahre 1846 gingen im Kaisertums Österreich (ohne Ungarn) 2.080.783 Kinder zur Schule, die von 19.511 Lehrern und Schulgehilfen sowie 8.916 Religionslehrern unterrichtet wurden. (*Endres*, Revolution, 67).

134) Diese Aufsicht umfasste die Überwachung des Schulunterrichts, den Lebenswandel des Schullehrers, den Fleiß und die Sittlichkeit der Schüler sowie die der Eltern hinsichtlich ihrer Pflicht, die Kinder in die Schule zu schicken.

135) Da gem. Z. 22 der „Religions-Unterricht der Hauptttheil der Belehrung in Volksschulen" sei, machte im Lehrplan der Trivialschulen für die ersten Klassen das Fach Religion die Hälfte der Unterrichtszeit aus. Der Übertritt eines Trivial-Schülers in eine Hauptschule oder ein Gymnasium bedurfte der Einwilligung des Religionslehrers (Z. 32).

136) An den Universitäten mussten die Studenten vor dem Antreten zu einer Prüfung eine Bestätigung über den Besuch des akademischen Gottesdienstes und die Ablegung der Beichte (Beichtzettel) vorlegen. Der

Heerwesen: Die allgemeine Wehrpflicht für die unteren Schichten der Bevölkerung wurde beibehalten, die Wehrdienstzeit allerdings auf zehn (1802) bzw. acht Jahre (1819) verkürzt.

Religionswesen: Das System des Staatskirchentums blieb in der Zeit zwischen 1792 und 1848 grundsätzlich fortbestehen. Allerdings erfolgte nach 1815 eine teilweise Lockerung (zB Wiederzulassung verbotener Orden, Wiedereröffnung einer Reihe von Klöstern, Erleichterung des Klostereintritts), da man die Katholische Kirche nunmehr stärker als Bündnispartner im Kampf gegen die aufkommenden liberal-demokratischen Ideen sah. Die Staatsbeamten hatten durch ein „gottesfürchtiges und tugendhaftes Betragen" dem Volk mit einem guten Beispiel voranzugehen.[137]

Für die beiden evangelischen Kirchen blieben die aus der josephinischen Ära stammenden Beschränkungen aufrecht. Darüber hinaus sahen sie sich fortgesetzten institutionellen Behinderungen ausgesetzt.[138] Im Jahre 1837 erfolgte im Zillertal (Tirol) sogar noch eine Vertreibung von 427 Protestanten, die schließlich nach Schlesien auswanderten.[139]

Schleichhandel mit solchen Beichtzetteln bildete eine Einnahmequelle für bedürftigte Studenten (*Endres*, Revolution, 71).

[137]) HkD v. 9. 7. 1808, PGS Nr. 7. Daher wurden ihnen befohlen, „für die Zukunft an Sonn- und Feyertagen den öffentlichen Gottesdienste in der Hauptpfarre an einem für sie eigens dazu bestimmten Platze mit Andacht und Erbauung unausbleiblich beyzuwohnen".

[138]) 1834 wurde den Katholiken der Glaubenswechsel zu einem akatholischen Glaubensbekenntnis vor Vollendung des 18. Lj. überhaupt untersagt (PGS 1834/44).

[139]) Diese bis 1803 salzburgischen und ab dann Tiroler Bauern gelangten deshalb nicht in den Genuss der Toleranzgesetzgebung, weil die Behörden behaupteten, dass ihre Glaubensüberzeugung nicht den Lehrsätzen der Evangelischen Kirche A. B. oder H. B. entsprechen würde. Weiters wurde argumentiert, dass das Toleranzpatent im ehem. salzburgischen Zillertal nicht erlassen worden sei.

Auch in den folgenden Jahrzehnten blieb der Protestantismus in Tirol unterdrückt. 1848 erhielt in Tirol eine Petition 125.000 Unterschriften die forderte, dass Tirol von der Anwendung des § 31 der Pillersdorf'schen Verfassung (freie Religionsausübung für alle gesetzlich anerkannten Glaubensbekenntnisse) ausgenommen werden sollte. Die „Glaubenseinheit" fiel im Land Tirol schließlich im Jahre 1869, als sich Protestanten in Innsbruck erstmals zu einem Gottesdienst zusammenschlossen. Evangelische Gemeinden wurden vom Innenministerium für Bregenz (1861), Innsbruck und Meran (beide 1875) bewilligt. (*Mecenseffy*, Protestantismus in Österreich, 211).

5.4. Der Untergang des Heiligen Römischen Reiches Deutscher Nation

Lit.: *Aretin*, Vom Deutschen Reich zum Deutschen Bund; *Becker*, Art. „Reichsdeputationshauptschluß“, HRG IV, 554; *Brauneder*, Verfassungsgeschichte[7], 107; *Erler*, Art. „Rheinbund“, HRG IV, 1008; *Hoke*, Rechtsgeschichte, 279; *Kimminich*, Deutsche Verfassungsgeschichte, 273; *Mitteis/Lieberich*, Deutsche Rechtsgeschichte[16], 360; *Srbik*, Die Schicksalsstunde des alten Reiches, Österreichs Weg 1804–1806; *Walter*, Der Zusammenbruch des Heiligen Römischen Reiches deutscher Nation und die Problematik seiner Restauration in den Jahren 1814/15.

Das Heilige Römische Reich Deutscher Nation besaß Ende des 18. Jh. noch immer die gleiche Verfassung wie Mitte des 17. Jh. Während in Westeuropa und Russland bereits machtvolle und geschlossene Territorialstaaten existierten, war das röm.-deutsche Kaiserreich auf der Entwicklungsstufe eines nur notdürftig reformierten Feudalstaates stehen geblieben. Es stellte mehr Rechtsordnung als Machtgefüge (*Mitteis/Lieberich*) dar und war durch den Gegensatz zwischen Österreich und Preußen sowie die Partikularinteressen der kleineren Reichstände geschwächt.

Nach der Niederlage gegen Napoleon musste das Kaiserreich 1801 im Friedensvertrag von Lunéville die linksrheinischen Gebiete an Frankreich abtreten. Art. 7 dieses Vertrags bestimmte, dass diese Gebietsverluste vom gesamten Reich zu tragen wären, was in der Praxis die Pflicht zur Entschädigung der betroffenen Landesfürsten mit rechtsrheinischen Gebieten bedeutete. Diese erfolgte durch den **Reichsdeputationshauptschluss**[140] (RDHS) 1803, der durch eine **Säkularisierung** der geistlichen Reichsstände sowie eine Mediatisation der kleineren Territorien eine völlige Neuordnung des Kaiserreiches bewirkte.[141] Unter den verbliebenen 82 Territorien bildeten 15 mittelgroße Länder (zB Bayern, Württemberg, Baden, Sachsen und Hannover) ein Gegengewicht zu den beiden Großmächten Österreich und Preußen. An die Stelle zersplitterter Herrschaften traten geschlossene Flächenstaaten.

Der RDHS verschob das politische Kräfteverhältnis in mehrfacher Hinsicht. Durch die territoriale Neugliederung erlangten die protestantischen Reichsstände im Kurfürstenkollegium (6:4 Stimmen) und im Reichstag (78:53) die Mehrheit. Die kleineren Reichsstände und die Reichsritter, bislang die verlässlichsten Bündnispartner der Habsburgerkaiser, gingen unter. Auch territorial schnitten die Habsburger ungünstig ab: Für die verloren gegangenen Gebiete Belgien und Breisgau erhielten sie nur die beiden Bistümer Brixen und Trient. Erst 1805 (bis 1809) gelangte Salzburg an das Kaisertum Österreich. Der RDHS bedeutete darüber hinaus das Ende der deutschen Adelskirche. Mit der reichsständischen war auch eine vermögensrechtliche Säkularisation (§§ 34ff) erfolgt, die den Übergang der Güter der Domkapitel, Abteien und Klöster auf die Landesherrn regelte. Indem die Reichskirche neben ihrer politischen Stellung auch den damit verbundenen Vermögensbesitz verloren hatte, wurden die Kirchenämter für die Angehörigen des Hochadels uninteressant.

---

140) RDHS v. 25. 2. 1803, abgedr. bei *Huber* (Hg), Dokumente I, 1.

141) Unter den 112 aufgehobenen rechtsrheinischen Reichsständen befanden sich fast alle geistlichen Territorien und Reichsstädte. Im Einzelnen waren 3 Kurfürstentümer, 19 Reichsbistümer (zB Salzburg, Brixen und Trient), 44 Reichsabteien und 41 Reichsstädte betroffen. Ohne ausdrückliche Erwähnung im Reichsdeputationshauptschluss wurden in der Folgezeit auch die Gebiete der Reichsritterschaft mediatisiert.

1805/6 schlossen sich 16 deutsche Fürsten (darunter die Könige von Bayern und Württemberg sowie der Kurfürst von Baden) zum **Rheinbund**[142] zusammen. Sie unterstellten sich dem Protektorat Frankreichs und traten am 12. Juli 1806 aus dem Heiligen Römischen Reich Deutscher Nation aus.[143] Aufgrund eines Ultimatums von Napoleon (22. 7. 1806) und des Austritts der Rheinbundstaaten legte Kaiser Franz II. (I.) am 6. 8. 1806 die deutsche Reichskrone nieder und erklärte „das Band, welches Uns bis jetzt an den Staatskörper des deutschen Reichs gebunden hat, als gelöst".[144] Gleichzeitig entband er die Reichsfürsten und -beamten ihrer Pflichten und erklärte die Gebiete des „österreichischen Staatskörpers" für unabhängig. Dieses Vorgehen des Kaisers stieß – obwohl eindeutig verfassungswidrig – praktisch auf keinen politischen Widerstand. Mit dem **Untergang des Heiligen Römischen Reiches Deutscher Nation** wurden die bisherigen Länder zu souveränen Staaten.

5.5. Der Deutsche Bund

Lit.: *Aegidi*, Die Schluß-Acte der Wiener Ministerial-Conferenz zur Ausbildung und Befestigung des deutschen Bundes; *Aretin*, Vom Deutschen Reich zum Deutschen Bund, 158; *Eisenhardt*, Der Deutsche Bund und das badische Pressegesetz von 1832, in: *Kleinheyer/Mikat* (Hg.), Beiträge zur Rechtsgeschichte (GS für Hermann Conrad), 103; *Hoke*, Rechtsgeschichte, 292; *Klüber*, Öffentliches Recht des Teutschen Bundes und der Bundesstaaten[4]; *Meyer/Zöpfl* (Hg.), Corpus Iuris Confoederationis Germanicae oder Staatsacten für Geschichte und öffentliches Recht des Deutschen Bundes[3]; *Müller*, Deutscher Bund und deutsche Nationalbewegung, HZ 1989, 51; *Neusser*, Art. „Deutscher Bund", HRG I, 687; *Rumpler* (Hg.), Deutscher Bund und deutsche Frage 1815–1866; *Schieder*, Vom Deutschem Bund zum Deutschen Reich, in: *Gebhardt* (Hg.), Handbuch der Deutschen Geschichte III[9], 99.

Während der Befreiungskriege gegen Frankreich war in Teilen der Bevölkerung (insbes. der Jugend, dem Bürgertum und den Intellektuellen) ein deutsches Nationalgefühl entstanden. Trotzdem kam es 1814/15 nicht zu einer Wiedererrichtung des röm.-deutschen Kaiserreichs. Die Gründe dafür lagen im Widerstand der europäischen Großmächte (Bedrohung des angestrebten politischen Gleichgewichts), in der Rivalität zwischen Österreich und Preußen um die Vorherrschaft und schließlich im Unwillen der deutschen Fürsten, die gerade erst gewonnene Souveränität aufzugeben. Daher kam es auf dem Wiener Kongress im Jahre 1815 nur zur Errichtung des **Deutschen Bundes.** Dieser umfasste gebietsmäßig das ehemalige Reichsterritorium in den Grenzen von vor 1801 (ausgen. Belgien und Elsass). Österreich und Preußen nahmen nur mit ihren ehemaligen Reichsterritorien teil.[145]

142) Nach dem Zerfall des Kaiserreichs bildete der Rheinbund einen Bund souveräner Staaten, dem ab Herbst 1806 mit Ausnahme Österreichs und Preußens fast alle deutschen Fürsten beitraten. Er stellte ein politisches Instrument Napoleons dar und ging 1813 unter.

143) Art. 1 der Rheinbunds-Akte, abgedr. bei *Huber* (Hg), Dokumente I, 28.

144) Erklärung vom 6. 8. 1806, abgedr. bei *Huber* (Hg.), Dokumente I[3], 37.

145) 1818/19 lebten im Deutschen Bund 30,1 Mio. Einwohner, davon gehörten 9,4 Mio. zu Österreich und 7,9 Mio. zu Preußen.

Seiner Rechtsnatur nach stellte der Deutsche Bund einen **Staatenbund von 41 souveränen** Gliedstaaten dar, wobei sowohl der Bund als auch die Gliedstaaten Völkerrechtssubjektivität besaßen. Der Zweck des Bundes bestand in der „Erhaltung der äußeren und inneren Sicherheit Deutschlands und der Unabhängigkeit und Unverletzbarkeit der einzelnen deutschen Staaten“ (Art. 2 Deutsche Bundesakte).[146] Ein Austritt war nicht möglich.

Seiner politischen Konzeption nach basierte der Deutsche Bund auf dem monarchischen Prinzip bzw. dem fürstlichen Legitimismus. Gem. Art. 57 der Wr. Schlussakte 1820 musste die „gesammte Staats-Gewalt in dem Oberhaupte des Staats vereinigt bleiben, und der Souverain kann durch eine landständische Verfassung nur in der Ausübung bestimmter Rechte an die Mitwirkung der Stände gebunden werden.“ Diese Bestimmung schwächte den Art. 13 der Deutschen Bundesakte 1815 ab, der den Gliedstaaten den Erlass landständischer Verfassungen auftrug. Der Begriff „landständische Verfassung“ führte nach 1815 zu einem (politisch bedingten) Auslegungskonflikt darüber, ob dadurch den Gliedstaaten die Rückkehr zu den tradierten Landständen vorgeschrieben sei, oder auch die Errichtung (moderner) Repräsentativverfassungen[147] erlaubt wäre. Während sich Bayern, Hessen, Württemberg und Baden für Letztere entschieden, wurde in Preußen 1823 eine Verfassung nach landständischem Muster in Kraft gesetzt. Das Kaisertum Österreich verwirklichte nicht einmal dies. Entgegen den während der Befreiungskriege gemachten Zusagen erfolgte nur in den Provinzen Tirol (1816), Krain (1818) und Salzburg (1826) die Oktroyierung einer landständischen Verfassung[148] (vgl. Kap. 5.3.2.4.).

Da insbes. die deutschen Mittelstaaten ihre Souveränität zu verteidigen suchten, besaß der Bund nur geringe Kompetenzen. Im Rahmen des Bundeszweckes konnte der Bund zwar Gesetze beschließen, diese bedurften zu ihrer Wirksamkeit jedoch der Publikation in den einzelnen Staaten. Während es keine gemeinsame Bundesjustiz gab, umfasste die Bundesverwaltung insbes. die Verwaltung der Finanzen sowie das aus den Kontingenten der Mitgliedsstaaten bestehende Bundesheer. Als beschlussfassendes Organ des Bundes fungierte der **Bundestag** (Bundesversammlung), der unter österreichischem Vorsitz tagte und aus Gesandten der Monarchen der Mitgliedsländer bestand. An sich stand die Aufrechterhaltung der inneren Ruhe und Ordnung der Regierung des Gliedstaates zu. Für bestimmte Fälle einer „Widersetzlichkeit der Untertanen“ gegen ihre Regierung konnte der Bund jedoch, uU sogar ohne Aufforderung der betroffenen Regierung, aus dem Titel der „gegenseitigen Hülfsleistung“ einschreiten (Bundesintervention). Regierungen konnten darüber hinaus zur Einhaltung der aus dem Bund herrührenden Verpflichtungen gewaltsam gezwungen werden (Bundesexekution).

---

[146]) Die wichtigsten Verfassungsdokumente des Deutschen Bundes waren: Deutsche Bundesakte (1815), Schlussakte der Wiener Ministerkonferenz (1820), „Karlsbader Beschlüsse“ (1819), Austrägal-Ordnung (1817), Exekutions-Ordnung (1820), Grundzüge der Kriegsverfassung des Deutschen Bundes (1821), Maßregeln-G. (1824/1830) etc., abgedr. bei *Huber* (Hg.), Dokumente I³, Nr. 28 - 52.

[147]) Bei den *landständischen Verfassungen* basierte das politische Mitspracherecht der Stände (Landtag) auf dem qualifizierten Besitz von Grund und Boden. Im Gegensatz dazu stand in der *Repräsentativverfassung* dem Monarchen ein Parlament (Volksvertretung) gegenüber, das von der Gesamtheit oder einem Teil (Zensus) des Volkes gewählt worden war. Während bei Ersterer die politischen Mitwirkungsrechte den adeligen und geistlichen Grundbesitzern sowie bestimmten bevorrechteten Bürgern vorbehalten waren, nahmen bei den Repräsentativverfassungen weitere gesellschaftliche Sektoren an der staatlichen Willensbildung teil.

[148]) Weiters wurden Verfassungen erlassen für die nicht zum Deutschen Bund gehörenden Länder Galizien und Lombardo-Venetien.

Der Deutsche Bund entsprach in keiner Weise den Forderungen der sich formierenden deutschen Nationalbewegung nach Errichtung eines einheitlichen Reiches. Unter dem Einfluss von Staatskanzler *Metternich* entwickelte er sich zudem immer mehr zu einem Instrument der Reaktion und der Restauration, durch das alle antifeudalen, liberalen, demokratischen und nationalstaatlichen Bewegungen unterdrückt werden sollten. Zur Zerschlagung dieser als „revolutionäre Umtriebe und demagogische Verbindungen" diffamierten politischen Kräfte schrieb der Deutsche Bund, beginnend mit den „Karlsbader Beschlüssen (1819), seinen Gliedstaaten die Überwachung der Universitäten, Zensur der Presse, Beschränkung der ständischen Parlamente, Aufhebung der Vereins- und Versammlungsfreiheit sowie das Verbot aller politischer Parteien vor. Zur Einhaltung dieser Vorschriften errichtete der Bund eine zentrale Überwachungsbehörde. 1832 wurde der Bevölkerung sogar verboten, gegen die repressiven Bundesbeschlüsse Petitionen und Protestationen an ihre Regierungen zu richten. Durch die Einschränkung der Reisetätigkeit der Studenten und Handwerker sowie das Verbot der literarischen Schule „Das junge Deutschland"[149] versuchte man, die Ausbreitung der „staatsgefährdenden" Ideen zu verhindern.

[149]) Zu ihr gehörten ua *Heinrich Heine* und *Heinrich Laube*.

6. Der Frühkonstitutionalismus 1848–1851

„Die Gemäßigten mochten nicht selbst auf die Barrikaden steigen, aber sie würden nichts erreichen, wenn nicht jemand anderer die Barrikaden stürmte…"

Eric J. Hobsbawm

6.1. Historischer Hintergrund

Lit.: *Bach*, Geschichte der Wiener Revolution; *Bauer*, Der Kampf um Wald und Weide, 99; *Brauneder*, Leseverein, 159; *Bruckmüller*, Sozialgeschichte Österreichs, 347; *Deák*, Die rechtmäßige Revolution. Lajos Kossuth und die Ungarn; *Endres*, Revolution in Österreich 1848; *Fischel* (Hg.), Die Protokolle des Verfassungsausschusses über die Grundrechte. Ein Beitrag zur Geschichte des österreichischen Reichstages vom Jahre 1848; *Friedjung*, Österreich von 1848–1860 I[3], 17; *Good*, Der wirtschaftliche Aufstieg des Habsburger Reiches 1750–1914, 71; *Grünberg*, Die Bauernbefreiung in Österreich-Ungarn, in: *Conrad/Elster* (Hg.), Handwörterbuch der Staatswissenschaften II[3], 565; *Hantsch*, Die Geschichte Österreichs II, 321; *Häusler*, Zur sozialen und nationalen Problematik der Revolution von 1848/49 in der Donaumonarchie, in: *Zöllner* (Hg.), Revolutionäre Bewegungen in Österreich, 110; *Hautmann/Kropf*, Die österreichische Arbeiterbewegung vom Vormärz bis 1945[4], 31; *Kann*, Geschichte des Habsburger Reiches, 275; *Kiszling*, Die Revolution im Kaisertum Österreich 1848–1849; *Marchet*, Art. „Grundentlastung", StWb I[2], 58; *Marczali*, Ungarische Verfassungsgeschichte, 140; *Marx*, Die wirtschaftlichen Ursachen der Revolution von 1848 in Österreich; *Obermann*, Die österreichischen Reichstagswahlen 1848, MÖSA Bd. 26 (1973), 342; *Reschauer/Smets*, Das Jahr 1848 – Geschichte der Wiener Revolution; *Schiff*, Österreichs Agrarpolitik seit der Grundentlastung; *Seliger/Ucakar*, Wien I, 197; *Springer* (Hg.), Protokolle des Verfassungs-Ausschusses im österreichischen Reichstage 1848–1849; *Tautscher*, Wirtschaftsgeschichte Österreichs, 387; *Tremel*, Wirtschafts- und Sozialgeschichte Österreichs, 319; *Ucakar*, Demokratie und Wahlrecht in Österreich, 60; *Violand*, Die soziale Geschichte der Revolution in Österreich 1848 (hg. v. *Häusler*); *Wandruszka/Urbanitsch* (Hg.), Die Habsburger Monarchie I (Die wirtschaftliche Entwicklung); *Zenker*, Die Wiener Revolution 1848; *Zöllner*, Geschichte Österreichs[7], 355.

Anders als im Jahr 1789 wurde 1848 mit Ausnahme von Großbritannien und Russland fast ganz Europa von der Revolution erfasst. Ausgehend von Frankreich, wo im Februar 1848 die Republik ausgerufen wurde, breitete sich die Bewegung über die Länder des Deutschen Bundes (vgl. Kap. 6.5.), Preußen, die italienischen Staaten und das Kaisertum Österreich aus. Entsprechend den verschiedenen gesellschaftlichen Entwicklungsgraden strebten die revolutionären Erhebungen allerdings unterschiedliche Ziele an.

Im Kaisertum Österreich bedeuteten die 1848er-Ereignisse den Zusammenfall von **bürgerlicher, demokratischer, antifeudaler, nationaler und sozialer** Revolution. Die Unfähigkeit des vormärzlichen Regimes, auf den gesellschaftlichen und politischen Wandel zu reagieren, hatte zu einem Problemstau und einer Staatsverdrossenheit geführt, die breite Kreise der Bevölkerung aus unterschiedlichen Motiven in Opposition zum herrschenden System brachte.

Seit 1790 waren auf dem Gebiet der Grundherrschaft keine Reformen mehr durchgeführt worden. Abgaben und Robotdienste, in anderen Staaten bereits abgeschafft, belasteten die **Bauern.** Hinzu kam eine Reihe von Missernten (insbes. 1845/47). Besonders drückend war die Ausbeutung der Bauern in Galizien. 1846 brach dort ein großer Bauernaufstand los, im Zuge dessen 1400 Adelige verletzt oder erschlagen wurden. In der Folge kam es auch in anderen Teilen der Monarchie zu Robot- und Zehentverweigerungen. Mit fortschreitender Industrialisierung stieg die Zahl der Arbeiter und Arbeiterinnen rasch an. Die **Arbeiterschaft** war bis 1848 kaum organisiert und litt im besonderen Maße unter der sprunghaften Verteuerung der Lebensmittel und der Mieten. Wegen des Fehlens jeglicher arbeitsrechtlicher Bestimmungen waren sie der Unternehmerwillkür und den gesundheitsgefährdenden Arbeitsbedingungen schutzlos preisgegeben. Durch die Zerstörung von Maschinen (Maschinensturm) versuchten sie, die Vernichtung ihrer Arbeitsplätze durch die fortschreitende Mechanisierung der Produktion zu verhindern. Ihre besondere Wut richtete sich gegen die auf die wichtigsten Gebrauchsgüter aufgeschlagene Verzehrsteuer. Im steigendem Maß litten die **Handwerker** unter der Konkurrenz der fabrikmäßig hergestellten Produkte. In der Errichtung der alten Zunftverfassung sahen sie das einzige Mittel, um dem drohenden sozialen Abstieg zu entkommen. Das Heer der kleinen **Beamten** sah sich immer mehr mit dem Gespenst der Armut konfrontiert. Wegen der angespannten Staatsfinanzen war der Staat nicht in der Lage, die Beamtengehälter der Teuerungsrate anzupassen. Die Studenten, die zusammen mit den Arbeitern während der Revolution die radikalste politische Kraft darstellten, litten unter der völligen Verschulung und Bevormundung im Universitätsbetrieb. Das **Bildungsbürgertum** und die **Intellektuellen** (organisiert im „juristisch-politischen Leseverein") litten unter der geistigen Enge des Polizei- und Zensurstaats, der jede kritische Auseinandersetzung mit der aktuellen Lage verhinderte.[1] Das Bürgertum forderte politische Mitsprache, Errichtung eines konstitutionellen Systems, Aufhebung der noch verbliebenen zünftischen Wirtschaftshemmnisse und das Ende aller adeligen Vorrechte. Andererseits sollte jedoch ihre soziale Vorherrschaft über die Unterschichten erhalten bleiben. Das **Besitz- und Großbürgertum** („nö. Gewerbeverein") wiederum strebte nach einer Machtteilung mit dem Hochadel und trachtete danach, mittels einer Konstitution Einfluss auf die Verwaltung der Staatsfinanzen zu erlangen. Die **adeligen Landstände** richteten ihre Bemühungen auf die Wiedererrichtung einer landständischen Verfassung, die den Geburtsständen ihre alte Macht wiedergeben sollte. Die **Katholische Kirche** war bestrebt, die ihr vom Staat auferlegten Verwaltungstätigkeiten (sog. Gamaschendienst) sowie die staatliche Bevormundung abzustreifen und ihre angestammten oder usurpierten Rechte wieder zu erlangen. Selbst das Kaiserhaus war in zwei Lager gespalten. Die Hofintrigen der Erzherzogin *Sophie* zielten auf die Ablöse *Metternichs*, um ihrem Sohn, dem späteren Kaiser Franz Josef, den Weg zum Thron zu ebnen.

Besondere Sprengkraft entfalteten die **nationalen Bestrebungen**. Unter der tschechischen **Bevölkerung** war in der ersten Hälfte des 19. Jh. ein Nationalbewusstsein entstanden, das durch die soziale Spaltung in einen deutschsprachigen Adel und überwiegend tschechischsprachige Bauern eine Verschärfung erfuhr. In den 1815 an das Kaisertum Österreich gefallenen **oberitalienischen Gebieten** (Lombardo-Venetien) machte sich die österreichische Verwaltung sehr rasch unbeliebt. Da diese Region den wirtschaftlich entwickeltsten Teil der österreichischen Monarchie darstellte, zog man sie im besonderem Maße zur Sanierung des Staatshaushaltes heran. Forderungen nach einem gemeinsamen italienischen Nationalstaat und nach demokratischen Reformen fanden nicht nur bei der Bevölkerung der übrigen italienischen Fürstentümer sondern auch beim Bürgertum Mailands und Venedigs breite Zustimmung. In **Ungarn,** dem es unter Berufung auf seine historischen Wurzeln gelungen war, sich den absolutistischen Reformen zu entziehen, verstärkte sich im 19. Jh. das Nationalbewusstsein. Ausdruck hiefür war zB die Einführung des Magyarisch als Amtssprache an Stelle des Latein (1844). Anfang der 40er-Jahre erhielt die Bewegung von *Lajos Kossuth* verstärkten Zulauf, die neben einer grundlegenden Reform des ungarischen Sozialgefüges langfristig die nationale Unabhängigkeit anstrebte. Die ungarische Nationalbewegung wollte bei der von ihr eingeschlagenen Magyarisierungspolitik jedoch nicht wahrhaben, dass die Mehrheit der Bevölkerung der Länder der Stephanskrone nicht ungarisch war.[2] **Kroatien,** seit 1102 mit Ungarn vereinigt, begann nun im Gegenzug zum magyarischen Nationalismus seine eigene nationale Identität hervorzukehren. 1847 proklamierte der kroatische Landtag Kroatisch zur offiziellen Sprache.

Dieser kurze Überblick über die sozialen, politischen und nationalen Bewegungen, die 1848 um die Durchsetzung ihrer Interessen kämpften, zeigt die Komplexität der gesellschaftlichen Konflikte. Die Revo-

---

[1]) ZB musste die Schrift von *Viktor Andrian-Werburg*, Österreich und dessen Zukunft[3], 1843 in Hamburg erscheinen.

[2]) Im Jahre 1842 standen den 5,57 Mio. Magyaren im ungarischen Reichsverband 2,47 Mio. Rumänen, 1,72 Mio. Slowaken, 1,32 Mio. Deutsche, 1,26 Mio. Kroaten, 1,5 Mio. Serben und 0,46 Mio. Ukrainer gegenüber (*Hoensch*, Geschichte Ungarns, 15).

lution 1848 war eine Auseinandersetzung zwischen Verteidigern der monarchischen Legitimität und Anhängern des Konstitutionalismus, zwischen Monarchisten und Republikanern, zwischen Reaktionären und Demokraten, zwischen Zentralisten und Föderalisten, zwischen der deutschen oder ungarischen Nationalbewegung und den übrigen Nationen, zwischen Grundherrn und Bauern, zwischen Stadt und Land, schließlich zwischen Besitzenden und Nichtbesitzenden. Die Vielfalt der Interessen ermöglichte einerseits den revolutionären Bewegungen den Abschluss von Bündnissen, andererseits gab sie der herrschenden Elite die Chance, durch eine Politik des „divide et impera“ mit Teilzugeständnissen die revolutionäre Front auseinander zu brechen. Hiebei bot sich dem Kaiser insbesondere das Bürgertum an, das an einer Neuverteilung der Macht durch einen Staatsumbau nur so weit interessiert war, als davon die breite Masse der Bevölkerung (soziale Unterschicht) ausgeschlossen blieb.

Der Ausbruch der Revolution am 13. März 1848 kann die Herrschenden wohl kaum überrascht haben. Die lokalen Aufstände, Unruhen und Krawalle in den Jahren und Monaten davor waren ein deutliches Signal für den wachsenden Unmut in der Bevölkerung. Anfang März 1848 waren die Nachrichten über die Februarrevolution in Paris nach Wien gelangt, wo sie sich rasch verbreiteten. Kurz darauf richteten die Wiener Bürger und Studenten eine Reihe von Petitionen an den Kaiser, in denen sie *Pressefreiheit, Geschworenengerichte, Lehr- und Lernfreiheit an den Universitäten, Aufhebung der Grundherrschaft, Religionsfreiheit und die Gewährung von Grundrechten* forderten. Der Kaiser lehnte ab und beabsichtigte statt dessen die Einberufung der Landstände zu einer Art „Generallandtag“. Als es den Wiener Studenten am 13. März nicht gelang, ihre Forderungen beim kaiserlichen Hof vorzubringen, zogen sie vor das Haus der nö. Landstände. Dieser (natürlich verbotenen) Demonstration schlossen sich spontan Arbeiter und Handwerker aus den Vorstädten an. Der Versuch der Staatsmacht, diese für das vormärzliche System ungeheuerliche Versammlung aufzulösen, bildete in Wien den Auftakt zur Revolution. Straßenkämpfe und Barrikaden in der Innenstadt, Plünderungen und Maschinenstürme in den Vorstädten zeugten von der Unfähigkeit von Polizei und Militär, die Ordnung aufrechtzuerhalten. Unter dem Druck der Straße machte der k. Hof erste **Zugeständnisse**: Rücktritt *Metternichs*, Einsetzung eines verantwortlichen Ministeriums, Aufhebung der Zensur, Inaussichtstellung einer Konstitution (PGS 1848/29). Schließlich stimmte der Kaiser der Errichtung bewaffneter bürgerlicher Nationalgarden (gedacht zum Schutz der Bürger gegen die Arbeiter) sowie der aus Studenten gebildeten Akademischen Legion zu, womit das Gewaltmonopol des Staates gebrochen war. Diese Maßnahmen führten in Wien zunächst zu einem Ende der Unruhen.

Am 25. April 1848 erließ Kaiser Ferdinand die nach seinem Innenminister benannte **Pillersdorf'sche Verfassung** (PGS Nr. 49; vgl. Kap. 6.2.). Diese und die in der Folge ergangene Wahlordnung (PGS 1848/57) stießen jedoch auf vehementen Widerstand weiter Teile der Bevölkerung, da sie einseitig vom Kaiser oktroyiert waren und bloß die Interessen der Großgrundbesitzer und des Bürgertums verwirklichten.

Das Parlament **(Reichstag)** war nach dem Zwei-Kammersystem konzipiert. Der **Senat** (Oberhaus) sollte als Interessenvertretung des kaiserlichen Hauses sowie der Großgrundbesitzer fungieren. Die Wahl der Mitglieder der **Abgeordnetenkammer** (Unterhaus) hatte gemäß Wahlordnung durch indirekte Wahl zu erfolgen. Für je 500 Einwohner war durch schriftliche oder mündliche Abstimmung ein Wahlmann zu ermitteln. Die Wahlmänner wählten sodann in geheimer Abstimmung einen oder mehrere Abgeordnete ihres Wahlbezirks.[3] Arbeiter, Dienstboten und Personen, die von der öffentlichen Fürsorge unterstützt wurden, besaßen weder ein aktives noch ein passives Wahlrecht. Der Ausschluss der Frauen vom Wahlrecht schien 1848 so selbstverständlich, dass er in der Wahlordnung nicht einmal ausdrücklich erwähnt wurde.

Die Unzufriedenheit mit der Verfassung, insbes. dem Senat und dem beschränkten Wahlrecht, sowie der Versuch der Regierung, die Organe der revolutionären Bewegung aufzulösen bzw. die Universität zu schließen, führten am 15. (Sturmpetition) und am 26. Mai zu neuerlichen Aufständen in Wien. Im Zuge dieser Unruhen entstand mit dem Sicherheitsausschuss (gebildet aus Vertretern der Bürger, Nationalgarden und Studenten) ein zweites Machtzentrum, das vorübergehend die Herrschaft in Wien übernahm. Angesichts der Gefährlichkeit der Lage machte der Kaiser weitere Zugeständnisse[4]: Errichtung eines Ein-Kammer-Parlaments (der Senat wurde aus der Verfassung gestrichen), Umwandlung der Pillersdorf'schen Verfassung in eine provisorische, Ankündigung des allgemeinen (Männer-)Wahlrechts. Trotzdem blieben bei den Mitte Juni durchgeführten Reichstagswahlen die Dienstboten, die Fürsorgeunterstützten sowie de facto auch die Arbeiter ausgeschlossen.[5]

Mit der Eröffnung des Reichstags (22. Juli) hatte das Bürgertum sein Ziel, Beteiligung an der Staatsmacht bei gleichzeitigem Fernhalten der unteren Schichten, grundsätzlich erreicht. Unter den im Reichstag vertretenen politischen Strömungen überwog eine **gemäßigt-liberal, konstitutionell-monarchistisch und demokratisch gesinnte Mehrheit**. Sozial dominierte das **Besitz- und Bildungsbürgertum**.[6] Die Abgeordneten aus den slawischen Ländern machten die Hälfte (190 von 383) der Abgeordneten aus. Wegen des Zusammenfallens mannigfaltiger sozialer, politischer und nationaler Interessen und des Fehlens fester Parteistrukturen war der Ausgang von Abstimmungen jeweils schwer vorherzusehen. Als erstes großes Reformvorhaben befasste sich der Reichstag mit der **Aufhebung der Grundherrschaft** (PGS 1848/112, JGS 1848/1180).

---

[3]) Ein Mandatar repräsentierte ca. 50.000 Einwohner, in den Städten waren die Mandate deutlich billiger.

[4]) K. Proklamation v. 16. Mai 1848, PGS Nr. 64.

[5]) Trotz der kaiserlichen Zusage („... für die Wahlen gar kein Census bestehen und jeder Zweifel einer unvollkommenen Volksvertretung entfallen wird", PGS 1848/65) schloss eine wenige Tage später erlassene zweite Wahlordnung (PGS Nr. 75) diese Bevölkerungsgruppen neuerlich aus. Erst nach weiterem politischen Druck rang sich der Ministerrat am 10. Juni dazu durch, zumindest den selbstständigen Arbeitern das Wahlrecht zu gewähren (*Ucakar*, Demokratie, 76). Diese Entscheidung fiel jedoch so kurz vor Beginn der Wahlen, dass sie vielfach weder den Behörden noch den Arbeitern zur Kenntnis gelangte. Als weitere Maßnahme gegen die Arbeiter wurde eine Wohnsitzklausel eingefügt. Arbeiter waren nur in jenen Wahlbezirken zuzulassen, wo sie ihren bleibenden Wohnsitz hatten. Hiedurch würde nach Meinung des späteren JM *Bach* „sofort die große Masse der nicht hierher zuständigen Arbeiter ausgeschlossen" (zit. nach *Walter*, Zentralverwaltung III/1, 169).

[6]) Unter den 383 Abgeordneten befanden sich Beamte (24 %), Fabrikanten und Gewerbetreibende (9 %), Akademiker (16 %), bürgerliche oder adelige Gutsbesitzer (11 %), Geistliche (5 %), Professoren und Lehrer (4 %) sowie Studenten (2 %). Während es den Arbeitern und Handwerken nicht gelungen war, Mandate zu erringen, verfügten die Bauern mit 24 % der Abgeordneten über eine vergleichsweise starke Vertretung (*Bruckmüller*, Sozialgeschichte, 351).

An sich war die Grundherrschaft Mitte des 19. Jh. längst zu einem Anachronismus geworden und bildete ein feudales Rudiment in der sich entwickelnden kapitalistischen Gesellschaft. Für den Grundherrn war die Grundherrschaft unproduktiv, weil Robotarbeit zwar billig aber ineffizient war.[7] Der bäuerliche Untertane hingegen sah sich durch die Abgaben- und Dienstverpflichtungen in seiner eigenen Wirtschaft behindert. Das Bürgertum wiederum erwartete sich von der Aufhebung der Grundherrschaft eine Mobilisierung des Bodenmarktes. Die mit der Grundherrschaft verbundenen öffentlichen Aufgaben wurden von vielen Grundherrn als Belastung empfunden. Am 26. Juli 1848 stellte *Hans Kudlich*[8] im Reichstag den Antrag, „das Untertänigkeitsverhältnis samt allen daraus entspringenden Rechten und Pflichten" aufzuheben. Da zuvor die Regierung sowie einige Landtage bereits Erklärungen in diese Richtung abgegeben hatten, ging die Auseinandersetzung praktisch nur mehr um die Frage, ob bzw. wer die Entschädigung zu leisten hätte. Während die Bauernvertreter die Grundherrschaft als Produkt der Unterjochung des Volkes durch eine Kriegerkaste sahen[9], pochten Bürgertum und Grundherrn auf die Unverletzlichkeit des Eigentums. Die Forderung *Kudlichs* auf entschädigungslose Enteigung verfehlte in einer tumultartigen Sitzung knapp die Mehrheit. Der Reichstag beschloss schließlich Ende August die Grundentlastung und die Aufhebung der Untertänigkeit. Mit der k. Sanktion dieses Beschlusses erhielten die Bauern das ungeteilte Eigentum an Grund und Boden. Ihre Abgaben und Dienstpflichten erloschen ebenso wie die gerichtlich-administrative Unterordnung unter den Grundherrn.[10] Die Frage der Entschädigung blieb jedoch bis zum 4. 3. 1849 (dem Tag der Erlassung der oktroyierten Märzverfassung, vgl. Kap. 6.4.) offen. Schließlich erging folgende Regelung (RGBl 1849/152): Von jedem Grunduntertanen war die Jahresschuldigkeit (minus etwaiger vom Grundherrn zu erbringender Gegenleistungen) zu ermitteln. Hievon musste als Äquivalent für die vom Grundherrn zu entrichtenden Steuern und dem mit der Einhebung verbundenen Aufwand 1/3 abgezogen werden. Die verbleibende Summe war mit 20 zu multiplizieren und ergab das Entschädigungskapital. Eine Hälfte dieser Summe hatte der Grunduntertan, die andere Hälfte hatten die Länder zu tragen, die die notwendigen Beträge durch Steueraufschläge bei den Steuerpflichtigen beschaffen konnten. Beide hatten diese Schuld in auf 20 Jahre aufgeteilten Raten in einen Grundentlastungsfonds einzuzahlen. Von diesem Fonds erhielten die Grundherrn staatlich garantierte Obligationen in der Höhe ihres Entschädigungskapitals.

Die Grundentlastung, die im Jahre 1857 im Wesentlichen abgeschlossen war, brachte den Grundherrn de facto die volle Entschädigung. Die Bauern mussten für die Dauer von 20 Jahren Zahlungen in der Höhe eines Drittels ihrer bisherigen Pflichtigkeiten leisten. Den Rest brachten die Steuerpflichtigen auf. Insgesamt wurden rund 290 Millionen fl. an Entschädigung bezahlt.[11] Mit den damit getätigten Investitionen erwarben sich die adeligen Großgrundbesitzer bedeutenden Einfluss auf das österreichische Industrie- und Bankkapital.

Während des Sommers 1848 begann das revolutionäre Bündnis zwischen Bürgertum, Handwerkern und Arbeitern zu zerfallen. Das Bürgertum, das mit der Einberufung des Reichstags seine Forderungen erfüllt sah, hatte an der Weiterführung der Revolution kein

---

[7]) Für die Robotarbeiten hatten die Bauern die „Fertigkeiten eines Zeitlupentempos und des passiven Widerstandes zu höchster Vollkommenheit entwickelt" (*Macartney*, Habsburg Empire, 278). Aus diesem Grund wurde bei der Regelung der Entschädigung (RGBl 1849/152 § 11) der Wert der Zwangsarbeit mit maximal einem Drittel des Preises der freien Lohnarbeit festgelegt.

[8]) *Kudlich*, Sohn einer schlesischen Bauernfamilie, studierte in Wien Rechtswissenschaften und war mit 25 Jahren der jüngste Abgeordnete des Reichstags. Nach der gewaltsamen Auflösung des RT im März 1849 musste er wie viele seiner Gesinnungsgenossen ins Ausland fliehen.

[9]) *Kudlich* in seiner Rede vor dem Reichstag v. 26. 8. 1848, StProt. RT II, 82.

[10]) P. v. 7. 9. 1848 betreffend die Aufhebung des Untertänigkeitsverbandes und die Entlastung des bäuerlichen Besitzes (PGS 1848/102).

[11]) Insgesamt mussten in den österreichisch-böhmischen Ländern rund 29,4 Mio. Fuß-, Hand- oder Zugrobotarbeitstage sowie Abgaben in der Höhe von 2,18 Mio. Metzen Getreide abgelöst werden (*Marchet*, Art. „Grundentlastung", StWb I^2, 60). Nach einer anderen Schätzung (*Good*, Habsburgerreich, 87) waren rund 9 % der in der Landwirtschaft geleisteten Arbeitstage in Cisleithanien Frohnarbeit.

Interesse mehr sondern strebte nach Wiederherstellung von Ruhe und Ordnung. Es sah sich insbes. durch die sozialen Forderungen der Arbeiter bedroht. Zum Ausbruch kamen die politischen Spannungen am 22. August 1848 durch die sog. „Prater Schlacht“. Dabei ging die bürgerliche Nationalgarde gegen Arbeiter vor, die gegen Lohnkürzungen demonstrierten. Es gab 22 Tote und 340 Verletzte.

Die letzte Phase der Revolution in Wien begann am 6. Oktober 1848. Als Kriegsminister *Latour* Militäreinheiten von Wien abziehen wollte, um sie gegen das aufständische Ungarn zum Einsatz zu bringen, meuterten die Truppen und verweigerten, unterstützt durch die Wiener Bevölkerung, den Abzug der Soldaten. Im Zuge dieser Unruhen wurde der Kriegsminister gelyncht und das Zeughaus gestürmt. Der Kaiser floh nach Olmütz (Mähren) und ordnete die militärische Rückeroberung Wiens an. Die Stadt, die von ca. 25.000 Bewaffneten (Studenten, Arbeiter, Handwerker und übergelaufenen Soldaten) verteidigt wurde, fiel nach mehrtägigen Kämpfen, die 2.000 Tote forderten, Ende Oktober in die Hände der kaiserlichen Truppen. Mit der Hinrichtung der Anführer des Aufstandes sowie der Zerschlagung der oppositionellen Organisationen[12] war die Revolution in Wien zusammengebrochen.[13]

Im Spätherbst und Winter 1848/49 wies die politische Landschaft folgende **Lagerbildung** auf. Die *demokratisch-radikale Bewegung* (von ihren Gegnern „Umsturz- bzw. Revolutionspartei“ genannt) war durch die Zerschlagung der Revolution in Wien entscheidend geschwächt. Obgleich im Reichstag in der Minderheit, konnte sie diesen noch als Artikulationsbühne nutzen und bei den Verfassungsberatungen vereinzelte Vorschläge durchsetzen. Das zweite Lager bildete die *gemäßigt liberale Reichstagsmehrheit*, die – loyal zum Kaiserhaus – die konstitutionelle Monarchie verankern wollte. Die dritte (dominierende) Kraft stellte die unter *Felix Fürst Schwarzenberg*, einem der größten Grundbesitzer des Landes, im Oktober gebildete *Regierung* dar, die einen konservativ-restaurativen Kurs steuerte, aber aus taktischen Überlegungen zumindest bis Anfang Dezember gewillt war, die geltende Verfassung zu respektieren und eine Konfrontation mit dem Reichstag zu vermeiden. Nach *Schwarzenbergs* Konzept sollte die Neuorganisation des Reiches unter Beteiligung der Besitzenden (Herrschaft des Besitzes) an der Machtausübung erfolgen.[14] Am äußerst rechten Rand schließlich sammelte sich um Feldmarschall *Windischgrätz*[15], einem politisierenden Militär, das *reaktionäre Lager*, das zum vormärzlichen System zurückkehren und einzig in der Wiedererstarkung des Adels ein Mittel zur Stabilisierung der Staatsordnung sah (Herrschaft der Geburt). Diese Kräfte traten für die voll-

---

[12]) Am 6. 12. 1848 erfolgte das Verbot aller „demokratischen und Arbeiter-Klubs“ (RGBl 1848/11).

[13]) Zur Demütigung der Studenten, die sich als Zeichen der Freiheit seit Beginn der Revolution lange Haare und Bärte hatten wachsen lassen, wurden diesen von der Polizei die Haare geschoren.

[14]) Er ging davon aus, dass die Besitzenden von Natur aus konservativ seien und dadurch ein solides Fundament der Monarchie abgeben würden. Sicherzustellen sei ihr Einfluss durch einen Zensus in allen Vertretungskörpern, damit „wer nichts besitzt, ... von den Geschäften des Landes ferngehalten“ werde (zit. nach *Walter*, Zentralverwaltung III/1, 309). Über den österreichischen Adel hingegen fällte *Schwarzenberg* ein vernichtendes Urteil. Er kenne in dieser Klasse „nicht ein Dutzend Männer von hinlänglicher politischer Einsicht, mit den erforderlichen Kenntnissen ausgestattet, um ihnen einen wichtigen Antheil von der Gewalt anzuvertrauen, ohne fürchten zu müssen, dass sie ihnen bald verloren gehe ...“ (ebenda, 300).

[15]) *Windischgrätz*, der Schwager *Schwarzenbergs*, hatte die Einsätze der Armee gegen den Prager Pfingstaufstand und den Wiener Oktoberaufstand kommandiert und durch diese Erfolge im Winter 1848/49 zeitweise beträchtlichen Einfluss auf den Kaiser und die Innenpolitik gewonnen. Nach seinem militärischen Versagen im ersten Feldzug gegen die Ungarn wurde er seines Kommandos enthoben und büßte damit auch seine politische Macht ein.

ständige Zerschlagung der konstitutionellen Bewegung, die sofortige Auflösung des Reichstags und die Rückgängigmachung der Bauernbefreiung ein.

Am 2. Dezember 1848 sahen die Regierung und das Herrscherhaus die Zeit für den längst fälligen Thronwechsel für gekommen. Nach der Abdankung Kaiser Ferdinands folgte dessen Neffe Franz Josef auf den Kaiserthron.[16]

Am 22. 10. 1848 vertagte der Kaiser den Reichstag und berief ihn nach Kremsier (Mähren) ein, um ihn dem Einfluss der Wiener Bevölkerung zu entziehen und seines Rückhalts in der Bevölkerung zu berauben. Der Reichstag, dessen politisches Gewicht deutlich gesunken war, befasste sich in den folgenden Monaten mit der Ausarbeitung einer neuen Verfassung. Am 4. März 1849 beendete der Verfassungsausschuss des RT die Beratungen, am 15. März sollte sein sog. **Kremsierer Entwurf** (vgl. Kap. 6.3.) im Plenum des RT ohne weitere Debatte beschlossen werden. Dazu kam es jedoch nicht.

Nachdem die Regierung im Jänner 1849 von den Grundzügen des Kremsierer Entwurfs, insbes. der expliziten Verankerung des Prinzips der Volkssouveränität[17], Kenntnis erlangt hatte, fiel bereits am 20. Jänner 1849 im Ministerrat der Entschluss zum Staatsstreich. Am 4. März erließ Kaiser Franz Josef die **oktroyierte Märzverfassung** (vgl. Kap. 6.4.) und löste den Reichstag auf. Die für 7. März anberaumte Sitzung wurde vom Militär gewaltsam unterbunden.[18] Um Unruhen vorzubeugen, wurde gleichzeitig mit der Oktroyierung der Verfassung das G. über die Durchführung der Grundentlastung erlassen. Mit dem Staatsstreich vom 4. bzw. 7. März hatte der Kaiser endgültig die Kontrolle über die österreichisch-böhmischen Länder wiedererlangt.

Im Gegensatz zu Prag und Galizien, wo die Aufstände bereits im Frühjar 1848 zusammengebrochen waren, hielt der revolutionäre Widerstand in Ungarn und in den italienischsprachigen Gebieten des Kaisertums Österreich bis zum Sommer 1849 an. In **Oberitalien** (Lombardo-Venetien) hatte die revolutionäre Bewegung in der Bevölkerung so große Unterstützung erfahren, dass sich das österreichische Militär zeitweise auf das Halten der großen Festungen beschränken musste. Die Aufstände fanden zudem Unterstützung bei den Herrschern der übrigen italienischen Fürstentümer, insbes. beim König von Sardinien-Piemont, die dem Kaisertum Österreich den Krieg erklärten. Erst im Sommer 1849 gelang es, die Unruhen endgültig niederzuschlagen und die österreichische Herrschaft in dieser Region zu stabilisieren.

---

[16]) Da der Thronwechsel ohne Zustimmung des ungarischen Reichstags erfolgt war, betrachteten die Ungarn in den folgenden Jahren Kaiser Ferdinand (König Ferdinand V.) weiterhin als ihren einzig legitimen Herrscher.

[17]) Zu Beginn der Beratungen lautete § 1 des Grundrechtsentwurfes folgendermaßen: „Alle Staatsgewalten gehen vom Volke aus und werden auf die in der Constitution festgesetzten Weise ausgeübt." Diese Formulierung wurde nach massivem Druck seitens der Regierung vom Reichstag ersatzlos gestrichen.

[18]) Als offizielle Begründung wurde natürlich nicht die politische Ausrichtung des Reichstagsentwurfs angegeben. Vielmehr führte die k. Proklamation (RGBl 1849/149) an, dass der RT trotz mehrmonatiger Verhandlungen zu keinem Abschluss gekommen sei (was unrichtig war) und dieser sich auf die Erörterung von Theorien eingelassen habe, die in Widerspruch zu den tatsächlichen Verhältnissen der Monarchie stünden. Schließlich argumentierte die Regierung damit, dass eine Verfassung zu erlassen sei, die nicht nur die in Kremsier vertretenen Länder sondern das gesamte Reich (also auch Ungarn und die italienischen Gebiete) umschließen solle.

Unter dem Druck der auch in Ungarn ausgebrochenen Unruhen musste der Kaiser den Ungarn am 11. April 1848 konstitutionelle Zugeständnisse gewähren (sog. „31 Gesetzesartikel“ bzw. **„Ungarische Verfassung 1848“).** Diese bewirkten eine völlige Umgestaltung der sozialen und politischen Struktur Ungarns und schwächten sowohl den Einfluss der ungarischen Großgrundbesitzer (Magnaten) als auch des Kaisers/Königs.[19] Die Ungarn, die für sich das Recht der nationalen Selbstbestimmung forderten, verweigerten dieses ihrerseits jedoch den von ihnen beherrschten Völkern. Insbes. die Kroaten, Serben, Ruthenen, Rumänen und Slowaken erhoben die Forderung nach nationaler Autonomie oder Herauslösung aus dem ungarischen Herrschaftsverband. Von Seite der österreichischen Regierung wurden diese gegen Ungarn gerichteten separatistischen Tendenzen heimlich oder offen unterstützt. Angesichts der wachsenden Spannungen zwischen der österreichischen und ungarischen Regierung gewannen die radikaleren Kräfte um *Lajos Kossuth* an Einfluss. Seit Oktober 1848 herrschte zwischen der österreichischen und ungarischen Reichshälfte Kriegszustand. Nachdem es den Ungarn gelungen war, den ersten Angriff der kaiserlichen Truppen (Winterfeldzug 1848/49) zurückzuschlagen, proklamierte der ungarische Reichstag am 14. April 1849 die staatliche Unabhängigkeit Ungarns und erklärte die Habsburger für abgesetzt (*Ausrufung der* Republik). In einem zweiten Feldzug, bei dem Russland mehr als die Hälfte der Truppen stellte, gelang es der kaiserlichen Armee schließlich im August 1849 Ungarn zurückzuerobern. Für die Zeit bis zum 10. 7. 1850 wurde Ungarn einer Militärverwaltung unterstellt. Die dabei durchgeführten Terror- und Vergeltungsmaßnahmen der Sieger vertieften unter der ungarischen Bevölkerung die anti-österreichischen Ressentiments.

6.2. Die Pillersdorf'sche Verfassung 1848

Lit.: *Baltl/Kocher*, Rechtsgeschichte⁹, 195; *Brauneder*, Verfassungsgeschichte⁷, 113; *Endres*, Revolution in Österreich 1848, 96; *Friedjung*, Österreich von 1848–1860 I³, 26; *Hellbling*, Verfassungsgeschichte², 345; *Hoke*, Rechtsgeschichte, 341; *Hugelmann*, Die Entwicklung der Aprilverfassung von 1848, in: JbLkNÖ NF 17–18/1918–1919; *Hugelmann*, Die österreichischen Landtage im Jahre 1848, in: AÖG 111/1930, 114/1938, 115/1943; *Kelsen*, Staatsrecht, 1; *Kiszling*, Die Revolution im Kaisertum Österreich I, 57; *Klabouch*, Gemeindeselbstverwaltung, 17; *Luschin*, Reichsgeschichte, 566; *Redlich*, Das österreichische Staats- und Reichsproblem I/1, 59; *Ucakar*, Demokratie und Wahlrecht, 63; *Walter/Mayer*, Grundriß des österreichischen Bundesverfassungsrechts⁶, 8; *Walter*, Die österreichische Zentralverwaltung III/1, 53; *Walter*, Österreichische Verfassungs- und Verwaltungsgeschichte, 140; *Walter*, Österreichische Verfassungsentwicklung 1848–1859, in: *Inst. für Österreichkunde* (Hg.), Die Entwicklung der Verfassung Österreichs, 68; *Wandruszka/Urbanitsch* (Hg.), Die Habsburgermonarchie II (Verwaltung und Rechtswesen).

6.2.1. Allgemeines

Bei der Betrachtung der Jahre 1848/49 stellt sich der Zusammenhang zwischen der Dynamik der politischen Machtverhältnisse und der Entwicklung des Verfassungsrechts besonders augenfällig dar. Kräfteverschiebungen wirkten sich unmittelbar auf die Konstitution aus. Grundsätzlich standen sich zwei konträre Staatsmodelle gegenüber. Auf Seite des Kaisers vertrat man die Position der monarchischen Legitimitt. Die Herrschaft des Monarchen sei gottgewollt, den Beweis hiefür erbrächte die lange Herrschertradition der Dynastie. Der Monarch wäre alleiniger Träger der Herrschaft, könne das Volk jedoch gna-

---

[19]) Diese 31 Gesetzesartikel sahen die Einsetzung eines „unabhängigen, verantwortlichen ungarischen Ministeriums“ vor. Anordnungen des Kaisers/Königs bedurften zu ihrer Gültigkeit der Gegenzeichnung durch einen verantwortlichen Minister. Der ungarische Reichstag bestand aus zwei Kammern, einem Oberhaus (Magnaten) und einem Unterhaus, das auf Grund eines Zensuswahlrechts gewählt wurde. Durchsetzung der allgemeinen Steuerpflicht, Aufhebung der Grundherrschaft, Gewährung der Lehr- und Lernfreiheit, Gleichberechtigung aller zugelassenen Religionen ... (abgedr. bei *Bernatzik*, Verfassungsgesetze², 78).

denhalber an der Macht beteiligen.[20] Im Gegensatz dazu standen die revolutionären Bewegungen auf dem Boden der **Volkssouveränität**, wonach der Träger der Herrschaft das Volk sei.

Verfassungskämpfe dieser Art kamen im 19. Jh. fast in allen europäischen Staaten zum Ausbruch. Je nachdem, ob sich mehr die Position des Monarchen oder der Volksbewegung durchsetzte, spricht man von einer **frühkonstitutionellen**[21] oder **konstitutionellen** Verfassung.[22] Die große Bedeutung, die der Pillersdorf'schen Verfassung in der österreichischen Verfassungsgeschichte zukommt, liegt darin, dass sie die erste formelle Verfassung Österreichs darstellt und in ihr nach rund drei Jahrhunderten Absolutismus erstmals Zugeständnisse an die Ideen der Aufklärung und des Konstitutionalismus gemacht wurden.

Entstehung der Pillersdorf'schen Verfassung: Am 12. März 1848, dem Tag vor Ausbruch der Revolution, konnte sich *Metternich* mit dem Vorschlag durchsetzen, Delegierte aus allen cisleithanischen[23] Landständen zusammenzurufen, um Reformen zu beraten.[24] Die Einberufung dieser Ständeversammlung sollte für den 3. Juli 1848 erfolgen. Durch die Ereignisse des 13. März 1848 wurde dieses Projekt überrollt und bereits am 15. 3. 1848 musste der Kaiser den Erlass einer „Constitution des Vaterlandes“ in Aussicht stellen, zu deren Zweck die Provinzial-Stände mit verstärkter Vertretung des Bürgerstandes zusammenzurufen wären. Unter Beiziehung von Vertrauensmännern der Stände[25] arbeitete die Regierung (unter der Federführung von Innenminister *Pillersdorf*) eine Verfassung aus, die vom Kaiser am 25. April 1848 einseitig oktroyiert wurde (PGS Nr. 49). In-

[20]) Zur Entwicklung der Legitimitätsvorstellungen vgl. *Würtenberger*, Die Legitimität staatlicher Herrschaft, 162–241.

[21]) Ihre Kennzeichen waren: Verfassung im fomellen Sinn, Oktroyierung durch den Monarchen, Monarch alleiniger Träger der Herrschaft, allerdings Mitbeteiligung des Volkes insbes. an der Gesetzgebung, Zwei-Kammer-Parlament (bestehend aus Volkskammer und einem ständischen Oberhaus), Fehlen eines Selbstversammlungs- bzw. Gesetzesinitiativrechts des Parlaments, absolutes Veto des Monarchen, einige wenige Grundrechte (vgl. *Brauneder/Lachmayer,* Verfassungsgeschichte[6], 113).

[22]) Kennzeichen: Verfassung im formellen Sinn, die auf Grundlage einer Vereinbarung zwischen Monarch und Volksvertretung erlassen wurde, Volk und Monarch sind gemeinsam die Träger der Herrschaft, Fehlen eines Oberhauses, Gesetzesinitiativ- und Selbstversammlungsrecht des Parlaments, umfassender Grundrechtskatalog, Verfassungs- und Verwaltungskontrolle durch einen unabhängigen Gerichtshof (vgl. *Brauneder/Lachmayer*, Verfassungsgeschichte[6], 115).

[23]) Unter **Cisleithanien** verstand man die Länder diesseits (westlich) der Leitha, also die nicht-ungarischen Länder. Die Leitha, heute der Grenzfluss zwischen NÖ. und dem Burgenland, bildete bis 1920 die Grenze zwischen den österreichischen Erbländern und Ungarn.

[24]) Das Zuwenig und Zuspät dieser Maßnahme kam deutlich in dem diesbzgl. Handschreiben vom 12. 3. 1848 zum Ausdruck. Der Kaiser behielt es sich vor, diesen „Deputirten im vollen Vertrauen auf die in allen Zeiten bewährten Gesinnungen Meiner Stände jene Maßregeln andeuten zu lassen, welche die Bedürfnisse des Augenblickes erfordern, um darüber die Äußerungen der Deputirten als nöthigen Falls auch der Gesamtheit ihrer ständischen Körperschaften so schnell als möglich zu vernehmen“ (zit. nach *Walter*, Zentralverwaltung III/1, 3).

[25]) Vgl. *Bach*, Wiener Revolution, 349.

haltlich reichte sie nicht einmal an die Forderungen der Landstände[26] heran und stieß insbes. nach der Verlautbarung der restriktiven Wahlordnung (9. 5. 1848, PGS Nr. 57) auf heftigen Widerstand in der Bevölkerung (vgl. Kap. 6.1.). Zur Beruhigung der Unruhen erging am 16. 5. 1848 eine k. Proklamation (PGS Nr. 65), die die Konstitution modifizierte (Abschaffung des Senats). Weiters wurde die Konstitution zu einer bloß provisorischen erklärt, die vom Reichstag weiterer Beratung unterzogen werden sollte. Die Wirksamkeit der Pillersdorf'schen Verfassung endete mit dem Staatsstreich des Kaisers vom 4. März 1849.

Rechtsquellen: P. v. 15. 3. 1848 über Verleihung der Constitution und Aufhebung der Censurgesetze (PGS Nr. 29); Bildung eines verantwortlichen Minister-Rathes (PGS 1848/30); Einsetzung eines eigenen Ministeriums für die Gegenstände des öffentlichen Unterrichtes (PGS 1848/34); Aufhebung der Polizey-Hofstelle und Überweisung ihrer Geschäfte an das Ministerium des Inneren (PGS 1848/36); Bestimmungen über die Lehr- und Lernfreyheit (PGS 1848/41); Entbehrlichkeit der Dispens zur Erlangung des Hausbesitzes, Bürger- und Meisterrechtes von Akatholiken (PGS 1848/48); Verfassungs-Urkunde des österreichischen Kaiserstaates v. 25. 4. 1848 (PGS Nr. 49); Provisorische Wahlordnung für den ersten österreichischen Reichstag (PGS 1848/57); Auflösung der k.k. vereinigten Hofkanzley und Bildung des Ministeriums des Inneren (PGS 1848/61); Erklärung des 1. Reichstages als einen constituirenden nur mit einer Kammer und angeordnete Abänderung der früheren Wahlordnung (PGS 1848/65); Provisorische Verordnung gegen den Missbrauch der Presse (PGS 1848/66); Provisorische Verordnung über das Verfahren in Presssachen (PGS 1848/67); Auflösung der k.k. allgemeinen Hofkammer und Organisierung des Ministeriums der Finanzen (PGS 1848/69); Änderungen der Provisorischen Wahlordnung (PGS 1848/75); Aufhebung des Untertänigkeitsbandes und Entlastung des bäuerlichen Besitzes (PGS 1848/112); Bestimmungen hinsichtlich der Lehrfreyheit (PGS 1848/115); Provisorische Versehung der Gerichtsbarkeit und der politischen Amtsverwaltung durch die bisher bestandenen Patrimonial-Behörden auf Kosten des Staates (PGS 1848/117); Berufung des Reichstages nach der Stadt Kremsier (PGS 1848/132); Thronentsagung (PGS 1848/145); Pragmatische Sanktion.

Geltungsbereich: Die Pillersdorf'sche Verfassung galt nur in einem Teil des Kaiserreichs. Ausgenommen waren die Länder der ungarischen Krone und Lombardo-Venetien.

Ihrem Wesen nach bildete die Pillersdorf'sche Verfassung ein Produkt des Frühkonstitutionalismus. Sie war oktroyiert und hielt an der monarchischen Legitimität fest. Das Volk erhielt eine Mitbeteiligung an der Gesetzgebung und der Gerichtsbarkeit, insgesamt dominierte jedoch der Kaiser. Die zum österreichischen Kaiserstaat gehörigen Länder bildeten eine *untrennbare konstitutionelle Monarchie* (§ 1), die als zentralistischer Einheitsstaat ausgestaltet war. Den „Volksstämmen" war „die Unverletzlichkeit ihrer Nationalität und Sprache gewährleistet" (§ 4), ohne dass die Verfassung für den Staatsaufbau daraus weitere Konsequenzen zog. Im Verhältnis zu Ungarn bestanden weiterhin die traditionellen föderativen Strukturen.

6.2.2. Die Staatsorgane

Die Systematik der Pillersdorf'schen Verfassung orientierte sich noch nicht an dem die modernen Verfassungen prägenden Gewaltenteilungsmodell. Vielmehr ging ihr Aufbau

[26]) Vgl. dazu *Ucakar*, Demokratie, 64.

von der Gegenüberstellung der Rechte des Kaiser und denen des Reichstags aus. In der Person des Kaisers vereinigten sich nach wie vor alle drei Staatsgewalten.

Der Kaiser: Die Person des Kaisers war geheiligt, unverletzlich und in Ausübung der Regierungsgewalt unverantwortlich. Seine Anordnungen bedurften jedoch zur Gültigkeit der Unterzeichnung durch einen verantwortlichen Minister. Der Kaiser war (zum Teil alleiniger) Träger der drei Staatsgewalten (vgl. unten) und hatte bei Regierungsantritt einen Eid auf die Verfassung zu leisten. Er besetzte alle Staatsämter (Personalhoheit), verlieh Würden, Orden sowie Adelsprädikate und führte den Oberbefehl über die Streitkräfte. Er erklärte Krieg, schloss Frieden und völkerrechtliche Verträge, bedurfte hinsichtlich dieser Verträge jedoch der Genehmigung des Reichstags. Das Kaiserreich war Erbmonarchie, die Thronfolge bestimmte sich nach der Pragmatischen Sanktion.

Zur Durchführung seiner Regierungsgeschäfte bediente sich der Kaiser der von ihm eingesetzten und ihm weisungsgebundenen **Minister** (**Regierung**). Diese waren für alle ihre Handlungen verantwortlich (**Ministerverantwortlichkeit**).[27] Die diesbzgl. Ausführungsbestimmungen wurden jedoch nie erlassen.

6.2.2.1. Die Gesetzgebung

Die gesetzgebende Gewalt oblag dem **Kaiser gemeinsam mit dem Reichstag.**

Der **Reichstag** war ursprünglich nach dem Zwei-Kammersystem eingerichtet: Senat (Oberhaus) und **Abgeordnetenkammer** (Unterhaus). Der Senat sollte aus den Prinzen des kaiserlichen Hauses, vom Kaiser ernannten Personen, sowie aus 150 Mitgliedern bestehen, die von den 3000 größten Grundbesitzern zu wählen waren. Die Mai-Unruhen erzwangen die ersatzlose Streichung des Senats (PGS 1848/65). Somit bildete die aus 383 Mitgliedern bestehende **Abgeordnetenkammer** alleine den Reichstag. Die Abgeordneten wurden durch indirekte Wahl bestimmt (vgl. Kap. 6.1.) und konnten nur mit ausdrücklicher Zustimmung der Abgeordnetenkammer gerichtlich verfolgt oder verhaftet werden. Der Reichstag besaß *kein* Selbstversammlungsrecht und wurde vom Kaiser (jährlich) einberufen bzw. aufgelöst.

Zum Zustandekommen eines Gesetzes bedurfte es der Zustimmung des Reichstags und der Sanktion des Kaisers (absolutes Veto). Beide besaßen das Gesetzesinitiativrecht. Gesetzesvorschläge bedurften zu ihrer Annahme in der Abgeordnetenkammer der absoluten Mehrheit, Verfassungsänderungen der 2/3-Mehrheit.

Die Abgrenzung, welche Anordnungen von der Vollziehung zu treffen waren und welche der Gesetzgebung zum Beschluss vorgelegt werden mussten, war noch nicht scharf. In der Praxis zeigte sich die Tendenz, dass die Regierung unpopuläre Angelegenheiten dem Reichstag zuzuschieben versuchte, hingegen

---

[27]) Unter **Ministerverantwortlichkeit** versteht man nach geltendem Verfassungsrecht (B-VG Art. 76, 142 f) die *rechtliche* (wegen schuldhafter Gesetzesverletzung) und *politische* Verantwortlichkeit (Misstrauensvotum) eines (weisungsungebundenen) Ministers. Im Gegensatz dazu fungierte die Ministerverantwortlichkeit in der Monarchie als Instrument, um den ex lege unverantwortlichen Kaiser mittels der Notwendigkeit der Gegenzeichnungen seiner Handlungen durch verantwortliche Minister indirekt an die Rechtsordnung zu binden.

populäre vom Kaiser durch Verwaltungsakt erlassen wurden.[28] Die Mitwirkung des Reichstags an der Gesetzgebung umfasste ausdrücklich die politisch bedeutsame Bewilligung der jährlichen Militärrekrutierungen, der Einhebung von Steuern, der Aufnahme von Staatsschulden, des Staatsbudgets und des jährlichen Rechnungsabschlusses.

6.2.2.2. Die Verwaltung

Der Kaiser war alleiniger Träger der vollziehenden Gewalt. Er bediente sich dazu weisungsgebundener Minister.

Zentralbehörden: Bereits am 17. 3. 1848 erfolgte die Ankündigung der Bildung eines verantwortlichen Ministerrates mit einem Ministerpräsidenten an der Spitze (PGS Nr. 30). In der Folge traten an die Stelle der überkommenen Zentralbehörden Ministerien, die nicht mehr eine kollegiale Führung aufwiesen sondern **monokratisch** einem **Minister** unterstanden:

* Ministerium der auswärtigen Angelegenheiten und des kaiserlichen Hauses
* Innenministerium
* Justizministerium
* Finanzministerium
* Kriegsministerium
* Unterrichtsministerium (auch zuständig für religiöse Angelegenheiten)
* Handelsministerium
* Ministerium für Landeskultur (Landwirtschaft) und Bergwesen.

Mittel- und Unterbehörden: Auf Landes- und Kreisebene blieben die bisherigen Behörden bestehen. Hingegen hob das P. über die Aufhebung des Untertänigkeitsbandes alle obrigkeitlich-hoheitliche Gewalt der grundherrschaftlichen Patrimonialbehörden bzw. Dorfobrigkeiten auf. Damit wurden Verwaltung und Gerichtsbarkeit nunmehr auch in unterster Instanz staatlich. Bis zur Einrichtung entsprechender staatlicher Behörden/Gerichte mussten jedoch die bestehenden Patrimonialbehörden auf Kosten des Staates provisorisch mit der weiteren Ausübung der Gerichtsbarkeit und der politischen Amtsverwaltung betraut werden.[29]

6.2.2.3. Die Gerichtsbarkeit

Die Pillersdorf'sche Verfassung widmete der Gerichtsbarkeit einige wenige Paragrafen: Alle Rechtspflege ging vom Kaiser aus und wurde in seinem Namen ausgeübt; die Unabsetzbarkeit der Richter (Ausnahme: Erkenntnis der Gerichtsbehörden) war garantiert; Ankündigung der Errichtung von Geschworenengerichten und der Einführung der Mündlich-

---

[28]) Vgl. *Walter*, Zentralverwaltung III/1, 274, 290.

[29]) PGS 1848/112 § 9, PGS 1848/117.

keit und Öffentlichkeit des Verfahrens vor Gericht. Die Schwurgerichtsbarkeit und die angeführten Verfahrensgrundsätze fanden erstmals Niederschlag in der Prozessordnung in Presssachen (PGS 1848/67, JGS 1848/1151). Dabei wurde auch erstmals die Anklageerhebung einer eigenen Behörde **(Staatsanwaltschaft)** übertragen.

Bei der bis 1848 bestehenden Obersten Justizstelle waren Justizverwaltung und oberstgerichtliche Rechtsprechung noch in einer Institution vereint gewesen. Die Errichtung eines Justizministeriums schuf im Frühjahr 1848 die Voraussetzungen für die Trennung dieser beiden Aufgaben. Die Oberste Justizstelle wurde in Oberster Gerichtshof umbenannt und als vom **Justizministerium** völlig unabhängiges Gericht eingerichtet.[30]

Durch die **Aufhebung der Patrimonialgerichtsbarkeit** (vgl. Kap. 6.4.3.3.) wurde in Justizangelegenheiten auch in 1. Instanz der Staat zuständig.

Ende Mai 1848 erfolgte ein wichtiger Schritt in Richtung Humanisierung des Strafrechts. Mit Ausnahme der weiterhin in Geltung bleibenden Todesstrafe wurden alle jene Strafen des StG 1803 aufgehoben, die die Gesundheit und körperliche Integrität des Verurteilten beeinträchtigten. Dies betraf die Ausstellung auf der Schandbühne, die Züchtigung mit Stock oder Rutenstreichen sowie die Brandmarkung.[31] Die Prügelstrafe wurde jedoch in der Ära des Neoabsolutismus, insbes. zur Disziplinierung der unteren Bevölkerungsschichten, erneut eingeführt (§§ 24 und 258 StG 1852). Ihre endgültige Abschaffung erfolgte schließlich erst 1867/68.[32]

6.2.3. Länder und Gemeinden

Bzgl. der Organisation der Länder und Gemeinden beschränkte sich die Pillersdorf'sche Verfassung auf wenige Bestimmungen. In den einzelnen Ländern sollten „Provinzial-Stände zur Wahrnehmung der Provinzialinteressen“ gebildet werden, wobei die bereits bestehenden Provinzial-Stände (also die Landstände) bestehen blieben. Der Reichstag wurde beauftragt, die Vorschläge der Stände zur Reform der Landesverfassungen zu prüfen. Tatsächlich blieben während der Geltung der Pillersdorf'schen Verfassung die tradierten Landesverfassungen aufrecht.

Hinsichtlich der **Gemeinden** bestimmte die Konstitution, dass sie nach dem Grundsatz zu organisieren seien, „dass in denselben alle Interessen der Gemeinde und ihrer Glieder vertreten werden.“

[30]) Die Umschreibung der Wirkungskreise von Justizministerium und OGH erfolgte am 15. Mai 1848. Sie wurde jedoch erst im August (JGS 1848/1176) kundgemacht. Vgl. *Maasburg*, Oberste Justizstelle, 52.

[31]) Ebenso aufgehoben wurden die §§ 363 ff StG 1803 1. Teil, wonach ein Verdächtiger, der sich weigerte, beim Verhör Antwort zu geben, mit Stockschlägen zu bestrafen war.

[32]) RGBl 1867/131 und 1868/151 (Art. VI.). Vgl. *Stefan Malfèr*, Die Abschaffung der Prügelstrafe in Österreich unter besonderer Berücksichtigung der Militärgrenze, ZRG (GA) 1985, 206.

6.2.4. Die Grundrechte

Unter der Überschrift „staatsbürgerliche und politische Rechte der Staatseinwohner" sah die Pillersdorf'sche Verfassung erstmal in der österreichischen Rechtsgeschichte die Gewährung von Grundrechten vor (die §§ 17–20 galten auch für Fremde). Allerdings fehlte in der Konstitution eine Regelung, welche Institution für die Entscheidung über die Verletzung eines Grundrechts zuständig wäre. Schließlich blieb offen, welche rechtlichen Konsequenzen die Verletzung eines Grundrechts habe. Gewährleistet wurden folgende Rechte:

* Glaubens- und Gewissensfreiheit (§ 17)
* Persönliche Freiheit, Schutz vor willkürlicher Verhaftung, jeder Festgenommene musste binnen 24 Stunden seinem Richter vorgeführt werden,[33] Schutz des Hausrechts[34] (§ 18)
* Rede- und Pressefreiheit, Aufhebung der Zensur (§ 19)
* Schutz des Briefgeheimnisses (§ 20)
* Petitionsrecht und freie Vereinsbildung (§ 22)
* Freiheit der Auswanderung (§ 23)
* Freiheit der Berufswahl, freier Zugang zu allen Ämtern und Würden, Freiheit des Grunderwerbs für jeden Staatsbürger (§ 24)
* gleiche Wirksamkeit der Gesetze für alle Staatsbürger; gleicher persönlicher Gerichtsstand; gleiche Wehr- und Steuerpflicht; Recht auf ein Verfahren vor dem gesetzlichen Richter (§ 25)
* die Angehörigen der gesetzlich anerkannten Konfessionen sollten gleiche bürgerliche und politische Rechte, insbes. das gleiche Recht zum Grunderwerb, haben (§ 27).

Dieser Grundrechtskatalog regelte nur einen Teil der klassischen liberalen Grundrechte, bspw. fehlte die Garantie der Lehr- und Lernfreiheit.[35] Mehrere Bestimmungen hatten die Gleichheit der Staatsbürger zum Inhalt, was die Anpassung einer Reihe von Gesetzen erforderlich machte.

Die Dispenspflichtigkeit von Akatholiken beim Hauserwerb sowie bei der Bewerbung um Bürger- und Meisterrechte wurde aufgehoben (PGS 1848/48). Im Prozess hatten die Gerichtsbehörden alle Staatsbürger ohne Unterschied des Standes mit „Herr" oder „Frau" anzureden (PGS 1848/106). Die Befreiung des Adels vom Wehrdienst wurde abgeschafft. Wer von den Wehrpflichtigen tatsächlich eingezogen werden sollte, musste durch Los bestimmt werden (RGBl 1848/6). Wegen Verstoßes gegen die Gleichberechtigung wurde

[33]) § 272 des 1. Teils des StG 1803 wurde durch PGS 1848/76 in der Weise abgeändert, dass eine Hausdurchsuchung wegen Verdachts eines Verbrechens nicht mehr nach eigenem Ermessen der Sicherheitsbehörde sondern nur mehr auf Grundlage eines förmlichen Beschlusses des Kriminalgerichts erfolgen durfte.

[34]) Bereits am 28. März 1848 hatte eine V. des Innenministeriums (Z. 65-M.I.) bestimmt, dass der Verhaftete sogleich dem Richter vorgeführt werden müsse. Da es wiederholt vorkam, dass der Richter den Festgenommenen freiließ, wurde die Bestimmung später wieder eingeschränkt (RGBl 1848/56).

[35]) Ein unter dem Titel „Bestimmungen über die Lehr- und Lernfreyheit" kundgemachtes Schreiben des Unterrichtsministeriums (PGS 1848/41) enthielt in erster Linie Organisationsnormen für die Universitäten. Für die Studenten bedeutsam war die Lockerung der starren Abfolge vorgeschriebener Prüfungen sowie die Beendigung der universitären Kontrolle über den Besuch des sonn- und feiertäglichen Gottesdienstes.

die Verpflichtung zur Militäreinquartierung und Leistung des Vorspanns vorübergehend aufgehoben (RGBl 1849/88).

6.3. Der Kremsierer Entwurf 1849

Lit.: *Baltl/Kocher*, Rechtsgeschichte^9, 195; *Brauneder*, Verfassungsgeschichte^7, 117; *Endres*, Revolution in Österreich, 166; *Fischel* (Hg.), Die Protokolle des Verfassungsausschusses über die Grundrechte; *Hauke*, Art. „Kremsierer Verfassungsentwurf", StWb^2 III, 271; *Hoke*, Rechtsgeschichte, 348; *Hugelmann*, Studien zum österreichschen Verfassungsrecht I, 22; *Kann*, Nationalitätenproblem II, 29; *Kelsen*, Staatsrecht, 3; *Klabouch*, Gemeindeselbstverwaltung, 26; *Redlich*, Das österreichische Staats- und Reichsproblem I/1, 221; *Springer* (Hg.), Protokoll des Verfassungs-Ausschusses im österreichischen Reichstage; *Stourzh*, Die Gleichberechtigung der Nationalitäten in der Verfassung und Verwaltung Österreichs 1848–1918, 17; *Ucakar*, Demokratie und Wahlrecht in Österreich, 46; *Ulbrich*, Die rechtliche Natur der österreichischen-ungarischen Monarchie, 39; *Walter/Mayer*, Grundriß des österreichischen Bundesverfassungsrechts^6, 11; *Walter*, Zentralverwaltung III/1, 325.

6.3.1. Allgemeines

Der Kremsierer Entwurf[36] war wesentlich moderner konzipiert[37] als die Pillersdorf'sche Verfassung. Er ging in seinem demokratischen Gehalt selbst über die spätere Dezember-Verfassung 1867 hinaus. Ursprünglich war sogar die ausdrückliche Verankerung des Prinzips der Volkssouveränität in der Verfassung vorgesehen.[38]

Obwohl der Kremsierer Entwurf nie in Kraft trat ist er in zweifacher Hinsicht bedeutsam. Zum einen stellte er ein wichtiges Dokument für die Haltung und Ziele der bürgerlich-demokratischen Bewegung in Österreich dar. Zum anderen ist es gerade in Hinblick auf den späteren Verlauf der Nationalitätenkämpfe eine der „gewichtigsten Tatsachen der österreichischen Geschichte, dass die Völker untereinander zu einer Einigung über die Verfassung gelangt sind, obwohl oder vielmehr weil weder die Krone, noch der Adel, noch die Kirche in jener Versammlung einen nennenswerten Einfluss ausübten."[39]

Bedeutsam war, dass es dem Reichstag gelang, durch eine maßvolle Dezentralisierung der Macht, insbes. auf dem Gebiet der Gesetzgebung, einen Kompromiss zwischen den zentralistischen (deutschnationalen) Kräften und der förderalistischen Bewegung der übrigen Nationen zu erzielen. Dem diente vor allem eine **Neueinteilung und Aufwertung**

---

[36]) Abgedr. bei *Bernatzik*, Verfassungsgesetze^2, 115, 133; *Fischer/Silvestri* (Hg.), Texte, 15.

[37]) Vorbild für den Kremsierer Entwurf bildeten die französischen Verfassungen von 1791 und 1793, die belgische Verfassung von 1831, die Verfassungsentwürfe der Frankfurter Versammlung 1848/49, sowie die Verfassung der Republik Texas aus dem Jahre 1836.

[38]) Vgl. oben Fn. 17.

[39]) *Friedjung*, Österreich von 1848–1860 I, 154. In die gleiche Richtung geht die Beurteilung *Redlichs*: „Der Kremsierer Verfassungsentwurf ist bis zum Ende der Dynastie der einzige große Reformplan geblieben, der im Zeitalter des freien Vertrages der Völker zustande gekommen ist; daran hatte die alte mächtige, herrschgewohnte Büreokratie, der glänzende Hoch- und Hofadel, hatte der Staat überhaupt nicht den geringsten Anteil genommen. Und doch ist dieses einzig und allein aus der freien Beratung der Führer der Volksparteien erwachsene Verfassungswerk Österreichs eines, das sich neben den anderen wenigen großen Versuchen dieser Art, ja selbst neben der Schöpfung der amerikanischen Konvention von Philadelphia und der Constituante Frankreichs von 1791 sehr wohl sehen lassen kann." (Das österreichische Staats- und Reichsproblem I/1, 92).

der Kreise. Diese hatten nichts mit den bestehenden Verwaltungskreisen gemein. Sie waren vielmehr räumlich wesentlich größer und sollten unter möglichster Rücksichtnahme auf nationale Siedlungsgebiete festgelegt werden. Tirol (einschl. Vorarlberg) sollte bspw. in drei Kreise – Deutschtirol, Welschtirol, Vorarlberg – eingeteilt werden.

Eine Schwäche des Kremsierer Entwurfs stellte allerdings dar, dass der Geltungsbereich dieser Verfassung nur die österreichisch-böhmisch-polnischen Länder umfassen sollte und er für die ungarische Frage keine Lösung vorsah.

6.3.2. Kompetenzen

In einer konstitutionellen Monarchie hatte die Verfassung die Kompetenzen sowohl zwischen dem Monarchen und dem Volk als auch zwischen dem Reich und den Ländern abzugrenzen.

a) Das Volk war an der Gesetzgebung des Reichs, des Landes und des Kreises beteiligt. Bei der Verwaltung wirkte es jedoch nur auf Ebene des Kreises und der Gemeinde mit. An der Gerichtsbarkeit nahm es durch Geschworenengerichte teil.

b) Die Gesetzgebung war zwischen dem Reich, den Ländern und den Kreisen, die Verwaltung hingegen nur zwischen dem Reich und den Kreisen aufgeteilt. Die Kompetenzen der Länder und Kreise wurden taxativ aufgezählt (Enumerationsmethode). Alle Aufgaben, die nicht ausdrücklich den Ländern oder den Kreisen zugewiesen wurden, fielen in die Kompetenz des Gesamtstaats.

Gesetzgebung: Landeskompetenzen (§§ 114 f), zB: Landesfinanzwesen, Kunst- und Wissenschaftsförderung, Armenwesen, Krankenanstalten, Gesinde- und Bauordnungen, Gewerberecht, Landeskommunikationswesen (Straßen, Kanäle). Ausführungsgesetzgebung auf den Gebieten Unterrichts- und Volkserziehungswesen, Kultusangelegenheiten und Landespolizei.

Kreiskompetenzen (§§ 125 f), zB: Gemeindeangelegenheiten, Kreiskommunikationswesen. Ausführungsgesetzgebung hinsichtlich Volksunterricht und Erziehungswesen, Bestimmung der Unterrichtssprache, Armenwesen, Krankenanstalten, Förderung des Ackerbaues.

Verwaltung: Während die Länder über keine eigenen Verwaltungskompetenzen verfügten, kam den Kreisen in den in §§ 125 f angeführten Angelegenheiten (vgl. oben) auch die Verwaltung zu. Sie besaßen weiters das Recht, Kreisauflagen (Steuern) zur Bestreitung ihrer Aufgaben einzuheben. Mit der Zuweisung dieser Kompetenzen an die Kreise wollte man den Grundgedanken verwirklichen, dass „tunlichst die örtlichen Stellen und nicht so sehr die Zentral- oder Landesregierungsbehörden mit der Behandlung spezifischer Nationalitätenfragen betraut würden.“[40]

6.3.3. Die Organe des Gesamtstaates

Auch der Kremsierer Entwurf sah eine Gewaltenverbindung zwischen Gesetzgebung und Verwaltung durch die Person des Kaisers vor. Im Vergleich mit den beiden anderen

---

[40]) *Kann*, Nationalitätenproblem II, 44.

Verfassungen aus 1848/49 war die Volksvertretung jedoch mit deutlich mehr Macht ausgestattet.

Der Kaiser: Die Rechte des Kaisers waren durch die Verfassung festgelegt. Der Kaiser hatte vor dem versammelten Reichstag einen Eid auf die Verfassung abzulegen. Erst nach dieser Eidesleistung konnte ein neuer Monarch seine Regierungsgewalt ausüben. Die Person des Kaisers war geheiligt, unverletzlich und in Ausübung der Regierungsgewalt unverantwortlich. Seine Regierungsakte bedurften der Gegenzeichnung durch einen verantwortlichen Minister. Der Kaiser ernannte bzw. entließ die Minister, besetzte alle Staatsämter (Personalhoheit), führte den Oberbefehl über das Militär und vertrat das Reich nach außen.

6.3.3.1. Die Gesetzgebung des Reiches

Die Reichsgesetzgebung sollte vom Kaiser gemeinschaftlich mit dem Reichstag ausgeübt werden.

Der Reichstag: Er setzte sich aus zwei Kammern zusammen, die jedes Jahr am 15. März zusammentraten, sofern sie der Kaiser nicht früher einberief. Die **Volkskammer** bestand aus 360 Abgeordneten. Bei der Verteilung der Mandate auf die Wahlkreise wurden die Städte gegenüber dem ländlichen Raum bevorzugt.[41] Das aktive Wahlrecht (§ 95) besaß jeder männliche österreichische Staatsbürger[42], der das 24. Lj. vollendet hatte und jährlich einen bestimmten Mindestbetrag an direkten Steuern bezahlte.[43] Die Wahl der Abgeordneten erfolgte direkt und nach dem Prinzip des Mehrheitswahlrechts. Die **Länderkammer** bestand aus je sechs Abgeordneten jedes Reichslandes (Wahl durch die Landtage) und je einem Abgeordneten jedes Kreises (Wahl durch den Kreistag).[44]

Der Weg der Reichsgesetzgebung: Beide Kammern wie auch der Kaiser besaßen das Gesetzesinitiativrecht. Für das Zustandekommen eines Gesetzes waren übereinstimmende Beschlüsse der beiden Kammern des RT sowie die Sanktion durch den Kaiser erforder-

[41]) Damit hatte sich das städtische Bürgertum gegen die Vertreter der Grundbesitzer und Bauern durchgesetzt. Einen Überblick über den Diskussionsverlauf bietet *Ucakar*, Demokratie und Wahlrecht, 91.

[42]) § 95 verwendete die Formulierung „jeder österreichischer Staatsbürger". Der Ausschluss der Frauen vom Wahlrecht schien den RT-Abgeordneten so selbstverständlich, dass er in den Verfassungstext nicht einmal aufgenommen wurde. Sofern dieses Thema in der RT-Debatte überhaupt angeschnitten wurde, bestand quer über alle politischen Lager hinweg Einigkeit über die Ablehnung des Frauenwahlrechts. Der nö. Abg. *Brestel* meinte: „Wollte man die Weiber zulassen, weil sie an den Staatslasten teilnehmen, so müsste man aus dem gleichen Grunde auch die Kinder und Narren zulassen." (Zit. nach *Springer* (Hg.), Protokolle, 187).

[43]) Die Festlegung dieses Zensus wurde einem eigenen Wahlgesetz vorbehalten, der Betrag durfte jedoch 5 fl. nicht übersteigen.

[44]) Dadurch sollte vor allem in den Ländern, die von Bewohnern unterschiedlicher Nationalität besiedelt wurden, sichergestellt sein, dass auch die Interessen kleinerer Nationalitäten im Reichstag vertreten wurden. Vgl. *Kann*, Nationalitätenproblem II, 43.

lich. Der Kaiser besaß nur ein suspensives Veto (Ausnahme: Beschlüsse, die die verfassungsmäßigen Rechte des Kaisers schmälerten).

Über das (suspensive) Veto des Kaisers vermochte sich der RT nur in einem komplizierten Verfahren hinwegzusetzen: Der RT konnte den Gesetzesantrag in der nächstfolgenden Jahressession ein zweites Mal beschließen. Verweigerte der Kaiser erneut die Sanktion, so musste er den RT auflösen und Neuwahlen ausschreiben. Nahm der neugewählte RT den Gesetzesantrag neuerlich an, durfte der Kaiser die Sanktion nicht mehr verweigern. Die Ratio dieser Regelung bestand darin, durch die Ausschreibung von Neuwahlen die Streitfrage dem Volk als oberstem Souverän zur Entscheidung vorzulegen.

Zur Gültigkeit des Beschlusses für ein einfaches Gesetz war die Anwesenheit der Mehrzahl der Mitglieder und eine absolute Stimmenmehrheit in beiden Kammern notwendig. Die Verfassung besaß einen erhöhten Bestandsschutz. Vor ihrer Änderung musste der Reichstag aufgelöst und neu gewählt werden. Bei der Abstimmung mussten in beiden Kammern mindestens 3/4 der Mitglieder anwesend sein und wenigstens 2/3 der Anwesenden der Verfassungsänderung zustimmen.

Eine massive Beschneidung der Stellung des Monarchen hätte die vorgesehene Kontrolle der Staatsfinanzen gebracht. Alle Einnahmen und Ausgaben des Reiches mussten vom Kaiser für jedes Jahr im Vorhinein veranschlagt und durch ein Gesetz beschlossen werden, bei dem alleine die Volkskammer votierte.

6.3.3.2. Die Reichsverwaltung

Die vollziehende Gewalt stand alleine dem Kaiser zu, der sie durch verantwortliche Minister ausübte.

Zentralbehörden: An der Spitze standen vom Kaiser eingesetzte und diesem weisungsgebundene Minister. Diese waren für ihre Amtstätigkeit dem RT verantwortlich und konnten durch Beschluss einer Kammer wegen Missbrauchs der Amtsgewalt beim Obersten Reichsgericht angeklagt werden.

Mittelbehörden: Jedem Kronland stand ein vom Kaiser ernannter Landeschef vor, der in Ländern mit mehr als einem Kreis den Titel Statthalter, ansonsten Landeshauptmann (Gouverneur) trug.

6.3.3.3. Die Gerichtsbarkeit

Die richterliche Gewalt sollte im ganzen Reich nach gleichen Gesetzen von unabsetzbaren Richtern im Namen des Kaisers ausgeübt werden. Die Entfernung eines Richters aus seinem Amte konnte nur durch Urteil des Obersten Reichsgerichts erfolgen. Rechtspflege und Verwaltung sollten getrennt und voneinander unabhängig, das Gerichtsverfahren mündlich und öffentlich sein. In Strafsachen hatte das Anklageprinzip zu gelten. Über Verbrechen sowie politische und Pressedelikte sollten Schwurgerichte erkennen.

Beabsichtigt war die Errichtung eines **Obersten Reichsgerichts.** Dieses sollte zuständig sein für Klagen wegen Verletzung der Grundrechte, die Absetzung von Richtern, Kompetenzstreitigkeiten, Ministeranklagen und Verschwörungen gegen das Staatsoberhaupt, den Reichstag oder einen Landtag.

6.3.4. Länder, Kreise und Gemeinden

Die Landesbevölkerung hatte nur Anteil an der Landesgesetzgebung nicht jedoch an der Landesverwaltung.

Die *Landesgesetzgebung* übte der **Landtag**[45] gemeinsam mit dem Kaiser (absolutes Veto) aus. Da das Land verwaltungsmäßig nur einen Sprengel des Reiches bildete, stand an der Spitze der *Verwaltung des (Reichs-)Landes* der vom Kaiser eingesetzte *Statthalter* bzw. *Landeshauptmann*, der sowohl die Reichs- wie auch die Landesgesetze[46] vollzog.

Kreistage: Sechs der insgesamt vierzehn Kronländer sollten in Kreise geteilt werden, deren Grenzen sich an der Nation der Bewohner orientieren sollten. Gleichzeitig mit der Wahl der Landtagsabgeordneten wären Mandatare zu den Kreistagen zu wählen. Diese übten im Rahmen der Kreiskompetenzen die Gesetzgebung und Verwaltung aus.

Den **Gemeinden** wurde die Selbstbestimmung in allen Angelegenheiten, die ausschließlich das Gemeindeinteresse betrafen, garantiert.

6.3.5. Grundrechte

Der Kremsierer Entwurf enthielt einen umfangreichen Katalog von Grundrechten, der später Vorbild für das 1867 erlassene StGG über die allgemeinen Rechte der Staatsbürger (vgl. Kap. 8.5.) wurde. Ihrem Inhalt nach waren es überwiegend liberale Grundrechte (zB Gleichheit der Staatsbürger vor dem Gesetz, Freizügigkeit der Person, Schutz des Hausrechts und des Briefgeheimnisses, Versammlungs- und Vereinsfreiheit, Glaubens- und Gewissensfreiheit, Freiheit von Wissenschaft und Lehre, Meinungs- und Pressefreiheit, Schutz des Eigentums). Mit einem Recht auf Bildung („dem österreichischen Staatsbürger wird durch genügende öffentliche Anstalten das Recht auf allgemeine Volksbildung gewährleistet") fand darüber hinaus bereits ein soziales Grundrecht Eingang in den Entwurf. § 21 gewährleistete die Gleichberechtigung der Nationalitäten.[47]

Anders als in der Pillersdorf'schen Verfassung bildeten die Grundrechte im Kremsierer Entwurf nicht nur eine Versprechung, sondern hätten tatsächlichen Rechtsschutz gewährt. Wegen Verletzung eines Grundrechts durch Bedienstete des Staates in Ausübung ihrer Amtsgewalt hätte der Verletzte durch eine Zivilklage

---

[45]) Die von jedem Land auszuarbeitende Wahlordnung durfte keine anderen oder größeren Beschränkungen des Wahlrechts enthalten als die für die Volkskammer vorgesehene Wahlordnung.

[46]) Gem. § 103 konnte eine Landesverfassung bestimmen, dass dem Statthalter vom Kaiser zu ernennende Statthalterei-Räte beigegeben wurden. Wo dies der Fall war, besaß ein Verwaltungsakt des Statthalters, mit dem ein Landesgesetz vollzogen wurde, nur dann Gültigkeit, wenn er durch einen verantwortlichen Statthalterei-Rat gegengezeichnet wurde.

[47]) § 21: „Alle Volksstämme des Reiches sind gleichberechtigt. Jeder Volksstamm hat ein unverletzliches Recht auf Wahrung und Pflege seiner Nationalität überhaupt und seiner Sprache insbesondere. Die Gleichberechtigung aller landesüblichen Sprachen in Schule, Amt und öffentlichem Leben wird vom Staate gewährleistet."

vom Staat volle Genugtuung (Schadenersatz) fordern können.[48] Zuständig für diese Klage war das Oberste Reichsgericht.

6.4. Die oktroyierte Märzverfassung 1849

Lit.: *Baltl/Kocher*, Rechtsgeschichte[9], 202; *Brauneder/Lachmayer*, Verfassungsgeschichte[6], 119; *Hauke*, Art. „Verfassungsgeschichte“, StWb[2] IV, 725; *Hellbling*, Verfassungs- und Verwaltungsgeschichte[2], 251; *Hoke*, Rechtsgeschichte, 353; *Klabouch*, Gemeindeselbstverwaltung, 29; *Ucakar*, Demokratie und Wahlrecht, 100; *Walter/Mayer*, Grundriß des österreichischen Bundesverfassungsrechts[6], 12; *Walter*, Österreichische Verfassungsentwicklung 1848–1859, in: *Inst. f. Österreichkunde* (Hg.), Verfassung Österreichs, 79; *Walter*, Verfassungs- und Verwaltungsgeschichte, 164; *Walter*, Zentralverwaltung III/1, 293.

6.4.1. Allgemeines

Die **oktroyierte Märzverfassung** (Reichsverfassung 1849) wurde zu einer Zeit erlassen, in der die Regierung es aus innen- und außenpolitischen Gründen noch opportun fand, konstitutionelle Positionen zu vertreten. Die Märzverfassung war zwar am 4. März 1849 verlautbart worden, trat jedoch in der Folge nie in Wirksamkeit. Statt dessen regierte der Kaiser ab dem Staatsstreich vom 4. März 1849 für eine „Übergangzeit“ wieder absolut. Nach der endgültigen Niederlage der revolutionären Bewegung in Ungarn und in Italien sowie dem Scheitern der Frankfurter Nationalversammlung schien der Schein einer Verfassung entbehrlich. Durch die Silvester-Patente v. 31. 12. 1851 (vgl. Kap. 7.2.) wurde die Märzverfassung 1849 formell außer Kraft gesetzt.

Da die Märzverfassung unter Umgehung des Reichstags und Bruch der Pillersdorfschen Verfassung einseitig vom Kaiser erlassen wurde, stieß sie in Teilen der Bevölkerung und bei den (ehemaligen) Reichstagsabgeordneten von vorneherein auf Ablehnung. Darüber hinaus bedeutete die Märzverfassung gegenüber dem Kremsierer Entwurf einen deutlichen demokratiepolitischen Rückschritt. Zwar lehnte sie sich (teilweise wörtlich) an den Kremsierer Entwurf an, wich jedoch in den Fragen der Machtverteilung zwischen Monarch und Volk bzw. in der Frage des Föderalismus deutlich zu Gunsten des Monarchen und des Zentralstaats ab.

Rechtsquellen: Neben der Reichsverfassung (RGBl 1849/150) ergingen weitere Bestimmungen mit verfassungsrelevantem Inhalt: Grundrechtspatent v. 4. 3. 1849 (RGBl 151), k. Entschließung wodurch die Grundzüge für die Organisation der politischen Verwaltungsbehörden genehmigt werden (RGBl 1849/295), P. betreff. die Verhältnisse Kroatiens (RGBl 1850/244); Verfassung der Stadt Triest (RGBl 1850/139), Reichsrats-Statut (RGBl 1851/92 und 196), Kab. Schr. betreff. die Ministerverantwortlichkeit (RGBl 1851/194).

Promulgationsverfahren: „Um die Unbestimmtheit der bisherigen Vorschriften zu beseitigen“ wurden mit 4. März 1849 ein allgemeines Reichsgesetz- und Regierungsblatt (RGBl) sowie Landesgesetz- und Regierungsblätter (LGBl) eingeführt (RGBl 1849/153). In diesen waren alle Reichs- und Landesgesetze, kaiserlichen Patente und Verordnungen sowie die von den Ministern und den Landesbehörden zum Vollzug der

---

48) Vgl. dazu die Kontroverse zwischen *Walter* (Buchbesprechung, ÖJZ 1988, 157 und: Waren die „Grundrechte“ des „Kremsierer Verfassungsentwurfs“ bloße „Staatszielbestimmungen“?, ÖJZ 1990, 609) und *Brauneder* (Zum Wesen der Grundrechte des „Kremsierer Verfassungsentwurfs“, ÖJZ 1989, 417).

Gesetze erlassenen Verordnungen zu veröffentlichen. Das RGBl sollte in allen landesüblichen Sprachen ausgegeben werden, wobei die Texte in den verschiedenen Sprachen gleich authentisch waren. Sofern nicht anders bestimmt, erlangten die im RGBl aufgenommenen Gesetze und Verordnungen ihre verbindliche Kraft erst mit dem 30. Tag nach Versendung des entsprechenden RGBl.

Geltungsbereich: Im Gegensatz zu den beiden anderen Verfassungwerken dieser Ära erstreckte die Märzverfassung 1849 ihren Geltungsbereich auch auf die Länder der Stephanskrone und Lombardo-Venetien.

6.4.2. Kompetenzen

Durch die Reichsverfassung 1849 wurde das Kaisertum Österreich als **unitarisches, dh einheitsbildendes Staatswesen mit stark zentralistischen Zügen** ausgestaltet. Dies beendete den Dualismus zwischen den österreichisch-böhmisch-polnischen Ländern und den Ländern der Stephanskrone und stufte Ungarn zu einem Kronland wie alle anderen herab. Die von Ungarn beherrschten Nebenländer (Kroatien-Slawonien, Siebenbürgen, Woiwodschaft Serbien) wurden von Ungarn vollkommen abgetrennt und zu eigenen Verwaltungsgebieten gemacht. Das ganze Kaiserreich bildete ein Zoll- und Handelsgebiet.[49] Darüber hinaus wurde für die Länder der ungarischen Krone die Anpassung des Privat- und Strafrechts an die im übrigen Kaiserreich geltenden Normen in Aussicht gestellt (§ 68). Für die Einwohner alle Länder bestand eine einheitliche Reichsbürgerschaft.

Da die Verwaltung ausschließlich dem Kaiser vorbehalten war, bestand eine föderative Machtteilung nur hinsichtlich der Gesetzgebung. Die diesbzgl. Landeskompetenzen waren in der Märzverfassung taxativ aufgezählt (§ 35): Landwirtschaft, aus Landesmitteln errichtete öffentliche Bauten, Wohltätigkeitsanstalten, Landesbudget; Ausführungsgesetzgebung betreffend Gemeinde-, Kirchen- und Schulangelegenheiten, Vorspannleistung und Heereseinquartierung.

Dem Reich oblagen alle jene Aufgaben, die von der Verfassung nicht ausdrücklich zur Landesangelegenheit erkärt wurden, insbes.: Angelegenheiten des Herrscherhauses, völkerrechtliche Vertretung des Reiches, Staatskirchenrecht, höheres Unterrichtswesen, Heerwesen, Reichshaushalt, Gewerbe- und Handelsangelegenheiten, Zoll-, Bank-, Münz- und Bergwesen, Regelung von Maßen und Gewichten, Reichskommunikationswesen einschl. Eisenbahnen, Post und Telegrafen, innere Sicherheit.

Gegenüber dem Kremsierer Entwurf waren die Gesetzgebungskompetenzen des Landes um die Belange der Landespolizei und das Landeskommunikationswesen verringert.

---

[49]) Die Zwischenzolllinie zwischen Cis- und Transleithanien wurden mit 1. 10. 1850 aufgehoben (RGBl 1850/220)

6.4.3. Organe des Gesamtstaates

Die Stellung des **Kaisers** (§§ 9 ff) war teilweise ähnlich geregelt wie im Kremsierer Entwurf (Unverletzlichkeit, Thronfolgerecht etc.). Es fehlte jedoch der ausdrückliche Hinweis, dass die Rechte des Kaisers in der Verfassung gründeten.

Neu war die Errichtung eines **Reichsrates**, dessen Mitglieder vom Kaiser ernannt wurden. Dieser Reichsrat diente als *Beratungsorgan* des Kaisers und der Regierung in Gesetzgebungs- und Verwaltungsangelegenheiten. Die Gutachten des Reichsrats waren nicht bindend. Der Reichsrat war ausschließlich dem Kaiser untergeordnet und gleichrangig dem Ministerrat.[50] Im August 1851 wandelte Kaiser Franz Joseph unter Abänderung der Märzverfassung den Reichsrat zu einem ausschließlichen Rat der Krone um (RGBl 1851/196).

6.4.3.1. Die Gesetzgebung des Reiches

Die Reichsgesetzgebung oblag dem Reichstag gemeinsam mit dem Kaiser.

Der **Reichstag** bestand aus zwei Kammern. Die Mitglieder des Oberhauses wurden von den Landtagen gewählt. Wählbar waren nur Personen mit einer jährlichen (direkten) Steuerleistung von mehr als 500 fl. Die Wahl der Abgeordneten des Unterhauses erfolgte direkt. Aktiv wahlberechtigt waren alle großjährigen männlichen Staatsbürger, die eine bestimmte jährliche Steuerleistung erbrachten. Dieser Zensus sollte durch ein besonderes Wahlgesetz zwischen 5 fl. und 20 fl. festgelegt werden. Die Wahlen zu beiden Kammern erfolgten mündlich und öffentlich. Die Mitglieder des Reichstags genossen Immunität. Der Reichstag hatte kein Selbstversammlungrecht und war alljährlich im Frühjahr vom Kaiser einzuberufen.

Weg der Gesetzgebung: Sowohl der Kaiser wie auch beide Kammern besaßen ein Gesetzesinitiativrecht. Für das Zustandkommen eines Gesetzes waren die übereinstimmenden Beschlüsse beider Häuser und die Sanktion durch den Kaiser (absolutes Veto) erforderlich.

Notverordnungsrecht (§ 87): Erstmals in der österreichischen Verfassungsgeschichte war ein Notverordnungsrecht vorgesehen. War der Reichstag nicht versammelt und Gefahr in Verzug, so konnte der Kaiser die nötigen Verfügungen mit provisorischer Gesetzeskraft treffen.

Für die Zeit bis zum ersten Zusammentreten des Reichstags sah die Verfassung vor, dass die Gesetzgebung durch den Kaiser mittels Verfügungen im Verordnungsweg ausgeübt wird (§ 120).

[50]) § 3 Reichsrats-Statut, RGBl 1851/92.

6.4.3.2. Die Reichsverwaltung

Zentralbehörden: Die Verwaltung im gesamten Reich stand unteilbar und ausschließlich dem Kaiser zu, der sie durch seine Minister und die untergeordneten Behörden ausübte.

Die Märzverfassung regelte die **Ministerverantwortlichkeit** zunächst nur unzureichend. Im August 1851 erging ein k. Kab. Schr. (RGBl Nr. 194), das die Minister als *ausschließlich dem Monarchen verantwortlich* erklärte und sie der Rechenschaft gegenüber jeder anderen politischen Autorität (Reichstag) enthob. Das Erfordernis der ministeriellen Gegenzeichnung für kaiserliche Verfügungen wurde auf die Kundmachung von Gesetzen und Verordnungen beschränkt und sollte nur mehr garantieren, dass die kaiserlichen Beschlüsse genau und richtig aufgenommen wurden.

Mittel- und Unterbehörden: Durch die Aufhebung der Grundherrschaft mussten auf unterster Ebene staatliche **Bezirkshauptmannschaften** mit einem Bezirkshauptmann an der Spitze errichtet werden. Bei der Festlegung der Bezirksgrenzen versuchte man tunlichst eine Identität mit den Grenzen der Sprengel der Bezirkskollegialgerichte herzustellen. Mit Ausnahme von Tirol und Steiermark wurde in allen Ländern des heutigen Österreich die Ebene Kreisverwaltung aufgelöst.[51]

Instanzenzug: Bezirkshauptmann – (Kreispräsident) – Statthalter – Minister.

Im Juni 1849 (RGBl Nr. 272) erfolgte ein wesentlicher Ausbau des staatlichen Sicherheitsapparats. Mit der Errichtung der **Gendarmerie** wurde zusätzlich zu den bestehenden Gemeindewachen eine Landes-Sicherheitswache geschaffen. Diese sollte Gerichte und Verwaltungsbehörden als materielle Gewalt unterstützen, „Ruhe, Ordnung und Sicherheit aufrechterhalten, und den Gelüsten des Leichtsinnes, Übermuthes oder der verbrecherischen Gesinnungen“ entgegentreten.

6.4.3.3. Die Gerichtsbarkeit

Die Rechtsprechung, die ausschließlich dem Gesamtstaat vorbehalten war, wurde im gesamten Reich im Namen des Kaisers ausgeübt. Die richterliche Unabsetzbarkeit (ausgen. durch Gerichtsurteil) war grundsätzlich garantiert. Tatsächlich oblag die richterliche Disziplinargewalt (einschl. der unfreiwilligen Versetzung in den Ruhestand) jedoch bis zum 1. 7. 1851 dem Justizministerium, somit einer Verwaltungsbehörde.[52]

Die Justiz war von der Verwaltung in allen Instanzen getrennt und die Patrimonialgerichtsbarkeit aufgehoben. Das Volk sollte durch Schwurgerichte an der Gerichtsbarkeit beteiligt sein. Die Verfassung schrieb für das Gerichtsverfahren die Öffentlichkeit und Mündlichkeit der Verhandlung sowie die Einführung des Anklageprinzips vor.

Alle diese Forderungen wurden durch die vergleichsweise fortschrittliche StPO 1850 und das GerichtsverfassungsG 1849 verwirklicht. An Stelle der Patrimonialgerichte wur-

---

[51]) NÖ (einschl. Wien) 17 Bezirke, OÖ (12), Salzburg (3), Kärnten (7); Tirol/Vorarlberg bestand aus 4 Kreisen mit insges. 20 Bezirken, die Steiermark aus 3 Kreisen mit 19 Bezirken. (RGBl 1849/295, 353 ff, 373 ff.

[52]) § II RGBl 1850/258.

den **Bezirksgerichte** bzw. **Bezirks-Kollegialgerichte** errichtet, durch die der Staat nunmehr auch in erster Instanz die Gerichtsbarkeit selbst ausübte. Für alle schweren Verbrechen, Presse- sowie die meisten politischen Delikte sah die StPO 1850 die Zuständigkeit von Schwurgerichten vor.[53] Durch die Errichtung der **Staatsanwaltschaft** wurde das rechtsprechende Organ (Richter) vom anklagenden getrennt.

6.4.4. Länder und Gemeinden

Die Märzverfassung 1849 hob die bestehenden ständischen Länderverfassungen auf und kündigte den Erlass neuer Landesverfassungen an. Kompetenzen kamen dem Land nur auf dem Gebiet der Gesetzgebung zu, während die Vollziehung der Landesgesetze den k. Reichsbehörden, allerdings unter Aufsicht der Landtage, oblag.

Die **Landesgesetzgebung** wurde ausgeübt durch den **Landtag** gemeinsam mit dem Kaiser (absolutes Veto). Die Abgeordneten des Landtags waren durch direkte Wahl zu bestellen. Das Notverordnungsrecht des Kaisers (§ 87) galt auch hinsichtlich der Landesgesetzgebung.

Gemeinden: Die Aufhebung der Grund- und Dorfherrschaften machte die Neuregelung des Gemeindewesens durch das Provisorische GemeindeG v. 17. 3. 1849 notwendig, dem der Grundsatz vorangestellt war: „Die Grundfeste des freien Staates ist die freie Gemeinde." Die Gemeinde besaß einen *natürlichen (selbstständigen)* – „alles was das Interesse der Gemeinde zunächst berührt, und innerhalb ihrer Grenzen vollständig durchführbar ist" – und einen *übertragenen* Wirkungsbereich. Dieser umfasste die Besorgung bestimmter vom Staat übertragener öffentlicher Geschäfte (zB Steuereinhebung, Rekrutierung, Militäreinquartierung, Fremdenpolizei).

Vorgesehen war die Errichtung von Orts-[54], Bezirks-[55] und Kreisgemeinden.[56] Tatsächlich verwirklicht wurden jedoch nur die Ortsgemeinden. Das GemeindeG 1849 ging von

---

[53]) Artikel VII des Einführungspatents zur StPO (RGBl 1850/25). Jedes **Geschworenengericht** setzte sich aus einem *Gerichtshof* (bestehend aus fünf Berufsrichtern) und der *Geschworenenbank* (zwölf Geschworene) zusammen. Geschworene konnten nur Männer sein, die mindestens 30 Jahr alt und des Lesens und Schreibens kundig waren. Darüber hinaus mussten sie das aktive Wahlrecht zum Unterhaus besitzen, dh den dort vorgesehenen Zensus erfüllen. Vgl. *Hautmann*, Der Kampf um die Geschworenengerichtsbarkeit 1848–1873, in: *Weinzierl/Stadler* (Hg.), Justiz und Zeitgeschichte VI, 239.

[54]) Die Ortsgemeinden waren nicht identisch mit den für die Einhebung der Grundsteuer bestehenden Katastralgemeinden. Die Grenzen der neu gebildeten Ortsgemeinden wurden 1849/50 von den politischen Behörden festgelegt, indem man aus den bisherigen Städten, Dörfern, Ortschaften und Weilern Gemeinden schuf.

[55]) Die *Bezirksgemeinde* sollte aus allen in einem politischen Bezirk liegenden Ortsgemeinden gebildet werden und hatte die Behandlung der Angelegenheiten, die den ganzen Bezirk oder mehrere Ortsgemeinden betreffen, zum Gegenstand. An ihrer Spitze stand ein indirekt gewählter Bezirksausschuss.

[56]) Die *Kreisgemeinden* sollten aus den Bezirksgemeinden eines Kreises gebildet werden, die Angelegenheiten eines Kreises beraten und hinsichtlich des selbstständigen Wirkungsbereichs zweite Instanz für die Orts- und Bezirksgemeinden darstellen.

einem **einheitlichen Gemeindetyp** aus. Dadurch wurde die tradierte Differenzierung zwischen Stadt- und Landgemeinden aufgegeben. Einzig Landes- und Kreisstädte sollten eine eigene Verfassung und einen erweiterten Wirkungsbereich bekommen (Städte mit eigenem Statut).

Die Organe der Ortsgemeinde waren der Bürgermeister, der Gemeindevorstand und der Gemeindeausschuss. Die Wahl der Mitglieder des Gemeindeausschusses erfolgte mündlich, öffentlich und direkt. Aktives Wahlrecht besaßen nur Haus- und Grundbesitzer, Personen, die einen bestimmten Steuerzensus erfüllten, sowie Seelsorger, Staatsbeamte und Akademiker.[57] Die Wahlberechtigten wurden nach ihrer Steuerleistung in drei Kurien eingeteilt. Die Aufteilung der Mandate erfolgte auf eine Weise, dass auf die Wahlberechtigten mit dem größten Besitz überproportional viele Mandate entfielen. Das Dreiklassenwahlrecht sollte sicherstellen, dass in der Mehrzahl der Gemeinden die Oberschicht und der besitzende Mittelstand sowie die deutschnational-zentralistischen Kräfte die Oberhand behielten.[58] Insoweit trug das GemeindeG 1849 typisch restaurative Züge.

Mit dem Erstarken der Reaktion erfolgte ab 1850 eine schrittweise Einschränkung der Gemeindeautonomie. Die Städte mit eigenem Statut erhielten jeweils spezielle Wahlordnungen, die eine regierungsfreundliche Mehrheit sicherstellten. Die Konstituierung der Bezirks- und Kreisgemeinden unterblieb, statt dessen wurden die Ortsgemeinden auch hinsichtlich des selbstständigen Wirkungskreises den Bezirkshauptmannschaften unterstellt. Positive Wirkung entfaltete das GemeindeG 1849 insbes. auf dem Land, da es der adeligen Vorherrschaft in den Dörfern ein Ende setzte.

6.4.5. Grundrechte

Die Märzverfassung 1849 garantierte eine Reihe von **„Reichsbürgerrechten“:** Freizügigkeit der Person; Auswanderungsfreiheit; Aufhebung jeder Art von Leibeigenschaft, Untertänigkeits- oder Hörigkeitsverbandes; Gleichheit vor dem Gesetz; gleicher Zugang zu öffentlichen Ämtern; Schutz des Eigentums; Grunderwerbsfreiheit; Freizügigkeit des Vermögens. Mit Betreten österreichischen Bodens wurde jeder Sklave frei. Allen Volksstämmen wurde das unverletzliche Recht auf Wahrung und Pflege ihrer Nationalität und Sprache gewährleistet. Im Vergleich zum Kremsierer Entwurf fehlte jedoch die Gleichberechtigung aller landesüblichen Sprachen in Schule, Amt und öffentlichem Leben.

Weitere Grundrechte enthielt das am selben Tag erlassene **Grundrechtspatent** (RGBl 1849/151): Grundsätzlich wurde jedermann die Glaubensfreiheit garantiert; das Recht zur gemeinsamen öffentlichen Religionsausübung stand jedoch nur den gesetzlich anerkannten Kirchen und Religionsgesellschaften zu; Freiheit von Wissenschaft und Lehre, Rede- und Meinungsfreiheit, Pressefreiheit[59], Petitionsrecht, Versammlungs- und Vereinsfrei-

---

[57]) Frauen waren nach § 30 grundsätzlich aktiv wahlberechtigt. Ehegattinnen mussten dieses Wahlrecht jedoch durch ihren Ehemann, Witwen und unverheiratete Frauen durch einen Bevollmächtigten ausüben.

[58]) Tatsächlich wurden bei den im Sommer 1850 durchgeführten Gemeindeausschusswahlen die aus der Revolutionszeit 1848 stammenden Gemeindevertretungen durch angepasste und obrigkeitshörige Gemeindeausschüsse ersetzt. Vgl. die Analyse bei *Klabouch*, Gemeindeselbstverwaltung, 36, 43.

[59])Vgl. das G gegen den Missbrauch der Presse, RGBl 1849/61.

heit[60], Schutz der Freiheit der Person, des Hausrechts und des Briefgeheimnisses. Im Kriegsfall sowie bei inneren Unruhen konnten jene Grundrechte, die sicherheitspolitisch relevant waren, suspendiert werden. Im Gegensatz zur Märzverfassung galt das Grundrechtspatent nur für Cisleithanien, nicht jedoch für die ungarischen Länder.

Bei Verletzung der Grundrechte hätte ein Beschwerter die Klage beim Reichsgericht einbringen können.

6.5. Die Stellung der Kirchen und Religionsgesellschaften

Lit.: *Barton*, Evangelisch in Österreich, 143; *Feine*, Kirchliche Rechtsgeschichte[5], 644; *Hellbling*, Verfassungsgeschichte[2], 371; *Lukas*, Religionsfreiheit in den Verfassungsentwürfen nach 1848, in: *Pototschnig/Putzer/Rinnerthaler* (Hg.), Glaubenszwang, 175; *Weinzierl-Fischer*, Die Kirchenfrage auf dem Österreichischen Reichstag 1848/49, in: MÖSA Bd. 8 (1955) 160; *Wodka*, Kirche in Österreich, 325.

Sowohl die beiden Verfassungen der Jahre 1848/49 wie auch der Kremsierer Entwurf enthielten im Rahmen ihrer Grundrechtsbestimmungen Aussagen zum Verhältnis Staat und Religionsgesellschaften. Alle drei garantierten die **Glaubens- und Gewissensfreiheit** und schlossen die rechtliche Schlechterstellung eines Staatsbürgers wegen der Zugehörigkeit zu einem bestimmten Religionsbekenntnis aus. Die oktroyierte Märzverfassung gewährte nur den gesetzlich anerkannten Kirchen und Religionsgemeinschaften das Recht der gemeinsamen öffentlichen Religionsausübung und der selbstständigen Ordnung bzw. Verwaltung ihrer inneren Angelegenheiten. Der Kremsierer Entwurf hingegen garantierte dieses Recht allen Religionsgesellschaften und bestimmte darüber hinaus, dass keine Kirche oder Religionsgesellschaft durch den Staat Vorrechte vor einer anderen haben solle. Weiters bestimmte er ausdrücklich, dass niemand zu religiösen Handlungen oder Feierlichkeiten gezwungen werden könne.

Für die **Katholische Kirche** waren die Ereignisse von 1848 zunächst ambivalent. Der Zusammenbruch des Polizeistaats ermöglichte ihr durch Presse- und Vereinsfreiheit neue Freiräume im Kampf gegen die staatliche Bevormundung. Andererseits war die Kirche gerade in der Revolutionszeit vonseiten der liberalen Bewegung einer steigenden antiklerikalen Kritik[61] ausgesetzt.[62] Indem sie sich den restaurativen Kräften in der Regierung als lo-

---

[60]) Das **Vereinspatent 1849** (RGBl Nr. 171) unterschied zwischen politischen und nichtpolitischen Vereinen. Unter Letzteren bedurften die nicht auf Gewinnerzielung gerichteten Idealvereine keinerlei behördlicher Genehmigung (Anmeldesystem). **Politische Vereine** unterstanden der verschärften Überwachung durch die politische Bezirksbehörde. Minderjährige und Frauen waren von der Mitgliedschaft in politischen Vereinen ausgeschlossen und durften auch nicht als Zuhörerinnen an den Vereinssitzungen teilnehmen. Das Tragen von Vereinsabzeichen war untersagt.

Versammlungsrecht: Generelles Verbot aller bewaffneten Volksversammlungen. Unbewaffnete Versammlungen mussten der Behörde zumindest drei Tage vorher angezeigt werden.

[61]) In Hinblick auf die öffentliche Meinung hob das Innenministerium im Mai 1848 die Orden der Jesuiten und der Redemptoristen auf (PGS 1848/63).

gischer Bündnispartner, „als Wahrerin der legitimen Ordnung gegen radikal-revolutionären Umsturz“ empfahl, gelang es der Katholischen Kirche „ihre eigene rechtliche Stellung durch staatliche Konzessionen und Vereinbarungen“ zu sichern.[63] Durch die sog. Aprilgesetze 1850 (RGBl 156 f) wurde die Kontrolle des Staates über die Katholische Kirche wesentlich gelockert: Aufhebung des placetum regium, den Bischöfen und Gläubigen wurde erlaubt, sich ohne vorherige behördliche Zustimmung in geistlichen Angelegenheiten an den Papst zu wenden; Recht der katholischen Bischöfe, ohne vorige behördliche Genehmigung Aussendungen an den Klerus und die Gemeinden öffentlich kundzumachen; Wiederzulassung der Kirchenstrafen und der kirchlichen Disziplinargewalt; Religionslehrer und Theologieprofessoren bedurften für ihre Lehrtätigkeit der bischöflichen Ermächtigung.

Über den durch die Grundrechte gewährten Schutz hinaus wurde die Stellung der **Protestanten**[64] in einigen wesentlichen Punkten verbessert: Bereits im April 1848 (PGS 48) fiel das Erfordernis des behördlichen Dispenses zur Erlangung von Hausbesitz, Bürger- oder Meisterrecht weg. Im Jänner 1849 (RGBl 107) wurde der Übertritt zwischen den christlichen Religionsbekenntnissen erleichtert.[65]

Durch § 1 des GrundrechtsP 1849 gelangten auch **Juden** („Israeliten“) in den vollen Genuss der bürgerlichen und politischen Rechte. Zuvor waren bereits die Dispenspflichtigkeit für den Gymnasialbesuch (RGBl 1849/38) sowie einige die Juden betreffende Sondersteuern aufgehoben worden.

6.6. Die deutsche Nationalversammlung 1848/49

Lit.: *Brauneder,* Österreichische Verfassungsgeschichte[7], 131; *Derndarsky,* Österreich und der deutsche Bund 1815–1866, in: *Lutz/Rumpler* (Hg.), Österreich und die deutsche Frage im 19. und 20. Jh., 92; *Diestelkamp,* Art. „Nationalversammlung, deutsche 1848/49“, HRG III, 896; *Drysen* (Hg.), Die Verhandlungen des Verfassungsausschusses der deutschen Nationalversammlung; *Gebhardt,* Revolution und liberale Bewegung. Die nationale Organisation der konstitutionellen Partei in Deutschland 1848/49; *Hoke*, Rechtsgeschichte, 331; *Hamerow,* Die Wahlen zum Frankfurter Parlament, in: *Böckenförde* (Hg.), Moderne deutsche Verfassungsgeschichte, 215; *Laufs,* Rechtsentwicklung in Deutschland[2], 175; *Rürup,* Deutschland im 19. Jh., 170; *Schieder,* Vom Deutschen Bund zum Deutschen Reich, in: *Gebhardt* (Hg.), Handbuch der deutschen Geschichte III[9], 140; *Scholler,* Die sozialen Grundrechte in der Paulskirche, Der Staat 13 (1974), 51; *Valentin,* Geschichte der deutschen Revolution von 1848/49.

---

[62]) Zur Debatte im Reichstag vgl. *Weinzierl-Fischer*, Die Kirchenfrage auf dem Österreichischen Reichstag 1848/49, in: MÖSA Bd. 8 (1955), 160.

[63]) *Feine*, Kirchliche Rechtsgeschichte[5], 637.

[64]) Durch Erlass des Innenministeriums (RGBl 1849/107) wurde die amtliche Bezeichnung „Akatholiken“ in „Evangelische der Augsburger und Evangelische der helvetischen Konfession“ geändert.

[65]) Übertrittswillige, die das 18. Lj. zurückgelegt hatten, mussten unter Beisein von zwei Zeugen dem zuständigen Seelsorger den Übertrittswunsch mitteilen und diesen Vorgang nach vier Wochen wiederholen. Das Erfordernis des sechswöchigen katholischen Zwangsunterrichts fiel ersatzlos weg.

In den übrigen Ländern des Deutschen Bundes bestand zu Beginn des Jahres 1848 eine den österreichischen Verhältnissen vergleichbare politische Situation. Zu den ökonomischen, sozialen und politischen Forderungen kam in diesen Ländern noch die nationale Komponente. Die Unzufriedenheit der deutschen Nationalbewegung mit der territorialen Zersplitterung wirkte als starke, letztendlich jedoch nicht ausreichende Kraft zur Überwindung des Partikularismus und zur Errichtung eines deutschen Nationalstaats.

Auch in den Ländern des Deutschen Bundes begann die 48er-Bewegung mit Demonstrationen und Kundgebungen, die in Auseinandersetzung mit der Polizei- und Militärgewalt zu bewaffneten Aufständen eskalierten. Diese revolutionären Erhebungen führten zwar nicht zum Sturz der Dynastien, erreichten jedoch – ähnlich wie in Österreich – Regierungsumbildungen, durch die in den einzelnen Ländern liberale Ministerien an die Regierung kamen. Diese Machtverschiebung wirkte sich unmittelbar auch auf die Politik des Bundestags des Deutschen Bundes aus. Dieser beschloss die Einführung der Pressefreiheit und hob am 2. 4. 1848 alle bestehenden Bundes-Ausnahmegesetze auf.[66] In den folgenden Monaten wurde der Bundestag von der politischen Entwicklung überrollt und konnte keinen Einfluss mehr auf das politische Geschehen erlangen.

Die politische Macht lag zu diesem Zeitpunkt in den Händen der liberalen und demokratischen Bewegung, die sich durch die Entsendung von Vertretern in einem **Vorparlament** Anfang April 1848 organisierte. Gemeinsam mit dem Bundestag führte dieses Vorparlament im April 1848 in den Ländern des Deutschen Bundes (einschl. der zum Deutschen Bund gehörenden Territorien des Kaisertums Österreichs) die Wahl zur deutschen Nationalversammlung durch.[67]

Die am 18. 5. 1848 in der Frankfurter Paulskirche erstmals zusammengetretene **Nationalversammlung** stellte ein typisches Honoratiorenparlament dar. Seine Zusammensetzung wich wesentlich von der sozialen Schichtung der Bevölkerung ab, es dominierte das Bildungsbürgertum.[68] Politische Parteien existierten noch nicht. Erst im Laufe der Parlamentsarbeit formierten sich Fraktionen, die Aussagen über das politische Kräfteverhältnis zuließen: politische Rechte 12 %, Rechtsliberale 40 %, liberale Mitte 11 %, Linksliberale 19 %, gemäßigte Linke 12 %, äußerste Linke 6 %.[69] Die Frankfurter Nationalversamm-

---

66) *Huber* (Hg.), Dokumente zur deutschen Verfassungsgeschichte I^3, Nr. 75 und 78.

67) Wahlberechtigt war „jeder volljährige, selbstständige Staatsangehörige." Ohne ausdrückliche Erwähnung wurde von vornherein unterstellt, dass nur Männer wahlberechtigt sein könnten. Der Begriff „selbstständig" wurde von Land zu Land verschieden ausgelegt und ein mehr oder minder großer Teil der sozialen Unterschicht von den Wahlen ausgeschlossen.

68) 82 % der Abgeordneten hatten die Universität besucht, über 50 % waren Juristen. Die Kaufleute und Unternehmer stellten 9,4 %, die großen Landwirte 8,5 % der Abgeordneten. Ihnen standen vier Handwerker und ein Kleinlandwirt gegenüber, die Arbeiter und die unterbäuerlichen Schichten waren überhaupt nicht vertreten. Mehr als 50 % der Mandatare waren Staatsbeamte. *Schieder,* in: *Gebhardt*, Handbuch III^9, 145; *Rürup,* 183.

69) *Rürup,* 183; *Schieder,* 145.

lung stand vor einer dreifachen Aufgabe: Gründung eines deutschen Nationalstaates, Ausarbeitung einer Verfassung und Transformation des gesellschaftlichen Überbaues von einer spätfeudalen zu einer bürgerlichen Gesellschaft.

Die Nationalversammlung beanspruchte für sich das Recht, Gesetze mit unmittelbarer Rechtswirkung für die Angehörigen des Reichs zu erlassen. Darüber hinaus setzte sie am 17. 6. 1848 eine **provisorische Reichs-Zentralgewalt** für das Deutsche Reich ein, die die vollziehende Gewalt ausüben, den Oberbefehl über das Militär übernehmen und Deutschland völkerrechtlich nach außen vertreten sollte. Träger dieser Zentralgewalt war ein Reichsverweser, der seine Gewalt durch von ihm ernannte, der Nationalversammlung verantwortliche Reichsminister ausübte. Zum Reichsverweser wurde der österreichische *Erzhzg. Johann* gewählt. Gleichzeitig löste die Nationalversammlung den Bundestag auf.[70] Die neu errichtete Reichsexekutive konnte sich jedoch in den folgenden Monaten nur unzureichend gegenüber den Partikulargewalten durchsetzen. Bspw. gelang es dem Reichskriegsminister nicht, den beanspruchten Oberbefehl über die Truppen der einzelnen Staaten zu realisieren.

Als Vorfrage zur Ausarbeitung einer Verfassung war die **räumliche Ausdehnung** Deutschlands zu klären. Kernpunkt bildete die sog. *österreichische Frage*. Ende Oktober 1848 stimmte die Mehrheit der Abgeordneten der Nationalversammlung für die großdeutsche Lösung. Diese sah die Aufspaltung des Kaisertums Österreichs in einen deutschen und einen nichtdeutschen Teil vor. Ersterer sollte Teil des Deutschen Reichs werden und mit den nichtdeutschen Gebieten nur mehr in Personalunion verbunden sein.[71] Die österreichische Regierung lehnte diesen Vorschlag jedoch ab und erklärte das Kaisertum Österreich für unteilbar.[72] Damit war die großdeutsche Lösung gescheitert und die weiteren Verhandlungen in Frankfurt verliefen auf Basis der **kleindeutschen Lösung,** dh der Errichtung des Deutschen Reiches unter der Führung Preußens und Ausschluss Österreichs. Die zweite wichtige Frage betraf die **Staatsform.** Die Anhänger der Republik blieben gegenüber den Befürwortern einer konstitutionellen Monarchie deutlich in der Minderheit.

---

[70]) Der Bundestag, der diesen Beschluss nicht anerkannte, suspendierte am 12. 7. 1848 seine Tätigkeit selbst und übertrug seine Befugnisse und Verpflichtungen namens der deutschen Regierungen von sich aus auf die provisorische Reichs-Zentralgewalt. Damit war diese in zweifacher Weise legitimiert.

[71]) Der diesbzgl. Verfassungsentwurf lautete: „§ 2. Kein Teil des deutschen Reiches darf mit nichtdeutschen Ländern zu einem Staat vereinigt sein. § 3. Hat ein deutsches Land mit einem nichtdeutschen Land dasselbe Staatsoberhaupt, so ist das Verhältnis zwischen beiden Ländern nach den Grundsätzen der reinen Personalunion zu ordnen."

[72]) Regierungserklärung des Ministeriums *Schwarzenberg* vom 27. 11. 1848: „Nicht in dem Zerreißen der Monarchie liegt die Größe, nicht in ihrer Schwächung die Kräftigung Deutschlands. Österreichs Fortbestand in staatlicher Einheit ist ein deutsches, ein europäisches Bedürfnis." (*Huber,* Dokumente I^3, Nr. 98). Bekräftigt wurde diese Entscheidung durch § 2 der oktroyierten Märzverfassung 1849, wonach die Kronländer eine „unteilbare und unauflösbare" Erbmonarchie bildeten.

Am 27. 3. 1849 nahm die Nationalversammlung mit 267 : 263 Stimmen die Verfassung des Deutschen Reichs an.[73] Sie richtete den Staat als *konstitutionelle Erbmonarchie* ein. Das Reichsoberhaupt sollte den Titel „Kaiser der Deutschen" tragen. Die Verfassung trug deutlich zentralistische Züge. Während die Reichsverwaltung allein in den Händen des Kaisers lag, wurde die Reichsgesetzgebung vom Reichstag (bestehend aus Volkshaus[74], Staatenhaus[75]) gemeinsam mit dem Kaiser (suspensives Veto) ausgeübt. Eine besondere rechtspolitische Leistung stellte der Grundrechtskatalog[76] der Reichsverfassung dar (§§ 131–189), der nach 1918 Anknüpfungspunkt für die Grundrechtskodifikation in Deutschland bildete.

Ende März 1849 wählte die Frankfurter Nationalversammlung mit knapper Mehrheit den preußischen König zum deutschen Kaiser. Dieser nahm die Wahl jedoch nicht an.[77] Das Scheitern des Verfassungsprojekts bewirkte den Zerfall der Frankfurter Nationalversammlung. Nachdem eine Reihe von Ländern ihre Abgeordneten abgezogen hatten, blieb ein Rumpfparlament übrig, in dem die republikanisch-demokratischen Kräfte die Mehrheit besaßen. Ihr Versuch, im Frühjahr 1849 durch einen neuerlichen Volksaufstand die wiedererstarkende Macht der Fürsten zu zerschlagen, hatte nur in einigen wenigen Ländern (Pfalz, Baden) Erfolg. Mit der Niederschlagung dieser Bewegung war der Versuch einer deutschen Staatsgründung auf bürgerlich-demokratischer Basis endgültig gescheitert.

---

[73]) Die Reichsverfassung wurde darüber hinaus von Preußen und weiteren 31 deutschen Regierungen angenommen, von Österreich und den übrigen Mitgliedern des Deutschen Bundes jedoch abgelehnt.

[74]) Die Wahl zum Volkshaus sollte nach dem ReichswahlG. vom 12. 4. 1849 aufgrund eines direkten, gleichen und geheimen Männerwahlrechts erfolgen. Ausgeschlossen wurden nur Personen, die öffentliche Armenunterstützung bezogen.

[75]) Für den Fall, dass die deutsch-österreichischen Länder dem Bundesstaate später beitreten wollten, waren durch § 87 für Österreich 38 von insgesamt 192 Sitzen im Staatenhaus vorgesehen.

[76]) Der Grundrechtskatalog enthielt neben den klassischen und liberalen Grundrechten dieser Zeit zahlreiche Bestimmungen, die sich gegen den Fortbestand der feudal-adeligen Strukturen richteten (zB Abschaffung der adeligen Vorrechte, der Patrimonialgerichtsbarkeit und der Familienfideikommisse). In ihrer Gesamtheit schufen die Grundrechtsbestimmungen die Voraussetzungen für den Aufbau einer bürgerlichen Gesellschaftsordnung.

[77]) Die Motive für diese Ablehnung sind nicht völlig geklärt. Neben der grundsätzlichen politischen Abneigung, aus den Händen der bürgerlich-revolutionären Bewegung die Kaiserkrone zu empfangen, mögen außenpolitische Überlegungen, insbes. die mögliche militärische Konfrontation mit Österreich, eine Rolle gespielt haben.

7. Der Neoabsolutismus 1852–1867

„Aber schließlich gibt es in der Geschichtschronik kein Beispiel dafür, dass Fürsten jemals von sich aus ihre Privilegien eingeschränkt und den Forderungen des Volkes nachgegeben hätten, es sei denn unter starkem äußeren Druck. Es gibt kein Beispiel dafür, dass sie ihr Wort gehalten hätten, wenn sie es wagen konnten, ihre Eide und Versprechungen ungestraft zu brechen."

Karl Marx[1]

7.1. Historischer Hintergrund

Lit.: *Brandt*, Der österreichische Neoabsolutismus. Staatsfinanzen und Politik 1848–1860; *Brauneder*, Leseverein, 251; *Bruckmüller*, Sozialgeschichte Österreichs, 363; *Czoernig*, Österreichs Neugestaltung 1848–1858; *Friedjung*, Österreich von 1848 bis 1860 II², 171; *Good*, Der wirtschaftliche Aufstieg des Habsburger Reiches, 74; *Hantsch*, Die Geschichte Österreichs II⁴, 345; *Hautmann/Kropf*, Die österreichische Arbeiterbewegung vom Vormärz bis 1945³, 36; *Johnston*, Österreichische Kultur- und Geistesgeschichte; *Kann*, Geschichte des Habsburgerreiches, 291; *Kolmer*, Parlament und Verfassung in Österreich I, 1; *Redlich*, Das österreichische Staats- und Reichsproblem I, 323; *Tautscher*, Wirtschaftsgeschichte Österreichs, 387; *Wandruszka/Urbanitsch* (Hg.), Die Habsburger Monarchie; *Zöllner*, Geschichte Österreichs⁷, 398.

7.1.1. Wirtschaftliche und soziale Entwicklung

Der Neoabsolutismus stellte eine Verbindung von **wirtschaftlichem Liberalismus** und **politischer Reaktion** dar. Angesichts der Verweigerung der politischen Machtteilung sollten die „Einbußen an politischer Freiheit durch Beförderung der äußeren Wohlfahrt" ersetzt werden.[2] In den Jahrzehnten nach 1848 erzielte die österreichisch-ungarische Wirtschaft ein kräftiges Wachstum, das jedoch bereits deutlich in den Zyklen von Hochkonjunktur und Depression ablief.

Mitte des 19. Jh. wies Cisleithanien hinsichtlich der industriellen Entwicklung bereits einen erheblichen Rückstand gegenüber den westeuropäischen Staaten auf. Die verbesserten wirtschaftlichen Rahmenbedingungen beschleunigten zwar nach 1849 das Tempo der Industrialisierung[3], Cisleithanien befand sich jedoch erst auf dem Weg zu einem „Industrie-Agrarstaat". Nach der sektoralen Verteilung waren im Jahre 1869 nach wie vor 67,2 % in der Landwirtschaft (primärer Sektor) und nur 19,7 % in Industrie und Gewerbe (sekundärer Sektor) bzw. 5,1 % im Dienstleistungsbereich (tertiärer Sektor) beschäftigt.

Die fortschreitende Industrialisierung steigerte den Kapitalbedarf der Unternehmen. Zur Befriedigung der Nachfrage nach Krediten wurden Mitte der 50er-Jahre eine Reihe von Banken gegründet, unter denen

¹) *Marx*, Kriegsvorbereitungen in Preußen, MEW 15, 191.

²) *Matis*, Leitlinien der österreichischen Wirtschaftspolitik 1848–1918, in: *Wandruszka/Urbanitsch* (Hg.), Habsburger Monarchie I, 31.

³) Dies kommt deutlich in der Steigerung der Roheisenerzeugung zum Ausdruck. Diese betrug im Jahr 1851 nur 198.286 t, sieben Jahre später jedoch bereits 470.997 t. Die Steinkohleförderung lag 1855 bei 0,79 Mio. t und erreichte 1867 bereits 2,44 Mio. t.

die Credit-Anstalt für Handel und Gewerbe sowie die Allgemeine Boden-Creditanstalt die bedeutendsten waren. Ein beträchtlicher Teil des zur Gründung dieser Banken aufgebrachten Kapitals stammte aus jenen Geldern, die der Hochadel als Entschädigung im Rahmen der Grundentlastung erhalten hatte. Über den Weg des Kreditapparats erlangte die Hocharistokratie wesentlichen Einfluss auf die österreichische Industrie.

In Wirtschaftsfragen verfolgte das neoabsolutistische Regime einen wirtschaftsliberalen Reformkurs: Herstellung eines einheitlichen Zollgebietes durch die Aufhebung der Zwischenzolllinie zu Ungarn (1850); schrittweise Zollsenkung und Übergang zur Freihandelspolitik (1852/54); Einführung des im Deutschen Bund geltenden Allgemeinen Handelsgesetzbuchs 1862. Die einschneidendste Maßnahme stellte die **GewerbeO** 1859 (RGBl 227) dar, die die letzten Reste der Zunftverfassung beseitigte und nur mehr für eine kleine Zahl der Gewerbe einen Befähigungsnachweis bzw. eine Konzession vorschrieb.

Trotz der insgesamt günstigen Wirtschaftsentwicklung gelang es der Regierung im Neoabsolutismus nicht, die angespannte **Finanzlage** des Staates zu verbessern. Schuld daran waren die wiederholten militärischen Verwicklungen (1854, 1859/60, 1866), wodurch die Militärausgaben in diesen Krisenjahren jeweils fast die Hälfte des Staatshaushalts verschlangen.

Der Ausbau des **Eisenbahnnetzes**, der sich für die wirtschaftliche Entwicklung als immer wichtiger erwies, wurde im Neoabsolutismus zügig vorangetrieben.[4] Durch seine Politik, Eisenbahnen selbst zu bauen bzw. die häufig mit finanziellen Schwierigkeiten kämpfenden Privatbahnen aufzukaufen, gelangten Anfang der 50er-Jahre vorübergehend mehr als 70 % der Eisenbahnen in das Eigentum des Staates. 1854 vollzog die Regierung eine radikale Kehrtwendung und reprivatisierte bis auf einen Rest von 13,8 km das gesamte Eisenbahnnetz. Dadurch sollten private Investitionen angeregt und die Löcher im Staatsbudget gestopft werden.[5]

Die Lage der **Arbeiter** war auch im Neoabsolutismus von politischer Unterdrückung und wirtschaftlicher Ausbeutung geprägt. Alle Absprachen der Arbeiter, mittels Streiks Lohnerhöhungen zu erreichen, waren verboten und wurden gem. § 481 StG 1852 mit bis zu drei Monaten Arrest bestraft.

Obwohl die mit der Grundentlastung auf die **Bauern** entfallende Entschädigungspflicht durchaus als moderat bezeichnet werden kann, zeigten sich viele bäuerliche Klein- und Mittelbetriebe in der Folgezeit der Konkurrenz der großen Gutswirtschaften, die sich mit den Geldern aus der Grundentlastung modernisieren konnten, wirtschaftlich nicht gewachsen. Der Wegfall der Schutzzölle gegenüber der ungarischen Landwirtschaft verschärfte diese Entwicklung.

---

[4]) Das Streckennetz Cisleithaniens, das im Jahre 1846 nur 1367 km betragen hatte, stieg bis zum Jahre 1858 auf 3953 km und erreichte 1873 bereits 9344 km.

[5]) Da der Staat den Investoren eine Zinsengarantie gab, verblieb das Risiko jedoch weiterhin beim Staat, während die Betreiber zu Rentenbesitzern wurden (vgl. *Czedik*, Der Weg von und zu den Österreichischen Staatsbahnen I, 110).

7.1.2. Politische Entwicklung

Trotz des Namens stellte die Ära des Neoabsolutismus nicht bloß eine Wiederbelebung des vormärzlichen Systems dar. Sie unterschied sich von der vormärzlichen Statik dadurch, dass die Herrschaftsträger Willen und Energie zeigten, den Staatsapparat zum Zweck der besseren Absicherung des absolutistischen Systems zu modifizieren und zu adaptieren. Den Anstoß für die verfassungsrechtliche Dynamik, die nach 1860 einsetzte, bildeten die Finanzschwierigkeiten des Staates sowie außenpolitische Rückschläge.

Mit den **Silvesterpatenten** vom 31. 12. 1851 erfolgte die Rückkehr zum verfassungslosen Zustand, der Monarch regierte erneut absolut. Dabei stützte er sich auf die hohe Beamtenschaft, die Armee, den Feudaladel, Teile des Bürgertums sowie die Katholische Kirche. Der Feudaladel wollte seine Unterstützung des Regimes dazu benützen, die im 18. Jh. verlorenen Machtpositionen zurückzuerlangen. In Teilen des Bürgertums, insbesondere den ökonomisch aktiven, herrschte nach den Revolutionswirren des Jahres 1848 der Wunsch nach Ruhe und Ordnung vor. Die Katholische Kirche suchte die noch verbliebenen staatlichen Beschränkungen abzustreifen und ihren durch Joseph II. reduzierten gesellschaftlichen Einfluss wiederzuerlangen. Teilweise gelang ihr dies durch das Konkordat 1855 (vgl. Kap. 7.2.).

Ein erheblicher Teil der Bevölkerung stand dem neoabsolutistischen Regime jedoch ablehnend gegenüber. Beim liberalen Teil des Bürgertums blieb die Forderung nach einer konstitutionellen Regierungsform aufrecht. Die Unzufriedenheit der Arbeiter wurde durch rigorose Überwachung unterdrückt. Die größte Gefahr drohte dem Regime jedoch von den immer stärker werdenden Nationalbewegungen.

Das neoabsolutistische Regime sah sich vor allem mit zwei zentralen Problemen konfrontiert. Der Staat befand sich in einer akuten Finanzkrise und war auf die Gewährung von Krediten angewiesen. Darüber hinaus sah sich das Regime in Transleithanien einem steigenden Widerstand gegenüber.

Nach der militärischen Niederlage der **Ungarn** 1849 strebte die österreichische Regierung die völlige Eingliederung der Länder der Stephanskrone in den österreichischen Staatsverband an. Mit der Einführung absolutistischer Regierungsprinzipien verbunden war der Versuch einer Germanisierung dieser Länder: 1849 wurden die deutsche Sprache als innere Amtssprache in Ungarn eingeführt und 1852/53 das ABGB sowie das StG in Kraft gesetzt. Die Ungarn leisteten der aufgezwungenen österreichischen Verwaltung passiven Widerstand und beharrten auf ihrer Forderung nach staatlicher Eigenständigkeit. Eine Verbindung mit Österreich war für sie nur in Form einer Personalunion vorstellbar.

Der Versuch Russlands auf dem Balkan vorzudringen, führte 1854 zum Krimkrieg mit Großbritannien, Frankreich und Sardinien-Piemont. Österreich, das seine Truppen gegen Russland mobilisiert hatte, in die Kämpfe jedoch nicht eingriff, verlor durch diesen Schritt die außenpolitische Unterstützung Russlands, ohne auf der anderen Seite dadurch eine politische Annäherung an die westlichen Alliierten zu erreichen. Diese **außenpolitische Isolierung** bekam Österreich 1859 im Krieg gegen das mit Frankreich verbündete Königreich Sardinien-Piemont zu spüren. Nach zwei schweren Niederlagen (Magenta, Solferino) musste Österreich die Lombardei abtreten.

Dieser außenpolitische Rückschlag und das damit verbundene Finanzdebakel zwang den Kaiser zu einer Neuorientierung seiner Politik. Das **Oktoberdiplom 1860**, das den Reichsrat umgestaltete und dem Feudaladel mehr Einfluss gewährte, erwies sich sehr rasch als unzureichende Maßnahme. Auch die etwas weiter reichenden Zugeständnisse des **Februarpatents 1861** reichten nicht aus, um die Ungarn zur Aufgabe ihres Widerstandes zu bewegen. Durch das **Sistierungspatent 1865** hob der Kaiser Teile des Februarpatents wieder auf, um die Verhandlungen mit den Ungarn nicht zu präjudizieren.

Die offenkundige Schwäche Österreichs bot *Bismarck*, der 1862 preußischer Ministerpräsident geworden war, die Chance, die Entscheidung über die Vorherrschaft im deutschen Raum herbeizuführen. Im Bündnis mit Italien besiegte Preußen 1866 (Schlacht bei Königgrätz) die schlecht ausgerüstete österreichische Armee. Im nachfolgenden Friedensschluss verlor Österreich Venetien und musste der **Auflösung des Deutschen Bundes** zustimmen. Damit schied Österreich sowohl aus der italienischen als auch aus der deutschen Politik aus und machte den Weg frei für die 1871 unter der Führung Preußens erfolgte Gründung des Deutschen Kaiserreichs.

In Österreich bewirkte die neuerliche militärische Niederlage, dass der Kaiser den ungarischen Forderungen nach staatlicher Selbstständigkeit weitgehend entgegenkommen musste (**Ausgleich Österreich Ungarn**, vgl. Kap. 8.2.) und in Cisleithanien zur konstitutionellen Regierungsform zurückkehren musste (**Dezemberverfassung 1867**, vgl. Kap. 8.3.).

7.2. Die Silvesterpatente 1851/1852

Lit.: *Baltl/Kocher*, Rechtsgeschichte[9], 204; *Brauneder*, Verfassungsgeschichte[7], 135; *Friedjung*, Österreich von 1848–1860 II[2],181; *Hellbling*, Verfassungsgeschichte[2], 355; *Hoke*, Rechtsgeschichte, 359; *Hussarek*, Die Krise und die Lösung des Konkordats vom 18. August 1855; *Kelsen*, Staatsrecht, 8; *Klabouch*, Gemeindeselbstverwaltung, 47; *Kolmer*, Parlament und Verfassung in Österreich I, 10; *Marczali*, Ungarische Verfassungsgeschichte, 153; *Redlich*, Das österreichische Staats- und Reichsproblem I/1, 382; *Ucakar*, Demokratie und Wahlrecht, 108; *Walter*, Verfassungs- und Verwaltungsgeschichte, 178; *Weinzierl-Fischer*, Die österreichischen Konkordate von 1855 und 1933, 60; *Wodka*, Kirche in Österreich, 325.

Bereits im Laufe des Jahres 1851 hatte sich durch die Nichtanwendung der Märzverfassung bzw. die Umgestaltung des Reichsrats und der Ministerverantwortlichkeit (vgl. Kap. 6.4.3.) die Rückkehr zu einem absolutistischen Regime angekündigt. Der endgültige Schritt erfolgte durch die drei sog. **Silvesterpatente** vom 31. Dez. 1851. Diese hoben die Märzverfassung 1849 auf und machten den Kaiser erneut zum alleinigen Träger der Staatsgewalt (monarchische Legitimität). Als Begründung wurde offiziell angeführt, dass die Märzverfassung „weder in ihren Grundlagen den Verhältnissen des österreichischen Kaiserstaates angemessen, noch in dem Zusammenhange ihrer Bestimmungen ausführbar sich darstellt“ (RGBl 1852/2).

a) 1. Patent (RGBl 1852/2):

* Aufhebung der oktroyierten Märzverfassung (RGBl 1849/150);
* Garantie der Gleichheit aller Staatsangehörigen vor dem Gesetz;
* Garantie der Aufhebung jedes bäuerlichen Untertänigkeits- oder Hörigkeitsverbandes.

b) 2. Patent (RGBl 1852/3):

* Aufhebung des Grundrechtspatents 1849 (RGBl 151);
* den gesetzlich anerkannten Kirchen und Religionsgesellschaften wurde ihr Recht der gemeinsamen öffentlichen Religionsausübung, der selbstständigen Verwaltung ihrer Angelegenheiten sowie der Besitz ihrer für Kultus-, Unterrichts- und Wohltätigkeitszwecke bestimmten Anstalten, Stiftungen und Fonds bestätigt.

c) Grundsätze für organische Einrichtungen in den Kronländern des österreichischen Kaiserstaates (Beilage zu RGBl 1852/4):

Bei diesen in 36 Punkten ausformulierten „Grundsätzen" handelte es sich nicht um ein Gesetz, geschweige denn um eine Verfassung. Sie bildeten vielmehr die Beilage zu einem Kabinettsschreiben des Kaisers an seinen MinPräs. *Schwarzenberg*, in dem jener ein Programm für den zukünftigen Aufbau der Verwaltung und der Gerichtsbarkeit entwarf:

* Untrennbarkeit der im österreichischen Kaiserstaate vereinigten Länder;
* *Verwaltung*: Gliederung der Verwaltungsbehörden in Bezirksämter – Kreisbehörden – Statthalterei.
* *Gemeinden*: Unterscheidung zwischen Land- und Stadtgemeinden; Ausgliederung des Großgrundbesitzes aus den Ortsgemeinden; Ernennung oder zumindest Bestätigung der Gemeindevorstände durch die Regierung; soferne Wahlen vorgesehen wären, sollte den Grund- und Hausbesitzern sowie den Unternehmern ein entscheidendes Übergewicht gesichert werden[6]; Ausschluss der Öffentlichkeit von den Gemeindeverhandlungen.
* *Justiz*: keine Garantie der richterlichen Unabhängigkeit; Trennung von Justiz und Verwaltung erst ab der zweiten Instanz; Errichtung von Bezirksämtern, die in erster Instanz für die Verwaltung und die Rechtsprechung zuständig waren (Ausnahme: Schaffung von Bezirkskollegialgerichten in größeren Bezirken); Inquisitionsmaxime als Verfahrensgrundsatz bei den Bezirksämtern; Nicht-Öffentlichkeit und ab der zweiten Instanz (OLG) Schriftlichkeit des Strafverfahrens; Abschaffung der Geschworenengerichtsbarkeit; Vereinheitlichung des Privat- und Strafrechts im gesamten Kaiserstaat (betraf insbes. Ungarn).
* Erlass eines Statuts, das die Vorrechte des Erbadels kodifizieren sollte; Schaffung von Ausschüssen des Adels, der Grundbesitzer und Unternehmer zur Beratung der Kreisbehörden und Statthaltereien.[7]

Die drei Silvesterpatente führten in Österreich wieder die **absolute Monarchie** ein und vereinigten alle Staatsgewalten in der Person des Monarchen. Er übte die Gesetzgebung alleine und die Verwaltung mittels Ministern aus, die nur ihm verantwortlich waren. Die Rechtsprechung lag in den Händen von absetzbaren Richtern. Das Volk war von der Teilnahme an der Staatsgewalt völlig ausgeschlossen, die Gewaltenteilung vollständig aufgehoben. Da die wenigen in den Silvesterpatenten garantierten Rechte nicht einklagbar waren, blieb ihre praktische Bedeutung gering. Durch die Errichtung eines straff **zentra-**

[6]) 16. Pkt.: „… den überwiegenden Interessen auch ein überwiegender Einfluss zugestanden ..."
[7]) Der Erlass von entsprechenden Durchführungsbestimmungen unterblieb jedoch in der Folge.

lisierten Einheitsstaates sanken die Länder zu Verwaltungssprengeln des Reiches ohne selbstständigen Wirkungsbereich herab. Auch die Gemeindeautonomie erfuhr eine weitgehende Einschränkung. Der Adel und das Besitzbürgertum erhielten eine rechtliche Bevorzugung. Im Zuge der Umsetzung der „Grundsätze“ erfolgten folgende Änderungen:

Zentralisierung: Diese richtete sich in erster Linie gegen die Länder der ungarischen Krone. In Ungarn (Militärverwaltung bis 1850, Belagerungszustand bis 1854) wurden cisleithanische Verwaltungsgrundsätze und die österreichische Behördenorganisation zur Anwendung gebracht.[8] Die Einführung des Deutschen als Amtssprache, eines gemeinsamen Strafrechts (StG 1852) sowie die Inkraftsetzung des ABGB in Ungarn (1853) wurde von der ungarischen Bevölkerung als *Germanisierungspolitik* abgelehnt.

Verwaltung:[9] Die gesamte Verwaltung war in vier Instanzen gegliedert:

* **Bezirksämter** (1. Instanz): Ihnen oblag die Verwaltung (einschließlich der Steuersachen) sowie die Zivil- und Strafgerichtsbarkeit auf unterster Ebene. Im Vergleich zu den heutigen politischen Bezirken war der Bezirk eines Bezirksamts wesentlich kleinräumiger.[10] An der Spitze des Bezirksamtes stand der Bezirksvorsteher.
* **Kreisbehörde** (2. Instanz): Nur die größeren Kronländer wiesen eine Unterteilung in Kreise auf.[11]
* **Landesstelle** (3. Instanz). Jedem Kronland[12] stand ein Landeschef vor, der in den Ländern, die eine Einteilung in Kreise aufwiesen, den Titel *Statthalter* (mit der Statthalterei), ansonsten *Landespräsident* (mit der Landesregierung) trug. Neben der Überwachung der Unterbehörden oblag den Landesstellen ua die Erhaltung von Ruhe und Ordnung sowie die Überwachung der Presse, der Vereine und des Theaters.
* Die 4. Instanz bildeten die einzelnen **Minister**, die ihrerseits an die Weisungen des Kaisers gebunden waren.
* Der **Reichsrat** hatte selbst keine Exekutivgewalt und fungierte als Beratungsorgan des Kaisers.

Justiz: 1852 wurden die Schwurgerichte sowie die Öffentlichkeit der strafgerichtlichen Verhandlungen aufgehoben (RGBl 1852/5f). Die StPO 1853 (RGBl 151) kehrte zur Inquisitionsmaxime zurück und stellte einen blamablen politischen Anachronismus dar. Die Justiz war von der Verwaltung erst ab der 2. Instanz getrennt. Die Betrauung der Bezirksämter sowohl mit Verwaltungs- als auch mit Justizangelegenheiten führte bereits nach

---

[8]) Die Neuordnung der Behörden-, Finanz- und Gerichtsorganisation erfolgte durch RGBl 1853/9. Vgl. den Überblick bei *Barany*, Ungarns Verwaltung 1848–1918, in: *Wandruszka/Urbanitsch* (Hg.), Habsburger Monarchie II, 339.

[9]) In Ausführung der in den Silvesterpatenten niedergelegten „Grundsätze“ ergingen zwei Verordnungen, die für Ungarn (RGBl 1853/9) und alle übrigen österreichischen, böhmischen und ungarischen Kronländer (RGBl 1853/10) die Verwaltungs-, Finanz- und Justizorganisation neu regelten.

[10]) Das Land o.d.E. bspw. war 1853 in 46 Bezirke unterteilt (RGBl 1853/250), während das Land OÖ. heute 15 politische Bezirke aufweist.

[11]) Österreich o.d.E. gliederte sich in Mühlkreis, Innkreis, Traunkreis und Hausruckkreis (RGBl 1853/ 250).

[12]) Tirol war mit Vorarlberg zu einem Kronland vereinigt.

wenigen Jahren zu einem organisatorischen Chaos.[13] Die Unabhängigkeit der Richter war nicht garantiert.

Gemeinden: Die Öffentlichkeit der Gemeindeverhandlungen wurde abgeschafft (RGBl 1852/17). Nachdem für die Wahl zum Gemeindevorstand die Bestätigung durch die politische Behörde erforderlich wurde (RGBl 1852/67), wurden weitere Wahlen 1854 (RGBl 64) überhaupt unterbunden. Das GemeindeG 1859 (RGBl 58) brachte eine Neuorganisation der Gemeinden im Sinne der „Grundsätze" und sicherte den vermögenden Schichten den bestimmenden Einfluss auf die Gemeindeverwaltung. Dieses Gesetz gab Gutsbesitzern, die zuvor schon via facti ihren Großgrundbesitz aus einer Ortsgemeinde ausgegliedert und sich Agenden der Lokalverwaltung arrogiert hatten[14], nun die rechtliche Basis für ihr Vorgehen.

Katholische Kirche: Das **Konkordat 1855**[15] stellte den Vorrang der Katholischen Kirche vor den anderen Religionsgesellschaften in Österreich wieder her. Von Seite des Staates wurde der Katholischen Kirche ein erhöhtes Maß an Einflussnahme auf die Gläubigen zugestanden:

* Eheangelegenheiten der Katholiken unterstanden der kirchlichen Gesetzgebung und Gerichtsbarkeit.
* Wiedereinführung der kirchlichen Strafgerichtsbarkeit für Geistliche und Laien.
* Die Lehrer an den für Katholiken bestimmten Volksschulen wurden der kirchlichen Beaufsichtigung unterstellt. An Gymnasien und mittleren Schulen, die für katholische Jugendliche bestimmt waren, durften nur katholische Professoren unterrichten.
* Der Staat war verpflichtet, die kirchliche Zensur staatlich durchzusetzen.

7.3. Das Oktoberdiplom 1860

Lit.: *Baltl/Kocher*, Rechtsgeschichte^{9}, 204; *Brandt*, Neoabsolutismus, 923; *Brauneder*, Verfassungsgeschichte^{7}, 137; *Hantsch*, Geschichte Österreichs II^{4}, 358; *Hellbling*, Verfassungs- und Verwaltungsgeschichte^{2}, 357; *Hoke*, Rechtsgeschichte, 366; *Kelsen*, Staatsrecht, 10; *Kolmer*, Parlament und Verfassung in Österreich I, 23; *Redlich*, Das österreichische Staats- und Reichsproblem I/1, 460; *Steinbach*, Zur Geschichte des Octoberdiploms, in: Österreichisch-Ungarische Revue 1888, 219; *Tzöbl*, Das Oktober-Diplom und das Februarpatent, in: Inst. f. Österreichkunde (Hg.), Verfassung Österreichs, 86; *Ucakar*, Demokratie und Wahlrecht, 116; *Walter*, Verfassungs- und Verwaltungsgeschichte, 191.

Das politische System des Neoabsolutismus führte bereits nach wenigen Jahren in die Sackgasse. Die militärische Niederlage gegen Sardinien-Piemont und Frankreich 1859, der Verlust der wirtschaftlich ertragreichen Lombardei, die explodierenden Staatsschul-

[13]) Die Bezirksämter erledigten in erster Linie die Verwaltungsaufgaben, während die wesentlich aufwändigeren Justizangelegenheiten liegen blieben. Auf diese Weise war Anfang der 60er-Jahre bei den Justizakten der Arbeitsrückstand bereits auf mehrere Jahre angewachsen. (Vgl. *Lehner*, Von der Kabinettsjustiz zur Unabhängigkeit der Richter, in: *Weinzierl/Stadler* (Hg.), Justiz und Zeitgeschichte VI, 31).

[14]) *Klabouch*, Gemeindeselbstverwaltung, 51.

[15]) RGBl 1855/195. Vgl. hiezu das Ausführungsgesetz bzgl. die Eheangelegenheiten der Katholiken (RGBl 1856/185).

den[16] sowie der Widerstand der ungarischen Bevölkerung zwangen den Kaiser zur Modifikation seines Regimes. Angesichts des steigenden Unmuts der Bevölkerung versuchte er, durch einen Umbau des Reichsrats seine politische Machtbasis zu verbreitern. Mit Patent vom 5. März 1860 (RGBl 56) schuf er einen „*verstärkten Reichsrat*“, in dem neben den vom Kaiser ernannten Mitgliedern noch weitere 38 von den Landesvertretungen zu bestimmende Personen sitzen sollten. In diesem am 1. Juni 1860 zusammengetretenen „verstärkten Reichsrat“ dominierten die hochadeligen Großgrundbesitzer mit „ultrakonservativ-föderalistischen Zielsetzungen“ (*F. Walter*), die nach einer Wiedererlangung ihrer alten ständischen Rechte strebten.[17]

Beeinflusst von diesen feudaladeligen Kreisen verordnete der Kaiser am 20. Okt. 1860 (RGBl 226) „Kraft Unserer Machtvollkommenheit“ ein „beständiges und unwiderrufliches Staatsgrundgesetz“, das sog. **Oktoberdiplom 1860**. Darin wurden zunächst die in den Silvesterpatenten gewährten Garantien bestätigt und um die gleiche Wehr- und Steuerpflichtigkeit erweitert. Schwerpunkt des Diploms bildete die Modifikation der Gesetzgebung:

* Neben den vom Kaiser ernannten Mitgliedern des Reichsrats (keine zahlenmäßige Beschränkung) hatten die Landtage insgesamt 100 weitere Mitglieder des Reichtsrats zu nominieren.[18]
* Hinsichtlich folgender, allen Königreichen und Ländern gemeinschaftlichen Gegenstände sollte die Gesetzgebung in Hinkunft nur unter *Mitwirkung* des Reichsrats erfolgen: Münz-, Geld- und Kreditwesen, Zölle und Handelssachen, Grundsätze des Zettelbank-, Telegrafen- und Eisenbahnwesens, Art der Militärpflichtigkeit. Diese *Mitwirkung* beinhaltete allerdings nur das *Recht zur Beratung*, nicht jedoch ein Zustimmungsrecht.
* Einzig hinsichtlich der Einführung neuer Steuern bzw. der Erhöhung bestehender Steuern und Gebühren sowie der Anhebung des Salzpreises und der Aufnahmen neuer Anleihen besaß der Reichsrat eine Kompetenz zur *Zustimmung*.
* Über alle anderen Gegenstände der Gesetzgebung, die nicht allen Ländern gemeinschaftlich waren, wollte sich der Kaiser mit den erst zu schaffenden Landtagen beraten.

---

[16]) Das Defizit hatte eine Höhe von 280 Mio. fl. erreicht. Die Ausgaben alleine für das Militär überstiegen bereits beträchtlich die Gesamteinnahmen des Staates (vgl. *Walter*, Verfassungsgeschichte, 186). Das Misstrauen in- und ausländischer Finanzkreise in die österreichische Regierung bildete ein ernstes Hindernis bei Österreichs Kreditbemühungen. „Gerade der österreichische Neoabsolutismus zeigt aber, dass der Versuch, anders als die meisten europäischen Staaten auf die Integrationskraft zentraler, mit Budgetrecht ausgestatteter Parlamente zu verzichten, nach den bürgerlichen Revolutionen nicht mehr von dauerhaftem Erfolg begleitet sein konnte. Die wachsenden fiskalischen Anforderungen des Staates, der seinen politischen Unterdrückungsapparat auch finanzieren musste, führte zu einer exorbitanten Defizitwirtschaft, die Ende der Fünfzigerjahre eine Rückbesinnung auf die Stützfunktion, ‚die eine Repräsentativkörperschaft in der entscheidenden Frage der Staatsfinanzierung zu bieten vermochte‘, erforderlich machte“ (*Ucakar*, Demokratie, 112).

[17]) Dieser Reichsrat war aus den „volksfremdesten Vertretern der Feudalität, Bourgeoisie und Bürokratie in ganz willkürlicher Zahl“ ausgesiebt worden. „Nicht was die Völker wirklich anging, bewegte diese Auslese der Herrenkasten, sondern der neidige Wettstreit der adeligen Herrn von gestern und der bourgeoisen Herren von heute.“ (*Renner*, Zur politischen und sozialen Geschichte 1848–1870, in: *Scheu* (Hg.), Der Wiener Hochverratsprozeß, 59).

[18]) Vgl. Ah. Handschreiben vom 20. Oktober 1860, abgedr. bei Bernatzik, Verfassungsgesetze^2, 228.

* Für die Angelegenheiten, die die nicht-ungarischen Länder betrafen, sollte ein engerer Reichsrat aus Vertretern der übrigen Länder gebildet werden.

* Zur Durchführung des Oktoberdiploms ergingen vier Landesstatute für die Steiermark, Kärnten, Salzburg und Tirol. Sie sahen die Gliederung der Landtage in vier gleich große Kurien (Adel, Prälaten, Bürger, Bauern) vor. Die Wahl und Einberufung der Landtage unterblieb jedoch in der Folge.

* Durch mehrere Ah. Handschreiben vom 20. Oktober 1860[19] erfolgte für Ungarn die Rückkehr zu dem *vor* 1848 bestehenden Staats- und Behördenaufbau.

Die politischen Konzessionen des Oktoberdiploms waren von einer „kaum zu überbietenden Dürftigkeit“[20] und stießen mit Ausnahme des Feudaladels sowohl in Cis- wie auch in Transleithanien auf breiten Widerstand. Kritisiert wurden die lächerlich geringen Kompetenzen des Reichsrats, die Überrepräsentanz von Adel und Klerus sowie die Möglichkeit des Kaisers, durch Nachnominierungen die Mehrheitsverhältnisse im Reichsrat verändern zu können. Die ungarische Bevölkerung war darüber hinaus nicht bereit, eine Unterordnung unter eine deutsch-slawisch dominierte Zentralgewalt zu akzeptieren und forderte die staatliche Selbstständigkeit sowie die Wiedereinführung der 1848er-Verfassung.

Da es dem Kaiser durch das Oktoberdiplom weder gelang, das Vertrauen in- bzw. ausländischer Finanzkreise zu gewinnen noch den Widerstand der Ungarn zu beenden, war der Versuch einer Herrschaftsverbreiterung auf feudal-ständischer Basis gescheitert. Die Einberufung des Reichsrats unterblieb.

7.4. Das Februarpatent 1861

Lit.: *Baltl/Kocher*, Rechtsgeschichte^9, 204; *Barton*, Evangelisch in Österreich, 143; *Brauneder*, Verfassungsgeschichte^7, 141; *Fellner*, Das „Februarpatent“ von 1861, MIÖG 63. Bd. (1955), 549; *Hellbling*, Verfassungsgeschichte^2, 358; *Hoke*, Rechtsgeschichte, 370; *Kelsen*, Staatsrecht, 14; *Klabouch*, Gemeindeselbstverwaltung, 54; *Kolmer*, Parlament und Verfassung I, 46; *Mecenseffy*, Protestantismus, 214; *Putschögl*, Zur Geschichte der autonomen Landesverwaltung in den cisleithanischen Ländern der Habsburger Monarchie, MOÖLA 13. Bd. (1981), 312; *Redlich*, Staats- und Reichsproblem II, 1; *Skottsberg*, Parlamentarismus, 29; *Slapnicka/Marckhgott*, Aufbau der Demokratie. Politik und Verwaltung Oberösterreichs 1861–1918; *Ucakar*, Demokratie und Wahlrecht in Österreich, 118; *Walter*, Verfassungsgeschichte, 197; *Wandruszka/Urbanitsch* (Hg.), Die Habsburger Monarchie II; *Wierer*, Der Föderalismus im Donauraum, 68.

Die breite Ablehnung auf die das Oktoberdiplom 1860 gestoßen war hatte gezeigt, dass ein vorwiegend auf den hohen Adel gestütztes Regime im Österreich der 1860er-Jahre nicht mehr lebensfähig war. Ende des Jahres 1860 entschloss sich daher der Kaiser, durch weitere politische Konzessionen die Basis seiner Herrschaft durch die Einbeziehung liberal-bürgerlicher Kreise zu verbreitern. Verfassungsrechtlichen Niederschlag fand diese politische Neuorientierung im sog. **Februarpatent 1861** (sog. **Reichsverfassung 1861**). Dieses bestand aus dem *Grundgesetz über die Reichsvertretung*, 15 *Landesordnungen*, 15 *Landtags-Wahlordnungen* sowie *Anhängen*, die festlegten, wie viele Reichsratsabgeordnete auf die einzelnen Landtagskurien entfielen. Zusammen mit der Pragmatischen Sanktion

---

[19]) Abgedr. bei *Bernatzik*, Verfassungsgesetze^2, 230.

[20]) *Walter*, Verfassungsgeschichte, 194.

1713 und dem Oktoberdiplom bezeichnete das Februarpatent diese Bestimmungen als die „Verfassung Unseres Reiches“.[21]

Tatsächlich stellte das Februar-Patent jedoch keine Verfassung im konstitutionellen Sinn dar, da es fast ausschließlich Bestimmungen über die Gesetzgebung enthielt. Grundrechte, Aussagen zur Trennung von Gerichtsbarkeit und Verwaltung, Ministerverantwortlichkeit und eine Immunität[22] der Abgeordneten fehlten ebenso wie das Recht zur Steuer- und Rekrutierungsbewilligung. Seiner äußeren Form nach erging das Februarpatent als Ausführungsgesetz zum Oktoberdiplom, inhaltlich wandelte es dieses jedoch in wesentlichen Punkten ab.

Kompetenzen: Die Wiedererrichtung der Länder mit – wenn auch sehr begrenzten – Autonomierechten erforderte eine Abgrenzung der Kompetenzen. Die *Landesangelegenheiten* waren taxativ aufgezählt und umfassten die Gesetzgebung hinsichtlich folgender Angelegenheiten:[23] Landeskultur (Landwirtschaft), aus Landesmitteln bestrittene öffentliche Bauten und Wohltätigkeitsanstalten, Landesbudget und -rechnungsabschluss. Ausführungsgesetzgebung und Vollziehung[24] oblag den Ländern hinsichtlich der Gemeinde-, Kirchen- und Schulangelegenheit, der Vorspannleistung und der Heereseinquartierung sowie der Verwaltung des Landesvermögens. Schließlich konnten den Ländern Aufgaben noch durch besondere Anordnung zugewiesen werden (zB Höferecht). Alle übrigen Aufgaben kamen dem Gesamtstaat zu.

Gesetzgebung des Gesamtstaats: Das *Grundgesetz über die Reichsvertretung* gliederte den Reichsrat in ein Herrenhaus (Oberhaus) und ein Abgeordnetenhaus (Unterhaus). Die Mitglieder des **Herrenhauses** (eine Gesamtzahl war gesetzlich nicht festgelegt) erlangten ihre Würde durch Geburt (großjährige Prinzen des kaiserlichen Hauses), durch Erbschaft (Häupter bestimmter Adelsgeschlechter), durch ein Kirchenamt (Erzbischöfe sowie die Bischöfe im fürstlichen Rang) oder auf dem Wege der Ernennung durch den Kaiser. Das **Abgeordnetenhaus** umfasste 343 Mitglieder[25], die von den Landtagen der Länder entsandt wurden. In den Landtagen erfolgte die Wahl der Reichsratsabgeordneten nach Kurien getrennt. Weigerte sich ein Landtag, das Abgeordnetenhaus zu beschicken, so konnte der Kaiser im betreffenden Land die direkte Wahl durch die Landesbevölkerung anordnen (*Notwahlrecht*). Der Kaiser verfügte die Einberufung, Vertagung und Auflösung des Reichsrats.

---

[21]) Der Monarch verpflichtete sich selbst, „unter dem Schutze des Allmächtigen diese hiemit feierlich verkündeten und angelobten Normen nicht nur unverbrüchlich (zu) befolgen und halten, sondern verpflichten auch Unsere Nachfolger ...“ (RGBl 1861/20).

[22]) Nachgereicht durch RGBl 1861/98.

[23]) § 18 der Landesordnungen der einzelnen Länder.

[24]) *Walter*, Verfassungsgeschichte, 202.

[25]) Österreich u.d.E. (18), Österreich o.d.E. (10), Salzburg (3), Steiermark (13), Kärnten (5), Tirol/Vorarlberg (12). Die größte Anzahl von Abgeordneten entfiel auf Ungarn (85) bzw. Böhmen (54).

Der Reichsrat besaß ein gegenüber dem Oktoberdiplom erweitertes, jedoch keinesfalls umfassendes Gesetzgebungsrecht, das folgende Angelegenheiten umfasste: Ordnung der Militärpflichtigkeit, Geld-, Kredit-, Münz- und Zettelbankwesen, Zoll- und Handelssachen, Post-, Eisenbahn- und Telegrafenwesen, Voranschläge des Staatshaushaltes, Prüfung (nicht aber Genehmigung) des Staatsrechnungsabschlusses, Aufnahme neuer Anleihen, Konvertierung bestehender Staatsschulden, Veräußerung und Belastung von unbeweglichem Staatsvermögen, Erhöhung bestehender bzw. Einführung neuer Steuern. Da bestehende Steuern und Abgaben ausdrücklich ausgenommen waren, besaß der Reichsrat kein Steuerbewilligungsrecht.

Eine *Gesetzesinitiative* konnte sowohl vom Kaiser (Regierungsvorlage) als auch den Mitgliedern des Herrenhauses bzw. Abgeordnetenhauses ausgehen. Das Zustandekommen eines Gesetzes bedurfte der Übereinstimmung beider Häuser sowie der Sanktion durch den Kaiser (absolutes Veto). Änderungen der Grundgesetze erforderten eine 2/3-Mehrheit. Der Kaiser besaß ein Notverordnungsrecht.

Hinsichtlich jener Angelegenheiten, die nur die cisleithanischen Länder betrafen, war ein **engerer Reichsrat** vorgesehen, der aus den Reichsratsmitgliedern der cisleithanischen Länder gebildet wurde. Diesem engeren Reichsrat oblag die Gesetzgebung hinsichtlich jener Angelegenheiten, die weder dem Gesamt-Reichsrat (§ 10) noch den Landtagen zugewiesen worden waren.

Neu war die Einrichtung eines **Staatsrats** (RGBl 1861/22), dessen Aufgabe die Beratung (Gutachten) des Kaisers und der Regierung insbes. in Fragen der Gesetzbegung war. Die Mitglieder des Staatsrats wurden vom Kaiser ernannt.

Die Länder: Durch die politische Entwicklung von 1860/61 wurden die Länder von Verwaltungssprengeln des Gesamtstaates zu Selbstverwaltungskörpern mit autonomer Landesgewalt umgewandelt. Allerdings blieb der Umfang der Kompetenzen der insgesamt 17 Länder Cisleithaniens sehr beschränkt. Die Landesgesetzgebung oblag dem Landtag gemeinsam mit dem Kaiser (absolutes Veto). Der Landtag bestand aus drei Kurien (1. Kurie: Großgrundbesitzer, 2. Kurie: Einwohner der Städte und Märkte sowie Mitglieder der Handels- und Gewerbekammern, 3. Kurie: Einwohner der Landgemeinden) und den Virilisten (Bischöfe, Rektoren), die kraft Amtes dem Landtag angehörten.[26] Für das aktive Wahlrecht in der 2. und 3. Kurie bestand ein Steuerzensus zwischen 10 und 20 fl.

Die Gemeinde: Das ReichsgemeindeG 1862 (RGBl 18) kehrte zum Grundsatz der Gemeindeautonomie zurück und blieb bis 1934 in Kraft. Neben der Ortsgemeinde kannte es noch das Gutsgebiet, bei dem der Großgrundbesitzer Träger von Gemeindefunktionen war. Als Organe der Gemeinde fungierten der Gemeindeausschuss (Gemeinderat), der Ge-

---

[26]) Der Landtag des Landes Österreich o.d.E. bestand aus 50 Mitgliedern und setzte sich zusammen aus dem Bischof von Linz, den 10 Abgeordneten der Großgrundbesitzer, 20 Abgeordneten der Städte und Industrieorte sowie der Handels- und Gewerbekammern, 19 Abgeordneten der übrigen Gemeinden.

meindevorstand und der Bürgermeister. Gewählt wurde der Gemeindeausschuss aufgrund eines Dreiklassenwahlrechts, das die vermögenden Gemeindemitglieder bevorzugte. Die Gemeinde besaß einen *selbstständigen Wirkungsbereich*, der alles umfasste, „was das Interesse der Gemeinde zunächst berührt und innerhalb ihrer Grenzen durch ihre eigenen Kräfte besorgt und durchgeführt werden kann“ (zB Sittlichkeits-, Gesundheits-, Lebensmittel-, Bau-, Feuer-, Gesinde- und Arbeiterpolizei, Armenwesen, Gemeindestraßen). Im Rahmen des *übertragenen staatlichen Wirkungsbereichs* war die Gemeinde verpflichtet, an der öffentlichen Verwaltung mitzuwirken (zB Steuerbemessung und Einhebung direkter Steuern).

Evangelische Kirchen: Mit dem Protestantenpatent 1861 (RGBl 41 f) kamen die Evangelischen Kirchen A.B. und H.B. ihrem Ziel – autonome Kirchenverfassung und freie religiöse Entfaltungsmöglichkeit – einen beträchtlichen Schritt näher. Ihren Glaubensangehörigen wurde die Gleichberechtigung im bürgerlichen und politischen Leben garantiert. Beide Kirchen erhielten die „volle Freiheit ... und das Recht der gemeinsamen öffentlichen Religionsausübung“. Die Beschränkungen bzgl. Kirchturm und Glocken sowie die 500-Seelen-Klausel entfielen.

Grundrechte: Das Februarpatent enthielt keinen Grundrechtskatalog. 1862 ergingen zwei Bestimmungen, *G. zum Schutz der persönlichen Freiheit* (RGBl 87) und das *G. zum Schutz des Hausrechtes* (RGBl 88), die die Verhaftung einer Person bzw. die Durchsuchung einer Wohnung oder eines Hauses (von Ausnahmen abgesehen) an das Vorliegen eines mit Gründen versehenen richterlichen Befehls band. Beide Gesetze wurden 1867 Bestandteil des StGG über die allgemeinen Rechte der Staatsbürger (RGBl 142).

7.5. Die Sistierungsepoche 1865–1867

Aus der Sicht des Kaisers war mit dem Februarpatent 1861 „bereits die äußerste Grenze der nach der allerhöchsten Willensmeinung zulässigen Beschränkung der allerhöchsten Macht erreicht“.[27] Tatsächlich stellten die neuen Verfassungseinrichtungen jedoch nur einen „Scheinparlamentarismus“[28] bzw. einen letzten Versuch dar, dem „Konstitutionalismus eine andersartige Verfassungskonstruktion auf dem Boden des historischen Staatsrechts und der monarchischen Legitimität gegenüberzustellen.“[29] Aus bürgerlich liberaler bzw. konstitutioneller Sicht erschienen die Zugeständnisse des Februarpatents mehr als kümmerlich: Der hohe Adel war im Gesetzgebungsorgan gleich zweifach vertreten (Herrenhaus, 1. Kurie des Abgeordnetenhauses) und konnte durch das Herrenhaus jedes Gesetzesvorhaben verhindern. Überhaupt besaß das Parlament nur ein sehr beschränktes Ge-

---

[27]) *Redlich*, Staats- und Reichsproblem I, 808.

[28]) *Walter*, Verfassungsgeschichte, 203.

[29]) *Brauneder/Lachmayer*, Verfassungsgeschichte^6, 141.

setzgebungsrecht. Im Bereich der Verwaltung war die Macht der Zentralbürokratie zudem weiterhin ungebrochen.

Die Ungarn beharrten nach wie vor auf der ihnen im Revolutionsjahr 1848 gewährten Verfassung und lehnten aus diesem Grund das Februarpatent ab. Ungarn hätte einschließlich der mit ihm verbundenen Länder nur ca. 1/3 der Mitglieder des Abgeordnetenhauses gestellt und wäre auf Dauer von den deutschen bzw. von den slawischen Abgeordneten majorisiert worden. Ungarn, Kroatien und Siebenbürgen (dieses bis 1863) verweigerten daher die Entsendung von Mitgliedern in das Abgeordnetenhaus, die ungarische Bevölkerung führte einen Steuer- und Verwaltungsboykott durch.

Im Jahre 1865 musste der Kaiser schließlich erkennen, dass auch das Februarpatent in Ungarn gescheitert war. Mit der Begründung „dass es rechtlich unmöglich ist, eine und dieselbe Bestimmung in einem Teil des Reiches zum Gegenstand der Verhandlung zu machen, während sie gleichzeitig in den anderen Teilen als allgemein bindendes Reichsgesetz behandelt würde" sisitierte der Kaiser am 20. September 1865 das G. über die Reichsvertretung (**Sistierungspatent**, RGBl 88 f). Darin versprach er, das mit Ungarn zu erzielende Verhandlungsresultat vor seiner Entschließung den „legalen Vertretern der anderen Königreiche und Länder vorzulegen, um ihren gleichgewichtigen Ausspruch zu vernehmen und zu würdigen." Diese Zusage wurde jedoch 1867 nicht eingehalten (vgl. Kap. 8.2.). Durch die Sistierung, die einen Bruch der Verfassung darstellte, kehrte der Kaiser auf Ebene des Gesamtstaates zur absolutistischen Regierungsform zurück. Zu den in der „Sistierungsepoche" (1865–1867) durchgeführten Verhandlungen mit Ungarn vgl. Kap. 8.2.

8. Der Konstitutionalismus 1867–1918

„... Es war nach seiner Verfassung liberal, aber es wurde klerikal regiert. Es wurde klerikal regiert, aber man lebte freisinnig. Vor dem Gesetz waren alle Bürger gleich, aber nicht alle waren eben Bürger. Man hatte ein Parlament, welches so gewaltigen Gebrauch von seiner Freiheit machte, dass man es gewöhnlich geschlossen hielt; aber man hatte auch einen Notstandsparagrafen, mit dessen Hilfe man ohne das Parlament auskam, und jedesmal, wenn alles sich schon über den Absolutismus freute, ordnete die Krone an, dass nun doch wieder parlamentarisch regiert werden müsse. Solcher Geschehnisse gab es viele in diesem Staat, und zu ihnen gehörten auch jene nationalen Kämpfe, die mit Recht die Neugierde Europas auf sich zogen und heute ganz falsch dargestellt werden. Sie waren so heftig, dass ihretwegen die Staatsmaschine mehrmals im Jahr stockte und stillstand, aber in den Zwischenzeiten und Staatspausen kam man ausgezeichnet miteinander aus und tat, als ob nicht gewesen wäre ..."

Robert Musil[1]

8.1. Historischer Hintergrund

Lit.: *Berchtold*, Österreichische Parteiprogramme; *Brauneder*, Leseverein, 251; *Bruckmüller*, Sozialgeschichte Österreichs, 363; *Fuchs*, Geistige Strömungen in Österreich; *Good*, Der wirtschaftliche Aufstieg des Habsburgerreiches 1750–1914; *Hantsch*, Die Geschichte Österreichs II[4], 374; *Hautmann/Kropf*, Die österreichische Arbeiterbewegung vom Vormärz bis 1945[3]; *Hoke*, Rechtsgeschichte, 385; *Kann*, Geschichte des Habsburgerreiches, 311; *Kolmer*, Parlament und Verfassung in Österreich; *Matis*, Österreichs Wirtschaft 1848–1913; *Pulzer*, Die Entstehung des politischen Antisemitismus in Deutschland und Österreich; *Redlich*, Das österreichische Staats- und Reichsproblem II,403; *Skottsberg*, Der österreichische Parlamentarismus, 53; *Wandruszka/Urbanitsch* (Hg.), Die Habsburgermonarchie; *Zöllner*, Geschichte Österreichs[7], 413.

8.1.1. Wirtschaftliche und soziale Entwicklung

In der Ära des Konstitutionalismus setzte sich die Industrialisierung Österreichs fort. Der Anteil der landwirtschaftlichen Bevölkerung in den Alpenländern (heutiges Österreich ohne Burgenland, aber einschließlich Südtirol und Südsteiermark) ging von 45 % (1890) auf 35 % (1910) zurück. Zwischen der österreichischen (Cisleithanien) und der ungarischen Reichshälfte herrschte ökonomische **Arbeitsteilung**, da Ungarn vorwiegend Landwirtschaftsgüter produzierte, während Cisleithanien in der Industrialisierung weiter fortgeschritten war. Allerdings, und das bedeutete für die Zeit nach 1918 eine schwere Belastung, lagen rund 2/3 aller cisleithanischen Großbetriebe nicht auf dem Boden der späteren Republik Österreich sondern in Böhmen, Mähren und Schlesien. Die Aufteilung des wirtschaftlichen Reichtums innerhalb der Habsburgermonarchie war extrem ungleich. Während in den industriellen Ballungszentren Cisleithaniens das wirtschaftliche Niveau dem westeuropäischen Standard nahekam, herrschte in den Agrargebieten im Osten und Süden extreme Rückständigkeit. Das Volkseinkommen pro Kopf lag 1911/1913 in den Alpen-

[1]) *Musil*, Der Mann ohne Eigenschaften, 33.

ländern rund dreimal so hoch wie in Galizien und den südslawischen Gebieten. So wurden die bestehenden nationalen Gegensätze durch wirtschaftliche Disproportionen verstärkt. Im europäischen Vergleich betrug das cisleithanische Prokopf-Einkommen nur 60 % des deutschen und 75 % des französischen.

Bis zum Börsenkrach 1873 durchlief die österreichische Wirtschaft eine Phase stürmischer Konjunktur **(„Gründerzeit“)**, in der sie kurzfristig nicht mehr weiter hinter Westeuropa zurückfiel.[2] Die darauf folgende Phase der Depression und Stagnation ging erst ab Mitte der 90er-Jahre wieder in einen Konjunkturaufschwung über. Angesichts der ökonomischen Probleme gab die Regierung Ende der 70er-Jahre den wirtschaftsliberalen Kurs auf und forcierte eine staatliche Wirtschaftsregulierung. Beispielsweise begann sie ab 1879 mit der Verstaatlichung des Eisenbahnnetzes, nachdem eine Reihe von privaten Eisenbahngesellschaften in finanzielle Schwierigkeiten geraten waren. Die GewerbeO-Nov. 1883 nahm die liberale Gewerbepolitik zurück und führte für zahlreiche Gewerbe erneut den Befähigungsnachweis oder die Konzessionierung ein.

Bis zum Ersten Weltkrieg vollzog sich in der österreichischen Wirtschaft (insb. in der Schwerindustrie und im Bankenwesen) eine fortschreitende Kapitalkonzentration und Monopolisierung. Die Personal- und Kapitalgesellschaften wurden zur vorherrschenden Eigentumsform in der Industrie.

Die **soziale Lage** der zahlenmäßig rasch zunehmenden **Arbeiterschaft** war äußerst drückend: Kinderarbeit, 14 und mehr Stunden Arbeitszeit täglich, gesundheitsgefährdende Arbeits- und Wohnbedingungen. Erst mit der Aufhebung des Koalitions- und Gewerkschaftsverbots (1870) sowie dem Beginn einer staatlichen Arbeiterschutzgesetzgebung (zB 2. GewerbeO-Nov. 1885: Verbot der Kinderarbeit unter 14 Jahren, Maximalarbeitstag von 11 Stunden) begann sich ihre Lage zu verbessern. Ab Ende der 80er-Jahre wurde schrittweise eine allgemeine Unfall- und Krankenversicherung eingeführt. Der wirtschaftliche Strukturwandel sowie die Agrarimporte aus Ungarn und Galizien verschlechterten

---

[2]) Die ökonomische Rückständigkeit Österreich-Ungarns („Kakanien“, von „K. u. k.“) wurde von Robert *Musil* treffend mit folgenden Worten umschrieben: „… Dort, in Kakanien, ... gab es auch Tempo, aber nicht zuviel Tempo. So oft man in der Fremde an dieses Land dachte, schwebte vor den Augen die Erinnerung an die weißen, breiten, wohlhabenden Straßen aus der Zeit der Fußmärsche und Extraposten, die es nach allen Richtungen wie Flüsse der Ordnung, wie Bänder aus hellem Soldatenzwillich durchzogen und die Länder mit dem papierweißen Arm der Verwaltung umschlangen ... Natürlich rollten auf diesen Straßen auch Automobile; aber nicht zu viele Automobile! Man bereitete die Eroberung der Luft vor, auch hier; aber nicht zu intensiv. Man ließ hie und da ein Schiff nach Südamerika oder Ostasien fahren; aber nicht zu oft ... Man gab Unsummen für das Heer aus; aber doch nur gerade so viel, dass man sicher die zweitschwächste der Großmächte blieb. Auch die Hauptstadt war um einiges kleiner als alle andern größten Städte der Welt, aber doch um ein Erkleckliches größer, als es bloß Großstädte sind. Und verwaltet wurde dieses Land in einer aufgeklärten, wenig fühlbaren, alle Spitzen vorsichtig beschneidenden Weise von der besten Bürokratie Europas, der man nur einen Fehler nachsagen konnte: sie empfand Genie und geniale Unternehmungssucht an Privatpersonen, die nicht durch hohe Geburt oder einen Staatsauftrag dazu privilegiert waren, als vorlautes Benehmen und Anmaßung. Aber wer ließe sich gerne von Unbefugten dreinreden!“ (ebenda, 32)

die Lage der Landwirtschaft in den Alpenländern. Unzureichende Betriebsgrößen, hervorgerufen durch eine 1868 erlassene Änderung der Erbfolge in Bauerngütern, bewirkten eine steigende Verschuldung der Bauern. Im Jahre 1886 betrug die Analphabetenrate noch immer 34 %.

8.1.2. Innenpolitische Entwicklung

Nach der militärischen Niederlage 1866 gegen Preußen musste der Monarch den ungarischen Forderungen auf Anerkennung ihrer nationalen Selbstständigkeit nachgeben. Der sog. „Ausgleich" bewirkte eine **Doppelung der Monarchie** in einen cisleithanischen (ab 1915 „Österreich")[3] und einen ungarischen Staat. Die Forderungen der übrigen Nationalitäten blieben jedoch unerfüllt und bildeten in der gesamten Ära eine Belastung der Innenpolitik. Als Ungarn 1867 in eine konstitutionelle Monarchie umgestaltet wurde, war im verbleibenden cisleithanischen Gebiet das Regime des Neoabsolutismus ebenfalls nicht mehr aufrechtzuhalten. Die **Dezemberverfassung 1867** stellte auch in Cisleithanien die Herrschaft des Monarchen auf konstitutionelle Grundlage.

Während der zweiten Hälfte des 19. Jh. erfolgte in Österreich ein grundsätzlicher Wandel der politischen Kultur, indem die traditionelle Organisierung in (Land-)Ständen durch die Entstehung von **politischen Massenparteien** verdrängt wurde. Eine Übergangserscheinung bildeten Honoratiorenparteien (ca. 1860–1880), in denen sich Politiker der bürgerlich-liberale bzw. feudal-konservativen Oberschicht auf Basis einer gemeinsamen Weltanschauung im Reichsrat zu Klubs zusammenschlossen. Im Unterschied zu diesen Vereinigungen waren die ab den 80er-Jahren gegründeten Massenparteien auf Dauer angelegt und verfügten über eine feste Organisation und ein ausformuliertes Parteiprogramm. Rechtsgrundlage der Parteien bildeten die §§ 29 ff des VereinsG 1867 (RGBl 134). Ausgeschlossen von der Mitgliedschaft in einer Partei waren Ausländer, Minderjährige und generell alle Frauen. Die wichtigsten politischen Lager in den deutschsprachigen Gebieten waren:

8.1.2.1. Das liberale Lager

Die Liberalen bildeten nach der gescheiterten Revolution 1848 zunächst die Opposition und wurden erst in den 60er-Jahren zu einer staatstragenden Kraft. Sie schufen keine festgefügte Organisation, sondern traten als lose organisierte Honoratiorenpartei bzw. Interessen- und Gesinnungsverband auf. Ihre soziale Basis lag bei den Fabrikanten und Industriellen, beim Bildungsbürgertum sowie jenen Großgrundbesitzern, die auf eine kapitalistische Produktionsform umgestiegen waren. Die Liberalen profitierten in den ersten Jahren vom Zensuswahlrecht, das die übrigen Bevölkerungsschichten ausschloss. Während der „liberalen Ära" (1867–1879) besaßen sie die Mehrheit im Abgeordnetenhaus und hatten

---

[3]) Der Name „Österreich" wurde für die cisleithanischen Länder offiziell erstmals 1915 in zwei Verordnungen betreffend das Wappen der österreichischen Länder bzw. Österreich-Ungarns (RGBl 327 f) verwendet.

mit Ausnahme von 1870/71 die wichtigsten Ministerämter inne. Nach dem Scheitern ihrer am Manchester-Liberalismus orientierten Wirtschaftspolitik und mit fortschreitender Demokratisierung des Wahlrechts sowie dem Aufkommen der modernen Massenparteien ging die Mandatszahl der Liberalen sukzessive zurück. Sie schlossen sich schließlich dem deutschnationalen Lager an und erreichten 1911 als „Deutschfortschrittliche" nur mehr 21 von 516 Abgeordnete. Mit fortschreitendem Bestand nahm die liberale Bewegung immer mehr konservative Züge an.

Nach ihrer Hauptforderung, dem **Erlass einer Konstitution**, nannten sich die Liberalen in den 60er- und 70er-Jahren „Verfassungspartei" (oder auch „deutsche Linke"). Tatsächlich lagen die Verdienste der Liberalen vor allem in der Durchsetzung eines – allerdings begrenzten – politischen Freiraumes. So wie in der Verfassungsfrage konnten sie auch in einem anderen Programmpunkt, nämlich der Zurückdrängung des Einflusses der Katholischen Kirche, trotz Aufhebung des Konkordats 1855 nur einen Teilerfolg erreichen. Aufgrund ihrer Wirtschaftspolitik, die Staatseingriffe in die Wirtschaft weitgehend ablehnte, widmeten die Liberalen der Lösung der sozialen Probleme nur wenig Augenmerk. In der Nationalitätenfrage nahmen sie eine zentralistische Haltung ein und wollten die deutsche Vorherrschaft aufrechterhalten. Die wichtigsten liberalen Politiker waren *Eduard Herbst*, *Ernst v. Plener* und *Moritz Benedikt*, der Herausgeber der „Neuen Freien Presse".

Wenn der Liberalismus gegen Ende der konstitutionellen Ära als Partei seine Bedeutung verloren hatte, so wirkten doch Elemente des politischen Liberalismus in den Ideologien der übrigen Parteien fort.

8.1.2.2. Das christlich-konservative Lager

Die katholisch-konservativen Kräfte formierten sich ab 1860 zunächst als Honoratiorenbewegung des Adels, der Großgrundbesitzer und des hohen Klerus. Hauptziel war neben der Verteidigung ihrer sozialen Vorrechte der Kampf gegen die Kirchenpolitik der Liberalen im Unterrichts- und Rechtswesen. Mit organisatorischer Unterstützung des katholischen Pfarreinetzes gelang den Katholisch-Konservativen eine antiliberale Mobilisierung der bäuerlichen Massen, sodass wesentliche Machtpositionen der Katholischen Kirche im Staat während der *Ära des Kulturkampfes* verteidigt werden konnten.

Ab den 80er-Jahren entstand ausgehend von Wien und NÖ im katholischen Lager eine neue politische Gruppierung, die **christlichsoziale Bewegung**, die anfangs auf die heftigste Gegnerschaft des hohen Klerus und der Altkonservativen stieß. Neben dem Ziel, „den Einfluss des Christentums im ... ganzen öffentlichen Leben wieder zur Geltung zu bringen", widmeten die Christlichsozialen der sozialen Frage besonderes Augenmerk. Unter ihrem bedeutendsten Führer *Karl Lueger* gelang ab 1895 ein rasanter Aufstieg, in dessen Gefolge die betont kaisertreu orientierten Christlichsozialen bald zur staatstragenden Partei wurden. Nach dem Zusammenschluss mit den Altkonservativen stellten sie 1907 mit 96 Mandataren die stärkste Fraktion im Abgeordnetenhaus. Die Christlichsozialen waren eine typische **Mittelstandspartei**, ihre soziale Verankerung lag beim Kleinbürgertum, den Handwerkern und Gewerbetreibenden, in der Bauernschaft und beim niederen Klerus. In geringerem Ausmaß erhielten sie auch Zulauf aus der Arbeiterschaft.

Die Politik der Christlichsozialen war antiliberal, antiindustriell und antimarxistisch. Sie forderten den besonderen Schutz der Gewerbetreibenden vor übermächtiger Konkurrenz (zB Verbot der Großwarenhäuser), strebten die Wiederbelebung des Zunftwesens an und setzten sich für eine zeitgemäße Arbeitsschutzgesetzgebung ein. Ein wichtiger Programmpunkt war das allgemeine Wahlrecht.

Die Christlichsozialen verstanden sich als deutsche Partei und traten daher in der Sprachenfrage für die Aufwertung der deutschen Sprache im gesamten Gebiet der Habsburgermonarchie ein. In der Nationalitätenfrage kämpften sie entschieden gegen den Dualismus und schlugen einen Föderalismus auf nationalautonomer Grundlage vor.

Ein zentraler propagandistischer und programmatischer Schwerpunkt war der **Antisemitismus**. In ihren Wahlprogrammen sahen die Christlichsozialen die österreichische Ordnung bedroht durch die „jüdische Presse", das „jüdische Großkapital", die „jüdisch freimaurerische Sozialdemokratie", die „jüdisch-liberale Manchesterpartei" sowie durch die „judäomagyarische Clique".[4]

8.1.2.3. Das sozialdemokratische Lager

Die Anfänge der organisierten Arbeiterbewegung reichen in Österreich bis zur 48er-Revolution zurück. 1867 wurde der Erste Wiener Arbeiterbildungsverein gegründet, der für die Presse-, Vereins-, Versammlungs-, Koalitionsfreiheit und das allgemeine Wahlrecht eintrat. Nach jahrelangen Fraktionskämpfen setzte sich der marxistische Flügel gegen anarchistische und bürgerliche Kräfte durch. Nach dem **Gründungsparteitag in Hainfeld** (1888/89) gewann die Sozialdemokratische Arbeiterpartei Österreichs bald starken Zulauf und erreichte 1907 schließlich 87 Abgeordnetenmandate. Ihre soziale Basis lag in den Industriegebieten Böhmens und der Alpenländer.

Während in den ersten Jahrzehnten die Staatsorgane bestrebt waren, das Entstehen der organisierten Arbeiterbewegung zu unterdrücken (Auflösung der Arbeiterbildungsvereine 1870, Hochverratsprozesse gegen Arbeiterführer, „SozialistenG." RGBl 1886/98) versuchten sie ab Ende der 90er-Jahre die Sozialdemokraten in den Staat zu integrieren. Diese wiederum hielten nach ihrem Aufstieg zwar verbal an ihrer revolutionären Zielsetzung fest, betrieben aber in der Praxis eine reformistische Politik und wurden zu einer staatstragenden Kraft.

Die Sozialdemokraten kämpften für die Befreiung der Arbeiterklasse, die erst durch die **Vergesellschaftung der Produktionsmittel** möglich würde. Die Ursachen der Unterdrückung sahen sie in der „Tatsache, dass die Arbeitsmittel in den Händen einzelner Besitzender monopolisiert sind. Der Besitzer der Arbeitskraft, die Arbeiterklasse, wird dadurch zum Sklaven der Besitzer der Arbeitsmittel, der Kapitalistenklasse, deren politische und ökonomische Herrschaft im heutigen Staat Ausdruck findet."[5] Um die Voraussetzungen für die soziale Revolution zu schaffen, traten sie für den Ausbau der politischen Rechte, insbesondere für das **allgemeine Wahlrecht** ein. Sozialpolitisch bedeutsam waren die Forderungen nach einer wirksamen **Arbeitsschutzgesetzgebung** und dem achtstündigen Maximalarbeitstag. Obwohl einige ihrer führenden Politiker, wie zB *Viktor Adler* und *Engelbert Pernersdorfer*, früher in der deutschnationalen Bewegung tätig gewesen waren, bezog die Sozialdemokratie in der Nationalitätenfrage eine internationalistische Position und schlug die Umwandlung der Habsburger Monarchie in einen Nationalitäten-Bundesstaat vor. Dies bewahrte die Sozialdemokratie allerdings nicht davor, 1911 selbst in drei nationale Clubs zu zerfallen. Sie agierte antiklerikal und erachtete Religion als Privatsache.

---

[4]) Zitiert aus dem christlichsozialen Wahlmanifest 1907.

[5]) Hainfelder Parteiprogramm 1888/89.

8.1.2.4. Das deutschnationale Lager

Die deutschnationale Bewegung schaffte bis 1918 den organisatorischen Zusammenschluss zu einer gemeinsamen Partei nicht. Dazu waren ihre soziale Zusammensetzung und ihre Ideologie zu **inhomogen**. Grundsätzlich kann man zwei Strömungen unterscheiden: die radikalere Tendenz warb für eine Auflösung der Habsburgermonarchie und den Anschluss der deutschsprachigen Gebiete an das Deutsche Reich. Die gemäßigte Mehrheit jedoch blieb staatsloyal und strebte die Stärkung der Position der deutschen Bevölkerung innerhalb des Reichsverbandes (zB in der Sprachenfrage und in der Schulpolitik) sowie eine politische und wirtschaftliche Anlehnung an das Deutsche Reich an. Da die deutsche Bevölkerung mit 36,1 % (1890) in Cisleithanien nur eine Minderheit darstellte, wollten die Deutschnationalen durch eine Ausgliederung Galiziens sowie der Balkangebiete im verbleibenden Gebiet auf längere Sicht hin eine **deutsche Mehrheit im Reichsrat sichern**. Weiters forderten sie die völlige staatliche Trennung Österreichs von Ungarn durch die Schaffung einer bloßen Personalunion.

Die deutschnationale Basis lag bei den bäuerlichen Schichten und im Bürgertum der deutschsprachigen Gebiete Böhmens, Kärntens, der Steiermark und in Wien. Die Universitäten waren lange Zeit eine Domäne der Deutschnationalen. In der Kultuspolitik bezogen sie eine **antikatholische** Haltung, deren schärfste Ausprägung die vom radikalen Flügel betriebenen „Los von Rom-Bewegung“ darstellte. Die Vorstellung von der „Höherwertigkeit der Arier“ wurde von einer Reihe der deutschnationalen Parteien geteilt. Der radikale Antisemit und Führer der „Alldeutschen“, *Georg Ritter v. Schönerer* (1842–1921), übte mit seinem Rassenhass entscheidenden ideologischen Einfluss auf Adolf Hitler aus.

Nach den Wahlen 1911 waren sechs deutschnationale Parteien mit zusammen 109 Mandataren (von insges. 516) im Abgeordnetenhaus vertreten.[6] Als „Deutscher Nationalverband“ bildeten sie damit die stärkste Fraktion.

8.1.2.5. Die politische Kräfteverteilung

Neben den dargestellten politischen Lagern, die – mit Ausnahme der Sozialdemokraten – vor allem in der deutschsprachigen Bevölkerung verankert waren, bestanden die verschiedenen nichtdeutschen Nationalbewegungen, die ebenfalls in mehrere ideologische Lager gespalten waren. Aufgrund der Zersplitterung der politischen Landschaft wurde die Bildung solider Mehrheiten zunehmend schwieriger. 1911 waren ca. 40 verschiedene Parteien vertreten, die sich zu etwa 20 Klubs zusammenschlossen.

---

[6]) Alldeutsche (4), Deutschagrarier (26; konservativ), Deutsche Arbeiterpartei (3; Vorläufer der NSDAP), Deutschfortschrittliche (21; liberal), Deutschradikale (22) und Deutsche Volkspartei (33; gemäßigt).

Wahlergebnis 1911:[7]

Alttschechen	1	Jungtschechen	14	Serben	2
Christlichsoziale	76	Kroaten	6	Serbokroaten	1
Alldeutsche	4	Kroatische Rechtsp.	5	Slowenischliberale	3
Deutschagrarier	26	Poln. Dem.- Fortsch.	12	Slowenischkonserv.	20
Deutsche Arbeiterp.	3	Polnisch Konserv.	22	Sozialdemokraten	81
Deutschfortschrittl.	21	Poln. Nationaldemok.	10	Sozialpolitiker	1
Deutschradikale	22	Polnische Volksp.	25	Tschech. Agrarier	38
Deutsche Volksp.	33	Polnisches Zentrum	2	Tschech. Fortschrittl.	6
Freisozialist	1	Russisch nationale	2	Tschech. kath. Volksp.	7
Italiener liberale	6	Ruthen. Nationaldem.	23	Tschech. Nationalsoz.	16
Italiener Volksp.	10	Ruthenische Radikale	5	Zionisten	1
Jüdischdemokr.	1	Rumänen	5	ohne Parteizugehörigk.	3
		Selbstständ. Sozialisten	1		

Während der „liberalen Ära“ (bis 1879) dominierten die (Deutsch-)Liberalen. Der Feudaladel, die Konservativen, der Klerus und die slawischen Abgeordneten bildeten die parlamentarische bzw. außerparlamentarische Opposition. Nach dem politischen Rechtsruck von 1879 stellte der **„Eiserne Ring“**, ein Bündnis aus Konservativen, Feudalen, Polen und Tschechen, geführt von Graf *Eduard Taaffe* die Mehrheit, während die Liberalen und Deutschnationalen unter der irreführenden Bezeichnung „Vereinigte Deutsche Linke“ in die Opposition gingen. Nach dem Sturz von *Taaffe* im Jahre 1893 konnten sich angesichts der verschärften Nationalitätenkonflikte keine länger dauernden Mehrheiten mehr stabilisieren.

8.1.3. Außenpolitische Lage

Nach der Niederlage gegen Preußen und Italien 1866 und dem damit verbundenen Ausscheiden aus der deutschen bzw. italienischen Politik **konzentrierte sich die österreichische Außenpolitik zusehends auf die Balkangebiete**. Der sich abzeichnende Zusammenbruch des Osmanischen Reiches versprach die Möglichkeit zur territorialen Expansion gegen Südosten. Diese außenpolitische Linie musste jedoch längerfristig zu einer Konfrontation mit Russland führen, das sich als Schutzmacht der Südslawen verstand und über die türkischen Balkangebiete einen Zugang zum Mittelmeer anstrebte. Im Einvernehmen mit den Teilnehmern der Berliner Balkankonferenz[8] okkupierte Österreich-Ungarn 1878 (RGBl 1879/43) die türkischen Gebiete **Bosnien** und **Herzegowina** und errichtete darüber hinaus im Sandschak von Novi-Bazar österreichische Garnisonen. Trotz Widerstandes der Deutschnationalen und erheblichem internationalen Protest wurden die beiden erstgenann-

[7]) *Knauer*, Das österreichische Parlament von 1848–1966, 20.

[8]) Im russisch-türkischen Krieg 1877/78 erreichte Russland die militärische Vorherrschaft am Balkan sowie Durchfahrtsrechte für seine Kriegsflotte durch die Dardanellen. Diese Entwicklung widersprach sowohl österreichischen wie auch britischen Interessen. Die daraufhin in Berlin einberufene internationale Balkankonferenz beschränkte den Einfluss Russlands und gab Österreich-Ungarn das Recht, Bosnien-Herzegowina auf unbestimmte Zeit zu besetzen und zu verwalten.

ten Länder 1908 durch Österreich-Ungarn unter Bruch der bestehenden Verträge annektiert.

Die während der Epoche des Kolonialismus begonnene Aufteilung der Erde in Einflusszonen wurde im 19. Jh. in der Ära des **Imperialismus** abgeschlossen. Nachdem gegen Ende des 19. Jh. auch Afrika und Asien fast lückenlos von den europäischen Großmächten und den USA unterworfen worden waren, mussten alle weiteren Gebietsansprüche zu einem direkten Konflikt zwischen den imperialistischen Mächten führen. Insbesondere Deutschland, dessen Kolonialbesitz durch die späte Reichsgründung vergleichsweise geringer war, strebte eine Neuaufteilung der Welt an.

Vor dem Hintergrund der verschärften internationalen Auseinandersetzungen formierten sich zwei militärische Bündnissysteme: Das Deutsche Reich schloss mit Österreich-Ungarn 1879 den „Zweibund" ab, der 1882 durch ein Defensivbündnis mit Italien zum **Dreibund**[9] erweitert wurde. Infolge dieser Bündnisverträge geriet Österreich-Ungarn immer mehr unter den außenpolitischen Einfluss des Deutschen Reiches. Nachdem Deutschland den „Rückversicherungsvertrag" von 1887 mit Russland nicht mehr verlängerte, näherte sich das Zarenreich 1892 Frankreich an. Deutsch-englische Gegensätze in der Frage des Ausbaues der deutschen Flotte bewirkten das Zusammengehen von Großbritannien und Frankreich („Entente cordiale" 1904), die 1907 durch ein Bündnis mit Russland zur **„Triple-Entente"** ausgebaut wurde. Dadurch gelangten die Mittelmächte in eine schwierige Zweifrontenlage. Folgerichtig musste der Versuch Deutschlands, im **Ersten Weltkrieg** die Neuaufteilung der Welt zu erzwingen, ebenso misslingen wie das Ziel Österreich-Ungarns, durch die Zerschlagung Serbiens die slawische Nationalbewegung in der Donaumonarchie niederzuhalten und am Balkan weiter vorzudringen. Vielmehr erfuhr Deutschland nach der Niederlage eine empfindliche Verkleinerung seines Territoriums, während die Habsburgermonarchie überhaupt unterging.

8.2. Der Ausgleich Österreich-Ungarn (Dualismus)

Lit.: *Berger* (Hg.), Der österreichisch-ungarische Ausgleich von 1867; *Eisenmann*, Le compromis Austro-hongrois de 1867; *Hoke*, Rechtsgeschichte, 386; *Holotik* (Hg.), Der österreichisch-ungarischen Ausgleich 1867; *Marczali*, Ungarisches Verfassungsrecht, Art. „Ungarn", StWb IV^2, 587; *Miskolczay*, Ungarn in der Habsburger-Monarchie,138; *Redlich*, Das österreichische Staats- und Reichsproblem II, 403; *Zolger*, Der staatsrechtliche Ausgleich zwischen Österreich und Ungarn.

Nach der Ausschaltung des Reichsrats durch das Sistierungspatent 1865 nahm Kaiser Franz Josef neuerlich Verhandlungen mit den Ungarn auf. Die von der Mehrheit der ungarischen politischen Führungsschicht angestrebte Loslösung Ungarns von Österreich lehnte der Kaiser schon deshalb ab, weil damit die Großmachtstellung des Kaiserreichs gefährdet schien. Dass schließlich doch ein Kompromiss – der sog. österreichisch-ungarischen Ausgleich – zustande kam, hat mehrere Ursachen. Zum einen war der Monarch durch die militärische Niederlage gegen Preußen politisch stark geschwächt, musste den Wunsch von der österreichischen Vormacht im deutschen Raum aufgeben und sich statt dessen auf die Kräfte im eigenen Staat besinnen. Zum anderen setzte sich in Ungarn die Fraktion um *Franz Deák* durch, die zwar für eine Selbstständigkeit Ungarns eintrat, aber darüber hinaus bereit war, bestimmte – beiden Staaten gemeinsame – Angelegenheiten zu akzeptieren.

[9]) Vgl. *Furlani/Wandruszka* (Hg.), Österreich und Italien, 225.

Der Ausgleich bedeutete, dass das Vielvölkerreich Österreich-Ungarn nunmehr von **zwei Völkern, den Deutschen und den Magyaren, beherrscht** wurde. Nach seiner Einigung mit den Ungarn musste der Monarch den Dualismus nun noch in den cisleithanischen Ländern durchsetzten. Da der Ausgleich auf Kosten der nationalen Forderungen der in beiden Reichshälften lebenden und die Mehrheit der Bevölkerung bildenden Slawen ging, war von den slawisch-föderalistisch orientierten Landtagen schärfster Widerstand zu erwarten. Daher löste der Kaiser die Landtage von Böhmen, Mähren und Krain auf und veranlasste Neuwahlen. Wahlmodus und Wahlbeeinflussung seitens der Regierung sicherten schließlich in dem von den 17 Landtagen beschickten Abgeordnetenhaus eine liberal-deutsche Mehrheit. Überdies hielt der Kaiser in weiterer Folge sein im Sistierungspatent 1865 gegebenes Versprechen nicht, das mit Ungarn erzielte Verhandlungsresultat vor dem endgültigen Abschluss den cisleithanischen Ländern vorzulegen, um „ihren gleichgewichtigen Ausspruch zu vernehmen und zu würdigen." Vielmehr konnte der österreichische Reichsrat, ohne auf die Übereinkunft des Monarchen mit Ungarn Einfluss zu haben, nur mehr die korrespondierenden Bestimmungen erlassen.

8.2.1. Die Bestimmungen des Ausgleichs

Grundlage des Verhältnisses zwischen Österreich und Ungarn blieb weiterhin die Pragmatische Sanktion von 1713 (für Ungarn von 1722/23). Gesetzlich geregelt wurde der Ausgleich für Ungarn durch den Gesetzesartikel (GA) XII v. 12. Juni 1867 „über die zwischen den Ländern der ungarischen Krone und den übrigen unter der Regierung Seiner Majestät stehenden Ländern obschwebenden gemeinsamen Angelegenheiten und über den Modus ihrer Behandlung"[10], für Cisleithanien im G. vom 21. Dez. 1867 betreffend die allen Ländern der österreichischen Monarchie gemeinsamen Angelegenheiten und die Art ihrer Behandlung (RGBl 146). Die cisleithanischen Bestimmungen stellten nicht eine Übersetzung des ungarischen Gesetzes dar, sondern waren textlich völlig eigenständig formuliert. Daraus ergaben sich inhaltlich bedeutende Unterschiede, die später zu einer Reihe von Auslegungsdifferenzen zwischen Ungarn und Österreich Anlass gaben.[11] Die zentralen Bestimmungen des Ausgleichs waren:

* Das Kaisertum Österreich wurde in **zwei Staaten** geteilt, wodurch Ungarn seine Selbstständigkeit erhielt.[12] Dessen offizielle Bezeichnung lautete: „die Länder der ungarischen Krone"; in der Literatur fand auch der Begriff Transleithanien Verwendung. Für den zweiten Staat (offizielle Bezeichnung: „die im Reichsrat vertretenen Königreiche und Länder", ab 1915 „Österreich") bürgerte sich der Name *Cisleithanien* ein.
* Ungarn wurden in seinem **Gebietsumfang von 1848** wiederhergestellt, dh die Länder Kroatien-Slawonien und Siebenbürgen einverleibt. Damit ließ der Kaiser jene Verbündeten im Stich, die ihn bisher am nachhaltigsten gegen die Ungarn unterstützt hatten.

---

[10]) Weitere Bestimmungen enthalten die GA XIII bis XVI.

[11]) Vgl. *Bernatzik*, Verfassungsgesetze^2, 451.

[12]) Ausdruck fand dies zB darin, dass sich Franz Josef am 8. 6. 1867 in Budapest zum König von Ungarn krönen ließ.

* Der **ungarische Reichstag** (bestehend aus der Magnatentafel und dem Abgeordnetenhaus)[13] sowie die ungarische Regierung wurden den entsprechenden österreichischen Organen **gleichgestellt** und die Herrschaft des ungarischen Königs in eine **konstitutionelle Monarchie** umgewandelt.

* Die beiden Staaten sind nicht vollständig von einander getrennt, sondern weisen durch die **gemeinsamen (sog. pragmatischen) Angelegenheiten** einschließlich der diesbzgl. Organe sowie durch die dualistischen Angelegenheiten noch eine Verklammerung auf.

8.2.1.1. Pragmatische Angelegenheiten

Nachfolgende Angelegenheiten wurden als den beiden Staaten gemeinsame erklärt:

* Auswärtige Angelegenheiten mit Einschluss der diplomatischen und kommerziellen Vertretung im Ausland. Unter Berufung auf diese Bestimmung erfolgte seit 1878 die **gemeinsame Verwaltung der okkupierten Gebiete Bosnien/Herzegowina** durch Österreich-Ungarn, wobei die oberste Leitung der Verwaltung dieser Länder seit 1879 in den Händen des k.u.k. Reichsfinanzministers lag.

* Das **Kriegswesen** unter Einschluss der Kriegsmarine (jedoch ohne die Rekrutenbewilligung). Neben der gemeinsamen K.u.k. Armee[14] unterhielt jeder Staat noch eine eigene bewaffnete Macht: ks. Landwehr, ung. Honved.

* Das **Finanzwesen hinsichtlich der gemeinsamen Angelegenheiten**. Da kein eigener Oberstaat bestand, konnten keine eigenen Reichssteuern eingehoben werden. Vielmehr wurden die Ausgaben zunächst durch die gemeinsamen Zolleinnahmen und der Rest nach einem periodisch festzulegenden Quotenverhältnis (1867: 70/30 zuungunsten Österreichs) von den beiden Staaten gedeckt. Die gemeinsamen Organe konnten daher zwar über die Feststellung und die Verwendung der Budgetmittel verfügen, nicht jedoch über ihre Beschaffung.

* 1878 kam die gemeinsame **Verwaltung von Bosnien-Herzegowina** hinzu. Nach seiner völkerrechtswidrigen Annexion im Jahre 1908 erhielt Bosnien-Herzegowina am 17. 2. 1910 eine eigene Verfassung, die es zum gemeinsamen Territorium von Österreich und Ungarn machte.

Organe für die pragmatischen Angelegenheiten:

Gesetzgebung: Sie wurde ausgeübt vom **Monarchen** (absolutes Veto) gemeinsam mit den zwei **Delegationen.** Diese waren Ausschüsse des österreichischen Reichsrats bzw. des ungarischen Reichstags mit je 60 Mitgliedern (20 aus dem Ober-, 40 aus dem Unterhaus), die in getrennten Sitzungen abwechselnd in Wien und in Budapest tagten und miteinander schriftlich verkehrten. Dass die Delegationen Gesetzgebungskompetenz hätten, wurde von Ungarn bestritten. Einvernehmen herrschte allerdings darüber, dass die Delegationen keine die Angehörigen der beiden Länder unmittelbar verpflichtende Gesetze beschließen können. Zum Wirkungskreis der Delegationen gehörte vor allem: Feststellung des Budgets, Prüfung des Rechnungsabschlusses, Erhebung der Ministeranklage.

---

[13]) Das Wahlrecht war einer dünnen Oberschicht vorbehalten, sodass bis zum Sommer 1918 nur knapp 8% der Bevölkerung Transleithaniens eine Stimme abgeben durften.

[14]) Der ungarische Gesetzestext spricht hier im Gegensatz zum deutschen nur vom „ungarischen Heer als ergänzenden Teil der gesamten Armee.“

Verwaltung: Sie wurde vom **Monarchen** (als Kaiser von Österreich bzw. König von Ungarn) gemeinsam mit den drei (k.u.k.) Reichsministerien ausgeübt:

* gemeinsames Ministerium des Äußeren und des k.u.k. Hauses
* gemeinsames Kriegsministerium
* gemeinsames Finanzministerium

Den drei K.u.k. Ministern war es untersagt, darüber hinaus noch in einer der beiden Regierungen ein Ministeramt auszuüben. Mit Ausnahme des Oberbefehls über die Armee („Leitung, Führung und innere Organisation") bedurfte der Monarch für seine Verfügungen der Gegenzeichnung eines verantwortlichen K.u.k. Ministers. Die Kontrolle des Haushalts oblag dem gemeinsamen Rechnungshof.

Rechtsprechung: Als gemeinsame oberste Gerichtshöfe wurden ein Militärjustiz-Senat und ein Konsular-Obergericht eingerichtet.

8.2.1.2. Dualistische Angelegenheiten

Weitere – sog. dualistische – Angelegenheiten wurden zwar nicht gemeinsam verwaltet, sollten jedoch „nach gleichen von Zeit zu Zeit zu vereinbarenden Grundsätzen behandelt werden" (sog. paktierte Gesetze). Zu diesen Materien, durch die man eine gemeinsame Wirtschaftszone sichern wollte, gehörten:

* Die kommerziellen Angelegenheiten (einschließlich Zollgesetzgebung)
* Gesetzgebung bzgl. bestimmter indirekter Steuern
* Feststellung des Münzwesens und des Geldfußes
* Verfügungen bzgl. bestimmter Eisenbahnen.
* Feststellung des Wehrsystems

Die Gesetzgebung zu diesen Materien stand zwar weiterhin den beiden nationalen Parlamenten zu, doch sollte diese aufgrund periodisch zu erneuernder Abkommen (sog. wirtschaftlicher Ausgleich) aufeinander abgestimmt sein. Auf Grundlage dieser Bestimmungen bildeten Österreich und Ungarn (unter Einschluss von Bosnien-Herzegowina und Liechtenstein) eine Zoll- und Währungsunion.

8.2.2. Rechtsprobleme und weitere Entwicklung der österreichisch-ungarischen Beziehungen

Die Divergenzen im Text der beiden Ausgleichsgesetze sowie das Ziel Österreichs, die staatlichen Gemeinsamkeiten zu festigen bzw. Ungarns diese zu lockern, führten in der Praxis zu einer Reihe von Auslegungsschwierigkeiten. Umstritten war bereits der rechtliche Charakter des Ausgleichs. Im Gegensatz zu Ungarn, das den Standpunkt vertrat, dass diese Bestimmungen auch einseitig abänderbar wären, betonte Österreich den Vertragscharakter, der dem entgegenstünde. Die einzige Garantie, dass nicht einer der beiden Staaten durch Gesetzesbeschluss die Verbindung plötzlich auflöste, bestand daher in der Notwendigkeit, dass dieser Gesetzesbeschluss nach dem Verfassungsrecht beider Staaten der kaiserlichen Sanktion bedurfte.

Zentrale Bedeutung besaßen die Auffassungsunterschiede hinsichtlich der **Rechtsnatur Österreich-Ungarns.** Die von Österreich vertretene Vorstellung eines gemeinsamen – Österreich und Ungarn übergeordneten – Oberstaates (bestehend aus zwei Gliedstaaten bzw. Reichshälften)[15] wurde von der ungarische Staatsrechtstheorie mit Erfolg bekämpft. Schließlich setzte sich die Ansicht durch, Österreich-Ungarn sei „eine **Realunion besonderer Art** zweier ansonsten selbstständiger Staaten aufgrund der Pragmatischen Sanktion mit zwingenden gemeinsamen Angelegenheiten und Institutionen, die nach außen eine einzige Gesamtmacht darstelle."[16]

Die folgenden Jahrzehnte zeigten ein schrittweises **Auseinanderdriften** der beiden Staaten. Die alle zehn Jahre abzuhaltenden Verhandlungen über den wirtschaftlichen Ausgleich gestalteten sich von Mal zu Mal schwieriger. In Widerspruch zu den Bestimmungen über die gemeinsamen auswärtigen Angelegenheiten begannen sowohl Österreich wie auch Ungarn ab den 90er-Jahren selbstständig Staatsverträge abzuschließen (zB Brüsseler Zuckerkonvention RGBl 1903/25). Im November 1918 wurde die staatliche Verbindung mit Österreich durch Ungarn zur Gänze gelöst.

8.3. Die Verfassungsentwicklung auf Ebene des cisleithanischen Gesamtstaates

Lit.: *Adamovich/Funk*, Verfassungsrecht³, 63; *Baltl/Kocher*, Rechtsgeschichte⁹, 212; *Bernatzik*, Die österreichischen Verfassungsgesetze mit Erläuterungen²; *Brauneder*, Verfassungsgeschichte⁷, 154; *Ermacora*, Verfassungslehre, 24; *Gumplowicz*, Das österreichische Staatsrecht; *Hasiba*, Das Notverordnungsrecht in Österreich, 40; *Hauke*, Grundriß des Verfassungsrechts; *Hellbling,* Verfassungs- und Verwaltungsgeschichte², 374; *Herrnritt*, Handbuch des österreichischen Verfassungsrechtes; *Hoke*, Rechtsgeschichte, 389; *Kelsen*, Österreichisches Staatsrecht, 22; *Tezner,* Der Kaiser; *Tezner*, Die Volksvertretung; *Ulbrich*, Das österreichische Staatsrecht; *Ulbrich*, Grundzüge des österreichischen Verwaltungsrechts; *Walter/Mayer*, Grundriß des Bundesverfassungsrechts⁹, 20; *Walter*, Verfassungs- und Verwaltungsgeschichte, 227.

8.3.1. Entstehungsbedingungen und Charakter der Dezemberverfassung

Am 20. 5. 1867 rief Kaiser Franz Josef den Reichsrat zusammen, der jetzt nur mehr Cisleithanien (dh Österreich ob und unter der Enns, Salzburg, Steiermark, Kärnten, Tirol, Vorarlberg, Istrien, Görz, Gradiska, Triest, Krain, Dalmatien[17], Böhmen, Galizien, Lodomerien, Krakau, Bukowina und „Rest"-Schlesien) repräsentierte. Für die Ende 1867 vollzogene Umwandlung der Monarchie in einen konstitutionellen Staat waren im Wesentlichen zwei Faktoren ausschlaggebend: Ungarn hatte in den Ausgleichsverhandlungen ausdrücklich die Forderung erhoben, dass auch in den cisleithanischen Ländern der Konstitutionalismus hergestellt werde.[18] Außerdem besaß die über die Mehrheit im Abgeordnetenhaus verfügende liberale „Verfassungspartei" nunmehr mit der Möglichkeit der

---

[15]) Einen Überblick über die österreichische Position enthält *Hauke*, Grundriß, 141.

[16]) *Brauneder/Lachmayer*,Verfassungsgeschichte⁵, 183.

[17]) Die Zugehörigkeit Dalmatiens zu Cisleithanien blieb strittig, vgl. *Herrnritt*, Verfassungsrecht, 65.

[18]) In § 25 des ung. GA XII/1867 hieß es dazu: „Die zweite Grundbedingung ist die, dass die volle Verfassungsmäßigkeit auch in den übrigen Königreichen und Ländern Sr. Majestät ins Leben trete …"

Ablehnung des Ausgleichsgesetzes ein politisches Druckmittel, um den Kaiser zu einschneidenden Zugeständnissen zu zwingen. Auf Grundlage mehrerer Regierungsvorlagen arbeitete der Reichsrat in den Folgemonaten jene Gesetze aus, die im cisleithanischen Staat die Rechtsordnung an den neu geschaffenen Dualismus anpassten und in Cisleithanien die verfassungsrechtlichen Grundlagen für eine konstitutionelle Staatsform schufen. Die neue Verfassungsordnung wurde nicht in einer einzigen Verfassungsurkunde sondern in mehreren Staatsgrundgesetzen (StGG) niedergelegt, die zusammenfassend als **Dezemberverfassung 1867** bezeichnet werden:

* Das **G. über die Ministerverantwortlichkeit** (RGBl 1867/101) legte fest, dass Regierungsakte des Kaisers zu ihrer Gültigkeit der Gegenzeichnung eines verantwortlichen Ministers bedurften und dass die Minister für Pflichtverletzungen vom Reichsrat zur Rechenschaft gezogen werden konnten.
* Das **StGG über die Reichsvertretung** (RGBl 1867/141) regelte die Gesetzgebung[19].
* Das **StGG über die allgemeinen Rechte der Staatsbürger** (RGBl 1867/142) enthielt einen Katalog liberaler Staatsbürgerrechte.
* Das **StGG über die Einsetzung eines Reichsgerichts** (RGBl 1867/143) schuf ein Höchstgericht, das einen Vorläufer des heutigen Verfassungsgerichtshofs darstellte.
* Das **StGG über die richterliche Gewalt** (RGBl 1867/144) garantierte die Unabhängigkeit der Richter und die Trennung der Justiz von der Verwaltung in allen Instanzen. Weiters kündigte es die Schaffung eines Verwaltungsgerichtshofs an.
* Das **StGG über die Ausübung der Regierungs- und Vollzugsgewalt** (RGBl 1867/-145) normierte die Verwaltung, legte die Regierungsgewalt in die Hände des Kaisers und regelte die Bindung der Verwaltung an die Gesetze.
* Im G. betreffend die allen Ländern der österreichischen Monarchie gemeinsamen Angelegenheiten und die Art ihrer Behandlung (sog. **Delegationsgesetz**) (RGBl 1867/146) wurde dem Ergebnis der Ausgleichsverhandlungen entsprochen und das Verhältnis der beiden Staaten zueinander, sowie zum gemeinsamen Monarchen geregelt.

Im Gegensatz zu allen bisherigen Verfassungsgesetzen war die Dezemberverfassung nicht oktroyiert. Inhaltlich stellte sie einen **Kompromiss** zwischen dem Kaiser, der noch den Ideen der monarchischen Legitimität verhaftet war und den liberal-konstitutionellen Kräften dar. Es lag ihr die Vorstellung zugrunde, dass die Staatsgewalt zwischen zwei Machtzentren – dem Kaiser und den Volksrepräsentanten – aufgeteilt sei. Die verhältnismäßige politische Schwäche des österreichischen Liberalismus zeigte sich im Fortbestehen typisch frühkonstitutioneller Einrichtungen (zB Prärogative der Krone, Herrenhaus,

[19]) Der volle Titel dieses Gesetzes lautete: G. v. 21. Dez. 1867 (RGBl 141) wodurch das Grundgesetz über die Reichsvertretung v. 26. Feb. 1861 abgeändert wird.

absolutes Veto des Kaisers). Aufgrund der Kompetenzen des Kaisers in Gesetzgebung und Verwaltung war die Trennung der Staatsgewalten nicht vollständig durchgeführt.

8.3.2. Kompetenzen

Die Dezemberverfassung musste die Kompetenzverteilung nach mehreren Richtungen hin regeln:

* Durchführung der Bestimmungen des Ausgleichs mit Ungarn hinsichtlich der dualistischen und der pragmatischen Angelegenheiten
* Kompetenzverteilung zwischen dem Kaiser und der Volksvertretung
* Verteilung der Aufgaben zwischen dem cisleithanischen Staat und seinen einzelnen Ländern.

a) Angelegenheiten der österreichisch-ungarischen Realunion bzw. der beiden Einzelstaaten

Die **pragmatischen** Angelegenheiten (Auswärtiges, Kriegswesen und die diesbzgl. Finanzen) waren sowohl dem cisleithanischen wie dem ungarischen Staat überhaupt entzogen und wurden von den Delegationen gemeinsam mit dem Kaiser wahrgenommen. Hingegen fielen die **dualistischen** Angelegenheiten (zB Zoll- und Geldwesen) zwar in die Kompetenz der beiden Einzelstaaten, welche jedoch diese Materien „nach gleichen von Zeit zu Zeit zu vereinbarenden Grundsätzen" behandeln sollten (paktierte Gesetze). Alle verbleibenden Angelegenheiten konnten die beiden Staaten – ohne gebunden zu sein – entscheiden.

b) Monarch – Volksrepräsentation

Vergleicht man die Machtverteilung zwischen dem Monarchen und den Volksrepräsentanten, so **überwog klar der Herrschaftsbereich des Kaisers**. Die Volksrepräsentanten nahmen durch den Reichsrat und die Landtage Anteil an der Gesetzgebung, besaßen jedoch kaum Verwaltungskompetenzen. Die Rechtsprechung übten (vom Kaiser ernannte) unabhängige Richter aus. Die große Machtfülle des Herrschers wurde unter dem Begriff **„Monarchenrecht"** zusammengefasst. Es enthielt Aufgaben im Bereich der

* **Gesetzgebung**: Sanktionsrecht bei Reichs- und Landesgesetzen; Notverordnungsrecht,
* **Verwaltung**: Der Kaiser war oberster Träger der Regierungs- und Vollzugsgewalt, seine Regierungsakte bedurften jedoch der Gegenzeichnung durch einen verantwortlichen Minister. Eine Ausnahme von dieser Verpflichtung bildeten die sog. **Reservatsrechte (Prärogative)** der Krone[20] (strittig), zB Repräsentation des Staates nach außen, Kriegserklärungen, Abschluss von Friedensverträgen, militärischer Oberbefehl über die k.k. Landwehr (seit 1883), Verleihung von Titel und Orden, Ernennung bzw. Entlas-

---

[20]) Für diese von der Rechtslehre bzw. -praxis entwickelte Ausnahme gab es in der Dezemberverfassung allerdings keinerlei rechtliche Grundlage; vgl. *Kelsen*, Staatsrecht, 42.

sung von Ministern; Einberufung, Vertagung, Auflösung des Reichsrats und der Landtage; Ernennung der Herrenhausmitglieder.[21]

* **Justiz**: Die Rechtsprechung wurde zwar im Namen des Monarchen ausgeübt, der Monarch hatte jedoch mit Ausnahme der Bestellung der Richter und der Ausübung des Begnadigungsrechts seinen Einfluss auf diese Staatsgewalt verloren.

c) Cisleithanischer Gesamtstaat – Länder

Die Rechte des Monarchen miteingeschlossen dominierte im Verhältnis Gesamtstaat – Länder eindeutig der Erstere, obwohl die Länder durch die Dezemberverfassung leicht aufgewertet wurden.

Anders als noch im Februarpatent 1861 besaß nunmehr der cisleithanische Gesamtstaat die **Gesetzgebungskompetenz** nur mehr hinsichtlich jener Angelegenheiten, die ihm ausdrücklich zugewiesen wurden (sog. **Reichsratsangelegenheiten**). Diese waren in § 11 StGG über die Reichsvertretung 1867 taxativ aufgezählt (Enumerationsmethode):

* Genehmigung bestimmter Staats- und Handelsverträge
* Art und Dauer der Militärpflicht, jährliche Bewilligung der Rekrutierungen
* Feststellung der Voranschläge des Staatshaushalts, jährliche Bewilligung der Steuern, Prüfung der Staatsrechnungsabschlüsse
* Geld-, Münz-, Zoll-, Handels-, Telegrafen-, Post-, Eisenbahn-, Schifffahrts-, Reichs-Kommunikationswesen
* Kredit-, Bank-, Privilegien-, Gewerbewesen, Gesetzgebung über Maß und Gewicht
* Staatsbürgerschafts- und Passwesen, Heimatrecht
* Medizinalgesetzgebung
* Regelung der konfessionellen Verhältnisse, des Vereins- und Versammlungsrechts, Pressewesen
* Strafjustiz-, Polizeistraf- und Zivilrechtsgesetzgebung
* Gesetzgebung über die Universitäten
* Grundsatzgesetzgebung betreffend das Unterrichtswesen an den Volksschulen und Gymnasien.

In allen übrigen Angelegenheiten stand die **Gesetzgebung den Ländern** zu, zB Landwirtschaft („Landeskultur"), öffentliche Bauten, Wohltätigkeitsanstalten sowie die Ausführungsgesetzgebung betreffend Gemeinde-, Kirchen-, Schulangelegenheiten, Vorspannleistung, Verpflegung und Einquartierung des Heeres, einige Agenden des Wasserwesens. 1907 (RGBl 15) wurde die Kompetenz der Länder dahingehend erweitert, dass in Landesangelegenheiten die Länder Regelungen auch auf dem Gebiete der Strafjustiz-, der Polizeistraf- und der Zivilrechtsgesetzgebung treffen konnten.

---

[21]) Eine vollzählige Aufzählung der kaiserlichen Prärogative bietet *Tezner*, Der Kaiser, 20.

In der **Verwaltung** umfassten die Kompetenzen der Länder im Wesentlichen nur die Verwaltung des Landesvermögens und die Wohlfahrtspflege.

Die **Rechtsprechung** verblieb ausschließliche Kompetenz des Gesamtstaates.

8.3.3. Organe des cisleithanischen Gesamtstaates

8.3.3.1. Die Gesetzgebung[22]

8.3.3.1.1 Ordentliche Gesetzgebung

Die ordentliche Gesetzgebung betreffend die Reichsratsangelegenheiten (einschließlich der dualistischen Angelegenheiten) wurde vom Kaiser **gemeinsam mit dem Reichsrat (Abgeordnetenhaus und Herrenhaus)** ausgeübt. Für einen gültigen Gesetzesbeschluss war die übereinstimmende[23] Zustimmung der beiden Häuser (jeweils einfache Mehrheit bei einer Anwesenheit von mindestens 100 Mitgliedern im Abgeordneten- und 40 im Herrenhaus) sowie die Sanktion durch den Kaiser erforderlich, der ein **absolutes Veto** besaß. Änderungen der Staatsgrundgesetze bedurften einer Zwei-Drittel-Mehrheit und seit 1873 darüber hinaus im Abgeordnetenhaus der Anwesenheit von mindestens der Hälfte der Mitglieder. Gesetzesanträge konnten sowohl von der Regierung (Regierungsvorlage) als auch den Mitgliedern des Reichsrats (Initiativantrag) eingebracht werden.

Der Reichsrat bestand aus zwei Kammern: das **Abgeordnetenhaus** fungierte als Unterhaus und wurde bis 1873 durch die Landtage beschickt (zur weiteren Entwicklung vgl. Kap. 8.8.). Die Zahl seiner Mitglieder – anfangs 203 – stieg im Zuge der Wahlrechtsreformen auf 353 (1873), 425 (1896) bzw. 516 (1907). Die Berufung in das **Herrenhaus** erfolgte weitgehend gleich wie im Februarpatent 1861 durch Geburt, Amt oder Ernennung durch den Kaiser.[24] Die Mitglieder des Reichsrats genossen hinsichtlich der „in Ausübung ihres Berufes geschehenen Abstimmungen" und der „in diesem Beruf gemachten Äußerungen" Immunität.[25] Die auf sechs Jahre gewählten Mitglieder des Abgeordnetenhauses hatten von ihren Wählern „keine Instruktionen anzunehmen".

---

[22]) StGG über die Reichsvertretung (RGBl 1867/141).

[23]) Eine Ausnahme hievon bildeten die Finanz- und Rekrutengesetze: Konnte trotz wiederholter Beratungen in der Höhe einzelner Posten bzw. des Kontingents keine Übereinstimmung erzielt werden, dann galt die kleinere Zahl als bewilligt.

[24]) Die Gesamtzahl der Herrenhausmitglieder war zunächst gesetzlich nicht festgelegt, sodass der Kaiser durch die Nominierung weiterer Mitglieder („Pairsschübe") die Abstimmungen im Herrenhaus beeinflussen konnte. Um eine größere Unabhängigkeit gegenüber dem Herrscher zu erreichen, setzte das Herrenhaus 1907 als Gegenleistung für seine Zustimmung zur Einführung des allgemeinen und gleichen Männerwahlrechts die Limitierung der Zahl der auf Lebenszeit bestellten Herrenhausmitglieder auf mindestens 150 und maximal 170 durch (RGBl 16).

[25]) Außerdem durften sie wegen einer strafbaren Handlung ohne Zustimmung des Hauses nicht verhaftet werden (Ausnahme: Ergreifung auf frischer Tat).

Der Reichsrat besaß kein Selbstversammlungsrecht. Einberufung zur Session, Vertagung, Schließung der Session und Auflösung des Reichsrats erfolgten durch den Kaiser. Dieser hatte den Reichsrat „alljährlich, womöglich in den Wintermonaten" einzuberufen. Im Falle der Auflösung war der Reichsrat neu zu wählen, ohne dass das Gesetz jedoch eine bestimmte Frist hiefür vorschrieb.

Neben seinen Aufgaben in der Gesetzgebung übte der Reichsrat noch die **Kontrolle** über die finanzielle Gebarung der Regierung (Prüfung der Staatsabschlüsse) sowie die politische Kontrolle über die gesamte Verwaltung aus. Letzteres insbes. durch Anfragen an die zuständigen Minister (sog. Interpellationen).

8.3.3.1.2. Außerordentliche Gesetzgebung

Die Dezemberverfassung 1867 verwirklichte den Grundsatz, dass nur der Gesetzgeber Gesetze erlassen kann, während eine Verwaltungsbehörde Verordnungen nur auf Grund der Gesetze erlassen darf.[26] Diese wichtige Errungenschaft des Parlamentarismus wurde allerdings durch die „außerordentliche Gesetzgebung" durchbrochen:

Notverordnungsrecht des Kaisers (§14 StGG über die Reichsvertretung 1867): Gestützt auf § 14 konnte der Kaiser unter Verantwortung des Gesamtministeriums Anordnungen erlassen, für welche verfassungsmäßig die Zustimmung des Reichsrats erforderlich gewesen wäre. Voraussetzung war die dringende Notwendigkeit der Anordnung, die sich zu einer Zeit herausstellen musste, in der der Reichsrat nicht versammelt war. Die kaiserliche Verordnung besaß nur provisorischen Charakter, da sie dem Reichsrat nach dessen Zusammentreten zur Genehmigung vorzulegen war. Eine Beschränkung der Anwendung des Notverordnungsrechts bestand darin, dass hiedurch weder eine Abänderung der Staatsgrundgesetze noch eine dauernde Belastung der Staatsfinanzen bzw. eine Veräußerung von Staatsgut erfolgen durfte.

Einen – allerdings nur einmal unternommenen – Versuch, ein über der Verfassung stehendes **kaiserliches Notrecht** zu kreieren, bedeutete das kaiserliche Patent v. 26. 7. 1913, mit dem die böhmische Landesverfassung suspendiert wurde. Dieses Patent war jedoch schon aus dem Grund verfassungswidrig, da es weder ein Gesetz noch eine Verordnung darstellte.[27]

Zu Beginn des Ersten Weltkrieges erließ der Kaiser mittels § 14-Notverordnung eine Ermächtigungsverordnung, worin er die Regierung ermächtigte, „durch Verordnung die notwendigen Verfügungen zur Förderung des wirtschaftlichen Lebens, insbesondere der Landwirtschaft, der Industrie, des Handels und Gewerbes, ferner zur Approvisionierung der Bevölkerung zu treffen" (RGBl 1914/274).

---

[26]) Art. 11 StGG über die Ausübung der Regierungs- und Vollzugsgewalt, RGBl 1867/145.

[27]) Vgl. *Hasiba*, Notverordnungsrecht, 147; *Merkl,* Das kaiserliche Patent vom 16. Juli 1913 und das richterliche Prüfungsrecht, in: Österr. Zeitschrift für öffentliches Recht II (1915/16), 295.

An die Stelle dieser Bestimmung trat 1917 nach der Wiedereinberufung des Reichsrats das **Kriegswirtschaftliche ErmächtigungsG** (RGBl 1917/307).[28] Darin wurde die Regierung ermächtigt, „durch Verordnung die notwendigen Verfügungen zur Förderung und Wiederaufrichtung des wirtschaftlichen Lebens, zur Abwehr wirtschaftlicher Schädigungen und zur Versorgung der Bevölkerung mit Nahrungsmitteln und anderen Bedarfsgegenständen zu treffen." Zu dieser sachlichen Beschränkung trat eine zeitliche: die Ermächtigung galt nur für die Dauer der durch den Krieg hervorgerufenen ao. Verhältnisse.

8.3.3.1.3 Verfassungswirklichkeit

Nach einem zunächst nur sporadischen Einsatz des Instruments der ao. Gesetzgebung in den ersten Jahrzehnten erlebte das Notverordnungsrecht in den Jahren 1897–1904 bzw. 1914–1918 eine exzessive und vielfach verfassungswidrige Anwendung durch die kaiserliche Regierung. Insges. wurden an die 300 § 14-Notverordnungen, 510 Verordnungen aufgrund der Ermächtigungsverordnung 1914 und bis zum Ende der Monarchie rund 250 Verordnungen nach dem KWEG 1917 erlassen. Der Einsatz des Notverordnungsrechts erfolgte in den 90er-Jahren zur Aufrechterhaltung der Gesetzgebungstätigkeit, die durch den Nationalitätenkonflikt und die Obstruktionspolitik der deutschen bzw. später der tschechischen Abgeordneten im Reichsrat blockiert war. Nach Ausbruch des Krieges entsprach die Umgehung des Parlaments einem größer angelegten Konzept des Kriegsabsolutismus. Die politische Brisanz des §-14-Notverordnungsrechts lag nun darin, dass der Kaiser das Vorliegen der Voraussetzungen durch die Schließung der Session bzw. die Vertagung des Reichsrats selbst herbeiführen konnte. Somit besaß der Kaiser die Macht, Anordnungen, für die keine Mehrheit im Reichsrat zu erwarten war, nach Vertagung des Reichsrats per Verordnung zu erlassen. Der Vorwurf eines „Absolutismus mit Feigenblatt" (*Grabmayr*) bzw. eines „Diktaturparagrafen" (*Redlich*) scheint daher berechtigt.[29]

8.3.3.2. Die „politische" Verwaltung[30]

Die in diesem Kapitel behandelte sog. „politische", „staatliche" oder „landesfürstliche" Verwaltung betraf die Verwaltungsagenden des cisleithanischen Zentralstaates, während die sog. „autonome" Landesverwaltung unten (Kap. 8.4.2.) dargestellt wird.

Verwaltung und Rechtsprechung waren vollkommen getrennt. An der Spitze der Verwaltung stand der **Kaiser,** der die Regierungsgewalt entweder selbst oder durch verant-

---

[28]) *Hasiba*, Das Kriegswirtschaftliche Ermächtigungsgesetz (KWEG) von 1917, in: FS *Hellbling*, 543.

[29]) Beispielsweise meinte Kaiser Franz Josef in der Ministerratssitzung vom 20. 6. 1895: „Würde das Haus eine inkorrekte Haltung einnehmen und von ihm weder das Budget noch das Provisorium zu verlangen sein, dann würde das Haus zu vertagen und von den Bestimmungen des § 14 des Grundgesetzes Gebrauch zu machen sein. Ordnung müsse geschaffen und mit fester Hand aufrechterhalten werden." Zit. nach *Hasiba*, Notverordnungsrecht, 85.

[30]) StGG über die Ausübung der Regierungs- und der Vollzugsgewalt, RGBl 1867/145; G. über die Verantwortlichkeit der Minister, RGBl 1867/101; G. über die Errichtung der politischen Verwaltungsbehörden, RGBl 1868/44; weiters RGBl 1868/101f.

wortliche Minister und seine Beamte ausübte. Neben der obersten Leitung der Verwaltung führte der Kaiser den militärischen Oberbefehl, erklärte Krieg und schloss Frieden, vertrat den Staat nach außen, ernannte Minister und Beamten bzw. verlieh Titel, Orden und Ehrenzeichen. Grundsätzlich bedurfte jeder Regierungsakt des Kaisers zu seiner Gültigkeit der **Gegenzeichnung** eines verantwortlichen Ministers. Eine Ausnahme hievon bildete nach hM der militärische Oberbefehl. Inwieweit dies auch für die übrigen Prärogative der Krone galt, blieb strittig. Der Kaiser war „geheiligt, unverletzlich und unverantwortlich" (Art. 1, RGBl 1867/145). Dies bedeutete, dass seine Person einerseits unter besonderem strafrechtlichem Schutz stand, er das Privileg der absoluten Straflosigkeit genoss und für sein Handeln politisch nicht zur Rechenschaft gezogen werden konnte.

a) Zentralbehörden

Die Zentralverwaltung gliederte sich nach dem Ressortsystem, die Zahl der Ministerien war gesetzlich nicht festgelegt. So bestanden zB 1909 die k.k. Ministerien des Inneren, für Kultus und Unterricht, Ackerbau, Handel, Eisenbahn, öffentliche Arbeiten, Justiz, Finanzen und Landesverteidigung. Sie sind zu unterscheiden von den mit Ungarn gemeinsamen K. u. k. Ministerien des Äußeren, des Krieges und der Finanzen.

An der Spitze jedes Ministeriums stand ein **Minister,** zusammen bildeten die Minister die **Regierung**. Ein Minister war für alle innerhalb seines amtlichen Wirkungskreises fallenden Handlungen und Unterlassungen verantwortlich, durch die er „vorsätzlich oder aus grober Fahrlässigkeit die Verfassung der im Reichsrate vertretenen Königreiche und Länder, die Landesordnung eines derselben oder ein anderes Gesetz" verletzte (§ 2 RGBl 1867/101). Die Regierung, die in der Dezemberverfassung ein Organ des Monarchen darstellte, konnte durch das Parlament nicht abberufen werden. Daher bedurfte die Regierung nicht notwendigerweise einer parlamentarischen Mehrheit. Allerdings zeigte die politische Praxis, dass gegen den Widerstand des Reichsrats langfristig keine Politik zu machen war.

Dem **Obersten Rechnungshof** oblag die Kontrolle über den gesamten Staatshaushalt (RGBl 1866/140).

b) Mittel- und Unterbehörden

Die Dezemberverfassung gliederte den cisleithanischen Staat in insgesamt 14 Verwaltungsgebiete, die idR mit den historischen Ländern identisch waren (Ausnahme: Tirol vereinigt mit Vorarlberg; das Küstenland bestand aus Triest, Istrien und Görz-Gradiska). Aufgrund der sehr geringen Verwaltungskompetenzen der Länder dominierten auch auf unterer Ebene die gesamtstaatlichen Verwaltungsbehörden. Dieser Umstand war machtpolitisch bedeutsam, da der Monarch dadurch die Möglichkeit besaß, mit Hilfe des obrigkeitsstaatlich-kaisertreuen Beamtenapparates seine Politik auch in widerspenstigen Ländern durchzusetzen.

Statthaltereien/Landesregierungen: An der Spitze eines Landes stand (als gesamtstaatliches Organ!) der vom Kaiser ernannte Landeschef. Er führte in den größeren Ländern den Titel **Statthalter**, sonst Landespräsident. Die ihm unterstellte Behörde hieß Statthalterei bzw. Landesregierung. Sie war in zweiter Instanz mit allen jenen Aufgaben befasst, die in den Wirkungskreis der Ministerien des Inneren, Kultus und Unterricht, des Ackerbau-, Arbeits- und Landesverteidigungsministeriums gehörten und nicht einer Spezialbehörde zugewiesen wurden.

Bezirkshauptmannschaften: Die Behördenneuorganisation 1868 löste die Kreisbehörden ersatzlos auf und legte jeweils mehrere der 1853 eingerichteten Bezirke zu einem Amtsbezirk als unterste Instanz zusammen.[31] Verwaltet wurden dieser Bezirk durch die Bezirkshauptmannschaft, ein ebenfalls gesamtstaatliches Organ, mit einem vom Innenminister ernannten Bezirkshauptmann an der Spitze. In einer Stadtgemeinde mit eigenem Statut übten die Kommunalämter die Agenden der Bezirkshauptmannschaften aus.[32]

Neben den Behörden der allgemeinen Verwaltung existierten noch eine Reihe von **Spezialbehörden,** zB für das Schul-, Bergbau-, Post-, Telegrafen-, Eisenbahn- und Militärwesen, sowie die Finanzverwaltung.

Zur Niederschlagung von Unruhen, wie etwa in Dalmatien und Böhmen, sowie während des Ersten Weltkriegs wurde zeitweise die Vollziehung eines Bezirks oder Landes im Bereich der politischen und polizeilichen Verwaltung dem jeweiligen **Militärkommandanten** unterstellt.[33]

8.3.3.3. Die Gerichtsbarkeit[34]

Justiz und Verwaltung waren **in allen Instanzen getrennt**. Die Gerichtsbarkeit wurde zwar im Namen des Kaisers ausgeübt und die Richter vom Kaiser (auf Lebenszeit) ernannt, sie waren jedoch „in Ausübung ihres richterlichen Amtes selbstständig und unabhängig“ (Art. 6, RGBl 1867/144). Eine Amtsenthebung durfte nur auf Grund eines förmlichen richterlichen Erkenntnisses erfolgen. Dem Kaiser verblieb noch das zum Gebiet der Strafrechtspflege gehörende Recht der Begnadigung und der Abolition (Anordnung, dass ein strafrechtliches Verfahren eingestellt wird).

Die **Organisation** der Straf- und Zivilgerichte war in drei Instanzen gegliedert:

---

[31]) Im Land o.d.E. traten an die Stelle der 4 Kreise und 46 Bezirke im Jahre 1868 12 Bezirke und 2 Statutarstädte (Linz, Steyr). Diese Neuorganisation ermöglichte eine Halbierung der Verwaltungskosten (*Slapnicka*, Oberösterreich unter Kaiser Franz Joseph, 12).

[32]) Der Staat konnte sich (ebenso wie die Länder) weiters gem. Art. 6 RGBl 1862/18 zur Erfüllung bestimmter Aufgaben der Gemeinden (übertragener Wirkungsbereich) bedienen, zB Mitwirkung bei Wahlen, der Verwaltung der Steuern und der Heeresergänzung.

[33]) ZB RGBl 1869/162; RGBl 1914/186; RGBl 1915/133.

[34]) StGG über die richterliche Gewalt, RGBl 1867/144; StGG über die Einsetzung eines Reichsgerichts, RGBl 1867/143; G. betreffend die Errichtung eines Verwaltungsgerichtshof, RGBl 1876/36; StPO 1873; ZPO 1895.

1. **Instanz:** Bezirksgericht (im Zivilrecht bis zu einem Streitwert von 500 fl.; im Strafrecht für Übertretungen); sonst Landes- oder Kreisgericht

2. **Instanz:** Landes-, Kreis- oder Oberlandesgericht

3. **Instanz:** Oberster Gerichts- und Kassationshof.

Die Verfahren zu insgesamt 25 Delikten (darunter politische Delikte und Pressedelikte sowie die Schwerkriminalität) mussten vor einem **Geschworenengericht** durchgeführt werden, das aus drei Berufsrichtern (Gerichtshof) und 12 Geschworenen (Geschworenenbank) bestand. Über die Schuld des Angeklagten entschieden ausschließlich die Geschworenen, über die Höhe der Strafe erkannten alleine die Richter. Der Zugang zum Geschworenenamt stand nur den begüterten Schichten offen. Zugelassen waren nur Männer, die ein bestimmtes Mindeststeueraufkommen entrichteten oder ein Doktorat erlangt hatten (RGBl 1873/121). Wenn es zur „Sicherung einer unparteiischen und unabhängigen Rechtsprechung als notwendig" erschien, konnte die Regierung durch Verordnung die Wirksamkeit der Geschworenengerichte einstellen (RGBl 1873/120). Davon wurde insbesondere bei nationalen Unruhen sowie während des Krieges Gebrauch gemacht.

Daneben bestanden noch folgende weitere Gerichte:

* Das **Reichsgericht** (seit 1869) entschied 1. als Kompetenzgerichtshof in Konflikten zwischen Justiz und Verwaltung bzw. Gesamtstaat und Länder, 2. als Kausalgerichtshof über subjektiv öffentlichrechtliche Ansprüche und 3. als Spezialverwaltungsgerichtshof über „Beschwerden der Staatsbürger wegen Verletzung der ihnen durch die Verfassung gewährleisteten politischen Rechte". Die Mitglieder des Reichsgerichts, das einen Vorläufer des Verfassungsgerichtshofs darstellte, wurden vom Kaiser auf Vorschlag des Reichsrats ernannt.

* Der **Verwaltungsgerichtshof** (seit 1876) erkannte über Beschwerden gegen gesetzwidrige Entscheidungen oder Verfügungen eines Verwaltungsorgans der Staats-, Landes-, Bezirks- oder Gemeindeverwaltung.

* Der **Staatsgerichtshof,** dessen Mitglieder vom Reichsrat ausgewählt wurden, war zuständig für bestimmte strafbare Handlungen der Minister.

* Das **Obersthofmarschallamt** urteilte in erster Instanz über Mitglieder des kaiserlichen Hauses und Personen mit privilegiertem Gerichtsstand.

* **Militärgerichtsbarkeit:** Durch RGBl 1869/78 wurde bestimmt, dass Militärangehörige nur mehr hinsichtlich der Strafgerichtsbarkeit, nicht jedoch in Privatrechtsangelegenheiten der Militärgerichtsbarkeit unterstanden. Zur Unterdrückung nationaler Unruhen und während des Ersten Weltkrieges wurde die Militärgerichtsbarkeit durch Sonderbestimmungen auch gegen Zivilisten eingesetzt (RGBl 1914/156, 169, 307).

8.4. Die verfassungsrechtliche Stellung der Länder und Gemeinden

Lit.: *Baltl/Kocher*, Österreichische Rechtsgeschichte⁹, 225; *Bernatzik*, Die österreichischen Verfassungsgesetze mit Erläuterungen²; *Brauneder*, Österreichische Verfassungsgeschichte⁷, 175; *Gumplowicz*, Das österreichische Staatsrecht, 123; *Hauke*, Grundriß des Verfassungsrechts, 25; *Hellbling*, Verfassungs- und Verwaltungsgeschichte², 381; *Herrnritt*, Verfassungsrecht, 152; *Hoke*, Rechtsgeschichte, 398; *Kelsen*, Österreichisches Staatsrecht, 37; *Ulbrich*, Das österreichische Staatsrecht, 160.

Die Dezemberverfassung 1867 änderte an der Stellung der Länder nur wenig. Die LandesO 1861 galten fort. Allerdings wurden die Landes- und Gemeindeorgane, ebenso wie die gesamtstaatlichen, einer konstitutionellen Bindung und der Kontrolle durch das Reichsgericht sowie den Verwaltungsgerichtshof unterworfen. Mit der Einführung der Direktwahl der Abgeordnetenhausmitglieder (1873) verloren die Landtage den Einfluss auf die Beschickung des Abgeordnetenhauses. Die Zusammensetzung der Landtage erfolgte auch nach 1867 nach den LandesO 1861. Die in den folgenden Jahren beschlossenen Wahlrechtsreformen für den Reichsrat (vgl. Kap. 8.8.) galten nicht für die Landtage. Dort blieb daher bis 1918 das Kurienwahlrecht bestehen. Erst nach 1902 wurde auf Länderebene für Männer das allgemeine, nicht jedoch das gleiche Wahlrecht eingeführt.[35]

8.4.1. Die Landesgesetzgebung

Die Gesetzgebungskompetenz der Länder erfuhr 1867 eine Erweiterung: alle Gegenstände, die nicht ausdrücklich dem Reichsrat vorbehalten waren, gehörten in den Wirkungsbereich der Länder.[36] Ein Landesgesetz kam durch den Beschluss des **Landtags** und die **Sanktion des Kaisers** (absolutes Veto) zustande. Ein Notverordnungsrecht des Kaisers bestand auf Landesebene nicht.

8.4.2. Die „autonome“ Landesverwaltung – Gemeinden

Die Kompetenzen der Länder auf dem Gebiet der Verwaltung (sog. autonome Selbstverwaltung) waren wesentlich enger als auf dem Gebiet der Gesetzgebung, sodass ein Teil der Landesgesetze durch Behörden bzw. Beamte des Gesamtstaates (zB Bezirkshauptmannschaft und Landesregierung) vollzogen wurde. In die Kompetenz der Landesverwaltung fielen im Wesentlichen die Verwaltung des Landesvermögens und die Wohlfahrtspflege. Als Organe der Landesverwaltung fungierte der vom Landtag aus seiner Mitte gewählte **Landesausschuss.** Somit bestand ein Dualismus von gesamtstaatlichen Behörden und Landesbehörden. Eine gesetzliche Regelung des Verfahrens bei den autonomen Landesbehörden fehlte beinahe völlig.

---

[35]) Der obderennsische Landtag setzte sich folgendermaßen zusammen: Bischof von Linz (Virilist), 10 Abgeordnete der Großgrundbesitzer, 19 der Städte, 22 der Landgemeinden, 3 der Handels- und Gewerbekammern und seit 1909 14 der allgemeinen Wählerklasse.

[36]) § 12 StGG über die Reichsvertretung 1867 (RGBl Nr. 141).

An der Spitze des Landtags und des Landesausschusses stand der vom Kaiser aus dessen Mitte ernannte **Landmarschall** bzw. **Landeshauptmann.**

Die Organisation der Gemeinden (Kommunalverbände) bestimmte sich weiterhin nach den Vorschriften des ReichsgemeindeG 1862 (RGBl 18). Im übertragenen Wirkungsbereich konnten den Gemeinden Aufgaben der staatlichen bzw. der Landesverwaltung übertragen werden.

In mehreren Ländern wurden Bezirksgemeinden mit gewählten Bezirksvertretungen eingerichtet, zB Steiermark (1866), Böhmen (1864) und Galizien (1866). Ihr Aufgabenbereich umfasste ua das Landwirtschafts-, Krankenanstalten- und Straßenwesen.

8.5. Der Ausbau des Rechtsstaates in Österreich

Lit.: *Anonym*, Des Oesterreichers Grundrechte und Verfassung; *Brauneder*, Grundrechte; *Dantscher v. Kollesberg*, Die politischen Rechte der Unterthanen; *Ermacora*, Handbuch der Grundfreiheiten und der Menschenrechte, 1; *Foregger,* Die Grundrechte in der StPO 1873 und heute, in: *Liebscher/Müller* (Hg.), Hundert Jahre österreichische Strafprozeßordnung, 1; *Gumplowicz*, Das österreichische Staatsrecht, 241; *Herrnritt*, Handbuch des österreichischen Verfassungsrechtes, 86; *Kelsen*, Österreichisches Staatsrecht, 47; *Ulbrich*, Das österreichische Staatsrecht, 194.

In der Ära des Konstitutionalismus begann in Österreich die Entwicklung vom Gesetzes- zum Rechtsstaat, wobei die Veränderungen vor allem in einer Bindung bzw. Kontrolle der Verwaltung bestanden. Einen bedeutenden Fortschritt brachte das **StGG über die allgemeinen Rechte der Staatsbürger** (RGBl 1867/142). Es enthielt einen Katalog liberaler Freiheitsrechte, hingegen fehlten viele politische und alle sozialen Grundrechte. Die Freiheitsrechte, die zum Teil nicht Menschenrechte sondern nur **Staatsbürgerrechte** darstellten, gewährten ua: Gleichheit vor dem Gesetz, gleicher Zugang zu öffentlichen Ämtern, Freizügigkeit der Person und des Vermögens, Glaubens- und Gewissensfreiheit, Freiheit von Wissenschaft und Lehre, Unverletzlichkeit des Eigentums, Freiheit der Person, Unverletzlichkeit des Hausrechts- und des Briefgeheimnisses, Meinungs- und Pressefreiheit, Versammlungs- und Vereinsfreiheit. Die sieben letztgenannten Staatsbürgerrechte konnten jedoch gem. Art. 20 von der Regierung im Falle eines Krieges, innerer Unruhen bzw. bestimmter gefährlicher Umtriebe **suspendiert** werden.[37] Sie verloren also gerade dann, wenn der Schutz des Staatsbürgers vor staatlichen Übergriffen besonders notwendig gewesen wäre, ihre Funktion. Ein Teil dieser Staatsbürgerrechte, insbesondere die politischen, wurden von der hM als für Frauen nicht gültig betrachtet.[38]

Wie gering die praktische Wirkung mancher Grundrechte blieb, zeigte das Schicksal des Art. 2: „Vor dem Gesetze sind alle Staatsbürger gleich." Praxis und Lehre hielten es jahrzehntelang mit dieser Bestimmung vereinbar, dass ein Großteil der Bevölkerung vom Wahlrecht ausgeschlossen blieb und den Frauen bis zur Jahrhundertwende der Zugang zur Matura und zum Hochschulstudium verwehrt wurde.

---

[37]) Vgl. die Durchführungsbestimmungen RGBl 1869/66.

[38]) Vgl. *Floßmann*, Von der beschränkten Grundrechtssubjektivität zur „positiven Diskriminierung" der Frau, in: *Floßmann* (Hg.), Offene Frauenfragen in Wissenschaft, Recht und Politik, 71 (77).

Weitere für den Ausbau des Rechtsstaats wichtige Bestimmungen waren:

* Einführung der Ministerverantwortlichkeit.
* Alle Staatsdiener waren innerhalb ihres Wirkungskreises für die Beobachtung der StGG sowie der Reichs- und Landesgesetze verantwortlich. Die Einhaltung dieser Gesetze wurde vom Reichsgericht (1869) und vom Verwaltungsgerichtshof (1876) überwacht.
* Die Behörde konnte Verordnungen nur aufgrund der Gesetze erlassen (Legalitätsprinzip). Verordnungen praeter bzw. contra legem waren rechtswidrig.
* Gerichte konnten die Gültigkeit von Verordnungen prüfen.
* Abschaffung der Prügelstrafe (RGBl 1867/131 und 1868/151 Art. VI).

Ein Schwäche der Dezemberverfassung lag darin, dass sie noch keine Möglichkeit der Prüfung bzw. Aufhebung gehörig kundgemachter Gesetze durch das Reichsgericht vorsah. Weiters besaßen die Erkenntnisse des Reichsgerichts über die Verletzung politischer Rechte bloß deklaratorische (feststellende) nicht aber kassatorische (aufhebende) Wirkung.[39]

Weitere gravierende rechtsstaatliche Mängel dieser Ära ergaben sich aus dem Umstand, dass ein allgemeines Gesetz über die Grundzüge des **Verwaltungsverfahrens** fehlte. Statt dessen galten meist interne Erlässe der Zentralbehörden (zB Amtsinstruktion für die Bezirksämter, RGBl 1855/53), deren Nichtbeachtung für die Gesetzmäßigkeit ohne Bedeutung blieb. Besonders eklatant war das Normierungsdefizit im Bereich der autonomen Landesverwaltung.[40] **Amtshaftung,** dh die Haftung des Staates bzw. der Länder für Schäden, die die als ihre Organe handelnden Personen Dritten zufügten, gab es nur hinsichtlich der Richter (SyndikatsG., RGBl 1872/112).

8.6. Das Verhältnis zwischen dem Staat und den Kirchen bzw. Religionsgesellschaften

Lit.: *Barton*, Evangelisch in Österreich, 146; *Gumplowicz*, Staatsrecht, 226; *Ulbrich*, Staatsrecht, 342; *Vocelka*, Verfassung oder Konkordat? Der publizistische und politische Kampf der österreichischen Liberalen um die Religionsgesetze des Jahres 1868; *Weinzierl-Fischer*, Die Österreichischen Konkordate von 1855 und 1933, 99; *Pototschnig/Putzer/Rinnerthaler* (Hg), Glaubenszwang, 185; *Zenker*, Kirche und Staat unter besonderer Berücksichtigung der Verhältnisse in Österreich.

Das StGG über die allgemeinen Rechte der Staatsbürger garantierte in Art. 14 ff die Glaubens- und Gewissensfreiheit, sowie die Rechte der gesetzlich anerkannten Kirchen und Religionsgesellschaften (Recht der gemeinsamen öffentlichen Religionsausübung) und der gesetzlich nicht anerkannten Religionsbekenntnisse (Recht der bloß häuslichen Religionsausübung). Darüber hinaus war nunmehr auch das Recht der Konfessionslosigkeit geschützt.

---

[39]) *Kelsen*, Staatsrecht, 66.

[40]) Vgl. *Adamovich*, Verwaltungsrecht, 77; *Weber*, Die mittelbare Bundesverwaltung, 80.

a) Katholische Kirche: Die Kultuspolitik des Neoabsolutismus hatte der Kath. Kirche durch das Konkordat 1855 eine Reihe von zuvor staatlichen Befugnissen (zB auf dem Gebiet des Eherechts und des Schulwesens) übertragen. Diese Bestimmungen wurden durch die Liberalen von Beginn an auf das Vehementeste bekämpft. Nachdem die liberale „Verfassungspartei" Ende 1867 die Neugestaltung des Verfassungsrechts durchgesetzt hatte, wandte sie sich sofort der Neuordnung des Verhältnisses zwischen Staat und Kirche zu. Den Höhepunkt des österreichischen **Kulturkampfes** zwischen Liberalen und Klerus, den beide Seiten durch eine breite Massenmobilisierung verschärften, bildeten die „Maigesetze 1868" (RGBl 1868/47–49). Darin wurden:

* die oberste Leitung und Aufsicht über das Unterrichts- und Erziehungswesen allein dem Staat und seinen Organen übertragen. Mit Ausnahme des Religionsunterrichts war der Unterricht in den übrigen Lehrgegenständen unabhängig vom Einfluss jeder Kirche und Religionsgesellschaft. Die verwendeten Lehrbücher bedurften neben der staatlichen Genehmigung keiner weiteren Bewilligung.
* für Katholiken erneut die Vorschriften des ABGB-Eheschließungsrechts in Kraft gesetzt und die Ehegerichtsbarkeit bezüglich der Katholiken-Ehen der staatlichen Gerichtsbarkeit unterworfen;[41]
* Die interkonfessionellen Verhältnisse der Staatsbürger bzgl. Religionswechsel, Religionsbekenntnis der Kinder, Begräbnis etc. wurden allein durch die staatlichen Normen geregelt.

Der Widerstand des österreichischen Klerus gegen diese Gesetze, die von ihm als „Christenverfolgung" bezeichnet wurden, reichte bis zur offenen Auflehnung.[42] Tatsächlich bedeuteten die Maigesetze von 1868 einen Bruch des Konkordats 1855, dessen völkerrechtliche Aufkündigung durch Entschließung des Kaisers im Jahre 1870 erfolgte. Begründet wurde dieser Schritt mit dem kurz zuvor verkündeten Unfehlbarkeitsdogma des Papstes, wodurch sich das Wesen des Vertragspartners geändert hätte.

Nach der offiziellen Kündigung des Konkordats war das Verhältnis zwischen Staat und Kirche neu zu regeln. Vor dem Hintergrund der schweren Wirtschaftskrise wollten die politisch unter Druck geratenen Liberalen den katholischen Widerstand im Jahre 1874 nicht zusätzlich herausfordern. Das G. über die äußeren Rechtsverhältnisse der Katholischen Kirche (RGBl 1874/50) hob zwar innerstaatlich das Konkordat[43] auf, regelte aber das Verhältnis im Sinne einer **kirchenfreundlichen Trennung** von Kirche und Staat neu.[44]

b) Übrige Kirchen und Religionsgesellschaften: Gesetzlich nicht anerkannte Religionsbekenntnisse hatten die Möglichkeit, aufgrund des AnerkennungsG. (RGBl 1874/68) um Anerkennung anzusuchen: zB Altkatholische Kirche (1877), Herrenhutter Brüderkirche

---

[41]) Weitergehende Reformvorhaben, wie zB die Durchsetzung der Auflösbarkeit der Katholikenehen und die Einführung der obligatorischen Zivilehe, scheiterten am Widerstand des Kaisers und der Katholischen Kirche. Einzig die Notzivilehe (RGBl 1868/47) ließ unter bestimmten Bedingungen eine Eheschließung vor weltlichen Behörden zu.

[42]) Unterstützung fand er dabei bei Papst Pius IX, der diese Bestimmungen „verwerflich, verdammenswert und abscheulich" nannte und sie für „nichtig und immerdar ungültig" erklären wollte.

[43]) Im Jahre 1870 war zwar das Konkordat völkerrechtlich gekündigt worden, blieb jedoch innerstaatlich in dem durch die Maigesetze 1868 eingeschränkten Umfang zunächst noch in Kraft. Der Hl. Stuhl betrachtete übrigens das Konkordat 1855 bis zum Untergang Österreich-Ungarns 1918 als fortbestehend.

[44]) Um eine ausreichende Dotierung des Klerus aus dem Religionsfonds zu sichern, wurde den kirchlichen Pfründen eine Abgabe zur Finanzierung dieses Fonds auferlegt (RGBl 1874/51).

(1880). Die Evangelische (AB und HB) und die Griechisch-orientalische Kirche sowie die Israelitische Religionsgemeinschaft waren 1867 bereits anerkannt. Juden wurden den übrigen österreichischen Staatsbürgern erstmals völlig gleichgestellt. Die Anerkennung des Islams (Hanefitischer Ritus) erfolgte 1912 durch ein eigenes Gesetz (RGBl 159).

8.7. Das Nationalitätenproblem

Lit.: *Bernatzik* Edmund, Die Ausgestaltung des Nationalgefühls im 19. Jh., Hannover 1912; *Bruckmüller*, Nation Österreich, 103; *Fischel*, Das österreichische Sprachenrecht; *Hantsch,* Die Nationalitätenfrage im alten Österreich; *Herrnritt*, Nationalität und Recht, dargestellt nach der österreichischen und ausländischen Gesetzgebung; *Hoke*, Rechtsgeschichte, 406; *Hugelmann*, Das Nationalitätenrecht des alten Österreich; *Hugelmann*, Das Recht der Nationalitäten von Österreich; *Kann*, Das Nationalitätenproblem der Habsburgermonarchie^2; *Stourzh*, Die Gleichberechtigung der Nationalitäten in der Verfassung und Verwaltung Österreichs 1848–1918; *Walter/Steinacker,* Die Nationalitätenfrage im alten Ungarn und die Südostpolitik Wiens; *Wandruszka/Urbanitsch* (Hg.), Die Habsburgermonarchie III.

8.7.1. Der Vielvölkerstaat

In der Donaumonarchie lebten insgesamt elf verschiedene Nationalitäten, die sich nach der **Sprache** auf die beiden Staaten wie folgt aufteilten:[45]

% der Bevölkerung 1910	Cisleithanien	Transleithanien	Österreich-Ungarn gemeinsam[46]
Deutsch	35,6	9,8	23,9
Magyaren	–	48,1	20,2
Tschechen	23,0	–	12,6
Polen	17,8	–	10,0
Ruthenen	12,6	2,3	7,9
Rumänen	1,0	14,1	6,4
Kroaten	–	8,8	5,3
Serben	–	5,3	3,8
Slowaken	–	9,4	3,8
Slowenen	4,5	–	2,6
Serbokroaten[47]	2,8	–	1,2
Italiener	2,7	–	2,0

Anders als in Italien und im Deutschen Reich, wo die nationalen Bewegungen 1861 bzw. 1871 zur Bildung eines geschlossenen Nationalstaates führten, bewirkte im Vielvölkerstaat Österreich-Ungarn der im 19. Jh. aufkommende Nationalismus die Auflösung des Staates. Neben den ethnischen Gegensätzen zwischen den Nationalitäten bestanden tief-

[45]) *Kann*, Nationalitätenproblem II, 390.

[46]) Einschließlich Bosnien-Herzegowina; daher entspricht der Durchschnitt von Cis- und Transleithanien nicht dem Wert von Österreich-Ungarn.

[47]) Es handelt sich hiebei um Personen, die weder Serben noch Kroaten zugeordnet werden konnten.

greifende religiöse, kulturelle, soziale und wirtschaftliche Unterschiede. Während das Volkseinkommen in den Alpenländern und in Böhmen am höchsten war, erreichte es in Galizien und den südslawischen Gebieten nur ein Drittel davon.

Die nationalen Forderungen der Ungarn wurden 1867 im Ausgleich erfüllt. Dieser auf der Vorherrschaft der Deutschen und Ungarn aufbauende staatliche Dualismus hatte jedoch „den Weg für eine umfassende Lösung der nationalen Frage im Gesamtreich versperrt.“[48] Die für den Bestand Österreich-Ungarns langfristig notwendige föderalistische Umgestaltung bzw. eine Verbreiterung der Herrschaftsbasis um die übrigen größeren Nationalitäten scheiterte an den deutsch-zentralistischen Kräften sowie dem ungarischen Chauvinismus aber auch am Widerstand des Deutschen Reiches, das die deutsch-ungarische Vorherrschaft in seinem Bündnispartner gesichert wissen wollte.[49]

8.7.2. Die Lage der einzelnen Nationen (Nationalitäten) und ihre Forderungen

Die Interessen und politischen Ziele der einzelnen Nationalitäten waren naturgemäß verschieden.[50] Art. 19 des StGG über die allgemeinen Rechte der Staatsbürger war hiefür nur eine unzureichende rechtliche Basis. Er garantierte zwar jedem Volksstamm des Staates die Gleichberechtigung und **„ein unverletzliches Recht auf Wahrung und Pflege seiner Nationalität und Sprache“**, allein eine alle Nationalitäten befriedigende Durchführung dieser Bestimmung gelang in der Praxis nicht.

Die **Deutschen** strebten die Erhaltung ihrer Vorherrschaft im Gesamtstaat an. Durch die Einteilung der Wahlkreise waren sie überpropotional im Abgeordnetenhaus vertreten, dominierten bei den höheren Beamtenstellen[51] und versuchten, die Vorherrschaft der deutschen Sprache in der Verwaltung auszudehnen.[52] In den Ländern, in denen sie selbst die Minorität darstellten (zB Böhmen, Mähren, Krain), setzten sie sich für einen starken Schutz der Minderheiten ein, den sie allerdings in den Ländern verwehrten, wo sie selbst die Majorität innehatten (zB Kärnten, Steiermark, Tirol).

Die **Magyaren** betrieben gegenüber den innerhalb ihres Staates lebenden Nationalitäten eine intolerante Magyarisierungspolitik und versuchten deshalb auch in Cisleithanien eine Aufwertung der Slawen zu blockieren. Durch ein entsprechendes Wahlrechts- und Wahlkreissystem war gesichert, dass im 405 Abgeordnete zählenden ungarischen Reichtag nur acht Nicht-Magyaren saßen.

Die **Tschechen** gründeten ihre nationalen Ansprüche auf das historische böhmische Staatsrecht (Länder der Wenzelskrone: Böhmen, Mähren und Schlesien) und forderten eine legistische und administrative Lösung vergleichbar mit der Stellung Ungarns. Dadurch wäre der Dualismus zu einem (nordslawischen)

---

[48]) *Kann*, Nationalitätenproblem I, 177.

[49]) *Kann*, Das Deutsche Reich und die Habsburgermonarchie 1871–1918, in: *Kann/Prinz* (Hg.), Deutschland und Österreich, 143; *Burian*, Deutschland und das Nationalitätenproblem der Habsburgermonarchie, in: ebenda, 398.

[50]) Dabei muss betont werden, dass separatistische Ziele aufgrund der drohenden Hochverratsanklage nur selten offen formuliert werden konnten.

[51]) Bei den cisleithanischen Zentralstellen waren im Jahre 1914 83 % der Beamten Deutsche.

[52]) Vgl. das 1899 vom deutschnationalen Lager beschlossene „Pfingstprogramm“.

Trialismus erweitert worden.[53] Vorschläge, die rein oder überwiegend deutschsprachigen Gebiete der böhmischen Ländergruppe von den tschechischsprachigen administrativ zu trennen, wurden von den Tschechen unter Hinweis auf die historisch gewachsenen Ländergrenzen und -strukturen vehement bekämpft. Der mährische Ausgleich 1906[54] konnte zumindest für ein Kronland einen Kompromiss der nationalen Interessen erzielen.

Die im Norden Transleithaniens (Karpaten, Hohe Tatra) unter ungarischer Herrschaft lebenden **Slowaken** strebten zunächst nur eine politisch-kulturelle Autonomie an. Erst gegen Ende des Ersten Weltkriegs setzten sich jene Strömungen durch, die für eine Vereinigung der Slowaken mit den national verwandten Tschechen in einem selbstständigen Staat eintraten.

Das **polnische Volk** war nach der Zerschlagung seines Staates im 18. und 19. Jh. auf Russland, Preußen (seit 1871 Deutsches Reich) und Cisleithanien aufgeteilt. In Letzterem siedelten die Polen vor allem an der Peripherie in Schlesien, Galizien und der Bukowina. Den Polen gelang in dem mehrheitlich von ihnen bewohnten Galizien nach 1867 die Durchsetzung einer beschränkten Autonomie, sodass ihre Lage vergleichsweise günstig war. Sie betrieben daher in den folgenden Jahrzehnten eine staatsloyale Politik und wichtige Staatsämter in Cisleithanien wurden mit Polen besetzt (zB *Badeni* und *Goluchowski*). Letztes Ziel der polnischen Bemühungen blieb jedoch die Vereinigung aller Polen in einem selbstständigen Staat. Gegenüber der in Galizien lebenden ruthenischen Minderheit vertraten die Polen eine intolerante Nationalitätenpolitik.

Die **Ruthenen** (Ukrainer, Kleinrussen) siedelten in Galizien, der Bukowina und in Nordostungarn. Sie wurden einerseits durch die Polen, andererseits durch die Ungarn unterdrückt. Wegen des Bündnisses des Kaisers mit den Polen gaben die Ruthenen ihre anfangs staatsloyale Haltung auf. Eine Minderheit knüpfte politische Verbindungen zu Russland, die Mehrheit strebte die Bildung eines eigenen Staates mit den 30 Millionen unter russischer Herrschaft lebenden Ukrainern an. Reformen in der Bukowina 1910 und der polnisch-ruthenische Ausgleich 1914 in Galizien verbesserten die Lage der cisleithanischen Ruthenen.

Die **Rumänen** waren jahrhundertelang von den Magyaren, den Sachsen und den Szeklern unterdrückt worden. 1867 siedelten etwa 2/3 der Rumänen außerhalb Österreich-Ungarns in Rumänien. Vom verbleibenden Drittel lebte der Großteil im ungarischen Siebenbürgen, die übrigen in der cisleithanischen Bukowina. Nachdem die Rumänen zunächst nur eine Autonomie Siebenbürgens angestrebt hatten, erhielt ab 1906 die irredentistische Bewegung Auftrieb, die einen Zusammenschluss der rumänisch besiedelten Gebiete mit dem Königreich Rumänien anstrebte.

Die etwa 750.000 **Italiener** Österreich-Ungarns bildeten im italienischen Teil Tirols (Trentino) die Mehrheit und im Küstenland neben den Slawen und den Deutschen eine Minderheit. Ihre Lage war, gemessen an den übrigen Nationalitäten, die relativ günstigste. Die verwaltungsmäßige Abtrennung der mehrheitlich italienisch besiedelten Gebiete vom übrigen Tirol wurde jedoch aus Angst vor einem endgültigen Verlust dieser Gebiete von der cisleithanischen Regierung abgelehnt. Speziell unter den Tiroler Italienern fand die Irredenta-Bewegung großen Zulauf, die für einen Anschluss an Italien warb.

Das Kernland des Siedlungsgebiets der **Slowenen** war Krain, starke slowenische Minderheiten lebten in Kärnten, der Steiermark und im Küstenland. Dadurch, dass sie den Deutschen den Zugang zur Adria versperrten, bewohnten sie eine politisch bedeutsame Region. Neben der Forderung einer sprachlich-kulturellen

---

[53]) 1871 wurde von der Regierung *Hohenwart* ein Entwurf ausgearbeitet, dessen Kernstück, die sog. „Fundamentalartikel", eine Autonomie der böhmischen Länder und den Umbau der Monarchie im trialistischen Sinn vorsah. Wegen des deutschen und ungarischen Widerstandes verweigerte der Kaiser schließlich seine Zustimmung zu diesem Projekt.

[54]) Dieser bestand aus einer neuen Landes- und Landtagswahlordnung (mähr. LGBl. 1906/1f) sowie Gesetzen, die die Sprachen- und die Schulfrage regelten. Nach der Registrierung ihrer Nationalität wählten die tschechischen und die deutschen Wähler getrennt voneinander jeweils Abgeordnete ihrer Volksgruppe. Für bestimmte vom Landtag durchzuführende Wahlen wurden aus den Landtagskurien zwei nationale Sektionen gebildet, die jede für sich den auf sie entfallenden Anteil der Funktionsträger auswählte. Die Bestimmung der Amtssprache oblag den Gemeinden.

Besserstellung der außerhalb Krains lebenden Slowenen traten sie ab der Jahrhundertwende für das Projekt eines (südslawischen) Trialismus im Verband des Habsburgerreiches ein.

Die – vorwiegend unter ungarischer Herrschaft lebenden – **Kroaten** nahmen bis zur Jahrhundertwende unter den Südslawen (Slowenen, Kroaten, Serben) die politische Führungsrolle ein. Im ungarisch-kroatischen Ausgleich von 1868 erhielten sie eine beschränkte Autonomie. Ziel der Kroaten in den letzten Jahrzehnten des 19. Jh. war die Einigung der österreichischen und ungarischen Südslawen unter kroatischer Führung (Großkroatien) und die Erweiterung des Dualismus zum (südslawischen) Trialismus.

Das Siedlungsgebiet der **Serben** war auf Cisleithanien (Dalmatien), Transleithanien und Bosnien-Herzegowina aufgeteilt. Die Serben errangen nach der Jahrhundertwende unter den Südslawen die Vorherrschaft. Anstelle der trialistischen Konzeption der Kroaten strebten die Serben eine Loslösung der südslawischen Gebiete von Österreich-Ungarn und einen Zusammenschluss mit dem seit 1878 als selbstständiger Staat bestehenden Königreich Serbien an (Großserbien).

Zur Erreichung ihrer Ziele verfolgten die einzelnen Nationalitäten unterschiedliche **Strategien**. Diese reichten von der Kooperation mit der Regierung auf der Basis nationaler Konzessionen, über die politische Mobilisierung der Bevölkerung bis zum Versuch, die Gesetzgebung des Zentralstaates zu blockieren. Auf Letzteres zielte nach 1867 zunächst die Weigerung der Tschechen, Polen, Slowenen, Rumänen, Italiener und Tiroler, die Landtage das Abgeordnetenhaus zu beschicken, sodass in diesem nur 129 der vorgesehenen 203 Mandatare versammelten waren. Im Zuge des Sprachenkonflikts[55] legten ab 1897 anfangs die Deutschen und in den Folgejahren die Tschechen den Reichsrat durch ihre Obstruktionspolitik[56] lahm.

8.7.3. Lösungsmodelle

Der Nationalitätenkonflikt wurde zum alles beherrschenden Problem und führte letztendlich zum Zerfall des Reiches. Besondere Schwierigkeiten ergaben sich aus dem Umstand, dass die Siedlungsgebiete der Völkerschaften nur selten scharf voneinander abgegrenzt waren. Nicht selten lebten drei oder vier verschiedene Nationalitäten auf einem Territorium (zB Schlesien, das Küstenland, Siebenbürgen und die Bukowina). Vorschläge zur Behebung des Nationalitätenproblems gab es zahlreiche:

* In einem Teil der Völkerschaften (zB den Polen) hätte sich der Feudaladel mit einem Föderalismus auf Basis der 17 historischen Kronländer zufrieden gegeben, wenn gleichzeitig seine soziale Vorherrschaft garantiert gewesen wäre.

* Ausgehend von einem ultrakonservativen Staatsverständnis (*R. Kann*) und mit dem Ziel, die kaiserliche Gewalt gegenüber der demokratischen Bewegung zu stärken, erwog der 1914 ermordete Thronfolger *Franz Ferdinand* Pläne, nach seiner Thronbesteigung den Ausgleich 1867 rückgängig zu machen und eine Föderalisierung einzuleiten. Die Reform sollte den Völkern aufoktroyiert und der zu erwartende Widerstand (insbesondere der Ungarn) notfalls mit militärischer Gewalt gebrochen werden.

* Die Sozialdemokraten schlugen für Cisleithanien die Errichtung eines föderalistischen Bundesstaates auf ethnischer Grundlage verbunden mit einem Schutz der nationalen Minderheiten vor. Dabei sollte von den

[55]) 1897 versuchte MinPräs. *Badeni* durch eine Sprachenverordnung, in Böhmen und Mähren das Tschechische aufzuwerten und dem Deutschen als Amtssprache gleichzustellen. In der Folge hätten alle Beamten der beiden Länder bis 1901 die Kenntnis dieser beiden Sprachen nachweisen müssen; vgl. *Kann*, Nationalitätenproblem I, 194.

[56]) Durch Dauerreden, Lärmerzeugung, Bewerfen der Redner mit Akten und Tintenfässern sowie Tumulte, die in Saalschlachten ausarteten, wurde die legistische Arbeit im Reichsrat blockiert, um Druck auf die Regierung auszuüben (vgl. *Kolmer*, Parlament IV, 258, 320).

historischen Ländergrenzen abgegangen und neue, national abgegrenzte Selbstverwaltungskörper gebildet werden (Brünner Nationalitätenprogramm 1899).

* Ähnlich, aber auf ganz Österreich-Ungarn bezogen, der Rumäne *Aurel C. Popovici*. Er entwarf das Konzept eines Bundesstaates, bestehend aus 15 national möglichst einheitlichen Teilstaaten.

* Im Gegensatz dazu schlug *Karl Renner* für Cisleithanien die Schaffung von acht national uneinheitlichen, sich jedoch wirtschaftlich und geografisch ergänzenden Verwaltungsgebieten vor, innerhalb derer nach dem Grundsatz der Personalautonomie für die verschiedenen Nationalitäten parallele staatliche Organe einzurichten wären.

Keiner dieser Vorschläge fand bis 1918 eine Verwirklichung. Statt einer Globallösung für alle Nationalitäten versuchten die Regierungen, durch punktuelle Regelungen in einzelnen Kronländern insbesondere in Hinblick auf die Amtssprache, die Schulpolitik und die Repräsentation in den Landtagen den nationalen Unmut zu dämpfen (zB mährischer Ausgleich 1906). Wie der weitere Verlauf der Geschichte zeigt, reichten diese Reformen zur Erhaltung Österreich-Ungarns nicht aus.

8.8. Die Entwicklung des Wahlrechts

Lit.: *Adler*, Das allgemeine, gleiche und direkte Wahlrecht und das Wahlunrecht in Österreich; *Hoke*, Rechtsgeschichte, 415; *Liertzer,* Wahlreformversuche in den österreichischen und böhmischen Ländern Cisleithaniens 1895–1910; *Meyer*, Das parlamentarische Wahlrecht, 266; *Slapnicka*, Oberösterreich unter Kaiser Franz Joseph, 116; *Ucakar*, Demokratie und Wahlrecht, 141; *Weiß*, Die Ausbreitung des allgemeinen und gleichen parlamentarischen Wahlrechts in der westlichen Reichshälfte der Habsburgermonarchie.

Die **Dezemberverfassung 1867** sah keine direkte Wahl des Abgeordnetenhauses vor. Seine 203 Mitglieder sollten vielmehr von den insgesamt 17 in Kurien organisierten Landtagen gewählt werden. Ausnahmsweise konnte der Kaiser die Direktwahl durch die wahlberechtigte Landesbevölkerung anordnen (Notwahlgesetz, RGBl 1868/82). Hievon machte er zB 1870 in Böhmen Gebrauch, als sich der böhmische Landtag beharrlich weigerte, das Abgeordnetenhaus zu beschicken. Dieses Druckmittel wurde jedoch in der Folge von einzelnen Landtagen dadurch unterlaufen, dass sie zwar ihre Mitglieder zum Abgeordnetenhaus wählten, die Gewählten aber den Sitzungen fernblieben.

So bildete das Nationalitätenproblem schließlich den Anstoß zur **Reichsratswahlordnung 1873** (RGBl 1873/40f), die die Aufstockung des Abgeordnetenhauses auf 353 Mitlieder und die Einführung der Direktwahl brachte. Mit dieser Direktwahl wollte die liberale Verfassungspartei den Einfluss der national dominierten Landtage auf den Reichsrat brechen.[57] Das AH gliederte sich nach der Reform in vier Kurien, die nach dem Vorbild der Landtagswahlordnungen 1861 ausgestaltet waren. Gewählt wurde aufgrund eines Zensuswahlrechts, das nur etwa 12 % der im Wahlalter befindlichen Bevölkerung, also

[57]) Aus nämlichem Grund aber versuchten die nichtdeutschen Nationalitäten die Wahlreform zu verhindern. Sie verwiesen dabei zu Recht auf den Umstand, dass die Einführung des Direktwahlrechts zum Abgeordnetenhaus die Landesverfassungen verletzte.

vor allem der feudalen und bürgerlichen Oberschicht das Wahlrecht gewährte.[58] Man spricht daher von einem „Privilegienparlament". Frauen besaßen nur in der Kurie der Großgrundbesitzer ein aktives Wahlrecht, konnten dieses jedoch nicht persönlich, sondern nur durch einen männlichen Stellvertreter ausüben. Die Wahlberechtigten besaßen kein gleiches Stimmrecht:

1. **Wählerklasse:** Großgrundbesitzer (59 Wähler kamen auf einen Abgeordneten);
2. **Wählerklasse:** Gemeindemitglieder der Städte soferne sie eine jährliche direkte Steuerleistung von 10 bzw. 20 fl. erbrachten (1580 Wähler pro Abgeordneten);
3. **Wählerklasse:** Mitglieder der Handels- und Gewerbekammern (23 Wähler pro Abgeordneten);
4. **Wählerklasse:** Gemeindemitglieder der Landgemeinden mit einer bestimmten, regional verschiedenen, Mindeststeuerleistung[59] (8400 Wähler pro Abgeordneten).

Die Verteilung der Mandate auf die einzelnen Länder, die Einteilung der Wahlkreise sowie das Zensuswahlrecht begünstigten die deutsche Oberschicht. Die Wahlen 1873 brachten daher der liberalen deutsch-zentralistischen Fraktion, die sich selbst als die „Linke" bezeichnete, 218 Sitze, während die „Rechte" (Slawen, Feudale, Deutschklerikale) nur 92 Abgeordnete erreichte. Diese Mehrheit zerfiel jedoch in den folgenden Jahren und bei den Wahlen 1879 siegten vor dem Hintergrund der wirtschaftlichen Depression knapp die im „Eisernen Ring" zusammengeschlossenen rechten Parteien.

Zur politischen Absicherung ihrer Mehrheit führte die „Rechte" 1882 die **Taaffe'sche Wahlrechtsreform** (RGBl 1882/142) durch.[60] Sie erweiterte durch die Senkung des Steuerzensus auf 5 Gulden den Kreis der Wahlberechtigten um ca. ein Drittel und verhalf damit den begüterten Teilen des Kleinbürgertums und der Bauernschaft zum Wahlrecht.[61]

Gegen die in der Bevölkerung immer breitere Anhängerschaft findende Forderung nach Einführung des allgemeinen Wahlrechts sperrten sich in den folgenden Jahren die Liberalen, die Feudalen sowie die Polen. Erst 1896 erfolgte durch die **Badeni'sche Reform** (RGBl 1896/169 u. 226) ein weiterer Schritt. Der Steuerzensus wurde auf 4 fl. gesenkt und durch die Aufstockung des Reichsrats auf 425 Mitglieder eine 5. (allgemeine) Wählerklasse geschaffen. In dieser Kurie war (ohne Zensus) jeder eigenberechtigte Staatsbürger männlichen Geschlechts wahlberechtigt, der das 24. Lebensjahr vollendet hatte,

---

[58]) Dem lag die Ansicht zugrunde, dass politische Mündigkeit nur aus wirtschaftlicher Unabhängigkeit, also einem Mindestmaß an Eigentum, erwachse.

[59]) In der 4. Kurie herrschte kein direktes Wahlrecht, vielmehr bestimmten die Wahlberechtigten zunächst Wahlmänner, die daraufhin die Abgeordneten wählten. Weiters konnte in dieser Wählerklasse die Wahl je nach den lokalen Bestimmungen entweder mündlich (somit nicht geheim) oder mittels Stimmzettels erfolgen.

[60]) *Walter*, Verfassungs- und Verwaltungsgeschicht, 249.

[61]) Trotzdem blieb die soziale Zusammensetzung des Abgeordnetenhauses weiterhin geprägt von der Oberschicht (1891 gegliedert nach Berufen): 139 Großgrundbesitzer; 119 Advokaten, Notare, Lehrer, Professoren und Beamte; 24 Industrielle und Kaufleute; 17 Geistliche; 11 Ärzte und Apotheker; 9 Gewerbetreibende; 8 Journalisten; 2 Diplomaten; 10 Militärs und 14 Private (vgl. *Kolmer*, Parlament V, 13).

vom Wahlrecht nicht ausgeschlossen und mindestens sechs Monate in der gleichen Gemeinde sesshaft war. Die in der 1. bis 4. Kurie Wahlberechtigten besaßen in der allgemeinen Wählerklasse ein zweites Stimmrecht (Pluralwahlrecht). Das Gewicht der einzelnen Stimme war nach wie vor extrem ungleich: während 5000 Großgrundbesitzer von 85 Abgeordneten vertreten wurden, wählten in der allgemeinen Wählerklasse 3,8 Mio. Wähler nur 72 Abgeordnete.

Die **Beck'sche Wahlrechtsreform** (RGBl 1907/15ff) führte im Jahre 1907 das (fast) allgemeine, gleiche, direkte und geheime Wahlrecht für Männer ein. Mehrere Gründe waren hiefür ausschlaggebend: der Druck der Sozialdemokraten, der Christlichsozialen[62] sowie einer breiten Wahlrechtsagitationsbewegung. Eine Rolle spielten weiters außenpolitische Rücksichtnahmen, als sogar im rückständigen zaristischen Russland nach einem gescheiterten Revolutionsversuch das Wahlrecht reformiert wurde. Die Regierung verband mit der Reform die Absicht, durch die Aufwertung der unteren Volksschichten im Abgeordnetenhaus die sozialen Konflikte gegenüber den nationalen in den Vordergrund zu rücken. Sie hoffte, damit den durch den Nationalitätenkonflikt gelähmten Reichsrat wieder aktionsfähig zu machen.[63] Tatsächlich brachten die Wahlen 1907 bzw. 1911 (vgl. Kap. 8.1.2.5.) den konfessionell- bzw. sozialpolitisch orientierten Massenparteien einen Mandatsgewinn auf Kosten der national betonten, allein die erhoffte Entspannung der nationalen Konflikte im Reichsrat blieb aus.

Die neue Reichsratswahlordnung (RGBl 1907/15ff) basierte auf dem **Mehrheitswahlrecht. Frauen** besaßen kein Stimmrecht. Aber auch hinsichtlich der Männer kann nur bedingt von einem allgemeinen Wahlrecht gesprochen werden, da ua alle, die eine Armenfürsorge genossen oder weniger als ein Jahr in einer Gemeinde sesshaft waren, vom Wahlrecht ausgeschlossen blieben. Zwar besaß jeder Wahlberechtigte nunmehr nur eine Stimme, durch die verschiedene Größe der Wahlkreise erhielten die Stimmen jedoch verschiedenes Gewicht. In den Stadtwahlbezirken sowie in den deutschen und italienischen Siedlungsgebieten wogen die Stimmen am meisten.[64]

---

[62]) Allerdings hätten die Christlichsozialen mit ihrer Forderung nach Einführung einer fünfjährigen Sesshaftigkeitsklausel vielen Menschen der räumlich besonders mobilen Unterschicht das Wahlrecht vorenthalten wollen.

[63]) Die Wahlrechtsreform wurde im Abgeordnetenhaus mit 194 gegen 63 Stimmen angenommen. Gegen den Antrag stimmten vor allem adelig-feudale, polnische und ein Teil der deutschnationalen Abgeordneten.

[64]) Die Deutschen, die 35 % der Bevölkerung ausmachten, hatten 43 % der Mandate inne. Während bei den Deutschen ein Abgeordneter 39.363 Bewohner vertrat, waren es bei den Ruthenen 102.472, vgl. *Ucakar*, Demokratie, 354.

8.9. Österreich während des Ersten Weltkriegs

Lit.: *Bihl,* Der Weg zum Zusammenbruch. Österreich-Ungarn unter Karl I., in: *Weinzierl/Skalnik* (Hg.), Österreich 1918–1938 I, 27; *Gratz/Schüller*, Der wirtschaftliche Zusammenbruch Österreich-Ungarns. Die Tragödie der Erschöpfung; *Hasiba*, Das kriegswirtschaftliche Ermächtigungsgesetz (KEWG) von 1917, in: FS *Hellbling*, 543; *Hautmann/Kropf*, Die österreichische Arbeiterbewegung vom Vormärz bis 1945[3], 109; *Neck*, Arbeiterschaft und Staat im Ersten Weltkrieg 1914–1918; *Redlich*, Österreichische Regierung und Verwaltung im Weltkriege; *Skottsberg*, Der österreichissche Parlamentarismus, 116.

Die Ermordung des Thronfolgers *Franz Ferdinand* am 28. Juni 1914 in Sarajevo durch serbische Nationalisten war nur der Anstoß und beileibe nicht die Ursache des Ersten Weltkriegs. Diese lag vielmehr in der Auseinandersetzung der führenden imperialistischen Mächte um die **Aufteilung der Einflusszonen** auf der Welt. In Österreich-Ungarn setzten sich im Juli 1914 jene Politiker und Militärs durch, die mit einem Präventivkrieg gegen Serbien die südslawische Nationalbewegung innerhalb des Habsburgerreiches schwächen wollten. Sie nahmen dabei das Risiko einer Konfrontation mit Russland in Kauf.

Nachdem die serbische Regierung ein österreichisches Ultimatum teilweise zurückgewiesen hatte, erklärte Österrreich-Ungarn am 28. Juli 1914 Serbien den Krieg. Aufgrund der bestehenden Bündnissysteme traten in rascher Folge alle führenden europäischen Mächte in den Krieg ein. Österreich-Ungarn, das Deutsche Reich, die Türkei und Bulgarien bildeten die **Mittelmächte** („Viermächtebund“). Ihnen standen die **Entente-Staaten** Frankreich, Großbritannien und Russland (bis 1917), sowie Serbien, Montenegro, Italien (ab 1915), Rumänien (ab 1916), USA (ab 1917), Griechenland (ab 1917), sowie ca. zehn weitere Staaten gegenüber.

Innenpolitisch nützten die Regierung und die führenden Militärs den Kriegsausbruch, um ein **autoritär-diktatorisches Regime** in Österreich zu etablieren. Schon vor Kriegsbeginn, am 16. März 1914, hatte der Kaiser den durch die tschechische Obstruktion lahm gelegten Reichsrat vertagt, sodass der Monarch während der ersten Kriegsjahre die Gesetzgebung aufgrund des §-14-Notverordnungsrechts ausübte. Am 10. Oktober 1914 wurde das Instrumentarium der außerordentlichen Gesetzgebung erweitert. Mit einer §-14-Verordnung ermächtigte der Kaiser die Regierung, „durch Verordnungen die notwendigen Verfügungen zur Förderung des wirtschaftlichen Lebens, insbesondere der Landwirtschaft, der Industrie, des Handels und Gewerbes, ferner zur Approvisionierung der Bevölkerung zu treffen“ (RGBl 1914/274). Nach der Wiedereinberufung des Reichsrats am 30. Mai 1917 trat an die Stelle dieser Bestimmung das Kriegswirtschaftliche ErmächtigungsG (KWEG 1917).

Der „Kriegs-Absolutismus“ drückte sich rasch in allen Bereichen des Staates und der Gesetzgebung aus:

* Ohne gesetzliche Grundlage entstand mit dem Kriegs-Überwachungsamt eine neue (geheime) Zentralstelle, deren Hauptaufgabe die Überwachung sowie die leitende Handhabung der Ausnahmeverfügungen war.

* In einem erheblichen Teil der slawisch- bzw. italienischsprachigen Gebiete, sowie in Vorarlberg, Tirol, Salzburg, Steiermark und Kärnten wurden die zivilen Behörden dem Armeekommandanten unterstellt (RGBl 1914/153 und 186; 1915/133).

* Bei Kriegsbeginn hob die Regierung eine Reihe von Grundrechten, darunter ua die Freiheit der Person, die Unverletzlichkeit des Hausrechts, die Meinungs- und Pressefreiheit für das ganze Staatsgebiet auf (RGBl 1914/158). Während der gesamten Kriegsdauer bestand eine rigorose Zensur und zumindest bis zur Wiedereinberufung des Reichsrats 1917 eine völlige Unterdrückung des politischen Lebens.

* Überwachung des Telefon- und Telegrafenverkehrs (RGBl 1914/167); Aufhebung des Schutzes des Briefgeheimnisses (RGBl 1914/162 u. 269).

* Unterstellung eines Teils der Zivilpersonen bzw. bestimmter Delikte unter die Militärgerichtsbarkeit (RGBl 1914/156, 164, 307).

* Einstellung der Wirksamkeit der Geschworenengerichte (RGBl 1914/228).

* Nach dem Kriegsleistungsgesetz (RGBl 1912/236) wurde der freie Arbeitsvertrag beseitigt; zahlreiche Betriebe gelangten unter militärische Verwaltung; Streikverbot und die Aufhebung der Koalitionsfreiheit schränkten die Rechte der Arbeiter ein. Im Laufe der Fortdauer des Krieges wurden alle kriegswirtschaftlich bedeutsamen Wirtschaftszweige staatlich reglementiert und die Betriebe unter staatliche (militärische) Aufsicht gestellt.[65]

* Die verfassungsmäßig im Jahre 1917 vorgesehenen Wahlen zum Abgeordnetenhaus wurden ausgesetzt und statt dessen das Mandat der 1911 gewählten Abgeordneten durch Verordnung bis zum 31. 12. 1918 verlängert (RGBl 1917/300). Die Einberufung der Landtage unterblieb während der gesamten Kriegsdauer.

Außenpolitisch geriet Österreich während des Krieges in immer größere Abhängigkeit von Ungarn[66] und vom Deutschen Reich. Zum Ausdruck kam dies ua am 6. Sept. 1916 durch die Schaffung eines einheitlichen Oberbefehls der Mittelmächte, der die oberste Kriegsleitung in die Hand des deutschen Kaisers legte.

Ab 1917 zeichnete sich der wirtschaftliche Zusammenbruch Österreich-Ungarns ab: Hungersnot, Rohstoffknappheit, Energiemangel und Massenstreiks signalisierten 1917/18 die Erschöpfung des Hinterlandes. Nach militärischen Rückschlägen an allen Frontabschnitten und angesichts der Auflösung der österreichisch-ungarischen Armee schloss Österreich am 3. November 1918 mit seinen Kriegsgegnern einen **Waffenstillstand**.[67]

---

[65]) Vg. dazu *Redlich,* Regierung, 157; *Hanusch/Adler*, Die Regelung der Arbeitsverhältnisse im Krieg.

[66]) Dabei spielte vor allem die Lebensmittelversorgung eine entscheidende Rolle, da die ungarische Nahrungsmittelproduktion ein Mehrfaches der österreichischen betrug.

[67]) Das militärische Bündnis mit dem Deutschen Reich wurde von Österreich am 26. 10. 1918 gelöst (*Bihl*, Zusammenbruch, 47).

8.10. Der Zerfall Österreich-Ungarns

Lit.: *Jedlicka*, Ende und Anfang Österreich 1918/19; *Kleinwächter,* Der Untergang der österreichisch-ungarischen Monarchie; *Neck* (Hg.), Österreich im Jahre 1918; *Plaschka/Mack* (Hg.), Die Auflösung des Habsburgerreiches; *Zeman*, Der Zusammenbruch des Habsburgerreiches, 1914–1918.

Die Hoffnung Österreich-Ungarns, im Krieg die slawischen Nationalbewegungen zurückzudrängen, ging nicht auf. Im Gegenteil: Nach der anfänglichen Kriegseuphorie, von der auch die meisten nichtdeutschen bzw. nichtungarischen Nationalitäten erfasst wurden, verschärfte die Fortdauer des Krieges den **Nationalitätenkonflikt** zusehends. Mit dem Tod Kaiser Franz-Josephs im Jahre 1916 fiel die integrative Persönlichkeit des 68 Jahre regierenden Monarchen weg, die durch seinen Nachfolger Karl (1916–1918) nicht ersetzt werden konnte. Da Ausnahmezustand, Zensur sowie eine Welle von Hochverratsprozessen, die slawisch-nationale Agitation innerhalb Österreich-Ungarns zunächst unterbanden, bildeten sich im Ausland **Exilorganisationen** (zB 1916 der tschechoslowakische Nationalrat unter *Masaryk* und *Benes* in Paris), die auf eine Auflösung des Habsburgerreiches hinarbeiteten. Ermutigt wurden sie dabei durch eine Note der Alliierten vom 12. 1. 1917, die eine Befreiung der Italiener, Rumänen und Slawen von der österreichisch-ungarischen Fremdherrschaft forderte.

Mit dem Wiederzusammentritt des Reichsrats im Mai 1917 gewannen die Nationalbewegungen eine neue politische Bühne.[68] Die Reden der slawischen Abgeordneten zeigten deutlich, dass weder die Fortführung des Dualismus noch die Aufrechterhaltung der deutschen Vorherrschaft in Österreich möglich sein würden. Im Gegensatz zu den Exilorganisationen forderten die slawischen Abgeordneten zu diesem Zeitpunkt noch nicht die Auflösung des Reiches, sondern nur seinen Umbau im Sinne eines nationalen Föderalismus. Ihre Vorschläge scheiterten jedoch am gemeinsamen Widerstand der ungarischen und der deutschnationalen Kräfte, die immer noch auf einen Sieg der Mittelmächte hofften. Angesichts der mangelnden Kompromissbereitschaft setzten sich bei den Südslawen, Tschechen und Polen nach und nach jene Kräfte durch, die für eine völlige staatliche Loslösung eintraten. Die Südslawen planten einen gemeinsamen Staat der Serben, Kroaten und Slowenen (Erklärung von Korfu Juli 1917). Die Polen Galiziens sahen nach der Niederlage des zaristischen Russlands die Vereinigung mit den noch unter deutscher und russischer Herrschaft lebenden Polen in einem selbstständigen polnischen Staat in greifbarer Nähe. Die Tschechen und Slowaken strebten die Abtrennung von Österrreich bzw. Ungarn sowie die Bildung eines gemeinsamen Staates an.

Der am 8. 1. 1918 vom amerikanischen Präsidenten *Woodrow Wilson* in seinem 14-Punkte-Programm für die Nachkriegsordnung in Aussicht genommene Weiterbestand Österreich-Ungarns bei gleichzeitiger Autonomie der verschiedenen Nationalitäten[69] war im Sommer 1918 bereits überholt. Nachdem sich die Hoffnungen der Alliierten, mit Österreich-Ungarn zu einem Separatfrieden zu gelangen, zerschlagen hatten, erkannten die Alliierten im Sommer 1918 den tschechoslowakischen Nationalrat in Paris als nationale Regierung an. Damit signalisierten sie bereits ihre am 20. 10. 1918 offen ausgesprochene Absicht, die Donaumonarchie aufzulösen. Schon lange vor dem endgültigen Zerfall war damit im Frühjahr 1918 das Schicksal Österreichs besiegelt, weil es Österreich weder gelang, das Bündnis mit dem Deutschen Reich aufzulösen, noch die ungarische Regierung zu einer Reform des Staatswesens zu bewegen. Die weitere Zukunft Öster-

---

[68]) Vgl. StProt AH 1917, 22. Sess., 34.

[69]) Pkt. 10 dieses Programms lautete: "The peoples of Austria-Hungary, whose place among the nations we wish to see safeguarded and assured, should be accorded the freest opportunity of autonomous development."

reich-Ungarns hing damit von diesem Zeitpunkt an ausschließlich vom Ausgang des Krieges ab. Die außenpolitisch-militärische Niederlage musste innenpolitisch den Zerfall des Reiches nach sich ziehen.

Nachdem Anfang Oktober die Bildung von nationalen Ausschüssen in Prag und Agram sowie die Proklamation eines polnischen Staates den Untergang des Reiches einleiteten, entschloss sich Kaiser Karl im **Manifest** vom 16. 10. 1918, den **Umbau des Reiches** in einen föderalistischen Bundesstaat anzukündigen.[70] Gleichzeitig forderte er die Völker auf, aus den Reichsratsabgeordneten jeder Nation Nationalräte zu bilden. Um die Auflösung des Reiches aufzuhalten, kam dieser Reformversuch nicht nur viel zu spät[71], sondern er enthielt außerdem eine für die slawischen Nationalitäten unannehmbare Einschränkung: Von der Reform sollten die Länder der ungarischen Krone einschließlich der Slowaken und der ungarisch beherrschten Südslawen ausgenommen sein, da sich die ungarische Regierung auch noch zu diesem Zeitpunkt jeder Reform widersetzte. Dieses Manifest war darüber hinaus **kein** Gesetz, sondern nur die Ankündigung einer Regierungsvorlage.[72]

Wenn das ks. Manifest vom 16. 10. 1918 auch keinerlei staatserhaltende Wirkung auf die Nationalitäten mehr ausübte, so gab es dem Auflösungsprozess doch den Anschein der Rechtmäßigkeit und bewirkte, dass der Zerfall im Wesentlichen friedlich vor sich ging. Ungarn nahm seinerseits das Manifest zum Anlass, den Dualismus aufzukündigen und die völlige staatliche Loslösung von Österreich zu vollziehen.[73]

Angesichts des Desintegrationsprozesses des Staates erkannten nun auch die politischen Repräsentanten der deutschsprachigen Bevölkerung, dass es Zeit war, ebenfalls einen eigenen Staat zu errichten. Am 21. 10. 1918 traten die 232 deutschen Abgeordneten des 1911 gewählten Abgeordnetenhauses im nö. Landhaus zur konstituierenden Sitzung der **„Provisorischen Nationalversammlung Deutschösterreichs“** (Prov. NV) zusammen. Sie erließen eine Proklamation, in der sie die Errichtung eines deutschösterreichischen Staates ankündigten und gleichzeitig die Bereitschaft erklärten, mit den anderen im Entstehen begriffenen Nationalstaaten eine Föderation zu bilden. Diese machten von diesem Angebot jedoch nicht Gebrauch.

Nachdem am 28. Oktober in Prag ein tschechoslowakischer und einen Tag später im Agram ein südslawischer Staat (mit Serbien vereinigt am 1. Dezember 1918) geschaffen wurden[74], beschloss die Prov. NV am 30. Oktober 1918 die **Gründung des Staates Deutschösterreich**. Bis zum 11. November 1918 – der Verzichtserklärung Kaiser Karls –

[70]) Vgl. Extraausgabe der „Wiener Zeitung“ vom 17. 10. 1918.

[71]) Dies zeigte sich etwa darin, dass es Kaiser Karl nicht gelang, auf Basis dieser Erklärung eine Koalitionsregierung aller nationalen Parteien zu bilden.

[72]) *Merkl*, Die Verfassung der Republik Deutschösterreich, 3.

[73]) Am 1. 11. 1918 entband König (Kaiser) Karl die ungarische Regierung ihres Treueeides.

[74]) Bereits am 7. 10. 1918 hatte in Warschau der polnische Regentschaftsrat die Bildung eines souveränen polnischen Staates unter Einschluss der österreichisch-polnischen Gebiete proklamiert.

existierten daher der alte Staat mit seinen Organen (Kaiser, ks. Regierung, Reichsrat) und der neue Staat (Prov. NV, Staatsrat) nebeneinander.

Cisleithanien, das eine Fläche von 300.000 km^2 und rund 28,6 Mio. Einwohner gehabt hatte, wurde auf mehrere Staaten aufgeteilt: Deutschösterreich 79.800 km^2/6,4 Mio. Einw.; ČSR: 78.600 km^2/10 Mio. Einw.; der cisleithanische Anteil Polens betrug 79.600 km^2/8,2 Mio. Einw., Jugoslawiens 28.500 km^2/1,6 Mio. Einw., Rumäniens 10.400 km^2/0,8 Mio. Einw., Italiens 23.200 km^2/1,6 Mio. Einw., Fiume: 6 km^2/3.000 Einw.[75]

[75]) *Brockhausen*, Der Friedensvertrag von St. Germain, in: *Stepan* (Hg.), Neu Österreich, 9.

9. Die Republik Deutschösterreich 1918–1920

„... im Jahre 1918 begann die Verfassung des übriggebliebenen Rests mit den Worten: ‚Deutsch-Österreich ist eine Republik, sie ist Bestandteil des deutschen Reiches.' Mit anderen Worten, das war ein Staat, der mit dem ersten Satz, den er aussprach, zugleich schon Selbstmord begangen hat."

Erwin Ringel[1]

9.1. Historischer Hintergrund

Lit.: *Benedikt* (Hg.), Geschichte der Republik Österreich; *Goldinger,* Geschichte der Republik Österreich, 9; *Gulick,* Österreich von Habsburg zu Hitler I; *Hautmann/Kropf,* Die österreichische Arbeiterbewegung vom Vormärz bis 1945³, 125; *Kerekes,* Von St. Germain bis Genf. Österreich und seine Nachbarn 1918–1922; *Leser,* Zwischen Reformismus und Bolschewismus, 289; *Neck,* Österreich im Jahre 1918; *Rothschild,* Wurzeln und Triebkräfte der Entwicklung der österreichischen Wirtschaftsstruktur, in: *Weber* (Hg.), Österreichs Wirtschaftsstruktur gestern – heute – morgen I, 51; *Skottsberg,* Der österreichische Parlamentarismus, 149; *Tremel,* Wirtschafts- und Sozialgeschichte Österreichs, 375; *Weinzierl/Skalnik* (Hg.), Österreich 1918–1938; *Wiss. Komm.* (Hg.), Österreich November 1918; *Zöllner,* Geschichte Österreichs⁷, 492.

9.1.1. Wirtschaftliche und soziale Entwicklung

Der Erste Weltkrieg hinterließ in Österreich ein trauriges Erbe. Die Auszehrung durch den Krieg, die Probleme der Umstellung von der Kriegs- auf die Friedenswirtschaft, die Anpassung an den verkleinerten Wirtschaftsraum (traditionelle Wirtschaftsverbindungen waren zerschlagen, Rohstoffbasen und Absatzmärkte verloren worden), der Lieferboykott durch die Nachbarländer und die Wirtschaftsblockade durch die Alliierten, die rasch steigende Inflation, die Nachkriegsarbeitslosigkeit und der drohende Staatsbankrott[2] bewirkten den Niedergang der österreichischen Wirtschaft. Aufgrund der Rohstoff- und Energieknappheit brachen der Eisenbahnverkehr und das Stromnetz wiederholt zusammen. Im Jänner 1919 musste aus Mangel an Steinkohle der letzte Hochofen ausgeblasen werden. Durch den Verlust wichtiger Agrargebiete drohte vor allem der Wiener Bevölkerung eine Hungersnot. Österreich war auf ausländische Hilfslieferungen angewiesen. Die Lebensmittelnot führte zu schweren Spannungen zwischen der Stadt- und der Landbevölkerung.

Diese kritische Lage erzeugte – zu Unrecht – bei vielen österreichischen Politikern **Zweifel an der Lebensfähigkeit Österreichs**, die von außen durch einflussreiche Kreise

[1]) Die österreichische Seele⁵, 38.

[2]) Österreich-Ungarn hatte den Krieg in Erwartung eines Sieges vor allem über öffentliche Kriegsanleihen finanziert. Nach der Niederlage konnten nur 0,3 % des Wertes der Schulden an die Gläubiger zurückgezahlt werden (vgl. O. S. *Phillpotts,* Report on the Financial, Commercial and Industrial Situation of Austria, Revised to July 1924, 10).

in Deutschland gefördert wurden. Dabei übersah man jedoch, dass die augenblicklichen Probleme nicht aus der Kleinheit des neuen Staates entsprangen, sondern „dass es der *Übergang* vom Kerngebiet des Großreiches zum Kleinstaat war, der die Probleme schuf" (*Rothschild*). Auf der Positivseite verfügte Österreich (zusammen mit der ČSR) über die wirtschaftlich aktivsten Gebiete des alten Reiches und über eine vergleichsweise entwickelte Industrie.[3] Zahlreiche (allerdings noch unerschlossene) Rohstoff- und Energiequellen, eine günstige Verkehrslage und qualifizierte Fachkräfte bildeten ein Potenzial, mit dem Österreichs Wirtschaftsvoraussetzungen – langfristig betrachtet – nicht schlechter waren als etwa die der Schweiz.[4]

9.1.2. Innenpolitische Entwicklung

Die Zeit 1918/19 bedeutete, wenn auch nur kurzfristig, eine grundlegende Verschiebung der politischen und sozialen Machtstruktur in Österreich. Der Untergang der Habsburger-Monarchie, der Zerfall der k.u.k. Armee, die Unzufriedenheit der Volksmassen mit dem alten Regime und die katastrophale Versorgungslage führten zu einer vorrevolutionären Situation. Angesichts des drohenden Zusammenbruchs erklärten sich die herrschenden Kreise (Adel, Hochbürokratie, Großbürgertum und Militärs) zu einem Kompromiss mit der Volksbewegung (den Arbeiter- und Soldatenräten)[5] und der Sozialdemokratie bereit: republikanische Staatsform, Demokratisierung des Staates, Entmachtung des Adels[6] sowie bedeutende soziale Errungenschaften (Achtstunden-Normalarbeitstag, gesetzlicher Urlaubsanspruch, Arbeitslosenunterstützung, Betriebsräte, Errichtung von Arbeiterkammern) waren der Preis für den Verzicht auf die Fortführung der Revolution. Die angestrebte Sozialisierung der Schwerindustrie, des Großgrundbesitzes sowie des Finanzkapitals scheiterte jedoch nach den ersten legistischen Schritten[7] am Widerstand des wiedererstarkten bürgerlichen Lagers. Machtpolitisch betrachtet waren die Jahre 1918 bis 1920 eine Ära des vorübergehenden „Gleichgewichts der Klassenkräfte" (*Otto Bauer*),

---

[3]) 37,6 % der Fabriken Altösterreichs lagen auf österreichischem, 56,8 % auf tschechischem Territorium.

[4]) Vgl. *Schausberger,* Österreich und die Friedenskonferenz. Zum Problem der Lebensfähigkeit Österreichs nach 1918, in: *Wiss. Komm.* (Hg.), Saint-Germain 1919, 229.

[5]) Neben dem Parlament bildeten sich auch in Österreich nach russischem, später ungarischem und bayrischem Vorbild Arbeiterräte, die vorübergehend zu einem zweiten Machtzentrum erstarkten; vgl. dazu *Hautmann,* Geschichte der Rätebewegung 1918–1924.

[6]) G. betreffend die Landesverweisung und die Übernahme des Vermögens des Hauses Habsburg-Lothringen (StGBl 1919/209); G. über die Aufhebung des Adels, der weltlichen Ritter- und Damenorden und gewisser Titel und Würden (StGBl 1919/211).

[7]) G. über die Vorbereitung der Sozialisierung (StGBl 1919/181); durch diese Bestimmung wurde eine Sozialisierungskommission geschaffen, deren Präsident ex lege Mitglied der Staatsregierung war; G. über das Verfahren bei der Enteignung von Wirtschaftsbetrieben (StGBl 1919/308); G. über gemeinwirtschaftliche Unternehmen (StGBl 1919/389); das G. über die Errichtung und Unterbringung von Volkspflegestätten (StGBl 1919/309) ermächtigte die Staatsregierung zur entschädigungslosen Enteignung von ungenutzten „Schlössern, Palästen und Luxuswohngebäuden". Die beiden erstgenannten Gesetze wurden im Juni 1934 (BGBl II/61) außer Kraft gesetzt.

an deren Beginn die Sozialdemokratie dominierte, schließlich jedoch das Bürgertum erneut die Oberhand behielt.

In der Prov. NV, die sich aus den 1911 in den deutschsprachigen Gebieten gewählten Mitgliedern des Abgeordnetenhauses zusammensetzte, überwog das deutschnationale Lager mit 102 Abgeordneten, während 42 den Sozialdemokraten und 72 den Christlichsozialen angehörten.[8] Da diese Verteilung keinesfalls repräsentativ für die Stimmung in der Bevölkerung war, wurden bereits am 16. 2. 1919 auf Grundlage eines Proportionalwahlsystems (d'Hondtsche Ermittlungsmethode) für den Gesamtstaat Wahlen durchgeführt, zu denen nunmehr erstmals auch Frauen gleichberechtigt zugelassen waren (StGBl 1918/5 bzw. 114). Im neuen Parlament, der Konstituierenden Nationalversammlung (Konst. NV), erreichten die Sozialdemokraten mit 72 Mandaten die relative Mehrheit, die Christlichsozialen erzielten 69, mehrere deutschnationale Parteien zusammen 26 Abgeordnete (übrige Parteien insgesamt 3 Vertreter).[9] Die politische Machtbasis der Sozialdemokraten konzentrierte sich auf Wien und die Industriegebiete, während die Christlichsozialen mit Ausnahme von NÖ (einschl. Wien) in den Ländern die Mehrheit besaßen.

Während der Zeit der Prov. NV und der ersten Monate der Konst. NV arbeiteten alle drei großen politischen Lager in einer **Konzentrationsregierung** zusammen. An deren Stelle trat am 17. 10. 1919 eine Koalition von Sozialdemokraten und Christlichsozialen, die am 10. 6. 1920 aufgrund schwerwiegender politischer Differenzen auseinander brach. Bis zu den Neuwahlen im Oktober 1920 bestand die Regierung aus einem Proporzkabinett, in dem die größeren Parteien nach dem Verhältnis ihrer Stärke vertreten waren.

Die zentralen **Hauptprobleme** der ersten zwei Jahre waren die Lösung der Versorgungs- und Wirtschaftsprobleme, die Demobilisierung der Armee, die Abwendung des drohenden Zerfalls des Staates, die Sicherung des Territoriums, der Abschluss eines Staats-/Friedensvertrages und die Ausarbeitung einer neuen Staatsverfassung. Während dieser Zeit wurde die junge Demokratie sowohl von kommunistischen Revolutionsversuchen (1918/19) als auch Putschvorbereitungen von Seite der Monarchisten und der Heimwehren bedroht. Große Bedeutung für die innere Stabilität des Staates besaß der Umstand, dass – anders als im Deutschen Reich – in Österreich 1918 die alte k.u.k. Armee völlig zerschlagen und aufgelöst wurde. An ihre Stelle trat eine aus Republikanern neu formierte Freiwilligenarmee des Staates („Volkswehr"), in der sozialdemokratische Parteigänger dominierten.

---

[8]) Das dn. Übergewicht ergab sich vor allem aus dem hohen Anteil an Abgeordneten aus den deutschsprachigen Gebieten Böhmens, Mährens und Schlesiens.

[9]) Da rund 2/5 des von Deutschösterreich beanspruchten Territoriums von ausländischen Truppen besetzt war, konnten statt der vorgesehenen 255 nur 159 Abgeordnete gewählt werden. Elf weitere Abgeordnete wurden entsprechend dem Kräfteverhältnis der Parteien in den Ländern für Südtirol, Südkärnten und die Südsteiermark gem. § 40 der Wahlordnung für die Konst. NV (StGBl 1918/115) vom Staatsrat ohne Wahl berufen.

9.1.3. Die außenpolitische Lage

Nach dem Ende des Ersten Weltkriegs strebten die alliierten Siegermächte eine **Neuordnung Mitteleuropas** nach ihren Sicherheitsbedürfnissen an. Dabei hatte man vor allem zwei Aspekte im Auge: Deutschland wirtschaftlich und militärisch zu schwächen sowie ein Vordringen der in Russland siegreichen sozialistischen Revolution nach Mitteleuropa zu verhindern. Die Pariser Vororteverträgen 1919 setzten daher eine Nachkriegsordnung durch, die Deutschland deutlich verkleinerte und im Osten und Süden Deutschlands durch einige mittelgroße Staaten (zB Polen, ČSR, Ungarn, Jugoslawien, baltische Staaten) einen „cordon sanitaire" gegenüber der Sowjetunion schuf.

Österreich hatte durch die Kriegsniederlage seine Großmachtrolle vollständig verloren, war militärisch machtlos und wegen der dringend benötigten Lebensmittellieferungen vom Ausland abhängig. Die Aufteilung des Territoriums der untergegangenen Doppelmonarchie führte zu (teilweise bewaffneten) Konflikten mit den neu entstandenen Staaten. Österreich konnte sich bei diesen Auseinandersetzungen nur soweit behaupten, als seine Ansprüche von einer der alliierten Hauptmächte unterstützt wurden.

Eine zur Friedenssicherung qualitativ neue Einrichtung, die jedoch in der Zwischenkriegszeit nur geringe praktische Wirkung entfalten konnte, bildete der **Völkerbund** mit Sitz in Genf. Ausgehend von einem Konzept der kollektiven Sicherheit war es das Ziel des Völkerbundes, bewaffnete Konflikte zwischen den Staaten zu verhindern und Streitfragen durch Schiedsspruch zu entscheiden. Österreich wurde im Jahre 1920 Mitglied des Völkerbundes.

9.2. Entstehungsbedingungen Deutschösterreichs

Lit.: *Almond/Lutz,* The Treaty of St. Germain; *Bansleben,* Das österreichische Reparationsproblem auf der Pariser Friedenskonferenz; *Bernatzik*, Republik und Monarchie; *Ender*, Vorarlbergs Schweizer Anschlußbewegung von 1918–1924; *Ermacora,* Der unbewältigte Friede; *Hoke*, Rechtsgeschichte, 459; *Kelsen,* Die Verfassungsgesetze der Republik Deutschösterreich; *Kelsen,* Österreichisches Staatsrecht, 74; *Kleinwächter,* Von Schönbrunn bis St. Germain. Die Entstehung der Republik Österreich; *Köfner*, Eine oder wieviele Revolutionen? Das Verhältnis zwischen Staat und Ländern in Deutschösterreich im Oktober und November 1918, JfZ 1979, 131; *Low,* Die Anschlußbewegung in Österreich und Deutschland; *Neschwara*, Zur Entwicklung des Verfassungsrechts nach 1918, in: *Schambeck* (Hg), Parlamentarismus I, 83; *Panzenböck,* Ein deutscher Traum. Die Anschlußidee und Anschlußpolitik bei Karl Renner und Otto Bauer; *Pernhaupt,* Die Staatsgründungsakte der österreichischen Bundesländer; *Schausberger,* Der Griff nach Österreich. Der Anschluß, 29; *Seidl-Hohenveldern,* Die Überleitung von Herrschaftsverhältnissen am Beispiel Österreichs; *Stadler,* Hypothek auf die Zukunft. Die Entstehung der österreichischen Republik 1918–1921; *Verdroß,* Der Friedensvertrag von St. Germain, JBÖffR X (1921), 474; *Wiss. Komm.* (Hg.), Saint-Germain 1919.

9.2.1. Die Staatsgründung

Der Prozess der Staatsgründung Deutschösterreichs ging überwiegend auf die Initiative der politischen Parteien und der Mitglieder des Abgeordnetenhauses zurück. In Wien formierte sich aus dem Kreis der 1911 gewählten Reichsratsabgeordneten der deutschsprachigen Gebiete Altösterreichs die **Provisorische Nationalversammlung**, die die Gründung des neuen (deutschösterreichischen) Staates durchführte. Diese am 21. 10. 1918 erstmals zusammengetretene Prov. NV fasste am 30. 10. 1918 den **„Beschluss über die grundlegenden Einrichtungen der Staatsgewalt“** (StGBl Nr. 1). Darin wurde, vorbehaltlich der Beschlüsse einer (erst zu wählenden) konstituierenden Nationalversammlung, in §1 bestimmt, dass „einstweilen die oberste Gewalt des Staates Deutschösterreich durch die auf Grund des gleichen Wahlrechtes aller Bürger gewählte Provisorische Nationalversammlung ausgeübt“ wird. Dieses Gesetz gilt allgemein als der **Gründungsakt Deutschösterreichs**. Da die Prov. NV weder nach der Dezemberverfassung 1867 noch aufgrund des kaiserlichen Manifests vom 16. 10. 1918 zur Ausrufung eines selbstständigen Staates befugt war, entstand der neue Staat revolutionär, dh unter Bruch der Verfassungskontinuität. Bis zum Untergang des altösterreichischen Staates am 12. Nov. 1918 bestanden auf dem Gebiet der Alpenländer gleichzeitig zwei Staaten.

Unter Aufsicht und auf Weisung der Prov. NV nahmen ab dem 26. 10. 1918 in den deutschsprachigen Ländern **„provisorische Landesversammlungen“** (in Tirol der „Tiroler Nationalrat“) ihre Tätigkeit auf.

Das neu gegründete Deutschösterreich war nach seiner ersten Verfassung (dem oben zitierten Beschluss) zunächst als **zentralistischer Einheitsstaat** organisiert. Durch das **G. v. 14. 11. 1918 „betreffend die Übernahme der Staatsgewalt in den Ländern“** (StGBl Nr. 24) wurde der Bildung prov. Landesversammlungen Rechnung getragen und eine Dezentralisierung des Gesamtstaats durchgeführt, ohne dass damit jedoch ein Selbstbestimmungsrecht der Länder verbunden war.

Ein von Landespolitikern bei der Konstituierung der prov. Landesversammlungen behauptetes Selbstbestimmungsrecht der Länder hat nie bestanden.[10] Die von einem Teil der Länder[11] im Laufe des November

---

[10]) Das Argument, dass die Länder durch das Außerkrafttreten der Pragmatischen Sanktion sowie kraft des Selbstbestimmungsrechts der Völker ihre Selbstständigkeit wiedererlangt hätten, kritisierte bereits *Merkl* (Verfassung, 159). Seiner Meinung nach sei nicht einzusehen, warum 1918 nur der Gesamtstaat, nicht aber die Länder zerfallen wären und warum nur die Länder, nicht aber auch kleinere Einheiten, wie zB Kreise oder Gemeinden, Subjekte des Selbstbestimmungsrechts sein sollten. Ähnlich *Öhlinger* (Zur Entstehung, Begründung und zu Entwicklungsmöglichkeiten des österreichischen Föderalismus, in: FS Hellbling (1981), 315): „... mit dem Zusammenbruch der Monarchie (sei) das gesamte patrimonial-monarchische Staatsrecht erloschen“.

[11]) Von Tirol und NÖ erfolgte keine Beitrittserklärung, Kärnten machte einen Vorbehalt.

1918 abgegebenen Beitrittserklärungen zum Staate Deutschösterreich besaßen daher zwar eine praktisch-politische, jedoch keinerlei verfassungsrechtliche Bedeutung.[12]

Unrichtig erscheint die Auffassung[13], die Landesgewalten hätten sich originär, als Ausdruck eines wiederentstandenen Souveränitätsbewusstseins der Länder bzw. in föderalistischer Konkurrenz zur Prov. NV gebildet. Die Polarisierung zwischen den Politikern (insbes. der westlichen) Länder und der Wiener Zentralgewalt entstand erst einige Wochen nach der Staatsgründung und entsprang im Wesentlichen aus dem politischen Misstrauen der christlichsozial geführten Länder gegen das von sozialistischen Kräften dominierte Wien sowie aus dem Interessenkonflikt, der zwischen der Millionenstadt Wien und den Ländern in der Ernährungs- und Versorgungsfrage ausbrach[14].

9.2.2. Probleme der staatlichen und rechtlichen Dis-/Kontinuität

Von Beginn an waren die staatlichen Organe bemüht, die Diskontinuität des neu entstandenen Staates zum alten Österreich bzw. zu Österreich-Ungarn zu betonen. In Hinblick auf die Frage der Kriegsschuld, die Reparationszahlungen und die während des Krieges angewachsenen Staatsschulden erschien dies für die weitere Entwicklung des Staates von elementarer Bedeutung. Zur Untermauerung seiner Diskontinuitätsposition stützte sich Deutschösterreich auf ein völkerrechtliches und ein verfassungsrechtliches Argument[15]: das alte Österreich sei durch dismembratio (Zerstückelung, Zerfall) untergegangen, wodurch zu den Nachfolgestaaten keine rechtliche Verbindung bestünde. Darüber hinaus läge eine Identität bzw. Rechtsnachfolge deshalb nicht vor, weil die Staatsgründung am 30. Okt. 1918 einen revolutionären Akt darstellte, somit weder nach dem Verfassungsrecht des untergegangenen noch des neu entstandenen Staates eine rechtliche Kontinuität vorläge. Deutschösterreich wäre daher im Weltkrieg nicht Kriegspartei sondern neutral gewesen.[16]

---

[12]) *Kelsen,* Verfassungsgesetze I, 72; *Merkl,* Verfassung, 20, 159; *Walter/Mayer,* RZ 54; a.A. *Ermacora,* Vorstellung und Wirklichkeit im österreichischen Föderalismus, in: *Hellbling/Mayer-Maly/Marcic* (Hg), Föderalismus, 37; *Pernthaler,* Staatsgründungsakte, 26.

[13]) *Pernthaler* (Staatsgründungsakte, 21–27) vertritt die Auffassung, die Länder hätten 1918 die Verfassungshoheit wiedererlangt, selbstständig eine Landes-Staatsgewalt konstituiert und unter Berufung auf das Selbstbestimmungsrecht der Völker durch ihren Beitritt den Bundesstaat Österreich gegründet. Vgl. auch: *Ermacora,* in: *Hellbling/Mayer-Maly/Marcic* (Hg), 34. A.A.: *Kelsen,* Staatsrecht, 78; *Walter/Mayer,* Bundesverfassungsrecht[6], 22; *Adamovich/Funk,* Verfassungsrecht[3], 67. Die These von der originären Staatsgewalt der Länder wurde in den letzten Jahren wiederholt als Argumentationshilfe für den Ausbau der Länderrechte eingesetzt.

[14]) *Köfner,* Eine oder wieviele Revolutionen, JfZ 1979, 151

[15]) Vgl. die Rede *Renners* in St. Germain (Bericht über die Tätigkeit der dö. Friedensdelegation in St. Germain-en-Laye, 379 Blg. der StProt. Konst. NV I, 40); *Kelsen,* Verfassungsgesetze, 37; *ders.,* Staatsrecht, 79; *Merkl,* Verfassung, 2.

[16]) Vgl. *Merkl,* Verfassung, 7; daher meinte *Kelsen* (Verfassungsgesetze I, 40): „Deutschösterreich hat niemandem den Krieg erklärt, ihm wurde von niemandem der Krieg erklärt, es ist .... vom ersten Augenblick seiner Existenz an neutral oder quasi-neutral. Deutschösterreich hat auch mit niemandem Frieden zu schließen." Aus diesem Grund wurde der Waffenstillstandsvertrag am 3. 11. 1918 nicht vom damals schon amtierenden Staatsrat, sondern von der alten k.u.k. Regierung unterzeichnet.

Während das zweite Argument völlig im Gegensatz zur herrschenden völkerrechtlichen Lehre stand, setzte sich in der Zwischenkriegszeit schließlich mehrheitlich die Auffassung durch, dass Österreich-Ungarn durch dismembratio untergegangen sei. Die Beurteilung dieser Frage verlor nach 1919 allerdings deshalb an Bedeutung, weil Österreich im Vertrag von St. Germain die Rechtsnachfolge anerkennen musste. Obwohl es dem Geiste dieses Vertrags widersprach, hielt Österreich auch nach Vertragsunterzeichnung an seiner Ansicht fest, nicht Rechtsnachfolger zu sein.[17]

Diese Auffassung war trotz des anderslautenden Vertragstextes korrekt. Nach den Grundsätzen des allgemeinen Völkerrechts war Österreich-Ungarn 1918 tatsächlich durch Zerfall untergegangen.[18] Aus rechtslogischen Gründen kann ein zeitlich späterer Vertrag dieses Faktum nicht abändern, sondern nur zur Grundlage der Vereinbarung machen.[19] Inwieweit die auf dem Staatsgebiet eines untergegangenen Staates neu entstandenen Staaten dessen Rechte und Pflichten zu übernehmen hatten (Rechtsnachfolge), war damals strittig.[20]

Rechts- und Behördenüberleitung: Der am 30. 10. 1918 neu entstandene Staat Deutschösterreich besaß naturgemäß noch keine Rechtsordnung. Daher normierte § 16 des Beschlusses über die grundlegenden Einrichtungen der Staatsgewalt: „Insoweit Gesetze und Einrichtungen, die in den im Reichsrat vertretenen Königreichen und Ländern in Kraft stehen, durch diesen Beschluss nicht aufgehoben oder abgeändert sind, bleiben sie bis auf weiteres in vorläufiger Geltung“.[21] Mit Ausnahme eines Teils des Verfassungsrechts setzte diese Rezeptionsbestimmung die gesamte altösterreichische Rechtsordnung und Behördenorganisation in Deutschösterreich in Kraft. Erst in den Folgemonaten bewirkte eine schrittweise Rechtsreform die Anpassung an die geänderten Verhältnisse.

9.2.3. Die Entscheidung über die Staatsform

Der Zerfall Österreich-Ungarns brachte auch das monarchische Staatsgefüge und den Thron der Habsburger ins Wanken. Angesichts der katastrophalen Folgen der kaiserlichen Politik vollzog sich Ende Oktober/Anfang November 1918 in der österreichischen Bevölkerung ein Meinungsumschwung, im Zuge dessen die republikanischen Kräfte immer stärkeren Zulauf erhielten.

---

[17]) Art. 1 des G. v. 21. 10. 1919 über die Staatsform (StGBl Nr.484) lautet: „... Die Republik Österreich übernimmt jedoch – unbeschadet der im Staatsvertag von St. Germain auferlegten Verpflichtungen – keinerlei Rechtsnachfolge nach dem ehemaligen Staate Österreich ...“

[18]) *Verdroß/Simma,* Völkerrecht^2, 491; *Neuhold/Hummer/Schreuer* (Hg.), Österreichisches Handbuch des Völkerrechts I, Rz 2222; *Seidl-Hohenveldern,* Völkerrecht^3, Rz1033.

[19]) Vgl. *Marek,* Identity and Continuity of States, 210; *Lehner,* Die völkerrechtliche Identität der Republik Deutschösterreich 1918/19, GuG 1991, 297.

[20]) *Menzel/Ipsen,* Völkerrecht^2, 188.

[21]) Diese Formulierung widersprach allerdings der österreichischen These von der staatlichen Diskontinuität: als neuer Staat hätte Deutschösterreich die altösterreichische Rechtsordnung nicht in Geltung belassen können, sondern sie neu in Kraft setzen müssen; weiters konnte es Gesetze des Kaisertums Österreich nicht aufheben oder abändern; zu weiteren Ungereimtheiten vgl. *Merkl,* Verfassung, 10; *Kelsen,* Staatsrecht, 82.

Die Sozialdemokraten traten seit Ende Oktober 1918 für die Ausrufung der Republik ein. Sie betrieben diese Forderung jedoch nicht offensiv, sondern hatten mit den Christlichsozialen vereinbart, die Entscheidung der zu wählenden Konstituante zu überlassen. Im deutschnationalen Lager setzte sich der rechte Flügel vehement für die Republik ein, seine meisten übrigen Politiker hielten zur Monarchie. Bei den Christlichsozialen dominierten anfangs die monarchistischen Kräfte, allen voran die Wiener Organisation mit Ignaz Seipel und die Hierarchie der Katholischen Kirche. Unter dem Druck des republikanisch gesinnten Bauernflügels und der Landesorganisationen von Kärnten, Tirol und OÖ verschob sich in der zweiten Novemberwoche zuletzt auch bei den Christlichsozialen das Kräfteverhältnis.

Geht man von der Diskontinuitätsthese aus, so war bereits am 30. 10. 1918 – gewissermaßen unbeabsichtigt – die Republik ausgerufen worden. Nach der für den neugegründeten Staat Deutschösterreich erlassenen „Oktoberverfassung“ (StGBl Nr. 1) wurde „vorbehaltlich der Beschlüsse der Konstituierenden Nationalversammlung ... einstweilen die oberste Gewalt des Staates Deutschösterreich durch ... (die) Provisorische Nationalversammlung ausgeübt.“ Somit war unter den neu formierten Staatsorganen die Stellung eines Monarchen nicht mehr vorgesehen, Deutschösterreich von Anfang an Republik.[22]

Die endgültige Entscheidung – Monarchie oder Republik – fiel schließlich durch die Ausrufung der Deutschen Republik am 9. Nov. 1918 und die Flucht des Deutschen Kaisers. Angesichts des schwindenden Rückhalts innerhalb des christlichsozialen Lagers und unter dem Aspekt, dass seine persönliche Unversehrtheit von den Sicherheitskräften nicht mehr garantiert werden konnte, fand sich Kaiser Karl am 11. Nov. 1918 zu folgender Erklärung bereit:

„Im Voraus erkenne Ich die Entscheidung an, die Deutschösterreich über seine künftige Staatsform trifft. Das Volk hat durch seine Vertreter die Regierung übernommen. Ich verzichte auf jeden Anteil an den Staatsgeschäften.“

Wie monarchistische Kreise später zur Legitimierung ihrer Restaurationspläne wiederholt betonten, stellte diese Erklärung keinen Thronverzicht und keine Abdankungserklärung dar, sondern nur den Verzicht auf den Anteil an den Staatsgeschäften. Dies auch nur gegenüber Deutschösterreich, nicht aber den anderen Nachfolgestaaten.

Am 12. Nov. 1918 verkündete die Prov. NV mit dem G. über die Staats- und Regierungsform von Deutschösterreich (Art. 1, StGBl Nr. 5) feierlich: *„Deutschösterreich ist eine demokratische Republik. Alle öffentlichen Gewalten werden vom Volke eingesetzt“*.[23] Diese Bestimmungen wurden im März 1919 von der Konst. NV bekräftigt.[24]

Da Ex-Kaiser Karl auch nach dem 12. Nov. 1918 nicht zu einem vorbehaltlosen Thronverzicht bereit war, befürchtete man für die Zukunft einen monarchistischen Restaurationsversuch. „Die Anwesenheit des ehemaligen Monarchen sowie der Mitglieder seines Hauses bedeutet eine dauernde Gefährdung der Repu-

---

[22]) Vgl. *Kelsen,* Verfassungsgesetze I, 32; *ders.,* Staatsrecht, 79; a.A. *Owerdieck,* 42.

[23]) Im Staatsrat stimmten die Abgeordneten der Sozialdemokraten und der Deutschnationalen für dieses Gesetz, die Christlichsozialen votierten dagegen (ua auch der spätere Bundespräsident *Miklas*) oder enthielten sich der Stimme.

[24]) G. über die Staatsform (StGBl 1919/174).

blik, da diese Personen immer wieder der Mittelpunkt von reaktionären, monarchistischen Bewegungen werden können ... Die Republik hat das lebhafteste Interesse, dass sich innerhalb ihrer Grenzen nicht ein Herd politischer Unternehmungen bildet, die auf die Wiedereinsetzung der Habsburger in Böhmen, Ungarn, Polen, Jugoslawien usw. gerichtet sind".[25] Aus diesem Grund erließ die Konst. NV am 3. April 1919 das **G. betreffend die Landesverweisung und die Übernahme des Vermögens des Hauses Habsburg-Lothringen** (StGBl Nr. 209). Damit wurden alle Herrscherrechte dieses Hauses in Deutschösterreich für immer aufgehoben und jene Mitglieder, die nicht auf ihre Herrschaftsansprüche verzichteten, des Landes verwiesen. Vom freien persönlichen Privatvermögen abgesehen ging das gesamte hofärarische Vermögen der Habsburger in das Eigentum der Republik Deutschösterreich über und wurde zur Fürsorge der Kriegsversehrten verwendet. Nach zwei gescheiterten Restaurationsversuchen in Ungarn starb Ex-Kaiser Karl im Jahre 1922 im Exil auf Madeira. Im April 1919 wurde in Österreich der Adel aufgehoben (StGBl 211).

9.2.4. Der Kampf um die territoriale Integrität Deutschösterreichs

Der Zerfall Österreich-Ungarns in mehrere Staaten warf sofort das Problem der Grenzziehung auf. Am 22. 11. 1918 – nach dem Einlangen der „Beitrittserklärungen" der Länder – legte Deutschösterreich sein Staatsgebiet per Gesetz fest (StGBl Nr. 40) und beanspruchte **„die Gebietshoheit über das geschlossene Siedlungsgebiet der Deutschen innerhalb der bisher im Reichsrate vertretenen Königreiche und Länder"**. Im Einzelnen sollte die Republik folgende Länder umfassen: Land Österreich unter der Enns einschließlich Deutsch-Südmähren, Österreich ob der Enns einschließlich Deutsch-Südböhmen, Salzburg, Steiermark und Kärnten mit Ausschluss der geschlossen jugoslawischen Siedlungsgebiete, Tirol ohne die geschlossen italienischen Gebiete, Vorarlberg, Deutschböhmen und das Sudetenland sowie die deutschen Enklaven Brünn, Iglau und Olmütz.[26] In einer Staatserklärung vom selben Tag (StGBl Nr. 41) forderte die Prov. NV weiters das Selbstbestimmungsrecht für die in Westungarn gelegenen, überwiegend deutschsprachigen Gebiete der Komitate Pressburg, Wieselburg, Ödenburg und Eisenburg.

Die Vollzugsanweisung des Deutschösterreichischen Staatsrats v. 3. 1. 1919 (StGBl Nr. 4) legte den genauen Grenzverlauf fest. Die österreichische Haltung litt allerdings unter dem Widerspruch, dass – je nachdem was vorteilhafter war – entweder die historische Landesgrenze oder die Sprachgrenze herangezogen wurde: Im Norden, zur neu entstandenen ČSR hin, sollte die Grenzziehung nach dem ethnisch-sprachlichen Prinzip erfolgen, die alten Kronlandgrenzen durchschneiden und die deutschsprachigen Teile Böhmens, Mährens und Schlesiens zu Deutschösterreich schlagen. Im Tiroler Raum beanspruchte Deutschösterreich das ladinisch- und das deutschsprachige (Südtirol) Siedlungsgebiet. In Kärnten sollte die Staatsgrenze im Wesentlichen der alten Kronlandsgrenze folgen und auch das zu 70 % von Slowenen bewohnte Gebiet Südkärntens sowie das gemischtsprachige Becken von Tarvis einschließen.[27] Im Bereich der Steiermark wurde zwar nur der nördliche Teil der zu 83 % slowenischsprachigen Untersteiermark (Volkszählung 1910) von

[25]) Motivenbericht zum LandesverweisungsG. zit. nach *Kelsen,* Verfassunsgesetze III, 164.

[26]) Vgl. auch G. v. 12. 3. 1919 über das besetzte Staatsgebiet (StGBl Nr. 175), in dem die Konst. NV unter Berufung auf das „Selbstbestimmungsrecht der Nationen" die besetzten Gebiete als „unverzichtbaren Bestandteil der Republik Deutschösterreich erklärte".

[27]) Die Sprachgrenze verlief damals etwa auf der Linie Hermagor, Arnoldstein, Faakersee, Wörthersee, südlich von Klagenfurt, Südrand der Saualpe; vgl. *Suppan,* Ethnisches, ökonomisches oder strategisches Prinzip? in: *Wiss. Komm.* (Hg.), Saint-Germain 1919, Karte nach S. 176.

Deutschösterreich beansprucht, die verlangte Grenze verlief jedoch deutlich südlich der Sprachgrenze und schloss Gerichtsbezirke mit überwiegend nicht deutschsprachiger Bevölkerung ein.[28]

Die Gebietsforderungen Deutschösterreichs, die sich auf das von den Alliierten verkündete Selbstbestimmungsrecht der Völker stützten, kollidierten mit den Territorialforderungen der Nachbarstaaten, die im Laufe des November 1918 rund 2/5 des Territoriums Deutschösterreichs besetzten:

Bereits wenige Tage nach Aufnahme der deutschösterreichischen Verwaltungstätigkeit marschierten tschecho-slowakische Truppen im Sudetenland, in Deutschböhmen, Deutschsüdböhmen und -mähren ein. Italien besetzte gem. den Waffenstillstandsbedingungen die südlich des Brenners gelegenen Gebiete Tirols[29]. Trotz österreichischem Protest drangen vom 5. bis zum 11. Nov. 1918 Truppen des Deutschen Reiches in Nordtirol und Salzburg ein, um die Alpenübergänge zu besetzen. In Südkärnten kam es 1918/19 zu militärischen Auseinandersetzungen mit slowenischen Truppen bzw. Einheiten des aus Serbien, Kroatien und Slowenien gegründeten SHS-Staates, die Unterkärnten zeitweise besetzten. Die Untersteiermark wurde ab dem 1. Nov. 1918 slowenisch okkupiert. Deutschwestungarn verblieb zunächst bei Ungarn. Der Versuch der dortigen deutschsprachigen Bevölkerung, im Dezember 1918 eine selbstständige „Republik Heinzenland" auszurufen, scheiterte bereits in den Anfängen.

Im Vertrag von Saint-Germain wurden die Staatsgrenzen Österreichs endgültig geregelt. Das Sudetenland, Deutschböhmen, Deutschsüdböhmen und -mähren verblieben bei der ČSR.[30] Südtirol sowie das Kanaltal gingen an Italien verloren. Hingegen verblieb Unterkärnten mit Ausnahme des Mießtals bei Österreich, da sich bei der am 10. Oktober 1920 von einer alliierten Kommission durchgeführten Volksabstimmung 59 % der Bevölkerung für Österreich aussprachen.[31] Die Untersteiermark fiel an Jugoslawien, wobei die Staatsgrenze – von Sprachinseln (zB Marburg) abgesehen – in etwa der Sprachgrenze folgte. Mit Ausnahme des Burgenlandes hatte Österreich damit seine heutige territoriale Gestalt erlangt.

Neben der Gefahr von außen drohte Deutschösterreich in den ersten Monaten auch der Zerfall durch **separatistische Bewegungen** von innen. In **Vorarlberg** entschieden sich im Mai 1919 rund 81 % der Wähler für die Aufnahme von Verhandlungen mit der Schweiz über die Angliederung ihres Landes.[32] Dort fand der Beitrittswunsch allerdings geteilte Aufnahme, da das nationale, religiöse und politische Gleichgewicht der Schweiz deutlich

---

[28]) Ebenda.

[29]) Im Jahre 1915 hatten Großbritannien und Frankreich im Vertrag von London als Preis für den Kriegseintritt auf Seite der Entente, Italien die Brennerlinie als Nordgrenze zugesagt. Im Waffenstillstandsvertrag vom 3. 11. 1918 musste das Kaisertum Österreich der Besetzung der Tiroler Gebiete bis zum Brenner zustimmen.

[30]) Österreich musste darüber hinaus im Raum Mistelbach, Gmünd und Schrems kleineren Gebietsabtretungen zustimmen.

[31]) Dieses Ergebnis war in dem mehrheitlich von Slowenen bewohnten Gebiet nur deshalb möglich, weil rund 40 % der Kärntner Slowenen – vorwiegend aus ökonomischen Motiven (Wirtschaftsraum Klagenfurt) – für einen Verbleib bei Österreich votierten. Völlig verfehlt ist daher, dieses Votum für Österreich zu einem Bekenntnis zum „Deutschtum" umzudeuten. Vgl. dazu *Historikerkommission* (Hg.), Geschichte der Kärntner Slowenen, 67.

[32]) Zu den unterschiedlichen Motiven vgl. *Kerekes,* St. Germain, 103.

verschoben worden wäre. Die Vorarlberger Bestrebungen scheiterten schließlich am Widerstand der österreichischen und der deutschen Regierung sowie der Entente. Das zweite Land mit Loslösungstendenzen war **Tirol**. Bis zur Unterzeichnung des Vertrags von St. Germain strebte die Mehrheit der Tiroler Politiker die Schaffung eines „selbstständigen, demokratischen und neutralen Staates Tirol“[33] an. Der Grund dafür lag in der (wohl unbegründeten) Hoffnung, durch einen selbstständigen Tiroler Staat die Abtrennung Südtirols zu verhindern. Eine Rolle spielte dabei weiters die politische Frontstellung zum „Roten Wien“. Nach Abschluss des Vertrags von St. Germain suchte Tirol den Anschluss des Landes an das Deutsche Reich.

9.2.5. Anschlussbemühungen an das Deutsche Reich

Nach der Kriegsniederlage und dem Zerfall des Vielvölkerstaates existierten in Österreich in allen politischen Lagern und allen sozialen Schichten Kräfte, die für den Anschluss Deutschösterreichs an das Deutsche Reich eintraten. In den ersten Tagen nach der Staatsgründung warben vor allem sozialdemokratische Politiker für diese Idee. Neben der Furcht vor der wirtschaftlichen Lebensunfähigigkeit „Restösterreichs“ stand dabei auch die Überlegung im Vordergrund, dass die Deutsche Republik zu dieser Zeit sozialdemokratisch regiert wurde. Gerade aus diesem Grund verhielten sich das deutschnationale und das christlichsoziale Lager anfangs zurückhaltender. Widerstand gegen die Anschlussüberlegungen manifestierte sich bei den Monarchisten (Treue zum Haus Habsburg), den Großindustriellen und dem Großbürgertum (Angst vor der wirtschaftlichen Konkurrenz und dem deutschen Sozialisierungsprogramm) sowie der neu gegründeten KPÖ. Während zum Jahreswechsel 1918/19 wahrscheinlich noch eine Mehrheit der deutschösterreichischen Bevölkerung gegen den Anschluss war[34], erhielt die Anschlussbewegung angesichts der anhaltenden wirtschaftlichen Probleme und des ungünstigen Ergebnisses der Verhandlungen in St. Germain verstärkten Zulauf und erreichte 1920 ihren Höhepunkt.

Bereits am 12. Nov. 1918, also wenige Tage nach Gründung des Staates, beschloss die Prov. NV in Art. 2 des G. über die Staats- und Regierungsform von Deutschösterreich: „**Deutschösterreich ist ein Bestandteil der deutschen Republik ...**“. Völkerrechtlich stellte diese Norm allerdings nur eine lex imperfecta dar. Entgegen ihrem Wortlaut konnte sie den Anschluss nicht herbeiführen, da auf Seite des Deutschen Reiches keine korrespondierende Norm erlassen wurde. Diese Bestimmung wurde später von der Konst. NV feierlich bekräftigt (StGBl 1919/174) und erst angesichts des Vertrags von St. Germain außer Kraft gesetzt (StGBl 1919/484).

In deutschen Kapital- und Regierungskreisen existierte von Anbeginn an großes wirtschaftliches und politisches Interesse an der Eingliederung Österreichs (der „Süd-Ost-Erweiterung“ Deutschlands). Aus deutscher Sicht erschienen vor allem die durch Österreich verlaufenden Verkehrsstränge interessant, die das

[33]) Am 4. Mai 1919 unternahm der Tiroler Nationalrat den Versuch einer Unabhängigkeitserklärung.
[34]) *Schausberger,* Griff, 38, 72.

österreichische Territorium zu einem wichtigen Bindeglied für eine forcierte imperialistische Politik Deutschlands auf dem Balkan machten. Um eben diesen Gebiets- und Machtzuwachs des Deutschen Reichs zu verhindern, bekämpfte Frankreich mit Vehemenz alle Anschlussbemühungen. Mit Rücksicht auf die laufenden Friedensverhandlungen[35], später auf das „Anschlussverbot", musste die deutsche Regierung nach außen hin zurückhaltend auftreten und konnte die Anschlusspolitik nur verdeckt betreiben, zB durch Geheimverhandlungen mit Wien auf Außenministerebene, finanzielle Unterstützung der Anschlussbewegung, Einschleusen von Propagandisten und den Ankauf österreichischer Zeitungen. Darüber hinaus wurden legistische Schritte gesetzt, die den Anschluss vorbereiten sollten; bspw. erhielten österreichische Staatsbürger im Deutschen Reich bzw. deutsche Staatsbürger in Deutschösterreich das Wahlrecht, wenn sie dort ihren Wohnsitz hatten.[36]

Durch die Pariser Vororte-Verträge wurde diesen Anschlussbemühungen ein völkerrechtlicher Riegel vorgeschoben. In Art. 80 des Friedensvertrags von Versailles anerkannte Deutschland to "respect strictly the independence of Austria". Österreich selbst übernahm in Art. 88 des Vertrags von St. Germain die Verpflichtung zur staatlichen Unabhängigkeit: **„Die Unabhängigkeit Österreichs ist unabänderlich, es sei denn, dass der Rat des Völkerbundes einer Abänderung zustimmt …"** (sog. **Anschlussverbot**). Darüber hinaus musste Österreich sich jeder Handlung enthalten, die mittelbar oder unmittelbar seine Unabhängigkeit gefährden hätte können.

Ausgehend von der irrigen Rechtsmeinung, dass der Vertrag von St. Germain nur den Gesamtstaat, nicht aber die Länder binde, konzentrierte sich die Anschlussbewegung auf die Länderebene. In Tirol und in Salzburg fanden im Frühjahr 1921 Volksabstimmungen zu dieser Frage statt. Bei diesen mit großem Propagandaaufwand betriebenen und teilweise manipulierten[37] Volksvoten sprachen sich mehr als 95 % der abgegebenen Stimmen für den Anschluss aus. Weitere Abstimmungen in anderen Bundesländern wurden auf französischen Druck hin unterlassen, womit der Anschlussgedanke an Einfluss verlor.

9.2.6. Der Staatsvertrag von St. Germain

Im Jahre 1919 schlossen die alliierten Mächte mit ihren früheren Kriegsgegnern eine Reihe von (Friedens-)Verträgen ab (sog. Pariser Vororte-Verträge). Der Österreich betreffende Vertrag von St. Germain wurde lange Zeit als Diktat-Frieden angesehen, der von vornherein Österreichs Lebensfähigkeit zerstörte. Mittlerweile ist diese Einschätzung einer differenzierteren Sichtweise gewichen. Es stimmt zwar, dass ein nicht unbeträchtlicher Teil des von deutschsprachiger Bevölkerung bewohnten Gebiets an die Nachbarländer fiel und Österreichs wirtschaftliche Entwicklung erschwert wurde, andererseits ging die österreichische Friedensdelegation mit unrealistischen Vorstellungen zu den Verhandlungen. Die territorialen Maximalforderungen und der Anschlusswunsch standen angesichts des

[35]) Man glaubte auf deutscher Seite, durch eine zurückhaltende Politik in der Österreich-Frage die deutschen Gebietsverluste geringer halten zu können.

[36]) Die Verfassung des Deutschen Reiches vom 11.8.1919 sah in Art. 61 (2) vor: „Deutschösterreich erhält nach seinem Anschluss an das Deutsche Reich das Recht der Teilnahme am Reichsrat mit der seiner Bevölkerung entsprechenden Stimmenzahl. Bis dahin haben die Vertreter Deutschösterreichs beratende Stimme."

[37]) Vgl. *Bielka,* Die Volksabstimmung im Tirol 1921 und ihre Vorgeschichte, in: *Wiss. Komm.* (Hg.), St. Germain 1919, 303; *ders.,* Salzburger Volksabstimmung 1921 – auch manipuliert?, in: ebenda, 327.

Kriegsverlaufs und Österreichs Mitschuld am Ausbruch des Weltkriegs außerhalb des politisch Erreichbaren.

Die deutschösterreichische Friedensdelegation traf am 14. 5. 1919 in Paris ein, wo der (Friedens-)Vertrag von den alliierten Siegermächten vorbereitet wurde. Das Bemühen Österreichs, eine Gleichbehandlung mit den anderen Nachfolgestaaten zu erreichen, scheiterte. Während ihres Aufenthalts genoss die Delegation nur eine eingeschränkte Bewegungsfreiheit. Die Verhandlungen erfolgten nicht mündlich, sondern die deutschösterreichische Delegation konnte – innerhalb einer eng bemessenen Frist – nur schriftliche Vorschläge beibringen, was Deutschösterreich gegenüber den übrigen Nachfolgestaaten benachteiligte. Bei diesen Verhandlungen erreichte Deutschösterreich (mit Hilfe Italiens, das mit Jugoslawien in Konflikt stand) Verbesserungen nur hinsichtlich der territorialen Zugehörigkeit Deutsch-Westungarns und Südkärntens, für das eine Volksabstimmung vorgesehen wurde.

Da weitere Zugeständnisse ausgeschlossen waren, nahm die Konst. NV am 6. 9. 1919 mit 97 gegen 23 (deutschnationale) Stimmen den Vertrag an. Er wurde vier Tage später vom Staatskanzler Renner unterzeichnet und trat am 16. 7. 1920 in Kraft (StGBl Nr. 303).[38] Österreich konnte sich mit seiner Rechtsansicht von der Diskontinuität des neuen Staates gegen die Alliierten nicht durchsetzen. Der Vertrag von St. Germain ging vielmehr in einigen Bestimmungen davon aus, dass Österreich Rechtsnachfolger der untergegangenen österreichisch-ungarischen Monarchie sei. Er beinhaltete:

* Beendigung des Kriegszustandes zwischen der Republik Österreich und den „Allierten und assoziierten Hauptmächten" (Präambel)
* Schuld Österreichs am Kriegsausbruch und Verpflichtung zur Wiedergutmachung (Art. 177 ff); Errichtung eines Pfandrechts am gesamten Besitz und allen Einnahmequellen Österreichs zugunsten der Wiedergutmachungsverpflichtungen (Art. 197)
* Umwandlung des Staatsnamens auf „Republik Österreich"[39]
* Verpflichtung Österreichs zur unabänderlichen Unabhängigkeit (Änderung nur mit Zustimmung des Völkerbundrates) Art. 88
* Festlegung der *Grenzen* der Republik Österreich
* *Minderheitenschutz*: Österreichische Staatsangehörige, die einer Minderheit nach Rasse, Religion oder Sprache angehören, genießen die gleichen bürgerlichen und politischen Rechte wie andere Staatsangehörige und sind in der Ausübung ihrer Sprache und Religion geschützt[40]

---

[38]) Die USA unterzeichneten den Vertrag von St. Germain nicht. Statt dessen wurde 1921 ein auf diesen Bezug nehmender StV zwischen den USA und der Republik Österreich abgeschlossen (BGBl. Nr. 643).

[39]) Durchgeführt durch Art. 1 des G. v. 21. 10. 1919 über die Staatsform (StGBl Nr. 484). *Schausberger* (Griff, 77) spricht von einer „List der Geschichte", dass es des Drucks der Alliierten bedurfte, damit Österreich seinen traditionellen Namen wiedererhielt. Bei der Gründung des Staates 1918 waren von den österreichischen Politikern zunächst völlig ahistorische Staatsnamen erwogen worden, wie zB Hochdeutschland, Donaugermanien, Norische Republik, Deutsche Alpenländer, Treumark oder Deutsches Friedland.

[40]) Durch Art. 149 Abs. 1 B-VG 1920 wurden die Art. 62–69 des Vertrags von St. Germain später zu verfassungsgesetzlichen Bestimmungen.

* Anerkennung der Tschechoslowakei, Polens, Ungarns, des SHS-Staates und der baltischen Länder
* *Militärische Beschränkungen*: Verbot der allgemeinen Wehrpflicht, Freiwilligenheer in der Stärke von max. 30.000 Mann; Obergrenzen hinsichtlich Ausrüstung und Bewaffnung; Beschränkung der Produktion von Rüstungsgütern, Verbot der Ein- und Ausfuhr dieser Waren; Verbot einer Luftstreitmacht
* *Wirtschaft*: Verpflichtung Österreichs, die alliierten Staaten im Waren- und Güteraustausch allen anderen Ländern gleichzustellen (Art. 217 ff); Sicherung der Kohleversorgung Österreichs (Art. 224)
* *Verkehr*: Öffnung des österreichischen Territoriums für den Luft-, Schifffahrts-, Eisenbahn- oder Nachrichtenverkehr der Alliierten (Art. 284 ff); Internationalisierung der Donau (Art. 291 ff); auf dem Gebiet des Eisenbahnwesens freier Zugang zum Adriatischen Meer für Österreich
* Art. 234 ff zählten auf, welche Staatsverträge Österreich-Ungarns bzw. Deutschösterreichs weiterhin in Geltung blieben.

Ein in Wien residierender alliierter Überwachungsausschuss kontrollierte bis 31. 1. 1928 die Einhaltung des Vertrags durch Österreich. Die Österreich auferlegte Reparationspflicht wurde in der Folge dem Betrage nach nie konkretisiert und im Jahre 1930 verzichteten die Alliierten wegen der schwierigen Lage Österreichs formell auf jede Wiedergutmachung. Von der Republik Österreich wurden tatsächlich auch nie Reparationen gezahlt.

9.3. Das Verfassungsrecht auf Ebene des Gesamtstaates

Lit.: *Baltl/Kocher,* Rechtsgeschichte[9], 246; *Brauneder,* Verfassungsgeschichte[7], 187; *Ermacora,* Verfassungslehre, 28; *Fröhlich,* Die Wirkung des Staatsvertrages von St. Germain auf unsere Verfassung, ZÖR 1919, 403; *Hellbling,* Verfassungs- u. Verwaltungsgeschichte[2], 400; *Hoke*, Rechtsgeschichte, 459; *Kelsen,* Die Entwicklung des Staatsrechts in Österreich seit dem Jahre 1918, in: *Anschütz/Thoma* (Hg.), Handbuch des Deutschen Staatsrechts, 147; *Kelsen*, Die Verfassungsgesetze der Republik Deutsch-Österreich; *Kelsen,* Die Verfassung Deutschösterreichs, JBÖffR IX (1920), 245; *Kelsen,* Österreichisches Staatsrecht, 74; *Matzka* (Hg.), Sozialdemokratie und Verfassung, 52; *Merkl*, Die Organisation der Gesetzgebung in der deutschösterreichisschen Republik, ZÖR I, 1; *Merkl*, Die Verfassung der Republik Deutschösterreich; *Nawiasky,* Der Aufbau der Regierungs- und Vollzugsgewalt Deutschösterreichs, ZÖR I, 28; *Neschwara*, Zur Entwicklung des Verfassungsrechts nach 1918, in: *Schambeck* (Hg), Parlamentarismus I, 83; *Owerdieck,* Parteien und Verfassungsfrage in Österreich; *Seipel,* Der Kampf um die österreichische Verfassung, 42; *Walter,* Verfassungs- u. Verwaltungsgeschichte, 259.

Rechtsquellen: Die Verfassungen der Republik Deutschösterreich stellten nur ein Provisorium dar, das bis zum Erlass einer „Konstitution“ gelten sollte. Die erste Verfassung, der „*Beschluss v. 30. Okt. 1918 über die grundlegenden Einrichtungen der Staatsgewalt*“ (**Oktoberverfassung 1918**, StGBl Nr. 1) entsprang der Zwangslage, in kürzester Frist für den neuen Staat und die geänderten politischen Verhältnisse durch die Aufrichtung der Staatsgewalten einen verfassungsmäßigen Rahmen zu schaffen. Sie wurde bereits nach wenigen Wochen durch die **Dezember-Novelle 1918** (StGBl Nr. 139) modifiziert. Diese enthielt Regelungen über das Verhältnis zwischen den drei Präsidenten der Prov. NV sowie zwischen dem Staatsrat und der Prov. NV. Grundlegende Änderungen bewirkte die **Märzverfassung 1919** (*G. über die Volksvertretung*, StGBl Nr. 179, und *G. über die Staatsregierung*, StGBl Nr. 180).[41] Darüber hinaus galten eine Reihe von Bestimmungen

[41]) Die Märzverfassung folgte hinsichtlich der Organisation des Gesamtstaates in großen Zügen dem Aktionsprogramm des Verbandes sozialdemokratischer Abgeordneter vom Februar 1919 (abgedr. bei *Berchtold,* Parteiprogramme, 233).

mit verfassungsrelevantem Inhalt, ohne dass diese ausdrücklich als Verfassungsgesetze gekennzeichnet waren:

G. über die Staats- und Regierungsform von Deutschösterreich (StGBl 1918/5); G. über die Kundmachung von Gesetzen und Verordnungen durch das Staatsgesetzblatt (StGBl Nr. 1918/7); G. betreff. die Übernahme der Staatsgewalt in den Ländern (StGBl 1918/24); G. über die Kontrolle der Staatsschuld Deutschösterreichs (StGBl 1918/88); G. über Umfang, Grenzen und Beziehungen des Staatsgebietes von Deutschösterreich (StGBl 1918/40 und die Staatserklärung StGBl Nr. 41); Beschluss v. 30. Okt. 1918 (betreffend das Press-, Vereins- und Versammlungsrecht, StGBl Nr. 3); Grundgesetz über die richterliche Gewalt (StGBl 1918/38); G. über die Einberufung der konst. NV (StGBl 1918/114); G. über den Staatsrechnungshof (StGBl 1919/85); G. über die Errichtung eines deutschösterreichischen Verfassungs- (StGBl 1919/48) und Verwaltungsgerichtshofs (StGBl 1919/88); G. betreffend den Wahlgerichtshof (StGBl 1919/90); G. über die Geschäftsordnung der konst. NV (StGBl 1919/162); G. über die Staatsform (StGBl 1919/174 u. 484); G. über das besetzte Staatsgebiet (StGBl 1919/175); G. über die Aufhebung des Adels (StGBl 1919/211); G. womit die Gesetzgebungsperiode der Konst. NV abgekürzt wird und einstweilige Bestimmungen für die Wahl der Staatsregierung getroffen werden (StGBl 1920/283); Art. 62-69 des Staatsvertrags von St. Germain StGBl1920/303).

Deutschösterreichische **Staatsbürger** waren alle Personen, die am 14. Dez. 1918 in einer Gemeinde der Deutschösterreichischen Republik heimatberechtigt waren und sich nicht durch eine Erklärung vor der politischen Bezirksbehörde zu einem anderen der Nachfolgestaaten bekannten. Weiters konnte Personen, die in Gemeinden des bisherigen Österreich (Ausnahme: Dalmatien, Istrien, Galizien) heimatberechtigt waren, die dö. Staatsbürgerschaft dadurch erwerben, dass sie in Deutschösterreich ihren Wohnsitz nahmen und erklärten, der Rep. Deutschösterreich als „getreue Staatsbürger" angehören zu wollen (StGBl 1918/91).

Das **Staatswappen** bestand aus einem „freischwebenden, einköpfigen, schwarzen, golden gewaffneten und rot bezungten Adler" (StGBl 1919/257). Die drei Zinnen auf dem Haupt, sowie Sichel und Hammer in den Fängen symbolisierten Bürgertum, Bauern und Arbeiterschaft.

9.3.1. Kompetenzverteilung

Nach dem Verfassungsbeschluss vom 30. 12. 1918 war Deutschösterreich zunächst ein **zentralistischer Einheitsstaat** *(Kelsen),* in dem die (gesamte) Gesetzgebung von der Prov. NV ausgeübt wurde. Ob die Länder nach diesem Zeitpunkt bzw. nach der Abschaffung der Landtage (Art. 8 StGBl Nr. 5) noch ein Gesetzgebungsrecht hatten, ist strittig.

In Anbetracht der sich in den Ländern formierenden Landesgewalten erfolgte durch das „G. v. 14. Nov. 1918 betreffend die Übernahme der Staatsgewalt in den Ländern" (StGBl Nr. 24) eine Dezentralisierung, die den Ländern Selbstgesetzgebung[42] und Selbstver-

[42]) *Merkl* (Verfassung, 58) und *Widder* (Die Gesetzgebung, in: *Schambeck* (Hg.), Bundes-Verfassungsgesetz, 364) vertreten die Auffassung, dass – entgegen der faktischen Ausübung – die Länder erst durch die Märzverfassung (§ 12, StGBl 1919/179) materiell die Gesetzgebungskompetenz erhielten. *Brauneder/Lachmayer* (Verfassungsgeschichte[6], 193) und *Werndl* (Kompetenzverteilung, 18) hingegen erachten die

waltung brachte. Dadurch wurden die **Kompetenzen der Länder** in etwa dem Umfange wiederhergestellt, wie sie nach der Dezemberverfassung 1867 bestanden hatten[43]. Diesen gelang es in der Folge sogar, sich auf faktischem Weg bzw. im Zuge der neu erlassenen Landesverfassungen weitere Kompetenzen anzueigen, zB: Landesverfassungsgesetzgebung, Mitwirkung an der Landesverteidigung (Kärnten) und an der Ausarbeitung der Gesamtstaatsverfassung, Verhandlungen mit dem Ausland (Tirol, Vorarlberg).[44]

Die Kompetenzkompetenz lag weiter beim Gesamtstaat. Die Länder hatten kein Recht, Staatsverträge abzuschließen oder aus Deutschösterreich auszutreten, um sich mit einem anderen Staat zu vereinigen. Die Rechtsprechung blieb ausschließliche Angelegenheit des Gesamtstaates.

9.3.2. Organe des Gesamtstaates

In den Verfassungen 1918/19 gelang es den Sozialdemokraten, ihr radikal-parlamentarisches Konzept gegenüber den anderen Parteien durchzusetzen. Ausgehend von den Erfahrungen, die man mit der übermächtigen kaiserlichen Verwaltung im Konstitutionalismus gemacht hatte, sollte nunmehr das Volk alleiniger Sitz und Träger aller Gewalt im Staate sein. Folgerichtig wurde die Macht in den Händen des Parlaments konzentriert, auf ein Staatsoberhaupt verzichtet und die Verwaltung von der Legislative abhängig gemacht. Ausgenommen von dieser Gewaltenverbindung war die Rechtsprechung, deren Unabhängigkeit sogar ausgebaut wurde. Da von den beiden Machtträgern des Konstitutionalismus – Volksrepräsentanz bzw. Monarch – einer weggefallen war, gingen die vormals kaiserlichen Agenden nunmehr auf die Volksrepräsentanz über.

Merkl[45] meinte, dass die „Überwindung des Dogmas von der Gewaltenteilung eher ein Vorteil als ein Nachteil" sei und sprach von einer glücklichen Vermählung der beiden Staatsfunktionen. *Kelsen*[46] sah im Übergewicht des Parlaments eine wichtige Voraussetzung der Verwirklichung der Volkssouveränität, da nur die Vielköpfigkeit des Organs die Pluralität der Meinungen im Volk widerspiegeln könne. Die Trennung der Gewalten sei „nicht zuletzt zu dem Zwecke geschaffen worden, um dem aus dem Absolutismus in die Beschränkung des Konstitutionalismus gedrängten Monarchen ein letztes Übergewicht über die im Parlament konzentrierte Gewalt des Volkes zu sichern".

Länder bereits ab dem 30. 10. 1918 (Rezeptionsklausel des Art. 16 StGBl 1918/1) mit Kompetenzen ausgestattet. Zu Auslegungsfragen vgl. *Kelsen,* Staatsrecht, 122.

43) *Kelsen,* Verfassungsgesetze, 137.

44) *Brauneder/Lachmayer,* 207.

45) Verfassung, 148.

46) Staatsrecht, 135.

9.3.2.1. Die Gesetzgebung

a) Die Gesetzgebung vom 30. 10. 1918 bis zum 16. 2. 1919

Gemäß § 2 der Oktoberverfassung 1918 (StGBl Nr. 1) wurde die Gesetzgebung von der **Provisorischen Nationalversammlung** ausgeübt, die sich aus den ehemaligen deutschen Abgeordneten des Reichsrats zusammensetzte.[47] Die Verfassung kannte keine Unterscheidung zwischen einfachen Gesetzen und Verfassungsgesetzen. Darüber hinaus war es auch nicht notwendig, dass der Beschluss der Prov. NV die Bezeichnung „Gesetz" trug.[48] Der Prov. NV standen drei gleichberechtigte **Präsidenten** vor, die die drei politischen Lager repräsentierten. Sie führten in einem wöchentlich wechselnden Turnus den Vorsitz in der Prov. NV, im Staatsrat und in der Staatsregierung.

Gesetzgebungsverfahren: Sowohl der Staatsrat wie auch die Mitglieder der Prov. NV besaßen ein Gesetzesinitiativrecht; ein gültiger Beschluss der Prov. NV bedurfte der Anwesenheit von 50 Mitgliedern und der absoluten Stimmenmehrheit der Anwesenden. Nach der Beurkundung durch den Staatsrat (der seit der Dezember-Nov. ein suspensives Veto besaß) erfolgte durch die Staatskanzlei die Kundmachung im StGBl (StGBl 1918/139).

b) Die Gesetzgebung ab dem 17. 2. 1919

Mit der Wahl zur **Konstituierenden Nationalversammlung** am 16. 2. 1919 erlosch die Funktion der Prov. NV (Art. I StGBl 1918/114). Die Konst. NV übernahm „als höchstes Organ des Volkes die oberste Gewalt der Republik" (Art. 1, StGBl 1919/179). Neben der laufenden Gesetzgebung oblag ihr die Aufgabe, eine endgültige Verfassung auszuarbeiten. Die Funktionsdauer der Konst. NV war mit zwei Jahren festgesetzt, eine frühere Auflösung war nur durch Verfassungsgesetz möglich.[49] Sie wählte aus ihrer Mitte einen **Präsidenten** sowie zwei Stellvertreter (diese waren jenem allerdings nicht mehr gleichberechtigt).

Anders als in der Ära zuvor wurde nunmehr zwischen einfachen Gesetzen (mind. 50 Abgeordnete anwesend, absolute Stimmenmehrheit) und Verfassungsgesetzen (mind. die

---

47) Die Prov. NV hatte sich selbst in diese Funktion eingesetzt. Eine rechtliche Legitimierung konnte schon aufgrund der verfassungsrechtlichen Diskontinuität nicht bestehen. Die ehemaligen Reichsratsabgeordneten, die aus einer demokratischen Wahl (1911) hervorgegangen waren, konnten für sich jedoch zumindest eine politische Legitimierung ins Treffen führen. *Merkl* (Verfassung, 46) führte dazu aus: „In diesem Stadium gab es noch kein Organ, im Besonderen kein Gesetzgebungsorgan des neuen Staates und keine Gesetzesform des neuen Rechtes, sondern nur gesellschaftliche Mächte, die die Fähigkeit zur Umsetzung von Macht in Recht in sich hatten ... Die Nationalversammlung war nur Sprachrohr und Vollstrecker der gesellschaftlichen Mächte, die staatenbildende Kraft besaßen und ... eine neue Rechtsordnung und namentlich eine gesetzgebende Gewalt als Rechtserscheinung, als Staatsorgan ins Leben riefen".

48) *Merkl,* Verfassung, 62.

49) So erfolgt durch StGBl 1920/283.

Hälfte der Abgeordneten anwesend, davon 2/3 Mehrheit) unterschieden.[50] Allerdings wies die Märzverfassung 1919 keine positiv-rechtliche Normierung auf, was Verfassungsmaterie sei, sodass die Abgrenzung bis „zu einem gewissen Grade willkürlich"[51] war. Eine wichtige Erweiterung der Kompetenzen der Konst. NV bedeutete das Recht, Kriege zu erklären und Friedensverträge zu genehmigen.

Gang der Gesetzgebung: Sowohl die Staatsregierung wie auch die Mitglieder der Konst. NV besaßen ein Gesetzesinitiativrecht. Der Gesetzesbeschluss der Konst. NV erlangte dadurch Gesetzeskraft, dass er vom Präsidenten der NV beurkundet, vom Staatskanzler und dem mit der Durchführung betrauten Staatssekretär gegengezeichnet und vom Staatskanzler im Staatsgesetzblatt kundgemacht wurde. Die Staatsregierung besaß ein suspensives Veto.

(Ständiger) Hauptausschuss der Konst. NV: Zur Verbindung von Gesetzgebung und Vollziehung wählte die NV aus ihrer Mitte einen Hauptausschuss, der aus den drei Präsidenten und elf aufgrund des Verhältniswahlrechts gewählten Mitgliedern der NV bestand. Neben der Regelung der Arbeit in der Konst. NV war es Aufgabe des Hauptausschusses, die Geschäftsführung der Staatsregierung zu überprüfen. Darüber hinaus hatte der Hauptausschuss der NV einen Vorschlag über die Bestellung der Staatsregierung zu erstatten. Weiters oblag dem Hauptausschuss (bzw. bei Nichteinigung der NV) die Zustimmung zu Anträgen der Staatsregierung auf Neufestsetzung der Eisenbahn- und Posttarife sowie der Preise der staatlichen Monopolprodukte (StGBl 1920/180).

Weder die Oktoberverfassung 1918 noch die Märzverfassung 1919 kannten eine außerordentliche (Not-) Gesetzgebung. Das KWEG 1917 wurde nicht rezipiert.

9.3.2.2. Die Verwaltung des Gesamtstaates

a) Die Gesamtstaatsverwaltung vom 30. 10. 1918 bis zum 14. 3. 1919

Die Organisation der höchsten Verwaltungsorgane in der Oktoberverfassung 1918 bietet ein für uns ungewohntes Bild. Der Grund hiefür lag in dem im Konstitutionalismus gewachsenen Misstrauen gegen die Eigenmächtigkeit der Verwaltung.[52] Durch eine völlige Neustrukturierung sollten die Verwaltungsorgane auf allen Ebenen (Gesamtstaat, Länder, Bezirke) demokratisch bestellt und kontrolliert werden – somit die **Verwaltung abhängig vom Volk** sein und nicht umgekehrt. Die obersten Verwaltungsaufgaben waren auf den Staatsrat, das geschäftsführende Staatsratsdirektorium und die Staatsregierung aufgeteilt.

---

[50]) Geschäftsordnungen der Konst. NV vom 6.2.1919 bzw. 5. 3. 1919.

[51]) *Merkl,* Verfassung, 41.

[52]) Dies war vor allem bei den Sozialdemokraten ausgeprägt, bei denen noch Bedenken über die fachliche Qualität und die politische Orientierung der Bürokratie hinzukamen: „... und nun haben wir in diesen Ämtern ein fortwährendes Intrigieren und Diplomatisieren, ein fortwährendes Spintisieren ..." (*Renner,* StProt AH v. 26. 11. 1909).

Der **Staatsrat** stellte einen nach dem Proportionalwahlsystem von der Prov. NV gewählten Vollzugsausschuss dar, der von der Prov. NV mit der Regierungs- und Vollzugsgewalt betraut wurde.[53] Er sollte eine Mittelstellung zwischen Gesetzgebung und Verwaltung einnehmen und bestand aus den drei Präsidenten und 20 Mitgliedern der NV. Die Staatsratsmitglieder standen nicht unter Ministerverantwortlichkeit.

Agenden des Staatsrats: Neben der obersten Regierungs- und Vollzugsgewalt übte der Staatsrat (fast) alle Rechte aus, die früher dem Monarchen zustanden: Vertretung des Staates nach außen (einschließlich Abschluss bestimmter Staatsverträge, Kriegserklärung und Friedensschluss), Vetorecht gegen Beschlüsse der Prov. NV (seit Dezember-Nov.)[54] und der prov. Landesversammlungen (strittig), Gesetzesinitiativrecht, Weisungsrecht gegenüber der Staatsregierung, Begnadigung und Abolitio ... Bis zur Dezember-Nov. besaß der Staatsrat ein Verordnungsmonopol (sog. „Vollzugsanweisungen").[55] Der Staatsrat führte die Geschäfte der Staatsverwaltung jedoch nicht unmittelbar selbst sondern durch Beauftragte (Staatsregierung).

Das **geschäftsführende Staatsratsdirektorium** bestand aus den drei Präsidenten der Prov. NV (bis zur Dezember-Nov. gehörten ihm auch der Staatskanzler und der Staatsnotar an). Die *Agenden des Staatsratsdirektoriums* umfassten: Leitung und Verwendung der Wehrmacht, Ernennung der Beamten von der VI Rangklasse aufwärts, Abschluss bestimmter wirtschaftlicher Staatsverträge mit den Nachfolgestaaten. Im Falle besonderer Dringlichkeit und wenn der Staatsrat nicht tagte, konnte das Staatsratsdirektorium Anordnungen treffen, die in den Wirkungskreis des Staatsrates fielen.

Die **Staatsregierung** („Beauftragte des Staatsrats") wurde vom Staatsrat bestellt. Ihr Regieren sollte nur mehr ein „bloßes Verwalten sein ... auf Grund der Gesetze und der vom Staatsrate ausgearbeiteten Durchführungsvorschriften und Dienstanweisungen."[56] Die Beauftragten trugen den Titel „Staatssekretär"[57], standen einem Staatsamt vor und unterlagen der Ministerverantwortlichkeit. Die insgesamt 14 Staatsämter übernahmen die Zuständigkeiten der bisherigen k.k. und k.u.k. Ministerien. Nach der Verfassung führte ein Präsident der Prov. NV den Vorsitz der Staatsregierung, faktisch übte dieses Amt jedoch immer der (dem Titel nach erst durch die Dezember-Nov. geschaffene) **Staatskanzler** aus.[58]

---

[53]) Diese Form der Konzentrationsregierung entsprach wohl auch der Notwendigkeit, alle gesellschaftlich relevanten Kräfte zur Lösung der schwierigen Probleme heranzuziehen.

[54]) Tatsächlich kam es in keinem einzigen Fall zur Ausübung des Vetorechts, vgl. *Merkl,* Verfassung, 148.

[55]) Dadurch sollte der Wille des Gesetzgebers möglichst unverfälscht von der Behörde umgesetzt werden (vgl. *Renner,* StProt Prov NV, v. 30. 10. 1918). Wegen praktischer Schwierigkeiten musste man bereits nach wenigen Wochen auch die Staatsämter mit Verordnungsgewalt ausstatten.

[56]) *Renner,* ebenda.

[57]) Diese Bezeichnung war an der angelsächsichen Verfassungsterminologie (Secretary of State) orientiert.

[58]) Dieser hat „auf das einheitliche Zusammenarbeiten aller Staatsämter und auf die Wahrung der allen Verwaltungszweigen gemeinsamen Interessen hinzuwirken" (§ 11 StGBl 1918/139).

Mittel- und Unterbehörden:

Eine der Schwächen der Verwaltung des untergegangenen Reiches war die Zweigeleisigkeit von landesfürstlicher und autonomer (Länder-) Verwaltung. Durch § 9 des G. betreffend die Übernahme der Staatsgewalt in den Ländern (StGBl 1918/24) wurde diese Teilung aufgehoben. Neben Sparsamkeitserwägungen spielte dabei die oben angeführte Absicht der Demokratisierung der Verwaltung eine Rolle. Nach der Abberufung der k.k. Statthalter bzw. Landespräsidenten übernahmen die neu errichteten **Landesregierungen** die vormals landesfürstliche Verwaltung. Sie wurden, obwohl Organe des Gesamtstaates (!), von den prov. Landesversammlungen aus ihrer Mitte gewählt und setzten sich aus dem Landeshauptmann und 2 bis 4 Stellvertretern zusammen. Die Landesregierungen waren der Staatsregierung weisungspflichtig.

Während es Absicht des Gesetzes war, die Landesverwaltung zu verstaatlichen, trat aufgrund der Bestellung durch die Landesversammlungen tatsächlich das genaue Gegenteil ein, nämlich die **Verländerung der gesamten mittleren und unteren Verwaltung** (*Kelsen*). Praktisch bedeutete die Reform zunächst nur eine Verlagerung der Zweigeleisigkeit der Verwaltung auf die Länderebene, da der für die Landesverwaltung zuständige Landesrat seine Geschäfte getrennt von der mit der Gesamtstaatsverwaltung befassten Landesregierung führte. Die Zusammenlegung von Abteilungen eines Landesrats mit denen der Landesregierung, die mit derselben Sache befasst waren, erfolgte nur aufgrund einer ausdrücklichen Verfügung des Landeshauptmanns. Die endgültige Bereinigung der Zweigeleisigkeit brachte erst die Verwaltungsreform 1925.

Die bestehenden **Lokalgewalten** (Bezirks- und Gemeindevertretungen) blieben aufrecht. Die beabsichtigte Demokratisierung der Bezirksvertretungen (Art. 10 StGBl 1918/5) wurde nicht verwirklicht.

b) Die Gesamtstaatsverwaltung ab dem 15. 3. 1919

Da sich der 23-köpfige Staatsrat als zu unbeweglich erwies, organisierte das G. v. 14. März 1919 über die Staatsregierung (StGBl Nr. 180) die oberste Verwaltung des Gesamtstaates grundlegend neu. Die Kompetenzen des Staatsrats und des Staatsratsdirektoriums wurden auf die Staatsregierung (Schwergewicht) und den Präsidenten der Konst. NV übertragen. Die Abhängigkeit der Regierung von der Nationalversammlung blieb aufrecht.

Die **Staatsregierung** („Volksbeauftragte“) wurde auf Vorschlag des Hauptausschusses durch die NV gewählt (En-bloc-Abstimmung) und konnte von dieser wieder abgesetzt werden (Misstrauensbeschluss). Die Staatsregierung bestand aus dem Staatskanzler (Vorsitz) und den Staatssekretären[59].

Agenden der Staatsregierung: Ausübung der Regierungs- und Vollzugsgewalt; Abschluss bestimmter Handelsverträge, Leitung und Verwendung der bewaffneten Macht (einschließlich Armee-Oberkommando), Verordnungskompetenz, Weisungsrecht gegenüber den Landesregierungen (Mittelbehörden), Ausübung der ehemaligen landesherrlichen Befugnisse auf dem Gebiet des Staatskirchenrechts. Daneben nahm die Staatsregierung

[59]) Die Anzahl der nunmehr zehn Staatsämter war im Gesetz festgelegt (Art. 9f StGBl 1919/180).

Anteil an der Gesetzgebung, zB durch das Gesetzesinitiativrecht und das Vetorecht (suspensiv) gegenüber Staats- und Landesgesetzbeschlüssen.

Im Gegensatz zum Staatsrat, in dem alle politischen Lager an der Regierungsgewalt beteiligt waren, sah die Märzverfassung 1919 keine Proporzregierung mehr vor. Als die nach den Wahlen vom 16. Feb. 1919 zwischen den Sozialdemokraten und den Christlichsozialen gebildete Koalitionsregierung im Sommer 1920 schließlich zerbrach, konnte aufgrund der tiefgreifenden Differenzen zwischen den drei politischen Lagern keine tragfähige Mehrheit für die Regierung erreicht werden. Angesichts dieser Regierungs- und Parlamentskrise einigten sich die Parteien darauf, den Bestellungsmodus der Staatsregierung abzuändern (StGBl 1920/283). In Abkehr von der Bestimmung über die „En-bloc-Abstimmung" wurden die Mitglieder der Staatsregierung von der Konst. NV nach dem Verhältniswahlrecht gewählt. Damit entstand zwar wiederum ein Proporz-Kabinett, allerdings konnte jede Partei nunmehr die politische Verantwortung für die Regierungstätigkeit der ihr fernstehenden Minister ablehnen.

Der **Präsident der NV** wurde durch die Übertragung oberster Verwaltungsaufgaben politisch stark aufgewertet, zB: Vertretung der Republik nach außen, Ernennung der Staatsbeamten von der Dienstklasse VI aufwärts, Bestellung des Präsidenten des OGH, VwGH, VfGH und des Staatsrechnungshofs, Begnadigungs- und Abolitionsrecht ... Allerdings war er bei der Ausübung dieser Aufgaben teilweise an den Vorschlag eines anderen Verwaltungsorgans bzw. die Gegenzeichnung durch einen Staatssekretär gebunden.

Der **Staatsrechnungshof** (StGBl 1919/85) überprüfte die Gebarung der gesamten Staatswirtschaft einschließlich der Staatsschuld. Er löste in letzterer Funktion die Staatsschuldenkontrollkommission (StGBl 1918/88) ab.

9.3.2.3. Die Gerichtsbarkeit

Die altösterreichischen Bestimmungen über die Organisation und das Verfahrensrecht der **ordentlichen Gerichtsbarkeit** wurden in die deutschösterreichische Rechtsordnung rezipiert (JN 1896, GOG 1896, StPO 1873, ZPO 1895, AußStrG 1854). Wesentliche Veränderungen erfuhr jedoch die Mitwirkung der Bevölkerung an der Rechtsprechung (StPO-Nov. 1920, BGBl. Nr. 279). Die Zuständigkeit der Geschworenengerichte wurde auf die Pressedelikte (bis 1929) und politischen Delikte sowie die Schwerstkriminalität beschränkt. Für Delikte der mittleren und Schwerkriminalität (zB für alle Vermögensdelikte) schuf man Schöffengerichte, die aus je zwei Berufsrichtern und zwei Laien bestanden, welche gemeinsam über Beweiswürdigung, Schuld und Strafe befanden.[60] Die Todesstrafe (Ausnahme: standrechtliches Verfahren) und die Militärgerichtsbarkeit (Ausnahme: Kriegszeiten) wurden auf einfachgesetzlichem Wege abgeschafft.[61]

Die Stellung der Gerichtsbarkeit im neuen Staatswesen regelte das **Grundgesetz über die richterliche Gewalt** (StGBl 1918/38), das das StGG über die richterliche Gewalt (RGBl 1867/144) zum Vorbild hatte. Die Richter waren in Ausübung ihres richterlichen

---

[60]) Zur Problematik der Schöffen- und Geschworenengerichte der Ersten Republik vgl.: *Liebischer,* Die österreichische Geschworenengerichtsbarkeit und die Juli-Ereignisse 1927, in: *Wiss. Komm.* (Hg.), Die Ereignisse des 15. Juli 1927, 60.

[61]) StGBl 1920/ 215 u. 321.

Amtes selbstständig und unabhängig.[62] Ihre Stellung wurde dadurch weiter ausgebaut, dass der Staatsrat bei der Richterernennung an den (mindestens drei Personen umfassenden) Besetzungsvorschlag des zuständigen Gerichtssenats gebunden war. Die Rechtsprechung blieb von der Verwaltung in allen Instanzen getrennt. Die Verhandlungen vor dem erkennenden Richter waren im Zivil- und Strafprozess mündlich und öffentlich. Im Strafverfahren galt das Anklageprinzip. Bei politischen, Presse- oder schweren Delikten entschieden Geschworene über die Schuld des Angeklagten.

Im Gegensatz zur ordentlichen Gerichtsbarkeit erfuhren die **Gerichtshöfe des öffentlichen Rechts** eine teilweise Neugestaltung: Der deutschösterreichische **Verfassungsgerichtshof** (StGBl 1919/48 und 212) übernahm die Funktionen des alten Reichsgerichtshofs und des Staatsgerichtshofs.[63] Neu hinzu kam die Kompetenz des VfGH, auf Antrag der Staatsregierung Gesetzesbeschlüsse einer Landesversammlung auf ihre Verfassungswidrigkeit zu prüfen (Art. 15 StGBl 1919/179). Die Mitglieder des VfGH wurden vom Präsidenten der NV über Vorschlag der Staatsregierung ernannt. Entscheidungen des VfGH bei Beschwerden über Verletzung politischer Rechte besaßen nicht mehr bloß deklaratorischen (feststellenden) sondern kassatorischen (aufhebenden) Charakter.

Der deutschösterreichische **Verwaltungsgerichtshof** (StGBl 1919/88) entsprach hinsichtlich der Kompetenzen, Organisation und des Verfahrens im Wesentlichen seinem altösterreichischen Vorbild.

Der neu gebildete **Wahlgerichtshof** (StGBl 1919/90) entschied über Anfechtungen von Wahlen zur Konst. NV. Er bestand aus einem Präsidenten und je drei Mitgliedern des VfGH, VwGH und des OGH.

9.4. Die Länder

Lit.: *Baltl/Kocher,* Rechtsgeschichte[9], 246; *Brauneder,* Verfassungsgeschichte[7], 202; *Ermacora,* Föderalismus, 40; *Hoke*, Rechtsgeschichte, 462; *Jedlicka,* Ende und Anfang Österreichs 1918/19, 62; *Kelsen,* Österreichisches Staatsrecht, 84; *Köfner*, Eine oder wieviele Revolutionen? Das Verhältnis zwischen Staat und Ländern in Deutschösterreich im Oktober und November 1918, JfZ 1979, 131; *Merkl,* Die Verfassung der Republik Deutschösterreich, 158; *Österr. Forschungsgemeinschaft* (Hg.), Demokratisierung und Verfassung in den Ländern 1918–1921; *Pernthaler,* Die Staatsgründungsakte der österreichischen Bundesländer.

Bereits nach zwei Wochen wurde die als zentralistischer Einheitsstaat gegründete Republik Deutschösterreich in ein bundesstaatsähnliches Gemeinwesen umgestaltet. Mit dem G. betreffend die Übernahme der Staatsgewalt in den Ländern (ÜbernahmeG., StGBl 1918/24) reagierte die Prov. NV auf die in ihrem Auftrag erfolgte Bildung prov. Landesversammlungen und die von diesen vollzogene Übernahme der Landesgewalt. Zu den Kompetenzen der Länder vgl. Kap. 9.3.1.

---

[62]) Im Gegensatz zum altösterreichischen Recht bestimmte § 7 StGBl 1918/38 nunmehr, dass Richter spätestens mit Vollendung des 65. Lebensjahres in den Ruhestand zu versetzen waren.

[63]) Bis April 1919 entschied anstelle des altösterreichischen Staatsgerichtshofs ein zwanziggliedriger (Verantwortlichkeits-)Ausschuss der NV über Ministeranklagen (§ 9 StGBl 1918/1).

Deutschösterreich bestand aus folgenden Ländern: NÖ (einschließlich Wien), OÖ, Steiermark, Kärnten, Salzburg, Tirol, Vorarlberg (am 3. 11. 1918 entstanden durch Abtrennung von Tirol), Deutsch-Böhmen, Sudetenland (in diesen beiden neu gebildeten Ländern konnte die dö. Verwaltung jedoch nur wenige Tage aufrechterhalten werden) und Deutsch-Westungarn. Letzteres wurde Österreich durch den StV v. St. Germain 1919 zugesprochen, wegen der ungarischen Widerstände bzw. Besetzung konnte die österreichische Verwaltung jedoch erst 1921 aufgenommen werden.

Die rechtliche Stellung der Länder regelten mehrere teils zueinander in Widerspruch stehende Bestimmungen. Neben dem ÜbernahmeG. (StGBl 1918/24), das die Organe der Länder festlegte und die alten Landesordnungen aus 1861 in modifizierter Form in Kraft setzte[64], schufen die Landesversammlungen durch Beschlüsse[65] neue Landesordnungen bzw. Landesverfassungen.

9.4.1. Die Landesgesetzgebung

Träger der Landesgesetzgebung waren zunächst die **prov. Landesversammlungen** (LV; in Tirol „Nationalrat“). Sie bildeten sich auf originäre Weise Ende Oktober/Anfang November durch die Initiative der in den Ländern vertretenen politischen Parteien. Da die alten Landtage noch nach einem Zensus- und Kurienwahlsystem gewählt worden waren, ging man bei der Zusammensetzung der prov. LVen vom Ergebnis der Reichsratswahl 1911 in den betreffenden Ländern aus. Nach den im Frühjahr 1919 aufgrund des allgemeinen, gleichen, direkten und geheimen Proportionalwahlrechts durchgeführten Landtags- und Gemeinderatswahlen traten an die Stelle der prov. LVen gewählte **Landtage**.

Über das **Landesgesetzgebungsverfahren** bestand in den ersten Monaten Unklarheit.[66] Dem vom Staatsrat beanspruchten Sanktionsrecht (absolutes Veto) hinsichtlich der Landesgesetzesbeschlüsse widersetzten sich die Länder zunächst erfolgreich. Erst durch das G. über die Volksvertretung (StGBl 1919/179) erlangte die Staatsregierung eine Kontrolle über die Landesgesetzgebung:

* Sie erhielt das Recht, gegenüber allen Gesetzesbeschlüssen der LVen eine „Vorstellung“ mit der Wirkung eines suspensiven Vetos zu erheben (Art. 14 Abs. 1).
* Gesetzen, zu deren Vollziehung die Mitwirkung der Staatsregierung notwendig war (zB Forst- und Jagdwesen), konnte die Staatsregierung die Gegenzeichnung verweigern (absolutes Veto, Art. 14, Abs. 4).
* Darüber hinaus konnte die Staatsregierung Gesetzesbeschlüsse einer LV wegen Verfassungswidrigkeit beim VfGH anfechten (Art. 15).

---

[64]) § 12 hob ausdrücklich die Vorschrift auf, wonach kein Landtag mit einer anderen Landesvertretung in Verkehr treten durfte.

[65]) Steiermark (6.11.1918), Kärnten (11.11.1918), Salzburg (7.11.1918), Deutsch-Böhmen (29.10.1918), Sudetenland (16.11.1918), Oberösterreich (18.11.1918), Vorarlberg (3.11.1918).

[66]) *Kelsen* (Verfassungsgesetze III, 136) meinte, dass „auf dem Gebiete der Landesgesetzgebung die reine Willkür“ herrschte.

9.4.2. Die Landesverwaltung

Durch das ÜbernahmeG erfolgte eine Neuordnung der Landesverwaltung. An die Stelle des Landesausschusses trat der von der Landesversammlung (später dem Landtag) gewählte **Landesrat** als oberstes Verwaltungsorgan des Landes. Den Vorsitz im Landesrat führten der Landeshauptmann und seine Stellvertreter. Nach überwiegender Ansicht[67] unterstanden diese auch hinsichtlich der Angelegenheiten der Landesverwaltung den Dienstanweisungen der Staatsregierung. Dadurch erlangte die Staatsregierung Einfluss auf die Landesverwaltung.

9.4.3. Die Gemeinden

Bereits das ÜbernahmeG 1918 bestimmte, dass die bestehenden Lokalgewalten bis auf weiteres aufrecht blieben. Da die angekündigte „Kreis-, Bezirks- und Gemeindeordnung" in der Folge nicht erlassen wurde, galt die Reichsgemeindeordnung 1862 weiter. Bis zu den Gemeinderatswahlen im Frühjahr 1919 besorgten die altösterreichischen Gemeindevertretungen die Gemeindeangelegenheiten. Da diese noch auf dem Kuriensystem basierten, wurden sie in den Städten und Industrieorten durch Vertreter der Arbeiterschaft ergänzt (StGBl 1918/5 u. 81).

9.5. Die Weiterentwicklung des Rechtsschutzes der Einzelperson

Lit.: *Brauneder,* Grundrechte, 23; *Ermacora,* Die Grundrechte in der Verfassungsfrage 1919/20, in: *Wiss. Komm.* (Hg.), Die österreichische Verfassung von 1918 bis 1938, 53; *Kelsen,* Österreichisches Staatsrecht, 91; *Korinek/Gutknecht,* Der Grundrechtsschutz, in: *Schambeck* (Hg.), Bundes-Verfassungsgesetz, 296; *Merkl,* Die Verfassung der Republik Deutschösterreich, 180; *Veiter,* Das Recht der Volksgruppen und Sprachminderheiten in Österreich, 477.

Im Gegensatz zu den kräftigen Impulsen, die die Demokratisierung des Staatswesens zwischen 1918 und 1920 erfahren hatte, erscheint der Ausbau des Rechtsschutzes der Bürger in dieser Epoche vergleichsweise gering. Die Oktoberverfassung 1918 rezipierte nicht nur die Möglichkeit der Ausrufung eines Ausnahmezustandes (RGBl 1869/66), sondern dieser blieb tatsächlich bis zum 18. 4. 1919 (StGBl Nr. 249) aufrecht. Allerdings wurde bereits durch Beschluss der Prov. NV v. 30. Okt. 1918 (StGBl Nr. 3) jede Zensur aufgehoben und die volle Presse-, Vereins- und Versammlungsfreiheit wiederhergestellt.[68] Mit dieser Bestimmung erhielten nunmehr auch Frauen das Recht, Mitglied in einer politischen Partei zu sein.

---

[67]) *Kelsen,* Verfassungsgesetze I, 112; *Merkl,* Verfassung 167; *Öhlinger,* Die Entstehung des Bundesstaates, in: 60 Jahre Bundesverfassung, 43.

[68]) Dessen ungeachtet führte im Februar 1919 ein Gesetz (StGBl Nr. 89) die Zensur des Post- und Telegrammverkehrs mit dem Ausland wieder ein, um die Wegbringung von Vermögenswerten zum Zwecke der Steuerhinterziehung zu verhindern.

§ 16 der Oktoberverfassung 1918 rezipierte das StGG über die allgemeinen Rechte der Staatsbürger (RGBl 1867/142) einschließlich der Suspensionsbestimmung des Art. 20. Die bisher bestehenden Einschränkungen der staatsbürgerlichen Rechte von Militärangehörigen wurden jedoch aufgehoben (StGBl 1919/91).

Wie erwähnt bauten die Art. 62 ff des StV v. St. Germain den Schutz nationaler, rassischer oder religiöser Minderheiten aus. Bspw. sicherte Art. 63 nunmehr auch den gesetzlich nicht anerkannten Religionsgemeinschaften das Recht zur öffentlichen Religionsausübung. Bemerkenswert ist, dass die in den Art. 62 ff niedergelegten Grundrechte unter der Garantie des Völkerbundes standen und nur mit dessen Zustimmung abänderbar waren. Weiters stimmte Österreich zu, sich bei Meinungsverschiedenheiten über diese Grundrechte der Entscheidung des ständigen Internationalen Gerichtshofes zu unterwerfen, wenn diese Sache durch einen Vertragspartner bzw. ein Mitglied des Rats des Völkerbundes anhängig gemacht wurde.

10. Die Demokratische Republik Österreich 1920–1933

„Die Republik soll ich zum Geburtstag feiern?
Dass wir sie haben, ihr beteuern?
Sie ist jetzt im Alter von acht Jahren.
Ich kannte Kinder, die begabter waren.
Es bleibt wohl die beste von ihren Gaben:
Dass wir keine Monarchie mehr haben."
Karl Kraus

10.1. Historischer Hintergrund

Lit.: *Botz,* Gewalt in der Politik. Attentate, Zusammenstöße, Putschversuche, Unruhen in Österreich 1918 bis 1938; *Botz,* Krisenzonen einer Demokratie; *Bruckmüller,* Sozialgeschichte Österreichs, 469; *Gedye,* Als die Bastionen fielen; *Goldinger,* Geschichte der Republik Österreich, 77; *Gulick,* Österreich von Habsburg zu Hitler Bd.I-III; *Haas,* Industrielle Interessenpolitik in Österreich zur Zeit der Weltwirtschaftskrise, in: Jahrbuch f. Zeitgeschichte 1978, 97; *Hautmann/Kropf,* Die österreichische Arbeiterbewegung vom Vormärz bis 1945[3], 125; *Kerekes,* Abenddämmerung einer Demokratie; *Benedikt* (Hg.), Geschichte der Republik Österreich; *Kerekes,* Von St. Germain bis Genf. Österreich und seine Nachbarn 1918–1922; *Kernbauer/Weber,* Von der Inflation zur Depression. Österreichs Wirtschaft 1918–1934, in: *Tálos/Neugebauer* (Hg.), „Austrofaschismus", 1; *Klingenstein,* Die Anleihe von Lausanne; *Leser,* Zwischen Reformismus und Bolschewismus, 335; *Rothschild,* Wurzeln und Triebkräfte der Entwicklung der österreichischen Wirtschaftsstruktur, in: *Weber* (Hg.), Österreichs Wirtschaftsstruktur gestern – heute – morgen I, 71; *Skottsberg,* Parlamentarismus, 189; *Tremel,* Wirtschafts- und Sozialgeschichte Österreichs, 375; *Ucakar,* Demokratie und Wahlrecht in Österreich, 405; *Weinzierl/Skalnik* (Hg.), Österreich 1918–938; *Wiss. Komm.* (Hg.), Österreich 1927 bis 1938; *Zöllner,* Geschichte Österreichs[7], 502;

10.1.1. Wirtschaftliche und soziale Entwicklung

Österreich fiel während der Zwischenkriegszeit wirtschaftlich weiter hinter die westeuropäische Entwicklung zurück und behielt die Wirtschaftsstruktur eines **Agrar-Industriestaates** bei. Die Bevölkerung verteilte sich ziemlich gleichmäßig auf die Sektoren Land- und Forstwirtschaft (32 %), Gewerbe- und Industrie (36 %) und Dienstleistungen (32 %).

Der Umstand, dass Österreichs Industrieproduktion bei Ausbruch der Weltwirtschaftskrise 1929 noch immer nicht den Stand von 1913 erreicht hatte und das BNP nur 6,7 % über dem von 1913 lag, zeigt, dass die österreichische Wirtschaft die aus dem Zusammenbruch des Reiches entstandenen **Strukturprobleme** in den 20er-Jahren nur unzureichend bewältigt hatte. Als vordringlich erwies sich die Entwicklung der heimischen Landwirtschaft (Verminderung der Importabhängigkeit), die Erschließung inländischer Energiequellen (Substituierung von Kohle durch Strom), die Umstellung der Industrie auf heimische Rohstoffe und die Anpassung des Beamtenapparats sowie des Dienstleistungssektors (insbesondere der Banken) an den verkleinerten Wirtschaftsraum. Erschwerend bei diesem Strukturwandel wirkte, dass sich – ausgehend von wirtschaftsliberalen Konzepten – die staatliche Wirtschaftspolitik überwiegend auf die Währungspolitik beschränkte, während es die öffentliche Hand unterließ, durch eine aktive Wirtschafts- und Strukturpolitik die wirtschaftlichen Grundlagen für eine dauerhafte ökonomische Stabilisierung zu schaffen.

Die ersten Jahre der Republik waren gekennzeichnet durch einen fortschreitenden Verfall der österreichischen Kronen-Währung. Im Herbst 1922 betrug das Preisniveau das 14.000fache von 1913. Die galoppierende **Inflation** und ein riesiges Budgetdefizit des Staates brachten die Wirtschaft an den Rand des Zusammenbruchs. Hinter diesen wirtschaftlichen Schwierigkeiten stand das nach wie vor ungelöste Problem, welche Bevölkerungsgruppe die Hauptlasten der Sanierung des durch den verlorenen Krieg vollkommen verschuldeten Staates tragen sollte. Das politische Kräftegleichgewicht hatte 1919/20 eine Entscheidung darüber verhindert, sodass der Staat versuchte, seinen Verpflichtungen durch eine Ausdehnung der Banknotenemission nachzukommen, wodurch die Inflation angeheizt wurde.

Die Sozialdemokraten strebten eine interne österreichische Lösung an, indem sie die notwendigen Mittel durch Zwangsanleihen auf Kosten des Bank- und Spekulationskapitals sowie der großen Vermögen aufbringen wollten. Ohne auf diese Vorschläge einzugehen, bemühte sich die bürgerliche Regierung unter BK Seipel um eine internationale Anleihe in der Höhe von 650 Mio. Goldkronen (sog. Völkerbundanleihe), die von Großbritannien, Frankreich, Italien und der Tschechoslowakei garantiert wurde.[1] Diese Länder verlangten allerdings im Gegenzug Konzessionen Österreichs auf dem Gebiet der Außen-, Innen- und Wirtschaftspolitik. Die Anleihe sowie die damit verbundenen Auflagen wurden in den sog. **„Genfer Protokollen“** (BGBl 1922/842) niedergelegt:

* Österreich bekräftigte seine **Verpflichtung zur staatlichen Unabhängigkeit** gemäß Art. 88 StV. von St. Germain. Darüber hinaus übernahm es die Verpflichtung, „sich jeder Verhandlung und jeder wirtschaftlichen oder finanziellen Bindung (zu) enthalten, welche geeignet wäre, diese Unabhängigkeit direkt oder indirekt zu beeinträchtigen.“ Darüber hinaus durfte es auch keinem Staat ein Sondersystem oder ausschließliche Vorteile zugestehen. Für die Dauer der Laufzeit der Anleihe (längstens bis 1952) verzichtete Österreich auf sein Recht, mit Zustimmung des Völkerbundes die Unabhängigkeit aufzugeben. Umgekehrt erklärten die Garantiemächte, dass sie die „politische Unabhängigkeit, die territoriale Integrität und die Souveränität Österreichs achten werden“ (Protokoll Nr. I).

* Österreich musste sich wirtschaftlich einem vom Völkerbund ausgearbeiteten und von einheimischen Industrie- und Bankkreisen unterstützten strikten **Austerityprogramm** unterwerfen, das beträchtliche wirtschaftliche Belastungen für weite Bevölkerungskreise mit sich brachte. Die Überwachung des wirtschaftlichen Sanierungskonzepts oblag einem vom Völkerbund bestellten Generalkommissär. Nur mit dessen Ermächtigung konnte die österreichische Regierung über den Erlös der Anleihe verfügen. Zur Sicherstellung der Anleihe verpfändete Österreich seine Bruttoeinnahmen aus den Zöllen und dem Tabakmonopol.

---

[1]) *Seipel* gelang es, die führenden Politiker dieser Länder zu überzeugen, dass der wirtschaftliche Zusammenbruch Österreichs das Ende der gerade neu geschaffenen mitteleuropäischen Ordnung bedeuten würde. Die Anleihe bedurfte deshalb einer internationalen Garantie, weil Österreich aufgrund seiner Wirtschaftslage und der Reparationsverpflichtungen nicht mehr kreditwürdig war.

* Durch eine Verfassungsänderung (BGBl 1922/844) musste die Regierung bevollmächtigt werden, das Sanierungsprogramm ohne Befassung des Parlaments **durchzuführen (Regierungsverordnungen aufgrund „besonderer Regierungsbeschlüsse").**

Wegen der mit der Sanierung verbundenen wirtschaftlichen Belastungen waren die Genfer Verhandlungen von heftigen innenpolitischen Auseinandersetzungen begleitet. Die Sozialdemokraten sahen in der Genfer Sanierung einen Verrat österreichischer Interessen an das internationale Finanzkapital. Aus Gründen der Staatsräson gaben sie jedoch schließlich ihre Zustimmung zur Verfassungsänderung. Die wirtschaftliche Sanierung erfolgte durch eine Reihe von Gesetzen, unter denen das WiederaufbauG (BGBl 1922/843) und mehrere AngestelltenabbauG die wichtigsten waren. Von rund 270.000 Staatsangestellten wurden fast 100.000 entlassen. Zoll-, Tarif- und Steuererhöhungen (ua die Einführung der Warenumsatzsteuer, BGBl 1922/843) führten zu empfindlichen Preiserhöhungen und belasteten vor allem die einkommensschwächeren Schichten. Eine neu errichtete Notenbank (BGBl 1922/490 u. 823) erhielt das ausschließliche Recht verliehen, in der Republik Österreich Banknoten auszugeben. Trotz der Verschlechterung der ökonomischen Situation durch die mit der Anleihe verbundenen wirtschaftlichen Auflagen (Sanierungskrise 1923–1925) konnte bereits 1924 eine stabile Schillingwährung eingeführt werden.

Der ab 1925 einsetzende Wirtschaftsaufschwung fand durch die 1929 ausbrechende **Weltwirtschaftskrise** ein abruptes Ende. Die Krise traf die noch immer geschwächte österreichische Wirtschaft besonders hart. Die Industrieproduktion sank um 39 %, die Eisen- und Metallverarbeitung sogar um 66 %, der Außenhandel ging um 49 % zurück. Am Höhepunkt der wirtschaftlichen Depression 1933/34 waren über 740.000 Personen (37 % der erwerbstätigen Bevölkerung) arbeitslos. Rund 3/5 davon erhielten als sog. „Ausgesteuerte" keinerlei staatliche Unterstützung mehr.[2] Wie in anderen Bereichen bewirkte die Krise auch im Bankensektor eine Schrumpfung. Die nach dem Zusammenbruch der Bodenkreditanstalt 1929 und der Creditanstalt 1931 einsetzende Kapitalflucht verursachte einen erneuten Verfall der österreichischen Währung, den die Regierung durch die Aufnahme weiterer ausländischer Kredite **(Lausanner Protokolle)** zu stoppen suchte.[3]

Die österreichische Wirtschaft zeichnete sich während der 20er-Jahre durch eine hohe **Auslandsabhängigkeit** und ein hohes Handelsdefizit aus. Rund 2/3 der österreichischen Großindustrie wurden 1930 vom ausländischen – die Hälfte davon vom deutschen – Finanzkapital kontrolliert.[4] Wegen des fehlenden Glaubens an die eigene wirtschaftliche Kraft suchte Österreich sein Heil im wirtschaftlichen Zusammenschluss mit anderen Staaten. Aber weder die in den ersten Jahren angestrebte Wirtschaftsunion der Donaustaaten noch die geplante Zollunion mit dem Deutschen Reich (1931) ließen sich realisieren.

Als einziger Wirtschaftszweig wies die österreichische **Landwirtschaft** in der Zwischenkriegszeit eine deutliche Expansion auf. Trotz erheblicher Steigerung der Hektar-

---

[2]) *Weber,* Die Weltwirtschaftskrise, in: *Fröschl/Zoitl* (Hg.), 4. März 1933, 39; *Rothschild,* in: *Weber* (Hg), Österreichs Wirtschaftsstruktur, 87. Die Zahl der Konkurse erhöhte sich von 1986 (1929) auf 4500 (1932) und betraf in erster Linie Betriebe des Handels, Handwerks und der Landwirtschaft; vgl. *Kernbauer/Weber,* in: *Tálos/Neugebauer* (Hg.), „Austrofaschismus"[4], 1.

[3]) In den **„Lausanner Protokollen"** 1932 (BGBl 1933/12) erhielt Österreich unter ähnlichen Konditionen (insbes. unter Bezug auf Protokoll Nr. I von Genf 1922) von Belgien, Großbritannien, Frankreich und Italien die Garantie für eine internationale Anleihe in der Höhe von 300 Mio. S

[4]) *Matis,* in: *Kann/Prinz* (Hg.), Deutschland und Österreich, 391.

erträge konnte sie jedoch selbst 1937 nur 4/5 des Inlandsbedarfs an Nahrungsmittel decken. Durch die Angliederung des Burgenlands gewann Österreich im Jahre 1921 ein für die Versorgung der Bundeshauptstadt Wien bedeutsames Agrargebiet hinzu. Durch die Errichtung von Landwirtschaftskammern erhielten die Bauern im Rahmen der beruflichen Selbstverwaltung ab 1922 eine Interessenvertretung.

10.1.2. Innenpolitische Entwicklung

Die politische Landschaft Österreichs war durch das Fortbestehen der traditionellen Lager und eine sich vertiefende **politische Polarisierung** gekennzeichnet. Dabei standen sich die Sozialdemokraten einerseits und ein aus dem katholischen und deutschnationalen Lager geformter „Bürgerblock" andererseits gegenüber.

In der **Sozialdemokratischen Arbeiterpartei** (SDAP) hatten sich nach 1918 ohne große Widerstände jene Kräfte durchgesetzt, die eine revolutionäre Erhebung ablehnten und die Überwindung der kapitalistischen Wirtschaftsordnung über demokratische Wahlen anstrebten. Sie beabsichtigten, die Republik als „demokratisch(es) Kampfmittel auszunützen, um die Mehrheit des Volkes unter der Führung der Arbeiterklasse zu sammeln und dadurch die Klassenherrschaft der Bourgeoisie zu stürzen". Einmal an die Macht gekommen, wollten sie die „Staatsmacht in den Formen der Demokratie und unter allen Bürgschaften der Demokratie ausüben" (Linzer Programm 1926).[5] Im Gegensatz zu der für den Austromarxismus typischen Verbalradikalität stand eine weitgehend defensive praktische Politik, die auf den Erhalt der Republik, der Demokratie und der sozialpolitischen Errungenschaften abzielte. Der 1923 gegründete paramilitärische **Republikanische Schutzbund**[6] sollte ein sozialdemokratisches Gegengewicht zu den faschistischen Heimwehren und das immer mehr unter christlichsozialen Einfluss geratende Bundesheer darstellen. Nach der zum Teil selbst verschuldeten Verdrängung aus allen wichtigen Staatsfunktionen im Jahre 1920 blieben die Sozialdemokraten auf Bundesebene bis zum Untergang der Demokratie in der Opposition. Sie versuchten im „Roten Wien" eine gesellschaftliche Gegenkultur aufzubauen, von der sie eine Ausstrahlungswirkung auf das übrige Österreich erhofften. Bei NR-Wahlen erhielten sie zwischen 36 % (1920) und 41 % (1930) der Stimmen.

---

[5]) Unter Bezug auf die historischen Erfahrungen mit konterrevolutionären Kräften in anderen Ländern führte das Linzer Programm weiters aus: „Wenn sich aber die Bourgeoisie gegen die gesellschaftliche Umwälzung, die die Aufgabe der Staatsmacht der Arbeiterklasse sein wird, durch planmäßige Unterbindung des Wirtschaftslebens, durch gewaltsame Auflehnung, durch Verschwörung mit ausländischen gegenrevolutionären Mächten widersetzen sollte, dann wäre die Arbeiterklasse gezwungen, den Widerstand der Bourgeoisie mit den Mitteln der Diktatur zu brechen."

[6]) Seine Aufgabe lag im Gegensatz zu den übrigen paramilitärischen Formationen dieser Zeit nicht in der Vorbereitung eines Staatsstreichs, sondern war auf die Verteidigung der demokratischen Republik ausgerichtet.

Als führende Kraft im bürgerlichen Lager kämpfte die **Christlichsoziale Partei** um die Erhaltung des „katholischen Einflusses“ (Familien- und Eherecht, Schul- und Erziehungswesen) sowie die Förderung des gewerblichen Mittelstandes und der Landbevölkerung. Durch verstärkte finanzielle Zuwendungen wuchs der Einfluss der Industrieunternehmer auf die Politik der Christlichsozialen. Von Beginn an existierten zwei politische Flügel. Während die demokratischen Kräfte innerhalb der Christlichsozialen an Boden verloren, begann sich (vor allem nach 1927) der autoritäre Flügel um Seipel, Vaugoin und Dollfuß durchzusetzen. Diese standen in engem Kontakt zu der faschistischen Bewegung Italiens und dem autoritären Horty-Regime in Ungarn. Sie zielten auf die Ausschaltung der Sozialdemokratie, die Beseitigung des „revolutionären Schutts“ (*Seipel*) von 1918/19 und den Umbau des Staates sowie der Gesellschaftsordnung nach berufsständischem Vorbild ab (vgl. Kap. 11.3.2.). Durch die Förderung der Heimwehren und die Umpolitisierung des Bundesheeres[7] versuchten sie, sich eine „verlässliche Brachialgewalt“[8] zur Entmachtung der Arbeiterbewegung zu schaffen. Bei Nationalratswahlen erreichten die Christlichsozialen ihr bestes Ergebnis 1923 mit 45 % der Stimmen und verloren in den folgenden Wahlen sukzessive an Wählern (1930: 36 %).

Die bereits angesprochenen paramilitärischen **Heimwehren** entstanden nach 1918 als Bauern- und Bürgerwehren. Sie bildeten eine politisch inhomogene Kraft, in der monarchistische, christlichsoziale, deutschnationale und nationalsozialistische Strömungen mehr gegen- als miteinander wirkten. Verbindendes Element war die gemeinsame antidemokratische[9] und antisozialistische Ausrichtung. Ihr politisches Ziel bildete die **Errichtung eines faschistischen, ständisch gegliederten Staates** nach Vorbild Italiens und Ungarns. Diese Länder stellten zusammen mit österreichischen Industriekreisen die wichtigsten Geldgeber der Heimwehren dar. Spätestens seit dem Jahre 1928 arbeiteten die Heimwehren (mit Wissen eines Teils der führenden christlichsozialen Politiker) an konkreten Vorbereitungen für einen bewaffneten Putsch.[10] Ohne die Unterstützung der Christlichsozialen wären die von ehem. Offizieren und aristokratischen Großgrundbesitzern geführten Heimwehren für einen Staatsstreich allerdings politisch und militärisch zu schwach gewesen. Am Höhepunkt ihrer Macht, im Jahre 1930, kandidierten die Heimwehren bei der Nationalratswahl als eigene Partei (Heimatblock), erreichten jedoch nur 6 % der Stimmen. Trotz der Spaltung in eine völkische (nationalsozialistische) und eine christlichsoziale

---

[7]) Vgl. *Huemer,* Zerstörung, 24.

[8]) *Staudinger,* Christlichsoziale Partei, in: *Weinzierl/Skalnik* (Hg.), Österreich I, 260.

[9]) Im „Korneuburger Eid“ 1930 verwarfen die Heimwehren den „westlich-demokratischen Parlamentarismus und den Parteienstaat“. An seine Stelle sollte eine „starke Staatsführung, die nicht aus Parteivertretern, sondern aus den führenden Personen der großen Stände und den fähigsten und bewährtesten Männern unserer Volksbewegung“ treten.

[10]) Die Heimwehr hatte sich am 10. August 1929 der italienischen und ungarischen Regierung gegenüber schriftlich verpflichtet, „die entscheidende Aktion zur Änderung der österreichischen Staatsverfassung *spätestens* in dem Zeitraum zwischen 15. II. und 15. III. 30 durchzuführen.“ (Verpflichtungserklärung abgedr. bei: *Berchtold,* Verfassungsreform I, 25).

Strömung sowie eines missglückten Staatsstreichversuches der steiermärkischen Heimwehr („Pfrimer-Putsch", 1931) gelang es den Heimwehren durch eine Koalition mit den Christlichsozialen, ihren Einfluss auf die österreichische Innenpolitik auszubauen.

Das **deutschnationale Lager**, das es im Schnitt auf 15 % der Wählerstimmen brachte, blieb auch in der Ersten Republik auf mehrere Parteien zersplittert. Die Großdeutsche Volkspartei vertrat das deutschnationale Bürgertum und besaß beträchtliche Anhängerschaft unter den Beamten. Die Hochburg des **Landbundes** lag bei der deutschnationalen Landbevölkerung Kärntens und der Steiermark. Beide Parteien waren wiederholt in Koalition mit den Christlichsozialen an der Regierung beteiligt, mit denen sie zwar in den grundsätzlichen wirtschaftspolitischen Prinzipien übereinstimmten, sich jedoch durch eine größere Distanz zur Katholischen Kirche unterschieden. Noch stärker als in den anderen weltanschaulichen Lagern bildete bei den „Nationalen" der Anschluss Österreichs an Deutschland den zentralen politischen Programmpunkt. Bis dahin war eine möglichst enge Zusammenarbeit mit dem Deutschen Reich zu gewährleisten.[11]

Die ebenfalls dem deutschnationalen Lager **angehörende Nationalsozialistische Deutsche Arbeiterpartei (NSDAP)** blieb bis Anfang 1930 in Österreich eine weitgehend unbedeutende Bewegung. Erst im Sog des Aufstiegs der NSDAP in Deutschland und vor dem Hintergrund der Weltwirtschaftskrise gelangen den österreichischen Nationalsozialisten 1932 bei Landtags- und Gemeinderatswahlen beträchtliche Stimmengewinne, die zum überwiegenden Teil zu Lasten der Großdeutschen, des Landbundes und der Heimwehren gingen. In Wien verloren die Christlichsozialen und in Vorarlberg die Sozialdemokraten Stimmen an die NSDAP. Das nationalsozialistische Wählerpotenzial wird für 1932 auf 15–25 % geschätzt.[12] Angesichts des sich vollziehenden Verlustes ihrer politischen Basis schlossen die steirische Heimwehr (März 1933), die Großdeutsche Volkspartei (Mai 1933) und der Landbund (Mai 1934) ein Kampfbündnis mit der NSDAP (Großdeutsche Front).

---

[11]) Salzburger Programm der Großdeutschen Volkspartei 1920: „Der unverrückbare Leitstern unserer Außenpolitik ist der Anschluss Österreichs an das Deutsche Reich."

Politische Leitsätze des Landbundes 1923: „Der Zusammenschluss aller deutschen Stämme von Mitteleuropa zu einem einheitlichen Volksstaate ist sein unverrückbares Ziel."

[12]) *Botz,* Krisenzonen, 221. Im Vergleich mit den NR-Wahlen 1930 erhöhten sich bei den Landtagswahlen 1932 in Wien, Niederösterreich und Salzburg die Stimmen von 66.000 auf 336.000 (16 %). Bei den Gemeinderatswahlen in Innsbruck im April 1933 erreichte die NSDAP 41 % der Stimmen.

Mandatsverteilung 1919–1933 im Nationalrat:

Wahl-jahr	Sozialdem. Partei	Christl.soz. Partei	Deutschnat. Parteien. gem.	Großdeut. Partei	Landbund	Heimat-block	Sonstige
1919	72	69	27	–	–	–	2
1920	69	85	28	–	–	–	1
1923	68	82	–	10	5	–	–
1927	71	73	–	12	9	–	–
1930	72	66	19	–	–	8	–

Zusammen mit den Parteien des nationalen Lagers formierten die Christlichsozialen nach 1920 einen **„Bürgerblock"**[13], dem es ab 1922 („Genfer Sanierung") gelang, die Vorherrschaft des Industrie- und Bankkapitals sowie der bäuerlichen Bevölkerung durchzusetzen. Die innenpolitische Polarisierung führte wiederholt zu schweren Auseinandersetzungen und gewaltsamen Zusammenstößen.[14] Der Folgenschwerste ereignete sich am 15. Juli 1927, als ein Protestmarsch von Arbeitern eskalierte **(Justizpalastbrand)** und 97 Demonstranten und 5 Polizisten getötet wurden. Die Weltwirtschaftskrise in den 30er-Jahren verschärfte die politischen Spannungen weiter. Durch die Wählerverschiebungen im nationalen Lager sowie den Abschluss der „Lausanner Protokolle" (Erneuerung des „Anschlussverbots") zerbrach 1932 die langjährige Koalition der Christlichsozialen mit den Großdeutschen. Die Sozialdemokraten hatten sich schon 1931 geweigert, in eine bürgerlich geführte Regierung einzutreten. Die Christlichsozialen bildeten zusammen mit dem Landbund und den Heimwehren eine Koalition, die im NR nur über die Mehrheit von einer Stimme verfügte. Als sich durch die Niederlagen bei den Landtagswahlen 1932 der nahende Verlust der politischen Macht bei den spätestens 1934 fälligen NR-Wahlen abzeichnete, reifte bei den Christlichsozialen und den Heimwehren der Entschluss zum Bruch der Verfassung (zum schrittweisen Staatsstreich im Frühjahr 1933 vgl. Kap. 11. 2.).

Die **antisemitische Tradition** des christlichsozialen und des nationalen Lagers setzte sich auch in der Ersten Republik fort. Programmoffizielle Judenhetze[15], ja sogar öffentliche Aufrufe zur Internierung von Juden in Konzentrationslagern[16], bereiteten bereits lange

[13]) Der Bürgerblock stützte sich zwar auf einen beträchtlichen Mandatsvorsprung gegenüber der Opposition, war aber selbst geprägt von Spannungen auf dem Gebiet der Wirtschafts-, Religions- und Anschlusspolitik. Die politische Instabilität dieser Zeit drückte sich darin aus, dass in Österreich zwischen Oktober 1920 und Frühjahr 1934 achtzehn verschiedene Regierungen amtierten.

[14]) Vgl. *Wiss. Komm.* (Hg.), Die Ereignisse des 15. Juli 1927; *Botz,* Gewalt in der Politik.

[15]) Im *großdeutschen Programm* 1920 wurden die Juden als „Parasiten am Wirtschaftskörper" bezeichnet. Weiters hieß es: „Die Rassenveranlagung treibt den Juden dazu, die Herrschaft über das Wirtsvolk anzustreben." Die *Christlichsozialen* forderten in ihrem Programm 1926 die Bekämpfung der „Übermacht des zersetzenden jüdischen Einflusses auf geistigem und wirtschaftlichem Gebiete."

[16]) So der christlichsoziale Parteiobmann Leopold Kunschak am 29. 4. 1920 in der Konst. NV. (StProt. 2382). Vgl: *Pelinka Anton,* Stand oder Klasse? Die Christliche Arbeiterbewegung Österreichs 1933 bis

vor der nationalsozialistischen Machtergreifung den Boden für die spätere Ausrottungspolitik. Eine weitere Konstante der österreichischen Politik war der alle politischen Lager umfassende Wunsch einer **Angliederung Österreichs an das Deutsche Reich**.[17]

10.1.3. Außenpolitische Lage

Nach dem Rückzug der USA und Großbritanniens aus der kontinentaleuropäischen Politik stieg Frankreich zur stärksten politischen Macht Europas auf. Durch eine Reihe von Bündnisverträgen mit ost- und südosteuropäischen Staaten suchte es Deutschland einzukreisen und eine Ausdehnung des sowjetischen Einflusses zu verhindern. Die Tschechoslowakei, Jugoslawien und Rumänien schlossen sich zur Kleinen Entente zusammen, die die Restauration der Habsburger verhindern sollte. Deutschland, dessen Wiedererstarken Frankreich verhindern wollte, gelang nach anfänglichen Problemen ab Mitte der 20er-Jahre ein politischer und wirtschaftlicher Wiederaufstieg.

Eine Reihe von europäischen Ländern (vor allem Deutschland, Italien, Ungarn, Österreich) versuchten nach 1920 auf friedlichem Wege eine Revision der Friedensverträge zu erreichen. Österreichs Bemühungen konzentrierten sich auf die Beseitigung des sog. „Anschlussverbots“, die Rückgewinnung Südtirols und den Erlass der Reparationszahlungen. Trotz dieser Revisionsbestrebungen können die 20er-Jahre als Phase der **politischen Entspannung** angesehen werden, in der es zu einer temporären Aussöhnung des Deutschen Reichs mit der UdSSR (Vertrag von Rapallo 1922) und Frankreich (Locarno-Pakt 1925) kam. Abrüstungsgespräche sowie Vorschläge, eine Föderation der europäischen Staaten zu schaffen, schienen die Chance auf eine längere Friedensperiode zu signalisieren.[18] Eine Erschütterung dieser Entwicklung drohte allerdings von der Machtübernahme faschistischer Organisationen in Italien (1922) und Deutschland (1933). Deren expansionistische Konzeptionen zielten auf eine gewaltsame Zerschlagung der Nachkriegsordnung und schufen in den 30er-Jahren wachsende internationale Spannungen.

1938, 213, 1972; *Staudinger,* Christlichsoziale Judenpolitik in der Gründungsphase der österreichischen Republik, JfZ 1978, 11.

[17]) Bis zum Oktober 1933 enthielt das sozialdemokratische Parteiprogramm 1926 noch folgende Passage: „Die Sozialdemokratie betrachtet den Anschluss Deutschösterreichs an das Deutsche Reich als notwendigen Abschluss der nationalen Revolution von 1918. Sie erstrebt mit friedlichen Mitteln den Anschluss an die Deutsche Republik.“

Die Heimwehren wollten gem. ihren „Allgemeinen politischen Grundsätzen“ von 1930 „alle Bestrebungen fördern, die den Zusammenschluss mit dem deutschen Bruderreiche vorbereiten, denn ihr Ziel ist der einige deutsche Ständestaat.“

Etwas zurückhaltender die Christlichsozialen 1926. Sie forderten in ihrem Programm die „Gleichberechtigung des deutschen Volkes in der europäischen Völkerfamilie und die Ausgestaltung des Verhältnisses zum Deutschen Reiche auf Grund des Selbstbestimmungsrechtes.“

Bzgl. des deutschnationalen Lagers vgl. oben FN 11.

[18]) Im *Briand-Kellogg-Pakt* (1928/29) verpflichteten sich 62 Staaten, auf den Krieg als Mittel ihrer Politik für immer zu verzichten.

Österreich begann ab 1920 seine Beziehungen zu den Nachbarstaaten zu normalisieren und erreichte am 15. Dez. 1920 die **Aufnahme in den Völkerbund.** Wegen der strategischen Bedeutung Österreichs im Donauraum und in Hinblick auf die Kontrolle der Verkehrswege im Ostalpenraum versuchten Deutschland und Italien auf das politische Geschehen in Österreich Einfluss zu erlangen. Das langfristige Ziel der **deutschen Außenpolitik**, die Einverleibung Österreichs, stieß auf französischen und italienischen Widerstand. Als Zwischenschritt forcierten deutsche Finanz- und Industriekreise daher die Durchdringung der österreichischen Wirtschaft mit deutschem Kapital.[19] Der Versuch, 1931 eine Zollunion zwischen dem Deutschen Reich und Österreich zu gründen, scheiterte an der im StV von St. Germain und in den Genfer Protokollen niedergelegten Unabhängigkeitsverpflichtung.

Trotz des Südtirolkonflikts erfolgte Ende der 20er-Jahren eine schrittweise Annäherung zwischen **Italien** und Österreich. Enge politische Kontakte entstanden zwischen den italienischen Faschisten, den österreichischen Heimwehren und den Christlichsozialen. Italien versuchte (zusammen mit Ungarn) auf die österreichische Innenpolitik Einfluss zu gewinnen und in Österreich ein autoritäres Regime zu etablieren. Ziel dieser Bestrebungen war, den westlich-parlamentarischen Demokratien in Mitteleuropa einen Block totalitär geführter Staaten gegenüberzustellen und die Expansion Deutschlands zu verhindern.

10.2. Die Entstehung des B-VG 1920

Lit.: *Ableitinger,* Grundlegung der Verfassung, in: *Weinzierl/Skalnik* (Hg.), Österreich 1918–1938 I, 147; *Adamovich/Funk,* Verfassungsrecht[3], 71; *Baltl/Kocher,* Rechtsgeschichte[9], 253; *Brauneder,* Verfassungsgeschichte[7], 211; *Ermacora* (Hg.), Quellen zum österreichischen Verfassungsrecht (1920); *Ermacora,* Verfassungslehre, 28; *Ermacora,* Zur Entstehung, in: *Schambeck* (Hg.), Das Österreichische Bundes-Verfassungsgesetz und seine Entwicklung, 3; *Hautmann,* Historisch-politische Entstehungsbedingungen des B-VG, in: Dimmel/Noll (Hg.), Verfassung, 19; *Hellbling,* Verfassungs- und Verwaltungsgeschichte[2], 433; *Hoke,* Rechtsgeschichte, 468; *Kelsen/Fröhlich/Merkl,* Die Bundesverfassung vom 1. Oktober 1920; *Kelsen,* Österreichisches Staatsrecht, 154; *Matzka* (Hg.), Sozialdemokratie und Verfassung, 69; *Neschwara,* Zur Entwicklung des Verfassungsrechts nach 1918, in: *Schambeck* (Hg.). Parlamentarismus I, 96; *Pelinka/Welan,* Demokratie und Verfassung in Österreich, 21; *Schmitz,* Die Vorentwürfe Hans Kelsens für die Österreichische Bundesverfassung; *Seipel,* Der Kampf um die österreichische Verfassung, 67; *Walter/Mayer,* Grundriß des Bundesverfassungsrechts[9], 26; *Walter,* Die Entstehung des Bundes-Verfassungsgesetzes 1920 in der konstituierenden Nationalversammlung; *Walter,* Verfassungs- und Verwaltungsgeschichte, 273; *Welan,* Die Verfassungsentwicklung in der Ersten Republik, in: Politicum 1980, H. 5, 43; *Wiss. Komm.* (Hg.), Die Österreichische Verfassung von 1918 bis 1938.

Alle Parteien waren sich darüber einig, dass die Märzverfassung 1919 nur ein Provisorium darstellen würde. Obwohl die Arbeiten an der neuen Konstitution im Schoße der Staatskanzlei bereits im November 1918 aufgenommen wurden, dauerte die Beschlussfassung über das B-VG (BGBl 1/1920) schließlich bis zum 1. Oktober 1920. Diese im Wesentlichen am 10. 11. 1920 in Kraft getretene Verfassung stellte dann immer noch ei-

---

[19]) *Ripper* (Österreichs Weg zum Anschluß, 106) stellte schon 1928 fest: „Man kann getrost sagen, dass die österreichische Schwerindustrie, die Elektroindustrie und die Papierindustrie bereits angeschlossen sind.“

nen Torso dar, der eine Reihe von essenziellen Verfassungsinhalten ausklammerte (zB Grundrechte, Kompetenzen). Die Ursache hiefür lag in den **divergierenden gesellschaftspolitischen Konzepten** der politischen Parteien und im Kampf um die Macht, diese in den folgenden Jahren durchzusetzen.[20]

Neben der Staatskanzlei, in deren Auftrag **Hans Kelsen** bis zum Oktober 1919 fünf Verfassungsentwürfe ausarbeitete[21], lag die Initiative zunächst bei den politischen Parteien der Konst. NV. Die **Sozialdemokraten** forderten in einem Aktionsprogramm (Februar 1919)[22] für die Staatsorganisation folgende Grundsätze: Einkammersystem, kein Staatsoberhaupt, Wahl der Regierung durch die Nationalversammlung, Selbstregierung der Länder, jedoch soll Reichsrecht Landrecht brechen, Demokratisierung der Lokalverwaltung (Bezirke), Volksabstimmung über wichtige Gesetze, Ausbau der Grundrechte. Die **Christlichsozialen** legten im Mai 1919 ihrerseits einen (ersten) Verfassungsentwurf[23] vor: Bundesfreistaat mit selbstständigen Ländern, Zweikammersystem (Volkshaus und ein aus Vertretern der Länder und Berufsorganisationen zusammengesetztes Ständehaus), Staatspräsident als Staatsoberhaupt, Bestellung der Bundesregierung durch die Volksvertretung über Vorschlag des Staatspräsidenten.

Da es in der Konst. NV zu keinen substanziellen Verhandlungen über die Verfassung kam, rissen die Länder im Winter bzw. Frühjahr 1920 die Initiative an sich. Entsprechend ihrer radikal föderalistischen Zielsetzungen waren ihre Vorschläge vom Modell der Schweizer Verfassung inspiriert. Angesichts der Gefahr, dass die zentrifugalen Kräfte in Österreich die Oberhand gewinnen könnten, gelang es der Konst. NV in der Zeit von Juli bis September 1920 trotz des Zerfalls der Koalition das B-VG durchzuberaten und zu beschließen.[24] Hinsichtlich jener Materien über die inhaltlich kein Kompromiss erzielt werden konnte, einigte man sich auf die Übernahme der bestehenden Normen (so bei den Grundrechten und Gemeinden) bzw. den Einbau provisorischer Bestimmungen (Kompe-

[20]) Für die Sozialdemokraten erkärte *Robert Danneberg,* dass „die Aufrichtung der wirtschaftlichen Demokratie, die Umwandlung der kapitalistischen Wirtschaftsordnung in eine sozialistische ... das letzte und das größte Ziel (bleibt), das wir haben. Die Demokratie, die demokratische Republik ist uns nur der Boden, auf dem wir den Kampf um unser letztes Ziel führen“ (*Danneberg/Leuthner,* Verfassung und Sozialdemokratie, 25).

[21]) Zum Inhalt dieser Entwürfe meinte *Kelsen* später: „Richtschnur war mir dabei, alles Brauchbare aus der bisherigen Verfassung (Märzverfassung 1919, Anm. d. Verf.) beizubehalten, die Kontinuität der verfassungsrechtlichen Institutionen möglichst zu wahren, das bundesstaatliche Prinzip in das schon Bestehende und Bewährte gleichsam einzubauen und mich dabei – soweit dies mit Rücksicht auf die Verschiedenheit der historisch-politischen Voraussetzungen tunlich war – an die schweizerische, aber mehr noch an die neue deutsche Reichsverfassung anzulehnen“ (Staatsrecht, 161).

[22]) Abgedr. bei *Berchtold,* Österreichische Parteiprogramme, 233.

[23]) Blg. StProt. Konst. NV Nr. 231.

[24]) Die politischen Parteien hatten im Frühsommer 1920 jeweils eigene Verfassungsentwürfe eingebracht (abgedr. bei: *Ermacora,* Quellen zum österreichischen Verfassungsrecht, 78, 141, 152), welche wichtige Aufschlüsse über die unterschiedlichen rechtlichen Konzeptionen der Parteien geben.

tenzen, Schul- und Erziehungswesen, finanzielle Auseinandersetzung zwischen Bund und Ländern).

Grundlegende Auffassungsunterschiede bestanden zwischen den Sozialdemokraten und den Christlichsozialen in der Frage, ob und in welchem Ausmaß Österreich als **föderalistischer Bundesstaat** eingerichtet werden sollte. Während die Christlichsozialen, die mit Ausnahme von Wien/Niederösterreich alle Länder dominierten, einen Ausbau der Kompetenzen der Länder anstrebten, wollten die Sozialdemokraten, die zu diesem Zeitpunkt in der NV die relative Mehrheit besaßen, den Gesamtstaat stärken. Ebenfalls kontrovers zwischen den Parteien war die Frage der **Demokratisierung der Verwaltung auf unterer Ebene**. In der Absicht, den Einfluss der christlichsozial geführten Länder auf die Lokalverwaltung zu verringern, bemühten sich die Sozialdemokraten um die Errichtung von Verwaltungskreisen und die Wahl der Kreis- und Bezirksvertretungen durch die Bevölkerung.

Einen zentralen Streitpunkt bildete der **Einfluss der Länder auf die Gesetzgebung des Gesamtstaates**. Die Sozialdemokraten setzten durch, dass die Länderkammer (Bundesrat) nur ein suspensives Veto gegenüber Gesetzesbeschlüssen des Nationalrats besaß. Die Christlichsozialen schlugen vor, dass in der Länderkammer alle Länder unabhängig von ihrer Größe mit gleich vielen Mitgliedern vertreten sein sollten. Dies entsprach den christlichsozialen Vorstellungen von einem durch den Zusammenschluss selbstständiger Länder entstandenen Bund, in dem die *Länder* repräsentiert wären. Für die Sozialdemokraten, die in so einer Länderkammer für immer die Minderheit gebildet hätten, musste dies unannehmbar sein. Sie setzten schließlich durch, dass die Anzahl der Bundesratsmitglieder eines Landes von dessen Bevölkerungszahl abhing, womit der Gedanke der Repräsentation der *Landesbevölkerung* verwirklicht wurde.

Die Gespräche über einen neuen **Grundrechtskatalog,** bei denen die unterschiedlichen Weltanschauungen zwangsläufig aufeinander prallen mussten[25], brachten keine Einigung. Forderungen der Sozialdemokraten nach einer weiteren Entkonfessionalisierung des Staates (zB im Eherecht, sowie im Schul- und Erziehungswesen) und Einschränkung des Schutzes des Eigentums[26] widersprachen den zentralen politischen Zielen der Christlichsozialen. Der Vorschlag der Sozialdemokraten, eine antikapitalistische Staatszielbestimmung[27] in die Verfassung aufzunehmen, fand keine Mehrheit.

---

[25]) *Seipel,* Der Kampf um die österreichische Verfassung, 96.

[26]) Abs. 1 des Art. 148 des sozialdemokratischen Verfassungsentwurfes lautete: „Das Eigentum ist von der staatlichen Rechtsordnung verliehen und kann durch sie entzogen werden."

[27]) Vgl. Art. 15 des sozialdemokratischen Entwurfes, abgedr. bei *Ermacora* (Hg.), Quellen, 157: „Die Organisation der Gütererzeugung und der Güterverteilung ist Aufgabe des Bundes. Durch planmäßigen Aufbau dieser Organisationen ist die politische Demokratie zur wirtschaftlichen Demokratie auszubauen.

Der Bund hat das Recht, zu diesem Zwecke einzelne Wirtschaftsbetriebe und ganze Zweige der Volkswirtschaft in das Gemeineigentum zu überführen und ihre Verwaltung unter der Mitwirkung der Arbeiter und Angestellten ... sowie der Verbraucher ... zu organisieren ..."

Aus prinzipiellen demokratiepolitischen Überlegungen – Verhinderung „cäsaristischer Experimente“ bzw. das Parlament sollte das höchste Organ bleiben – lehnten die Sozialdemokraten die Schaffung der Funktion des **Bundespräsidenten** zunächst ab, stimmten jedoch schließlich einem nur mit geringer Macht ausgestatteten Staatsoberhaupt zu.

10.3. Das Verfassungsrecht des Bundes (B-VG 1920) einschließlich der Novellen bis 1925

Lit.: *Adamovich/Funk,* Verfassungsrecht[3], 71; *Adamovich,* Die Prüfung der Gesetze und Verordnungen durch den österreichischen Verfassungsgerichtshof; *Adamovich,* Grundriß des österreichischen Staatsrechtes[1]; *Baltl/Kocher,* Rechtsgeschichte[9], 253; *Brauneder,* Verfassungsgeschichte[7], 209; *Ermacora,* Verfassungslehre, 28; *Frisch,* Lehrbuch des österreichischen Verfassungsrechtes; *Fröhlich,* Die Bundesverfassung der Republik Österreich; *Hellbling,* Verfassungs- und Verwaltungsgeschichte[2], 433; *Hoke*, Rechtsgeschichte, 468; *Kathrein,* Der Bundesrat in der Ersten Republik; *Kelsen/Fröhlich/Merkl,* Die Bundesverfassung vom 1. Okt. 1920; *Kelsen,* Die Bundesexekution, in: Festgabe für Fritz Fleiner, 127; *Kelsen,* Die Entwicklung des Staatsrechts in Österreich seit dem Jahre 1918, in: *Anschütz/Thoma* (Hg.), Handbuch, 152; *Kelsen,* Staatsrecht, 163; *Neschwara*, Zur Entwicklung des Verfassungsrechts nach 1918, in: *Schambeck* (Hg.). Parlamentarismus I, 133; *Schuschnigg,* Die neue Bundesverfassung in Österreich; *Walter/Mayer,* Grundriß des Bundesverfassungsrechts[9], 26; *Walter,* Österreichische Verfassungs- und Verwaltungsgeschichte, 273; *Weber,* Die mittelbare Bundesverwaltung, 99; *Welan,* Die Verfassungsentwicklung in der Ersten Republik, in: Politicum 1980, H. 5, 43; *Wittmayer,* Verfassungsrecht.

Art. 2 B-VG richtete die Republik Österreich als **föderalistischen Bundesstaat** ein.[28] Das bundesstaatliche System Österreichs war dualistisch konzipiert, dh dem Bund (Gesamtstaat=Oberstaat) standen die Gliedstaaten (Länder) gegenüber. Aus den in Kap. 10.2. angeführten Gründen war der Föderalismus im B-VG 1920 allerdings nur vergleichsweise schwach ausgebildet. Dies zeigte sich etwa darin, dass das Schwergewicht der Kompetenzen (einschließlich der **Kompetenz-Kompetenz**) beim Bund konzentriert war und die Länderkammer (Bundesrat) nur geringen Einfluss auf die Gesetzgebung besaß. Durch die Errichtung eines Bundesstaates trat neben die traditionelle horizontale Gewaltenteilung (Gesetzgebung, Verwaltung, Gerichtsbarkeit) eine vertikale zwischen Bund und Ländern. Die Einrichtung einer Bundesexekution, dh die Anwendung von Zwangsmaßnahmen gegen ein Land durch den Bund, sah das B-VG 1920 nicht vor. Über Differenzen zwischen den Organen des Bundes und der Länder entschieden der Verfassungs- und der Verwaltungsgerichtshof.

Staatsgebiet: Die Republik Österreich umfasste das Gebiet folgender Bundesländer: Burgenland, Kärnten, NÖ (am 1. 1. 1922 erfolgte die Teilung in NÖ und Wien), OÖ, Salzburg, Steiermark, Tirol und Vorarlberg.

---

[28]) Unter einem **Bundesstaat** versteht man „eine Verbindung von mehreren (nicht souveränen) Staaten zur Einheit eines (souveränen) Staates ..., wobei sich die rechtlichen Beziehungen zwischen den solcherart integrierten Staaten nach (innerstaatlichem) Verfassungsrecht richten.“ Typisches Merkmal eines Bundesstaates bildet die „Aufteilung der staatlichen Funktionen in Gesetzgebung (einschließlich Verfassungsgesetzgebung) und Vollziehung zwischen dem Gesamtstaat und den Teilstaaten sowie die Teilnahme der Teilstaaten an der Gesetzgebung und Vollziehung des Gesamtstaates“ (*Adamovich/Funk,* Verfassungsrecht[3], 123).

Burgenland: In den Friedensverträgen von St. Germain 1919 und Trianon 1920 (betreffend Ungarn) wurde ein Großteil des mehrheitlich deutschsprachigen Gebiets Deutsch-Westungarn der Republik Österreich zugesprochen. Ungarn gab seinen Widerstand gegen die Abtretung dieses Territoriums jedoch erst nach weiteren Verhandlungen und der Intervention Italiens auf (Venediger Protokolle, 13. 10. 1921). Die darin vereinbarte Volksabstimmung über den Verbleib des Gebietes von Ödenburg/Sopron wurde von ungarischer Seite unkorrekt durchgeführt und brachte eine Mehrheit von 64 % für den Verbleib bei Ungarn. Auch nach der Angliederung an Österreich blieb im Burgenland die ungarische Rechtsordnung (beispielsweise das Eherecht) zum Teil aufrecht.

Staatsbürgerschaft: Neben der Bundesbürgerschaft bestand für jedes Land eine eigene Landesbürgerschaft, die allerdings mit keinem über die Bundesbürgerschaft hinausgehenden rechtlichen Inhalt ausgestattet war.[29]

Politische Parteien: Die Stellung der politischen Parteien[30] war im B-VG 1920 nicht geregelt, ja sie wurden nicht einmal erwähnt. Dieser Umstand ist überraschend, da die Parteien bereits seit Ende des 19. Jh. zu den Hauptträgern des politischen Meinungs- und Willensbildungsprozesses geworden waren. Die Rechtspersönlichkeit der politischen Parteien beruhte weiterhin auf dem VereinsG 1867.

Rechtsquellen – Promulgationsorgan: Wie erwähnt stellte das **B-VG 1920** nur einen Torso dar. Daneben wurden eine Reihe weiterer verfassungsrechtlicher Bestimmungen erlassen bzw. als weiter in Geltung stehend erklärt. Das **Verfassungs-ÜbergangsG** (VÜG 1920, BGBl Nr. 2) regelte den (etappenweisen) Übergang Österreichs zum neuen Verfassungssystem. Neben einer allgemeinen Rechts- (§ 1) und Behördenüberleitung (§§ 6 ff) enthielt das VÜG 1920 provisorische Bestimmungen hinsichtlich der Kompetenzverteilung zwischen Bund und Länder (§ 42). Art. 149 (1) B-VG 1920 machte eine Reihe von Bestimmungen (zB StGG über die allgemeinen Rechte der Staatsbürger 1867; G. über die Aufhebung des Adels, StGBl 1919/211; G. über das Staatswappen und das Staatssiegel, StGBl 1919/257) zu Verfassungsgesetzen. Die finanziellen Beziehungen zwischen Bund, Ländern und Gemeinden regelte ein eigenes **Finanz-VerfassungsG** (F-VG 1922, BGBl Nr. 124) verbunden mit einem (einfachgesetzlichen) Abgabenteilungsgesetz (BGBl 1922/125). Durch mehrere **Verfassungsnovellen** (BGBl Nr. 1925/268 ff) wurden bestehende Lücken zum Teil geschlossen. Eine tiefgreifende Veränderung der Stellung der Staatsorgane zueinander bewirkte die **B-VG-Nov. 1929** (vgl. Kap. 10.5.). Bundesgesetze waren im Bundesgesetzblatt (BGBl) kundzumachen.

10.3.1. Kompetenzen des Gesamtstaats

Aufgrund ihrer Differenzen in der Föderalismusfrage konnten sich die Parteien 1920 nur auf den Kompromiss des § 42 VÜG einigen, wonach die Art. 10 bis 13 und 15 B-VG (Kompetenzbestimmungen) vorläufig nicht in Kraft treten sollten. Statt dessen galten gemäß § 42 (2) VÜG die Kompetenzbestimmungen der Märzverfassung 1919, somit die Kompetenzbestimmungen der Dezemberverfassung 1867, weiter. Erst in den folgenden Jahren gelang es, die verhärteten Positionen aufzuweichen. Die Christlichsoziale Partei, die durch die Wahlen vom Oktober 1920 nunmehr auch im Bund zur dominierenden Kraft geworden war, zeigte, anders als früher, nunmehr Interesse an der Ausweitung der Bundeskompetenzen. Auf der anderen Seite wirkte die Sozialdemokratie nach 1920 immer mehr als Verteidiger des Föderalismus, um sich den politischen Spielraum in dem von ihr geführten Land Wien gegen konservative Vorstöße zu erhalten. Die nach

---

[29]) Praktische politische Bedeutung besaß jedoch – wegen des Ermessensspielraums bei der Verleihung – der Umstand, dass die Bundesbürgerschaft mit der Landesbürgerschaft erworben wurde und gem. Art. 11 (1) Z. 1 B-VG die Vollziehung in Staatsbürgerschaftsangelegenheiten Ländersache war.

[30]) Diese sind nicht zu verwechseln mit der *Wahlpartei,* dh einer „Wählergruppe, die sich unter Führung einer unterscheidenden Parteibezeichnung ... und Aufstellung einer Parteiliste an der Wahlbewerbung beteiligt" (VfSlg 266).

1920 erlassenen Bestimmungen kennzeichneten durchwegs eine Stärkung des Bundes zu Lasten der Länder. So oblag es nach dem **Finanz-VerfassungsG 1922** (F-VG) der (einfachen) Bundesgesetzgebung zu bestimmen, welche Abgaben Bundesabgaben waren, während die Länder die verbleibenden Abgaben erhielten. Die VÜG-Nov. 1925 (BGBl Nr. 269) setzte die Kompetenzbestimmungen des B-VG 1920 (Art. 10ff) schließlich mit 1. Okt. 1925 in Kraft, wobei die Kompetenzverteilung durch die **B-VG-Nov. 1925** (BGBl Nr. 268) zuvor zugunsten des Bundes modifiziert worden war (zB bzgl. Personenstands- und Kraftfahrwesen, Forst- und Wasserrecht).

Während die **Gerichtsbarkeit** ausschließlich in den Händen des Bundes lag (Art. 82 Abs. 1), teilten die Art. 10ff B-VG die Gesetzgebung und die Verwaltung unter Zugrundelegung von vier Haupttypen zwischen Bund und Ländern auf. Gesetzestechnisch bediente man sich der Enumerationsmethode, wobei die Art. 10 bis 12 die Kompetenzen des Bundes taxativ aufzählten. Alle übrigen Angelegenheiten fielen in den selbstständigen Wirkungsbereich der Länder:

* **Bundessache in Gesetzgebung und Vollziehung** (Art. 10 B-VG): Bundesverfassung, Verfassungs- und Verwaltungsgerichtsbarkeit, äußere Angelegenheiten, Zollwesen, Passwesen, Bundesfinanzen, Geld-, Kredit-, Börse- und Bankwesen, Zivil- und Strafrecht, Justizpflege, Pressewesen, Vereins- und Versammlungsrecht, Gewerbe- und Industrieangelegenheiten, Handels- und Arbeiterkammern, Verkehrs-, Kraftfahr-, Post-, Telegrafen- und Fernsprechwesen, Berg-, Forst- und Wasserwesen, Arbeitsrecht, Gesundheits- und Ernährungswesen, Sozial- und Vertragsversicherungswesen, Kultusangelegenheiten, Denkmalschutz, Bundespolizei und Bundesgendarmerie, militärische Angelegenheiten usw.
* **Bundessache war die Gesetzgebung, Landessache die Verwaltung** (Art. 11): Staatsbürgerschafts- und Heimatrecht, Munitions-, Schieß- und Sprengmittelwesen, Volkswohnungswesen, Verwaltungs- und Verwaltungsstrafverfahren usw.
* **Bundessache war die Grundsatzgesetzgebung, Landessache die Ausführungsgesetzgebung und die Verwaltung** (Art. 12): Organisation der Landesverwaltung, Armenwesen, Bevölkerungspolitik, Jugendfürsorge, Bodenreform usw.

Diese Übersicht zeigt, dass das Hauptgewicht der Kompetenzen beim Bund lag. Insbesondere besaß der Bund die **Kompetenz-Kompetenz,** dh er verteilte (in Form von Bundesverfassungsgesetzen) die Kompetenzen zwischen Bund und Ländern. Art. 17 B-VG (Privatwirtschaftsverwaltung) ermöglichte es Bund und Ländern darüber hinaus, auch in jenen Angelegenheiten wirtschaftlich tätig zu werden, in denen sie nicht Träger der Hoheitsverwaltung waren. Bei der Interpretation der Kompetenzbestimmungen erlangte vor allem die Versteinerungstheorie Bedeutung. Sie besagt, dass Verfassungsbegriffe in dem Sinn zu verstehen sind, den sie im Zeitpunkt des Inkrafttretens der betreffenden Kompetenzbestimmung hatten.

Schul- und Erziehungswesen: Mit Ausnahme des Hochschulwesens (Bundesangelegenheit) konnten die Parteien auf dem Gebiet des Schul-, Erziehungs- und Volksbildungswesens weiterhin keine Einigung erzielen. Daher blieb diesbezüglich die Kompetenzverteilung der Dezemberverfassung 1867 aufrecht. Allerdings konnten bestehende Gesetze nur durch übereinstimmende (paktierte) Gesetze des Bundes und der beteiligten Länder abgeändert werden.[31] Die diesbezüglichen Kompetenzbestimmungen (Art. 14 und 14a) wurden schließlich erst im Jahre 1962 (BGBl Nr. 215) beschlossen.

10.3.2. Organe des Gesamtstaates

Das B-VG 1920 folgte dem Organisationskonzept der Märzverfassung 1919 und gestaltete den Bund als **gewaltenverbindende parlamentarische Republik** (*Brauneder*) aus. Das politische Schwergewicht lag beim Nationalrat (Parlament), der die Bundesregierung wählte (bzw. ihres Amtes enthob) und gemeinsam mit dem Bundesrat (Länderkammer) die Verfassungsrichter bestellte. Die Bundesversammlung (vgl. unten Kap. 10.3.2.1.1.) wählte den Bundespräsidenten. Daraus ergab sich eine Gewaltenverbindung zwischen Gesetzgebung und Verwaltung, bei der die Gesetzgebung (Volksrepräsentanten) dominierte. Hingegen bestand eine vollkommene Gewaltentrennung zwischen Verwaltung und Justiz (Art. 94 Abs. 1).

10.3.2.1. Gesetzgebung des Bundes

Ausgehend von Art. 1 B-VG 1920 („Österreich ist eine demokratische Republik. Ihr Recht geht vom Volk aus.“) wurde die Gesetzgebung des Bundes durch die Art. 24 ff nach den Grundsätzen der **mittelbaren Demokratie** organisiert. Hinzu traten schwach ausgeprägte Elemente der direkten Demokratie (Volksbegehren, Volksabstimmung). Der bundesstaatliche Charakter Österreichs kam im (allerdings nicht gleichwertigen) Anteil der Länder an der Gesetzgebung des Gesamtstaates (Bundesrat) zum Ausdruck. Nach dem Modell des Stufenbaus der Rechtsordnung unterschied das B-VG 1920 drei verschiedene Ebenen von Gesetzen mit unterschiedlichen Normerzeugungsvoraussetzungen: die höchstrangigen Rechtsvorschriften bildeten die verfassungsrechtlichen Grundprinzipien (Baugesetze) des Art. 44 Abs. 2; unter diesen standen (einfache) Verfassungsgesetze und darunter einfache Gesetze.

10.3.2.1.1. Ordentliche Gesetzgebung

Die Gesetzgebung des Bundes übte der **Nationalrat gemeinsam mit dem Bundesrat** aus (Art. 24).

Der **Nationalrat** (NR) wurde vom Bundesvolk aufgrund des gleichen, unmittelbaren, geheimen und persönlichen Verhältniswahlrechts gewählt. Er bestand aus 165 Abgeordneten[32] und bildete das oberste und wichtigste Organ des Bundes (*Adamovich*). Trotz der Mitwirkung des Bundesrates an der Gesetzgebung oblag es ausschließlich dem NR, den

---

[31]) § 9 BGBl 1925/269. Zwei Verfassungsnovellen (BGBl 1927/246 und 1929/393) übertrugen später Gesetzgebung und Verwaltung hinsichtlich der Haupt- und Mittelschulen teilweise alleine auf den Bund.

[32]) Gemäß StGBl 1920/317 umfasste der erste NR 175 Mitglieder. Nach der Angliederung des Burgenlandes wurde der NR um weitere acht Abgeordnete vergrößert. Durch die NR-Wahlordnung (BGBl 1923/367) erfolgte eine Senkung auf 165 Mandatare.

Gesetzesinhalt festzustellen. Die Gesetzgebungsperiode des NR dauerte vier Jahre.[33] Der neu gewählte NR war vom Bundespräsidenten innerhalb von 30 Tagen nach der Wahl einzuberufen. Seine Vertagung bzw. Auflösung konnte der NR nur selbst beschließen. Bis 1929 übte der NR den Oberbefehl über das Bundesheer aus.

Die Wahl zum NR regelten Art. 26 B-VG bzw. die NR-Wahlordnung (BGBl 1923/367 u. 528). Aktiv wahlberechtigt waren alle Männer und Frauen, die vor dem 1. Jänner des Jahres der Wahl das 20. Lj., passiv wahlberechtigt alle jene, die vor diesem Zeitpunkt das 24. Lj. überschritten hatten. Die Mandate wurden proportional zur Zahl der Bundesbürger auf die Wahlkreise verteilt. Im ersten Ermittlungsverfahren wurde in den einzelnen Wahlkreisen nach dem Hagenbach-Bischoffschen System die Verteilung der Mandate ermittelt. Das zweite Ermittlungsverfahren verteilte nach dem d`Hondtschen Verfahren die Restmandate auf die Reststimmen innerhalb eines Wahlkreisverbandes. Eine Partei konnte im zweiten Ermittlungsverfahren nur dann Mandate erwerben, wenn sie im ersten Ermittlungsverfahren im gesamten Bundesgebiet zumindest ein Mandat erreicht hatte. Dies ergab eine Hürde für kleinere wahlwerbende Gruppierungen und bot Schutz vor einer übermäßigen Zersplitterung der Parteienlandschaft.

Durch den **Bundesrat** (BR) nahmen die Länder Anteil an der Gesetzgebung des Bundes. Sie waren im BR entsprechend ihrer Bevölkerungszahl vertreten, jedoch stellte jedes Land zumindest drei Mitglieder. Die Landtage wählten für die Dauer ihrer Gesetzgebungsperiode die Mitglieder des BR nach dem Verhältniswahlrecht, wobei der zweitstärksten Landtagspartei zumindest ein Mandat zufallen musste.

Die Bedeutung des Bundesrates blieb in der Ersten Republik gering. Er machte in dreizehn Jahren in einem einzigen Fall von seinem Gesetzesinitiativrecht[34] und nur 38-mal von seinem Einspruchsrecht Gebrauch. Auch gegen die nach 1920 fortschreitende Beschneidung der Länderrechte leistete der BR keinen entschlossenen Widerstand. Diese Haltung ist bei näherer Betrachtung nicht verwunderlich, da auch im BR die Mitglieder nicht nach Ländern, sondern nach politischer Zugehörigkeit zusammengeschlossen waren. Die auf Bundesebene dominierenden Christlichsozialen besaßen während fast der gesamten Epoche entweder alleine oder mit ihren Koalitionspartnern im BR ebenfalls die Mehrheit.[35] Darüber hinaus basierten alle nach 1920 erfolgten Verfassungsänderungen aufgrund der erforderlichen Zweidrittel-Mehrheit auf einem Kompromiss aller politischen Lager, dem sich die Bundesratsfraktionen unterordneten.

Der Weg der Bundesgesetzgebung: Das Gesetzesinitiativrecht stand a) der BReg[36] und b) einer Mindestanzahl von NR-Abgeordneten zu. Die BReg war darüber hinaus verpflichtet, c) Gesetzesanträge des BR sowie d) Volksbegehren (unterstützt von mindestens 200.000 Stimmberechtigten) dem NR vorzulegen. Ein Gesetzesbeschluss des NR war unverzüglich durch dessen Präsidenten dem Bundeskanzler zu übermitteln, der ihn sofort dem BR bekanntzugeben hatte. Der BR konnte innerhalb von acht Wochen gegen den Gesetzesbeschluss Einspruch erheben (suspensives Veto)[37], über den sich der NR aber durch

[33]) Bei den Verfassungsverhandlungen waren die Sozialdemokraten für eine kürzere (zwei Jahre), die Christlichsozialen für eine längere Legislaturperiode (sechs Jahre) eingetreten.

[34]) Es handelte sich 1925 um einem Gesetzesantrag, mit dem ein Vorbegutachtungsrecht des BR zu Regierungsvorlagen, die das Verhältnis Bund-Länder betrafen, geschaffen werden sollte.

[35]) Vgl. die Übersicht bei *Kathrein,* Bundesrat, 51.

[36]) Eine Reihe von Gesetzen verpflichtete die Bundesregierung, bestimmte Gesetzesanträge zuvor einzelnen Körperschaften (zB Handels- und Arbeiterkammern, BGBl 1920/98 u. 100) zur Begutachtung vorzulegen.

[37]) Art. 15 Abs. 2 und Art. 35 Abs. 4 B-VG 1920 sahen für einzelne Gesetzesbeschlüsse (zB Abänderungen über die Wahl und die Zusammensetzung des BR) ein absolutes Veto des BR vor.

einen Beharrungsbeschluss hinwegsetzen konnte (Art. 42 Abs. 4). Nach Abschluss der Verfahren im NR und BR war das verfassungsmäßige Zustandekommen des Gesetzesbeschlusses durch die Unterschrift des BPräs zu beurkunden (Gegenzeichnung der Beurkundung durch den Bundeskanzler und den zuständigen BMin). Anschließend hatte der Bundeskanzler das Bundesgesetz im Bundesgesetzblatt kundzumachen. Das BG trat, wenn nicht ausdrücklich anders bestimmt, nach Ablauf des Tages in Kraft, an dem das betreffende Stück des BGBl herausgegeben und versandt wurde. Nach der Art des Gesetzes galten unterschiedliche Voraussetzungen für das Zustandekommen:

* **einfache Gesetzesbeschlüsse** setzten (soweit nicht anders bestimmt) im NR die Anwesenheit von mindestens einem Drittel der Abgeordneten und die unbedingte (absolute) Mehrheit der abgegebenen Stimmen voraus.

* **(Einfache) Bundesverfassungsgesetze** (Teiländerungen der Verfassung) bedurften der ausdrücklichen Bezeichnung als Verfassungsgesetz bzw. Verfassungsbestimmung sowie der Zustimmung von mindestens zwei Dritteln der abgegebenen Stimmen bei Anwesenheit von mindestens der Hälfte der Mitglieder des NR (Art. 44 Abs. 1).

* Jede **Gesamtänderung der Verfassung,** dh Verfassungsbeschlüsse, die die Grundprinzipien bzw. Baugesetze der Verfassung abänderten, musste darüber hinaus einer Abstimmung durch das Bundesvolk unterzogen werden.[38]

Das B-VG 1920 führte den Begriff „Gesamtänderung" nicht näher aus. Es ist daher im Einzelnen umstritten, was zu diesen Grundprinzipien **(Baugesetzen)** gehört. Übereinstimmung herrscht hinsichtlich des demokratischen, republikanischen, bundesstaatlichen, gewaltentrennenden, liberalen und rechtsstaatlichen Prinzips.[39]

Bundesversammlung: Sie wurde gebildet aus den Abgeordneten des NR und den Mitgliedern des BR und stellte ein eigenes Staatsorgan dar. Ihre Aufgaben umfassten die Wahl des Bundespräsidenten (bis 1929) und die Beschlussfassung über eine Kriegserklärung.

10.3.2.1.2. Außerordentliche Gesetzgebung

Das **Kriegswirtschaftliche Ermächtigungsgesetz** 1917 wurde durch § 7 (2) VÜG 1920 Teil der neuen Verfassungsordnung. Die Befugnis zum Erlass von Kriegswirtschaftsverordnungen „für die Fortdauer der durch die kriegerischen Ereignisse der Jahre 1914 bis 1918 hervorgerufenen außerordentlichen Verhältnisse" stand der Bundesregierung bzw. den einzelnen Bundesministern ohne Befassung des NR zu.

Regierungsverordnungen aufgrund „besonderer Regierungsbeschlüsse": Durch ein BVG (BGBl 1922/844) erhielt die BReg die von den Garantiemächten in den Genfer Pro-

---

[38]) Einfache Bundesgesetze waren vor ihrer Beurkundung nur dann einer Volksabstimmung zu unterziehen, wenn es der NR beschloss oder eine Mehrheit der Abgeordneten verlangte. Bei einfachen Verfassungsgesetzen reichte hiezu bereits die Forderung von einem Drittel der Mitglieder des NR oder des BR aus.

[39]) Vgl. die Beiträge von *Schambeck, Loebenstein, Korinek/Gutknecht, Pernthaler/Esterbauer,* in: *Schambeck* (Hg.), Bundes-Verfassungsgesetz; *Walter/Mayer,* Grundriß des österreichischen Bundesverfassungsrechts[6], 59; *Adamovich/Funk,* Verfassungsrecht[3], 98.

tokollen geforderten außerordentlichen Vollmachten zum Erlass gesetzesändernder Verordnungen. Diesen Regierungsverordnungen waren zeitliche (31. 12. 1924) und sachliche Grenzen gesetzt. Sie mussten der Herstellung des budgetären Gleichgewichts dienen und durften weder das B-VG 1920 noch das F-VG 1922 abändern. Um ein Mindestmaß demokratischer Kontrolle zu gewährleisten, schuf das BevollmächtigungsG einen außerordentlichen Kabinettsrat, der aus der BReg sowie 26 vom NR nach dem Verhältniswahlrecht gewählten Staatsräten bestand. Diese Regierungsverordnungen bedurften des Mehrheitsbeschlusses des a.o. Kabinettsrates, wobei nur die Staatsräte stimmberechtigt waren.[40]

Das B-VG 1920 kannte noch kein **Notverordnungsrecht des Bundespräsidenten;** dieses wurde erst durch die Novelle 1929 eingeführt (vgl. Kap. 10.5.).

10.3.2.2. Die Verwaltung des Bundes

Die Verwaltung war in allen Instanzen von der Gerichtsbarkeit getrennt. Die oberste Leitung der Bundesverwaltung lag in den Händen des BPräs, der BReg bzw. der einzelnen BMin. Sie waren weisungsfreie Organe, die bis zur B-VG-Nov. 1929 von den Volksvertretungen bestellt wurden und bis dahin die Bezeichnung Volksbeauftragte (Art. 19) trugen.

a) Zentralbehörden:

Bundespräsident (Art. 60ff): Er fungierte als **Staatsoberhaupt** und wurde von der Bundesversammlung für die Dauer von 4 Jahren gewählt. Eine Wiederwahl für die unmittelbar folgende Funktionsperiode war nur einmal zulässig. Seine Befugnisse umfassten (bis 1929) ua: Vertretung der Republik nach außen, Vertretung des Bundes gegenüber den Ländern, Mitwirkung an der Gesetzgebung des Bundes (zB Beurkundung des verfassungsmäßigen Zustandekommens eines Bundesgesetzes), Einberufung des neu gewählten (!) NR, Ausübung der Diensthoheit des Bundes gegenüber den Bundesangestellten, Legitimation unehelicher Kinder, Begnadigungs- und Abolitionsrecht. Der BPräs konnte idR nur auf Vorschlag der BReg oder eines ermächtigten BMin handeln. Seine Akte bedurften für ihre Gültigkeit der Gegenzeichnung des Bundeskanzlers oder des zuständigen BMin.

Der BPräs genoss Immunität, die behördliche Verfolgung war nur mit Zustimmung der Bundesversammlung zulässig. Für die Ausübung seiner Funktionen war der BPräs dieser zwar rechtlich, nicht aber politisch verantwortlich (keine Möglichkeit der Abberufung durch Misstrauensvotum). Die rechtliche Verantwortung blieb auf die Verletzung der Bundesverfassung (nicht jedoch einfacher Gesetze) beschränkt (Anklage vor dem VfGH gem. Art. 142 B-VG).

Bundesregierung (Art. 69ff): Soweit nicht dem BPräs übertragen, oblagen die obersten Verwaltungsgeschäfte des Bundes dem Bundeskanzler, dem Vizekanzler und den BMin, die in ihrer Gesamtheit die BReg bildeten. An der Spitze eines Bundesministeriums stand

---

[40]) Vgl. die Zusammenstellung der aufgrund dieser Bevollmächtigung erlassenen Verordnungen bei *Adamovich/Fröhlich* (Hg.), Die österreichischen Verfassungsgesetze des Bundes und der Länder, 473.

monokratisch jeweils ein **Bundesminister**. Nur bestimmte, ausdrücklich von der Verfassung bezeichnete Aufgaben waren der **Bundesregierung** als Kollegialorgan vorbehalten (zB Einbringung von Regierungsvorlagen). Die Wahl der BReg erfolgte durch den NR aufgrund eines Gesamtvorschlags des Hauptausschusses des NR. Die Funktionsdauer der BReg war nicht an die Gesetzgebungsperiode gebunden. Die Mitglieder der BReg besaßen keine Immunität, sondern waren dem NR politisch (Amtsenthebung aufgrund eines Misstrauensvotums) und für die Amtstätigkeit auch rechtlich verantwortlich (Ministeranklage vor dem VfGH bereits bei Verletzung einfachgesetzlicher Bestimmungen, Art. 142 B-VG).

Zur Unterstützung in der Geschäftsführung konnte einem Bundesminister ein weisungsgebundener **Staatssekretär** beigegeben werden.

Verwaltungsaufgaben nahmen weiters der **Hauptausschuss des NR** (Festsetzung der Eisenbahn-, Post- und Telefontarife sowie der Salz- und Tabakpreise) sowie der Rechnungshof wahr. Dieser besorgte die Überprüfung der finanziellen Gebarung des Bundes und seit 1925 auch der Länder.

b) Mittel- und Unterbehörden:

Bis zum 1. Oktober 1925 galt das Provisorium des § 42 Abs. 2 d VÜG 1920, wonach die LReg und Bezirkshauptmannschaften *organisatorisch* Bundesbehörden waren. Die gesamte Bundesverwaltung erfolgte demnach bis zu diesem Zeitpunkt durch Organe des Bundes. Erst die VÜG-Nov. 1925 (BGBl 269) machte die LReg und Bezirkshauptmannschaften organisatorisch zu Landesbehörden. Dies schuf die Voraussetzungen für die Beteiligung der Länder an der Verwaltung des Bundes. Hinfort war zu unterscheiden zwischen der mittelbaren und der unmittelbaren Bundesverwaltung.

Unmittelbare Bundesverwaltung (Art. 102 Abs. 2): Der Bund konnte (!) die Hoheitsverwaltung hinsichtlich der in Art. 102 Abs. 2 taxativ aufgezählten Angelegenheiten mit eigenen Bundesbehörden durchführen. Die wichtigsten darunter waren: Finanzwesen, Gewerbewesen, Verkehrswesen, Post-, Telegrafen- und Fernsprechwesen, Bundespolizei und -gendarmerie, Heerwesen, Arbeiterschutz.[41] Beispiel für einen Instanzenzug: Bezirkssteuerbehörde – Finanzlandesdirektion – BMin für Finanzen. Seine Privatwirtschaftsverwaltung musste der Bund hingegen im Wege der unmittelbaren Bundesverwaltung erfüllen (Art. 104).

Mittelbare Bundesverwaltung (Art. 102 Abs. 1): Die Vollziehung der nicht in Art. 102 Abs. 2 aufgezählten Angelegenheiten musste (!) der Bund im Bereich der Länder durch

[41]) Keinen Gebrauch machte der Bund von diesem Recht beispielsweise auf dem Gebiete des Gewerbe- und Sozialversicherungswesens.

den Landeshauptmann und die ihm unterstellten Landesbehörden ausüben. In Angelegenheiten der mittelbaren Bundesverwaltung war der Landeshauptmann funktionell Bundesbehörde und dem BMin bzw. der BReg weisungsgebunden. Sofern nicht anders bestimmt, ging der administrative Instanzenzug bis zum zuständigen BMin (Beispiel: Bezirkshauptmann – Landeshauptmann – BMin für Land- und Forstwirtschaft).

Die 1925 in Kraft gesetzte Regelung sollte nach dem Willen des Verfassungsgesetzgebers zunächst wiederum nur ein Provisorium darstellen. Art. 120 B-VG kündigte ein BVG über die Organisation der allgemeinen staatlichen Verwaltung in den Ländern an. Dieses sollte von den Grundsätzen der Selbstverwaltung und der demokratischen Wahl der Verwaltungsorgane durch die Bevölkerung ausgehen. Die diesbezügliche Bestimmung wurde jedoch bis heute nicht erlassen.

10.3.2.3. Die Gerichtsbarkeit

Die Kompetenz in Justizangelegenheiten lag **ausschließlich beim Bund**. Neben der Trennung von Justiz und Verwaltung in allen Instanzen wurde eine Reihe von Verfahrens- und Organisationsgrundsätzen der Rechtsprechung verfassungsrechtlich verankert (Art. 82 ff): die Richter waren in Ausübung ihres richterlichen Amtes unabhängig insbes. weisungsfrei und unabsetzbar (Ausnahme: förmliches richterliches Erkenntnis). In Zivil- und Strafrechtssachen galt Mündlichkeit und Öffentlichkeit des Verfahrens. Garantie der Anklagemaxime und der Mitwirkung des Volkes an der Rechtsprechung durch Geschworene bzw. Schöffen im Strafprozess. (Erstmalige) verfassungsmäßige Verankerung der Abschaffung der Todesstrafe im ordentlichen Verfahren und der Militärgerichtsbarkeit (Ausnahme: Kriegszeiten).

Ordentliche Gerichtsbarkeit: Die Ernennung der Richter erfolgte durch den BPräs gem. dem Antrag der BReg (bzw. des hiezu ermächtigten BMJ). Diese musste zuvor einen – nicht bindenden – Besetzungsvorschlag des zuständigen Gerichtssenats einholen. Die Bestimmungen über die Organisation und das Verfahren in Zivil- und Strafsachen (JN 1896, GOG 1896, StPO 1873, ZPO 1895, AußStrG 1854) galten im Wesentlichen weiter.

Gerichtshöfe des öffentlichen Rechts: Der Verfassungs- und der Verwaltungsgerichtshof erstreckten ihre Rechtskontrolle sowohl auf den Bund wie auch auf die Länder. Sie bildeten damit ein den Gesamtstaat mit den Gliedstaaten verbindendes Element.

Verwaltungsgerichtshof (Art. 129ff B-VG): Wer behauptete, durch eine rechtswidrige Entscheidung oder Verfügung einer Verwaltungsbehörde des Bundes, eines Landes oder einer Gemeinde in seinen Rechten verletzt zu sein, konnte nach Erschöpfung des administrativen Instanzenzuges Beschwerde beim VwGH erheben. Neu hinzu kam das Recht des VwGH, nunmehr auch Ermessensentscheidungen von Verwaltungsbehörden zu überprüfen.

Verfassungsgerichtshof (Art. 137ff B-VG; VfGHG 1925/454): Die Zuständigkeit des VfGH wurde deutlich ausgeweitet. Zu seinen bisherigen Aufgaben (zB als Kompetenz-, Staats- und Sonderverwaltungsgerichtshof) kam die Prüfung der Gesetzmäßigkeit von Verordnungen und der Verfassungsmäßigkeit von Bundesgesetzen hinzu. Einen Antrag auf Gesetzesprüfung konnten allerdings nur bestimmte Staatsorgane stellen, und zwar betreffend ein Landesgesetz die BReg, hinsichtlich eines Bundesgesetzes jede LReg. Von Amts wegen durfte der VfGH nur tätig werden, wenn ein solches Gesetz die Voraussetzung eines Erkenntnisses bilden sollte. Mit dieser Kompetenzerweiterung wurde erstmals in der österreichischen Verfassungsgeschichte die gesamte Gesetzgebung der Kontrolle durch ein Gericht unterworfen. Weiters übte der VfGH die Funktion eines Wahlgerichtshofs aus. Erkenntnisse des VfGH besaßen kassatorische Wirkung, ihre Exekution oblag dem BPräs. Die Wahl der Verfassungsrichter erfolgte (auf Lebensdauer) je zu Hälfte durch den NR und den BR.

10.4. Das Verfassungsrecht der Länder (B-VG 1920)

Lit.: *Adamovich,* Grundriß des österreichischen Staatsrechtes[1]; *Baltl/Kocher,* Österreichische Rechtsgeschichte[9], 253; *Brauneder,* Österreichische Verfassungsgeschichte[7], 223; *Ermacora,* Föderalismus, 58; *Frisch,* Lehrbuch des österreichischen Verfassungsrechtes, 133; *Hellbling,* Österreichische Verfassungs- und Verwaltungsgeschichte[2], 441; *Kelsen/Fröhlich/Merkl,* Die Bundesverfassung vom 1. Oktober 1920; *Kelsen,* Die Bundesexekution; Fröhlich, Die Bundesverfassung der Republik Österreich; *Kelsen,* Österreichisches Staatsrecht, 201; *Mokre,* Das Verfassungsrecht der österreichischen Länder; *Schuschnigg,* Die neue Bundesverfassung in Österreich; *Walter,* Österreichische Verfassungs- und Verwaltungsgeschichte, 273; *Weber,* Die mittelbare Bundesverwaltung, 99; *Wittmayer,* Österreichisches Verfassungsrecht, 17.

Im Rahmen der bundesstaatlichen Organisation Österreichs bildeten die Länder Gliedstaaten ohne eigene Souveränität und ohne die Möglichkeit zum Abschluss von Staatsverträgen. Neben ihren eigenen (Landes-)Kompetenzen nahmen die Länder durch den BR Anteil an der Gesetzgebung des Bundes und durch die mittelbare Bundesverwaltung Anteil an der Vollziehung des Bundes. Alle Länder besaßen gleiche Rechte und Pflichten (Ausnahme: Zahl der zu entsendenden Mitglieder des BR; Sonderstellung von Wien, das gleichzeitig Land und Gemeinde war). Österreich bestand anfangs aus 8 Bundesländern: Burgenland, Kärnten, NÖ, OÖ, Salzburg, Steiermark, Tirol und Vorarlberg. Durch die TrennungsG. (Wr. LGBl 1921/153, nö. LGBl 1921/346) wurde NÖ am 1. 1. 1922 in zwei Bundesländer – NÖ und Wien – aufgeteilt. Die Länder besaßen das Recht, sich eigene **Landesverfassungen** zu geben. Sie durften hiebei jedoch bezüglich der Organisation der Gesetzgebung und der Vollziehung sowie der Ausgestaltung der Rechte der Gemeinden den durch das B-VG 1920 (Art. 95-120) vorgegebenen Rahmen nicht verletzen.

Bis zum Jahre 1930 schufen sich alle Länder neue Landesverfassungen: NÖ (LGBl 1920/1), Wien (LGBl 1920/1, 1922/44), Salzburg (LGBl 1921/58), Tirol (LGBl 1921/145), Vorarlberg (LGBl 1923/47), Burgenland (LGBl 1926/3), Steiermark (LGBl 1926/12), Kärnten (LGBl 1930/47), OÖ (LGBl 1930/38). Bis zum Erlass dieser Landesverfassungen galten die provisorischen Landesverfassungen von 1918/19 bzw. in modifizierter Form Landesordnungen aus der Ära des Konstitutionalismus.

10.4.1. Die Kompetenzen der Länder

Gesetzgebung: Den Ländern stand die Ausführungsgesetzgebung in den in Art. 12 B-VG angeführten Angelegenheiten zu (zB Armenwesen, Jugendfürsorge, Bodenreform). Gemäß Art. 15 B-VG umfasste die Landesgesetzgebungskompetenz darüber hinaus alle jene Angelegenheiten, die nicht ausdrücklich dem Bund übertragen worden waren. Dazu gehörten zB: Landesverfassungsrecht, Baurecht, Veranstaltungswesen, Gemeinderecht, Jagdrecht, Naturschutz, örtliche Sicherheitspolizei. Auf dem Gebiet des Schul- und Erziehungswesens konnten darüber hinaus die bestehenden Gesetze nur durch übereinstimmende (paktierte) Bundes- und Landesgesetze abgeändert werden.

Vollziehung: Neben den oben erwähnten Agenden der Art. 12 und 15 oblag den Ländern auch die Zuständigkeit zur Verwaltung der Angelegenheit des Art. 11 B-VG (zB Staatsbürgerschafts- und Volkswohnungswesen, Munitions-, Schieß- und Sprengmittelwesen). Auf dem Gebiet der Gerichtsbarkeit besaßen die Länder keine Zuständigkeit.

10.4.2. Die Organe der Länder

Die Landesverfassungen regelten das gegenseitige Verhältnis der Landesorgane nach dem Modell des B-VG 1920. Somit war auch auf Landesebene die Vollziehung (Landesregierung) der Gesetzgebung (Landtag) untergeordnet und von ihr abhängig.

10.4.2.1. Die Gesetzgebung des Landes

Der **Landtag** übte die Gesetzgebung sowie die Kontrolle über die Amtsführung der LReg aus. Die Wahl des Landtags geschah aufgrund des gleichen, unmittelbaren, geheimen und persönlichen Verhältniswahlrechts (Männer und Frauen). Die Auflösung erfolgte entweder durch Beschluss des Landtags (einfache Mehrheit) oder durch den BPräs auf Antrag der BReg mit Zustimmung des BR (qualifizierte Mehrheit).

Weg der Landesgesetzgebung: Das Gesetzesinitiativrecht stand der LReg (Regierungsvorlage) bzw. einer bestimmten Anzahl von Landtagsabgeordneten (Initiativantrag) zu; in Salzburg, Tirol und Vorarlberg existierte darüber hinaus die Einrichtung eines Volksbegehrens. Einfache Landesgesetze bedurften einer absoluten, Landesverfassungsgesetze einer qualifizierten Mehrheit. Gegen einen Gesetzesbeschluss konnte die BReg wegen Gefährdung von Bundesinteressen einen mit Gründen versehenen Einspruch erheben (suspensives Veto). In diesem Fall durfte die Beurkundung und Kundmachung erst nach einem Beharrungsbeschluss des Landtags erfolgen.

10.4.2.2. Die Landesverwaltung

Die Vollziehung des Landes übte die **Landesregierung** aus, die aus dem **Landeshauptmann** (er vertrat das Land nach außen), seinen Stellvertretern sowie den Mitgliedern der LReg (sog. „Landesräten") bestand. Die LReg wurden durch die Landtage nach dem Verhältniswahlrecht gewählt (Ausnahme: Tirol, Vorarlberg und Wien), sodass alle größeren Parteien entsprechend ihrer Stärke im Landtag in der LReg vertreten waren. Durch ein Misstrauensvotum konnte der Landtag den Rücktritt der LReg (bzw. einzelner Mitglieder) herbeiführen.

Die auf Landesebene nach wie vor bestehende Doppelgleisigkeit der Verwaltung wurde im Jahre 1925 beseitigt, indem man die Behörden der ehemals autonomen Landesverwaltung mit den für die mittelbare Bundesverwaltung zuständigen Behörden im **Amt der Landesregierung** vereinigte. Dieses war der LReg unterstellt und bildete deren amtlichen Hilfsapparat.

Unterbehörden: Die **Bezirkshauptmannschaft** war zuständig für alle Angelegenheiten der Landesverwaltung (und der mittelbaren Bundesverwaltung), die nicht ausdrücklich einer anderen Behörde übertragen wurden. Sie war monokratisch organisiert, an der

Spitze stand der von der LReg eingesetzte **Bezirkshauptmann.** Die mehrfach in Verfassungsgesetzen (zB Art. 120 B-VG 1920) niedergelegte Absicht, die Verwaltung auch auf unterster Ebene durch die Einführung gewählter Bezirksvertretungen zu demokratisieren, wurde nur in Wien und bis 1924 in der Steiermark verwirklicht.

Neben den Bezirkshauptmannschaften existierten noch **weitere Behörden** erster Instanz, zB: Agrarbezirksbehörde, Bezirksjugendamt. Eine Reihe von Bundes- und Landesverwaltungsaufgaben vollzogen außerdem in erster Instanz Gemeinden im Rahmen des übertragenen Wirkungskreises.

10.4.3. Die Gemeinden

Die Entwicklung der Ortsgemeinden wies eine hohe Kontinuität zu den vorangegangenen Epochen auf. Die Gemeinden behielten ihre Funktion als Selbstverwaltungskörper. Rechtsgrundlage der Gemeinden blieb neben den Art. 115ff B-VG weiterhin das ReichsgemeindeG 1862. Daher ging die Rechtsordnung weiterhin von einem **einheitlichen Organisationstyp** der Gemeinde aus, dh unabhängig von ihrer Größe waren alle Gemeinden rechtlich gleichgestellt (Ausnahme: Städte mit eigenem Statut).

Der **selbstständige Wirkungskreis** der Gemeinden umfasste „alles, was das Interesse der Gemeinde zunächst berührt und innerhalb ihrer Grenzen durch ihre eigenen Kräfte versorgt und durchgeführt werden kann“ (Art. V, RGG 1862). Dazu gehörten insbes. örtliche Sicherheitspolizei, Armenwesen, Bau-, Feuer-, Gesundheits-, Lebensmittelpolizei ... Im übertragenen Wirkungsbereich wirkten die Gemeinden an der Verwaltung des Bundes und der Länder mit. Hinsichtlich dieser Angelegenheiten war der Bürgermeister, da er funktionell als Bundes- oder Landesorgan tätig wurde, an die Weisungen des Bezirkshauptmanns gebunden.

Organe: Die Gemeindevertretung („Gemeinderat“ bzw. „Gemeindeausschuss“) war das beschließende und überwachende Organ der Gemeinde. Die Vollziehung bezüglich des selbstständigen Wirkungskreises oblag dem Gemeindevorstand, im übertragenen Wirkungskreis jedoch dem Bürgermeister.

Städte mit eigenem Statut: Sie unterstanden nicht der Aufsicht einer Bezirkshauptmannschaft, sondern führten selbst die politische Verwaltung erster Instanz. In Oberösterreich betraf dies die Städte Linz und Steyr.

Bundeshauptstadt Wien: Eine Sonderstellung nahm die Gemeinde Wien ein. Sie bildete seit dem 1. 1. 1922 ein eigenes Bundesland, sodass das Gebiet der Ortsgemeinde identisch war mit dem Gebiet des Landes. Aus diesem Grunde übten Gemeindeorgane die Agenden von Landesorganen aus. Der Wiener Gemeinderat war funktional auch Landtag, der Stadtsenat LReg und der Bürgermeister Landeshauptmann.

10.5. Die Verfassungsnovelle 1929 (2. B-VG-Nov.)

Lit.: *Adamovich/Funk,* Verfassungsrecht[3], 73; *Baltl/Kocher,* Rechtsgeschichte[9], 259; *Berchtold,* Die Verfassungsreform von 1929; *Brauneder,* Verfassungsgeschichte[7], 213; *Ermacora,* Verfassungslehre, 34; *Gulick,* Österreich von Habsburg zu Hitler III, 94; *Hasiba,* Die Zweite Bundes-Verfassungsnovelle von 1929; *Hellbling,* Verfassungs- und Verwaltungsgeschichte[2], 456; *Leser,* Zwischen Reformismus und Bolschewismus, 440; *Matzka* (Hg.), Sozialdemokratie und Verfassung, 104; *Neschwara,* Zur Entwicklung des Verfassungsrechts nach 1918, in: *Schambeck* (Hg.). Parlamentarismus I, 140; *Schuschnigg,* Die Bundesverfassung unter Berücksichtigung der zweiten Bundesverfassungsnovelle vom 7. Dez. 1929; *Seipel,* Der Kampf um die österreichische Verfassung, 113; *Strele,* Rechtsstaat und Demokratie in Österreich, 57; *Ucakar,* Demokratie und Wahlrecht in Österreich, 440; *Voegelin,* Die österreichische Verfassungsreform von 1929, ZfP 1930, 585; *Walter/Mayer,* Grundriß des Bundesverfassungsrechts[9], 28; *Walter,* Verfassungs- und Verwaltungsgeschichte, 289; *Welan,* Die Verfassungsentwicklung in der Ersten Republik, in: Politicum 1980, H. 5, 43.

Die Verfassungs-Nov. 1929 bewirkte eine tiefgreifende Änderung des B-VG 1920. Dieser Verfassungsänderung war ein „dramatisches, juristisch verbrämtes Ringen um Machtpositionen“[42] zwischen den Sozialdemokraten einerseits und den bürgerlichen Parteien und den Heimwehren andererseits vorausgegangen. Hatte bei den Verfassungsverhandlungen von 1919/20 noch keine Seite voraussehen können, wie sich das politische Kräfteverhältnis entwickeln und welche praktischen Konsequenzen bestimmte verfassungsrechtliche Einrichtungen entfalten würden, so lag 1929 die Situation anders. Unter den nach 1920 stabilisierten Machtverhältnissen waren die Parteien besser in der Lage, zB die Organisation der Staatsgewalten, die Kontrollrechte der Opposition, die Verteilung der Kompetenzen zwischen Bund und Ländern oder die besonderen Beschlusserfordernisse für Verfassungsgesetze unter dem Aspekt des eigenen Vorteils zu beurteilen.

Das bürgerliche Lager versuchte den nach den Ereignissen des 15. Juli 1927 eingetretenen Machtverlust der Sozialdemokraten auszunützen, um den politischen Einfluss der Arbeiterbewegung zu schwächen und die im B-VG 1920 gemachten Zugeständnisse zurückzunehmen. Vordergründig richtete sich die bürgerliche Kritik gegen den Einfluss der Parteien in der Demokratie[43], den „extremen Parlamentarismus“ und die schwache Stellung der Regierungsgewalt im B-VG 1920. Dahinter stand jedoch die Absicht, mittels der Verfassungsreform eine grundlegende politische Machtverschiebung in Österreich herbeizuführen.[44] Die von der christlichsozial-deutschnationalen Regierung im Oktober 1929

---

[42]) *Leser,* Die Rolle der Sozialdemokratie in der Verfassungsreform 1929, in: *Wiss. Komm.* (Hg.), Die österreichische Verfassung von 1918–1938, 74.

[43]) Vgl. *Seipel,* Kampf, 170, 181. Der Führer der faschistischen Heimwehren, Richard Steidle, wurde im August 1929 deutlicher: „Unser Ziel ist die Reinigung der politischen Luft von den Giftgasen, welche marxistische und Parteienwirtschaft erzeugt haben, die Herstellung der wahren Demokratie durch Befreiung von der Parteidiktatur, die Aufrichtung einer Verfassung, welche Volksrechte und Volksfreiheiten verbürgt. Dazu braucht es keine neue Partei, dazu braucht es Kämpfer, fanatische und entschlossene Kämpfer und das sind die Heimwehren.“ (Reichspost v. 19. 8. 1929, 2).

[44]) Die EB zur RV (383 Blg StProt NR, III GP) führten im Gegensatz dazu aus, dass die Novellierung „dem inneren Frieden in der Republik Österreich“ und einer „Stärkung der staatlichen Autorität“ dienen und das System der überspitzten Parlamentsherrschaft überwinden sollte.

eingebrachte Regierungsvorlage sah eine Stärkung der Vollziehung zu Lasten des NR bei gleichzeitiger Einschränkung der Oppositionsrechte sowie die Aushöhlung der Rechte der Länder vor:

Nationalrat: Die Tätigkeit des NR sollte auf zwei ordentliche Tagungen pro Jahr beschränkt werden und der BPräs das Recht erhalten, den NR einzuberufen und aufzulösen.[45]

Bundesrat: Durch die Aufnahme von Vertretern der Berufsstände wollte man den BR in einen Länder- und Ständerat umwandeln, in dem jedes Land nur mehr durch seinen Landeshauptmann und den Landesfinanzreferenten vertreten war.

Verfassungsgesetzgebung: Verfassungsändernde Gesetzesvorschläge, die im NR zwar mehr als die Hälfte, nicht jedoch die erforderliche Zwei-Drittel-Mehrheit der abgegebenen Stimmen erhalten hatten, sollten mit Hilfe einer Volksabstimmung in Kraft gesetzt werden können.

Bundespräsident: Vorgesehen war für den ersten Wahlgang die Wahl durch das Bundesvolk; erreichte keiner der Kandidaten die absolute Mehrheit, so sollte die Bundesversammlung den BPräs aus den drei bestgereihten wählen. Vorgesehen war das Recht des BPräs zur Ernennung bzw. Entlassung der BReg und zur Einberufung bzw. Auflösung des NR. Durch ein Notverordnungsrecht sollte der BPräs auf Vorschlag der BReg gesetzesändernde Verordnungen auch dann erlassen können, wenn der NR zwar versammelt war, dessen Beschlussfassung aber nicht abgewartet werden konnte.

Budgetprovisorium: Mit dieser Einrichtung wurde versucht, die Möglichkeiten der Opposition, in den Budgetverhandlungen auf die BReg Druck auszuüben, einzuschränken.

Gerichtsbarkeit: Abschaffung der Geschworenengerichtsbarkeit. Mit der Ausschaltung des Einflusses des Parlaments auf die Bestellung der Richter des VwGH und des VfGH zielte die RV auf eine Umpolitisierung der Gerichtshöfe des öffentlichen Rechts.[46]

Länder: Durch die Übertragung einer Reihe von Länderkompetenzen (zB im Bereich des Schul- und Staatsbürgerschaftswesens)[47] sollte der Zentralismus verstärkt werden. Machtpolitisch bedeutsam war die Übertragung wichtiger Polizeimaterien auf den Bund. Die LReg wäre durch den Landtag nach dem Mehrheitswahlrecht zu bestellen.[48]

Wien: Die Bundeshauptstadt sollte ihre Stellung als Land verlieren und statt dessen den Charakter einer bundesunmittelbaren Stadt erhalten.

Grundrechte: Möglichkeit, den Schutz der Freiheit der Person, des Hausrechts sowie der freien Meinungsäußerung und der Pressefreiheit in Kriegszeiten sowie bei Gefährdung der öffentlichen Ordnung und Sicherheit einzuschränken.[49]

---

[45]) In diesem Fall war die BReg nur insoweit zur Ausschreibung von Neuwahlen verpflichtet, als nicht außerordentliche Verhältnisse entgegen standen. Der BPräs könnte daher nach der Auflösung des NR und der Enthebung der BReg „mit einer aus seinen Kreaturen zusammengestellten Regierung legitim eine Art Diktatur“ ausüben (*Voegelin,* ZfP 1930, 599).

[46]) In den 20er-Jahren war es vor allem auf dem Gebiete des Eherechts („Dispensehen“) zu schweren Auseinandersetzungen zwischen der BReg und dem VfGH gekommen, vgl. *Berchtold,* Verfassungsreform I, 384.

[47]) Ua sollte auch für das Leichen- und Bestattungswesen nunmehr der Bund zur Gesetzgebung (Art. 11) zuständig sein. Dahinter stand die Absicht des katholischen Lagers, die in Wien praktizierte Feuerbestattung unmöglich zu machen.

[48]) Damit wären die Sozialdemokraten mit Ausnahme von Wien aus allen LReg ausgeschieden.

[49]) Weiters wurde vorgeschlagen, in Art. 149 (1) B-VG das G. über die Aufhebung des Adels (StGBl 1919/211) zu streichen, womit es seinen Rang als Verfassungsgesetz verloren hätte. Es wäre demnach für den Gesetzgeber wieder möglich gewesen, mit einfacher Mehrheit Adelstitel einzuführen.

Da die Sozialdemokraten bei Inkrafttreten dieser Vorschläge fast jeden Einfluss im Staate verloren hätten, bekämpften sie die RV auf das Vehementeste. Sie konnten bei den Verhandlungen den Trumpf ausspielen, dass eine Verfassungsänderung wegen der erforderlichen Zwei-Drittel-Mehrheit gegen die Stimmen der Sozialdemokraten nicht möglich war. Vor dem Hintergrund latenter Putsch- und Staatsstreichdrohungen der Heimwehr[50] und der Ankündigung der Regierung, über den Verfassungsreformplan eine Volksabstimmung durchzuführen, stimmten die Sozialdemokraten schließlich einer Verfassungsreform zu, wobei es ihnen in den Verhandlungen gelang, der Reform die „entscheidenden Giftzähne" (*Norbert Leser*) zu ziehen und die Errichtung einer Präsidentschaftsdiktatur zu verhindern. Die wichtigsten Bestimmungen der sog. „Zweiten Bundes-Verfassungsnov." (BGBl 1929/392) waren:

Kompetenzen: Mit Ausnahme der „örtlichen Sicherheitspolizei" wurde die Aufrechterhaltung der öffentlichen Ruhe, Ordnung und Sicherheit sowie die Organisation und Führung der Bundespolizei und -gendarmerie in Gesetzgebung und Vollziehung dem Bund zugewiesen (Art. 10). Dieser erhielt außerdem die „oberste Leitung und Aufsicht über das gesamte Erziehungs- und Unterrichtswesen" (Art. 102a).

Nationalrat: Einberufung und Auflösung durch den BPräs; im Falle der Auflösung hatte die BReg die Neuwahl des NR anzuordnen. Der NR verlor das Recht, die BReg zu wählen. Die Tätigkeit des NR wurde auf zwei ordentliche Tagungen pro Jahr konzentriert. Das Budgetprovisorium war auf zwei Monate befristet.

Länder- und Ständerat: An die Stelle des BR trat ein Länder- und Ständerat. Da die Zusammensetzung des Ständerates in einem (nie erlassenen) BVG geregelt werden sollte, blieb praktisch die alte Rechtslage aufrecht.

Bundespräsident: Wahl des BPräs durch das Bundesvolk; erreichte keiner der Kandidaten die absolute Mehrheit, so fand ein zweiter Wahlgang statt.[51] Durch eine auf Initiative der Bundesversammlung durchgeführte Volksabstimmung konnte der BPräs vor Ablauf seiner nunmehr sechs Jahre dauernden Funktionsperiode abgesetzt werden. Der BPräs ernannte bzw. entließ die BReg und übte den Oberbefehl über das Bundesheer aus.

Notverordnungsrecht (Art. 18 Abs. 3): Zur Abwehr eines offenkundigen, nicht wieder gutzumachenden Schadens für die Allgemeinheit konnte der BPräs auf Vorschlag der BReg Maßnahmen durch vorläufige gesetzändernde Verordnungen treffen, wenn der NR nicht versammelt war. Der Vorschlag der BReg bedurfte der Zustimmung des ständigen Unterausschusses des Hauptausschusses des NR. Diese Verordnungen durften weder eine Änderung der Bundesverfassung noch Maßnahmen auf dem Gebiete des Arbeits- und Koalitionsrechts sowie des Mieterschutzes beinhalten. Weiters durften zB keine Maßnahmen erlassen wer-

---

[50]) In einer mit „Der Weg zur Österreichs Freiheit" übertitelten Heimwehrbroschüre vom September 1929 hieß es: „Nicht die *Senatoren*, sondern die *Diktatoren* haben den römischen Staat aus den Gefahren gerettet, die ihn wiederholt bedrohten. Darum fürchten wir uns nicht, wenn man uns vorwirft, dass wir den Staatsstreich wollen. Wir sprechen nicht von einem Staatsstreich, bekennen aber offen und freimütig, dass Österreich ohne Staatsstreich nicht mehr zu retten ist, und nicht ohne eine radikale Operation, den Sitz des Giftes, dort wo es am hartnäckigsten sitzt, zu beseitigen." (abgedr. bei *Berchtold,* Verfassungsreform I, 33).

[51]) Gemäß den Übergangsbestimmungen (Art. II § 16 Abs. 3 BGBl 1929/393) wäre binnen zehn Wochen nach Zusammentreten des nächsten neugewählten NR die Wahl eines BPräs durch das Bundesvolk auszuschreiben gewesen. Wegen der inzwischen eingetretenen dramatischen Verschlechterung der österreichischen Wirtschaftslage sowie aus verschiedenen parteitaktischen Überlegungen (vgl. dazu *Goldinger,* Österreich, 155) einigten sich die Parteien auf eine neuerliche Verfassungsänderung. Das BVG (BGBl 1931/303) bestimmte, dass die Wahl des BPräs 1931 nicht durch das Bundesvolk, sondern wie bisher durch die Bundesversammlung erfolgen sollte.

den, die eine dauernde finanzielle Belastung des Bundes oder finanzielle Verpflichtungen der Bundesbürger bedeuteten. Diese Notverordnung war von der BReg unverzüglich dem NR vorzulegen.

Gerichtshöfe des öffentlichen Rechts: Der Einfluss des National- bzw. des Länder- und Ständerates auf die Bestellung der Richter des VfGH und des VwGH wurde eingeschränkt, der der BReg hingegen ausgebaut. Die Ernennung der VfGH-Richter erfolgte durch den BPräs, wobei der BReg ein Vorschlagsrecht für sechs VfGH- Richter, dem NR sowie dem Länder- und Ständerat für je drei zukommt.[52]

Wien: Die Stellung Wiens als Bundesland blieb im vollen Umfang erhalten.

Das Ergebnis der B-VG-Nov. 1929, das gemessen an den Intentionen der Regierung mager ausfiel und nicht die erhoffte Verschiebung der politischen Kräfteverhältnisse brachte, wurde naturgemäß von den verschiedenen Parteien unterschiedlich beurteilt. Während die Sozialdemokraten aus ihrem Abwehrerfolg schlossen, „der Faschismus wird in Österreich nie und nimmer siegen“[53], kündigten die Heimwehren die Fortsetzung ihres Kampfes gegen die Demokratie an: „Eine Anzahl entscheidender Reformbestimmungen der Vorlage wurde nicht durchgeführt, weil die Sozialdemokraten – gestützt auf die bisherige Wahnsinnsverfassung einer entarteten Demokratie – ihre Stimmen verweigerten. Eine ungeheure Schuld laden dadurch die Austromarxisten auf sich, die sie einst büßen werden müssen ... Für uns Kameraden, gibt es daher nur eines: Der Kampf muss weitergeführt werden!“[54]

10.6. Die Weiterentwicklung des Rechtsstaates und des Rechtsschutzes der Einzelperson

Lit.: *Adamovich,* Grundriß des österreichischen Staatsrechtes², 94; *Brauneder,* Grundrechte, 23; *Ermacora,* Die Grundrechte in der Verfassungsfrage 1919/20, in: *Wiss. Komm.* (Hg.), Die österreichische Verfassung, 53; *Fröhlich,* Die Bundesverfassung der Republik Österreich, 27.

Durch das B-VG 1920 wurde der Rechtsstaat in Österreich in einer Reihe von zentralen Punkten ausgebaut.

Art. 18 B-VG bestimmte, dass die „gesamte staatliche Verwaltung ... nur aufgrund der Gesetze ausgeübt werden“ durfte **(Legalitätsprinzip).** Jede Verwaltungsbehörde konnte nur „im Rahmen“ (seit 1925 „auf Grund“) der Gesetze innerhalb ihres Wirkungsbereiches Verordnungen erlassen.

Neben der Verwaltung wurde aber auch der **Gesetzgeber der Bindung an die Gesetze** unterworfen. Einfache Gesetze durften Verfassungsgesetze nicht verletzen, „einfache“ Verfassungsgesetze durften nicht gegen die Baugesetze (Gesamtänderung der Bundesverfassung) verstoßen. Das neu eingeführte **Gesetzesprüfungsrecht des VfGH** sollte die Einhaltung der Verfassung durch den Gesetzgeber garantieren.[55]

---

[52]) Dies führte bereits im Jahre 1930 zu einer Umpolitisierung des VfGH. Die Funktion der bisherigen Richter des VfGH endete gemäß Art. II § 25 BGBl 1929/393 am 15. Februar 1930. Der neu ernannte VfGH wies eine regierungsfreundliche Mehrheit auf. Zum Verhalten dieser Verfassungsrichter nach dem Staatsstreich 1933 vgl. unten Kap. 11.2. FN 45.

[53]) Aufruf vom 11. 12. 1929, abgedr. bei *Berchtold,* Verfassungsreform I, 91.

[54]) Stellungnahme der Bundesführung der Selbstschutzverbände vom 13. 12. 1929, abgedr. bei: *Berchtold,* Verfassungsreform I, 88.

[55]) Allerdings sah das B-VG keine Möglichkeit vor, den säumigen Gesetzgeber zum Tätigwerden zu zwingen. Eine Reihe der im B-VG angekündigten Gesetze (zB ein BVG über die Demokratisierung der Bezirksverwaltung, Art. 120) wurde nie erlassen.

Wie erwähnt konnten sich die politischen Parteien 1920 aufgrund ihrer divergierenden gesellschaftspolitischen Standpunkte nicht auf eine Neuregelung der **Grundrechte** einigen. Statt dessen wurden die bestehenden Grundrechte (vgl. Art. 149 B-VG) in die Rechtsordnung der Republik Österreich übernommen.[56] Das StGG über die allgemeinen Rechte der Staatsbürger erfuhr allerdings eine entscheidende Modifikation, indem sein Art. 20 (Möglichkeit zur Suspension einzelner Grundrechte) außer Kraft gesetzt wurde. Das B-VG 1920 enthielt selbst nur einige wenige Grundrechtsbestimmungen, unter denen der Gleichheitsgrundsatz (Art. 7) die größte praktische Bedeutung erlangte: „Alle Bundesbürger sind vor dem Gesetz gleich. Vorrechte der Geburt, des Geschlechtes, des Standes, der Klasse und des Bekenntnisses sind ausgeschlossen.“ Hervorzuheben ist die explizite Anführung der Gleichstellung der Geschlechter.[57]

Eine weitere für einen Rechtsstaat wesentliche Materie, die **Amtshaftung**, konnte bis 1933 keiner Lösung zugeführt werden. Art. 23 B-VG 1920 bestimmte zwar, dass sowohl die Gebietskörperschaft wie auch das einzelne Organ für den Schaden hafteten, den die mit der Bundes-, Landes- oder Gemeindeverwaltung oder Gerichtsbarkeit betrauten Personen bei der Ausübung ihrer Tätigkeit durch vorsätzliche oder grobfahrlässige Rechtsverletzung einem Dritten zugefügt hatten. Das entsprechende Durchführungsgesetz wurde jedoch erst rund dreißig Jahre später erlassen (AmtshaftungsG, BGBl 1949/20).[58]

Im Zuge des Ausbaus des Rechtsstaates konnte man nunmehr nicht mehr darüber hinwegsehen, dass das **Verwaltungsverfahren** „fast jeglicher gesetzlicher Regelung“[59] ermangelte. Die Materie war durch zahlreiche Sonderbestimmungen zersplittert, häufig regelten noch Amtsinstruktionen und Amtsunterrichte, die nicht den Charakter zwingender Normen besaßen, das Verwaltungsverfahren. Mit dem Inkrafttreten des Allgemeinen VerwaltungsverfahrensG (BGBl 1925/274), des VerwaltungsstrafG (BGBl 1925/275), des VerwaltungsvollstreckungsG (BGBl 1925/276) und des EinführungsG zu den Verwaltungsverfahrensgesetzen (BGBl 1925/273) konnte die österreichische Verwaltung auf eine ausreichende rechtsstaatliche Basis gestellt werden.

---

[56]) StGG 1867 über die allgemeinen Rechte der Staatsbürger; G. v. 1862 zum Schutze der persönlichen Freiheit; G. v.1862 zum Schutze des Hausrechtes; Beschluss der Prov. NV v. 30. Oktober 1918, StGBl Nr. 3; G. v.1919 über die Aufhebung des Adels, der weltlichen Ritter- und Damenorden und gewisser Titel und Würden; Abschnitt V des III. Teiles des StV. von St. Germain.

[57]) Der klare Wortlaut dieser Gesetzesstelle konnte jedoch nicht verhindern, dass durch eine tendenziöse Auslegung dieser Bestimmung jahrzehntelang rechtliche Diskriminierungen der Frau in Geltung blieben.

[58]) In der Ersten Republik galt daher weiterhin das HfD vom 14. März 1806 (JGS. 758), das bestimmte, „dass Staatsbeamte ihrer Amtshandlungen wegen bey dem Civil-Gerichte niemahls belangt werden können ...“ Für richterliche Beamte galten seit 1872 Sonderbestimmungen (sog. SyndikatsG, RGBl. Nr. 112), die der geschädigten Partei einen Schadenersatzanspruch sowohl gegen den Richter wie auch gegen den Staat gewährten.

[59]) *Adamovich,* Grundriß^2, 282; vgl. auch *ders.,* Österreichisches Verwaltungsrecht, 77.

11. Die Ära der „austrofaschistischen" Diktatur 1933–1938

Auf die Frage nach der politischen Haltung der Einwohnerschaft antwortete der staatlich installierte Würdenträger hinter vorgehaltener Hand, es seien ungefähr 40 % Nazi, 40 % Sozi und 20 % alte Christlichsoziale.

Und bei der Vaterländischen Front sei niemand?

„Ahja!" beeilte sich der Befragte voll pflichtbewussten Eifers. „Bei der Vaterländischen Front san s' alle!"

Friedrich Torberg[1]

11.1. Historischer Hintergrund

Lit.: *Benedikt* (Hg.), Geschichte der Republik Österreich; *Botz,* Gewalt in der Politik, 210; *Botz,* Krisenzonen einer Demokratie, 119; *Bruckmüller,* Sozialgeschichte Österreichs, 509; *Fröschl/Zoitl* (Hg.), Der 4. März 1933; *Fröschl/Zoitl* (Hg.), Der 12. Februar 1934; *Gedye,* Als die Bastionen fielen, 76; *Goldinger,* Geschichte der Republik Österreich, 171; *Gulick,* Österreich von Habsburg zu Hitler, Bd. III–IV; *Hautmann/Kropf,* Die österreichische Arbeiterbewegung vom Vormärz bis 1945[3], 161; *Huemer,* Sektionschef Robert Hecht und die Zerstörung der Demokratie in Österreich, 157; *Jagschitz,* Theorie und Praxis des österreichischen Ständestaates 1934–1938, in: *Rettinger* ua. (Hg.), Zeitgeschichte, 116; *Kluge,* Der österreichische Ständestaat; *Kreissler,* Von der Revolution zur Annexion, 193; *Leser,* Zwischen Reformismus und Bolschewismus, 458; *Pauley,* Der Weg in den Nationalsozialismus, 88; *Pototschnig/Putzer/Rinnerthaler* (Hg), Glaubenszwang, 195; *Rothschild,* Wurzeln und Triebkräfte der Entwicklung der österreichischen Wirtschaftsstruktur, in: *Weber* (Hg.), Österreichs Wirtschaftsstruktur I, 94; *Schuschnigg,* Im Kampf gegen Hitler; *Siegfried,* Klerikal-Faschismus; *Skottsberg,* Parlamentarismus, 444; *Tálos/Neugebauer* (Hg.), „Austrofaschismus"[4]; *Weinzierl/Skalnick* (Hg.), Österreich 1918–1938; *Wippermann*, Europäischer Faschismus im Vergleich; *Wiss. Komm.* (Hg.), Das Jahr 1934: 12. Februar; *Wiss. Komm.* (Hg.), Das Jahr 1934: 25. Juli; *Wiss. Komm.* (Hg.), Das Juli-Abkommen von 1936; *Zöllner,* Geschichte Österreichs[7], 512.

Der in der wissenschaftlichen Literatur für die Zeit von 1934–1938 verwendete Begriff **Ständestaat** ist m.E. völlig verfehlt. Zwar sprachen die in dieser Zeit herrschenden politischen Eliten in ihren programmatischen Erklärungen von der Errichtung einer Gesellschaft bzw. eines Staatswesens auf Grundlage einer berufsständischen Ordnung, tatsächlich konnten jedoch die Berufsstände – von den projektierten sieben wurden bis 1938 überhaupt nur zwei eingerichtet – bis 1938 keinerlei praktische politische Wirkung erzeugen. Der Begriff „Ständestaat" dient vielmehr der Verschleierung des tatsächlichen Charakters der Herrschaft 1933–1938, die ein **„diktatorisches Regime mit faschistischen Tendenzen"**[2] war. M.E. sagt der Ausdruck **Austrofaschismus** bedeutend mehr über das Wesen der politischen Herrschaft dieser Epoche aus. Trotz vieler Gemeinsamkeiten, zB Ständestaatsideologie, autoritäre Staatskonzeption, Antiparlamentarismus und Antisozialismus ..., bestanden allerdings auch Unterschiede zwischen dem österreichischen Regime und dem Faschismus deutscher bzw. italienischer Ausprägung. Insbes. gelang der Regierungsdiktatur von Dollfuß und Schuschnigg niemals eine auch nur annähernde Massenmobilisierung. Die Kontrolle über die Bevölkerung erreichte keinesfalls das Ausmaß wie in Deutschland/Italien und es mangelte an einer vergleichbaren Führerpersönlichkeit.

---

[1]) *Torberg*, Die Erben der Tante Jolesch, 145 (dtv).

[2]) *Botz,* Introduction, in: Who Were the Fascists, 197.

11.1.1. Wirtschaftliche und soziale Entwicklung

Nach dem Höhepunkt der Weltwirtschaftskrise in den Jahren 1932–34 gelang es Österreich nicht, an dem ab 1934 in Europa einsetzenden Konjunkturaufschwung teilzuhaben. Die Arbeitslosigkeit blieb – vor allem unter jungen Menschen – konstant hoch. 1937 suchten noch immer 621.000 Personen (31,8 %) Arbeit, von denen nur ein Drittel staatliche Unterstützungen erhielt.[3] Die Massenkaufkraft war deutlich gesunken, der reale Umsatz an Verbrauchsgütern lag im Jahre 1937 um 30 % unter dem Niveau von 1929. Die geringe Investitionstätigkeit sowohl der privaten Unternehmer wie auch des Staates bewirkte, dass **Österreich im europäischen Vergleich weiter zurückfiel**. Während die Industrieproduktion der westeuropäischen Länder im Jahre 1937 im Durchschnitt bereits wieder um 19 % über dem Ergebnis von 1929 lag, betrug die Steigerung in Österreich nur 3 %. Parallel dazu sank der österreichische Anteil am Welthandel zwischen 1929 und 1937 von 1,12 % auf 0,93 %.[4] Nur in der Landwirtschaft sowie bei der Verringerung des Handelsbilanzdefizits und der Auslandsschulden erzielte das austrofaschistische Regime Erfolge. Darüber hinaus waren in der Wirtschaftskrise überdimensionierte Wirtschaftssektoren (zB der Bankenbereich) besonderen Schrumpfungen unterlegen, sodass – allerdings auf einem niedrigeren Niveau – die österreichische Wirtschaftsstruktur nunmehr besser den ökonomischen Bedürfnissen des Staates angepasst war.[5]

Neben einigen externen Faktoren – ua dem ab 1933 einsetzenden Wirtschaftskrieg Deutschlands gegen Österreich, zB „Tausend-Mark-Sperre"[6] – waren für die Fortdauer der Stagnation **österreichinterne Gründe** verantwortlich: Zur Wirtschaftskrise trat in Österreich 1933 die politische Krise. Die unzureichende politische Basis des 1933 errichteten Regimes verhinderte die Entstehung eines investitionsfreudigen Wirtschaftsklimas. Die Zerschlagung der Organisationen der Arbeiterbewegung (insbes. der Freien Gewerkschaften) führte „zu einer äußerst konservativen Beschäftigungs-, Lohn- und Sozialpolitik, durch welche die Konsumkraft der Massen auf ein sehr niedriges Niveau gedrückt wurde"[7], sodass es der Konsumgüterindustrie an Nachfrage mangelte.

Anstatt antizyklisch zu wirtschaften und durch eine Steigerung der Staatsausgaben die Nachfrage zu beleben, richteten die Regierung und die Nationalbank, die bis 1936 unter Aufsicht eines Völkerbundkommissärs stand, das Hauptaugenmerk auf die Bekämpfung

---

[3]) *Weber,* Weltwirtschaftskrise, in: *Fröschl/Zoitl* (Hg.), 4. März 1933, 38.

[4]) Vgl. dazu *Rothschild,* 95.

[5]) *Rothschild,* 94.

[6]) Die Tausend-Mark-Sperre (RGBl 1933 I, 311) sollte den österreichischen Fremdenverkehr schädigen. Die deutsche Regierung verlangte von jedem deutschen Reichsbürger, der nach Österreich reisen wollte, eine Abgabe in der Höhe von 1000 Reichsmark. Tatsächlich sank der Zustrom deutscher Touristen 1934/35 auf rund 1/8 des Niveaus von 1928/29 ab. Die von Österreich im Gegenzug verhängte Fünf-Schilling-Sperre (BGBl 1933/208) stellte allenfalls ein symbolisches Druckmittel dar.

[7]) *Rothschild,* 95.

des Budgetdefizits und der Inflation sowie die Stärkung der österreichischen Währung („Alpendollar“). Durch einen fortschreitenden Sozialabbau (zB Einschränkung der Leistungen der Arbeitslosen- und Sozialversicherung), Eingriffe in bestehende Kollektivverträge und Kürzung der Bildungsausgaben[8] entsprach der Staat den Forderungen der Industrie nach Verbesserung der Verwertungsbedingungen des Kapitals. Der Anteil der Sozialausgaben am Bundesbudget sank zwischen 1932 und 1937 von 23,5 % auf 17,2 %.[9]

Während die Regierung im industriellen Sektor kaum regulierend bzw. stimulierend eingriff und insbes. nur in unbedeutendem Maße Arbeitsbeschaffungsprogramme durchführte, verfolgte sie im Agrar- und Gewerbebereich eine strikt protektionistische Linie, die eine Begünstigung der Landwirtschaft zu Lasten der Industriebeschäftigten und -unternehmer bedeutete. Die GewerbesperrV (BGBl 1933/53, 84, 148 ua) verhinderte die Errichtung neuer Gewerbebetriebe und schützte diesen Wirtschaftssektor vor weiterer Konkurrenz.

Zusammenfassend kann gesagt werden, dass Österreich in der Zeit von 1933 bis 1938 seinen Status als **Agrar-Industriestaat** beibehielt. Im Gegensatz zu anderen autoritären Regimen dieser Zeit vermochte der Austrofaschismus jedoch „keinen entscheidenden Beitrag zur Überwindung der wirtschaftlichen Stagnation zu leisten“.[10]

11.1.2. Innenpolitische Entwicklung

Die für die Errichtung des autoritären Regimes in Österreich entscheidende Zeit 1932/33 war geprägt vom **Zusammenfall mehrerer Krisen**. Zum Zusammenbruch der Wirtschaft trat 1932 der Zerfall der traditionellen Bürgerblock-Koalition durch das Ausscheiden der Großdeutschen. Die neue von den Christlichsozialen, dem Landbund und den faschistischen Heimwehren unter BKz. *Engelbert Dollfuß* gebildete Koalition verfügte im NR nur über eine Stimme Mehrheit und durfte 1933 bei Wahlen mit kaum mehr als 40 % der Stimmen rechnen.[11] Zudem löste sich das traditionelle (deutsch)nationale Lager auf, indem seine Mitglieder und Wähler in Scharen den wesentlich militanter auftretenden Nationalsozialisten zuliefen.[12]

Das politische Spektrum Österreichs erfuhr 1932/33 durch die **Radikalisierung der bürgerlich-bäuerlichen Sektoren** eine deutliche Verschiebung nach rechts. Das rechte Lager war allerdings in mehrere konkurrierende Bewegungen gespalten: Im konservativ-

---

[8]) Ab Herbst 1934 musste beim Besuch einer Mittelschule ein Schulgeld in beachtlicher Höhe entrichtet werden (BGBl 1934 II/233).

[9]) *Tálos,* Sozialpolitik, in: *Tálos/Neugebauer*, 174; vgl. auch *Haas*, Industrielle Interessenpolitik in Österreich zur Zeit der Weltwirtschaftskrise, in: JfZ1978, 97.

[10]) *Kernbauer/Weber,* Von der Inflation zur Depression, in: *Tálos/Neugebauer,* 22.

[11]) So die Einschätzung des dem Landbund angehörenden Vizekanzlers Winkler.

[12]) Vgl. dazu oben Kap. 10.1.2. FN 12.

katholischen Lager (Christlichsoziale) erfolgte die Zurückdrängung des demokratischen Flügels und eine partielle Hinwendung zu faschistischen Ideen und autoritären Staatsvorstellungen. Die Heimwehren, deren politische Stärke in erster Linie von den Verbindungen zum italienischen Faschismus herrührte, waren in sich völlig zerstritten und rivalisierten mit dem Landbund. Den Nationalsozialisten – zu dieser Zeit die einzige expandierende Bewegung – gelangen nach der Eroberung des deutschnationalen Lagers vereinzelt Einbrüche in das sozialdemokratische (Vorarlberg) und das christlichsoziale Wählerpotenzial (Wien). Ihre Stärke im Jahre 1932 wird auf 15–25 % geschätzt.[13] Auf der politischen Linken stand die in die Defensive gedrängte Sozialdemokratie, die sich nach wie vor auf ein Wählerpotenzial von annähernd 40 % stützte.

Aufgrund der politischen Veränderungen schien die Aufrechterhaltung der seit 1920 dauernden Herrschaft des katholisch-konservativen Lagers auf Basis der parlamentarischen Demokratie nicht mehr möglich. Angesichts der drohenden Wahlniederlage und des sicher scheinenden Verlustes der politischen Führungsposition[14] reifte im Regierungslager der Entschluss, den Boden der Verfassung und der Demokratie zu verlassen und ein **autoritäres Regime** zu errichten. Der Weg in die Diktatur begann – wie inzwischen aktenmäßig ausgiebig belegt ist[15] – nicht erst mit dem Staatsstreich der Regierung vom März 1933. Vielmehr liefen bereits seit spätestens 1932 im Kreis der führenden christlichsozialen Politiker Erörterungen über die Beseitigung des parlamentarisch-demokratischen Systems. Ausgereifte Konzepte über die konkrete Durchführung existierten jedoch noch nicht.

Der Geschäftsordnungs-Zwischenfall im Nationalrat vom 4. März 1933 bot der Regierung die Chance, die **Ausschaltung des Nationalrats** zu verwirklichen. Bei dem nachfolgenden **Staatsstreich auf Raten**[16] fand die Regierung Unterstützung bei der Bürokratie, dem Heer, der Katholischen Kirche, der Industrie und nicht zuletzt auch bei BPräs *Miklas*, der es unterließ, von seinem Recht, die Regierung zu entlassen, Gebrauch zu machen. Die Regierung, die sowohl im Kampf gegen die Sozialdemokraten als auch in der Auseinandersetzung mit den Nationalsozialisten stand, konnte mit ihrer relativ schmalen politischen Basis nur überleben, weil ein Bündnis zwischen Sozialdemokraten und der NSDAP von vornherein ausgeschlossen war.

Die **Sozialdemokraten**, die 1933 das Ziel der Gesellschaftsveränderung zugunsten des Kampfes um die Erhaltung der Demokratie, des Parlamentarismus und des Rechtsstaats

[13]) *Botz,* Krisenzonen, 221; *Pauly,* Nationalsozialismus, 81. Bei den Gemeinderatswahlen in Innsbruck am 23. April 1933, es waren übrigens die letzten freien Wahlen in Österreich bis 1945, erreichten die Nationalsozialisten knapp 40 % der Stimmen.

[14]) Der cs. Parteivorsitzende Vaugoin rechnete im März 1933 damit, dass seine Partei bei NR-Wahlen zur drittstärksten Partei absinken würde.

[15]) Vgl. die Übersicht bei *Botz,* Krisenzonen, 142, 161; *Huemer*, Zerstörung, 157.

[16]) *Huemer,* Zerstörung, 157.

zurückgestellt hatten, sahen sich nach der Ausschaltung des NR im März 1933 mit einer rasch fortschreitenden Beschneidung ihres politischen Handlungsspielraumes konfrontiert:

Beschränkung der Versammlungs- und Pressefreiheit, Verbot der Maiaufmärsche, Einschränkung des Streikrechts, Absetzung der sozialdemokratischen Arbeiterkammerfunktionäre durch die Regierung, Verkaufsverbot für die Arbeiterzeitung. Im Frühjahr 1933 wurden der Republikanische Schutzbund und die KPÖ verboten. Trotz des autoritären Regierungskurses konnte sich die Führung der Sozialdemokratie nicht zu einem offensiven Vorgehen (Generalstreik) durchringen sondern versuchte, die Regierung durch Verhandlungen zur Rückkehr zur parlamentarischen Demokratie zu bewegen.[17] Dieses fortwährende Zurückweichen stärkte im Lager der Regierung allerdings jene Kräfte, die nunmehr den Zeitpunkt für die endgültige Zerschlagung der Arbeiterbewegung sahen.[18]

Im Februar 1934 spitzte sich die innenpolitische Lage zu, als die Heimwehren und Italien[19] auf die völlige Ausschaltung der Sozialdemokratie drängten. Nachdem die Heimwehren Anfang Februar in mehreren Bundesländern unter Gewaltandrohung versuchten, die LReg zu übernehmen und ein Teil des Führungskaders des illegalen Republikanischen Schutzbundes verhaftet wurde, widersetzten sich am 12. Februar 1934 in Linz Schutzbundeinheiten einer von Polizei und Bundesheer durchgeführten Hausdurchsuchung. Das dabei ausbrechende Gefecht bildete den Auftakt zum vier Tage dauernden **Österreichischen Bürgerkrieg,** der nach offiziellen Angaben 314 Tote und 805 Verwundete forderte und mit der Niederlage der Sozialdemokraten und Kommunisten endete. Die Sozialdemokratische Partei sowie die Freien Gewerkschaften wurden verboten, die sozialdemokratischen Mandate in den Staatsorganen annulliert und ca. 9.600 Personen verhaftet. Trotz der Niederlage besteht die historische Bedeutung der Februarereignisse 1934 darin, dass damit in Europa erstmals versucht wurde, den Aufstieg des Faschismus gewaltsam zu stoppen.

Der zweite Gegner des Dollfußregimes waren die **Nationalsozialisten.** Um Österreich zu destabilisieren, begannen sie im Frühjahr 1933 mit einer Serie von Sprengstoffanschlägen und Mordattentaten. Gleichzeitig sollte der deutsche Wirtschaftskrieg gegen Österreich sowie die latente Gefahr eines deutschen Angriffs auf Österreich die Regierung gefügig machen. Nach ihrem Verbot am 19. Juni 1933 arbeitete die NSDAP in der Illegalität weiter. BKz. *Dollfuß* versuchte, durch die Errichtung eines „Konkurrenzfaschismus"[20] die

[17]) Diese Verhandlungsbereitschaft ging sogar so weit, dass die Sozialdemokraten bereit waren, der Regierung für die Dauer von 5 Jahren alle Vollmacht zu übertragen bzw. berufsständische Elemente in einer neuen Verfassung zu akzeptieren (*Goldinger,* Geschichte, 191).

[18]) Dem cs. Parteichef *Vaugoin* ging die Taktik der schrittweisen Entmachtung der Sozialdemokratie zunächst zu langsam. Anfang März 1933 meinte er: „Es ist falsch, wenn man diesen Hunden ratenweise den Schweif abhackt". Drei Monate später stellte er allerdings befriedigt fest, man habe die Sozialdemokraten „Glied für Glied zum Krüppel geschlagen"; zit. nach: *Huemer,* Verfassungsbruch 1933/34, in: *Fröschl/Zoitl* (Hg.), 4. März 1933, 113.

[19]) Anlässlich des Besuchs des italienischen Staatssekretärs für Äußeres *Suvich* am 18. Jänner 1934 in Wien wurde Übereinstimmung zwischen Wien und Rom darüber erzielt, dass die Bekämpfung des Marxismus, die Reform der Verfassung in antiparlamentarischem Sinn sowie die Beseitigung der Parteien vordringliche Aufgabe sei.

[20]) Am 25. März 1933 erklärte BKz. *Dollfuß*: „Die braune Welle können wir nur auffangen, wenn wir das, was die Nazi versprechen und in Deutschland getan haben, was ohnehin gemildert wird durch verschiedene

Anziehungskraft der Nationalsozialisten zu mindern und gleichzeitig der NSDAP durch die Integration in sein autoritäres Regime den Schwung zu nehmen. Trotz des anhaltenden nationalsozialistischen Terrors und des Parteiverbots führte *Dollfuß* bis zum Frühsommer 1934 wiederholt Koalitionsverhandlungen mit führenden Nationalsozialisten. Diese scheiterten jedoch an deren überzogenen Forderungen.

Das Konzept von BKz. *Dollfuß* zur politischen Neustrukturierung der Herrschaft in Österreich – der autoritär geführte, religiös fundierte, ständestaatlich organisierte Staat – fand seine Verwirklichung in der **Mai-Verfassung 1934.** An die Stelle des Parteienpluralismus trat die im Mai 1933 gegründete **Vaterländische Front** (VF), deren Aufgabe es war, als **einzige erlaubte Staatspartei** das politische Leben gleichzuschalten.[21] Sie erreichte durch den Eintritt ganzer Organisationen sowie durch das Druckmittel, dass die Mitgliedschaft für die Vergabe vieler Posten Voraussetzung war, rund 2 Mio. Mitglieder. Trotz der imposanten Mitgliederzahl konnte die VF ihre Aufgabe, dem Regime eine Massenbasis zu schaffen, verglichen mit Deutschland und Italien, nie erfüllen. Die VF, die übrigens nie über ein eigenes Programm verfügte, diente in der Praxis vor allem der Legitimation der Staatsführung sowie der politischen Kontrolle der Bevölkerung als „Naderer- und Schnüfflerorganisation".[22]

Im Frühjahr 1934 verstärkte die **NSDAP** erneut ihre terroristischen Aktivitäten. Nach einer Serie von Anschlägen gegen öffentliche Einrichtungen, Kommunikationsanlagen, Polizei- und Gendarmerieposten, aber auch Kirchen und Pfarrämter versuchten die Nationalsozialisten, am 25. Juli 1934 durch einen Staatsstreich in Österreich an die Macht zu gelangen. Sie stürmten das Bundeskanzleramt, ermordeten BKz. *Dollfuß* und besetzten das Rundfunkgebäude. Nach mehrtägigen Kämpfen in den Bundesländern, die insgesamt 107 Tote forderten, brach der nationalsozialistische Putschversuch zusammen. Der drohende Einfall deutscher Truppen bzw. der aus geflohenen österreichischen Nationalsozialisten gebildeten „österreichischen Legion" wurde durch die Massierung italienischer Truppen an der Kärntner und Tiroler Grenze verhindert.

Kurt *Schuschnigg*[23], der *Dollfuß* als Bundeskanzler nachfolgte, hielt am vorgefundenen Konzept einer Regierungsdiktatur fest. Der von ihm angestrebte Aufbau von Staat und

---

Richtungen bei uns, selber machen ..." Der Heimwehr-Abgeordnete und spätere Minister *Neustädter-Stürmer* meinte dazu: „Wir können den Nationalsozialismus in Österreich schlagen, indem wir ihn überhitlern"; zit. nach, *Huemer,* Verfassungsbruch, in: *Fröschl/Zoitl* (Hg.), 4. März 1933, 111.

[21]) Der Landbund löste sich im September 1934 selbst auf, die Christlichsoziale Partei folgte diesem Schritt ein Monat später.

[22]) *Jagschitz,* Theorie und Praxis des österreichischen Ständestaates, in: Rettinger ua (Hg.), Zeitgeschichte, 124.

[23]) Unter *Schuschnigg* erhielten monarchistische Strömungen (sog. „Legitimisten") in Österreich neuen Auftrieb. Bspw. wurde der Ex-Kaisersohn *Otto Habsburg* in insgesamt 1603 österreichischen Gemeinden zum Ehrenbürger ernannt. Die in der Aufhebung des Gesetzes über die Landesverweisung des Hauses Habsburg sowie in der Rückgabe des konfiszierten Habsburgervermögens (BGBl 1935/299) ausgedrückten Restaurati-

Gesellschaft nach berufsständischem Vorbild gelang jedoch nicht. Einer der Hauptgründe für dieses Scheitern lag darin, dass *Schuschnigg* die Integration der Arbeiterschaft in sein politisches System nicht erreichte. Die Freien Gewerkschaften arbeiteten in der Illegalität weiter und es gelang ihnen, die im März 1934 eingerichtete regierungstreue Einheitsgewerkschaft zu unterwandern. Im tschechischen Exil bildete sich das „Auslandsbüro österreichischer Sozialdemokaten". In Österreich wirkten im Untergrund die „Revolutionären Sozialisten" und die KPÖ.

Die **Annäherung Hitler–Mussolini** im Jahre 1936 (vgl. Kap. 11.1.3.) hatte folgenschwere Konsequenzen für die österreichische Innenpolitik. Nach dem Wegfall der italienischen Schutzmacht war Österreich zu einer Neuorientierung seiner Politik gegenüber dem Deutschen Reich gezwungen. Im sog. **Juli-Abkommen 1936** erfolgte ein vorläufiges Arrangement zwischen Österreich und Deutschland, im Zuge dessen die NSDAP zwar nicht wieder zugelassen wurde, jedoch zwei der NSDAP nahestehende Personen in die Regierung aufgenommen wurden und die Nationalsozialisten im Rahmen der VF eine Möglichkeit zur Mitarbeit und somit einen halblegalen Status erhielten. Entsprechend der außenpolitischen Neuorientierung erfolgte innenpolitisch die **Entmachtung der Heimwehren,** die im Herbst 1936 aus der Regierung gedrängt wurden. Bereits im Oktober 1936 waren per Gesetz alle privaten Wehrverbände aufgelöst bzw. in die VF eingegliedert und dem Landesverteidigungsministerium unterstellt worden.

Die Hoffnung Schuschniggs, dass Österreich als **„zweiter deutscher Staat"** neben dem Deutschen Reich überleben und die Machtübernahme der Nationalsozialisten verhindert werden könnte, stellte sich schon sehr bald als Trugschluss heraus. Die Nationalsozialisten nützten die Freiräume ihres halblegalen Status zu neuer politischer Wühlarbeit und bereiteten angesichts der schwindenden Machtbasis der Regierung die nationalsozialistische Machtergreifung vor.

Einer der größten Profiteure[24] des Austrofaschismus war die **Katholische Kirche,** der es gelang, die im Jahre 1868 durchgeführte Trennung von Kirche und Staat rückgängig zu machen. Durch das **Konkordat 1933/34** (BGBl 1934 II/2) wurde eine **Rekatholisierung**[25] des Landes und eine Rekonfessionalisierung einiger staatlicher Bereiche eingeleitet. Die Katholische Kirche erhielt die Kompetenz zur Regelung des Eheschließungsrechts und die Gerichtsbarkeit bzgl. der Gültigkeit einer Ehe sowie ein religiöses Aufsichtsrecht über die Schulen. In der Folge wurde der zwangsweise Religionsunterricht wieder eingeführt. Personen, die aus der Katholischen Kirche austreten wollten, drohte eine Zwangspsychiatrierung (BGBl 1933/379) oder sie erhielten ohne gesetzliche Grundlage Arreststrafen.[26] Durch das Verbot der Information über empfängnisverhütende Mittel sowie die Einschränkung ihres Verkaufs (BGBl 1933/219, 1934/171) entsprach die BReg den Sittlichkeits-Vorstellungen der Katholischen Kirche. Im Gegenzug für die gestärkte

onsbestrebungen stießen auf heftige Reaktion der Nachbarstaat Jugoslawien, ČSR, Italien, Deutschland sowie Rumänien. Von der deutschen Wehrmacht in Hinblick auf einen Einmarsch in Österreich ausgearbeiteten Pläne trugen sinnigerweise den Decknamen „Unternehmen Otto".

[24]) Vgl. *Hanisch,* Politischer Katholizismus, in: *Tálos/Neugebauer* (Hg.), „Austrofaschismus"[4], 53.

[25]) Nicht zufällig wurde für die Vaterländische Front das Kruckenkreuz – ein altes Zeichen aus der Zeit der Kreuzzüge – zum Symbol gewählt (vgl. *Hanisch,* 61).

[26]) *Goldinger,* Republik, 224.

Stellung im Staate wirkte die „Katholische Kirche als Herrschaftsträger und Ideologielieferant“[27] an der weltanschaulichen Absicherung des autoritären Regimes mit.[28]

11.1.3. Außenpolitische Lage

Ende der 20er- und während der 30er-Jahre gelangten in Europa in einer Reihe von Ländern **rechtsautoritäre Regime** an die Macht: Deutschland (1933), Österreich (1933), Griechenland (1936), Spanien (1938), Portugal, Polen. Mit Italien und Ungarn entstand dadurch in Mitteleuropa ein Block autoritärer bzw. faschistischer Staaten, die auf eine – auch gewaltsame – Revision der europäischen Nachkriegsordnung abzielten.

Die bei weitem einschneidendste Erschütterung des europäischen Machtgefüges bedeutete die Machtübernahme der Nationalsozialisten im Jänner bzw. März 1933. Der von den Nationalsozialisten binnen kurzem errichteten Diktatur des „Dritten Reichs“ lag ein aggressiv-expansionistisches außenpolitisches Konzept zugrunde. Durch den deutschen Einmarsch in die entmilitarisierte Zone des Rheinlands (1936), die Einführung der allgemeinen Wehrpflicht (1935) und die forcierte Aufrüstung der Wehrmacht brach Deutschland die Bestimmungen des Friedensvertrags von Versailles. Von Beginn an war die Einverleibung Österreichs in das „Dritte Reich“ ein wichtiger Teilschritt in der Absicht der Nationalsozialisten, die Vorherrschaft in Europa zu erlangen. Österreichs Schlüsselstellung im ost-mitteleuropäischen Raum sowie als Tor zu Südosteuropa machte seine Stellung im Überschneidungsbereich des deutschen und des italienischen Expansionismus besonders prekär. Als Gegengewicht zur wachsenden Bedrohung durch Hitler-Deutschland suchte die Regierung Dollfuß eine noch engere Anlehnung an Italien. In den **„Römischen Protokollen“** (17. 3. 1934) vereinbarten Italien, Österreich und Ungarn neben einer engeren wirtschaftlichen Zusammenarbeit die Abstimmung ihrer Außenpolitik durch die Statuierung einer gegenseitigen Konsultationspflicht. Weiters gewährte Österreich italienischen Truppen für den Fall eines Kriegs zwischen Italien und Jugoslawien Durchmarschrechte über österreichisches Territorium. Die Schutzmachtfunktion Italiens, die ua in der Massierung italienischer Truppen an der österreichisch-italienischen Grenze während des NS-Putschversuchs 1934 wirksam wurde, hatte jedoch ihren politischen Preis. Solange das Bündnis mit Mussolini bestand, war in Österreich die Rückkehr zu einer parlamentarischen Demokratie schon aus außenpolitischen Rücksichtnahmen unmöglich.

Der Angriff Italiens auf das Königreich Abessinien im Oktober 1935[29] hatte für Österreich weitreichende politische Folgen. Militärische Rückschläge sowie die internationale Isolierung Italiens schufen 1936 die Grundlage für eine Annäherung Italiens an das „Dritte Reich“. Im Rahmen der im Entstehen begriffenen **Achse Berlin–Rom** (sog. „Achsenmächte“) wurden die deutsche und die italienische Einflusssphäre in Europa neu abgesteckt, wobei Mussolini in der Österreichfrage Konzessionsbereitschaft signalisierte.

Des italienischen Schutzes beraubt, bemühte sich die Regierung Schuschnigg[30] um ein Arrangement mit Hitler. Im sog. **Juli-Abkommen 1936** erreichte sie die Herstellung „nor-

---

[27]) *Hanisch,* 53.

[28]) In ihrem Weihnachtshirtenbrief 1933 lobten die österreichischen Bischöfe den „ausgesprochen christlichen Kurs“ der Regierung und stellten fest: „Die staatliche Autorität muss daher als Stellvertreterin Gottes anerkannt werden“. Gleichzeitig wandte sie sich gegen die „Phrase von der falsch verstandenen Volkssouveränität“ und forderte: „Die Völker also haben zu gehorchen und zu dienen“; Wiener Zeitung, 23. 12. 1933.

[29]) Im Gegensatz zu den übrigen 52 Mitgliedern des Völkerbundes stimmte Österreich mit Ungarn und Albanien gegen eine Verurteilung des italienischen Angriffs, wodurch es sich weiter außenpolitisch isolierte.

[30]) Seit 1936 unternahm Österreich Anstrengungen zur Aufrüstung seiner Streitkräfte, wobei die Bestimmungen des StV von St. Germain wiederholt verletzt wurden. ZB führte BGBl 1936/102 eine (verdeckte) allgemeine Wehrpflicht ein. Dies widersprach ebenso den Bestimmungen wie die Aufstellung einer österreichischen Panzer- und Flugzeugstreitmacht.

maler und freundschaftlicher" Beziehungen. Für die (an sich selbstverständliche) Anerkennung seiner vollen Souveränität durch die deutsche Reichsregierung musste Österreich weitreichende Zugeständnisse machen. Die österreichische BReg verpflichtete sich, „ihre Politik im Allgemeinen, wie insbes. gegenüber dem Deutschen Reiche, stets auf jener grundsätzlichen Linie (zu) halten, die der Tatsache, dass Österreich sich als deutscher Staat bekennt, entspricht". Innenpolitisch wurde die Regierung Schuschnigg durch dieses Abkommen verpflichtet, „betont Nationale" in die Regierung aufzunehmen und der nationalsozialistischen Bewegung einen begrenzten politischen Spielraum einzuräumen. Rund 17.000 verurteilte Nationalsozialisten wurden amnestiert.

Österreich war zu diesem Zeitpunkt außenpolitisch bereits weitgehend isoliert. Einer Anlehnung an die Westmächte, die als einzige noch die Unabhängigkeit Österreichs hätten retten können, standen aber der autoritäre innenpolitische Kurs und vor allem die Absicht der österreichischen Regierung entgegen, die Anlehnung an das Deutsche Reich und Italien aufrechtzuerhalten.

11.2. Der Weg in die Diktatur

Lit.: *Frisch,* Die Ausschaltung des Verfassungsgerichtshofes, VwArch XXXVIII, 232; *Fröschl/Zoitl* (Hg.), 4. März 1933; *Goldinger,* Geschichte der Republik Österreich, 178; *Horn,* Gesetzgeber, Gesetz und die kriegswirtschaftliche Ermächtigung, JBl 1934, 206; *Huemer,* Sektionschef Hecht und die Zerstörung der Demokratie in Österreich, 157; *Layer,* Ermächtigungsbereich des kriegswirtschaftlichen Ermächtigungsgesetzes, VwArch XXXVIII, 203; *Merkl,* Die Frage der Geltung des kriegswirtschaftlichen Ermächtigungsgesetzes und seines Verhältnisses zur Verordnungsvollmacht des Bundespräsidenten, JBl 1933, 137; *Merkl,* Die Verfassungskrise im Lichte der Verfassung, in: Der österreichische Volkswirt 1932/33, 584; *Putschek,* Ständische Verfassung; *Riedler,* Ausnahmegesetzgebung in Österreich 1933–1936; *Schönbauer,* Die Ausschaltung des Nationalrates, VwArch XXXVIII, 184; *Spanner,* Die richterliche Prüfung von Gesetzen und Verordnungen, 8; *Winkler,* Die Diktatur in Österreich.

Wie bereits erwähnt, war die Regierung Dollfuß 1932/33 entschlossen, den Boden der parlamentarischen Demokratie zu verlassen, besaß hiefür jedoch noch kein klares Konzept. In dieser Situation bot sich für die Regierung am 4. März 1933 eine unerwartete Chance. Im Zuge einer Kampfabstimmung war es im Nationalrat zwischen Regierungsparteien und Opposition zu einer Auseinandersetzung über eine Geschäftsordnungsfrage gekommen. Hierauf legten zunächst der sd. NR-Präsident *Renner* und daraufhin nacheinander auch seine Amtskollegen, der cs. *Ramek* und der gd. *Straffner* ihre Ämter zurück, sodass dem NR kein Präsident mehr vorsaß. Aufgrund der daraus resultierenden **Vorsitzendenkrise** konnte die Sitzung des NR nicht fortgeführt werden. Die Abgeordneten gingen daher, ohne dass die 125. Sitzung geschlossen wurde, nach Hause.

Obwohl die Geschäftsordnung des NR für den eingetretenen Fall keine Regelung vorgesehen hatte, bot die österreichische Rechtsordnung mehrere Möglichkeiten an, den NR wieder flott zu machen:

* Zunächst wäre der Standpunkt plausibel, dass der Rücktritt der NR-Präsidenten nichtig sei, da die Geschäftsordnung die Möglichkeit eines Rücktritts gar nicht vorsah.
* Der BPräs hätte den NR auflösen und Neuwahlen anordnen können.

* Weiters besaß der BPräs (zumindest seit dem 15. März 1933) die Möglichkeit, durch eine Notverordnung (Art. 18 Abs. 3) die Geschäftsordnung zu ergänzen und die Neuwahl der NR-Präsidenten zu regeln.
* Schließlich konnte ein Analogieschluss zu den §§ 2 bzw. 38 der NR-Geschäftsordnung gezogen werden. Demnach führte in einem neugewählten NR der Präsident des früheren NR – selbst dann, wenn er dem neuen NR gar nicht mehr angehörte – bis zur Wahl des neuen Präsidenten den Vorsitz.

Die Regierung bzw. die Regierungsparteien (Christlichsoziale, Heimwehren, Landbund) zeigten keinerlei Interesse, an einer dieser Lösungsmöglichkeiten mitzuwirken. Im Gegenteil, sie trachteten alle Bemühungen zur Einberufung des Parlaments zu blockieren.[31] Vor allem hatte die Regierungskoalition wegen ihrer schrumpfenden Wählerbasis keinerlei Interesse an Neuwahlen. Die Regierung einigte sich daher am 7. März 1933 darauf, „das Parlament dunsten (zu) lassen"[32] und die Reaktivierung des NR als Druckmittel auszunützen, um die Zustimmung zu einer Verfassungsreform zu erzwingen. Kurzfristig wollte die Regierung mit Hilfe des KWEG 1917 regieren und insbes. die politischen Freiheiten einschränken. Mit diesem Konzept schlug die Regierung den Weg des **Staatsstreichs auf Raten** *(Peter Huemer)* ein.

Als der als letzter zurückgetretene 3. NR-Präsident *Straffner* den NR für den 15. März einberief, vertrat die Regierung Dollfuß den Standpunkt, dies wäre rechtswidrig. Sie ordnete die Besetzung des Parlamentsgebäudes durch Polizeieinheiten an und verhinderte die NR-Sitzung. Der von den Sozialdemokraten für diesen Fall angedrohte Generalstreik blieb aus.

Nach der Ausschaltung des NR nahm die Regierung nunmehr auch die Gesetzgebung für sich in Anspruch. Sie stützte sich dabei auf das **KWEG 1917,** das durch § 7 (2) VÜG 1920 in die neue Rechtsordnung rezipiert worden war und die BReg (bzw. den einzelnen Minister) zum Erlass bestimmter gesetzändernder Verordnungen ermächtigte.[33] Sachlich war diese Ermächtigung nach zwei Seiten hin beschränkt: die Maßnahmen mussten *zumindest mittelbar wirtschaftlich bedingt* sein und die Verordnungen durften darüber hinaus *keine verfassungsändernde Bestimmungen* enthalten.[34] Ab dem 7. März 1933 erließ die Regierung an die fünfhundert KWEG-Verordnungen, von denen eine große Zahl ver-

---

[31]) *Merkl,* Die Verfassungskrise im Lichte der Verfassung, in: Der österreichische Volkswirt, 1932/33, 584.

[32]) So der cs. Klubobmann Buresch in der Sitzung der cs. Parlamentsfraktion v. 7. 3. 1933, zit. nach Goldinger, Protokolle des Klubvorstandes der Christlichsozialen Partei, 134.

[33]) § 1 (1): „Die Regierung wird ermächtigt, während der Dauer der durch den Krieg hervorgerufenen außerordentlichen Verhältnisse durch Verordnung die notwendigen Verfügungen zur Förderung und Wiederaufrichtung des wirtschaftlichen Lebens, zur Abwehr wirtschaftlicher Schädigungen und zur Versorgung der Bevölkerung mit Nahrungsmitteln und anderen Bedarfsgegenständen zu treffen."

[34]) Bereits am 1. Oktober 1932 war von JM *Schuschnigg* ein erstes Mal eine Verordnung aufgrund des KWEG 1917 erlassen worden. Dieser Schritt stieß jedoch damals auf breiten politischen und juristischen (zB *Merkl,* Legitime Diktatur?, in: Wiener Neueste Nachrichten vom 4. 10. 1932) Widerstand, sodass die Regierung in den folgenden Monaten zunächst auf diesbezügliche Maßnahmen verzichtete. Dollfuß kommentierte diesen Vorfall mit folgenden Worten: „Die Tatsache, dass es der Regierung möglich ist, selbst ohne vorherige endlose parlamentarische Kämpfe sofort gewisse dringliche Maßnahmen in die Tat umzusetzen, wird zur Gesundung unserer Demokratie wesentlich beitragen", zit. nach: AZ v. 4. 10. 1932.

fassungswidrig war. Das praktisch-politische Problem lag darin, dass die österreichische Verfassungsordnung grundsätzlich keinen absolut nichtigen Verwaltungsakt kannte. Die verfassungswidrigen Verordnungen der BReg blieben daher bis zu einer allfälligen Aufhebung durch den VfGH in Kraft. Gestützt auf das KWEG führte die Regierung eine schrittweise Demontage verfassungsrechtlicher Einrichtungen sowie eine fortschreitende Einschränkung der politischen Freiheitsrechte durch:[35]

* Durch eine Reihe von Verordnungen[36] erfolgte die **politische Gleichschaltung der österreichischen Medien** (Presse, Rundfunk, Kino, Flugblätter, Plakate): Einführung einer Vorzensur [37], Verbot des öffentlichen Verkaufs bestimmter Zeitungen, Verpflichtung der Zeitungsherausgeber zur Verlautbarung amtlicher Nachrichten.
* **Einschränkung des Versammlungsrechts** und der Demonstrationsfreiheit (BGBl 1933/55 und 185); generelles Verbot politisch motivierter Streiks sowie Untersagung jeglicher Streikhandlungen in Betrieben der öffentlichen Hand sowie in Gas-, Wasser- oder Elektrizitätsunternehmungen (BGBl 1933/138); Verbot der traditionellen Maiaufmärsche.
* **Aussetzung aller Wahlen** zum Nationalrat, den Landtagen und den Gemeinderäten.[38]
* Die **Mandate** der verbotenen Parteien (Sozialdemokraten, KPÖ, NSDAP) im NR, im BR sowie in den Landtagen und den Gemeinderäten wurden durch Verordnung der BReg annulliert.[39]
* Waffenbesitzverbot für ehem. Angehörige des behördlich aufgelösten Republikanischen Schutzbundes (BGBl 1933/97).
* Ausschaltung des Bundesrates.
* **Auflösung des Wiener Gemeinderates** am 12. 2. 1934 durch Regierungsverordnung; seine Funktionen, sowie die des Stadtsenats gingen auf einen von der BReg zu bestellenden Bundeskommissär über.[40]
* Verschärfte Disziplinierung der öffentlichen Bediensteten und **Säuberung des Staatsdienstes** von Regimegegnern (zB BGBl 1933/173, 1934 I/52 und 120).
* (Bewaffnete) **Aufrüstung** im Inneren, indem die faschistischen Wehrverbände den Status einer Hilfspolizei erhielten.[41]
* **Ausbau der staatlichen Repressionsmöglichkeiten** durch die Verschärfung des Verwaltungs-[42] und des Kriminalstrafrechts. Für die Verbrechen des Mordes, der Brandlegung und der öffentlichen Gewalttätigkeit durch boshafte Beschädigung fremden Eigentums wurde im November 1933 für das ganze Bundesgebiet das Standrecht angeordnet und für diese Delikte die Todesstrafe im standrechtlichen Ver-

[35]) Gegen juristische Kritiker der Rechtsbrüche, wie zB die Univ. Prof. *Layer* und *Gleispach* (beide den Nationalsozialisten nahestehend), ging das Unterrichtsministerium mit Frühpensionierungen vor.

[36]) BGBl 1933/41, 120, 155, 198, 217, 219, 282, 300, 323, 472; 1934 I/27, 50.

[37]) Hiezu vermerkte JM Schuschnigg im Ministerrat vom 7. März 1933, es handle sich bei BGBl 1933/41 um „eine Art von Vorzensur, die aber nach außen hin nicht als solche in Erscheinung treten dürfe, weil verfassungsmäßig jede Zensur ausgeschlossen sei."

[38]) BGBl 1933/172, 476; 1934 I/182. Die Regierung argumentierte in diesem Falle damit, dass Wahlkämpfe den österreichischen Fremdenverkehr und damit die österreichische Wirtschaft beeinträchtigen würden.

[39]) Dies stellte einen offensichtlichen Verfassungsbruch dar, da gemäß Art. 141 B-VG der VfGH zur Erklärung des Mandatsverlustes zuständig war.

[40]) BGBl 1934/77. Verfassungswidrig, da gemäß Art. 100 B-VG ein Landtag nicht von der BReg sondern vom BPräs, und zwar nur mit qualifizierter Zustimmung des Bundesrates, aufgelöst werden konnte.

[41]) Freiwillige Assistenzkörper und Freiwillige Schutzkorps (BGBl 1933/201 und 292).

[42]) BGBl 1933/185, 237, 295.

fahren eingeführt.[43] Zur Aufrechterhaltung von „Ruhe und Ordnung“ an den Hochschulen ergingen strenge Disziplinarvorschriften.[44] Die allgemeine Sicherheitspolizei wurde von der mittelbaren in die unmittelbare Bundesverwaltung übergeführt (BGBl 1933/226). Dadurch verloren die Landeshauptleute die Verfügung über die Bundespolizeidirektion.

* Im Herbst 1933 wurde auf dem Verordnungswege die Möglichkeit geschaffen, politische Gegner in **Anhaltelagern** zu internieren. Danach sollten „Personen, die im begründeten Verdachte stehen, staatsfeindliche oder sonstige die öffentliche Sicherheit gefährdende Handlungen vorzubereiten oder die Begehung oder die Vorbereitung solcher Handlungen zu begünstigen, zu fördern oder dazu zu ermutigen, zwecks Hintanhaltung von Störungen der öffentlichen Ruhe, Ordnung und Sicherheit zum Aufenthalte in einem bestimmten Orte oder Gebiete verhalten“ werden.[45]

* Verschlechterung der Rechte der Arbeiter/innen im Arbeits- und Sozialrecht.[46]

Der nach der Ausschaltung des NR entscheidende zweite Schritt zur Beseitigung der verfassungsrechtlichen Ordnung betraf den VfGH. Die Regierung Dollfuß war sich klar darüber, dass viele ihrer Maßnahmen aufgrund der von der Wiener LReg eingebrachten Anfechtungen vom VfGH aufgehoben werden würden. Sie inszenierte daher im Mai 1933 unter tätiger Mithilfe von sieben Verfassungsrichtern die **Ausschaltung des VfGH:** Die BReg erließ eine Verordnung (BGBl 1933/191), wonach die auf Vorschlag des NR oder BR ernannten Mitglieder und Ersatzmitglieder des VfGH nur dann an Sitzungen teilnehmen durften, wenn und solange dem VfGH noch sämtliche vom NR oder BR vorgeschlagenen (Ersatz-) Mitglieder angehörten. Da in der Folge mehrere der Regierung Dollfuß nahestehende VfGH-Richter ihr Amt zurücklegten[47], konnten gem. Regierungsverordnung auch die übrigen nicht mehr an der Sitzung teilnehmen. Damit war die Ausschaltung des VfGH erreicht, da der VfGH mangels einer ausreichenden Zahl von Mitgliedern

---

[43]) BGBl 1933/505.

[44]) BGBl 1933/474.

[45]) BGBl 1933/431. Das OrdnungsschutzG (BGBl 1937/282) bewirkte später eine weitere Verschärfung. Angehalten konnten auch Personen werden, „hinsichtlich derer der begründete Verdacht besteht, dass sie sich an einer drohenden Störung der öffentlichen Ruhe, Ordnung und Sicherheit beteiligen werden ...“ Anders als im Strafrecht erfolgte daher die Anhaltung nicht wegen der Begehung einer Straftat, sondern wegen einer bestimmten Gesinnung. Darüber hinaus mussten der Behörde nicht etwa Beweise für diese Gesinnung vorliegen, sondern es genügte bereits der „begründete Verdacht“. Die Anhaltung wurde – anders als eine Haftstrafe – auf unbestimmte Zeit verfügt; die Kosten der Internierung waren vom Angehaltenen selbst zu bestreiten. Die Anhalteverordnung 1933 verletzte selbstverständlich Art. 8 des StGG über die allgemeinen Rechte der Staatsbürger (Freiheit der Person) und § 5 des G. zum Schutz der persönlichen Freiheit (RGBl. 1862/87), welcher lautete: „Niemand kann zum Aufenthalte an einem bestimmten Orte oder Gebiete ohne rechtlich begründete Verpflichtung verhalten (interniert, konfiniert) werden.“ Allein im **Anhaltelager Wöllersdorf** wurden am 1. November 1934 zB 5302 Internierte festgehalten, darunter die Sozialdemokraten *Renner, Schärf, Breitner* und *Glöckel,* der Kommunist *Honner* und die Nationalsozialisten *Frauenfeld* und *Leopold.*

[46]) Vgl. die Übersicht bei *Huemer*, Zerstörung, 323.

[47]) Zumindest ein Teil der amtsentsagenden VfGH-Richter war von der BReg damit „gekauft“ worden, dass man ihnen in einem neu formierten VfGH ihre Wiederbestellung versprach. Diese Zusage wurde allerdings nicht eingehalten (*Huemer,* Zerstörung, 186, 191). Die Verfassungswidrigkeit der gegenständlichen Verordnung ergab sich daraus, dass weder Art. 147 B-VG (Zusammensetzung des VfGH) noch Art. 87 f (Unabhängigkeit und Unabsetzbarkeit der Richter) eine Suspendierung dieser Art zuließen.

keine Verhandlungen mehr durchführen konnte. Mit diesem Schritt zerstörte die Regierung Dollfuß die rechtsstaatlichen Grundlagen Österreichs, da es ab nun keine Möglichkeit mehr gab, Gesetze auf ihre Verfassungsmäßigkeit hin zu überprüfen.

11.3. Die „Mai-Verfassung" 1934 (Gesamtstaat)

Lit.: *Adamovich/Funk,* Verfassungsrecht[3], 75; *Adamovich,* Grundriß des österreichischen Staatsrechts[3]; *Baltl/Kocher,* Österreichische Rechtsgeschichte[9], 269; *Brauneder,* Österreichische Verfassungsgeschichte[7], 231; *Dobretsberger,* Vom Sinn und Werden des neuen Staates; *Ender,* Die neue österreichische Verfassung; *Ermacora,* Verfassungslehre, 41; *Fröhlich,* Die „Verfassung 1934" des Bundesstaates Österreich; *Gulick,* Österreich von Habsburg zu Hitler Bd. V, 61; *Gürke,* Die österreichische „Verfassung 1934", AÖR/NF 25. Bd., 190; *Hellbling,* Verfassungs- und Verwaltungsgeschichte[2], 457; *Holtmann,* Autoritätsprinzip und Maßnahmengesetz. Zur verfassungsrechtlichen Stellung der Justiz im österreichischen Ständestaat, in: *Wiss. Komm.* (Hg.), Die österreichische Verfassung von 1918 bis 1938, 210; *Huemer,* Senktionschef Robert Hecht und die Zerstörung der Demokratie in Österreich, 278; *Jagschitz,* Theorie und Praxis des österreichischen Ständestaates, in: *Rettinger* ua (Hg.), Zeitgeschichte, 116 (119); *Lehner,* Autoritäre Züge der ständestaatlichen Rechtsordnung in Österreich, in: Zeitgeschichte 1982, H. I, 3; *Merkl,* Das neue Verfassungsrecht, JBl 1934, 201; *Merkl,* Das Verfassungsübergangsgesetz, JBl 1934, 377; *Merkl,* Die ständisch-autoritäre Verfassung Österreichs; *Merkl,* Ursprung und Schicksal der Leitgedanken der Bundesverfassung, JBl 1934, 157; *Messner,* Die berufsständische Ordnung; *Pfeifer,* Die Staatsführung nach deutschem, italienischem und bisherigem österreichischem Recht; *Putschek,* Ständische Verfassung; *Tálos/Manoschek,* Politische Struktur des Austrofaschismus, in: *Tálos/Neugebauer* (Hg.), „Austrofaschismus"[4], 75 (79); *Voegelin,* Der autoritäre Staat; *Walter/Mayer,* Grundriß des Bundesverfassungsrechts[9], 29; *Walter,* Verfassungs- und Verwaltungsgeschichte, 291.

11.3.1. Die Oktroyierung der Verfassung 1934

Nach der Ausschaltung ihrer politischen Gegner trachtete die autoritäre Regierung im nächsten Schritt danach, eine neue Verfassung zu erlassen, mit der sie ihre gesellschaftspolitischen Vorstellungen durchsetzen und ihre Macht stabilisieren wollte. Die Verfassung 1934 wurde bemerkenswerterweise **zwei Mal erlassen**: Zum ersten Mal aufgrund einer KWEG-Verordnung der BReg vom 24. April 1934 (BGBl 1934 I/239)[48]; ein weiteres Mal durch Kundmachung der BReg v. 1. Mai 1934 (BGBl 1934 II/1). Der Grund dafür lag darin, dass man mit diesem Vorgehen den neuen autoritären Staatsgedanken verwirklichen, gleichzeitig aber auch Rücksicht auf das westeuropäische Ausland nehmen und nach außen hin den Schein der Rechtskontinuität und Legalität wahren wollte.

Am 30. April 1934, mehr als 13 Monate nach Ausschaltung des NR, erließ die Regierung Dollfuß eine KWEG-Verordnung, die die Geschäftsordnung des NR ergänzte (BGBl 1934 I/238). Aufgrund dieser Verordnung berief der 1933 zurückgetretene cs. NR-Präs Ramek den Nationalrat für den 30. April 1934 ein. In einer nicht einmal zwei Stunden dauernden Sitzung, an der nur 76 der 165 NR-Abgeordneten teilnahmen, stimmten 74 Mandatare für ein BVG über außerordentliche Maßnahmen im Bereich der Verfassung **(ErmächtigungsG 1934),** BGBl 1934 I/255. Dieses bestimmte:

---

[48]) Kundgemacht am 30. 4. 1934.

* Aufhebung des Art. 44 Abs. 2 B-VG, wonach jede Gesamtänderung der Bundesverfassung einer Volksabstimmung unterzogen werden musste.
* Die sechs Tage zuvor von der BReg durch Notverordnung erlassene neue Verfassung wurde „unter Bekräftigung ihres rechtlichen Bestandes als Bundesverfassungsgesetz auch im Sinne der gegenwärtig geltenden Bundesverfassung erklärt".
* Die Funktionen des Nationalrats und des Bundesrats wurden für erloschen erklärt. Alle ihre Befugnisse, insbes. die Zuständigkeit zur Gesetzgebung einschließlich der Verfassungsgesetzgebung, gingen auf die BReg über.
* Ermächtigung der BReg, den Übergang zur neuen Verfassung zu regeln und den Zeitpunkt des Beginns der Wirksamkeit der Verfassung 1934 zu bestimmen.

Der Versuch der Regierung Dollfuß, den Schein der verfassungsrechtlichen Kontinuität zu wahren, misslang. Dass das KWEG 1917 keine taugliche Rechtsgrundlage für den Erlass einer neuen Verfassung darstellen konnte, lag auf der Hand. Aber auch der zweite Weg – mittels des ErmächtigungsG 1934 – war verfassungswidrig. Zum einen erfüllten die bei der Abstimmung anwesenden 76 Abgeordneten nicht das für Verfassungsbeschlüsse erforderliche Quorum von 83 Mandataren. Zum anderen hätte das ErmächtigungsG 1934 als Gesamtänderung der Verfassung einer Volksabstimmung unterzogen werden müssen, da die darin vorgenommene Aufhebung des Art. 44 Abs. 2 B-VG auf diesen NR-Beschluss noch keine Anwendung finden konnte. Trotz der offensichtlichen Mängel[49] beurkundete BPräs Miklas das verfassungsmäßige Zustandekommen des ErmächtigungsG 1934.

Die Verfassung 1934 bildete zunächst nur eine **„Verfassungspromesse"** *(Merkl),* die erst schrittweise 1934/35 in Kraft gesetzt werden sollte. Bezüglich so zentraler Materien wie der Bestellung der obersten Organe, galten bis 1938 überhaupt nur Übergangsbestimmungen (VÜG 1934). Bis zum 1. Juli 1934 stand formell noch das B-VG 1920/29 in Geltung.[50]

Rechtsquellen: Verfassung 1934 (BGBl 1934 I/239 bzw. 1934 II/1); VerfassungsübergangG 1934 (BGBl 1934 II/75), BVG v. 30. April 1934 über außerordentliche Maßnahmen im Bereich der Verfassung – ErmächtigungsG 1934 (BGBl 1934 I/255); Finanz-VerfassungsG (BGBl 1934 II/175); Absch. V des III. Teiles des StV von St. Germain. Weiters wurden eine Reihe von Bestimmungen des Konkordats (BGBl 1934 II/2) in den Rang von Verfassungsbestimmungen erhoben.[51]

11.3.2. Wesen und Charakter der Verfassung 1934

„Im Namen Gottes, des Allmächtigen, von dem alles Recht ausgeht, erhält das österreichische Volk für seinen christlichen, deutschen Bundesstaat *auf ständischer Grundlage diese Verfassung."* Mit dieser Einleitung, die der Verfassung 1934 vorangestellt war, drückte der Gesetzgeber die zentralen programmatischen Grundlinien der Verfassung aus: **christlich, deutsch, bundesstaatlich, ständisch**. Weiters weist die Formulierung „erhält" auf die Ablehnung des Gedankens der Volkssouveränität hin und unterstreicht den **autoritären Charakter** eines Verfassungsoktroi.

[49]) Zu weiteren Rechtsbrüchen vgl. *Gürke*, AÖR/NF 25. Bd., 197ff.

[50]) Arg. § 56 Abs. 4 VÜG 1934 (BGBl 1934 II/75).

[51]) Vgl. Art. 30 Abs. 4 der Verfassung 1934.

Der **autoritäre Staat** kannte keine allgemeinen Wahlen; die Teilnahme von speziellen Sektoren der Bevölkerung an der Staatswillensbildung erfolgte höchstens indirekt. Die Konzentration der politischen Macht erfolgte bei der zentralen Staatsführung (BReg, insbes. Bundeskanzler); sie war durch Mitspracherechte anderer Organe kaum eingeschränkt. Die Verwaltung dominierte über die Gesetzgebung. Der **christliche Charakter** drückte sich neben der Berufung auf Gott als Rechtserzeuger unter anderem in der Einbeziehung der Kirchen- und Religionsgesellschaften in den Staatsapparat aus. Die Qualifizierung als **deutscher** Staat sollte den „rein deutschen Charakter“[52] unterstreichen. Entgegen der programmatischen Ankündigung erfuhr das **bundesstaatliche Element** 1934, gemessen am B-VG 1920/29, erhebliche Einschränkungen. Die Kompetenzen der Länder blieben zwar gewahrt, aber der Gesamtstaat erhielt umfangreichen Einfluss auf die Bestellung der Landesorgane sowie die Verwaltung und die Gesetzgebung der Länder. Die **ständische Grundlage** meinte nicht eine Wiederbelebung der untergegangenen Geburtsstände (Adel), sondern bezog sich auf das Konzept einer berufsständischen Gesellschaft.

Als Gegenkonzept gegen die parlamentarische Demokratie und den Parteienpluralismus formulierte in den 20er- und 30er-Jahren das rechtskonservative Lager das Modell einer **(berufs-)ständischen Gesellschaft** bzw. eines **Ständestaates.** 1931 machte die Katholische Kirche in der Enzyklika **Quadragesimo anno** die Errichtung einer neuen Gesellschaftsordnung auf berufsständischer Grundlage zu ihrem Programm.[53] Nach der Analyse, dass „die heutige Gesellschaft geradezu aufgebaut (ist) auf der Gegensätzlichkeit der Interessenlagen der Klassen“, forderte die Enzyklika „die Ausräumung dieses Gegensatzes.“ Dies sei nur möglich, indem sich Stände, also „wohlgefügte Glieder des Gesellschaftsorganismus“ bildeten, denen sowohl Arbeitnehmer wie Arbeitgeber angehörten. Grundlage eines Standes sollte der gemeinsame Beruf sein, der Selbstständige und Unselbstständige zum Zusammenschluss im gleichen **Berufsstand** veranlasst. Anstelle der horizontalen Gliederung der Gesellschaft in Klassen sollte dadurch eine vertikale in Stände treten. Dieses explizit auf mittelalterlich-romantisierende Vorstellungen[54] zurückgreifende Gesellschaftskonzept war – wie sich bereits nach wenigen Jahren herausstellte – von Anfang an eine Totgeburt. Die Enzyklika hatte nämlich realistische Aussagen dazu verabsäumt, wie die ökonomische Basis einer konfliktfreien Gesellschaft gestaltet sein sollte. Neben dem Dollfuß-Regime griffen auch der italienische und der deutsche Faschismus in ihren Gesellschaftskonzepten auf ständestaatliche Elemente zurück.

In Österreich scheiterte die Verwirklichung des ständestaatlichen Konzepts glattweg. Dies geht aus dem Umstand hervor, dass bis 1938 nur die Bildung von zwei Berufsständen – Land- und Forstwirtschaft sowie Öffentlicher Dienst – gelang. Diese Berufszweige zeichnen sich jedoch gerade dadurch aus, dass in ihnen der Interessengegensatz – Arbeitnehmer–Arbeitgeber – nicht zentral war. Gegen die Errichtung der übrigen

---

[52]) *Ender,* Verfassung, 5.

[53]) Vgl. auch die Publikationen von *Spann* (Der wahre Staat) und *Heinrich,* (Das Ständewesen). Bereits 1930 sprach sich die Heimwehr im „Korneuburger Eid“ explizit für eine ständestaatliche Gesellschaft aus.

[54]) Vgl. Quadragesimo anno Nr. 78 und 97. Auch BKz. Dollfuß illustrierte in seiner „Trabrennplatz-Rede“ (11. 9. 1933) seine Vision von der berufsständischen Gesellschaft durch ein vorindustrielles Beispiel: „Ständische Auffassung berechtigt und verpflichtet den Herrn ebenso wie den Knecht. Wir werden daher wieder zurückgreifen müssen auf ältere Formen, aber nicht nur formalistisch, sondern es muss uns zum Bewusstsein kommen, dass die Arbeit die Menschen einigt. Im Bauernhause, wo der Bauer mit seinen Knechten nach gemeinsamer Arbeit abends am gleichen Tisch, aus der gleichen Schüssel seine Suppe isst, da ist berufsständische Zusammengehörigkeit, berufsständische Auffassung. Und verschönert wird das Verhältnis noch, wenn sie beide noch nach Feierabend zum Rosenkranz sich niederknien.“ (zit. nach *Berchtold,* Parteiprogramme, 430).

Berufsstände sperrten sich sowohl der (an sich regierungshörige) Gewerkschaftsbund wie auch Unternehmervertretungen, da sie um die weitere Durchsetzung ihrer spezifischen Interessen fürchteten.

11.3.3. Die Kompetenzverteilung

Die Verfassung 1934 richtete Österreich als Bundesstaat ein, der aus der bundesunmittelbaren Stadt Wien sowie den Ländern Burgenland, Kärnten, NÖ, OÖ, Salzburg, Steiermark, Tirol und Vorarlberg bestand. Im Gegensatz zum B-VG 1920/29 kannte die Verfassung 1934 nur drei Kompetenzgruppen (Art. 34 ff):[55]

* **Bundessache in Gesetzgebung und Vollziehung** (Art. 34): Es handelte sich im Wesentlichen um die gleichen Angelegenheiten, die Art. 10 B-VG 1920/29 umschrieben hatte. Neu hinzu traten ua das Staatsbürgerschafts- und Elektrizitätswesen sowie Aufbau und Einrichtung der Berufsstände.
* **Bundessache Grundsatzgesetzgebung, Landessache Ausführungsgesetzgebung und Vollziehung** (Art. 36): Entsprach weitgehend Art. 12 B-VG 1920/29; neu hinzugekommen ua: Heimatrecht.
* **Landessache in Gesetzgebung und Vollziehung** (Art. 40): Alle nicht ausdrücklich dem Bund zugewiesenen Materien fielen in die Kompetenz der Länder, zB Baurecht, Gemeindewesen, Jagd- und Fischereirecht, Theater- und Lichtspielwesen.

Die Rechtsprechung blieb ausschließliche Angelegenheit des Bundes. Dieser übte die Kompetenz-Kompetenz aus. Vom Umstand abgesehen, dass die Verfassung 1934 keine dem Art. 11 B-VG vergleichbare Kompetenzgruppe kannte, war die Kompetenzverteilung zwischen Bund und Ländern nur unwesentlich verändert worden. Eine entscheidende Änderung ergab sich jedoch indirekt dadurch, dass jeder Gesetzesbeschluss eines Landtages der Zustimmung (Sanktion) des Bundeskanzlers bedurfte.

Eine Neuregelung erfuhr die Kompetenzverteilung auf dem Gebiet des **Schul- und Erziehungswesens.** Dem Bund stand die Gesetzgebung hinsichtlich der Mittel- und Hochschulen sowie die Grundsatzgesetzgebung betreffend die Haupt- und Volksschulen zu. Von einigen Einschränkungen abgesehen (Art. 37 Abs. 2) oblag die Vollziehung hinsichtlich aller Schultypen dem Bund.

Die Verteilung der Zuständigkeit auf dem Gebiet des Abgabewesens wurde in einem eigenen **Finanz-VerfassungsG** (BGBl 1934 II/150) geregelt.

---

[55]) Eine aus dem Rahmen fallende vierte Gruppe bildete die „Bedarfsgesetzgebung" (Art. 35). Demnach konnte der Bund das Verwaltungsverfahrensrecht sowie verwandte Materien auch hinsichtlich der Länderangelegenheiten regeln, wenn ein Bedürfnis nach Erlassung einheitlicher Vorschriften bestand.

11.3.4. Organe des Gesamtstaates

Durch die dominierende Rolle, die die obersten Verwaltungsorgane im Vergleich zu den Gesetzgebungsorganen spielten, entstand zwischen Gesetzgebung und Verwaltung eher eine Gewaltenverbindung denn eine Gewaltenteilung.

11.3.4.1. Gesetzgebung des Bundes

Im Gegensatz zu den vorhergegangenen Verfassungsepochen legte die Verfassung 1934 die Gesetzgebung nicht in die Hände eines demokratisch legitimierten Parlaments. Vielmehr sollten die Mitglieder der Organe von bestimmten Organisationen und Vereinen bzw. vom Bundeskanzler und vom BPräs bestimmt werden. Das VÜG 1934 schob das Inkrafttreten dieser Beschickungsnormen allerdings auf, sodass bis zum März 1938 in den gesetzgebenden Organen *ausnahmslos Personen saßen, die vom Bundeskanzler vorgeschlagen worden waren.*

11.3.4.1.1. Ordentliche Gesetzgebung des Bundes

Die Verfassung 1934 richtete vier **vorberatende Organe** (Staatsrat, Bundeskulturrat, Bundeswirtschaftsrat, Länderrat), ein **beschließendes Organ** (Bundestag) und die **Bundesversammlung** ein.

Der **Staatsrat** (Art. 46) setzte sich aus 40 bis 50 „verdienten, charaktervollen Bundesbürgern" zusammen, von denen „nach ihrem bisherigen Verhalten und nach ihren bisherigen Leistungen volles Verständnis für die Bedürfnisse und für die Aufgaben des Staates zu erwarten" war. Die Mitglieder des Staatsrats wurden vom BPräs für die Dauer von zehn Jahren bestellt. Konträr zum Wortlaut der Verfassung 1934 bestimmte § 21 (1) Z. 1 VÜG 1934 jedoch, dass der BPräs hiebei an den Vorschlag des Bundeskanzlers gebunden sei.

Der **Bundeskulturrat** bestand aus 30 bis 40 „vaterlandstreuen" Vertretern von gesetzlich anerkannten Kirchen- und Religionsgesellschaften, des Schul-, Erziehungs- und Volksbildungswesens, der Wissenschaft und der Kunst.[56] Da das Gesetz, womit die Berufung dieser Mitglieder geregelt werden sollte, nie erlassen wurde, galt bis 1938 § 21 (1) Z. 2 VÜG. Die Berufung erfolgte daher durch den BPräs auf Vorschlag des Bundeskanzlers.

Dem **Bundeswirtschaftsrat** gehörten 70 bis 80 aus den Berufsständen entsandte Vertreter an, wobei folgende sieben Berufsstände vorgesehen waren: *Land- und Forstwirtschaft; Industrie und Bergbau; Gewerbe; Handel und Verkehr; Freie Berufe; Öffentlicher Dienst* sowie der Stand *Geld-, Kredit- und Versicherungswesen.* Da bis 1938 jedoch nur die Einrichtung der Stände Land- und Forstwirtschaft sowie Öffentlicher Dienst gelang, galt auch hinsichtlich des Bundeswirtschaftsrats § 21 (1) Z. 2 VÜG.[57]

Dem **Länderrat** gehörten insgesamt 18 Mitglieder an, nämlich die Landeshauptleute (der Bürgermeister von Wien) sowie die Landesfinanzreferenten (der Finanzreferent der Stadt Wien).

Im Gegensatz zu den oben dargestellten vorberatenden Organen stellte der **Bundestag** das beschließende Organ dar. Er bestand aus je 20 vom Staatsrat und vom Bundeswirtschaftsrat sowie zehn vom Bundeskulturrat entsandten Mitgliedern. Darüber hinaus gehör-

---

[56]) Die Sitzverteilung erfolgte durch BGBl 1934 II/284.

[57]) Die Aufteilung der Sitze auf die sieben Stände erfolgte in BGBl 1934 II/284 und BGBl 1935/95. Darin erhielt die Land- und Forstwirtschaft mit 29 Vertretern ein deutliches Übergewicht.

ten ihm für den Länderrat die Landeshauptleute sowie der Bürgermeister von Wien an. Der Bundestag sollte eine „Auslese“ (*Ender*) der vorberatenden Körperschaften darstellen.[58]

Der Weg der Bundesgesetzgebung: Das **Gesetzesinitiativrecht** stand **ausschließlich** der **BReg** zu; die Abgeordneten besaßen *keine* Möglichkeit, einen Gesetzesantrag zu stellen. Die BReg hatte den Gesetzentwurf zunächst den **vorberatenden Organen** vorzulegen. Diese fertigten in nicht öffentlicher Sitzung Gutachten über den Gesetzesvorschlag an.[59] Nach Einlangen der Gutachten bzw. des Verstreichens der hiefür festgesetzten Frist konnte die BReg die (uU veränderte) Gesetzesvorlage im **Bundestag** einbringen. Dieser hatte den Gesetzesvorschlag ohne weitere Beratung (Ausnahme: Budget, Bundesrechnungsabschluss uÄ) binnen einer von der BReg festgesetzten Frist[60] entweder unverändert anzunehmen oder abzulehnen. Der **Beschluss** zu einem einfachen Gesetz bedurfte der Anwesenheit von mindestens einem Drittel der Mitglieder des Bundestages und der absoluten Mehrheit der abgegebenen Stimmen. **Bundesverfassungsgesetze** waren als solche ausdrücklich zu kennzeichnen und bedurften einer Mehrheit von 2/3 der abgegebenen Stimmen bei Anwesenheit von mindestens der Hälfte der Abgeordneten. Nach der Beschlussfassung war das verfassungsmäßige Zustandekommen des Bundesgesetzes durch den BPräs zu beurkunden. Nach erfolgter Gegenzeichnung durch den Bundeskanzler und den zuständigen BMin hatte der Bundeskanzler das Bundesgesetz im Bundesgesetzblatt kundzumachen.

Die **Bundesversammlung** wurde aus allen Mitgliedern der vorberatenden Organe gebildet. Sie war zuständig für die Erstattung eines Dreiervorschlages für die Wahl des BPräs sowie zur Beschlussfassung über eine Kriegserklärung.

Die oben dargestellten gesetzgebenden Organe stellten nur ein **Scheinparlament** dar. Zu einem Parlament im modernen Sinne fehlte die demokratische Wahl seiner Mitglieder sowie das Gesetzesinitiativrecht der Abgeordneten. Weiters mangelte es an einem umfassenden Recht zur Beratung aller Gesetzesmaterien und an einem Interpellationsrecht

---

[58]) Die Entsendung der Abgeordneten des Staatsrates, des Bundeskulturrates und des Bundeswirtschaftsrates wurde im Einzelnen in § 19 BGBl 1934 II/365 geregelt.

[59]) Inhaltlich waren die vorberatenden Organe bei ihrer Begutachtung dahin eingeschränkt, dass der Staatsrat nur zu prüfen hatte, ob der Entwurf den Anforderungen der Staatshoheit, des Gemeinwohles und der zweckmäßigen Gesetzesvollziehung entsprach. Der Bundeskulturrat sollte sich nur vom Standpunkt der kulturellen, der Bundeswirtschaftsrat vom Standpunkt der wirtschaftlichen und der Länderrat vom Standpunkt der Länder-Interessen äußern.

[60]) Fasste der Bundestag innerhalb dieser Frist keinen Beschluss, so konnte der BPräs den Gesetzentwurf als Verordnung erlassen (Art. 148 Abs. 6).

(Recht der Abgeordneten, Anfragen an die Regierung zu richten). Die Mitglieder der gesetzgebenden Organe besaßen darüber hinaus keine parlamentarische Immunität.[61]

11.3.4.1.2. Außerordentliche Gesetzgebung

Neben der dargestellten starken Position der BReg in der ordentlichen Gesetzgebung besaß die Verwaltung entsprechend der autoritären Staatskonzeption auch mehrere Möglichkeiten der außerordentlichen Gesetzgebung:[62]

* **Notrecht der BReg:** Die BReg konnte nach Art. 147 gesetzändernde Verordnungen erlassen, wenn „zur Aufrechterhaltung der öffentlichen Sicherheit und Ordnung, zur Wahrung wichtiger wirtschaftlicher Interessen der Bevölkerung oder staatsfinanzieller Interessen des Bundes, insbes. zur Sicherung des Bundeshaushaltes, die sofortige Erlassung von Maßnahmen“ notwendig war, die „sofortige Beschlussfassung des Bundestages aber nach den gegebenen Verhältnissen“ nicht erwartet werden konnte. Eine solche Verordnung durfte keine Abänderung verfassungsgesetzlicher Bestimmungen enthalten und galt maximal drei Jahre. Sie musste von der BReg schon vorher außer Kraft gesetzt werden, wenn der Bundestag ihre Aufhebung mit 2/3-Mehrheit verlangte.[63]

* **Das Notrecht des BPräs** hatte zur Voraussetzung, dass dem Staat eine „unmittelbare Gefahr droht“, jedoch nach den „gegebenen Verhältnissen weder die sofortige Beschlussfassung durch den Bundestag zu erwarten ist, noch auch die erforderlichen Maßnahmen auf Grund des Notrechtes der BReg getroffen werden können.“ Mit diesem Notrecht, dessen Ausübung an den Vorschlag der BReg gebunden war, konnte der BPräs mit Einschränkungen (zB Baugesetze, Staatsform) auch Verfassungsgesetze abändern.[64]

* **Volksabstimmung:** Auf Beschluss der BReg konnten über Anordnung des BPräs Gesetzentwürfe aber auch einzelne Fragen der Bundesgesetzgebung dem Bundesvolk zur Entscheidung vorgelegt werden (Art. 65 Abs. 1).

* **Regierungsverordnungen aufgrund des ErmächtigungsG 1934** (BGBl I/255):[65] Demnach war die BReg auch nach dem Inkrafttreten der neuen Verfassung ermächtigt, die gesamte Gesetzgebung (einschließlich der Verfassungsgesetzgebung) auszuüben, ohne an bestimmte Voraussetzungen gebunden zu sein.

Da es im Ermessen der BReg lag, sich der ordentlichen oder der außerordentlichen Gesetzgebung zu bedienen, beschritt die BReg häufig den (einfacheren) Weg der Regierungs-

---

[61]) Tatsächlich konnte gemäß § 59 Abs. 5 des Geschäftsordnungsgesetzes BGBl 1934 II/365 ein Ordnungssenat den Verlust der Mitgliedschaft „wegen gröblicher Beleidigung des BPräs, eines Mitgliedes der Bundesregierung, eines Organs der Bundesgesetzgebung oder der Bundesversammlung“ aussprechen.

[62]) *Ender* (Verfassung, 24) nennt es ein Notwehrrecht des Staates, in „solchen Zeiten von dem gewöhnlichen Wege der Gesetzgebung abzuweichen, um eben sein Leben zu retten und zu sichern.“

[63]) Mit diesem Notrecht konnte die BReg sogar Gesetzesvorlagen in Kraft setzen, die vom Bundestag zuvor abgelehnt wurden, wenn der BPräs gleichzeitig den Bundeskulturrat und den Bundeswirtschaftsrat auflöste (Art. 147 Abs. 3).

[64]) Unabhängig von den oben angeführten Voraussetzungen bestanden weitere Notrechte: Der BPräs konnte auf Antrag der BReg die in einer Gesetzesvorlage enthaltenen Bestimmungen durch Verordnung treffen, wenn der Bundestag die zur Beschlussfassung gesetzte Frist nicht einhielt (Art. 148 Abs. 6); weiters konnte der BPräs durch Notverordnung „Maßnahmen zur Wiederherstellung der Ordnung im Landeshaushalte treffen“ (Art. 148 Abs. 7).

[65]) Die entsprechende Bestimmung des ErmächtigungsG 1934 wurde durch § 56 Abs. 3 VÜG 1934 in die neue Verfassung übergeführt und galt bis zum März 1938, da die Voraussetzungen für ihr Außerkrafttreten bis dahin nicht eintraten.

verordnungen. Die BReg war in der Lage, ohne Behinderung durch die gesetzgebenden Organe, jede beliebige (auch verfassungsändernde) Bestimmung zu erlassen. Vorberatende Organe und Bundestag hatten der Regierung zwar ihren Sachverstand zur Verfügung zu stellen, konnten jedoch selbst weder eine Gesetzesinitiative setzen noch ein Gesetzesvorhaben der BReg[66] effektiv verhindern.

11.3.4.2. Die Verwaltung des Bundes

Die autoritäre Staatskonzeption sowie das „Verfassungsvakuum“ (Jagschitz), das durch die nur teilweise Geltung der Verfassung 1934 entstand, bewirkten eine bedeutende Machterweiterung der Verwaltung.

Zentralbehörden: Bundespräsident (Art. 73 ff): Er fungierte als Staatsoberhaupt und vertrat den Bundesstaat nach außen. Weiters standen ihm ua folgende Befugnisse zu: Ernennung und Entlassung der BReg, Diensthoheit über die Staatsbeamten, Einberufung der Bundesversammlung, Notverordnungsrecht, Amnestien und Begnadigungen. Soweit nicht anders bestimmt, konnte der BPräs nur auf Vorschlag der BReg (eines ermächtigten BMin) Anordnungen und Verfügungen erlassen. Diese bedurften zu ihrer Gültigkeit darüber hinaus der Gegenzeichnung durch den Bundeskanzler oder den zuständigen BMin. Gewählt wurde der BPräs von allen Bürgermeistern Österreichs[67] aufgrund eines von der Bundesversammlung ausgearbeiteten Dreiervorschlages.[68] Im Gegensatz zu den von den rechtsgerichteten Parteien bis 1933 erhobenen Forderungen war der politische Einfluss des BPräs in der Verfassung 1934 sehr gering.[69]

---

[66]) *Jagschitz* (in: *Rettinger* ua (Hg.), Zeitgeschichte, 121) kommt daher zum Schluss: „Diese schwerfälligen Organe ohne realen politischen Einfluss waren einerseits eine Kulisse, um autoritäre Entscheidungsmechanismen zu verschleiern, andererseits die Gremien, in welchen der Regierungschef gelegentlich programmatische Erklärungen abgab, die man recht und schlecht an die Politshows von Hitler und Mussolini anzugleichen suchte“.

[67]) Bei der Radiorede anlässlich der Erlassung der neuen Verfassung am 1. Mai 1934 geriet BKz. *Dollfuß* bei dem Gedanken ins Schwärmen, dass der BPräs durch einen feierlichen Staatsakt im Stephansdom gewählt werden könnte: „Erinnern wir uns, dass in Jahrhunderten deutscher Geschichte ein auserwählter Kreis des Volkes den Führer der Nation im Rahmen einer sakralen Handlung gewählt hat. Im kleinen Rahmen werden die Bürgermeister Österreichs eine Aufgabe zu erfüllen haben, die an die Funktionen der Kurfürsten des Heiligen römischen Reiches deutscher Nation erinnert.“ (Zit. nach *Berchtold*, Parteiprogramme, 437).

[68]) *Merkl* sah darin einen „Kompromiss, der die Auswahl des Staatsoberhauptes den unberechenbaren Zufälligkeiten einer Volkswahl entrückt, ohne jedoch den Präsidenten zum Werkzeug der Repräsentativversammlung zu machen“. Unter Bezug auf die Überrepräsentanz der Bürgermeister der kleinen Landgemeinden bemerkt er eine „bestimmte und nicht unbeabsichtigte aristokratische Wirkung ..., die bei der Wahl von Seite der verfassungsmäßigen Ständevertretung nicht so zuverlässig zu erwarten wäre. Es soll ein bestimmter Stand, der ländliche Grundbesitz, das Staatsoberhaupt stellen.“ (Das neue Verfassungsrecht, JBl. 1934, 297). Zu einer Wahl des BPräs durch die Bürgermeister kam es jedoch bis 1938 nicht, da die Amtsdauer von BPräs Miklas durch § 23 VÜG 1934 ex lege verlängert wurde.

[69]) „Miklas, der völlig uninformiert über die Innen- und Außenpolitik gelassen wurde und isoliert von der Führung des Ständestaates war, wurde nun gleichsam auch verfassungstechnisch 'vergessen' und fristete sein Leben bis zur deutschen Okkupation als lebendes Denkmal eines vergangenen politischen Systems, da sich

Bundesregierung (Art. 81 ff): Der Bundeskanzler, der Vizekanzler und die übrigen BMin bildeten die BReg und übten die obersten Verwaltungsgeschäfte des Bundes soweit aus, als sie nicht dem BPräs übertragen waren. Sie stellten damit das eigentliche Machtzentrum in der Verfassung 1934 dar. Die BReg wurde vom BPräs ernannt bzw. entlassen. Innerhalb der BReg nahm der **Bundeskanzler** eine dominierende Stellung ein, indem er die Richtlinien der Politik bestimmte, nach denen die einzelnen BMin die ihnen anvertrauten Geschäftszweige zu leiten hatten (Art. 93).

Der **Rechnungshof** überprüfte die Gebarung des Bundes, der Länder, der Ortsgemeinden und anderer Rechtsträger.

Mittel- und Unterbehörden: Sowohl im Aufbau der Behördenorganisation der Mittel- und Unterbehörden als auch in der Teilung in unmittelbare und mittelbare Bundesverwaltung trat gegenüber den Regelungen des B-VG 1920/29 keine wesentliche Änderung ein.

11.3.4.3. Die Gerichtsbarkeit

Die Verfassung 1934 regelte die Rechtsprechung ähnlich, ja teilweise sogar gleichlautend, wie das B-VG 1920/29. Trotzdem zeigt sich gerade auf diesem Gebiet der **Verlust von Rechtsstaatlichkeit**, der die gesamte Verfassung 1934 durchzieht. Das VÜG 1934 sowie eine Reihe weiterer Gesetze schufen die Grundlage für eine „politische Tendenzjustiz“, wobei „die Regierung Dollfuß ... Polizei und Gerichte als verlängerten Arm ihrer Politik“[70] betrachtete.

Die **Unabhängigkeit und Unversetzbarkeit der Richter** wurde zwar in den Art. 101 f garantiert, aber durch § 28 VÜG 1934 sowie weitere Bestimmungen[71] bis zum 31. Dez. 1935 **aufgehoben**. Darüber hinaus erhielt der Justizminister das Recht, „aus wichtigen Gründen“ (also praktisch unbeschränkt) in die Geschäftsverteilung sämtlicher Gerichte während des Jahres einzugreifen.[72] Damit konnte der BMJ jeden Richter von einem speziellen Verfahren abziehen bzw. ihm einen bestimmten Prozess übertragen.

Die Trennung der Justiz von der Verwaltung war in der Verfassung (Art. 99) garantiert und blieb organisatorisch tatsächlich aufrecht. Allerdings wurde wiederholt durch Maß-

---

der Ständestaat offenbar die Abschaffung eines Bundespräsident nicht leisten wollte und Miklas dem System nicht den Gefallen tat, wie Hindenburg rechtzeitig zu sterben.“ (*Jagschitz,* 122).

[70]) *Holtmann,* Autoritätsprinzip und Maßnahmengesetz, in: *Wiss. Komm.* (Hg.), Verfassung, 216.

[71]) BGBl 1934 II/230; 1935/239. Durch Verfügung des BMJ konnten Richter in den Ruhestand versteztt werden, „wenn ihr Verbleiben auf ihrem Dienstposten oder im richterlichen Dienste überhaupt dem Ansehen der Rechtspflege offenbar zum Abbruch gereichen, insbes. die Unparteilichkeit der Rechtsprechung nicht mehr gewährleisten würde.“

[72]) BGBl 1934 I/83. Diese Maßnahmen sollten sich vor allem gegen pro-nationalsozialistische Tendenzen in der Richterschaft richten.

nahmengesetze (sog. Einzelfallgesetze) diese Grenze verwischt.[73] Das Strafrechtsänderungs G 1934 (BGBl II/77) schaffte die Geschworenengerichtsbarkeit ab und ersetzte sie durch **Schöffengerichte,** in denen Berufs- und Laienrichter zusammen wirkten. Im Juni 1934 (BGBl II/77) erfolgte die **Wiedereinführung der Todesstrafe** im ordentlichen Verfahren.

An Stelle des VwGH und des VfGH wurde der **Bundesgerichtshof** (BGH) eingerichtet. Die BGH-Richter ernannte der BPräs auf Vorschlag der BReg. Es war dem BGH durch § 53 VÜG 1934 untersagt, Bundes- oder Landesgesetze auf ihre Verfassungsmäßigkeit zu überprüfen, die vor dem 1. Juli 1934 kundgemacht wurden. Für ein Erkenntnis des BGH, womit ein Gesetz als verfassungswidrig aufgehoben wurde, war eine Mehrheit von zwei Drittel der Stimmen erforderlich.

11.4. Das Verfassungsrecht der Länder

Lit.: *Brauneder,* Österreichische Verfassungsgeschichte[7], 243; *Ender,* Die neue österreichische Verfassung, 17; *Ermacora,* Föderalismus, 74; *Fröhlich,* „Die Verfassung 1934“ des Bundesstaates Österreich, 253; *Merkl,* Das neue Verfassungsrecht, JBl 1934, 310; *Putschek*, Die Ständische Verfassung.

Die Verfassung 1934 richtete Österreich als Bundesstaat ein. Da jedoch ein wirklicher Föderalismus im Gegensatz zur autoritär-zentralistischen Staatskonzeption gestanden hätte, wurde die Stellung der Länder wesentlich geschwächt.[74] Insbes. der Bundeskanzler erhielt weitgehende Einflussrechte auf die personelle Zusammensetzung der Landesverwaltungsorgane. Aufgrund der §§ 29 ff VÜG 1934 besaß der Bundeskanzler darüber hinaus für eine Übergangszeit noch das Recht, sämtliche Landesverwaltungsorgane abzuberufen und neue zu bestellen bzw. bestellen zu lassen. Damit besaß er ein wirksames Mittel zur politischen Säuberung der LReg. Die zentralstaatliche Kontrolle der Landesgesetzgebungen erfolgte durch eine Bestimmung, die jeden Landesgesetzbeschluss der Sanktion des Bundeskanzlers (absolutes Veto) unterwarf. Hinsichtlich der im Wesentlichen gleich gebliebenen Kompetenzen der Länder vgl. Kap. 11.3.3.

Der Bundesstaat Österreich bestand aus folgenden Bundesländern: Vorarlberg, Tirol, Salzburg, Steiermark, Kärnten, OÖ, NÖ und Burgenland. Die bundesunmittelbare **Stadt** Wien war eine Gebietskörperschaft besonderen Rechts, die die Wirkungskreise einer landesunmittelbaren Stadt und eines Landes vereinte.

---

[73]) Bspw. erließ die BReg das BVG über die Einführung eines Militärgerichtshofes als Ausnahmegericht zur Aburteilung der mit dem Umsturzversuch vom 25. Juli 1934 im Zusammenhang stehenden strafbaren Handlungen (BGBl 1934 II/152). Darin wird anstelle der ordentlichen bürgerlichen Strafgerichte bzw. der Standgerichte für das ganze Bundesgebiet ein Militärgerichtshof eingerichtet, der zur Aburteilung der mit dem NS-Putschversuch im Zusammenhang stehenden strafbaren Handlungen ausschließlich zuständig war.

[74]) Nach *Fröhlich* (Verfassung, 264) „muss sich das Prinzip der autoritären Staatsführung auch in der Richtung äußern, dass der Durchsetzung der einheitlichen Führung der Politik keine Hemmungen durch die bundesstaatliche Organisation bereitet werden: daher erfordert der 'autoritäre Bundesstaat' eine bestimmende Einflussnahme gesamtstaatlicher Organe auf die Gesetzgebung und Vollziehung der Gliedstaaten.“

11.4.1. Organe der Länder

Die Verfassung 1934 richtete auch die Länder nach autoritären Grundsätzen ein. Dies drückte sich insbes. dadurch aus, dass die Landesverwaltung (LReg) gegenüber der Gesetzgebung (Landtag) dominierte.

11.4.1.1. Die Landesgesetzgebung

Die noch nach dem B-VG 1920/29 errichteten Landtage wurden mit 31. 10. 1934 aufgelöst.[75] An ihre Stelle sollten neue Landtage treten, bestehend aus Vertretern der gesetzlich anerkannten Kirchen und Religionsgesellschaften, des Schul-, Erziehungs- und Volksbildungswesens, der Wissenschaft und der Kunst sowie der Berufsstände des Landes. Tatsächlich wurden die Mitglieder der Landtage gemäß § 29 VÜG vorläufig durch den Landeshauptmann ernannt.

Weg der Landesgesetzgebung: Die LReg – welche allein ein Gesetzesinitiativrecht besaß – brachte den Gesetzesvorschlag im Landtag ein. Dieser tagte als begutachtendes Organ in nicht öffentlicher Sitzung und arbeitete ein Gutachten aus. Daraufhin brachte die LReg die (uU. veränderte) Regierungsvorlage erneut im Landtag ein, der nunmehr als beschließendes Organ den Gesetzesvorschlag ohne Verhandlung entweder unverändert annehmen oder ablehnen konnte.[76] Der Gesetzesbeschluss bedurfte der Zustimmung des Bundeskanzlers (absolutes Veto).

11.4.1.2. Die Landesverwaltung

Die Vollziehung der Landesangelegenheiten lag in den Händen der **Landesregierung**. Diese bestand aus dem **Landeshauptmann** (LH), seinem Stellvertreter (Landesstatthalter) und den Landesräten. Der LH wurde vom BPräs aufgrund von Dreier-Vorschlägen des Landtages ernannt. Der BPräs konnnte den LH auf Vorschlag des BKz. bzw. musste den LH auf Verlangen des Landtags abberufen. Der LH ernannte die übrigen Mitglieder der LReg. Gemäß § 32 VÜG konnte der BKz. einen aufgrund der bisherigen Bestimmungen bestellten LH abberufen und einen Nachfolger ernennen.

An der Spitze eines Verwaltungsbezirkes stand der **Bezirkshauptmann.** Die Bestellung des Bezirkshauptmannes erfolgte durch den LH und bedurfte der Zustimmung des Bundeskanzlers.

---

[75]) § 29 Abs. 1 Z. 4 VÜG 1934.

[76]) Fasste der Landtag innerhalb der im gesetzten Frist keinen Beschluss, so konnte der Landeshauptmann die in der Vorlage enthaltenen Bestimmungen durch Verordnung in Kraft setzen.

11.4.2. Die Gemeinden

Das ReichsgemeindeG 1862 wurde durch die Art. 123 ff der Verfassung 1934 ersetzt. Inhaltlich bestand eine weitgehende Kontinuität.

Als beschließendes Organ wirkte der Gemeindetag. Er sollte ähnlich wie ein Landtag zusammengesetzt sein. In der Praxis blieben jedoch gem. § 39 VÜG die bestehenden Gemeindevertretungen in Funktion[77] oder es wurde vom LH ein neuer Gemeindetag bestellt. Der Gemeindetag wählte den Bürgermeister. Diese Wahl bedurfte der Bestätigung durch den Bezirkshauptmann.

11.5. Der Verlust der Rechtsstaatlichkeit

Lit.: *Brauneder,* Grundrechte, 27; *Fröhlich,* Die „Verfassung 1934" des Bundesstaates Österreich, 53; *Komm. zur Untersuchung der Lage der politischen Gefangenen* (Hg.), Schwarzbuch der österreichischen Diktatur. Recht und Gesetz unter Dr. Schuschnigg; *Merkl,* Die ständisch-autoritäre Verfassung Österreichs, 34; *Riedler,* Die Ausnahmegesetzgebung in Österreich 1933–1936.

Die Verfassung 1934 und ihre praktische Anwendung zeichnete sich gegenüber der vorherigen Verfassungsepoche durch einen **eklatanten Verlust an Rechtsstaatlichkeit** aus.[78] Dennoch sind die Maßnahmen des austrofaschistischen Regimes nicht vergleichbar mit dem Ausmaß der Zerstörung des Rechtsstaats, wie er von den Nationalsozialisten in Deutschland nach 1933 durchgeführt wurde. Die Wahrung der Rechtsförmigkeit des Verfahrens sowie eine relative Berechenbarkeit der Sanktionen bildeten eine Barriere gegen justizlose Hoheitsakte.[79] Der Rechtsstaat wurde auf ein bloß formales Prinzip reduziert.

Besonders deutlich zeigte sich die Rückbildung des Rechtsstaates auf dem Gebiet der **Grund- und Freiheitsrechte.** Die Verfassung 1934 derogiert dem StGG über die allgemeinen Rechte der Staatsbürger 1867 und regelt die Grundrechte in den Art. 15 ff neu. Diese Bestimmungen zeichneten sich durchwegs dadurch aus, dass der grundrechtliche Schutz gegenüber dem B-VG 1920/29 durch eine **Erweiterung der staatlichen Eingriffsmöglichkeiten** erheblich verringert wurde. Die Mehrzahl der Grundrechte waren nicht „gesetzesfest" sondern nur sog. „einfache Grundrechte", die bloß die Verwaltung nicht aber den Gesetzgeber banden. Dehnbare Rechtsbegriffe sowie die Suspendierbarkeit zentraler Grundrechte (zB Freiheit der Person, Vereins-, Versammlungs-, Meinungs- und Pressefreiheit) durch den BPräs schränkten den grundrechtlichen Schutz weiter ein.[80] Als Beispiel für den geringen Schutzgehalt der Bestimmungen sei kurz das **Grundrecht der freien Meinungsäußerung** (Art. 26) dargestellt:

Zunächst bestimmte Abs. 1, dass jeder Bundesbürger das Recht habe, seine Meinung durch Wort, Schrift, Druck, Bild oder in sonstiger Weise innerhalb der gesetzlichen Schranken frei zu äußern. Es handel-

---

[77]) Die Mandate der Nationalsozialisten und Sozialdemokraten waren zuvor für erloschen erklärt worden.

[78]) Vgl. *Ermacora,* in: *Wiss. Komm.* (Hg.), Die österreichische Verfassung von 1918–1938, 283.

[79]) *Holtmann,* 215.

[80]) Die Einschränkung der Grundrechte wurde von *Ender* (Verfassung, 6) mit dem Hinweis darauf verteidigt, dass sich dies durch „die Erfahrung als im Interesse des allgemeinen Wohles gelegen erwies".

te sich damit nicht um ein gesetzesfestes Grundrecht. Nach Abs. 2 konnte der Gesetzgeber daher insbes. folgende Einschränkungen der Meinungsfreiheit anordnen:

* Einführung der Vorzensur zur Verhütung von Verstößen gegen die öffentliche Ruhe, Ordnung und Sicherheit
* Maßnahmen zur Bekämpfung der Unsittlichkeit oder grober Verstöße gegen den Anstand
* Maßnahmen zum Schutz der Jugend
* Maßnahmen zur Wahrung sonstiger Interessen des Volkes und des Staates.

Der in der Verfassung garantierte und für jeden Rechtsstaat unverzichtbare Grundsatz des **Rückwirkungsverbots für Strafgesetze** („nullum crimen sine lege praevia“) wurde wiederholt durchbrochen.[81] Eine weitere Beeinträchtigung des Rechtsschutzes stellte im Polizeistrafrecht die **Einschränkung der Rechtsmittel** bei politischen Delikten dar: Bis 1937 war eine Beschwerde an den BGH gegen Bescheide ausgeschlossen, die aufgrund von insgesamt 17 Verordnungen und Gesetzen „zur Abwehr staatsfeindlicher Bestrebungen“ erlassen worden waren (BGBl 1934 II/254).

Die Regierung setzte auch nach dem Erlass der Verfassung 1934 den bisher praktizierten Weg der Unterdrückung der politischen Opposition auf legistischem Wege fort: Bestellung eines Generalstaatskommissärs für außerordentliche Maßnahmen zur Bekämpfung staats- und regierungsfeindlicher Bestrebungen in der Privatwirtschaft (BGBl 1934 II/193); AnhalteG (BGBl 1934 II/253); Verschärfung der Bestimmungen gegen oppositionelle Druckschriften (BGBl 1935/33, 174, 214);[82] StaatsschutzG (BGBl 1936/223), OrdnungsschutzG (BGBl 1937/282).

11.6. Der „Anschluss“ 1938

Lit.: *Botz,* Die Eingliederung Österreichs in das deutsche Reich²; *DÖW.* (Hg.), „Anschluß“ 1938; *Kleindel,* „Gott schütze Österreich“; *Merkl,* Der Anschluß Österreichs an das Deutsche Reich – eine Geschichtslegende, JBl 1955; *Schausberger,* Der Griff nach Österreich; *Schmidl,* März 38, Der deutsche Einmarsch in Österreich; *Schuschnigg,* Im Kampf gegen Hitler, 216; *Steinböck,* Österreichs militärisches Potential im März 1938; *Wiss. Komm.* (Hg.), Anschluß 1938; *Zentner,* Heim ins Reich. Der Anschluß Österreichs 1938.

Die Vereinigung Österreichs mit dem Deutschen Reich bildete von Anfang an ein Hauptelement der nationalsozialistischen Außenpolitik.[83] Sie sollte als erste Etappe und Sprungbrett für weitere Expansionen nach Südosteuropa dienen. Nach dem Scheitern der putschistischen Strategie im Juli 1934 ordnete Hitler aus Rücksicht auf mögliche außenpolitische Verwicklungen eine **evolutionäre Politik** an, die durch wirtschaftlichen, diplo-

[81]) Das BVG zur Aburteilung der mit dem Umsturzversuch vom 25. Juli 1934 in Zusammenhang stehenden strafbaren Handlungen (BGBl 1934 II/152) führte für eine Reihe von Delikten rückwirkend sogar die Todesstrafe ein.

[82]) Das G. zum Schutz Österreichs (BGBl 1935/214) stellte einen kurios anmutenden Versuch dar, die Geschichte Österreichs im Sinne des Austrofaschismus neu zu schreiben: „Enthält ein Druckwerk über Begebenheiten aus der Geschichte Österreichs Behauptungen oder bildliche Darstellungen, die sich als Beschimpfung, Verspottung oder wegen ihrer Wahrheitswidrigkeit als Schmähung Österreichs darstellen, oder eine Verunglimpfung des Andenkens einer verstorbenen Person, die wegen ihrer Verdienste um Österreich berühmt ist, so kann das Bundeskanzleramt die Verbreitung dieses Druckwerkes verbieten.“

[83]) Punkt 1 des NSDAP-Parteiprogramms forderte den „Zusammenschluss aller Deutschen auf Grund des Selbstbestimmungsrechtes der Völker zu einem Großdeutschland“.

matischen und politischen Druck Deutschlands sowie durch die nationalsozialistische Wühlarbeit in Österreich den Anschluss vorbereiten sollte. Wichtige Schritte auf diesem Weg stellten die Annäherung Hitler–Mussolini sowie das Juli-Abkommen 1936 dar. Im November 1937 legte Hitler im Rahmen einer geheimen Besprechung („Hoßbach-Protokoll“) das zukünftige außenpolitische Vorgehen in großen Zügen dar. Dabei erklärte er seine Absicht, die „deutsche Raumfrage“ im Osten spätestens 1943/45 auf dem „Weg der Gewalt“ zu lösen. Bei günstiger außenpolitischer Lage sei ein Angriff auf Österreich und die ČSR jedoch bereits 1938 durchzuführen.

1937 verstärkte sich der deutsche Druck auf Österreich. Der Grund hiefür lag allerdings nicht in den vorgeschobenen „völkischen“ Motiven[84] und „Heim-ins-Reich“-Phrasen, sondern in erster Linie in **wirtschaftlichen und machtpolitischen Überlegungen**. Die Fortführung des deutschen Aufrüstungsprogramms drohte 1937/38 an der Rohstoff- und Devisenknappheit sowie am Arbeitskräftemangel zu scheitern. Der Zugriff auf die österreichische Wirtschaft war aus mehreren Gründen für das Dritte Reich von strategischer Bedeutung. Sein Interesse galt den österreichischen Erzvorkommen (Eisen, Mangan, Wolfram usw.), den Magnesit- und Graphitlagern, dem Holzreichtum und Energiepotenzial (Erdölvorkommen, ausbaufähige Wasserkraft) sowie den nicht ausgelasteten österreichischen Industriekapazitäten. Die österreichischen Gold- und Devisenvorräte übertrafen die deutschen zum Zeitpunkt des Anschlusses um das 17fache. Das Heer der österreichischen Arbeitslosen sollte den Arbeitskräftemangel der deutschen Wirtschaft lindern; aus der männlichen österreichischen Bevölkerung wollte man acht bis zehn Divisionen rekrutieren.

Die Haltung BKz. Schuschniggs blieb angesichts des steigenden deutschen Drucks unklar und unsicher. Im Berchtesgardner Abkommen (12. 2. 1938) machte *Schuschnigg* – in der Hoffnung Zeit zu gewinnen – Hitler ua folgende Zugeständnisse:

* Ausrichtung der österreichischen Außenpolitik auf die deutsche
* der dem deutschnational-katholischen Lager zugehörige *Seyß-Inquart* – ein Vertrauensmann Hitlers – wird Sicherheitsminister
* freie Betätigung der NSDAP im Rahmen der vaterländischen Front; Amnestie für alle Nationalsozialisten
* Absetzung des antinationalsozialistischen österreichischen Generalstabschef *Jansa*; enge miltitärische Zusammenarbeit zwischen Österreich und Deutschland.

De facto entstand nach dem Berchtesgadener-Abkommen eine **Koalitionsregierung** bestehend aus dem austrofaschistischen und dem nationalsozialistischen Lager. Als die erhoffte politische Entspannung in den folgenden Wochen nicht eintrat, entschloss sich

[84]) „Deutschösterreich muss wieder zurück zum großen deutschen Mutterlande, und zwar nicht aus Gründen irgendwelcher wirtschaftlicher Erwägungen heraus. Nein, nein: Auch wenn diese Vereinigung, wirtschaftlich gedacht, gleichgültig, ja selbst wenn sie schädlich wäre, sie müsste dennoch stattfinden. Gleiches Blut gehört in ein gemeinsames Reich“. (*Hitler,* Mein Kampf, 1, 252-253. Aufl.).

Schuschnigg am 8. 3. 1938, für den 13. März eine Volksbefragung für ein „freies und deutsches, unabhängiges und soziales, für ein christliches und einiges Österreich“ anzusetzen. Da vorauszusehen war, dass unter den Bedingungen eines autoritären Regimes diese Volksbefragung mehrheitlich für ein unabhängiges Österreich ausgehen würde (Schätzungen belaufen sich auf 65–75 % Prostimmen)[85], hatte *Schuschnigg* Hitler in Zugzwang gebracht.[86]

Durch die neuerliche Drohung mit einem militärischen Einmarsch erzwang Hitler am 11. März 1938 die Absetzung der Volksbefragung, den Rücktritt der Regierung *Schuschnigg* sowie die Betrauung *Seyß-Inquart's* mit dem Posten des Bundeskanzlers. Parallel dazu erfolgte in den wichtigsten österreichischen Städten die Erhebung der Nationalsozialisten, die sich der Amtsgebäude bemächtigten, die bisherigen Amtsträger vertrieben und erste Pogrome gegen Juden und politische Gegner anstifteten.

Obwohl nach dieser nationalsozialistischen Machtergreifung ein militärischer Einmarsch in Österreich unnötig gewesen wäre, erfolgte am Morgen des **12. März 1938** – wenige Stunden nachdem Mussolini sein Einverständnis gegeben hatte – **der Einfall deutscher Truppen**. Unter dem Vorwand, „in Österreich einzumarschieren, um dort verfassungsmäßige Zustände herzustellen und weitere Gewalttaten gegen die deutschgesinnte Bevölkerung zu unterbinden“[87], drangen 105.000 Soldaten sowie 16.000 Polizisten, SS- und Gestapo-Angehörige in Österreich ein. Dabei wurden sie von Teilen der österreichischen Bevölkerung begeistert empfangen. Von verbalen Protesten abgesehen, unternahmen die Großmächte nichts zur Rettung der österreichischen Unabhängigkeit. Durch zwei gleich lautende Gesetze des Deutschen Reichs und des Bundesstaates Österreichs (sog. **AnschlussG**) wurde der Anschluss staatsrechtlich vollzogen. Bei der für 10. April 1938 angeordneten Volksabstimmung erklärten sich im nunmehrigen Land Österreich 99,6 % der an der Abstimmung Teilnehmenden mit der Vereinigung mit dem Deutschen Reich einverstanden.

Obwohl es zutrifft, dass zu diesem Zeitpunkt ein erheblicher Teil der österreichischen Bevölkerung den Anschluss begrüßte, spiegeln die annähernd 100 % Zustimmung wohl nicht die tatsächliche Stimmung in der

---

[85]) *Botz,* Schuschniggs geplante „Volksbefragung“ und Hitlers „Volksabstimmung“ in Österreich. Ein Vergleich, in: *Botz,* Krisenzonen, 267.

Ursprünglich war geplant, nur amtliche Stimmzettel mit dem Aufdruck „Ja“ aufzulegen; praktisch hätte dies bedeutet, dass „Nein“-Stimmende selbst ihre Stimmzettel mitbringen hätten müssen. Da die illegale Arbeiterbewegung dazu aufrief, mit „Ja“ zu stimmen und die österreichischen Nationalsozialisten ihre Anhänger zur Stimmenthaltung aufforderten, hätte die Volksbefragung zweifelsohne eine deutliche Mehrheit für ein unabhängiges Österreich erbracht. Tatsächlich fand in mehreren abgeschiedenen Tiroler Gemeinden, die von den inzwischen eingetretenen Ereignissen keine Kenntnis erlangt hatten, die Volksbefragung am 13. März statt und erbrachte dort eine 100 %-ige Zustimmung für ein unabhängiges Österreich (*Goldinger,* Geschichte, 254).

[86]) Im Gegensatz zu Schuschnigg erkannte Mussolini diese Gefahr und warnte diesen mit den Worten „diese Bombe wird euch in den Händen zerplatzen“ (zit. nach: *Botz,* Eingliederung, 30).

[87]) Hitlers Weisung Nr. 1 v. 11. 3. 1938, zit. nach *Schausberger,* Griff, 570.

Bevölkerung wider. In den Wochen vor der Abstimmung versuchten die Nationalsozialisten durch eine geschickte Mischung von Propaganda[88], sozialen und ökonomischen Gratifikationen [89] und brutalem Terror (in den ersten sechs Wochen wurden 50 000 bis 70 000 Personen verhaftet) die Meinung der Österreicher zu beeinflussen. 8 % der im Wahlalter befindlichen Österreicher/innen waren als Juden bzw. wegen ihrer bekannten antinationalsozialistischen Gesinnung überhaupt von der Abstimmung ausgeschlossen.[90]

[88]) Wesentlich war ua, dass es den Nationalsozialisten gelang, sowohl Exponenten aus dem katholischen Lager (Österreichische Bischofskonferenz) wie auch dem sozialdemokratischen Lager (Karl Renner) zu finden, die ihre Sympathisanten aufriefen, für den Anschluss zu stimmen.

[89]) ZB Sonderzahlungen zu Löhnen, Preis- und Steuersenkungen, kostenlose Massenausspeisungen, Aufschub von Zwangsversteigerungen.

[90]) Zur Volksabstimmung vgl. im Einzelnen: *Botz,* Schuschniggs geplante „Volksbefragung“ und Hitlers „Volksabstimmung“ in Österreich. Ein Vergleich, in: *Botz,* Krisenzonen, 249.

12. Österreich unter deutscher Besetzung 1938–1945

„Wenn man aufmerksam untersucht, was sich in der Welt zugetragen hat, seit die Menschen die vergangenen Ereignisse im Gedächtnis bewahren, könnte man mühelos feststellen, dass sich in allen zivilisierten Ländern neben einem Despoten, der befiehlte, fast immer ein Rechtsgelehrter befindet, der dessen willkürliche und unzusammenhängende Willensakte in eine Ordnung und Übereinstimmung bringt. Die allgemeine und unbestimmte Liebe zur Macht, die die Könige erfüllt, ergänzen sie durch die Freude an der Methode und die Kenntnis von den Einzelheiten der Herrschaft, über die sie selbstverständlich verfügen. Jene verstehen es, die Menschen vorübergehend zum Gehorsam zu zwingen; diese besitzen die Kunst, sie fast freiwillig zu ständiger Fügsamkeit zu beugen. Die einen liefern die Macht, die andern das Recht. Jene gelangen durch Willkür zur höchsten Macht, diese durch Legalität. An dem Schnittpunkt, an dem sie sich begegnen, entsteht ein Despotismus, der der Menschheit kaum die Luft zum Atmen lässt; wer nur an den Fürsten denkt, nicht an den Juristen, kennt nur die eine Seite der Tyrannei, um das Ganze zu erfassen, muss man aber beide zugleich im Auge haben".

Alexis de Tocqueville[1]

12.1. Historischer Hintergrund

Lit.: *Botz,* Die Eingliederung Österreichs in das Deutsche Reich; *Bracher ua,* Die nationalsozialistische Machtergreifung; *Bracher,* Die deutsche Diktatur; *Butschek,* Die österreichische Wirtschaft 1938–1945; *DÖW* (Hg.), Österreicher und der Zweite Weltkrieg; *Fischer,* Weltgeschichte Bd. 34: Das Zwanzigste Jahrhundert; *Gruchmann,* Der Zweite Weltkrieg; *Klusaceck ua* (Hg.), Dokumentation zur österreichischen Zeitgeschichte 1938–1945; *Kühnl,* Formen bürgerlicher Herrschaft I, 77; *Luza,* Österreich und die großdeutsche Idee in der NS-Zeit; *Nolte,* Die faschistischen Bewegungen; *Storch,* Die Entkonfessionalisierung des NS-Staates, in: *Pototschnig* ua (Hg.), Glaubenszwang, 207; *Rothschild,* Wurzeln und Triebkräfte der Entwicklung der österreichischen Wirtschaftsstruktur, in: *Weber* (Hg.), Österreichs Wirtschaftsstruktur, 98; *Stadler,* Österreich 1939–1945 im Spiegel der NS-Akten; *Tálos/Hanisch/Neugebauer* (Hg.), NS-Herrschaft in Österreich 1938–1945; *Wittek-Saltzberg,* Die wirtschaftspolitischen Auswirkungen der Okkupation Österreichs.

12.1.1. Wirtschaftliche und soziale Entwicklung

Die Einbeziehung in den deutschen Wirtschaftsraum bewirkte in den ersten Jahren eine starke **Belebung der österreichischen Wirtschaft**. Der Zusammenprall der kränkelnden österreichischen Ökonomie mit der deutschen Hochkonjunktur förderte vor allem die rüstungsrelevanten Wirtschaftszweige, während die Konsumgüterindustrie zurückblieb. Augenscheinlich war die Tendenz zu großbetrieblichen Strukturen. Das BNP stieg 1938 um 12,8 % und im Folgejahr nochmals um 13,3 % an. Zum drastischen Sinken der Arbeitslosigkeit auf 3,7 % (1939) trug bei, dass rund 100.000 Österreicher im „Altreich" Arbeit

[1]) *Tocqueville*, Die gesellschaftlichen und politischen Zustände in Frankreich vor und nach 1789 (1836)

fanden.[2] Zahlreiche Großprojekte (zB Linz: Eisenhütte, Stahlwerk, Chemieindustrie; Ranshofen: Aluminiumherstellung) bewirkten einen starken Anstieg der industriell Beschäftigten.[3] Die Steigerung der Erdölförderung und der Ausbau der Wasserkraft (68,7 %) sowie der kalorischen Energiegewinnung (255 %) verbesserten die Energieversorgung Österreichs.

Hand in Hand mit der an den Interessen der deutschen Rüstungswirtschaft orientierten wirtschaftlichen Erschließung ging die **Ausraubung österreichischer Vermögenswerte**. Die beträchtlichen österreichischen Gold- und Devisenvorräte wurden bereits in den ersten Tagen nach Berlin transferiert und finanzierten in der Folge die deutschen Importe, somit indirekt die in Österreich realisierten deutschen Investitionen. Durch eine sukzessive **Germanisierung** gelangte im Laufe der deutschen Besetzung ein Großteil der österreichischen Wirtschaft in deutsches Eigentum: Bankkapital 83 %, Bergbau und Hüttenwerke 72 %, Maschinenbau und Metallindustrie 64 %, Versicherungswesen 61 %, Erdölproduktion und Holzindustrie ca. 50 %. Vor allem nach Ausbruch des Krieges erfolgte ein fortgesetzter Raubbau an den österreichischen Rohstoffen und Wäldern. Sofort nach dem „Anschluss" 1938 begann die **Zwangsarisierung** des Vermögens der jüdischen Bevölkerung Österreichs, das zu Schleuderpreisen an NS-Günstlinge vergeben wurde.

Der anfängliche Industrialisierungsschub wurde durch den überproportionalen Verschleiß der Produktionsanlagen in der Kriegswirtschaft, zahlreiche Fehlinvestitionen sowie insbesondere die Ausdehnung der Kriegshandlungen auf österreichisches Territorium (Luftangriffe seit 1943, Bodenkämpfe ab März 1945) bald wieder zunichte gemacht.

Trotz der Bedeutung, die die Nationalsozialisten in ihrer Propaganda der **Landwirtschaft** zumaßen, verschlechterte sich insgesamt bis 1945 die Situation der Bauern in Österreich. Durch massive staatliche Interventionen, ua im Rahmen der Entschuldungsaktion, ging die bäuerliche Selbstständigkeit weitgehend verloren. Der nach 1938 in der Landwirtschaft einsetzende Mechanisierungsschub konnte die Landflucht und den entstehenden Mangel an Arbeitskräften nicht aufhalten. Die ernährungsmäßige Autarkie, das Primärziel der ns. Landwirtschaftspolitik, wurde nicht nur nicht erreicht, sondern die Produktion ging stark (in manchen Bereichen bis zu 50 %) zurück.

Die **Situation der Arbeiter und Angestellten** war gekennzeichnet durch einen völlig unzureichenden arbeitsrechtlichen Schutz. Während des Krieges wurde die wöchentliche Arbeitszeit drastisch ausgedehnt (Rüstungsindustrie bis 72 Stunden). Sonderbestimmungen, die österreichische Arbeitnehmer gegenüber dem „Altreich" benachteiligten, ent-

---

[2]) Während der Kriegsjahre konnte die Produktion überhaupt nur durch den massenweisen Einsatz von Zwangsarbeit (ausländische Zivilarbeiter, Kriegsgefangene, KZ-Häftlinge) aufrechterhalten werden, vgl. *Freund/Perz,* Industrialisierung durch Zwangsarbeit, in: *Tálos/Hanisch/Neugebauer* (Hg.), 95.

[3]) Zwischen 1934 und 1951 sank der Anteil der im primären Sektor (Land- und Forstwirtschaft) Berufstätigen von 37,1 % auf 32,6 %, der des tertiären Sektors (Dienstleistungen) ging von 30,7 % auf 29,6 % zurück. Hingegen stiegen die im sekundären Sektor Tätigen von 32,2 % auf 37,8 %.

täuschten die in die Übernahme des deutschen Sozialversicherungswesens gesetzten Erwartungen.[4] Zwar waren nach dem „Anschluss“ insgesamt mehr Österreicher in den Arbeitsprozess integriert, aber durch das Zurückbleiben der Löhne hinter der Preisentwicklung sank der Lebensstandard in Österreich zwischen 1938 und 1941 um rund 20 %. Obwohl die österreichischen Löhne unter dem Niveau des „Altreichs“ blieben, lagen die meisten Preise aufgrund des anstelle von Zöllen eingeführten „Gebietsschutzes“ höher. Der bald nach dem „Anschluss“ in Österreich fühlbaren Einschränkung des Bedarfsgüterangebots folgte nach Kriegsausbruch die Einführung eines Rationierungs- und Bezugsscheinsystems. Die Verteilung der Lebensmittel- und Kleiderkarten, durchgeführt über die Unterorganisationen der NSDAP, bildete ergänzend zu den herkömmlichen Repressionsmitteln ein weiteres Machtinstrument.

12.1.2. Die politische Lage in Österreich 1938–1945

Österreicher/innen fanden sich nach dem März 1938 **sowohl aufseiten der Täter wie auch aufseiten der Opfer**. 693.000 Österreicher/innen waren 1943 Mitglied der NSDAP, 20.300 in der SS (1944). Österreicher/innen wirkten an furchtbaren Kriegsverbrechen mit und waren an führender Stelle mit der Durchführung der Juden-Vernichtungsprogramme betraut.[5] Demgegenüber stehen 2.700 Österreicher/innen, die als aktive Widerstandskämpfer/innen gegen den Nationalsozialismus verurteilt und hingerichtet wurden, weitere 32.000 Österreicher/innen wurden wegen ihrer Widerstandstätigkeit in den Konzentrationslagern zusammen mit 65.000 österreichischen Juden ermordet. 130.000 Österreicher/innen flohen ins Ausland, darunter alle österreichischen Nobelpreisträger.[6]

Der „Anschluss“ 1938 bewirkte durch die Machtübernahme der Nationalsozialisten in Österreich zunächst einen Eliten-Tausch auf allen Ebenen. Vertreter und Sympathisanten des alten Regimes wurden im Staatsapparat (zum Teil auch in der Wirtschaft) durch Nationalsozialisten ersetzt. Im Rahmen der Umgestaltung der Gesellschaft im nationalsozialistischen Sinn erfolgten zwei gegenläufige Prozesse. Der **Desintegration durch Ausgrenzung** (Minderheiten, insbes. Juden und Zigeuner; Behinderte) stand die **Integration der übrigen in die NS-Volksgemeinschaft** gegenüber.[7] Durch ein dichtes Netz von Organisationen (zB „Kraft durch Freude“, „Deutsche Arbeitsfront“), zum Teil mit Zwangs-

---

[4]) Vgl. *Tálos,* Sozialpolitik 1938–1945, in: *Tálos/Hanisch/Neugebauer* (Hg.), 122.

[5]) ZB *Adolf Eichmann* (Organisator der Judenvernichtung), *Odilo Globocnik* (verantwortlich für die Vernichtungslager Treblinka, Sobibor, Belzec), *Ernst Kaltenbrunner.*

[6]) Unter den Österreichern, die 1933 bzw. 1938 fliehen mussten, befanden sich ua: *Elias Canetti, Alfred Polgar, Friedrich Torberg, Hans Weigel, Franz Werfel, Carl Zuckmayer, Stefan Zweig, Arnold Schönberg, Siegmund Freud, Hans Kelsen, Karl Popper, Erwin Schrödinger, Max Reinhardt, Fritz Kortner, Richard Tauber.*

[7]) Vgl. *Mulley,* Modernität oder Traditionalität? in: *Talós/Hanisch/Neugebauer* (Hg.), 42.

mitgliedschaft (Hitler-Jugend, Bund Deutscher Mädchen) sollte vom Kind bis zum Pensionisten die gesamte Bevölkerung erfasst werden.

Die **österreichische NSDAP** stellte bis zum März 1938 eine von Richtungskämpfen und persönlichen Querelen zerrissene Partei dar. Der von Hitler zu ihrer Reorganisation eingesetzte saarpfälzische Gauleiter *Josef Bürckel* löste die alte Partei auf und nahm eine völlige Neuorganisation vor.[8] Durch die „Verpreußung", dh die Besetzung vieler Funktionen mit Nationalsozialisten aus dem „Altreich", wurden viele österreichische Nationalsozialisten in ihren Karrierehoffnungen enttäuscht. In vielen Bereichen, zB der Judenvernichtung, der Staatsorganisation und der Kirchenpolitik, bildete die nunmehrige „Ostmark" das Experimentierfeld für die spätere NS-Politik im Gesamtreich.

Nach dem Einmarsch deutscher Truppen erfolgte in Österreich die **politische Gleichschaltung,** dh die Unterbindung jeglicher legaler Opposition. Die Vaterländische Front wurde aufgelöst und das bürgerlich-bäuerliche Vereinswesen zerschlagen.[9] Die Sozialdemokratische und die Kommunistische Partei blieben verboten. Der Terror, den die österreichischen Nationalsozialisten ausübten, war unvergleichlich grausamer als der des Dollfuß-Schuschnigg-Regimes und richtete sich gegen Vertreter des konservativ-katholischen Lagers, Sozialisten und Kommunisten, vor allem aber gegen Minderheiten wie zB Juden und Zigeuner.

Widerstand gegen das NS-Regime kam sowohl vom sozialistisch-kommunistischen wie auch aus dem konservativ-katholischen bzw. monarchistischen Lager. Im Gegensatz zu der Widerstandsbewegung bspw. Frankreichs operierte der österreichische Widerstand allerdings in einer für ihn feindlichen Umwelt. Widerstandshandlungen reichten von der Unterstützung Verfolgter über Streuzettelaktionen bis zur Sabotage der Produktion.[10] In geringerem Umfang (Südkärnten, Koralpe, Salzkammergut) erfolgten Partisanenaktionen, bei denen insgesamt ca. 500 österreichische Freiheitskämpfer (darunter viele Kärntner Slowenen) ums Leben kamen. Im Rahmen des Putschversuches von Teilen der Wehrmacht gegen Hitler „Aktion Walküre") am 20. Juli 1944 konnte die NS-Führung in Wien für einige Stunden inhaftiert werden. Allerdings gelang es weder dem österreichischen noch dem deutschen Widerstand, das Regime ernsthaft zu gefährden. Die Befreiung Österreichs vom Faschismus war das Werk der Alliierten. Politisches Gewicht kam dem öster-

---

[8]) Das organisatorische Chaos bis 1939 drückte sich zB in einer völlig unzureichenden Mitgliederevidenz aus. Die NSDAP konnte daher bis zum Zusammenbruch des Regimes im Jahre 1945 in tausenden Fällen selbst nicht feststellen, ob und wann eine bestimmte Person der Partei beigetreten war (vgl. *Jagschitz,* Von der „Bewegung" zum Apparat. Zur Phänomenologie der NSDAP 1938 bis 1945, in: *Tàlos/Hanisch/Neugebauer,* 505).

[9]) Vgl. *Steiner,* Das österreichische Vereinswesen und seine Gleichschaltung nach dem März 1938, ÖGL 1962, 215.

[10]) Zahlenmäßig am bedeutendsten war der antifaschistische Widerstand der Kommunisten, der im OLG-Sprengel Wien zB 80 % der Verfahren ausmachte. Die KPÖ verzeichnete auch die relativ höchste Zahl an ermordeten Widerstandskämpfern.

reichischen Widerstand insbesondere in Hinblick auf das weitere Schicksal unseres Staates nach 1945 zu. Aus der konkreten Erfahrung der deutschen Besetzung wuchs ein neuer österreichischer Patriotismus.

Die **Katholische Kirche Österreichs** versuchte bis zum Herbst 1938 zunächst den Weg der Kollaboration und Anpassung an das NS-Regime. Nach und nach musste sie jedoch erkennen, dass die NSDAP in Österreich an diesem Bündnispartner kein Interesse hatte. Die Nationalsozialisten, die mit dem „Anschluss" das österreichische Konkordat aus 1933/34 für erloschen ansahen, strebten eine Zurückdrängung des kirchlichen Einflusses durch die Säkularisierung des Schulwesens und des Eherechts (EheG 1938) an. In der Abwehr der Entkonfessionalisierungsbestrebungen konnte die Katholische Kirche ein beträchtliches Widerstandspotenzial mobilisieren.[11] Andererseits anerkannte sie das NS-Regime bis 1945 als „göttlich eingesetzte Obrigkeit"[12], schwieg zum Rassismus sowie zur Judenvernichtung und begrüßte sogar 1941 den Angriff auf die Sowjetunion.[13] Wegen der in der Ära des Austrofaschismus erfahrenen Zurücksetzung ging die **Evangelische Kirche Österreichs** nach 1938 ein besonders intensives Naheverhältnis zu den neuen Machthabern ein.

12.1.3. Die außenpolitische Entwicklung

Die europäische Politik der späten 30er-Jahre war gekennzeichnet durch die Existenz von drei Blöcken: den *faschistischen* Achsenmächten (Deutschland, Italien), den *westlichen Demokratien* (Frankreich, Großbritannien) sowie der Sowjetunion, woraus sich mehrere Allianzmöglichkeiten ergaben.

Hitler-Deutschland strebte von Beginn an nicht nur die Revision des Friedensvertrags von Versailles und die Gleichberechtigung Deutschlands in der internationalen Staatenwelt an. Ziel seiner Außenpolitik war vielmehr die Erringung der **politischen und militärischen Vorherrschaft** in Europa sowie die Eroberung von Siedlungsraum im Osten.[14] Parallel zum deutschen Hegemonialstreben in Europa versuchten Italien bzw. Japan eine Expansion im Mittelmeerraum bzw. in Südostasien. Die Sowjetunion war ihrerseits bemüht, durch eine Verschiebung ihrer Staatsgrenze nach Westen einen Teil ihrer 1918 verloren gegangenen Gebiete in Europa zurückzugewinnen. Die Westmächte, um deren Zustimmung zur Ostexpansion sich Hitler bemühte, versuchten durch schrittweises Nachgeben und Hinhalten **(Appeasement-Politik)** Hitler zu bremsen und eine direkte militärische Konfrontation mit dem „Dritten Reich" zu vermeiden. Im Münchner Abkommen (Sep-

---

[11]) Die Katholische Kirche vermochte sich als einzige relevante Organisation der nationalsozialistischen Gleichschaltung zu entziehen. 15 Geistliche wurden wegen ihrer antifaschistischen Haltung hingerichtet, 800 weitere inhaftiert. Vgl. *Sauer*, Österreichs Kirchen 1938–1945, in: *Tálos/Hanisch/Neugebauer* (Hg.), 517.

[12]) *Rehmann*, Kirchen im NS-Staat, 13.

[13]) In einem Hirtenbrief der katholischen Bischöfe Österreichs vom 27. 11. 1941 hieß es: „In dem ungeheuren Ringen an der Ostfront führt Deutschland nicht bloß einen Kampf gegen ein Reich, das seine Untertanen in bisher unerhörtem Maß unterdrückt, sondern gegen eine Weltanschauung, die für die ganze abendländische Kultur von nicht abzusehender Gefahr ist ..."

[14]) Dass diese Pläne nicht ohne kriegerische Auseinandersetzung zu verwirklichen waren, lag auf der Hand. Entsprechend der NS-Rassenlehre wollte Hitler, der in Kategorien der Völkerwanderungszeit dachte, durch die Unterwerfung, Vertreibung oder Ausrottung der „minderwertigen Rassen" neuen Lebensraum für die „germanischen Völker" schaffen.

tember 1938) stimmten daher Frankreich, Großbritannien und Italien gegen den Willen der tschechoslowakischen Regierung der Forderung Hitlers nach Abtretung des Sudetenlandes sowie der deutschsprachigen Gebiete Böhmens und Mährens an das „Dritte Reich" zu. Die Besetzung der sog. „Rest-Tschechei" durch deutsche Truppen im März 1939 zeigte den Westmächten allerdings, dass Hitler nicht bereit war, geschlossene Abkommen einzuhalten und bedeutete das Ende der Appeasement-Politik.

Frankreich und England schlossen daher mit Polen, dem vermutlichen nächsten Opfer Deutschlands, einen militärischen Beistandspakt. Nachdem Deutschland mit der Sowjetunion eine Abgrenzung der Einflusssphären in Osteuropa und einen Nichtangriffsvertrag („Hitler-Stalin-Pakt", 23. 8. 1939) abgeschlossen hatte, glaubte Hitler, am 1. 9. 1939 den Angriff auf Polen riskieren zu können. Nach mehreren Ultimaten erklärten Großbritannien und Frankreich drei Tage später dem Deutschen Reich den Krieg. Die deutsche Kriegskonzeption beruhte auf der **„Blitzkriegstrategie"** und sah vor, dass die Nutzbarmachung der Ressourcen der eroberten Gebiete jeweils die Grundlage weiterer Expansionen sein sollte. Auf diese Weise wurden 1940 Dänemark, Norwegen, Niederlande, Belgien, Frankreich und der Balkan erobert. Diese Strategie versagte jedoch erstmals beim Überfall auf die Sowjetunion (22. 6. 1941). Nach dem Angriff Japans auf die amerikanische Marinebasis in Pearl Harbour weitete sich der Krieg durch den Eintritt der USA zum Weltkrieg aus. 1942/43 erfolgte die militärische Wende. Den schließlich auf mehr als 40 Staaten angewachsenen Alliierten gelang es, das Deutsche Reich (9. Mai 1945) bzw. Japan (14. 8. 1945) zur bedingungslosen Kapitulation zu zwingen.

In mehreren Konferenzen (zB Moskau 1943, Jalta 1945) hatten die führenden alliierten Mächte bereits vor Kriegsende eine Abgrenzung ihrer Interessensphären sowie die Grundzüge der Nachkriegsordnung niedergelegt. Für das Schicksal Österreichs, das im Zweiten Weltkrieg nicht Kriegspartei war, besaß vor allem die **Moskauer Deklaration** aus 1943, die auf einem britischen Entwurf basierte, zentrale Bedeutung. Darin kamen GB, die UdSSR und die USA überein,

„dass Österreich, das erste freie Land, das der Hitlerschen Aggression zum Opfer gefallen ist, von der deutschen Herrschaft befreit werden muss. Sie betrachten die gewaltsame Annexion von Österreich, die Deutschland am 15. März 1938 vollzog, als null und nichtig ..." und erklärten, „dass sie die Wiederherstellung eines freien und unabhängigen Österreichs" wünschten. Gleichzeitig erinnerten sie jedoch Österreich daran, „dass es sich der Verantwortung nicht entziehen kann, an der Seite Hitler-Deutschlands am Krieg teilgenommen zu haben, und dass bei der endgültigen Regelung selbstverständlich in Betracht gezogen werden wird, welchen Beitrag es zu seiner Befreiung geleistet haben wird."

Im Rahmen des Konzeptes einer globalen Friedenssicherung gründeten am 25. 4. 1945 die mit dem Deutschen Reich und Japan im Krieg stehende Staaten die **Vereinten Nationen** (UNO).

12.2. Aufstieg und Machtübernahme des Nationalsozialismus in Deutschland 1933

Die NSDAP wurde in Deutschland 1919 – zunächst unter anderem Namen – als **rechtsradikale Splitterpartei** gegründet, die ihr Hauptziel in der Bekämpfung des Bolschewismus und des Friedensvertrags von Versailles sah. Aufgrund seiner überragenden rhetorischen und organisatorischen Fähigkeiten gelang es Adolf Hitler in relativ kurzer Zeit, die Führung in der NSDAP an sich zu reißen und diese Bewegung zur führenden Kraft im rechtsradikalen Lager zu machen. Der Versuch im Jahre 1923, nach italienischem Vorbild durch einen Putsch in München und einen Marsch auf Berlin die Staatsmacht zu erringen, scheiterte kläglich. Während der rund einjährigen Festungshaft schrieb Hitler den ersten Band von „Mein Kampf", in dem er bereits alle Elemente seiner menschenverachtenden Politik umriss. Als Konsequenz auf den gescheiterten Staatsstreichversuch nahm die NSDAP eine strategische Neuorientierung vor: der Weg an die Staatsmacht sollte über das Parlament führen. Nach einem ersten Hoch bei den Reichstagswahlen im Mai 1924 (6,6 %) sank sie bald wieder auf das Niveau einer Splitterpartei ab (1928: 2,6 %).

Vor dem Hintergrund der tiefgreifenden ökonomischen und gesellschaftlichen Destabilisierung durch die **Wirtschaftskrise** – dramatische Produktionsrückgänge, massenweise Unternehmenszusammenbrüche und rund 6 Mio. Arbeitslose (27 %) – erfolgte eine Polarisierung der Wähler nach links (KPD) und rechts (NSDAP). Der NSDAP gelang ab 1929 der Aufstieg zu einer Massenpartei, die vor allem unter dem Kleinbürgertum, dem Mittelstand und den Bauern Anhänger gewann. Durch einige fulminante Wahlsiege, die in erster Linie auf Kosten der Parteien des deutschnationalen Lagers gingen, stieg die NSDAP innerhalb von drei Jahren zur stimmenstärksten Partei auf: September 1930 18,3 %; Juli 1932 37,8 %; November 1932 33,1 %.[15] Hand in Hand mit diesen Stimmenzuwächsen gewann die NSDAP auch immer stärkere Unterstützung durch die herrschende konservative Elite (Großkapital, Großgrundbesitz, Hochbürokratie). Nach einer 1930 einsetzenden parlamentarischen Dauerkrise und einer Reihe von Regierungen, die ohne entsprechende parlamentarische Mehrheit amtierten, berief Reichspräsident Hindenburg am 30. Jänner 1933 Hitler zum Reichskanzler. Obwohl die NSDAP bei den sechs Wochen später (5. 3. 1933) durchgeführten Reichstagswahlen mit 43,9 % die absolute Mehrheit klar verfehlte, erfolgte mit Unterstützung der bürgerlich-nationalen Parteien durch eine schrittweise Umgestaltung der Weimarer Reichsverfassung die zweite Phase der „nationalen Revolution". In vergleichsweise kurzer Zeit gelang es, die Legislative in die Hand zu bekommen, die Länder auszuschalten, politisch das Machtmonopol der NSDAP durchzusetzen und die Rechtsordnung auf rassistische Grundlage zu stellen. Die wichtigsten Etappen der scheinbar „legalen Revolution", der allerdings zahlreiche Verfassungsbrüche anhafteten[16], bildeten:

* Die **V. des Reichspräsidenten zum Schutz von Volk und Staat** (RGBl 1933 I, 83) setzte so wichtige Grundrechte wie Meinungs-, Presse-, Vereins- und Versammlungsfreiheit, Hausrecht, persönliche Freiheit, Brief und Fernsprechgeheimnis außer Kraft. Die Reichsregierung (RReg) erhielt die Befugnis, in den Ländern die oberste Verwaltung wahrzunehmen, wenn *„die zur Wiederherstellung der öffentlichen Sicherheit und Ordnung nötigen Maßnahmen"* nicht getroffen wurden.

[15]) Die Nationalsozialisten ließen von Anfang an keinen Zweifel darüber, dass sie sich des Parlaments nur dazu bedienen wollten, die Demokratie abzuschaffen. Der NS-Propagandist *Goebbels* schrieb dazu 1928: „Wir gehen in den Reichstag hinein, um uns im Waffenarsenal der Demokratie mit deren eigenen Waffen zu versorgen. Wir werden Reichstagsabgeordnete, um die Weimarer Demokratie mit ihrer eigenen Unterstützung lahm zu legen ... Wir kommen als Feinde! Wie der Wolf in die Schafherde einbricht, so kommen wir." (Zit. nach *Bracher,* Diktatur, 154).

[16]) ZB gesetzwidrige Fernhaltung von 81 kommunistischen Abgeordneten von der Reichstagssitzung, fehlerhafte Zusammensetzung des Reichsrats ... vgl. *Meinck,* Die nationalsozialistische Machtergreifung und die deutsche Staatsrechtswissenschaft, in: Demokratie und Recht 1979 H. 2, 154.

* Das **G. zur Behebung der Not von Volk und Reich** (sog. **ErmächtigungsG**, RGBl 1933 I, 141) gab der RReg die Macht, einfache Gesetze und (mit Einschränkungen) Verfassungsgesetze ohne Mitwirkung des Reichstags zu erlassen.[17]

* Durch mehrere **GleichschaltungsG**[18] sowie das **G. über den Neuaufbau des Reichs**[19] wurden die föderalistische Struktur des Deutschen Reichs aufgehoben, die Hoheitsrechte der Länder auf das Reich übertragen, die Länderparlamente aufgelöst und die Landesverwaltungen der RReg unterstellt.

* Dem Verbot der KPD und SPD folgte im Sommer 1933 die („Selbst"-)Auflösung aller übrigen nicht nationalsozialistischen Parteien.[20] Die NSDAP, seit Juli 1933 die einzige erlaubte politische Partei Deutschlands, wurde durch das **G. zur Sicherung der Einheit von Partei und Staat**[21] zur Staatspartei.

* Nach dem Tod von Reichspräsident Hindenburg übernahm Hitler im August 1934 auch noch das Amt des Reichspräsidenten[22].

* Das **G. zur Wiederherstellung des Berufsbeamtentums**[23] diente der Säuberung des Staatsapparats von politischen Gegnern und „nicht arischen" Beamten. Beamter konnte hinfort nur sein, wer die Gewähr dafür bot, dass er „*jederzeit rückhaltlos für den nationalen Staat*" eintrat.

* Die sog. **Nürnberger Rassengesetze** 1935[24] beraubten die jüdische Bevölkerung aller politischen Rechte und bildeten die Grundlage für die nachfolgende systematische Entrechtung.

Politisch gesehen stellte das Herrschaftssystem des „Dritten Reichs" ein Bündnis der alten Oberschicht mit der auf eine Massenbasis gestützten faschistischen Bewegung dar. Ideologisch betrachtet handelte es sich beim Nationalsozialismus nicht nur um eine politische Strömung, sondern um eine „Art *Ersatzreligion* mit Absolutheitsanspruch, die jede Gegnerschaft oder Opposition nicht nur im Tun, sondern auch im Denken nicht nur zu unterdrücken, sondern auszurotten gedachte. Die späteren Massentötungen von Millionen von Menschen sind in dieser Ideologie bereits ‚sachlogisch' angelegt."[25]

12.3. Die Staatsordnung des Dritten Reichs

Lit.: *Frank,* Nationalsozialistisches Handbuch für Recht und Gesetzgebung; *Gleispach,* Nationalsozialistisches Recht; *Höhn/Maunz/Swoboda,* Grundfragen der Rechtsauffassung; *Huber,* Bau und Gefüge des Reiches; *Huber,* Verfassungsrecht des Großdeutschen Reiches²; *Kluge/Krüger,* Verfassung und Verwaltung im Großdeutschen Reich (Reichsbürgerkunde)³; *Koellreutter,* Deutsches Verfassungsrecht³; *Lammers/Pfundtner* (Hg.), Grundlagen, Aufbau und Wirtschaftsordnung des nationalsozialistischen Staates; *Neeße,* Führergewalt; *Pfeiffer,* Die Staatsführung nach deutschem, italienischem und bisherigem österreichischem Recht; *Schmitt,* Über die drei Arten des rechtswissenschaftlichen Denkens; *Stuckart/Schiedermair,* Neues

---

[17]) Das ErmächtigungsG, das einer Selbstaufgabe des Reichstags gleichkam, wurde mit den Stimmen der Nationalsozialisten sowie der bürgerlichen Parteien beschlossen. Die Sozialdemokraten stimmten dagegen, die kommunistischen Abgeordneten waren zu diesem Zeitpunkt entweder schon verhaftet oder gar nicht zur Reichstagssitzung eingeladen worden.

[18]) RGBl 1933 I, 153 und 173.

[19]) RGBl 1934 I, 75.

[20]) V. zur Sicherung der Staatsführung, RGBl 1933 I, 462; G. gegen die Neubildung von Parteien, RGBl 1933 I, 479.

[21]) RGBl 1933 I, 1016.

[22]) RGBl 1934 I, 747 und 751.

[23]) RGBl 1933 I, 175; vgl. weiters RGBl 1933 I, 433 und RGBl 1937 I, 41, § 3.

[24]) G. zum Schutze des deutschen Blutes und der deutschen Ehre, RGBl 1935 I, 1146; ReichsbürgerG, RGBl 1935 I, 1146.

[25]) *Majer,* Grundlagen, 206.

Staatsrecht[17]; *Stuckart/Schiedermair,* Rassen- und Erbpflege in der Gesetzgebung des Reiches[3]; *Stuckart/v. Rosen-v. Hoewel,* Verwaltungsrecht[7]; *Witten,* Völkisch-politische Dezentralisation und Reichsgliederung.

Adam, Judenpolitik im Dritten Reich; *Baltl/Kocher,* Rechtsgeschichte[9], 274; *Blau,* Das Ausnahmerecht für die Juden in Deutschland 1933–1945; *Böckenförde* (Hg.), Staatsrecht und Staatsrechtslehre im Dritten Reich; *Brauneder,* Verfassungsgeschichte[7], 248; *Broszat,* Der Staat Hitlers; *Davy,* ua (Hg.), Nationalsozialismus und Recht; *Fraenkel,* Der Doppelstaat; *Hippel,* Die nationalsozialistische Herrschaftsordnung als Warnung und Lehre[2]; *Hirsch/Majer/Meinck* (Hg.), Recht, Verwaltung und Justiz im Nationalsozialismus; *Hoke*, Rechtsgeschichte, 480; *Johe,* Die gleichgeschaltete Justiz; *Kägi,* Die Verfassung als rechtliche Grundordnung des Staates, 100; *Kern,* Geschichte des Gerichtsverfassungsrechts, 197; *Kimminich,* Deutsche Verfassungsgeschichte, 541; *Kogon,* Der SS-Staat; *Kritische Justiz* (Hg.), Der Unrechts-Staat, Recht und Justiz im Nationalsozialismus; *Kroeschell,* Deutsche Rechtsgeschichte III, 268; *Laufs,* Rechtsentwicklungen in Deutschland[2], 278; *Majer,* Grundlagen des nationalsozialistischen Rechtssystems; *Maus,* Bürgerliche Rechtstheorie und Faschismus; *Mitteis/Lieberich,* Deutsche Rechtsgeschichte[16], 354; *Neumann,* Behemoth, Struktur und Praxis des Nationalsozialismus 1933–1944; *Rüping,* Grundriß der Strafrechtsgeschichte, 94; *Rüthers,* Die unbegrenzte Auslegung[4]; *Schorn,* Die Gesetzgebung des Nationalsozialismus als Mittel der Machtpolitik; *Seidler/Rett,* Das Reichssippenamt entscheidet, Rassenbiologie im Nationalsozialismus; *Seidler/Rett,* Rassenhygiene. Ein Weg in den Nationalsozialismus; *Staff,* Justiz im Dritten Reich; *Stolleis,* „Nationalsozialistisches Recht", in: HRG III, 873; *Stolleis,* Gemeinwohlformeln im nationalsozialistischen Recht; *Studia Judaica Austriaca V,* Der gelbe Stern in Österreich; *Weinkauf/Wagner,* Die deutsche Justiz und der Nationalsozialismus I; *Weinzierl,* Zuwenig Gerechte.

12.3.1. Reichsterritorium, Reichsgliederung, Staatsbürgerschaft

Reichsterritorium: Bereits vor Ausbruch des Krieges erachtete das „Dritte Reich" folgende Gebiete als annektiert: Österreich, Sudetenland, Memelland, Protektorat Böhmen und Mähren. Im Lauf des Krieges wurden Elsass-Lothringen, Luxemburg, polnische und slowenische Gebiete (Untersteiermark, Oberkrain), sowie Randgebiete Belgiens und der Niederlande teils ohne formelle staatsrechtliche Eingliederung als Teile des Deutschen Reiches betrachtet. Die übrigen besetzten Territorien unterstanden entweder deutschen Reichskommissariaten oder der deutschen Militärverwaltung. Im Juni 1939 einigten sich Italien und das Deutsche Reich über die Absiedlung der deutschsprachigen Bevölkerung Südtirols. Von den rund 250.000 Betroffenen des Gebiets der heutigen Provinz Bozen optierten ca. 85 % für eine Auswanderung nach Deutschland. Aufgrund organisatorischer Schwierigkeiten verließen schließlich jedoch nur rund 60.000 Personen ihre Heimat.

Reichsgliederung: Der föderalistische Staatsaufbau der Weimarer Republik war mit dem ns. Führerprinzip unvereinbar. „Das totale Reich muss begrifflich ein Einheitsstaat sein."[26] Daher folgte bereits wenige Wochen nach der ns. Machtübernahme durch die beiden GleichschaltungsG eine empfindliche Schwächung der Rechte der Länder. Das NeuaufbauG 1934 setzte der Selbstständigkeit der Länder überhaupt ein Ende, indem es die gesamte Gesetzgebungs-, Verwaltungs- und Justizhoheit der Länder auf das Reich übertrug. Diese Hoheitsrechte wurden den Landesbehörden zwar drei Tage später[27] als Reichs-

---

[26]) *Stuckart,* Nationalsozialismus und Staatsrecht, in: *Lammers/Pfundtner* (Hg.), Grundlagen, 31. Pkt. 25 des NSDAP-Parteiprogramms forderte die „Schaffung einer starken Zentralgewalt des Reiches".

[27]) 1. V. über den Neuaufbau des Reichs, RGBl 1934 I, 81.

recht zur *„Ausübung im Auftrage und im Namen des Reichs“* rückübertragen. Die Landesbehörden unterstanden nunmehr allerdings in Gesetzgebung und Verwaltung dem jeweils zuständigen Reichsminister. Damit sanken die Länder zu bloßen Verwaltungsbezirken des Reichs (Reichs-Mittelinstanzen) herab. Das „Dritte Reich“ erhielt die Gestalt eines **zentralistischen Einheitsstaats.**

Die nach der Zerschlagung der Länder notwendige **Neugliederung des Reichs** scheiterte jedoch. Bis 1945 gelang es nicht, eine einheitliche territoriale und organisatorische Struktur aufzubauen. Insgesamt existierten **vier Typen** nebeneinander: Preußen, das den Großteil des Deutschen Reichs ausmachte, wurde de facto in eine Mehrzahl von Provinzen zerlegt, denen jeweils ein Oberpräsident vorstand. Im süddeutschen Raum existierten noch die alten Länder (zB Bayern, Württemberg, Baden) mit einem Reichsstatthalter oder einer Landesregierung an der Spitze. In einem Teil der „heimgeholten“ Gebiete (zB Österreich, Sudetenland) errichtete man Reichsgaue, die einerseits Reichsverwaltungsbezirke und andererseits Selbstverwaltungskörper waren und einem Reichsstatthalter unterstanden. Die besetzten Gebiete der sog. „Tschechei“ bzw. Polens wurden als Protektorat bzw. Generalgouvernement geführt.[28]

Staatsbürgerschaftsrecht: Entsprechend den Pkt. 4 u. 5 des NSDAP-Parteiprogramms[29] unterschied das deutsche Staatsbürgerschaftsrecht[30] zwischen der Zugehörigkeit zum Staat (Staatsangehöriger) und der Zugehörigkeit zum „Volk“ (Reichsbürger). **Staatsangehöriger** war, wer dem Schutzverband des Deutschen Reiches angehörte. **Reichsbürger** hingegen konnten nur Staatsangehörige *„deutschen und artverwandten Blutes“* werden, die durch ihr Verhalten bewiesen, *„in Treue dem Deutschen Volk und Reich zu dienen“*. Wer der Reichsbürgerschaft ermangelte (zB Juden, Zigeuner) war zwar den gesetzlichen Pflichten gegenüber dem Reich unterworfen, besaß jedoch keinerlei politische Rechte. Er konnte daher weder ein Stimmrecht ausüben (Reichstagswahl, Volksabstimmung), ein öffentliches Amt bekleiden noch Beamter sein. Im Zuge der Expansion des Deutschen Reiches wurde die deutsche Staatsangehörigkeit auch an die in den angegliederten Gebieten lebenden „Volksangehörigen“ verliehen. Für Österreich wurde das ReichsbürgerG durch RGBl 1938 I, 594 in Kraft gesetzt.

12.3.2. Grundzüge des nationalsozialistischen Staatsrechts

Das Dritte Reich besaß **keine Verfassung im formellen Sinn.** Seine Staatsordnung bedeutete eine völlige Abkehr von der im 19. u. 20. Jh. entwickelten Verfassungskonzeption. Sie brach mit dem Parlamentarismus, der Demokratie, dem Parteienpluralismus, dem Föderalismus und dem Rechts- und Verfassungsstaat. Statt dessen entstand ein der „Wesenhaftigkeit des deutschen Volkes“ entsprechender *„völkischer Staat“:*

* Das „Verfassungsrecht“ bewirkte **keine Selbstbindung der Staatsgewalt.** Es dominierten „Regellosigkeit und Rechtsfeindschaft“ *(Stolleis).* Die politische Macht war jeder Kontrolle entzogen und besaß

[28]) Vgl. *Baum,* „Die Reichsreform“ im Dritten Reich, in: Vjh. f. Zeitgeschichte 1955, 36.

[29]) „4. Staatsbürger kann nur sein, wer Volksgenosse ist. Volksgenosse kann nur sein, wer deutschen Blutes ist, ohne Rücksichtnahme auf Konfession. Kein Jude kann daher Volksgenosse sein. 5. Wer nicht Staatsbürger ist, soll nur als Gast in Deutschland leben können und muss unter Fremdengesetzgebung stehen.“

[30]) ReichsbürgerG, RGBl 1935 I, 1146.

unbeschränkten Spielraum. Es gab keine allgemein verbindlichen Rechtsnormen, auf die sich Herrschende und Beherrschte gleichermaßen berufen konnten. Soweit „Verfassungs"-Normen erlassen wurden, hatten sie nicht die Aufgabe, die Macht Hitlers zu binden, sondern dienten der Entmachtung der alten Herrschaftsträger. Ziel war die Herstellung einer Staatsordnung, in der der Wille der politischen Führung so rasch wie möglich in die Praxis umgesetzt werden konnte.[31]

* Der NS-Staat war im Wesentlichen ein **Doppelstaat** *(Fraenkel).* Zum einen existierte ein auf formeller Rationalität aufbauender Normenstaat, in dem die strikte Anwendung des Gesetzes unabhängig vom Ergebnis noch einen Eigenwert besaß. Dieser wurde jedoch zunehmend verdrängt durch den Maßnahmenstaat, der – unabhängig von formalen Vorschriften – gekennzeichnet war durch die Ausübung willkürlichen staatlichen Terrors.[32]
* Der **antiindividualistischen Grundhaltung** des Nationalsozialismus entsprach das Ausgeliefertsein des Einzelnen gegenüber dem Staat. Damit verband sich einerseits die Versagung eines Schutzes des Einzelnen vor dem Staat und andererseits der Anspruch des Staates auf Eingriff in die gesamte Individualsphäre des Bürgers.
* Die Durchsetzung des **Führerprinzips** bewirkte die völlige **Aufhebung der Gewaltenteilung** und die Vereinigung der gesamte Staatsmacht in der Hand einer Person. Dies führte zu einem absoluten Primat der Verwaltung über die anderen Staatsfunktionen. Ergänzend zur Allmacht des Führers traten **pseudoplebiszitäre und ständestaatliche Elemente.**
* An die Stelle der Gleichheit der Staatsbürger trat die **„völkische Ungleichheit"**, die „Nichtariern" eine geminderte Rechtsstellung zuwies.
* Die Ideologie der deutschen **„Volks- und Rassengemeinschaft"** leugnete die Existenz von Interessengegensätzen innerhalb der Gesellschaft. Folglich erschien die Existenz konkurrierender politischer Kräfte[33] und die föderalistische Aufteilung der Macht nicht mehr gerechtfertigt; an ihre Stelle trat der **zentralistische Einparteienstaat.**
* Aufgrund der **Verflechtung von NSDAP und Staat** fungierte der Staat als Instrument zur Durchsetzung der NS-Weltanschauung.

Somit entstand nach 1933 ein **zentralistischer gewaltenverbindender Einheitsstaat, der beherrscht wurde durch die Diktatur der NS-Staatspartei.**

Rechtsquellen: Die NS-Staatslehre ging von einem radikal veränderten Rechtsquellenverständnis aus. Dem gesatzten Recht übergeordnet und vorgelagert existiere eine „rassisch-völkische Rechtsurquelle" (Blut, Volksgeist, Volksempfinden, Volksgemeinschaft, Volks- und Rassenseele), die das Gesetz auf eine zweitrangigen Rechtserkenntnisquelle

[31]) *Kirchheimer,* Die Rechtsordnung des Nationalsozialismus, in: Kritische Justiz (Hg.), Der Unrechts-Staat, 9; *Kägi,* Verfassung, 100; *Stolleis,* HRG III, 878.

[32]) Deutlich zum Ausdruck kam dies zB in der Frage, was nach einem gerichtlichen Freispruch mit einer verdächtigen Person geschehen sollte. Seit 1940 überstellte der Volksgerichtshof grundsätzlich alle Freigesprochenen an die Gestapo zur weiteren Verwahrung, soweit diese nicht ausdrücklich darauf verzichtete. Vgl. *Broszat,* Der Staat Hitlers, 412.

[33]) „Denn die Parteienbildung ist kein Ausdruck naturgegebener, organischer Verschiedenheiten im Volkskörper, sondern sie bedeutet eine willkürliche Zerreißung, die die politische Gemeinsamkeit in Frage stellt. Die völkische Einheit setzt eine einheitliche politische Weltanschauung voraus, die allein und ausschließlich Geltung besitzt. Jede Parteienspaltung wäre mit diesem Prinzip politisch-weltanschaulicher Einheit unvereinbar" (*Huber,* Verfassungsrecht^2, 158).

reduzierte.[34] Diese „vom Führer erschaute Ordnung“[35] bildete ein **„völkisches Naturrecht“**[36], das der Rechtsanwender im Zweifelsfall auch gegen den Buchstaben des Gesetzes zur Anwendung bringen musste. Einhellig wurde von Lehre[37] und Rechtsprechung[38] die Ansicht vertreten, dass das NSDAP-Parteiprogramm eine vorrangige Rechtsquelle darstelle.

Dementsprechend wurde die „ungeschriebene Grundordnung“ *(Huber)* bzw. die „lebendige Ordnung der Volksgemeinschaft“ des „Dritten Reichs“ nie in einer geschlossenen Verfassungsurkunde niedergelegt, sondern es erging eine größere Zahl von Einzelgesetzen, die fast alle aus den ersten Monaten nach der Machtergreifung stammten, als die Nationalsozialisten nach außen hin noch eine gewisse Rechtsförmlichkeit wahren mussten: G. zur Behebung der Not von Volk und Reich, RGBl 1933 I, 141; GleichschaltungsG, RGBl 1933 I, 153 u. 173; G. zur Wiederherstellung des Berufsbeamtentums, RGBl 1933 I, 175; G. über Volksabstimmung, RGBl 1933 I, 479; G. gegen die Neubildung von Parteien, RGBl 1933 I, 479; G. zur Sicherung der Einheit von Partei und Staat, RGBl 1933 I, 1016; G. über den Neuaufbau des Reichs, RGBl 1934 I, 75; G. über das Staatsoberhaupt des Deutschen Reichs, RGBl 1934 I, 747; Deutsche GemeindeO, RGBl 1935 I, 49; ReichsstatthalterG, RGBl 1935 I, 65; ReichsbürgerG, RGBl 1935 I, 1146; G. zum Schutz des deutschen Blutes und der deutschen Ehre, RGBl 1935 I, 1146; Deutsches BeamtenG, RGBl 1937 I, 41; G. über die Wiedervereinigung Österreichs mit dem Deutschen Reich, RGBl 1938 I, 237; OstmarkG, RGBl 1939 I, 777 ... Sofern den Bestimmungen der Weimarer Verfassung nicht materiell derogiert wurde, galten sie als einfache Gesetze weiter.

---

[34]) *Huber* (Verfassungsrecht[3], 55) meinte: „Aber diese neue Verfassung ist vorhanden als die ungeschriebene politische Grundordnung des Reiches. Man muss sie erkennen aus den geistigen Kräften, die unser Volk beseelen, aus der tatsächlichen Gestalt, in der sich unser politisches Leben bewegt, aus den Grundgesetzen des Staatsaufbaus, die bisher erlassen worden sind ... Die Verfassung des Reiches erschöpft sich nicht in einer geschriebenen Urkunde oder in einzelnen Grundgesetzen. Sie ist überhaupt kein Inbegriff von ausdrücklichen Bestimmungen, von geschriebenen Rechtssätzen, von festen Organisationen und Institutionen. Der Kern der Verfassung ist die ungeschriebene lebendige Ordnung, in der die politische Gemeinschaft des deutschen Volkes ihre Einheit und Ganzheit findet.“ Generell forderte die NSDAP in Pkt. 19 ihres Programms „Ersatz für das der materialistischen Weltordnung dienende römische Recht durch ein Deutsches Gemeinrecht“. Vgl. auch *Rüthers,* Auslegung[4], 125.

[35]) *Gleispach,* Nationalsozialistisches Recht, 20.

[36]) Die wiederholt geäußerte Ansicht, die deutschen Juristen wären aufgrund ihrer positivistischen Orientierung besonders leicht für die nationalsozialistische Rechtspolitik instrumentalisierbar gewesen, ist aus mehreren Gründen unrichtig. Zum einen war der Rechtspositivismus in der Zwischenkriegszeit keinesfalls die beherrschende Rechtsströmung. Darüber hinaus wurde gerade der Rechtspositivismus vom neuen Regime als liberalistisch und undeutsch bekämpft. Die ns. Gesetzgebung mit ihren zahlreichen Generalklauseln und ihrer unscharfen Methodik lief den zentralen Forderungen des Positivismus zudem diametral entgegen. Die hohe Akzeptanz, die die neuen Herrscher bei den Juristen fanden, basierte vielmehr darauf, dass das „völkische“ Naturrecht der Nationalsozialisten in vielem der autoritär-konservativ-deutschnationalen Werthaltung und den antisemitischen Vorurteilen der Mehrheit der Juristen entsprach. Vgl. die Beiträge von *Maus* bzw. *Walther,* in: *Dreier/Sellert* (Hg.), Recht und Justiz, 80 bzw. 323.

[37]) Vgl. zB Leitsatz Nr. 2 über Stellung und Aufgaben des Richters (DRW 1936, 123): „Grundlage der Auslegung aller Rechtsquellen ist die nationalsozialistische Weltanschauung, wie sie insbes. im Parteiprogramm und in den Äußerungen des Führers ihren Ausdruck findet.“

[38]) Urteil des Hanseatischen Sondergerichts, JW 1935, 2988.

Formell bestand zwischen „Verfassungs"-Gesetzen und einfachen Gesetzen kein Unterschied. Überhaupt war es unerheblich, ob eine (Verfassungs-) Norm als Gesetz, Verordnung, Einzelmaßnahme bzw. formloser (uU geheimer) Führerbefehl erlassen wurde.[39]

12.3.3. Das Führerprinzip

Das – zum Teil ohne rechtliche Grundlage, bloß aus der NS-Ideologie geschöpfte – Führerprinzip stellte die zentrale Grundlage der NS-Staatslehre dar. Das Führerprinzip sollte alle Bereiche des Staates und der Gesellschaft durchdringen. „Führer" und „Gefolgschaft" bildeten gemeinsam die „Volksgemeinschaft". Diese fußte auf dem „unwiderruflichen Vertrauen" der Gefolgschaft und der „unbedingten Autorität" des Führers, entspringend der „unbedingten Artgleichheit zwischen Führer und Gefolgschaft". Hitler vereinigte in seiner Stellung als **„Führer und Reichskanzler"** alle politischen Funktionen: **Staatsoberhaupt, oberste Spitze der Reichsverwaltung**[40]**, oberster Gesetzgeber, oberster Gerichtsherr, Oberbefehlshaber über die Wehrmacht**[41] **und Führer der NSDAP**. Er entschied alleine über Kriegserklärungen und Friedensschlüsse.

Diese Machtkonzentration in der Hand eines Mannes bewirkte die vollständige Aufhebung der Gewaltenteilung. Hitler besaß alle Kompetenzen im Staat, musste jedoch in der Praxis viele Entscheidungen an seine Unterführer delegieren. Die NS-Staatslehre betonte, dass es sich bei der Stellung Hitlers nicht um die Summe der alten Funktionen, sondern um ein völlig neues Amt handelte, in dem er keiner auch nur irgendwie gearteten Kontrolle unterworfen wäre.[42] 1942 beschloss der Reichstag ausdrücklich, dass Hitler an bestehende Rechtsvorschriften nicht gebunden sei (RGBl I, 247). Die Führergewalt Hitlers war umfassend, total, frei und unabhängig, ausschließlich und unbeschränkt.[43] Daraus folgerte die NS-Staatslehre, dass Hitler die gesamte und alleinige Verantwortung trüge. Nach NS-Ansicht kam der Wille des Volkes im Führer zum Ausdruck, ohne dass jedoch dadurch der Führer von der Zustimmung des Volkes abhängig geworden wäre. Dabei war nicht von der konkreten Volksüberzeugung, sondern von einem fiktiven „objektiven Volkswillen" auszugehen. Der „Wille des Volkes (könne) nur durch den Führer rein und unverfälscht hervorgehoben" werden.[44] Die Frage der Willensbildung verliere an Bedeutung, „da der einheitliche nationale Wille jederzeit konkret in Führer und Bewegung lebendig und wirksam ist ..."[45].

---

39) Leitsatz Nr. 3 über Stellung und Aufgabe des Richters (DRW 1936, 123): „Gegenüber Führerentscheidungen, die in die Form eines Gesetzes oder einer Verordnung gekleidet sind, steht dem Richter kein Prüfungsrecht zu. Auch an sonstige Entscheidungen des Führers ist der Richter gebunden, sofern in ihnen der Wille, Recht zu setzen, unzweideutig zum Ausdruck kommt".

40) Als Konsequenz des Führerprinzips mussten Beamte, Soldaten und Minister ihren Diensteid anstatt auf die Verfassung auf den „*Führer des Deutschen Reiches und Volkes Adolf Hitler*" ablegen (RGBl 1934 I, 785 u. 973).

41) StaatsoberhauptG 1934; seit 4. 2. 1938 übte Hitler den militärischen Oberbefehl unmittelbar und persönlich aus.

42) ZB keine Verantwortung gegenüber dem Reichstag; zur Gültigkeit seiner Gesetze war die Gegenzeichnung der übrigen Minister nicht erforderlich.

43) *Hitler,* Mein Kampf (1939), 444; *Huber,* Verfassungsrecht^2, 230; *Heckel,* Deutsche Verwaltungsblätter, 85. Jg. 1937, 61.

44) *Huber,* Verfassungsrecht^2, 194; *Larenz* meinte: „... niemand anders als der Führer kann die letzte Entscheidung darüber fällen, ob eine bestimmte Regelung gelten soll. Ihm gegenüber bedarf es keiner Garantie für die Wahrung der Gerechtigkeit, da er kraft seines Führertums der 'Hüter der Verfassung', dh der unge-

Gerade wegen der dominierenden Stellung, die der „Führer und Reichskanzler" einnahm, verwundert es, dass die Staatsordnung **keinerlei Bestimmungen über die Nachfolge** bzw. die Auswahl des Führers enthielt. Hitler selbst wurde durch das StaatsoberhauptG. 1934 zum „Führer und Reichskanzler" auf Lebenszeit bestellt. Die Bestellung der „Unterführer" erfolgte entsprechend dem Führerprinzip nicht durch eine Wahl von unten sondern die Einsetzung von oben.

12.3.4. Die Gesetzgebung

Art. 1 des ErmächtigungsG 1933 bestimmte, dass Reichsgesetze *„außer in dem in der Reichsverfassung vorgesehenen Verfahren auch durch die* Reichsregierung *beschlossen werden"* können. Damit erhielt die RReg das Recht, einfache Gesetze und Verfassungsgesetze zu erlassen. Letztere allerdings zunächst (bis 30. 1. 1934) nur in beschränktem Umfang[46]. Das ErmächtigungsG schuf somit *neben* dem Gesetzgebungsrecht des Parlaments ein Gesetzgebungsrecht der RReg. Entgegen dem eindeutigen Wortlaut dieser Bestimmung machte die NS-Staatsrechtslehre daraus ein *alleiniges* Recht der RReg, indem sie argumentierte, dass die legislative Gewalt auf die RReg „übergegangen" sei. Aus dem (ungeschriebenen) „Führerprinzip" folgerte sie weiters, dass das Gesetzgebungsrecht nicht der RReg in ihrer Gesamtheit sondern **allein dem „Führer und Reichskanzler" zustünde**. Hitler war demnach alleiniger Gesetzgeber, von dem sich jedes Gesetzgebungsrecht seiner Unterführer (Minister, Reichsstatthalter, LReg) ableitete. [47]

Mit der Vereinigung aller Staatsgewalten in der Hand des Führers waren alle juristisch greifbaren Unterschiede zwischen Gesetz und Verordnung verloren gegangen. Darüber hinaus erfuhr die Form der Gesetzespublikation eine Aushöhlung, indem neben den im RGBl veröffentlichten Normen auch nicht publizierte bzw. geheime Vorschriften Geltungskraft besaßen.[48]

In einem scheinbaren Gegensatz zur „Führer"-Diktatur standen zwei **plebiszitäre Elemente** der NS-Staatsordnung: der Reichstag und die Volksabstimmung. Der **Reichstag** wurde auch nach dem Verbot aller übrigen Parteien weiterhin durch das Volk gewählt.

---

schriebenen Rechtsidee seines Volkes ist ..." (Deutsche Rechtserneuerung und Rechtsphilosophie, in: Recht und Staat 1934, H. 109, 34).

[45]) *Scheuner,* Der Gleichheitsgedanke in der völkischen Verfassungsordnung, ZStW 99 (1939), 256.

[46]) Die diesbzgl. Einschränkung, wonach die Einrichtung des Reichstags und des Reichsrats sowie die Rechte des Reichspräsidenten unberührt bleiben mussten, wurde schließlich durch das G. über den Neuaufbau des Reichs 1934 aufgehoben.

[47]) *Huber,* Verfassungsrecht², 244: „Denn der Führer ist als Wahrer und Vollstrecker der völkischen Ordnung an erster Stelle berufen, das völkische Recht zu erkennen und in der Form des Gesetzes zu entfalten. Wo er gesprochen hat, ist der Inhalt des völkischen Rechts mit unbedingter Verbindlichkeit festgestellt. Es ist nicht möglich, vom Gesetz an das Recht zu appellieren. Das Führergesetz ist keine zweitrangige, der eigentlichen Gemeinschaftsordnung nachstehende Quelle des Rechts; sondern es ist der unantastbare und verbindliche, unmittelbare Ausdruck, den das völkische Recht gefunden hat."

[48]) Vgl. oben Leitsatz Nr. 3 in Fn 38. Differenzierter *Huber* (Verfassungsrecht², 242): „Gewiss fordert auch der nicht in der förmlichen Weise des Entscheids geäußerte Wille des Führers rechtliche Beachtung. Ein Satz einer Regierungserklärung, einer Führerrede oder einer sonstigen Kundgebung kann einen rechtsverbindlichen Charakter haben. Doch ist er dann nicht Rechtssatz, sondern verbindlicher Maßstab für die Auslegung von Rechtssätzen, die im Geiste des Führers vorzunehmen ist."

Abgestimmt wurde über eine von der NSDAP aufgestellte Einheitsliste[49], Frauen verloren das passive Wahlrecht. Die Wahlperiode des Reichstags dauerte vier Jahre. Hitler konnte den Reichstag ohne Angabe von Gründen jederzeit auflösen. Dieser Reichstag besaß weder Gesetzgebungs- noch Kontrollfunktionen sondern stellte ein bloßes *Akklamationsorgan* dar.[50] Er bildete eine „Plattform großer außen- und innerpolitischer Proklamationen, die für die Weltöffentlichkeit bestimmt sind."[51]

Auch das Institut der **Volksabstimmung**[52] diente nicht der Feststellung des tatsächlichen Willens der Bevölkerung. Ziel vielmehr war, dass „das Vertrauensverhältnis des Führers zum Volke als Gefolgschaft bei wichtigen politischen Entscheidungen immer wieder sichtbaren politischen Ausdruck" erhielt.[53] Die Volksabstimmung konnte nur durch die Führung angeordnet werden. Nach allerdings strittiger Meinung folgte aus dem „Führerprinzip", dass der Führer an das Ergebnis der Abstimmung nicht gebunden war.

In der Zeit nach 1933 erfuhr die gesamte deutsche Rechtsordnung (ab 1938 auch die österreichische) eine grundlegende Veränderung. Dies geschah nur zum Teil im Wege der Erlassung neuer Gesetze. Zumindest ebenso bedeutsam war die **Uminterpretation** der vor 1933 erlassenen Normen im nationalsozialistischen Sinn. Diese waren nunmehr „stets aus dem Geist der neuen Gemeinschaftsordnung zu verstehen und zu erklären. Niemals darf die Auslegung bezogen bleiben auf alte Motive, alte Prinzipien des Zusammenlebens, alte Ziele der Rechtsgestaltung. Sondern stets muss, soweit der Wortlaut der alten Gesetze überhaupt eine Interpretation zulässt, die Auslegung gewählt werden, die dem völkischen Gemeinschaftsrecht entspricht."[54]

---

[49]) Diese Wahlen dienten daher nicht der Feststellung der politischen Präferenzen der Wähler sondern der patriotischen Mobilisierung der Bevölkerung und sollten in politischen Spannungssituationen der Regierung vor allem in Hinblick auf das Ausland den Rücken stärken. Wahlen zum Reichstag fanden im Nov. 1933, März 1936 und April 1938 statt und erbrachten meist weit über 95 % Zustimmung zum Regime. Politischer Hintergrund waren der Austritt Deutschlands aus dem Völkerbund (1933), die Wiederbesetzung des Rheinlandes (1936) und die Okkupation Österreichs (1938).

[50]) „Da die Abgeordneten auf den Führer vereidigt wurden, verpflichtete sich der Reichstag, jede Vorlage und jede Entscheidung, wie sie ihm vom Führer als oberstem Gesetzgeber des Staates vorgelegt wurde, unbedingt zu erfüllen, keinen Widerspruch zu erheben, sondern unter allen Umständen zuzustimmen." *Uhde,* Wahl und Volksabstimmung im Führerstaat, 29.

[51]) *Huber,* Verfassungsrecht^2, 208. Da der Reichstag über praktisch keine Kompetenzen verfügte und bei seinen Sitzungen die NS-Hymne abgesungen wurde, trug er im Volksmund die spöttische Bezeichnung *„Reichsgesangsverein".* Zwischen dem 21. 3. 1933 und dem Zusammenbruch des Regimes 1945 fanden insgesamt nur 21 Sitzungen des Reichstags statt. Bis Kriegsbeginn wurden dem Reichstag nur neun Gesetze vorgelegt; dem standen rund 4500 „Regierungsgesetze" gegenüber.

[52]) RGBl I 1933, 479. Volksabstimmungen fanden statt im November 1933 (Völkerbundaustritt, 93 % Zustimmung), August 1934 (StaatsoberhauptG, 89,9 %) und im April 1938 (WiedervereinigungsG, 99 %). Alle drei Abstimmungen betrafen bereits vollzogene Maßnahmen. „Das Volk nahm gewissermaßen als Claqueur unverbindlich Stellung zum Führerwillen, dessen verbindliche Kraft es nicht beseitigen konnte" (*Rommelfanger,* Das konsultative Referendum, 145).

[53]) *Koellreutter,* Verfassungsrecht^3, 149.

[54]) *Huber,* Verfassungsrecht^2, 245.

12.3.5. Die Verwaltung (schematisiert)

Der **oberste Träger der Verwaltung war der „Führer und Reichskanzler"**. Er bestimmte die großen politischen Grundsätze und besaß die alleinige und letzte Entscheidungsmacht. Der „Führer" war der RReg übergeordnet, seine Verwaltungsakte bedurften keiner Gegenzeichnung eines verantwortlichen Ministers.

Reichszentralbehörden: Die **Reichsregierung** bestand aus den Reichsministern sowie den Leitern bestimmter oberster Reichsbehörden. Die **Reichsminister** fungierten nur als „Berater und Mitarbeiter, in diesem Sinne Unterführer" *(Koellreutter)* des „Führers". Sie wurden vom „Führer" ernannt bzw. entlassen und waren nur diesem verantwortlich. Sie verwalteten unter der Leitung des „Führers" ihr Amt selbstständig.

Neben den 15 Reichsministern mit eigenem Geschäftsbereich – bemerkenswert ist die Einrichtung eines eigenen Ministeriums für Volksaufklärung und Propaganda – existierten im Jahre 1943 insgesamt 15 weitere **Oberste Reichsbehörden** (Reichsforstmeister, Leiter der Partei-Kanzlei, Chef des Oberkommandos der Wehrmacht, Jugendführer, Rechnungshof, Reichskommissar für die Festigung Deutschen Volkstums, Reichsprotektor in Böhmen und Mähren ...) und 12 unmittelbar dem „Führer" unterstellte Dienststellen. Daneben wirkten weitere überministerielle Reichszentralbehörden von großer Bedeutung, zB: Beauftragter für den Vierjahresplan, Ministerrat für die Reichsverteidigung, Geheimer Kabinettsrat ...[55]

Mittel- und Unterbehörden: Nach der Auflösung der Länder als eigene Hoheitsträger sanken die Landesorgane zu Reichs-Mittelinstanzen herab. An der Spitze der Provinzen (Preußen), Länder oder Reichsgaue standen Oberpräsidenten, Landesregierungen oder Reichsstatthalter, die vom „Führer" eingesetzt wurden. Auf unterster Ebene (Bezirksverbände, Land- oder Stadtkreise) lag die Verwaltung in den Händen von Landräten bzw. Oberbürgermeistern.

Auf dem Gebiet der **Polizei**[56], die sich zu einem Staat im Staate entwickelte, kam der politische Totalitätsanspruch besonders stark zum Ausdruck.[57] Die Polizei wurde aus der allgemeinen Verwaltung ausgegliedert und ihr sicherheitspolizeilicher Teil mit der SS vereinigt. Handlungen der Geheimen Staatspolizei (Gestapo), einer politischen Polizei, unterlagen nicht der Kontrolle durch die Verwaltungsgerichte. 1938 erhielt Polizeichef Heinrich Himmler ausdrücklich das Recht, *„die zur Aufrechterhaltung der Sicherheit und Ordnung notwendigen Maßnahmen auch außerhalb der sonst hierfür bestimmten gesetzlichen Grenzen zu treffen.*" (RGBl I, 262)

Gemeinden: Durch das 1. GleichschaltungsG 1933 und die Deutsche Gemeindeordnung 1935 zerschlugen die Nationalsozialisten die demokratischen Selbstverwaltungsstrukturen auf Kommunalebene und sicherten der NSDAP einen bestimmenden Einfluss auf die Berufung der Gemeindeorgane. Dem Bürgermeister oblag als Führer der Gemeinde die Willensbildung, in die nur in Ausnahmefällen die Gemeinderäte eingebunden waren.

---

[55]) Vgl. die Übersicht bei *Stuckart/v. Rosen-v. Hoewel,* Verwaltungsrecht[7], 60.

[56]) Vgl. *Davy,* Die geheime Staatspolizei in Österreich, 14.

[57]) *Schmidt* (Zielsetzung und Schranken der Polizeigewalt, in: RVBl 1935, 839): „Die straffere Zucht, in die das Volk genommen worden ist, rechtfertigt stärkere polizeiliche Mittel".

Insgesamt bot die Verwaltungsorganisation des „Dritten Reichs“ eher das Bild eines **wildwuchernden Chaos,** denn eines geordneten Staatsaufbaus. Überbordende Bürokratie, eine Vielzahl von Sonderbehörden (zB für Propaganda-, Versorgungs-, Wirtschafts-, Preis- und Arbeitsverwaltung, Gewerbeaufsicht), konkurrierende Zuständigkeiten und unklare Aufgabenteilungen. Verwaltungsstrukturen, die nicht selten von personalpolitischen Überlegungen bestimmt waren, schwächten die Effizienz des NS-Machtapparates. Gemäß dem „Führerprinzip“ war auch in den nachgeordneten Instanzen durchgängig der Grundsatz der **monokratischen Entscheidungsfindung** realisiert.

12.3.6. Die Justiz im Nationalsozialismus

Da das „Dritte Reich“ keine Gewaltentrennung kannte, verlor die Justiz ihre Stellung als eigene Staatsgewalt und wurde zu einem – wie es zeitgenössisch hieß – „Glied der einheitlichen, geschlossenen und gleichgerichteten Gesamtgewalt des völkischen Führerstaates“. Nach der Säuberung von politischen Gegnern und Juden bildete die Justiz, wie auch alle anderen Teile des Staatsapparats, einen Hebel zur Durchsetzung der NS-Politik. So fungierte sie als Instrument zur Vernichtung politischer Gegner[58] und zur Umsetzung der NS-Rassenideologie. Aufgrund ihrer spezifischen Eigenheit blieb die Justiz jedoch jener Teil des Staatsapparats, in dem die nationalsozialistische Durchdringung am unvollkommensten gelang, sodass ihr die NS-Führung mit deutlichem Misstrauen begegnete.[59] Unter den Richtern fanden sich alle denkbaren Schattierungen zwischen enthusiastischer Begeisterung[60] und bereitwilliger Mitarbeit bis zu erzwungener Anpassung und vereinzelt passiver Resistenz.

Gemäß dem „Führerprinzip“ nahm Hitler seit 1934 für sich in Anspruch, oberster Richter Deutschlands zu sein. Als solcher konnte er (seit 1939) nach dem Vorbild absolutistischer Machtsprüche jedes Gerichtsurteil vernichten.[61] Im Jahre 1942 ließ Hitler seine Stellung als oberster Gerichtsherr ausdrücklich gesetzlich verankern (RGBl I, 247):

---

[58]) Die große Bedeutung der deutschen Justiz bei der Verfolgung politisch anders Denkender zeigt sich deutlich aus folgendem Umstand. Zumindest bis zum Jahre 1937 war die Zahl jener Menschen, die von den Gerichten wegen eines politischen Vergehens zu einer Gefängnisstrafe verurteilt wurden, höher als die Zahl jener Personen, die von der Gestapo aus politischen Gründen mittels Schutzhaftbefehls in Konzentrationslager verschleppt wurden. (*Broszat,* Der Staat Hitlers, 409).

[59]) Hitler nahm den Juristen gegenüber eine dezidiert ablehnende Haltung ein: „Kein vernünftiger Mensch verstehe überhaupt die Rechtslehren, die die Juristen – nicht zuletzt aufgrund des Einflusses von Juden – sich zurecht gedacht hätten. Letzten Endes sei die ganze heutige Rechtslehre nichts anderes als eine einzige große Systematik der Abwälzung der Verantwortung. Er werde deshalb alles tun, um das Rechtsstudium ... so verächtlich zu machen wie nur irgend möglich ... Als Richter brauche er Männer, die zutiefst davon überzeugt seien, dass das Recht nicht den Einzelnen dem Staat gegenüber sichern, sondern in erster Linie bewirken solle, dass Deutschland nicht zugrunde gehe ...“ *Schramm* (Hg.), Picker Henry, Hitlers Tischgespräche, 223.

[60]) 1938 waren 54 % der Richter Mitglieder der NSDAP oder einer ihrer Unterorganisationen (*Majer,* Grundlagen, 233).

[61]) Mittels der neu geschaffenen Einrichtungen des ao. Einspruchs und der Nichtigkeitsbeschwerde konnte Hitler durch den Oberreichsanwalt auch rechtskräftige Urteile aufheben lassen (RGBl 1939 I, 1841; RGBl 1940 I, 410; RGBl 1942 I, 509). Vgl. *Kern,* Gerichtsverfassungsrechts, 241.

„Der Führer muss daher – ohne an bestehende Rechtsvorschriften gebunden zu sein – in seiner Eigenschaft als Führer der Nation, als oberster Befehlshaber der Wehrmacht, als Regierungschef und oberster Inhaber der vollziehenden Gewalt, als oberster Gerichtsherr und als Führer der Partei jederzeit in der Lage sein, nötigenfalls jeden Deutschen – sei er einfacher Soldat oder Offizier, niedriger oder hoher Beamter oder Richter, leitender oder dienender Funktionär der Partei, Arbeiter oder Angestellter – mit allen ihm geeignet erscheinenden Mitteln zur Erfüllung seiner Pflicht anzuhalten und bei Verletzung dieser Pflichten nach gewissenhafter Prüfung ohne Rücksicht auf sog. wohlerworbene Rechte mit der ihm gebührenden Sühne zu belegen, ihn im Besonderen ohne Einleitung vorgeschriebener Verfahren aus seinem Amte, aus seinem Rang und seiner Stellung zu entfernen.“

Die Instrumentalisierung der Justiz zur Festigung der NS-Herrschaft setzte deren **Flexibilisierung** durch eine Neugestaltung der Stellung des Richters, der Zuständigkeit der Justiz, ihrer Organisation sowie generell der Gesetzesbindung der Justiz voraus. Personelle und strukturelle Änderungen in der deutschen Justiz sollten zu der von Hitler 1933 geforderten *„Elastizität der Urteilsfindung“*[62] führen.

Die **Unabhängigkeit des Richters** wurde zwar formell nie beseitigt, der Begriff „Unabhängigkeit“ scheint aber in den nach 1941 erlassenen Vorschriften nicht mehr auf. Während die Weisungsfreiheit der Richter bis 1945 erhalten blieb, wurde die Unabsetzbarkeit der Richter bereits 1933 aufgehoben und in der Folge eine beträchtliche Zahl von Richtern, die als politisch unzuverlässig galten bzw. Juden waren, entlassen.[63] Nach § 71 des Deutschen BeamtenG 1937 konnte der „Führer“ im Einvernehmen mit dem Reichsinnenminister jeden Beamten (Richter eingeschlossen), der *„nicht mehr die Gewähr dafür bietet, dass er jederzeit für den nationalsozialistischen Staat eintreten wird“* in den Ruhestand versetzen. Dieses Recht wurde durch die oa. Bestimmung von 1942 (RGBl I, 247) dahin ausgebaut, dass der Führer auch ohne Einleitung eines vorgeschriebenen Verfahrens jeden Richter aus seiner Stellung entfernen konnte.

Im Jahre 1937 verloren die Gerichte ihre **Selbstverwaltung**, wodurch das Reichsjustizministerium Einfluss auf die Geschäftsverteilung der Gerichte erhielt. Eine Reihe von Bestimmungen stellte zunächst sicher, dass in die **Laiengerichtsbarkeit** (Schöffen, Geschworene) nur Vertraute der NSDAP aufgenommen wurden. 1939 erfolgte schließlich die völlige Verdrängung der Laien aus der Rechtsprechung.[64]

Der verschwommenen Gesetzesbegriff des NS-Staatsrechts bewirkte eine Aufweichung der **Bindung der Justiz an das Gesetz.** An ihre Stelle trat die Bindung an die Werte der NS-Weltanschauung, die sich rechtstechnisch über unklare „Gesetzesattrappen“ bzw. eine Vielzahl von Generalklauseln vermittelte.[65]

---

[62]) Verh. d. RT, 8. Wahlper. 1933, Bd. 457, S. 28 C.

[63]) G. zur Wiederherstellung des Berufsbeamtentums 1933. Vgl. dazu die bei *Hirsch/Majer/Meinck* (Hg.), 176, abgedr. Zahlenangaben.

[64]) RGBl 1933 I, 188; RGBl 1934 I, 1233; RGBl 1939 I, 1658.

[65]) *Maus,* „Gesetzesbindung“ der Justiz und die Struktur der nationalsozialistischen Rechtsnormen, in: *Dreier/Sellert* (Hg.), 80 (92). Die Ausrichtung der Richter auf die nationale Weltanschauung wurde von *Roland Freisler,* einem der NS-Blutrichter, wie folgt umschrieben: „Nie darf in seinem Inneren der Zweifel sich einnisten, ob das alles auch richtig ist, ob es nicht auch andere Anschauungen vom Zweck des Daseins des Einzelnen gibt, ob er nicht auch losgelöst vom Volksleben zu leben vermag. Der deutsche Richter muss sich einleben in das gesamtvölkische Leben, so dass er in diesem seine eigene Vollendung und Bestimmung sieht. Nur dann wird er bei der Auslegung und Anwendung der Gesetze mit instinktmäßiger Sicherheit stets das Richtige treffen.“ (Richter und Gesetz, in: *Lammers/Pfundtner* Hg., Grundlagen I, Beitrag 17, 8).

Die **Zuständigkeit der Gerichte** wurde eingeschränkt. Aus Enttäuschung über die zu lasche Strafjustiz richtete die NS-Führung für politische Delikte (eininstanzige) **Sondergerichte** (1933) und den **Volksgerichtshof** (1934) ein, die im Schnellverfahren aburteilten. Polizei- und SS-Gerichte (1933), die Dienststrafkammer des Reichsarbeitsdienstes, die Wiedereinführung der Militärgerichtsbarkeit sowie vergleichbare Einrichtungen auf dem Gebiet der Zivilrechtspflege höhlten die Kompetenzen der Justiz aus. 1942/43 verlor die Justiz generell ihre Zuständigkeit für die Angelegenheiten der „Fremdvölkischen". Juden waren nicht mehr vor Gericht zu stellen, sondern von der Polizei abzuurteilen.[66] Seit Februar 1945 amtierten in feindbedrohten Gebieten Standgerichte. Während die Verwaltungsgerichte beibehalten wurden, war die Existenz eines „Verfassungs"-Gerichtshofes mit der Struktur des NS-Staates unvereinbar.[67]

Ebenfalls der „Flexibilisierung" der Justiz dienten Veränderungen im Bereich der **Staatsanwaltschaft.** 1944 wurde, wie Jahre zuvor schon bei der Polizei, für die Staatsanwaltschaft der Zwang zur Verfolgung von Straftaten aufgehoben.[68] Die Staatsanwaltschaft, deren Kompetenzen eine massive Ausweitung erfuhr, erhielt das Recht zu wählen, bei welchem Gericht sie ein Strafverfahren anhängig machen wollte. Im Verfahrensrecht wurde die Rechtsstellung des Angeklagten zB durch die Einschränkung der Rechtsmittel massiv verschlechtert.

Sowohl das „normale" **Strafrecht** als auch das politische Strafrecht erfuhren eine entscheidende Verschärfung. Nach dem von Propagandaminister Goebbels geprägten Ausspruch: „... es sei nicht vom Gesetz auszugehen, sondern von dem Entschluss, der Mann müsse weg"[69], wurde die **Todesstrafe** von ursprünglich drei auf zunächst 46 Tatbestände ausgeweitet. 1944 erfolgte die Einführung der Todesstrafe für alle Delikte des Kriegssonderstrafrechts, *„wenn der regelmäßige Strafrahmen nach gesundem Volksempfinden zur Sühne nicht ausreicht.*"[70] Bereits seit 1939 war mit dem Tode bedroht, wer vorsätzlich Nachrichten ausländischer Sender verbreitete, die geeignet waren, die Widerstandskraft des deutschen Volkes zu gefährden.[71] Besonders grausam gestaltete sich das Strafrecht gegenüber Polen und Juden. Ihnen drohte die Todesstrafe bereits, *„wenn sie durch gehässige und hetzerische Betätigung eine deutschfeindliche Gesinnung bekunden, insbesondere deutschfeindliche Äußerungen machen oder ... wenn sie durch ihr sonstiges Verhalten das Ansehen oder das Wohl des Deutschen Reiches oder des deutschen Volkes herabsetzen oder schädigen.*"[72] Insgesamt fällten Gerichte im „Dritten Reich" rund 16.500 Todesurteile.

Für die von NS-Parteigängern an anders Denkenden begangenen Verbrechen bzw. für die bei internen Fraktionskämpfen begangenen Morde (zB „Röhm-Putsch" 1934) erließ Hitler großzügige Amnestien.

Zusammenfassend kann gesagt werden, dass 1933 bis 1945 eine nationalsozialistisch gelenkte Justiz agierte. Parallel zur politischen Durchdringung des Justizapparats vollzog sich tendenziell eine Entmachtung der Justiz zugunsten der Verwaltung. Entsprechend der Doppelnatur Normen- bzw. Maßnahmenstaat war es weitgehend eine Frage des politischen Kalküls der Herrschenden, ob jemandem vor Gericht ein Schauprozess gemacht (wie zB den Widerstandskämpfern des 20. Juli 1944) oder ob jemand von der Gestapo liquidiert wurde.

---

[66]) 13. V. zum ReichsbürgerG, RGBl 1943 I, 372.

[67]) *Huber,* Verfassungsrecht^2, 282: „Ein richterliches Prüfungsrecht gegenüber Reichsgesetzen auf ihre Verfassungsmäßigkeit, wie es im Weimarer System zunehmend von den Gerichten in Anspruch genommen worden war, gibt es heute selbstverständlich nicht mehr ... Die Rechtsprechung, deren Funktion sich vom Führer ableitet, würde sich über den Führer erheben, wenn sie das Führergesetz auf seine Übereinstimmung mit irgendwelchen Normen, Werten oder Prinzipien prüfen wollte; sie überschritte damit ihren legitimen Bereich in der völkischen Lebensordnung. Das Führergesetz ist in jeder seiner Erscheinungsform für den Richter unbedingt verbindlich."

[68]) RGBl 1944 I, 339.

[69]) Zit. nach *Broszat,* Zur Perversion der Strafjustiz im Dritten Reich, VjhZ 1958, 438.

[70]) RGBl 1944 I, 115.

[71]) RGBl 1939 I, 1683.

[72]) RGBl 1941 I, 759.

12.3.7. Die Rechtsstellung der NSDAP als Staatspartei

Nach dem Verbot bzw. der „Selbst"-Auflösung der übrigen Parteien im Frühsommer 1933 zementierte die NSDAP ihr **politisches Monopol** als einzig erlaubte politische Kraft durch das G. gegen die Neubildung von Parteien (1933). Durch die „Gleichschaltung" aller Massenmedien, des Verlags- und Vereinswesens sowie aller kulturschaffenden Institutionen schufen sich die Nationalsozialisten im „Dritten Reich" ein **ideologisches Monopol**. Das G. zur Sicherung der Einheit von Partei und Staat (1933) ging noch einen Schritt weiter, indem es die **NSDAP zur Staatspartei** machte. Aus dem ursprünglich privaten Verein wurde damit eine Körperschaft öffentlichen Rechts sui generis. Sie unterlag keinerlei staatlicher Kontrolle und stellte eine „Verfassungs"-Einrichtung dar, die dem Staat übergeordnet war.[73] Nach dieser Bestimmung war die NSDAP die *„Trägerin des deutschen Staatsgedankens und mit dem Staat unlöslich verbunden"*. Die Stellung als Staatspartei bedeutete in der Praxis:

* Die NSDAP besaß eine vom Staat unabhängige, eigene Rechtssetzungsgewalt.
* Errichtung einer eigenen Partei-, SA- bzw. SS-Gerichtsbarkeit.
* Staatliche Stellen waren der NSDAP gegenüber zu Amts- und Rechtshilfe verpflichtet. Ein direktes Weisungsrecht gegenüber den Staatsstellen kam der NSDAP allerdings nicht zu.
* Häufig existierte eine Personalunion bezüglich hoher Staats- bzw. Parteiämter. Die NSDAP besaß generell ein Anhörungsrecht bei der Ernennung von Staatsbeamten.[74]
* Gemäß dem Deutschen BeamtenG 1937 waren die Beamten auf Adolf Hitler zu vereidigen. Sie waren *„Vollstrecker des Willens des von der NSDAP getragenen Staates"* (§ 1) und hatten *„jederzeit rückhaltlos für den nationalsozialistischen Staat einzutreten"* (§ 3).
* Besonderer strafrechtlicher Schutz der NSDAP vor *„unwahren oder gröblich entstellten Behauptungen"* durch das HeimtückeG 1934.
* Die gesamte deutsche Jugend war im Elternhaus, in der Schule und in der Hitlerjugend *„im Geiste des Nationalsozialismus zum Dienst am Volk und zur Volksgemeinschaft zu erziehen"* (RGBl 1936 I, 993).

12.3.8. Die Rechtsstellung der „Fremdvölkischen"

Ausgehend von pseudowissenschaftlichen Lehren des 19. Jh. nahm die NS-Rassenlehre eine Einteilung der Menschen in höher- und minderwertige „Rassen" vor. Unter „Rasse" verstand sie eine „Gruppe von Menschen, die sich durch gemeinsame blutmäßig bedingte, in der gleichen Zusammensetzung anderweit nicht vorhandene körperliche, geistige und seelische Eigenschaften von anderen Menschengruppen" abheben.[75] Der am höchsten bewerteten „nordischen Rasse" waren die fälische, westische, dinarische, ostische und ost-

[73]) Bezeichnend der Ausspruch Hitlers: „Nicht der Staat befiehlt uns, sondern wir befehlen dem Staat."

[74]) RGBl 1935 I, 1203. Im Jahre 1939 gehörten 28,2 % der deutschen Beamten der NSDAP an, vgl. *Neumann,* Behemoth, 441.

[75]) *Stuckhart/Schiedermair,* Rassen und Erbpflege in der Gesetzgebung des Reiches^3, 5.

baltische „Rasse“ artverwandt. Als minderwertig hingegen wurden Menschen indianischer, asiatischer oder afrikanischer Abstammung bzw. Zigeuner angesehen. Juden wurden von der NS-Rassenlehre als „Rassengemisch ... aus vorderasiatischen und orientalischen Rasseelementen ... mit stark negroiden Einschlägen“[76] abqualifiziert. Anknüpfend an jahrhundertealte antisemitische Vorurteile bildeten sie in den Augen der Nationalsozialisten geradezu die „Gegenrasse“, also die Inkarnation alles Bösen und Schlechten. „Rassenmischung“ führe zu einer Zersetzung des „Rasseerbgutes“. Es wäre daher „Notwehr“, ja geradezu „Pflicht“ der „höherwertigen Rassen“, durch eine „Ausscheidung Artfremder“ dieser Schwächung vorzubeugen.

Die Rechtsstellung der Juden: Der Prozess der „Ausschaltung“ der Juden[77] vollzog sich in mehreren Phasen. In den ersten Jahren erfolgte eine **rechtliche Ausgrenzung**. Einen ersten Höhepunkt bildeten die sog. **Nürnberger Rassengesetze 1935**.[78] Darin wurde im Staatsbürgerrecht eine Zweiteilung der Bevölkerung nach „Rassemerkmalen“ vorgenommen (vgl. Kap. 12.3.1.). Eheschließung zwischen *„Juden und Staatsangehörigen deutschen oder artverwandten Blutes“* sowie der außereheliche Verkehr zwischen diesen Personen wurde verboten und mit Zuchthaus, später sogar mit dem Tode, bestraft. In den folgenden Jahren vertrieb man die Juden praktisch aus allen Bereichen der Wirtschaft. Nach den Novemberpogromen 1938 (sog. „Reichskristallnacht“), bei denen jüdische Geschäfte und Synagogen zerstört und 91 Juden ermordet wurden, erfolgte während des Zweiten Weltkriegs die systematische Liquidierung der Juden durch SS und Wehrmacht (Holocaust). Dieser als „Endlösung“ sprachlich geschönte Völkermord kostete rund 6 Mio. Juden das Leben.[79] Nachstehend eine Übersicht über weitere rechtliche Beschränkungen, denen die jüdische Bevölkerung unterlag:

* **Berufliche und wirtschaftliche Entrechtung:** Nach und nach wurde den Juden die Ausübung eines Großteils der Berufe untersagt, zB: Beamter, (Erbhof-)Bauer, Rechtsanwalt, Arzt, Redakteur, Feuerwehr,

[76]) *Ebenda,* 11.

[77]) Gemäß § 5 der 1. V. zum ReichsbürgerG (RGBl 1935 I, 1333) galt als Jude, wer von mindestens drei volljüdischen Großeltern abstammte; weiters wer von zwei volljüdischen Großeltern abstammte und der jüdischen Religionsgemeinschaft angehörte oder mit einem Juden verheiratetet war. 1933 lag der Anteil der jüdischen Bevölkerung im Deutschen Reich bei 0,8 %.

[78]) ReichsbürgerG, RGBl 1935 I, 1146; G. zum Schutze des deutschen Blutes und der deutschen Ehre, RGBl 1935 I, 1146.

[79]) Die Ausrottung der Juden war von Hitler bereits am 30. Jänner 1939 der Weltöffentlichkeit in einer Reichstagsrede angekündigt worden: „Wenn es dem internationalen Finanzjudentum in und außerhalb Europas gelingen sollte, die Völker noch einmal in einen Weltkrieg zu stürzen, dann wird das Ergebnis nicht die Bolschewisierung der Erde und damit der Sieg des Judentums sein, sondern die Vernichtung der jüdischen Rasse in Europa.“ (zit. nach *Strauss/Kampe* Hg., Antisemitismus, 183). Jahre zuvor schon hatte Hitler in „Mein Kampf“ (795. Aufl., S. 772) geschrieben: „Hätte man zu Kriegsbeginn 1914 und während des Krieges einmal zwölf- oder fünfzehntausend dieser hebräischen Volksverderber so unter Giftgas gehalten wie Hunderttausende unserer allerbesten deutschen Arbeiter aus allen Schichten und Berufen es im Felde erdulden mussten, dann wäre das Millionenopfer der Front nicht vergeblich gewesen. Im Gegenteil: zwölftausend Schurken zur rechten Zeit beseitigt, hätte vielleicht einer Million ordentlicher, für die Zukunft wertvoller Deutschen das Leben gerettet.“

Betriebsführer; verboten war den Juden die Betreibung bestimmter Gewerbe (zB Grundstückshandel, Hausierer, Fremdenführer), einer Einzelhandelsverkaufsstelle oder eines selbstständigen Handwerksbetriebs.

* **Eingriffe in jüdisches Eigentum:** zwangsweise Ablieferung der Pretiosen, Gold-, Silber- oder Platingegenstände, weiters aller Elektrogeräte, Schreibmaschinen, Fotoapparate, Fahrräder, Haustiere etc. Zwangsveräußerung jüdischer Gewerbe- bzw. Landwirtschaftsbetriebe; Verbot, Grundstücke zu kaufen; ab 1943 fiel das Vermögen eines Juden nach seinem Tod an den Staat.

* **Persönliche Einschränkungen:** Sofern Juden nicht ohnehin schon jüdische Vornamen trugen, mussten sie die Namen *Israel,* bzw. *Sara* annehmen; Judenbann, dh Verbot, die Wohngegend zu verlassen bzw. bestimmte Gebiete zu betreten oder sich in der Öffentlichkeit zu zeigen (betraf zB Theater-, Kino- und Konzertveranstaltungen, Sportplätze, öffentliche Parks, Freibäder). Ausschluss vom Bezug von Zeitungen und selbstständigen Rundfunkempfang; Schlechterstellung in der Lebensmittel- und Kleiderkartenzuteilung bei gleichzeitig längerer Arbeitszeit; seit 1941 mussten Juden in der Öffentlichkeit einen „Judenstern" tragen.

* Einerseits wurden Juden Sondersteuern auferlegt, andererseits blieben sie von der öffentlichen Fürsorge praktisch ausgeschlossen. Der Besuch deutscher Schulen bzw. Universitäten war Juden ebenso untersagt wie die Absolvierung einer Lehre.

* Verbot für Juden, Kraftfahrzeuge zu lenken (1938) oder öffentliche Verkehrsmittel zu benutzen (1942). Verbot des Besitzes von Schuss-, Hieb- und Stoßwaffen. Strenges Sonderstrafrecht für Juden; Aburteilung durch Polizeidienststellen anstatt durch Gerichte.

Bereits wenige Tage nach dem „Anschluss" 1938 traten auch in Österreich die diskriminierenden Gesetze in Kraft. Innerhalb der ersten sieben Monate wurden 26.000 jüdische Betriebe arisiert. Von den im Jahre 1938 in Österreich ansässigen 185.000 Juden gelang es 128.500 sich durch Emigration zu retten, wobei es ihnen nur unter größten Schwierigkeiten gelang, ein Asylland zu finden. Während Großbritannien und die USA einen beträchtlichen Teil der österreichischen Flüchtlinge aufnahmen, sperrten die Schweiz, Frankreich, Rumänien, Ungarn und die ČSR ihre Grenzen generell für mittellose Juden. Ab 1941 begann die massenhafte Deportation österreichischer Juden in die eroberten Ostgebiete. Von den rund 67.600 in die KZ verschleppten österreichischen Juden überlebten nur 2.142.

12.3.9. Rechtsbarbarei statt Rechtsstaatlichkeit

Soweit nicht schon in den vorstehenden Abschnitten behandelt, soll nun kurz auf die Perversion der Rechtsordnung[80] im „Dritten Reich" eingegangen werden. Die Einstellung der Nationalsozialisten zum Rechtsstaat kommt in einem Ausspruch von Polizeichef *Heinrich Himmler* aus dem Jahre 1936 deutlich zum Ausdruck: „... ob ein Paragraf unserem Handeln entgegensteht, ist mir völlig gleichgültig; ich tue zur Erfüllung meiner Aufgaben grundsätzlich das, was ich nach meinem Gewissen in meiner Arbeit für Führer und Volk verantworten kann und dem gesundem Menschenverstand entspricht."[81].

* Es galten auch Normen, die nicht im offiziellen Promulgationsorgan bzw. überhaupt nicht veröffentlicht wurden; allgemein verwischte der Unterschied zwischen Gesetz, Verordnung und Einzelakt.

* **Abkehr vom Legalitätsprinzip:** Normen bildeten nicht mehr Grundlagen und Schranken des Verwaltungshandelns, sondern stellten nur mehr eine Zielvorgabe dar. Die Vielzahl ungenauer Rechtsbegriffe (Generalklauseln) löste die Bindung von Gerichten und Verwaltungsbehörden an das Gesetz. An ihre

[80]) Vgl. *Hippel,* Die Perversion von Rechtsordnungen.

[81]) Zit. nach *Rüping,* Strafrechtsgeschichte, 102.

Stelle trat die „selbstverantwortliche Durchführung des Führerwillens, der zwar auch im Gesetz, aber nicht nur im Gesetz, sondern in der mannigfaltigsten Form seinen Ausdruck finden kann“.[82]

* Abschaffung der Gewaltentrennung und der Verfassungsgerichtsbarkeit; Aushöhlung der Verwaltungsgerichtsbarkeit, indem die Überprüfung von Handlungen der Gestapo ausgeschlossen war; Beseitigung aller subjektiv-öffentlichen Rechte; an die „Rassen“-Zugehörigkeit anknüpfende **Rechtsungleichheit** der Staatsangehörigen.

* Besonders drastisch zeigte sich der Verlust jeglicher Rechtskultur auf dem Gebiet des Strafrechts: Aufhebung des Rückwirkungs- und des Analogieverbots, sowie des Grundsatzes „nulla poena sine lege“; Ausschluss von Rechtsmitteln bei allen politischen Delikten; ungenaue Rechtsbegriffe, zB Bestrafung wegen Verstoßes gegen das gesunde Volksempfinden.[83]

Grundrechte: Die Existenz von Grund- und Freiheitsrechten war mit der Konzeption des „totalen Staates“, der keinen staatsfreien Raum duldete, unvereinbar.[84] Dementsprechend erfolgte bereits im Februar 1933 die Aufhebung der wichtigsten Grundrechte: persönliche Freiheit, Recht der freien Meinungsäußerung, Pressefreiheit, Vereins- und Versammlungsfreiheit, Brief-, Post-, Telelgrafen- und Fernsprechgeheimnis, Hausrecht und Freiheit des Eigentums.[85] Gerechtfertigt wurde diese Maßnahme später damit, dass in einem „völkischen“ Gemeinwesen kein Gegensatz mehr zwischen dem Einzelnen und dem Staat bestünde. An die Stelle der Grundrechte traten im NS-Staat die *Pflichten* des Einzelnen gegenüber der „Volksgemeinschaft“ (Wehrpflicht, Arbeitsdienstpflicht, Luftschutzdienstpflicht ...).

12.4. Österreich 1938–1945

Lit.: *Dennewitz,* Verwaltung der Ostmark; *Huber,* Verfassungsrecht des Großdeutschen Reiches², 94; *Kessel,* Der Einbau des Landes Österreich in die Reichsverwaltung und die Auflösung des Landes Österreich; *Kluge/Krüger,* Verfassung und Verwaltung im Großdeutschen Reich³, 91; *Kollmann,* Die Österreichische Verwaltung; *Lammers* (Hg.), Reich und Ostmark; *Mannlicher,* Ein Volk – Ein Recht, in: *Deutsche Verwaltung* (B) 1938, 6; *Merkl,* Rechtsfragen der Wiedervereinigung Österreichs mit dem Deutschen Reiche, ÖVwBl. 1938, 113; *Merkl,* Rechtsprobleme der Wiedervereinigung Österreichs mit dem Deutschen Reiche, ÖVwBl. 1938, 81; *Pfeifer,* Die Ostmark; *Stuckart/Schiedermair,* Neues Staatsrecht II¹⁸, 25.

Baltl/Kocher, Rechtsgeschichte⁹, 274; *Botz,* Die Eingliederung Österreichs in das Deutsche Reich², 32; *Brauneder,* Verfassungsgeschichte⁷, 248; *Davy* ha. (Hg.) Nationalsozialismus und Recht. Rechtsetzung und Rechtswissenschaft in Österreich unter der Herrschaft des Nationalsozialismus; *Hellbling,* Verfassungs-

---

[82]) *Stuckart/Schiedermair,* Neues Staatsrecht II¹⁸, 48.

[83]) § 2 des G. zur Änderung des StGB (RGBl 1935 I, 839) lautete: „*Bestraft wird, wer eine Tat begeht, die das Gesetz für strafbar erklärt oder die nach dem Grundgedanken eines Strafgesetzes und nach gesundem Volksempfinden Bestrafung verdient. Findet auf die Tat kein bestimmtes Strafgesetz unmittelbar Anwendung, so wird die Tat nach dem Gesetz bestraft, dessen Grundgedanken auf sie am besten zutrifft.*“

[84]) „Insbesondere die Freiheitsrechte des Individuums gegenüber der Staatsgewalt mussten verschwinden; sie sind mit dem Prinzip des völkischen Reiches nicht vereinbar. Es gibt keine persönliche, vorstaatliche und außerstaatliche Freiheit des Einzelnen, die vom Staat zu respektieren wäre. An die Stelle des isolierten Individuums ist der in die Gemeinschaft gliedhaft eingeordnete Volksgenosse getreten, der von der Totalität des politischen Volkes erfasst und in das Gesamtwirken einbezogen ist. Es kann hier keine private staatsfreie Sphäre mehr bestehen, die der politischen Einheit gegenüber unantastbar und heilig wäre.“ (*Huber,* Verfassungsrecht², 361).

[85]) RGBl 1933 I, 83.

geschichte², 461; *Hoke*, Rechtsgeschichte, 494; *Jedlicka,* Verfassungs- und Verwaltungsprobleme 1938–1955, in: *Inst. f. Österreichkunde* (Hg.), Die Entwicklung der Verfassung Österreichs, 120.

12.4.1. Die rechtliche Einbindung Österreichs in das Deutsche Reich

Zentrale Reichsorgane: Zahlreiche Reichszentraldienststellen konkurrierten um die Durchführung der Einverleibung bzw. Liquidation des österreichischen Staatswesens. Unter diesen war die im Reichsinnenministerium angesiedelte *„Zentralstelle zur Durchführung der Wiedervereinigung Österreichs mit dem Deutschen Reich"* (RGBl 1938 I, 249) zunächst federführend. Sie verlor schließlich Ende April ihren Einfluss an den zum Leiter der österreichischen NSDAP eingesetzten Gauleiter *Bürckel,* der am 23. April 1938 von Hitler zum **„Reichskommissar für die Wiedervereinigung Österreichs mit dem Deutschen Reich"** ernannt wurde.

Rechtsüberleitung: Art. II des dt. WiedervereinigungsG bestimmte, dass das in Österreich geltende Recht bis auf weiteres in Kraft bleibe. Bereits nach wenigen Wochen erfolgte jedoch die schrittweise Einführung aller zentralen nationalsozialistischen Bestimmungen in Österreich.[86]

Territoriale Veränderungen: Obwohl die zur Zerstörung historischer Reminiszenzen ins Auge gefasste Aufteilung Österreichs in vier Verwaltungsgebiete nicht zur Ausführung kam, erfolgte 1938/39[87] eine nicht unbeträchtliche Verschiebung der Grenzen der ehemaligen Bundesländer:

Wien erhielt eine Reihe angrenzender Gemeinden (zB Mödling, Schwechat, Klosterneuburg); das Burgenland wurde aufgelöst und zwischen NÖ und der Steiermark aufgeteilt[88]; *OÖ* (der spätere Reichsgau „Oberdonau") erhielt das Ausseerland und 1939 angrenzende deutschsprachige Gebiete der ČSR; *NÖ* (der spätere Reichsgau „Niederdonau" mit Verwaltungssitz in Krems) bekam 1939 im Norden ebenfalls deutsch - besiedelte tschechische Gebiete hinzu; *Osttirol* wurde von *Nordtirol* abgetrennt und *Kärnten* zugeschlagen[89]; *Vorarlberg* blieb (vorläufig) ein eigener Verwaltungsbezirk, der vom Reichsstatthalter in Tirol geleitet wurde. Tirol und Vorarlberg mussten im Norden je eine Gemeinde an Bayern abtreten. Im Zuge des Balkanfeldzuges 1941 eroberte das Deutsche Reich ua die ehem. Untersteiermark und Oberkrain. Diese Gebiete wurden 1942 verwaltungsmäßig den angrenzenden Reichsgauen Steiermark und Kärnten unterstellt.

---

[86]) Seit dem 16. März 1938 erstreckte sich der Geltungsbereich der Verlautbarungsblätter des Reiches (insb. RGBl) auch auf das Land Österreich. Reichsgesetze, die nach dem Inkrafttreten des WiedervereinigungsG verkündet wurden, galten auch für das Land Österreich, sofern ihre Inkraftsetzung dieses nicht ausdrücklich ausnahm. Von 1938 bis 1940 bestand darüber hinaus ein eigenes **„Gesetzblatt für das Land Österreich"** (GBlÖ).

[87]) GBlÖ 1938/443; GBlÖ 1939/523.

[88]) Dies sollte ua als Botschaft an Ungarn dienen, dass alle weiteren Rückgabeforderungen hinsichtlich des ehem. Deutschwest-Ungarn illusorisch wären.

[89]) Dies bedeutete ein Signal an Italien, dass das Deutsche Reich keine Ansprüche auf Südtirol erheben würde, vgl. *Botz,* Eingliederung, 84.

Staatsbürgerschaft: Nach nationalsozialistischer Ansicht wurden am 13. März 1938 alle österreichischen Staatsbürger durch die Eingliederung Österreichs zu deutschen Staatsangehörigen. Nach heute h.M. (Kontinuitätstheorie, vgl. Kap. 12.4.2.) und Rechtslage[90] hatten die österreichischen Staatsbürger jedoch während der Zeit der deutschen Besetzung ihre österreichische Staatsbürgerschaft beibehalten (vgl. auch Kap. 13.3.1. „Staatsbürgerschaft“).

12.4.1.1. Das Land Österreich/Ostmark

13. 3. 1938 – 30. 4. 1939

Kompetenzen: Mit dem WiedervereinigungsG gingen nach der Lehre des NS-Staatsrechts alle Hoheitsrechte Österreichs, einschließlich aller Bundes- und Länderkompetenzen, auf das Deutsche Reich über. Sie wurden am 15./16. 3. 1938 (Verwaltung)[91] bzw. am 3. 5. 1938 (Gesetzgebung)[92] dem österreichischen Reichsstatthalter (Österreichische Landesregierung) als **delegierte Reichskompetenzen** zum Teil rückübertragen (zB Unterricht und Kultur, Finanzen, Handel, Land- und Forstwirtschaft).

Gesetzgebung und Verwaltung: Die Gesetzgebung oblag einem von Hitler eingesetzten **Reichsstatthalter** *(Seyß-Inquart),* der dabei jedoch an die Zustimmung des Reichsinnenministers und des zuständigen Reichsministers gebunden war. Mit Zustimmung des Reichsstatthalters konnten auch die Landeshauptleute durch Verordnung Recht setzen. Unter der Führung des Reichsstatthalters übte die **österreichische Landesregierung** die Verwaltung aus. Wenige Tage nach der Volksabstimmung wurde Gauleiter *Bürckel* von Hitler zum **Reichskommissar** für die Wiedervereinigung Österreichs mit dem Deutschen Reich bestellt. Er unterstand unmittelbar dem „Führer“ und hatte gegenüber den österreichischen Staats- und Parteidienststellen – also auch gegenüber dem Reichsstatthalter und der Österreichischen LReg – ein umfassendes Weisungsrecht (RGBl 1938 I, 407).

Justiz: Im Jahre 1939 erfolgte die Auflösung des österreichischen OGH und der Generalprokuratur; ihre Zuständigkeit ging auf die entsprechenden deutschen Einrichtungen – Reichsgericht bzw. Reichsanwaltschaft beim Reichsgericht – über, wo eigene Senate für die österreichischen Verfahren errichtet wurden. Seit 1940 amtierten auch in Österreich Sondergerichte für politische Delikte. Das österreichische Gerichtsorganisations- und Verfahrensrecht (JN, GOG, StPO, ZPO) galt mit zahlreichen nationalsozialistischen Modifikationen im Wesentlichen weiter.

---

90) § 1 Staatsbürgerschafts-ÜberleitungsG., StGBl 1945/59. Vgl. auch OGH v. 19. 6. 1955, 2 Ob 968/55

91) RGBl 1938 I, 248f.

92) GBlÖ 1938/111.

Gemeinden: Mit 1. 10. 1938 wurde in Österreich die Deutsche GemeindeO 1935 eingeführt.

12.4.1.2. Die „Alpen- und Donaureichsgaue" 1. 5. 1939 – 27. 4. 1945

Das **OstmarkG**[93] zerschlug die anfängliche Hoffnung, dass Österreich als geschlossener Verband im Deutschen Reich bestehen bleiben würde. Dieses Gesetz, das am 1. 5. 1939 in Kraft trat, dessen vollständige Durchführung sich jedoch bis zum 31. 3. 1940 verzögerte, beseitigte das Land Österreich und machte die ehemaligen österreichischen Länder in ihren neuen Grenzen zu **reichsunmittelbaren Reichsgauen:** Wien, Kärnten, Niederdonau, Oberdonau, Salzburg, Steiermark, Tirol; Vorarlberg behielt seine Sonderstellung. Um Erinnerungen an ein selbstständiges Österreich zu verhindern, wurde für diese Gebiete die offizielle Bezeichnung **„Alpen- und Donaureichsgaue"** eingeführt.[94]

Die **Kompetenzen** des Landes Österreich gingen zu einem geringeren Teil auf das Reich (zB Gesundheitswesen), im Übrigen jedoch auf die sieben Reichsgaue über. Die Reichsgaue stellten sowohl **Verwaltungsbezirke** des Deutschen Reichs wie auch **Selbstverwaltungskörperschaften** dar.

Gesetzgebung und Verwaltung: Die **Organe** des Landes Österreich – Reichsstatthalter und Österreichische LReg – wurden mit 1. 5. 1939 aufgelöst; an ihre Stelle trat für die folgende Übergangszeit der Reichskommissar *Bürckel.* Ab 1. 4. 1940 stand an der Spitze jedes Reichsgaues ein **Reichsstatthalter** (neuen Typs) als Reichsmittelbehörde bzw. Führer der Selbstverwaltungskörperschaft. Anstelle der ehem. österreichischen Verwaltungsbezirke wurden Land- bzw. Stadtkreise errichtet, denen ein Landrat bzw. ein Oberbürgermeister vorstand (Unterinstanzen).

Der **Reichsstatthalter**, der nach dem Grundsatz der Einheit von Partei und Staat praktisch immer auch der Gauleiter der NSDAP war, unterstand den einzelnen Reichsministern und übte in seinem Reichsgau die Verwaltungshoheit über die gesamte staatliche Verwaltung (Ausnahme: Wehrmacht) aus. Weiters besaß er ein Unterrichtungs- und beschränktes Weisungsrecht gegenüber den Justiz- und Finanzbehörden sowie Bahn und Post. Mit Zustimmung der beteiligten Reichsminister und des Reichsinnenministers konnte der Reichsstatthalter durch Verordnung Recht setzen, soweit nicht übergeordnetes Reichsrecht entgegenstand (sog. regionales Reichsrecht).

---

93) G. über den Aufbau der Verwaltung in der Ostmark, RGBl 1939 I, 777.

94) Anfangs sträubte sich Hitler überhaupt dagegen, einen zusammenfassenden Begriff zuzulassen. Seit 1942 untersagte ein Erlass die Verwendung der Bezeichnung „Ostmark", vgl. *Jedlicka,* Verfassungs- und Verwaltungsprobleme, in: *Institut für Österreichkunde* (Hg.), Verfassung, 130.

12.4.2. Die völkerrechtliche Stellung Österreichs 1938–1945

Lit.: wie bei Kap. 9.2.; weiters: *Brandweiner,* Die Rechtsstellung Österreichs; *Clute,* The International Legal Status of Austria 1938–1955; *Ermacora,* Verfassungslehre, 66; *Jakusch,* Die Entwicklung der theoretischen Beurteilung des Schicksals Österreichs zwischen 1938 und 1945; *Marek,* Identity and Continuity of States in Public International Law, 338; *Merkl,* Der Anschluß Österreichs an das Deutsche Reich – eine Geschichtslegende, JBl 1955, 439; *Merkl,* Österreichs Rechtslage 1938–1945 und ihre Behandlung in der österreichischen Rechtswissenschaft, AÖR 1957, 480; *Neuhold/Hummer/Schreuer* (Hg.), Österreichisches Handbuch des Völkerrechts I^2, 459; *Seidl-Hohenfeldern,* Die österreichische Staatsbürgerschaft von 1938 bis heute, ZÖR 1955, 21; *Verdroß,* Die völkerrechtliche Identität von Staaten, in *FS Klang,* 19; *Verosta,* Die geschichtliche Kontinuität des österreichischen Staates und seine europäische Funktion, in: *Benedikt* (Hg.), Geschichte der Republik Österreich, 603; *Verosta,* Die Internationale Stellung Österreichs 1938–1947; *Verosta,* Politische und völkerrechtliche Aspekte der Besetzung Österreichs durch Deutschland, in: *Wiss. Komm.* (Hg.), Österreich 1927–1938, 207.

Die noch am Tage des Einmarsches 1938 aufrechten Pläne Hitlers sahen ursprünglich keine sofortige Zerstörung der österreichischen Eigenstaatlichkeit vor. Vielmehr war für eine Übergangszeit eine bloß lockere staatliche Verbindung in Form einer Realunion (Wirtschafts- und Währungsunion, gemeinsame Streitkräfte) geplant, bei der Hitler in beiden Staaten das Amt des Staatsoberhaupts bekleiden sollte. Nach dem Ausbleiben ernsthafter internationaler Reaktionen auf den Einmarsch und angesichts des euphorischen Empfangs in Österreich änderte Hitler seine Pläne in Richtung auf eine sofortige Vereinigung der beiden Staaten. Dazu erließ der österreichische Bundeskanzler *Seyß-Inquart*[95] am 13. März 1938 das **BVG über die Wiedervereinigung Österreichs mit dem Deutschen Reich** (sog. **AnschlußG**; BGBl. 1938/75). Art. 1 lautete: *„Österreich ist ein Land des Deutschen Reiches“.* Art. 2 setzte für den 10. 4. 1938 eine Volksabstimmung an. Das Deutsche Reich verkündete am gleichen Tag ein korrespondierendes Gesetz.[96] Dadurch war nach NS-Ansicht Österreich in das Deutsche Reich einverleibt und zu einem Land auf der Stufe Bayerns oder Sachsens geworden.

Über die Frage, ob Österreich am 13. März 1938 durch diese beiden Gesetze als Staat untergegangen war, entbrannte in den folgenden Jahren eine heftige Kontroverse. Völkerrechtlich ging es dabei um das Problem, ob die Ereignisse des 12./13. März 1938 nur eine **Okkupation** oder eine **Annexion** darstellten. Die occopatio bellica (kriegerische Besetzung) bewirkt eine vorübergehende Handlungsunfähigkeit des besetzten Staates, der allerdings als Völkerrechtssubjekt bestehen bleibt. Hingegen führt eine Totalannexion zum Untergang des betreffenden Staates. Neben Österreich betraf diese Frage in gleicher Weise die Staaten Abessinien, Albanien, ČSR und Polen.

Ob die deutschen Annexionshandlungen tatsächlich zum Erwerb des österreichischen Territoriums geführt hatten, war aus mehreren Gründen fraglich. Dagegen sprach zunächst der Umstand, dass es an der in

---

[95]) *Merkl* (JBl 1955, H. 15, AÖR 1957, 485) wies darauf hin, dass das AnschlußG mit dem „rechtlichen Mangel unheilbarer Nichtigkeit“ behaftet war, da der für die Gültigkeit des Gesetzes verfassungsmäßig notwendige Regierungsbeschluss von *Seyß-Inquart* nicht eingeholt worden war.

[96]) RGBl 1938 I, 237. Der in beiden Gesetzen verwendete Begriff „Wiedervereinigung“ ist sachlich unrichtig, da die Republik Österreich niemals zuvor mit dem Deutschen Reich vereinigt war.

Art. 88 des Vertrags von St. Germain vorgeschriebenen Zustimmung des Völkerbundrates zur Aufgabe der österreichischen Unabhängigkeit mangelte. Weiters hatte sich im Völkerrecht aufgrund des im Briand-Kellog-Pakt (1928/29) niedergelegten Gewalt- und Kriegsverbots der Grundsatz entwickelt, dass gewaltsame Annexion keinen gültigen Rechtstitel für einen Gebietserwerb darstelle (ex iniuria ius non oritur).[97]

Die deutsche Regierung und mit ihr die nationalsozialistische Rechtslehre vertraten den Standpunkt, dass Österreich am 13. März 1938 untergegangen sei. Sie teilte daher dem Völkerbund mit, dass an diesem Tag der „ehemalige Bundesstaat Österreich aufgehört (habe), Mitglied des Völkerbundes zu sein."[98]

Sofern die Annexion Österreichs nicht ausdrücklich anerkannt wurde (zB durch Italien), setzten die meisten Staaten 1938 Handlungen, die als De-facto-Anerkennung des Untergangs Österreichs ausgelegt werden können, zB die Auflösung der Wiener Gesandtschaften und die Einholung des Exequaturs für die neu zu ernennenden Konsuln beim Deutschen Reich. Die nach Kriegsausbruch bekundete Absicht der Alliierten, alle Annexionen des Dritten Reichs rückgängig zu machen, schloss auch Österreich ein. In der Moskauer Erklärung über Österreich vom 30. 10. 1943 beschlossen die Alliierten, die „Annexion Österreichs durch Deutschland am 15. (!) März 1938 als null und nichtig" zu betrachten. Auch in der internationalen Wissenschaft mehrten sich die Stimmen, die den Weiterbestand Österreichs nach 1938 vertraten.

Nach 1945 herrschte in Politik, Rechtsprechung[99] und Lehre zunächst keine einhellige Auffassung über den Status von Österreich 1938–1945. Die Frage, ob Österreich fortbestanden oder 1938 untergegangen, in den folgenden Jahren Teil des Deutschen Reichs und 1945 durch Herauslösung aus diesem als Staat neu gegründet worden war, besaß für das weitere Schicksal Österreichs allerdings entscheidende Bedeutung. Von ihrer Beurteilung hingen zB Kriegsschuld und Wiedergutmachung, das Eigentumsrecht am österreichischen Staatsvermögen und finanzielle Ansprüche Österreichs gegenüber dem Deutschen Reich ab.[100]

Es gelang schließlich den Vertretern der **Okkupations- bzw. Kontinuitätstheorie** durchzudringen, indem sie einerseits auf die bei der Besetzung 1938 begangenen Rechtsverletzungen hinwiesen und damit argumentierten, dass Österreich wegen der Identität des Staatsgebiets, des Staatsvolks und Teilen seiner Rechtsordnung in Kontinuität zur 1938

---

[97]) Dieses Annexionsverbot konkurriert allerdings mit dem *Effektivitätsprinzip* (ex factis ius oritur), wonach ein gewaltsam annektiertes Gebiet durch Anerkennung der übrigen Staaten bzw. durch Ersitzung durch den Annektierenden erworben werden kann. Dagegen wiederum wandte sich ein damals im Entstehen begriffener Völkerrechtsgrundsatz, der auf der *Stimson-Doktrin* aufbaute und generell die Anerkennung gewaltsamer Gebietsveränderungen durch dritte Staaten verhindern wollte.

[98]) Note der Deutschen Regierung an den Generalsekretär des Völkerbundes betreffend die Lage Österreichs im Verhältnis zum Völkerbund vom 18. 3. 1938, abgedr. bei: *Verosta,* Stellung, 29.

[99]) Der OGH folgte teilweise der Kontinuitätstheorie (EvBl 1947/444, 1949/655) oder der Diskontinuitätstheorie (EvBl 1947/790; JBl. 1949, 238). Die Gerichte der BRD sowie der Niederlande gingen von einer Annexion Österreichs aus, während die italienische und französische Rechtsprechung bloß eine Okkupation annahmen.

[100]) Auch die von Österreich vor 1938 abgeschlossenen völkerrechtlichen Verträge konnten nach 1945 nur Geltung haben, wenn Österreich 1938 nicht untergegangen war. In diesem Zusammenhang entstand am Beginn der 50er-Jahre zwischen SPÖ und ÖVP wegen des Konkordats 1933/34 eine scharfe Kontroverse. Die SPÖ argumentierte, dass durch den Untergang Österreichs 1938 dieses Konkordat erloschen sei und aus diesem Grund keine Verpflichtung für Österreich bestehe, die im Konkordat enthaltenen Vereinbarungen über das Eheschließungsrecht auszuführen.

besetzten Republik Österreich stehe.[101] Österreich sei 1938 völkerrechtlich nicht untergegangen, sondern wegen der gewaltsamen Beseitigung seiner Regierung handlungsunfähig, also „scheintot“ gewesen. Schließlich folgte in dieser Streitfrage auch der Staatsvertrag 1955 der Kontinuitätstheorie.

[101]) *Verosta,* Stellung, 9; *Verdroß,* Völkerrecht[5], 287; *Neuhold/Hummer/Schreuer* (Hg.), 461; *Adamovich/Funk,* Verfassungsrecht[3], 83; *Walter/Mayer,* Bundesverfassungsrecht[6], 27; *Marek,* Identity, 366; *Ermacora,* Verfassungslehre, 66.

13. Die Republik Österreich 1945–1955

„... Verzagt nicht! Fasset wieder Mut! Schließt Euch zusammen zur Wiederaufrichtung Eures freien Gemeinwesens und zum Wiederaufbau Eurer Wirtschaft! Vertagt allen Streit der Weltanschauungen, bis dass das große Werk gelungen ist! Und folgt in diesem Geiste willig Eurer Regierung!"

Regierungserklärung der Provisorischen österreichischen Staatsregierung v. 27. 4. 1945

13. 1. Historischer Hintergrund

Lit.: *Bruckmüller,* Sozialgeschichte, 469; *Brusatti/Gutkas/Weinzierl,* Österreich 1945–1970; *Butschek,* Die österreichische Wirtschaft im 20. Jahrhundert, 65; *Dusek/Weinzierl/Pelinka,* Zeitgeschichte im Aufriß; *Fischer,* Weltgeschichte Bd. 35; *Gutkas,* Die Zweite Republik; *Knight* (Hg.), „Ich bin dafür die Sache in die Länge zu ziehen". Wortprotokolle der österreichischen Bundesregierung über die Entschädigung der Juden; *Leitner,* Kirche und Parteien in Österreich nach 1945; *Meissl/Mulley/Rathkolb* (Hg.), Verdrängte Schuld, Verfehlte Sühne; *Nick/Pelinka,* Bürgerkrieg – Sozialpartnerschaft; *Rauchensteiner,* Der Sonderfall; *Rauchensteiner,* Die Zwei. Die große Koalition; *Rettinger* ua (Hg.), Zeitgeschichte; *Rothschild,* Wurzeln und Triebkräfte der Entwicklung der österreichischen Wirtschaftsstruktur, in: *Weber* (Hg.), Österreichs Wirtschaftsstruktur I, 103; *Schärf,* Österreichs Erneuerung 1945–1955[4]; *Schausberger,* Österreich. Der Weg der Republik 1918–1980, 47; *Stiefel,* Entnazifizierung in Österreich; *Weinzierl/Skalnik* (Hg.), Österreich. Die Zweite Republik; *Zöllner,* Geschichte Österreichs[7], 529.

Der Begriff **Zweite Republik,** der sich im allgemeinen Sprachgebrauch für die Zeit nach 1945 eingebürgert hat, bezieht sich nicht auf das Verfassungsrecht – man kehrte nach einer kurzen Übergangsphase zum B-VG 1920/29 zurück – sondern auf das gemessen an der Zeit vor 1938 geänderte politische Klima in Österreich. Verfassungsrechtlich gesehen müsste die Zeit zwischen 1934 und 1938 als „Zweite" und die Ära ab 1945 als „Dritte Republik" bezeichnet werden.

13.1.1. Wirtschaftliche und soziale Entwicklung

Die österreichische Wirtschaft war im Jahre 1945 in ungleich größerem Ausmaß zerstört als 1918. 100.000 Österreicher/innen waren durch den NS-Terror und weitere 350.000 durch den Krieg getötet worden[1], rund 10 % der Häuser total oder teilweise zerstört. Die Vernichtung der wichtigsten Produktionsstätten, weitreichende Schäden im Verkehrsnetz, die Knappheit an Rohstoffen und Energie sowie die Demontage von Produktionsmitteln durch die Sowjetunion führten dazu, dass die Industrieproduktion in Österreich 1946 erst die Hälfte des Standes von 1937 erreichte. Das Realeinkommen war 1945 auf 1/3 des Niveaus von 1937 gesunken. Besondere Probleme bereitete die Versorgung der Bevölkerung mit Lebensmitteln, da die Ernte 1945 nur 50 % der letzten Vorkriegs-

---

[1]) Ein bevölkerungsmäßiger Ausgleich erfolgte durch die rund zwei Mio. Flüchtlinge, die in den Nachkriegsjahren durch Österreich geschleust wurden, von denen schließlich ca. 350.000 die österreichische Staatsbürgerschaft erhielten.

jahre betrug. Nur mit Hilfe der Besatzungsmächte und ab April 1946 durch UNO-Lebensmittellieferungen konnte die österreichische Bevölkerung vor dem Verhungern bewahrt werden (Wien Mai 1945: 350 Kalorien pro Tag und Person). Dem im Vergleich zur Vorkriegszeit stark gesunkenen Warenangebot stand eine Vervierfachung der Geldmenge gegenüber. Die drohende Inflation konnte durch das Einfrieren von Sparkonten, Lohn- und Preisstopps sowie eine Währungsreform (1947) nur notdürftig in Grenzen gehalten werden.

Angesichts dieser Probleme vollzog sich der **Wiederaufbau** Österreichs relativ rasch. Das BNP stieg kontinuierlich an (1937=100): 36 (1945), 62 (1946), 109 (1949), 134 (1951), 152 (1954). In der Nachkriegsära vollzog sich der endgültige **Wandel Österreichs zum Industriestaat.** Der Anteil der Land- und Forstwirtschaft am Bruttoinlandsprodukt ging zu Gunsten der übrigen Sektoren zurück: 21,8 % (1937), 16,2 % (1952). Die Zahl der industriell Beschäftigten stieg von 0,95 Mio. (1937) auf 1,86 Mio. (1959). 1948 trat Österreich der OEEC (Organization for European Economic Cooperation; seit 1960 OECD) bei.

Einen wesentlichen Anteil am Wiederaufbau Österreichs hatte die Wirtschaftshilfe aus dem Ausland (1945–1955: 1,5 Mrd. Dollar). Den größten Posten stellte die von den USA 1947 initiierte **Marshall-Plan-Hilfe** dar. Der Erlös aus kostenlosen Warenlieferungen und Krediten floss in den ERP-Fonds (European Recovery Program) ein, der zur Finanzierung von Aufbauprojekten diente. Gemessen an der Zahl der Einwohner erhielt Österreich nach Norwegen die meiste Unterstützung.

Der Einfluss des Staates auf die Wirtschaft war nach 1945 ungleich größer als 1918. Zur Bewältigung des Nachkriegschaos wurden die aus der NS-Ära übernommenen Bewirtschaftungsmaßnahmen fortgeführt und ausgebaut. Durch insgesamt fünf Preis-/Lohn-Abkommen wurde versucht, günstige Rahmenbedingungen für den Aufbau zu schaffen. Diese Abkommen bilden die Wiege der österreichischen Sozialpartnerschaft und sahen erstmals die Einbeziehung der Interessenvertretungen der Arbeitnehmer in die wirtschaftspolitische Willensbildung vor. Ab dem Jahre 1953 wurde der staatliche Dirigismus zu Gunsten einer eher liberalen Wirtschaftspolitik zurückgenommen (Raab-Kamitz-Kurs).

Ausgangspunkt für das **1. VerstaatlichungsG** 1946 – es betraf im Wesentlichen Großindustrie und Banken – und das 2. VerstaatlichungsG 1947 (Elektrizitätswirtschaft) stellte das sog. **Deutsche Eigentum** dar. Bei der Potsdamer Konferenz Juli/August1945 hatten die Alliierten das im Ausland befindliche deutsche Eigentum beschlagnahmt und untereinander aufgeteilt. Darunter befand sich auch das nach 1938 „germanisierte" österreichische Vermögen, somit praktisch alle Großbetriebe. Um eine Austrifizierung dieser Unternehmen zu erreichen[2], die Großindustrie als politischen Machtfaktor auszuschalten, die Gemeinwirtschaft zu stärken und mangels privaten inländischen Kapitals einigten sich ÖVP und SPÖ auf die Verstaatlichung. In der sowjetischen Besatzungszone konnte das 1. VerstaatlichungsG bis 1955 jedoch nicht durchgeführt

[2]) Das zur Erlangung dieses Vermögens erlassene RepatriierungsG (StGBl 1945/11) verfehlte seine Wirkung.

werden, da die Sowjetunion die betroffenen Vermögenswerte zuvor bereits im USIA-Konzern zusammengefasst und unter sowjetische Verwaltung gestellt hatte.

13.1.2. Innenpolitische Entwicklung

In den ersten beiden Aprilwochen 1945 wurden Wien, das Burgenland sowie Teile NÖ durch die vorrückenden sowjetischen Truppen von der Herrschaft des Nationalsozialismus befreit. Anfang Mai erreichten US-Einheiten die österreichische Westgrenze. Der Großteil Österreichs blieb bis zur bedingungslosen Kapitulation (9. 5. 1945) von der deutschen Wehrmacht besetzt.[3] Im Gegensatz zu der amerikanischen und französischen Besatzungszone, wo bis zum Spätsommer jede politische Betätigung verboten war, vollzogen sich im sowjetisch kontrollierten Gebiet (Ostösterreich) bereits ab Mitte April entscheidende politische Weichenstellungen. Während der Widerstandsbewegung praktisch jeder Einfluss auf die weiteren Geschehnisse versagt blieb, organisierten sich in Wien die **politischen Parteien** mit dem Anspruch, die Vertreter der österreichischen Bevölkerung zu sein. Für das gesamte österreichische Staatsgebiet zugelassen wurden SPÖ, ÖVP und KPÖ von den alliierten Besatzungsmächten jedoch erst ab Mitte September bzw. Oktober (OÖ) 1945.

Die **SPÖ** (gegr. 14. 4. 1945) entstand aus der Vereinigung der ehemaligen Sozialdemokratischen Partei mit den in der Illegalität tätigen Revolutionären Sozialisten. Gemessen an der Ersten Republik hatte sich der rechte Flügel durchgesetzt *(Karl Renner, Adolf Schärf),* der den Wandel von der Klassenpartei zur Staatspartei vollzog. Ihre Politik zielte auf die Sammlung des demokratisch-sozialistischen Lagers und eine deutliche Distanzierung zur KPÖ ab.

Als Nachfolgerin des christlich-sozialen Lagers und Sammelbewegung der demokratisch-nichtsozialistischen Kräfte wurde am 17. 4. 1945 die **ÖVP** von *Leopold Kunschak, Leopold Figl, Felix Hurdes* und *Julius Raab* gegründet. Der zunächst dominierende Bauernbund *(Figl)* verlor nach 1950 seinen Einfluss an den Wirtschaftsbund *(Raab).* Anders als ihre Vorgängerpartei sah sich die ÖVP nicht mehr primär als konfessionell bestimmte Weltanschauungspartei.

Die **KPÖ,** die in der Illegalität fortbestanden hatte, strebte 1945 eine Einheitsfront mit den übrigen politischen Parteien an. Ihr langfristiges Ziel war die Errichtung einer Volksdemokratie. Sie trug das politische Manko, in der Bevölkerung mit den sowjetischen Besatzungstruppen und deren Übergriffen identifiziert zu werden.

Die Ereignisse im April 1945 bildeten die Grundlage, dass in Österreich die Entwicklung anders verlief als in Ungarn, der ČSR oder Deutschland. Entscheidend war das **neue Österreichbewusstsein** – Anschlusswünsche spielten nach 1945 keine Rolle mehr[4] – und der Wille zur politischen Zusammenarbeit[5], der in der Bildung einer Allparteienregierung zum Ausdruck kam. Mit der Gründung der politischen Parteien erfolgte die Ablehnung des Einparteiensystems und die Entscheidung zu Gunsten der **Konkurrenzdemokratie.**

---

[3]) Die SS nutzte diese Zeit, um alleine in NÖ 1721 Zivilpersonen zu ermorden.

[4]) Berühmt ist der Ausspruch von *Adolf Schärf* (Erneuerung, 20): „Der Anschluss ist tot. Die Liebe zum Deutschen Reich ist den Österreichern ausgetrieben worden".

[5]) Die gemeinsam erlebte Unterdrückung – die sog. „Koalition der Lagerstraße" – hatte insbesondere die führenden Politiker von SPÖ und ÖVP zusammengeführt und trotz der hohen personellen und institutionellen Kontinuität zur Ersten Republik eine Konsenspolitik ermöglicht.

Durch die Bildung der Koalition auf Parteiebene und die Zusammenarbeit der Sozialpartner auf wirtschaftlichem Gebiet erfolgte die Weiterentwicklung zur **Konkordanzdemokratie,** die auf Kompromissfindung und institutioneller Verflechtung basierte.

Am 27. April 1945 verkündeten die Vorstände der drei antifaschistischen Parteien (SPÖ, ÖVP, KPÖ) in Wien eine **Proklamation**, in der sie die **Unabhängigkeit Österreichs** ausriefen und eine **Provisorische Staatsregierung** unter *Karl Renner* (SPÖ) einsetzten (SPÖ 10 Mitglieder, ÖVP 9, KPÖ 7, Parteilose 3). Diese konnte ihre Verwaltungstätigkeit zunächst jedoch nur in Ostösterreich entfalten, da die westlichen Alliierten sie als Marionettenregierung der Sowjetunion betrachteten. Nachdem Bestrebungen, in Westösterreich eine Gegenregierung aufzustellen, eine Absage erteilt wurde, anerkannten Vertreter aller österreichischen Länder am 24. September 1945 auf der **1. gesamtösterreichischen Länderkonferenz** die Legitimität der Prov. Staatsregierung. Zuvor war die Regierung durch die Hereinnahme von Politikern aus den westlichen Ländern umgebildet und dadurch der Einfluss der ÖVP ausgebaut worden. Am 20. Oktober 1945 genehmigte der von den Besatzungsmächten errichtete Alliierte Rat die Ausdehnung der Autorität der erweiterten Regierung Renner auf ganz Österreich (De-facto-Anerkennung).

Nationalratswahlergebnisse (Mandate):

Wahljahr	SPÖ	ÖVP	WdU	KPÖ
1945	76	85	–	4
1949	67	77	16	(Linksblock) 5
1953	73	74	14	(Volksopposition) 4

Aus den NR-Wahlen vom 25. November 1945 ging die ÖVP mit 85 Mandaten als klare Siegerin hervor (SPÖ 76, KPÖ 4). Bei den gleichzeitig durchgeführten LT-Wahlen erlangte die ÖVP in sieben Bundesländern die Mehrheit, in Wien und Kärnten siegte die SPÖ. Angesichts der ungeheuren Probleme sowie auf Druck der Alliierten hin bildete sich unter der Führung von *Leopold Figl* (ÖVP) erneut eine Allparteienregierung[6] (De-iure-Anerkennung durch den Alliierten Rat am 7. 1. 1946). Nach dem Ausscheiden der KPÖ aus der Regierung im November 1947 begann die Ära der großen Koalition zwischen ÖVP und SPÖ, die bis 1966 andauerte.

Entnazifizierung: Bereits in der Regierungserklärung vom 27. 4. 1945 (StGBl 1945/3) kündigte die Prov. Staatsregierung die Entnazifizierung der österreichischen Gesellschaft an[7]. Parallel zu den Entnazifizierungsprogrammen der Alliierten, insbesondere der USA, führte Österreich eigene Säuberungs- bzw. Bestrafungsmaßnahmen durch.

---

[6]) ÖVP: Bundeskanzler und sieben Minister (ua für Unterricht und Auswärtige Angelegenheiten), SPÖ: Vizekanzler und fünf Minister (ua für Inneres und Volksernährung), KPÖ: Bundesminister für Elektrifizierung und Energiewirtschaft.

[7]) Reg. Erklärung StGBl 1945/1: „Nur jene, welche aus Verachtung der Demokratie und der demokratischen Freiheiten ein Regime der Gewalttätigkeit, des Spitzeltums, der Verfolgung und Unterdrückung über unserem Volke aufgerichtet und erhalten, welche das Land in diesen abenteuerlichen Krieg gestürzt und es der Verwüstung preisgegeben haben und noch weiter preisgeben wollen, sollen auf keine Milde rechnen können.

In mehreren Gesetzen[8] wurden die NSDAP sowie ihre Teilorganisationen verboten und alle Mitglieder verpflichtet, sich registrieren zu lassen. Während für Kriegsverbrechen, Denunziation und Hochverrat am österreichischen Volk die Todesstrafe bzw. langjährige Kerkerhaft drohten, wurde die große Mehrzahl der NSDAP-Mitglieder in *Belastete* (ca. 40.000) und *Minderbelastete* (ca. 490.000) eingeteilt. Je nach Kategorie wurden gegen diese folgende Maßnahmen ergriffen: Sühneabgaben (erhöhte Steuerpflicht), Entlassung aus dem öffentlichen Dienst, Verlust des Ruhegenusses, Publikations- und Auftrittsverbot, Anhaltung in einem Lager, Ausschluss von bestimmten Berufen sowie vom Hochschulstudium, Verlust des aktiven und passiven Wahlrechtes, Verbot, einer politischen Partei anzugehören, Beschlagnahmung des Vermögens. Die Verfolgung der für strafbar erklärten Handlungen erfolgte durch neu errichtete Volksgerichte. Durch mehrere zwischen 1948 und 1957 erlassene Amnestiegesetze wurden die oben angeführten Sühnefolgen schrittweise aufgehoben.

Trotz partieller Erfolge können die getroffenen Maßnahmen nicht völlig befriedigen. Ein Mangel bestand bereits darin, dass nicht generell eine antifaschistische Säuberung unter Einschluss der Austrofaschisten, sondern nur eine Entnazifizierung vorgenommen wurde. Mit 543.279 Registrierten (Stand 1. 4. 1948) konnten überhaupt nur 80 % der NSDAP-Mitglieder erfasst werden. Anfang 1948 waren zwar bereits rund 100.000 NSDAP-Mitglieder aus dem öffentlichen Dienst entlassen worden, etwa 40.000 hatten jedoch nach wie vor ihre Posten inne, weil sie entweder als unentbehrliche Fachleute galten oder einen „Persilschein" erlangt hatten. Insbes. in der Wirtschaft zeigte sich eine beträchtliche Kontinuität zwischen jenen, die in der NS-Ära und nach 1945 die herrschende Schicht darstellten. Wie wenig die Entnazifizierung in das politische Bewusstsein der Österreicher eingedrungen war, zeigte eine auf Meinungsbefragungen basierende US-Studie, wonach im Februar 1948 nach wie vor 40,6 % der Österreicher den Nationalsozialismus für eine „gute Idee hielten, die nur schlecht durchgeführt wurde."[9]

Bereits 1946 begann das Buhlen der Großparteien um die Stimmen der „Ehemaligen". Die ÖVP versuchte mit führenden Persönlichkeiten aus diesem Lager in Verhandlungen zu treten, um diese einzubinden. Die SPÖ machte sich für die Zulassung einer eigenen Partei der „deutsch-national Eingestellten" stark, um damit die absolute Mehrheit der ÖVP zu brechen. 1949 gründeten *Herbert Kraus* und *Viktor Reimann* den **Verband der Unabhängigen** (VdU), der von den Alliierten als vierte Partei und Sammelbecken der Deutsch-Nationalen[10] zugelassen wurde. Als Wahlpartei der Unabhängigen erhielt der VdU bei den NR-Wahlen 1949 – 482.000 ehem. Nationalsozialisten hatten inzwischen das Wahlrecht wiedererlangt – rund 489.000 Stimmen und 16 Mandate. Aus dem VdU ging 1955 die **Freiheitliche Partei Österreichs** (FPÖ) hervor.

Sie werden nach demselben Ausnahmsrecht behandelt werden, das sie selbst den anderen aufgezwungen haben und jetzt auch für sich selbst für gut befinden sollen.

Jene freilich, die nur aus Willensschwäche, infolge ihrer wirtschaftlichen Lage, aus zwingenden öffentlichen Rücksichten wider innere Überzeugung und ohne an den Verbrechen der Faschisten teilzuhaben, mitgegangen sind, sollen in die Gemeinschaft des Volkes zurückkehren und haben somit nichts zu befürchten."

[8]) ZB VerbotsG (StGBl 1945/13; teilweise aufgehoben 1957; zuletzt geändert durch BGBl 1992/148), NS-Registr.-V (StGBl 1945/18), KriegsverbrecherG (StGBl 1945/32; aufgehoben 1957), WirtschaftssäuberungsG (StGBl 1945/160), NS-PolizeiaufsichtsV (StGBl 1945/211), NationalsozialistenG (BGBl 1947/25).

[9]) Vgl. *Wagenleitner* (Hg.), Understanding Austria. The Political Reports and Analyses of Martin F. Herz, 339.

[10]) Im „Ausseer Programm" 1954 des VdU hieß es ua: „Der VdU betreibt nationale Politik, das heißt, er tritt für die Erhaltung und Festigung des deutschen Volkes im österreichischen Raum und damit für sein geistiges und materielles Wohlergehen ein." Im selben Jahr erklärte ein VdU-Abgeordneter im NR, dass die „Grenzen zu unserem Brudervolk im Norden" unsichtbar seien.

13.1.3. Außenpolitische Lage

Wegen der geostrategischen Lage im Herzen Europas war das Schicksal Österreichs nach 1945 im besonderen Maße von der weltpolitischen Situation abhängig. Der Zweite Weltkrieg hatte das europäische Machtgefüge völlig verschoben und die europäischen Länder wirtschaftlich geschwächt. Ihre Industrie- und Nahrungsmittelproduktion erreichte je nach Land anfangs nur zwischen 40–90 % des Vorkriegsniveaus. Großbritannien und Frankreich wurden zudem durch einen fortschreitenden Auflösungsprozess ihrer Kolonialreiche erschüttert. Das politische Machtzentrum verlagerte sich weg von Europa zu den **USA**. Nach der Verdreifachung ihrer Produktion während des Krieges besaßen sie 1945 die Hälfte des Welt-Produktionsvolumens und verfügten als einzige über Atomwaffen. Als zweite, deutlich schwächere, Supermacht etablierte sich die **Sowjetunion**, die mit 20 Millionen Toten die Hauptlast des Krieges gegen die faschistischen Staaten getragen hatte und ab 1949 ebenfalls Atomwaffen besaß.

Auf einer Reihe von Konferenzen (insb. Jalta Februar 1945) teilten die alliierten Großmächte Europa in eine amerikanisch-britische und eine sowjetische **Einflusszone.** Der Sowjetunion ging es darum, die 1918/1921 erlittenen Gebietsverluste in Europa rückgängig zu machen sowie in Osteuropa sowjetunionfreundliche Regierungen zu installieren. Wegen der mehrheitlich antirussischen und antikommunistischen Haltung der Bevölkerung dieser Länder konnte dies nicht auf parlamentarisch-demokratischem Weg erreicht werden. Nach einer Übergangszeit erfolgte ab 1947 die Umgestaltung der osteuropäischen Länder nach sowjetischem Vorbild und die Errichtung von Einparteiendiktaturen. Die USA verfolgten in ihrer neuen Rolle als dominierende Supermacht eine „Open-door-Politik", mit der sie weltweit ihre Wirtschafts-, Ordnungs- und Wertvorstellungen durchsetzen wollten. Sie sahen im Kommunismus eine expansive Kraft, die ganz Europa unterwerfen wolle. Die unter Präsident *Truman* verfolgte US-Politik der Eindämmung (containment) wich in den 50er-Jahren unter Präsident *Eisenhower* der wesentlich agressiveren „roll-back-Strategie". Die bereits während des Krieges sichtbaren Spannungen zwischen den Alliierten verdichteten sich ab 1946 zum **Kalten Krieg,** im Zuge dessen Europa in zwei Blöcke zerfiel, die durch einen „Eisernen Vorhang" getrennt wurden. Mit der Absicht, Westeuropa gegen den Kommunismus zu immunisieren und den Absatzmarkt für ihre Produkte zu erhalten, entschlossen sich die USA zum wirtschaftlichen Wiederaufbau West- und Mitteleuropas (Marshall-Plan). Die Sowjetunion, die den in ihrem Einflussgebiet befindlichen Ländern die Teilnahme am Marshall-Plan untersagte, gründete statt dessen den COMECON. Mit der Errichtung der beiden Militärbündnisse NATO (1949) und Warschauer Pakt (1955) sowie der Aufteilung Deutschlands (Gründung der BRD und der DDR 1949) erreichte die Blockbildung ihren Abschluss.

Die Wahlen in Österreich vom November 1945 hatten eine überwiegend pro-westliche Ausrichtung der Bevölkerung ergeben und in den folgenden Jahren im besonderen Maße amerikanische Hilfslieferungen in unser Land gelenkt. Der Ausbruch des Kalten Krieges verhinderte die Unterzeichung des österreichischen **Staatsvertrags** und den Abzug der alliierten Besatzungstruppen. Erst als sich nach dem Tod Stalins 1953 das internationale Klima entspannte, wurde der Weg frei zu einer Einigung der Großmächte in der Österreich-Frage.

Der Versuch west- und mitteleuropäischer Staaten, sich durch einen engeren Zusammenschluss als dritte Kraft zwischen den beiden Supermächten zu behaupten, hatte im ersten Nachkriegsjahrzehnt wenig Erfolg.

Der 1949 gegründete Europarat[11], der nur geringen politischen Einfluss gewann, verabschiedete 1950 die Europäische Konvention zum Schutz der Menschenrechte und Grundfreiheiten **(EMRK).** Während der Versuch des Aufbaus einer europäischen Verteidigungsgemeinschaft scheiterte, schlossen sich 1951 Frankreich, BRD, Italien sowie die BENELUX-Staaten zur Europäischen Gemeinschaft für Kohle und Stahl (**EGKS** = „Montan-Union") zusammen. 1957 wurden die „Europäische Wirtschaftsgemeinschaft" **(EWG)** und die Europäische Atomgemeinschaft (Euratom) gegründet.

13.2. Die Alliierte Kontrolle über Österreich 1945–1955

Lit.: *Adamovich/Funk,* Österreichisches Verfassungsrecht³, 82; *Adamovich,* Grundriß des österreichischen Verfassungsrechts⁴, 41; *Adamovich,* Handbuch des österreichischen Verfassungsrechts⁶, 34; *Bischof/Leidenfrost,* Die bevormundete Nation. Österreich und die Alliierten 1945–1949; *Brandweiner,* Die Rechtsstellung Österreichs; *Brauneder,* Verfasungsgeschichte⁷, 264; *Ermacora,* Verfassungslehre I, 47; *Hellbling,* Verfassungs- und Verwaltungsgeschichte², 472; *Hoke*, Rechtsgeschichte, 505; *Luger,* Parlament und alliiertes Kontrollrecht 1945–1955, ÖZP 1975, 293; *Rauchensteiner,* Der Sonderfall; *Seidl-Hohenveldern,* Österreichische Rechtsprechung 1945–1950, ZAÖRV XIV (1951), 219; *Spanner,* Die Alliierte Viermächtekontrolle über Österreich, in: *Königsberger Kreis* (Hg.), Untersuchungen zur Lösung der deutschen Frage, 35; *Verosta,* Die internationale Stellung Österreichs 1938–1947; *Walter,* Österreichisches Bundesverfassungsrecht, 41.

Gestützt auf die Moskauer Erklärung wurde Österreich nach der Niederlage der deutschen Okkupationstruppen von den Alliierten zur Gänze besetzt. Da die (neu entstandenen) österreichischen Staatsorgane der **alliierten Kontrolle** unterworfen waren, besaß der österreichische Staat von 1945 bis zum Abschluss des Staatsvertrages 1955 nur eine **beschränkte Souveränität,** vergleichbar einem *Kollektiv*-Quasiprotektorat.[12] Die Vertreter der drei antifaschistischen österreichischen Parteien nahmen bei der Proklamation der Unabhängigkeitserklärung am 27. 4. 1945 auf diese politische Realität insoweit Rücksicht, als sie in Art. III die Prov. Staatsregierung nur „*vorbehaltlich der Rechte der besetzenden Mächte*" mit der Gesetzgebungs- und Vollzugsgewalt betrauten.

Besatzungszonen: Die Alliierten teilten im Juli 1945 das Staatsgebiet der Republik Österreich in vier Besatzungszonen, die in den ersten Monaten wirtschaftlich und politisch weitgehend voneinander geschieden blieben.[13] Nachdem sich im Sommer 1945 sowjetische Truppen aus der Steiermark und amerikanische aus dem Mühlviertel zurückzogen, ergab sich folgende Aufteilung:

* **Sowjetische Zone:** NÖ, Burgenland, Mühlviertel;
* **Amerikanische Zone:** Salzburg, OÖ südlich der Donau;
* **Französische Zone:** Tirol, Vorarlberg;

[11]) Aufgabe des Europarats ist es, „eine engere Verbindung zwischen seinen Mitgliedern zum Schutz und zur Förderung der Ideale und Grundsätze, die ihr gemeinsames Erbe bilden, herzustellen und ihren wirtschaftlichen und sozialen Fortschritt zu fördern" (Art. 1 Abs. b). Die wichtigsten Organe des Europarats sind der Ministerrat und die Beratende Versammlung. Die Vertreter in dieser Versammlung werden vom Mitgliedsstaat aus den Reihen seiner politischen Parteien entsandt.

[12]) *Verdroß,* Völkerrecht⁵, 360. Unter Protektoraten versteht man Staaten mit begrenzter Handlungsfähigkeit.

[13]) Abkommen, betreffend die Besatzungszone und die Verwaltung der Stadt Wien v. 9. 7. 1945, abgedr. bei *Verosta,* Stellung, 71.

* **Britische Zone:** Kärnten einschl. Osttirol, Steiermark;
* Die **Stadt Wien** wurde in vier Sektoren auf die Besatzungsmächte aufgeteilt. Den 1. Bezirk besetzten die Streitkräfte der vier Mächte wegen seiner politischen Bedeutung gemeinsam.

Nach allgemeinem Völkerrecht überlagert die Staatsgewalt des Okkupanten die – grundsätzlich (weiter-) bestehende – Staatsgewalt des besetzten Staates. Die Besatzungsmacht kann allerdings nicht schrankenlos handeln, sondern ihre Rechte und Pflichten sind in der Haager Landkriegsordnung umschrieben, zB Achtung bestimmter Grundrechte der Bevölkerung; Vermögensrechte von Privatpersonen dürfen grundsätzlich nicht ohne Entschädigung eingezogen werden; der Okkupant hat das Recht, Anordnungen durch Strafandrohungen durchzusetzen …

Die Alliierten Siegerstaaten (USA, GB, F, UdSSR) regelten ihr Besatzungsregime in mehreren Abkommen, die jeweils ohne Beteiligung Österreichs abgeschlossen wurden. Im **1. Kontrollabkommen** (4. 7. 1945)[14] gingen sie von der Vorstellung aus, für Österreich eine Art Militärregierung als oberste Gewalt einzusetzen:

* Errichtung eines alliierten Kontrollsystems **(Alliierte Kommission für Österreich),** bestehend aus einem Alliierten Rat, einem Exekutiv-Komitee sowie den von den vier beteiligten Regierungen ernannten Stäben.
* Der **Alliierte Rat** bestand aus je einem militärischen Kommissar (später „Hochkommissar") pro Besatzungsmacht, der von seiner Regierung ernannt und dieser gegenüber weisungsgebunden war. Der Alliierte Rat übte für Fragen, die Österreich in seiner Geamtheit betrafen, die oberste Gewalt aus und setzte die Pläne für die Ordnung Österreichs fest. Seine Beschlüsse waren einstimmig zu fassen. Die vier Kommissare waren gleichzeitig jeweils die Oberkommandierenden der Besatzungsmacht und hatten in allen übrigen Angelegenheiten in ihrer Zone die oberste Gewalt inne.[15]
* Das (ebenfalls paritätisch besetzte) Exekutiv-Komitee führte die Beschlüsse des Alliierten Rates durch und bediente sich dabei der entsprechenden Stäbe.
* Aufgaben der Alliierten Kommission waren ua: Verwirklichung der Trennung Österreichs von Deutschland, Errichtung einer österreichischen Zentralverwaltung sowie einer frei gewählten österreichischen Regierung.
* Bis zur Errichtung einer österreichischen Zentralverwaltung sollten deren Funktionen von den Besatzungsbehörden ausgefüllt werden. Nach deren Errichtung hatte sich die Alliierte Kommission bei der Erfüllung ihrer Aufgaben dieser Ämter zu bedienen und deren Tätigkeit zu überwachen.

Beschlüsse der Alliierten Kommission wurden in einem gemeinsamen Amtsblatt der Besatzungsmächte verlautbart: *„Gazette of the Allied Commission for Austria"*.

Der Alliierte Rat übernahm am 11. September 1945 die oberste Macht in Österreich.[16] Im **Memorandum des Alliierten Rates** an StK *Renner* vom 20. Oktober 1945 wurde von den Alliierten erstmals die Autorität der Prov. Staatsregierung für ganz Österreich aner-

---

[14]) Abgedr. bei *Verosta,* Stellung, 66.

[15]) Vgl. die Proklamation Nr. 2 des britischen Feldmarschalls *Alexander* von Anfang Mai 1945 (abgedr. bei *Verosta,* 64): „Die höchste gesetzgebende, rechtsprechende und vollziehende Machtbefugnis und Gewalt in dem von den Truppen unter meinem Befehl besetzten Gebiet ist in meiner Person als Oberster Befehlshaber der Alliierten Streitkräfte und als Militär-Gouverneur vereinigt. Die Militärregierung ist eingesetzt, um diese Gewalt unter meiner Leitung auszuüben."

[16]) Proklamation des Alliierten Rates an das österreichische Volk vom 11. 9. 1945, abgedr. bei *Verosta,* 95.

kannt. Weiters wurde in diesem Schreiben das Verhältnis zwischen Alliiertem Rat und österreichischer Regierung genauer geregelt:

* Die Prov. Staatsregierung übt ihr Amt unter „Führung und Kontrolle“ des Alliierten Rates, der höchsten Gewalt in Österreich, aus.
* Verpflichtung der Prov. Staatsregierung, bis spätestens 31. Dezember 1945 freie Wahlen abzuhalten.
* Die Prov. Staatsregierung ist ermächtigt, Gesetze für ganz Österreich zu beschließen, hat diese jedoch dem Alliierten Rat zur Zustimmung vorzulegen.
* Daneben bleibt die „militärische Regierungsgesetzgebung“ des Alliierten Rates voll aufrecht.

Nachdem Österreich mit den Novemberwahlen die Voraussetzungen für eine demokratische Ordnung geschaffen hatte, wurde im **2. Kontrollabkommen**[17] (28. Juni 1946) die alliierte Kontrolle gelockert:

* Die österreichische Regierung sowie alle österreichischen Behörden hatten weiterhin die Anweisungen der Alliierten Kommission zu befolgen. Diese sollte (!) sich der österreichischen Behörden bedienen. Ausnahme: Entmilitarisierung, Verfügung über deutsches Eigentum, Behandlung Kriegsgefangener und Kriegsverbrecher ua.
* **Legislative Maßnahmen** und internationale Abkommen mussten zwar weiterhin dem Alliierten Rat vorgelegt werden, traten jedoch bereits dann in Kraft, wenn der Alliierte Rat nicht binnen 31 Tagen Einspruch erhob. Nur mehr Verfassungsgesetze bedurften seiner ausdrücklichen Zustimmung.
* Der Alliierte Rat konnte weiterhin jederzeit verfügen, dass ein Gesetzesbeschluss oder eine Verwaltungsmaßnahme rückgängig gemacht wird.
* Die österreichische Regierung erhielt das uneingeschränkte Recht, diplomatische und konsularische Beziehungen mit den Regierungen der Vereinten Nationen aufzunehmen. Hinsichtlich anderer Staaten bedurfte es der Genehmigung durch den Alliierten Rat.
* Die Alliierten verpflichteten sich, (fast) alle bestehenden Beschränkungen des Personen- und Güterverkehrs zwischen den Besatzungszonen aufzuheben. Die Zoll- und Grenzverwaltung wurde auf die österreichische Regierung übertragen.
* Die Alliierte Kommission übernimmt die Aufgabe, durch ein fortschrittliches Erziehungsprogramm „alle Spuren der Nazi-Ideologie auszumerzen und der österreichischen Jugend demokratische Grundsätze einzuprägen“.

Die Kontrollabkommen, bei beiden war Österreich nicht Vertragspartner, stellten ihrem rechtlichen Charakter nach Verträge zu Lasten Dritter dar. Sie gewährten den Alliierten weitgehende Eingriffsrechte in das politische Leben Österreichs:

Das Post-, Presse- und Filmwesen sowie der Rundfunk waren der alliierten Zensur unterworfen. Erst Anfang 1946 wurde der Post-, Telefon- und Telegrafenverkehr mit dem Ausland (ausgenommen Deutschland und Japan) erlaubt. Zeitungen konnten anfangs überhaupt nur von den Alliierten herausgegeben werden. Die Gründung politischer Vereine und Parteien bedurfte der alliierten Genehmigung. Im legislativen Bereich erfolgten weitreichende Einflussnahmen: zB Einspruch gegen das VerstaatlichungsG vom 5. 9. 1945 und das Verfassungs-ÜbergangsG 1945. Das NS-Gesetz 1947 musste auf Verlangen der Alliierten in rund hundert Punkten verschärft werden. Bis Dez. 1945 war die Bestellung der Mitglieder der BReg von der Genehmigung durch den Alliierten Rat abhängig. Rechtssetzungs- und Vollzugsakte der Besatzungsmächte konnten von österreichischen Behörden oder Gerichten nicht überprüft werden. Über Anordnung des Alliierten Rates erfolgte im Oktober 1945 die Auflösung des Unterstaatssekretariats für Heerwesen. Zumindest in der Anfangszeit trugen alle Regierungsvorlagen die Klausel: „Diese Maßnahme tritt nicht früher in Kraft, als sie

---

[17]) Abgedr. bei *Verosta,* 104.

nicht die Genehmigung des Alliierten Rates erhalten hat". Das schleppende Approbationsverfahren des Alliierten Rates führte zu einer fühlbaren Verzögerung der Gesetzgebung. Österreich, das die Besatzungskosten der Alliierten zu tragen hatte, musste dafür anfangs bis zu 35 % seiner Staatsausgaben aufwenden.

13.3. Die Vorläufige Verfassung (27. 4. – 19. 12. 1945)

Lit.: *Adamovich,* Handbuch des österreichischen Verfassungsrechts[6], 29; *Adamovich/Funk,* Verfassungsrecht[3], 80; *Adamovich,* Die Entwicklung des österreichischen Verfassungsrechts seit 27. April 1945, in: JBÖffR NF Bd. 2, 179; *Adamovich,* Grundriß des österreichischen Verfassungsrechts[4], 36; *BMJ* (Hg.), Volksgerichtsbarkeit und Verfolgung von nationalsozialistischen Gewaltverbrechen in Österreich 1945–1972; *Brauneder,* Verfassungsgeschichte[7], 255; *Ebers,* Verfassungsprobleme, in: Zeitschrift für österreichisches Recht 1946, 14; *Ermacora,* Verfassungslehre I, 44; *Hellbling,* Verfassungs- und Verwaltungsgeschichte[2], 463; *Renner,* Denkschrift über die Geschichte der Unabhängigkeitserklärung Österreichs; *Schärf,* Österreichs Erneuerung 1945–1955[4], 47; *Seidl-Hohenveldern,* Die österreichische Staatsbürgerschaft von 1938 bis heute, ZÖR 1955, 21; *Steininger,* Los von Rom? Die Südtirolfrage 1945/46 und das Gruber-De-Gasperi-Abkommen; *Walter/Mayer,* Grundriß des österreichischen Bundesverfassungsrechts[9], 33; *Walter,* Bundesverfassungsrecht, 19.

13.3.1. Allgemeines

Die Wiedererrichtung des Staates Österreich im April 1945 ging von den drei antifaschistischen Parteien SPÖ, ÖVP und KPÖ aus. Sie gründeten ihre Legitimität darauf, dass sie sich als Repräsentanten des Willens „der großen Mehrheit des österreichischen Volkes" (StGBl 1945/1) verstanden. Am 27. April 1945 erließen sie in Wien eine **Proklamation (Unabhängigkeitserklärung,** StGBl 1), in der sie den Anschluss für „null und nichtig" erklärten, die demokratische Republik Österreich wiederherstellten und im „Geiste der Verfassung von 1920" einrichteten. Die Österreicher wurden wieder dem „staatsbürgerlichen Pflicht- und Treueverhältnis zur Republik Österreich" unterstellt. Weiters setzten sie unter der Führung von *Karl Renner* eine aus Mitgliedern aller Parteien bestehende Prov. Staatsregierung ein.

Damit war bereits eine Vorentscheidung gefallen, dass die Parteien keine neue Verfassung ausarbeiten, sondern zum B-VG zurückkehren wollten, um Österreich durch den Streit um eine neue Verfassung nicht innenpolitisch zu schwächen. Während SPÖ und ÖVP das B-VG idF 1929 einführen wollten, trat die KPÖ für die Rückkehr zum B-VG idF 1920 ein.

Da die Organe des B-VG erst nach einer allgemeinen Wahl bestellt werden konnten, erließ die Prov. Staatsregierung für eine Übergangszeit die **Vorläufige Verfassung 1945** (StGBl 5). Diese konzentrierte Gesetzgebung und Verwaltung sowohl des Bundes als auch der Länder bei der Prov. Staatsregierung und schuf einen **gewaltenverbindenden, zentralistisch geführten Einheitsstaat** *(Adamovich, Brauneder).* Die Vorläufige Verfassung sollte nach Art. 4 V-ÜG 1945 sechs Monate nach dem Zusammentritt der ersten demokratisch gewählten Volksvertretung außer Kraft treten. Anders als 1918, als der Aufbau des Staatswesens durch das Parlament erfolgte, lag die Wiedererrichtung 1945 in den Händen der Regierung.

Die Vorläufige Verfassung erhob Anspruch auf Geltung im gesamten österreichischen Staatsgebiet nach dem Stande 13. März 1938. Da die Vertreter der westlichen Bundesländer Österreichs sowie die westlichen Alliierten die Prov. Staatsregierung bis zum Herbst 1945 nicht anerkannten, wurde die Vorläufige Verfassung zunächst nur in der sowjetischen Besatzungszone und in der Steiermark effektiv. Zwischen den früheren Verfassungen Österreichs einerseits und der Proklamation vom 27. 4. 1945 sowie der Vorläufigen Verfassung 1945 andererseits besteht **Diskontinuität.** Nach 1918, 1934 und 1938 war dies die vierte und bislang letzte Unterbrechung der Verfassungskontinuität im 20. Jh.

Staatsgebiet: Jugoslawien erhob nach 1945 Anspruch auf **Südkärnten** einschließlich Villach und Klagenfurt sowie Grenzkorrekturen im südsteirischen Raum. Nach dem Bruch zwischen *Tito* und *Stalin* besaßen diese Forderungen jedoch keine Erfolgsaussichten mehr. Die ČSR forderte kleinere Grenzkorrekturen entlang der March und der Thaya. 1945/46 bemühte sich die österreichische Regierung erfolglos um die Rückgewinnung des deutschsprachigen Südtirols:

Vor dem Hintergrund des sich entwickelnden Kalten Krieges traten die westlichen Alliierten für die Beibehaltung der Brennergrenze ein, um einem möglichen kommunistischen Wahlsieg in Italien vorzubeugen. Im September 1946 schloss Österreich mit Italien das **Gruber-De-Gasperi-Abkommen**[18], das auf Grundlage einer Autonomieregelung die ethnische Eigenständigkeit der deutschen Volksgruppe sichern sollte. Die spätere Eingliederung Südtirols in die italienisch majorisierte autonome Region Trentino-Alto Adige bedeutete eine Verletzung dieses Abkommens und führte zu diplomatischen Auseinandersetzungen zwischen Österreich und Italien, in die auch die UNO eingeschalten wurde.

Im Staatsvertrag 1955 wurden die Grenzen Österreichs nach dem Stande 1. Jän. 1938 festgelegt.

Staatsbürgerschaft: Österreichische Staatsbürger[19] waren alle jene Personen, die entweder am 13. März 1938 die österreichische Bundesbürgerschaft besessen hatten oder die während der Dauer der NS-Herrschaft die Bundesbürgerschaft durch Rechtsnachfolge nach einem österreichischen Bundesbürger (Abstammung, Legitimation, Ehe) erworben hätten.[20] Das Heimatrecht bzw. die Landesbürgerschaft wurden nicht mehr eingeführt (StaatsbürgerschaftsG 1945).

Nach 1945 warf die Staatsbürgerschaftsfrage eine Reihe juristischer Probleme auf. Gerichte der BRD[21] vertraten nicht nur den Standpunkt, dass die Österreicher/innen zwischen 1938 und 1945 deutsche Staatsangehörige waren, sondern behaupteten darüber hinaus auch, dass diese Staatsangehörigkeit nach 1945 fortdauere und dass nur die BRD nicht aber Österreich über die Beendigung dieser Staatsbürgerschaften zu entscheiden hätte. Praktisch wäre demnach ein großer Teil der Österreicher in der BRD steuer- und wehrpflichtig gewesen. Eine für Österreich befriedigende Lösung erfolgte schließlich erst durch die deutsche Gesetzgebung (2. G. zur Regelung von Fragen der Staatsangehörigkeit, dBGBl. 1956 I, 431).

---

[18]) Abgedr. bei *Verosta,* Stellung, 114.

[19]) Staatsbürgerschaft-ÜberleitungsG, StGBl 1945/49.

[20]) Ausgenommen hievon wurden jene, die zwischen 1. Juli 1933 und 13. März 1938 der NSDAP oder einem ihrer Wehrverbände angehört hatten (sog. „Illegale“).

[21]) ZB das BVwG, DJZ 1955, 80; teilweise abweichend BVfG, DJZ 1956, 117.

Staatliche Symbole: Das österreichische **Staatswappen**[22] wurde dahingehend modifiziert, dass „zur Erinnerung an die Wiedererringung der Unabhängigkeit“ eine gesprengte Eisenkette die beiden Fänge des Adlers umschließt. Die Festlegung der Bundeshymne erfolgte nicht durch Gesetz sondern durch Ministerratsbeschluss.

Politische Parteien: Aufgrund der Rolle, die SPÖ, ÖVP und KPÖ bei der Wiedererrichtung des Staates gespielt hatten (genau genommen existierten sie schon vor dem Staat), waren sie während der Geltung der Vorläufigen Verfassung Träger öffentlicher Rechte, denen Rechtspersönlichkeit zukam.[23] Da sich diese Parteien – im Gegensatz zum VdU – nie formell als Vereine konstituiert hatten, blieb die Frage ihrer Rechtspersönlichkeit in der Folge strittig.[24] Die für politische Vereine geltenden Sondervorschriften (§§ 29 ff) des VereinsG 1867 wurden 1947 (BGBl 251) ersatzlos aufgehoben.

Rechtsquellen – Promulgationsorgan: Die wichtigsten Verfassungsbestimmungen der gegenständlichen Epoche waren: Verfassungs-ÜberleitungsG 1945 (V-ÜG, StGBl 4), **Vorläufige Verfassung** 1945 (StGBl 5), Rechts-ÜberleitungsG 1945 (R-ÜG, StGBl 6), VG über das Verbot der NSDAP (VerbotsG, StGBl 1945/13), WiederverlautbarungsG (StGBl 1945/28), KriegsverbrecherG (StGBl 1945/32), Verwaltungs-NotG (StGBl 1945/33), BurgenlandG (StGBl 1945/143), WirtschaftssäuberungsG (StGBl 1945/160), VG v. 12. Okt. 1945 über einige Abänderungen in der Vorläufigen Verfassung (Oktober-Novelle, StGBl 196), WahlG (StGBl 1945/198), 2. Verfassungs-ÜberleitungsG 1945 (StGBl 232). Ob daneben zumindest Teile des B-VG in Geltung standen, ist strittig.[25] Als Verlautbarungsorgan diente das **Staatsgesetzblatt für die Republik Österreich** (StGBl).

13.3.2. Verfassungs-, Rechts- und Behördenüberleitung

Aufgrund der Verfassungsdiskontinuität bedurfte es 1945 umfangreicher Rechtsüberleitungen. Das **V-ÜG 1945** leitete das Verfassungsrecht (insbes. B-VG 1920 idF 1929) *„nach dem Stande der Gesetzgebung vom 5. März 1933“* über. Das gesamte nach diesem Tag erlassene Verfassungsrecht der austrofaschistischen und der nationalsozialistischen Ära (demonstrative Aufzählung in Art. 3) wurden „aufgehoben“, genauer gesagt „nicht übergeleitet“.[26] An die Stelle der Bestimmungen des B-VG 1920/29, die infolge der Ereignisse undurchführbar geworden waren, trat einstweilen die Vorläufige Verfassung 1945 (Art. 4).

Das **Rechts-ÜberleitungsG 1945** (R-ÜG) betraf die einfachgesetzlichen Normen und setzte alle „Gesetze und Verordnungen, die nach dem 13. März 1938 für die Republik Österreich oder ihre Teilbereiche erlassen wurden“, in Geltung. Ausgenommen hievon waren jedoch alle jene politisch untragbaren Vorschriften *(Adamovich/Funk),* „die mit

[22]) WappenG, StGBl 1945/7.

[23]) OGH v. 8. 3. 1947, 1 Ob 122/47, SZ 21/24.

[24]) Vgl. *Adamovich,* Handbuch^{6}, 106 mwN.

[25]) Vgl. *Walter,* Bundesverfassungsrecht, 27 (Fn 19) mwN.

[26]) Die Überleitungsgesetze verwendeten häufig die Formulierung „Bestimmungen ... werden aufgehoben“. Diese Passagen sind textlich verfehlt, da aufgrund der Diskontinuität der Rechtsordnung nur ein „in-Geltung-Setzen“ infrage kam.

dem Bestand eines freien und unabhängigen Staates Österreich oder mit den Grundsätzen einer echten Demokratie unvereinbar sind, die dem Rechtsempfinden des österreichischen Volkes widersprechen oder typisches Gedankengut des Nationalsozialismus enthalten" (§ 1 Abs. 1).[27] Die vor dem 13. März 1938 erlassenen österreichischen Rechtsvorschriften gelten als stillschweigend in Kraft gesetzt. Das deutsche Steuer- und Abgabenrecht (ohne die Sonderbestimmungen für Juden, Polen und Zigeuner) wurde durch StGBl 1945/12 übernommen.

Die Wiedererrichtung der österreichischen Verwaltungs- und Justizbehörden regelte das im Juli 1945 erlassene **Behörden-ÜberleitungsG** (StGBl 94). Es orientierte sich im Wesentlichen am Stand der österreichischen Behördenorganisation vom 13. März 1938.

Während im Verfassungsrecht auf den Stand vom März 1933 zurückgegriffen wurde, knüpfte man hinsichtlich der Behördenorganisation bei der Rechtslage vom März 1938 und bei den einfachgesetzlichen Bestimmung beim April 1945 an.

Ein besonderes Problem der Rechtsüberleitung ergab sich aus dem Umstand, dass das V-ÜG 1945 und die Vorläufige Verfassung zunächst nur in der sowjetischen Besatzungszone effektiv wurden. Dem Versuch, nach der Anerkennung der Prov. Staatsregierung im Oktober, die bis zu diesem Zeitpunkt erlassenen Rechtsvorschriften durch ein „RechtsanwendungsG" en bloc auf die westlichen Besatzungszonen auszudehnen, verweigerte der Alliierten Rat die Zustimmung. Der Zeitpunkt des Inkrafttretens dieser erst nach und nach gebilligten Bestimmungen wurde nicht allgemein verlautbart.[28]

13.3.3. Kompetenzverteilung

Die Vorläufige Verfassung richtete Österreich als **zentralistischen Einheitsstaat** ein. Gesetzgebung und Verwaltung bzgl. Bund und Länder oblag der Prov. Staatsregierung. Nur die den Ländern als Selbstverwaltungskörper „nach der Überlieferung zustehenden wirtschaftlichen, sozialen und kulturellen Angelegenheiten" sollten von einem Prov. Landesausschuss verwaltet werden (§ 4 Abs. 2)

Erst durch die Oktober-Novelle 1945 wurden die **Länder wieder eingerichtet** und die Kompetenzen zwischen Bund und Ländern nach Art. 10 ff B-VG 1920/29 aufgeteilt (15. Okt.). Ab diesem Zeitpunkt übten die Prov. LReg sowohl die Gesetzgebung als auch die Verwaltung der Landesangelegenheiten aus. Hinsichtlich Ersterer bestand ein Einspruchsrecht der Prov. Staatsregierung.

In den Ländern, in denen die Vorläufige Verfassung zunächst nicht effektiv geworden war, bildeten sich die Landesorgane im Mai originär.

---

[27]) Die Prov. Staatsregierung stellte mittels „Kundmachung" fest, welche Rechtsvorschriften darunter fielen. Vgl. die Zusammenstellung bei *Adamovich,* Verfassungsgesetze^{8}, 221.

[28]) Vgl. *Adamovich,* Grundriß^{4}, 40.

13.3.4. Die Organe des Einheitsstaates

Die Vorläufige Verfassung organisierte Österreich als **gewaltenverbindenden Staat**, in dem die Prov. Staatsregierung die Trägerin der Staatsgewalten (Gesetzgebung, Verwaltung) bildete. Sie stellte „vorbehaltlich der Rechte der besetzenden Mächte" das oberste Organ der Republik Österreich dar und stand daher, wie oben dargestellt, unter alliierter Kontrolle.

13.3.4.1. Gesetzgebung und Verwaltung

Zentralbehörden: Die **Prov. Staatsregierung** übte die gesamte nach dem B-VG 1920/29 dem Bund und den Ländern zustehende **(einfache oder Verfassungs-) Gesetzgebung** aus. Jeder Gesetzesbeschluss bedurfte der Genehmigung durch den Alliierten Rat. Weiters oblag ihr (unter Aufsicht des Alliierten Rates) die **oberste staatliche Verwaltung**, soweit sie nicht dem Politischen Kabinettsrat vorbehalten war. Die Prov. Staatsregierung bestand aus dem Staatskanzler und der erforderlichen Zahl von Staatssekretären, denen weisungsgebundene Unterstaatssekretäre (der anderen Parteien) zur Unterstützung (genauer: Kontrolle) beigegeben waren. Beim Ausscheiden einzelner Mitglieder bzw. der gesamten Prov. Staatsregierung aus dem Amte hatten die Vorstände von SPÖ, ÖVP und KPÖ für die Bildung einer neuen Prov. Staatsregierung zu sorgen. Innerhalb der Regierung galt Einstimmigkeitsprinzip. Die Besorgung der Geschäfte der obersten staatlichen Verwaltung oblag den einzelnen **Staatsämtern,** denen die übrigen staatlichen Verwaltungsbehörden unterstellt waren. Erst nach der Anerkennung durch die westlichen Alliierten (20. Okt. 1945) konnte die Prov. Staatsregierung ihre Tätigkeit auch auf die drei anderen Besatzungszonen ausdehnen.

Der **Politische Kabinettsrat,** bestehend aus dem Staatskanzler sowie Staatssekretären ohne Portefeuille, diente der „Beratung in allen politischen Fragen von grundsätzlicher Bedeutung" und nahm darüber hinaus als weiteres oberstes Verwaltungsorgan Funktionen eines kollektiven Staatsoberhauptes wahr (§ 23): Vertretung der Republik nach außen, Ernennung der staatlichen Angestellten, Begnadigungsrecht usw.

Unter- und Mittelbehörden: Die staatliche Verwaltung in den Ländern vollzog (sofern nicht staatliche Sonderbehörden eingerichtet waren) in Unterordnung unter die zuständigen Staatsämter in jedem Land der **Landeshauptmann** (ihm unterstand die Landeshauptmannschaft). Dieser wurde von der Prov. Staatsregierung aufgrund eines von den politischen Parteien des Landes erstatteten Vorschlages ernannt.

Als unterste Instanz wurden die **Bezirkshauptmannschaften** bzw. **Städte mit eigenem Statut** wiedererrichtet. Die Ernennung eines Bezirkshauptmanns bzw. Bürgermeisters einer Stadt mit eigenem Statut erfolgte durch den Landeshauptmann mit Zustimmung der Prov. Staatsregierung. Die beabsichtigte Demokratisierung der Bezirksverwaltung unterblieb.

13.3.4.2. Gerichtsbarkeit

Die Vorläufige Verfassung (§§ 40f) garantierte die Unabsetzbarkeit und Unabhängigkeit der Richter. Durch das GerichtsorganisationsG 1945 (StGBl 47) und das Behörden-ÜberleitungsG 1945 wurde die Gerichtsorganisation im Wesentlichen nach dem Stand vom 13. März 1938 wiedererrichtet[29], das OLG Linz blieb allerdings bestehen. Seit Juni 1945 standen das StG 1852 sowie die StPO 1873 (beide nach dem Stand vom 13. März 1938) wieder in vollem Umfang in Kraft (StGBl 25f). Im Oktober 1945 erfolgte die Wiedererrichtung des VwGH und des VfGH (StGBl 208f). Die Entsendung der Mitglieder des VfGH erfolgte durch den Politischen Kabinettsrat, den OGH, den VwGH sowie die Vorstände von SPÖ, ÖVP und KPÖ.

Mit der Aburteilung wegen der nach dem VerbotsG und dem KriegsverbrecherG strafbar erklärten Handlungen wurden **Volksgerichte** (aufgelöst 1955) betraut. Diese bestanden aus zwei Berufsrichtern und drei Schöffen. Es existierte nur eine Instanz, Rechtsmittel konnten nicht erhoben werden, die Strafen waren ohne Aufschub zu vollziehen. Von den gegen 130.000 Personen eingeleiteten Verfahren wurden 60 % eingestellt, 13.597 endeten mit Schuldsprüchen. 30 der 43 verhängten Todesurteile wurden vollstreckt.

13.4. Das Inkrafttreten des B-VG 1920/29 (19. Dez. 1945)

Die Wahlen vom 25. Nov. 1945 zum NR, den acht Landtagen und dem Gemeinderat von Wien schufen die Voraussetzungen für die Einsetzung der im B-VG vorgesehenen Organe. Das 2. V-ÜG 1945 (StGBl 232) übertrug die Gesetzgebung und die Regierungsgewalt von der Prov. Staatsregierung auf das Parlament bzw. die zu bestellende BReg. In den Ländern ging die Gesetzgebung von den Prov. LReg auf die Landtage über (Art. VI). Das 2. V-ÜG änderte das B-VG 1920/29 in zwei Punkten ab. Anstelle des 1929 vorgesehenen Länder- und Ständerates trat erneut der **Bundesrat.** Der **Bundespräsident** sollte (ausnahmsweise) das erste Mal nicht vom Bundesvolk, sondern – wie 1920 vorgesehen – von der Bundesversammlung gewählt werden.

Mit dem Zusammentritt des Parlaments sowie der Wahl von Karl Renner zum Bundespräsidenten (19./20. Dezember 1945) verlor die Vorläufige Verfassung ihre Geltung und das B-VG 1920/29 trat erneut in Kraft. Die Beschränkungen durch das 1. und 2. Kontrollabkommen blieben jedoch bis zum Abschluss des Staatsvertrages 1955 weiterhin aufrecht.

---

[29]) Nicht übergeleitet wurde die V. betr. Änderungen der Gerichtsverfassung (BGBl 1934 I/83), die die Unversetzbarkeit der Richter aufgehoben hatte.

Rund um das Inkrafttreten des B-VG entstanden noch eine Reihe von Kontroversen zwischen Österreich und den alliierten Kontrollmächten.[30] Der NR hatte bei seinem ersten Zusammentreffen einen Gesetzesbeschluss für ein BVG gefasst, mit dem das B-VG 1920/29 in Wirksamkeit gesetzt und Übergangsbestimmungen getroffen werden sollten.[31] Der Alliierte Rat (auf Betreiben insbes. der UdSSR) verweigerte mit Schreiben vom 30. März 1946 diesem Gesetzesbeschluss die Zustimmung und verlangte statt dessen von der österreichischen Regierung „bis spätestens 1. Juli die Vorlage einer definitiven Verfassung, die sich auf demokratische Prinzipien gründet." Der NR bekannte sich jedoch in seiner Sitzung vom 12. 4. 1946 zu seinem Gesetzesbeschluss und stellte fest, dass das B-VG 1920/29 „Bestandteil der geltenden Rechtsordnung geworden" sei. Die Alliierten ließen es schließlich dabei bewenden. Für Rechtsüberleitungsprobleme wurde in der Folge das VÜG 1920 sinngemäß angewandt.

Schließlich sah sich der NR noch vor die Aufgabe gestellt, einige offenkundige Schwachstellen im Verfassungsrecht zu beseitigen. 1946 (StGBl 143) wurde das nach wie vor in Geltung befindliche **KWEG 1917** außer Kraft gesetzt.[32] 1948 beschloss der NR eine Änderung der Geschäftsordnung des NR, die für den NR einen **Alterspräsidenten** einführte. Dieser sollte die Wahl von drei Vorsitzenden leiten, wenn die gewählten NR-Präsidenten an der Ausübung ihres Amtes verhindert sind. Außerdem wurde die Vertretung des BPräs bei länger dauernder Verhinderung neu geregelt (StGBl 1948/84). Dauerte diese voraussichtlich länger als 20 Tage, so hatte der Hauptausschuss des NR eine oder mehrere Personen zu wählen, die für die Dauer der Verhinderung des BPräs seine Funktionen ausübten.

13.5. Die verfassungsrechtliche Entwicklung in den Ländern

Lit.: *Altenstetter,* Föderalismus in Österreich 21; *Brauneder,* Verfassungsgeschichte[7], 259; *Ermacora,* Föderalismus, 75; *Ermacora,* Vorstellungen und Wirklichkeit im österreichischen Föderalismus, in: *Hellbling/Mayer-Maly/Marcic* (Hg.), Föderalismus in Österreich, 64; *Feichtenberger,* Die Länderkonferenzen 1945; *Pernthaler,* Staatsgründungsakte, 35.

13.5.1. Die politische Situation in den Ländern

Die vier Besatzungszonen waren in den ersten Wochen voneinander abgeschlossen. Daher entwickelte sich der Aufbau der staatlichen Verwaltung in den Ländern relativ unkoordiniert und in den westlichen Besatzungszonen (mit Ausnahme der Steiermark, die bis Mitte Juli sowjetisch besetzt war) ohne Verbindung zur Prov. Staatsregierung in Wien. In der amerikanischen und der französischen Zone blieb eine parteipolitische Betätigung bis zum Herbst 1945 überhaupt verboten. Im Gegensatz zu Wien, NÖ, dem Burgenland und der Steiermark, in denen im Frühjahr 1945 die Vorläufige Verfassung effektiv wurde, entstand in den übrigen Ländern die Landesgewalt unabhängig von der Prov. Staatsregierung unter der Schirmherrschaft bzw. teilweise aufgrund der Einsetzung durch die

[30]) Vgl. dazu *Schärf,* Erneuerung, 94; *Brandweiner,* Rechtsstellung, 48, *Adamovich,* Handbuch[6], 33.

[31]) Der Text ist abgedr. bei *Werner/Klecatsky* (Hg.), Bundesverfassungsrecht[1], 811.

[32]) Vorgesehen war dies bereits in dem am 19. 12. 1945 vom NR gefassten Gesetzesbeschluss, der dann nicht die Zustimmung des Alliierten Rates gefunden hatte.

westlichen Besatzungsmächte. Einzelne Länder (zB Salzburg, OÖ) anerkannten jedoch schon in Frühjahr 1945 informell die Prov. Staatsregierung oder erklärten, Gesetze der Prov. Staatsregierung soweit wie möglich durchführen zu wollen.

Einen wichtigen Schritt im Hinblick auf die Erhaltung der Einheit Österreichs stellte die **1. gesamtösterreichische Länderkonferenz** (24.–26. September 1945) dar. Dabei anerkannten sich wechselweise die Prov. Staatsregierung und die Prov. Landesregierungen. Die Ländervertreter sanktionierten die bis dahin von der Prov. Staatsregierung gefällten politischen Entscheidungen, forderten jedoch umgehend die Umwandlung des Einheitsstaates in einen Bundesstaat durch Wiedererrichtung der Länder.

Landesgrenzen: Die Vorläufige Verfassung 1945 ordnete in den §§ 2f die Beibehaltung der historisch überlieferten Ländergrenzen an. Das Burgenland, das vorläufig auf NÖ und die Steiermark aufgeteilt blieb, wurde erst am 1. Oktober 1945 wiedererrichtet (BurgenlandG, StGBl 143). Die Rückgliederung der von NÖ an Wien abgetretenen Randgemeinden konnte wegen des Widerstandes der alliierten Besatzungsmächte erst im Jahre 1954 erfolgen (BGBl 110). In den westlichen Zonen führten die Länder die Wiederherstellung der Landesgrenzen selbst durch: Osttirol wurde mit Nordtirol wiedervereinigt, das Ausseerland kehrte zur Steiermark zurück.

13.5.2. Gesetzgebung und Verwaltung der Länder

In den westlichen Bundesländern hatten sich originär oder infolge der Einsetzung durch die Besatzungsmächte LReg bzw. Landesausschüsse gebildet, die die Landesgesetzgebung sowie -verwaltung aufnahmen, aber in der Folge vereinzelt von der jeweiligen Besatzungsmacht wieder abgesetzt wurden (zB OÖ, Kärnten). Im Geltungsbereich der Vorläufigen Verfassung übte die Prov. Staatsregierung auch die den Ländern zustehende Gesetzgebung und Verwaltung aus (§§ 18, 30). Die Prov. Staatsregierung setzte aufgrund eines von den Vorständen der politischen Parteien des Landes erstatteten Vorschlages für jedes dieser Länder einen **Landeshauptmann** und mehrere Stellvertreter ein. Diese führten in Unterordnung unter die zuständigen Staatsämter in ihrem Land die staatliche Verwaltung. Die Verwaltung der den Ländern als Selbstverwaltungskörper nach der „Überlieferung“ zustehenden Angelegenheiten oblag in jedem Land einem **Prov. Landesausschuss.**

Die Oktober-Novelle 1945 errichtete die Länder. Die Angelegenheiten der Landesgesetzgebung und -verwaltung übte daraufhin gemäß der Kompetenzaufteilung des B-VG 1920/29 in jedem Land die **Prov. LReg** aus. Gesetzesbeschlüsse der Prov. LReg konnten von der Prov. Staatsregierung binnen vier Wochen nach Einlangen bei der Staatskanzlei beeinsprucht werden. Durch das Wiederinkrafttreten des B-VG 1920/29 am 19. Dezember 1945 traten auch die Landesverfassungen als deren Ausführungsbestimmungen wieder in Kraft.[33] Damit oblag die Gesetzgebung dem **Landtag** und die Verwaltung der **LReg** des jeweiligen Landes.

[33]) VfSlg 1956/2985, *Walter,* Bundesverfassungsrecht, 27; aA *Pernthaler,* Staatsgründungsakte, 47.

Bezirksverwaltung: Die Vorläufige Verfassung richtete die Bezirkshauptmannschaft mit dem Bezirkshauptmann an der Spitze als unterste staatliche Verwaltungsbehörde wieder ein. Neu war, dass diese Verwaltungsbezirke „zur Besorgung der ihnen eigenen wirtschaftlichen, sozialen und kulturellen Angelegenheiten als Selbstverwaltungskörper ausgestaltet" und eine prov. Bezirksvertretung errichtet werden sollte (§ 33).[34] Die diesbzgl. Ausführungsgesetze zur Demokratisierung bzw. Föderalisierung der Bezirksverwaltung wurden jedoch nicht erlassen, sodass nach dem Wiederinkrafttreten des B-VG 1920/29 die alte Rechtslage weiter bestehen blieb.

Gemeinden: Mit 15. Juli 1945 trat das deutsche Gemeinderecht außer Kraft. An seiner Stelle galt das **vorläufige GemeindeG 1945** (StGBl 66), das im Wesentlichen zum ReichsgemeindeG 1862 zurückkehrte. Bis zur Durchführung demokratischer Gemeinderatswahlen sollten **Prov. Gemeindeausschüsse** die Geschäfte führen. Diese wurden vom Prov. Landesausschuss aufgrund von Vorschlägen der Vorstände der drei anerkannten politischen Parteien in der Gemeinde ernannt.

13.6. Die Entwicklung des Rechtsschutzes der Einzelpersonen

Lit.: *Adamovich/Funk,* Verfassungsrecht[3], 358; *Brauneder,* Die historische Entwicklung der modernen Grundrechte in Österreich, 28; *Korinek/Gutknecht,* Der Grundrechtsschutz, in: *Schambeck* (Hg.), Entwicklung, 301; *Walter/Mayer,* Grundriß des österreichischen Bundesverfassungsrechts[9], 538.

Folgt man der (strittigen) Ansicht[35], dass bis zum 19. 12. 1945 ausschließlich die Vorläufige Verfassung galt, so trat auch das StGG über die allgemeinen Rechte der Staatsbürger 1867 erst wieder an diesem Tag in Kraft. Bis dahin galt demnach als einzige Grundrechtsbestimmung der § 6 Vorläufige Verfassung, der den Grundsatz der Gleichheit aller Staatsbürger wiederherstellte und „Vorrechte der Geburt, des Geschlechtes, des Standes, der Klasse und des Bekenntnisses" ausschloss. Der praktische Wert von Grundrechtsbestimmungen war bis 1955 allerdings dadurch beschränkt, dass sich die Besatzungsmächte durch diese Vorschriften nicht gebunden sahen.

Ein Ausbau der Grundrechte erfolgte durch den Staatsvertrag 1955. In Art 6 verpflichtete sich Österreich, alle erforderlichen Maßnahmen zu treffen, um „allen unter österreichischer Staatshoheit lebenden Personen ohne Unterschied von Rasse, Geschlecht, Sprache oder Religion den Genuss der Menschenrechte und der Grundfreiheiten einschließlich der Freiheit der Meinungsäußerung, der Presse und Veröffentlichung, der Religionsausübung, der politischen Meinung und der öffentlichen zu sichern." Weiters verpflichtete sich Österreich, jedwede rechtliche Diskriminierung österreichischer Staatsan-

---

[34]) Dahinter stand die alte Forderung der Sozialdemokratie nach Demokratisierung der Bezirksverwaltung. Dieser Versuch scheiterte jedoch ebenso wie die nach 1946 unternommenen Anläufe, vgl. dazu *Matzka* (Hg.), Sozialdemokratie, 144; *Wolny,* Sozialdemokratie und Selbstverwaltung, in: *Ebenda,* 278.

[35]) *Walter,* Bundesverfassungsrecht, 27 mwN.

gehöriger zu unterlassen. In Art. 7 wurden die – bis heute nur schleppend gewährten – **Rechte der slowenischen und kroatischen Minderheiten** (in Kärnten, Steiermark und Burgenland) bzgl. Sprache, Kultur, Unterricht und topografische Aufschriften sowie die rechtliche Gleichstellung mit den übrigen Österreichern geregelt.

Durch das **AmtshaftungsG** (BGBl 1948/20) wurde erstmals eine generelle Haftpflicht von Bund, Ländern, Bezirken, Gemeinden sowie sonstigen Körperschaften des öffentlichen Rechts und den Trägern der Sozialversicherung eingeführt. Sie haften nach den Bestimmungen des bürgerlichen Rechts für den Schaden am Vermögen oder an der Person, den die als ihre Organe handelnden Personen in Vollziehung der Gesetze durch ein rechtswidriges Verhalten wem immer schuldhaft zugefügt haben (§ 1).

Rechtsstaatliche Bedenken wurden vereinzelt gegen das im Zuge der **Entnazifizierung** erlassene Sonderstrafrecht (insbes. KriegsverbrecherG) erhoben. Die Kritik wandte sich vor allem gegen die Verletzung des Rückwirkungsverbots.[36] Zur Durchbrechung dieses Grundsatzes war Österreich jedoch schon alleine wegen seiner aus dem allgemeinem Völkerrecht erfließenden Pflicht zur Verfolgung von Kriegsverbrechen verpflichtet. Darüber hinaus widersprach insbes. die Behandlung der Juden dem seit 1815 in Europa allgemein gültigen Sklavereiverbot. Außerdem könnte sonst jeder Unterdrückungs-Staat seinen handelnden Personen einen Freibrief für jegliche Art von Verbrechen ausstellen.[37]

13.7. Der Staatsvertrag 1955 und die Neutralitätserklärung

Lit.: *Adamovich/Funk,* Verfassungsrecht³, 86; *Ardelt/Haas,* Die Westintegration Österreichs, ÖZP 1975, 379; *Ermacora,* 20 Jahre österreichische Neutralität; *Ermacora,* Österreichs Staatsvertrag und Neutralität; Ermacora, Die Obsoleterklärung der Bestimmungen des österreichischen Staatsvertrags, ZÖR 42, 1991, 319; *Gruber,* Zwischen Befreiung und Freiheit; *Mock/Steiner/Khol* (Hg.), Neue Fakten zu Staatsvertrag und Neutralität; *Neuhold/Hummer/Schreuer* (Hg.), Österreichisches Handbuch des Völkerrechts I², 464; *Rotter,* Die dauernde Neutralität; *Schlesinger,* Austrian Neutrality and Postwar Europe; *Stourzh,* Der Weg zum Staatsvertrag und zur immerwährenden Neutralität, in: *Weinzierl/Skalnik* (Hg.), Österreich. Die Zweite Republik I, 203; *Stourzh,* Geschichte des Staatsvertrages; *Verdroß,* Die immerwährende Neutralität Österreichs; *Verosta,* Die dauernde Neutralität; *Zsáky,* Der Weg zu Freiheit und Neutralität.

Obwohl sich die Alliierten in der Moskauer Erklärung 1943 einig waren, ein „freies unabhängiges Österreich" wiederherzustellen, dauerte es genau ein Jahrzehnt, bis der Staatsvertrag zustandekam. Ursache für diese Verzögerung war der zwischen den Westmächten und der Sowjetunion ausgebrochene Kalte Krieg. Die quer durch Österreich verlaufende Grenze zwischen den beiden Einflusszonen bedeutete eine latente Gefahr der Teilung des Staates. Im Gesamtkonzept des europäischen Vertragswerks nach 1945 nahm

---

[36]) Vgl. zB *Rittler,* Lehrbuch des österreichischen Strafrechts I², 39. Seine Argumentation hätte dazu geführt, dass ein beträchtlicher Teil der NS-Machthaber, die selbst das Rückwirkungsverbot exzessiv verletzt hatten, freigegangen wäre.

[37]) Vgl. im Einzelnen *Markus,* Die Strafverfolgung von nationalsozialistischen Gewaltverbrechen und die völkerrechtliche Verantwortung Österreichs, in: *Meissl* ua (Hg.), Verdrängte Schuld, verfehlte Sühne, 150.

Österreich von Anfang an insoweit eine Sonderstellung ein, als es weder zu den Siegerstaaten noch zu den Besiegten gezählt wurde. Österreich, das in den ersten Jahren nur zu Anhörungen beigezogen wurde, erlangte erst 1954 die Stellung eines gleichberechtigten Verhandlungspartners.

Die widerstreitenden, oft wechselnden Interessen der beiden Lager führten dazu, dass einmal die eine und dann wieder die andere Seite die Verhandlungen blockieren oder beschleunigen wollte. Die **westlichen Alliierten** drängten anfangs deshalb auf einen schnellen Vertragsabschluss, weil damit der Grund für die Stationierung sowjetischer Truppen in Rumänien, Bulgarien und Ungarn (zur Sicherung der Nachschublinien für die in Österreich stehenden Einheiten) wegfiele. Nachdem es der Kommunistischen Partei 1949 in der unbesetzten ČSR gelungen war, durch einen Putsch an die Macht zu kommen, hatten die Westalliierten ein Interesse am Verbleib ihrer Truppen in Österreich, um auf die Innenpolitik Einfluss nehmen zu können. Die sich schrittweise abzeichnende Neutralität Österreichs bedeutete nicht nur ein politisches Hindernis im Zuge der fortschreitenden Westintegration der BRD (NATO-Beitritt), sondern trieb zusammen mit der Schweiz einen Keil neutraler Staaten zwischen die NATO-Mitglieder Italien und BRD. Umgekehrt befürchtete die **Sowjetunion** angesichts der überwiegend pro-westlichen Einstellung der österreichischen Bevölkerung die Integration Österreichs in ein westliches Militärbündnis und die Gefahr eines Anschlusses an die BRD. Darüber hinaus wollte sich die Sowjetunion zumindest einen Teil der österreichischen Wirtschaftskraft für den Wiederaufbau der verwüsteten russischen Gebiete nutzbar machen.

Die zentralen Streitthemen bei den Staatsvertragsverhandlungen bildeten die Forderungen Jugoslawiens nach Reparationen und Gebietsabtretungen, die Behandlung des von der Sowjetunion beanspruchten „Deutschen Eigentums“ sowie die von der Sowjetunion geforderte Repatriierung der sog. „displaced persons“. Die eigentlichen Vertragsverhandlungen begannen im Jänner 1947 und wurden 1949 am Höhepunkt des Kalten Krieges erfolglos abgebrochen. Erst 1953, nach dem Tod Stalins, begann ein Prozess der Auflockerung der starren Fronten. Den entscheidenden Durchbruch bedeutete das von Österreich und der Sowjetunion verfasste **Moskauer Memorandum** vom 19. April 1955, das nach hM keinen völkerrechtlichen Vertrag darstellt. Darin kamen die beiden Länder in einer Reihe von strittigen Fragen (v.a. beim „Deutschen Eigentum“) zu einer vorläufigen Einigung. Österreich kündigte in diesem Memorandum an, eine Erklärung über seine immer währende Neutralität nach Schweizer Vorbild abzugeben. Auf Grundlage der österreichisch-russischen Besprechungen fanden in Wien Beratungen zwischen Österreich und den vier alliierten Großmächten statt, die am **15. Mai 1955** zur **Unterzeichnung des Staatsvertrages** führten. Nach der Hinterlegung der Ratifikationsurkunden trat der Staatsvertrag am 27. Juli 1955 in Kraft. Seine wesentlichsten Bestimmungen waren:

* Beendigung der alliierten Kontrolle; Österreich wurde als „souveräner, unabhängiger und demokratischer Staat wiederhergestellt“, die Alliierten erklärten, die Unabhängigkeit und territoriale Unversehrtheit Österreichs zu achten; es gelten die Grenzen Österreichs nach dem Stand vom 1. 1. 1938 (Art. 1, 2, 5,20).
* Verbot der politischen oder wirtschaftlichen Vereinigung Österreichs mit Deutschland (Art. 4).[38]

[38]) Art 4 Abs. 2: „... wird Österreich keinerlei Vereinbarung mit Deutschland treffen oder irgendeine Verhandlung setzen oder irgendwelche Maßnahmen treffen, die geeignet wären, unmittelbar oder mittelbar eine wirtschaftliche Vereinigung mit Deutschland zu fördern oder seine territoriale Unversehrtheit oder politische oder wirtschaftliche Unabhängigkeit zu beeinträchtigen. Österreich ... wird den Bestand, das Wiederaufleben

* Politische Auflagen: Verpflichtung Österreichs zur Demokratie, zur Auflösung faschistischer Organisationen und Weiterführung der Entnazifizierung, Verankerung von Menschenrechten (zB Meinungs-, Presse-, Religions- und Versammlungsfreiheit); Schutz für die slowenischen und kroatischen Minderheiten (Art. 6 bis 9).[39]

* Verbot von Spezialwaffen, zB: Torpedos, Unterseeboote, jede Art von selbst getriebenen oder gelenkten Geschossen (Raketen), Geschütze mit einer Reichweite von mehr als 30 km, Atomwaffen. Österreich soll Kriegsmaterial deutschen Ursprungs weder erwerben noch besitzen; gleiches gilt für Zivilflugzeuge deutscher oder japanischer Bauart.

* Heimführung der Österreicher, die sich noch in Kriegsgefangenschaft befanden.

* Ausdrücklicher Verzicht der Alliierten, von Österreich Reparationen zu verlangen (Art. 21). Festgehalten wird das Recht der Alliierten, über „alle ehemaligen deutschen Vermögenswerte in Österreich" gemäß Potsdamer Konferenz 1945 zu verfügen. Während die westlichen Alliierten auf das „Deutsche Eigentum" verzichteten, wurden die diesbzgl. Ansprüche und Eigentumsrechte der Sowjetunion (insbes. Ölkonzession, Liegenschaften, DDSG, Abschlagszahlungen) vertraglich festgelegt (Art. 22). In einem Annex zum Staatsvertrag übertrug jedoch die Sowjetunion diese Vermögenswerte binnen zwei Monaten an Österreich. Dieses musste dafür Warenlieferungen im Wert von 150 Mio. Dollar, 10 Mio. t Rohöl sowie 2 Mio. Dollar in bar an die Sowjetunion bezahlen[40].

* Österreich verzichtete seinerseits in Art. 23 (3) auf alle gegenüber Deutschland und deutschen Staatsangehörigen am 8. Mai 1945 offenen Forderungen (insbes. Schadenersatz).

Am 6. Nov. 1990 erließ die österreichische BReg unter Berufung auf die geänderten politischen Rahmenbedingungen in Europa eine Mitteilung an die vier Signatarstaaten, in der sie einzelne Bestimmungen des StV für obsolet erklärte.[41] Dies betraf die Art. 12–16 „militärische und Luftfahrt-Bestimmungen" (insbes. das Verbot von Spezialwaffen und das Verbot betreffend Zivilflugzeuge deutscher oder japanischer Bauart) sowie Art. 22 Z. 13. Österreich erklärte sich aber weiterhin als völkerrechtlich verpflichtet, keine atomaren, biologischen oder chemischen Waffen herzustellen oder zu besitzen. Die Signatarmächte bekundeten ihr Einverständnis mit der Obsoleterklärung.[42]

Nach Abzug aller ausländischen Truppen beschloss der NR am 26. Oktober 1955 das **B-VG über die Neutralität Österreichs** (Art. 1):

„Zum Zwecke der dauernden Behauptung seiner Unabhängigkeit nach außen und zum Zwecke der Unverletzlichkeit seines Gebietes erklärt Österreich aus freien Stücken seine immer währende Neutralität. Österreich wird diese mit allen ihm zu Gebote stehenden Mitteln aufrechterhalten und verteidigen.

Österreich wird zur Sicherung dieser Zwecke in aller Zukunft keinen militärischen Bündnissen beitreten und die Errichtung militärischer Stützpunkte fremder Staaten auf seinem Gebiete nicht zulassen."

---

und die Tätigkeit jeglicher Organisationen, welche die politische oder wirtschaftliche Vereinigung mit Deutschland zum Ziele haben sowie großdeutsche Propaganda zu Gunsten der Vereinigung mit Deutschland verhindern."

[39]) Vgl. BG über die Rechtsstellung von Volksgruppen in Österreich (Volksgruppengesetz), BGBl 1976/396.

[40]) Später erließ die Sowjetunion der Republik Österreich einen Teil dieser Verpflichtungen, sodass die Schulden bis zum Jahre 1963 getilgt waren.

[41]) Abgedr. in: Österreichische außenpolitische Dokumentation, Dez. 1990, 28.

[42]) Vgl. die Antwortnoten der Signatarmächte, abgedr. bei *Ermacora*, Die Obsoleterklärung von Bestimmungen des österreichischen StV 1955, AJPIL 1991, 334.

Die österreichische Neutralität ist **nicht garantiert** aber von allen Staaten, mit denen Österreich in diplomatischer Verbindung stand, entweder ausdrücklich anerkannt oder widerspruchslos zur Kenntnis genommen worden.

„Immer währende“ (= dauernde) Neutralität ist der „Rechtsstatus eines Staates, der zur Neutralität in allen künftigen Kriegen verpflichtet ist“.[43] Der dauernd neutrale Staat hat bereits in Friedenszeiten die Pflicht, alles zu unterlassen, was ihm in künftigen Kriegen die Einhaltung der Neutralitätspflichten unmöglich machen würde (zB kein Beitritt zu militärischen Bündnissen). Im Kriegsfall hat der dauernd neutrale Staat jegliche militärische Unterstützung einer Kriegspartei zu unterlassen und militärische Handlungen der Kriegsparteien auf seinem Gebiet zu verhindern.

Das Ende des Kalten Krieges in der zweiten Hälfte der 80er-Jahre ermöglichte Österreich im Jahre 1995 den Beitritt zur Europäischen Union. Die in diesem Zusammenhang erfolgte Verfassungsänderung (Art 23f B-VG), die Österreichs Mitwirkung an der *Gemeinsamen Sicherheits- und Außenpolitik der Europäischen Union* (einschließlich Wirtschaftssanktionen, Kampfeinsätze und friedensschaffenden Maßnahmen) regelt, wird als partielle materielle Derogation des Neutralitätsgesetzes interpretiert.

43) *Neuhold/Hummer/Schreuer* (Hg.), Völkerrecht I^2, 473.

14. Die Republik Österreich nach 1955

„Erst wenn der letzte Baum gerodet, der letzte Fluss vergiftet, der letzte Fisch gefangen, werdet Ihr feststellen, dass man Geld nicht essen kann."

Weisheit der Hopi-Indianer

14.1. Historischer Hintergrund

Lit.: *Brusatti/Gutkas/Weinzierl,* Österreich 1945–1970; *Butschek,* Die österreichische Wirtschaft im 20. Jahrhundert, 119; *Dusek/Weinzierl/Pelinka,* Zeitgeschichte im Aufriß; *Fischer* (Hg.), Das politische System Österreichs[3]; *Fischer,* Weltgeschichte Bd. 35; *Gutkas,* Die Zweite Republik, 82; *Hemetsberger/Koller,* 1945 bis zur Gegenwart, in: *Fischer/Van Houte/Tellenbenz/Mieck/Vittinghoff* (Hg.), Handbuch der europäischen Wirtschafts- und Sozialgeschichte VI, 563; *Marin,* Die Paritätische Kommission; *Nick/Pelinka,* Bürgerkrieg – Sozialpartnerschaft; *Rauchensteiner,* Die Zwei. Die große Koalition; *Rettinger* ua (Hg.), Zeitgeschichte; *Rothschild,* Wurzeln und Triebkräfte der Entwicklung der österreichischen Wirtschaftsstruktur, in: *Weber* (Hg.), Wirtschaftsstruktur I, 103; *Schausberger,* Österreich. Der Weg der Republik 1918–1980, 47; *Stourzh/Gradner* (Hg), Historische Wurzeln der Sozialpartnerschaft; *Weinzierl/Skalnik* (Hg.), Österreich. Die Zweite Republik; *Zöllner,* Geschichte Österreichs[7], 541.

14.1.1. Wirtschaftliche und soziale Entwicklung

Bis zum Beginn der 90er-Jahre gelang es der österreichischen Wirtschaft, den im Vergleich zu den entwickelten europäischen Staaten bestehenden Rückstand wettzumachen und **„Europareife"** zu erlangen. Die Steigerungsrate des Bruttoinlandprodukts lag bis dahin regelmäßig deutlich über dem OECD-Schnitt. Die wirtschaftliche Prosperität drückte sich in einer stetigen Zunahme der Kaufkraft aus. Die Konsumausgaben der Inländer stiegen zwischen 1954 und 1984 real auf das 3,4fache. Aufgrund der marktwirtschaftlichen Struktur der Wirtschaft vollzog sich die ökonomische Entwicklung in einem Wechsel von Konjunktur und Rezession. Verglichen mit der Zwischenkriegszeit bzw. den übrigen Industriestaaten wies Österreich eine relativ niedrige Arbeitslosenrate auf. Die günstigen ökonomischen Daten ermöglichten den Ausbau des **Sozial- und Wohlfahrtsstaates,** dessen Eckpfeiler das Allgemeine SozialversicherungsG 1955 (ASVG) bildet.

Trotz der relativ ruhigen ökonomischen Entwicklung waren die Jahrzehnte nach 1955 gekennzeichnet durch eine tiefgreifende **soziale Umschichtung** der österreichischen Bevölkerung und der Wirtschaftsstruktur. Der Anteil der Land- und Forstwirtschaft am BIP (zu laufenden Preisen) sank von 14,9 % (1955) auf 1,4 % (1997). Hingegen stieg der Beitrag des Dienstleistungssektors in diesem Zeitraum von 38,5 % auf 63,8 %. Während der Anteil der Selbstständigen (einschließlich Mithelfende) von 36 % (1951) auf 13 % (1999) sank, stieg der Anteil der Angestellten und Beamten von 20 % (1951) auf 47 % (1999). Das Sinken der Selbstständigenquote beruhte vor allem auf einem massivem Rückgang der in der Landwirtschaft tätigen Bevölkerung. Diese sank von 32,7 % (1951) auf 5,9 %

(1999). Trotzdem gelang es der österreichischen Landwirtschaft in den 80er- und 90er-Jahren, die Selbstversorgung mit pflanzlichen und tierischen Erzeugnissen weitgehend zu erreichen.

Ein Kennzeichen der österreichischen Wirtschaft blieb auch nach 1955 der verhältnismäßig große **Einfluss des Staates** auf die Wirtschaft. Annähernd 30 % des BIP wurden in den 60er- und 70er-Jahren durch die verstaatlichte Industrie erzeugt. Darüber hinaus verfügt der Staat über ein entwickeltes System von wirtschaftlichen Lenkungs- bzw. Steuerungsmaßnahmen. Ab der zweiten Hälfte der 80er-Jahre setzte ein Prozess der Deregulierung ein, im Zuge dessen der Staat sich aus der Wirtschaft zurückzog und zentrale Bereiche des verstaatlichen Sektors privatisierte.

Ein weiteres Charakteristikum der österreichischen Wirtschaft stellt die **Sozialpartnerschaft** dar. Diese auf dem Konsens der Arbeitnehmer- und Arbeitgebervertreter aufbauende wirtschaftliche und politische Zusammenarbeit hat ihre Wurzeln in der österreichischen Nachkriegspolitik. Die Sozialpartnerschaft übt – ohne selbst gesetzlich verankert zu sein[1] – den zentralen Einfluss auf die österreichische Wirtschaftspolitik aus. Das institutionelle Zentrum der Sozialpartnerschaft bildet die 1957 ins Leben gerufene **Paritätische Kommission für Preis- und Lohnfragen.** Sie wurde in den 60er-Jahren durch je einen Unterausschuss für Lohn- bzw. Preisfragen sowie einen Beirat für Wirtschafts- und Sozialfragen erweitert. Die Paritätische Kommission besteht aus dem Bundeskanzler (Vorsitz), den zuständigen Ministern sowie Repräsentanten der vier großen Interessenvertretungen (Arbeiterkammer, Bundeswirtschaftskammer, Landwirtschaftskammer, GB). Es gilt das Einstimmigkeitsprinzip, wobei nur die Interessenvertretungen stimmberechtigt sind. Die Paritätische Kommission basiert auf der Freiwilligkeit der Wirtschaftspartner und verfügt (von der Androhung einer ministeriellen Preisregelung abgesehen) über keine Sanktionsmittel.

14.1.2. Innenpolitische Entwicklung

Auch nach Abschluss des Staatsvertrages 1955 wurde die **große Koalition** zwischen ÖVP und SPÖ für mehr als ein Jahrzehnt fortgeführt. Die Zunahme von Koalitionskonflikten signalisierte den schwindenden Konsenswillen der Parteien. Darüber hinaus wurden auch die negativen Seiten der großen Koalition deutlicher sichtbar: Junktimierung von politischen Entscheidungen, Parteienproporz in Personalfragen, Fehlen einer effektiven parlamentarischen Kontrolle der Regierung.

Durch die schwere Wahlniederlage der SPÖ 1966 („Olah-Affäre“) erreichte die ÖVP die absolute Mehrheit an Mandaten und bildete erstmals in der Zweiten Republik eine **Alleinregierung**. Der ÖVP war es nach dem 2. Weltkrieg zunächst gelungen, sich als die Partei des Wiederaufbaus und später als Partei der politischen Mitte zu profilieren. Sie war jedoch in den späten 60er- und in den 70er-Jahren zu sehr ihren traditionellen politi-

1) Das 1951 auf gesetzlicher Basis (BGBl 104) eingerichtete Wirtschaftsdirektorium, ein Vorläufer der späteren sozialpartnerschaftlichen Institutionen, wurde bald wieder aufgelöst, da die im AußenhandelsG (BGBl 1951/105) vorgesehene Bindung des Bundesministers an die Beschlüsse dieser Einrichtung vom VfGH 1952 als verfassungswidrig aufgehoben wurde (VfSlg 2323).

schen Wertvorstellungen verhaftet, um angesichts des sich vollziehenden gesellschaftlichen Wandels langfristig mehrheitsfähig zu bleiben.[2]

Mit dem politischen Umschwung 1970 begann die **„Ära Bruno Kreisky"**, während der die SPÖ für die Dauer von 13 Jahren allein die Regierung stellte. Da die SPÖ auf eine grundsätzliche Veränderung der Gesellschaftsstruktur verzichtete, konnten die in dieser Ära in fast allen Bereichen durchgeführten **Reformen** in der Regel im Konsens mit den beiden bürgerlichen Oppositionsparteien verwirklicht werden.

Die SPÖ, die sich nach 1967 politisch zur Mitte hin geöffnet hatte[3], stellte angesichts des für Österreich zu konstatierenden Nachholbedarfs an Liberalität und Enthierarchisierung[4] die Ziele Modernität, Transparenz sowie Demokratisierung aller Lebensbereiche in den Mittelpunkt ihrer Politik. Die Strafrechtsreform 1974 (StGB) ersetzte das völlig veraltete StG 1852 und führte die Straflosigkeit des Schwangerschaftsabbruchs während der ersten drei Schwangerschaftsmonate ein (Fristenlösung). Die Familienrechtsreform (1975–1978) beendete die Zurücksetzung der Frau im Familienrecht. Das Universitäts-OrganisationsG 1975 führte die studentische Mitbestimmung an den Universitäten ein. Durch das ArbeitsverfassungsG 1973 wurde den Arbeitnehmern eine Vertretung in den Aufsichtsräten zugestanden.

Nach dem Verlust der absoluten Mehrheit im Jahre 1983 ging die SPÖ mit der FPÖ eine **kleine Koalition** ein. Diese zerbrach 1986 aufgrund des mit der Wahl *Jörg Haiders* zum FPÖ-Parteiobmann vollzogenen politischen Richtungswechsels.[5] Nach den Wahlen 1986 kam es zu einer Neuauflage der **großen Koalition** zwischen der durch eine Reihe von Skandalen (zB Noricum- bzw. Proksch-Affäre) geschwächten SPÖ und der bei den NR-Wahlen 1990 auf drei Mandate herangekommenen ÖVP.

Ab Mitte der 80er-Jahre begann eine tiefgreifende **Umstrukturierung der Parteienlandschaft**, die eine stärkere politische Mobilität der österreichischen Bevölkerung signalisierte. Zum einen zogen mit den Grünen (seit 1986) und dem Liberalen Forum (NR-Wahlen 1994 und 1995) zwei neue Parteien in den NR ein. Zum anderen veränderten die starken Stimmenzuwächse der FPÖ, die bei den NR-Wahlen 1999 stimmenmäßig sogar die ÖVP überholte, nachhaltig das politische Klima in Österreich. Die große Regierungs-

---

2) Führende Politiker der ÖVP nach 1955 waren Julius Raab, Alfons Gorbach, Josef Klaus, Hermann Withalm, Karl Schleinzer, Josef Taus, Alois Mock und Josef Riegler.

3) Die wichtigsten Politiker der SPÖ nach 1955 waren: Adolf Schärf, Bruno Pittermann, Franz Olah (Parteiausschluss 1964), Bruno Kreisky, Christian Broda, Hannes Androsch, Fred Sinowatz, Franz Vranitzky.

4) Schausberger, Österreich, 179.

5) Die FPÖ war seit ihrer Gründung geprägt durch den mehrfachen Wechsel zwischen einer eher liberalen oder eher deutsch-national/populistischen Politik. Während die Parteiobmänner Friedrich Peter und Norbert Steger dem liberalen Flügel zugehörten, setzte sich mit Alexander Götz, Jörg Haider und Susanne Riess-Passer der andere Flügel durch.

koalition SPÖ–ÖVP wurde im Jahre 2000 von einer **ÖVP-FPÖ-Koalition** abgelöst. Die Regierungsbeteiligung der FPÖ stieß international auf Ablehnung und führte zu einer zeitweiligen außenpolitischen Isolierung Österreichs. Die häufig kritisierte Proporzpolitik bei Personalentscheidungen in staatsnahen Betrieben und Institutionen fand auch nach dem Regierungswechsel ihre Fortsetzung. Statt der angekündigten Entpolitisierung erfolgt eine Umpolitisierung im Sinne der neuen Regierungskoalition.

Nationalratswahlergebnisse (Mandate):

Wahljahr	SPÖ	ÖVP	FPÖ	KPÖ	Grüne	LiF
1956	74	82	6	3 (KLS)	–	–
1959	78	79	8	–	–	–
1962	76	81	8	–	–	–
1966	74	85	6	–	–	–
1970	81	78	6	–	–	–
1971	93	80	10	–	–	–
1975	93	80	10	–	–	–
1979	95	77	11	–	–	–
1983	90	81	12	–	–	–
1986	80	77	18	–	8	–
1990	80	60	33	–	10	–
1994	65	52	42	–	13	11
1995	71	52	41	–	9	11
1999	65	52	52	–	14	–

Seit den späten 60er-Jahren formierten sich in Österreich eine Reihe von politischen Bewegungen, die außerhalb des traditionellen Parteienspektrums standen und sich mit Fragen der Ökologie, Frauenemanzipation und Verhinderung eines Atomkriegs befassten. Während die „68er-Bewegung" in Österreich noch relativ zahm ausfiel, konnte die Anti-AKW-Bewegung 1978 die Inbetriebnahme des Atomkraftwerkes Zwentendorf verhindern[6]. Die Besetzung der Hainburger Au durch tausende Jugendliche 1984/85 bildete den bisherigen Höhepunkt **außerparlamentarischer Aktionen**. Generell nahm in den letzten Jahren die Forderung nach mehr direkter Demokratie und Beteiligung der Betroffenen am Entscheidungsprozess zu.

6) Im Jahre 1999 beschloss der NR ein BVG für ein atomfreies Österreich, das sowohl Herstellung, Lagerung, Transport, Test oder Verwendung von Atomwaffen in Österreich untersagt als auch die Errichtung von Anlagen, die dem Zweck der Energiegewinnung durch Kernspaltung dienen, verbietet (BGBl I 1999/149).

Die **Katholische Kirche** behielt ihre nach 1945 eingeschlagene Linie, sich nicht in die Tagespolitik einzumischen, lange Zeit bei. Trotz der in der zweiten Hälfte der 50er-Jahre vollzogenen Entspannung des Verhältnisses zur SPÖ konnte sie die Durchführung des Konkordats 1933/34 zwar nicht mehr durchsetzen, erreichte jedoch 1960 bzw. 1962 mit der Republik Österreich eine Einigung in vermögensrechtlichen Angelegenheiten sowie in der Schulfrage (BGBl 1960/195; BGBl 1962/273).

14.1.3. Außenpolitische Lage

In der Beziehung zwischen den beiden großen Machtblöcken wechselten sich Phasen der Entspannung mit Perioden des Wiederauflebens des Kalten Krieges ab. Das atomare Gleichgewicht sowie die festgefügten Paktsysteme führten in Europa zu einer lang währenden Friedensepoche. In Afrika und Asien hingegen brachen während dieser Zeit zahlreiche Stellvertreterkriege aus. In der „Dritten Welt“ setzte sich der Zerfall der großen Kolonialreiche (insbes. Großbritanniens und Frankreichs) fort. Durch den (oft gewaltsamen) Prozess der Dekolonialisierung sind seit dem 2. Weltkrieg rund 100 neue Staaten entstanden.

Die Sowjetunion versuchte, ihre Kontrolle über die osteuropäischen Staaten trotz mehrfacher Aufstände in diesen Ländern (Ungarn 1956, ČSSR 1968) bis in die Mitte der 80er-Jahre aufrechtzuerhalten. Erst unter *Michael Gorbatschow* setzten in der UdSSR Reformen ein, die zu einem tiefgreifenden Wandel der politischen Situation in Europa führten: Zerfall des „Ostblocks“, Regimewechsel in einer Reihe von osteuropäischen Staaten, Vereinigung der beiden deutschen Staaten, Auflösung der Sowjetunion.

Das Ende des Kalten Krieges brachte jedoch nicht die erhoffte Friedensperiode. Vielmehr nahm die Zahl regionaler Kriege und ethnisch motivierter Konflikte weltweit enorm zu. Besonders betroffen sind Südosteuropa, der Kaukasus, Zentralasien und Zentralafrika.

Trotz seiner völkerrechtlichen Neutralität betrachtete sich Österreich politisch dem Westen zugehörig und versuchte, seine geografische Lage zwischen den beiden Machtblöcken zu einer **aktiven Außenpolitik** zu nutzen. Am 14. Dez. 1955 wurde Österreich in die UNO und rund ein halbes Jahr später in den Europarat aufgenommen. Durch das steigende Ansehen Österreichs in der Welt wurde Österreich zum Sitz zahlreicher internationaler Organisationen, zB: International Atomic Energy Agency (IAEA), United Nations Industrial Development Organization (UNIDO), United Nation International Drug Control Programme (UNDCP), Organisation für Sicherheit und Zusammenarbeit in Europa (OSZE), Organization of Petroleum Exporting Countries (OPEC). Seit 1979 ist Wien neben New York und Genf der dritte UNO-Hauptsitz.

Basierend auf der Überlegung, dass eine enge wirtschaftliche Verflechtung Frankreichs und Deutschlands künftige militärischen Konflikten vermeiden würde, schlossen sich Frankreich, Deutschland, Italien, Belgien, Luxemburg und die Niederlande im Jahre 1952 zur **Europäischen Gemeinschaft für Kohle und Stahl** (EGKS) zusammen. Im Jahre 1957 gründeten die EGKS Staaten die **Europäische Wirtschaftsgemeinschaft** (EWG; seit 1992 **Europäische Gemeinschaft**, EG) und die **Europäische Atomgemeinschaft**

(EAG) („Römische Verträge"). Nach der Fusion von EGKS, EWG und EAG (**Europäische Gemeinschaften**, 1967) und der Aufnahme weiterer Mitglieder[7] erfolgte durch den Vertrag von Maastricht 1992 (Vertrag über die Europäische Union) ein weiterer Schritt in Richtung politische Gemeinschaft (**Europäische Union**). Die Integration wurde in der Folge durch den Vertrag von Amsterdam (1998) weiter vertieft und im Vertrag von Nizza (2000) die notwendigen Reformen für die geplante Ost-Erweiterung eingeleitet.

Mit Rücksicht auf den StV 1955 und seine immer währende Neutralität unterließ es Österreich zunächst, sich um eine Mitgliedschaft in den Europäischen Gemeinschaften zu bewerben. Statt dessen schloss es sich 1960 mit der Schweiz, Portugal, Großbritannien sowie den nordischen Staaten zur **European Free Trade Association** (EFTA) zusammen. Versuche Österreichs in den 60er-Jahren, im Alleingang zu einer Assoziation mit der EWG zu kommen, scheiterten am Widerstand Italiens (Südtirolkonflikt), Frankreichs sowie der UdSSR. 1972 schloss Österreich mit der EWG/EGKS ein Freihandelsabkommen ab, das den völligen Abbau der Zölle und Handelsschranken zwischen den Vertragspartnern für gewerbliche und industrielle Waren vorsah.

Vor dem Hintergrund der durch das Ende des Kalten Krieges veränderten politischen Rahmenbedingungen und darauf basierend einer Neuinterpretation der österreichischen Neutralität stellte Österreich im Jahre 1989 formell den Antrag auf Mitgliedschaft in den Europäischen Gemeinschaften. Als erster Schritt trat Österreich mit Wirkung vom 1. 1. 1994 dem **Europäischen Wirtschaftsraum** (EWR) bei (BGBl 1993/115), der den Wirtschaftsraum der EFTA-Staaten mit dem der Staaten der Europäischen Gemeinschaften zusammenführte. Nachdem die österreichische Bevölkerung bei der Volksabstimmung am 12. 6. 1994 mit einer Mehrheit von 66,58 % der Stimmen für den **Beitritt zur Europäischen Union** votierte, wurde Österreich am 1. 1. 1995 zusammen mit Schweden und Finnland in die Europäische Union aufgenommen.

Die mangelhafte Erfüllung der im Gruber-De-Gaspari-Abkommen für **Südtirol** getroffenen Vereinbarungen führten zu außenpolitischen Spannungen zwischen Österreich und Italien. Während Italien die Behandlung der deutschsprachigen Volksgruppe als seine innere Angelegenheit betrachtete, versuchte Österreich die Südtirolfrage zu internationalisieren, indem es sich 1959 an die UNO wandte.[8] Die von Terroranschlägen deutsch- und italienischsprachiger Extremisten überschatteten Verhandlungen zwischen Italien, Vertretern der deutschsprachigen Volksgruppe und Österreich führten 1969 zum Abschluss des sog. „Pakets" und eines Operationskalenders, durch die die Autonomierechte der Provinz Bozen ausgebaut wurden.

---

7) Die ursprünglich aus sechs Staaten bestehenden Gemeinschaften wurden in den Folgejahren durch die Aufnahme weiterer Staaten erweitert: Dänemark, Großbritannien, Irland (1. 1. 1973), Griechenland (1. 1. 1981), Spanien und Portugal (1. 1. 1986).

8) Die 1960 einstimmig beschlossene UN-Resolution 1497/XV empfahl beiden Parteien, „die Verhandlungen mit dem Ziele wieder aufzunehmen, eine Lösung aller Differenzen hinsichtlich der Durchführung des oben genannten Abkommens zu finden" und die Möglichkeit in Betracht zu ziehen, „eine Lösung ihrer Differenzen durch eines der in der Satzung der Vereinten Nationen vorgesehenen Mittel, einschließlich der Befassung des Internationalen Gerichtshofes, oder durch irgend ein anderes friedliches Mittel ihrer eigenen Wahl zu suchen ...".

Die vollständige Verwirklichung der in insgesamt 137 Punkten vorgesehenen Übertragung von Kompetenzen auf den Provinziallandtag in Bozen und die Südtiroler LReg sowie die Gleichstellung von deutscher und italienischer Sprache erfolgte erst im Jahre 1992.

14.2. Das Verfassungsrecht des Bundes

Lit.: *Adamovich/Funk/Holzinger,* Staatsrecht; Adamovich/Funk, Verfassungsrecht[3], 90; *Baltl,* Rechtsgeschichte[6], 317; *Brauneder,* Verfassungsgeschichte[7], 269; *Ermacora,* JBÖffR XVI (1967), 251; *Ermacora,* JBÖffR XXIV (1975), 135; *Ermacora,* JBÖffR XXVI (1977), 183; *Ermacora,* Verfassungslehre, 49; *Ermacora,* Verfassungslehre II (Verfassungsentwicklung seit 1970); *Funk,* Einführung in das österreichische Verfassungsrecht; *Funk,* Die Entwicklung des Bundesverfassungsrechtes. Die BVG-Novellen von 1973–1975; *Matzka* (Hg.), Sozialdemokratie und Verfassung, 147; *Neschwara,* Zur Entwicklung des Verfassungsrechts, in: *Schambeck* (Hg.), Parlamentarismus I, 187; *Öhlinger,* Verfassungsrecht; *Pernthaler,* Kompetenzverteilung in der Krise; Salzburger Symposium zum Jubiläum 60 Jahre Bundesverfassung; *Walter/Mayer,* Bundesverfassungsrecht[9], 35; *Walter/Thienel,* Parlament und Bundesverfassung; *Walter,* Bundesverfassungsrecht, 42.

14.2.1. Allgemeines

Auch nach 1955 bildete das B-VG 1920/29 die Grundlage des Verfassungsrechts. Die gegenwärtige Epoche ist geprägt durch ein weitgehendes Fehlen von Verfassungskämpfen. Die verschiedenen politischen Kräfte haben ihre gesellschaftlichen Machtpositionen entweder „real soweit erobert oder so gründlich verloren“[9], dass kaum[10] Forderungen nach tiefgreifenderen Verfassungsänderungen gestellt werden. Bis 1995 betrafen die – verglichen mit der Ersten Republik – nur geringfügigen Verfassungsänderungen entweder die Beseitigung von Provisorien (zB Schulkompetenzen, Gemeinderecht) oder stellten die Reaktion auf tagespolitische Probleme dar (Gelegenheitsgesetzgebung). Substanziellere Änderungen erfolgten bis 1995 auf dem Gebiet des Rechtsschutzes, bzgl. der Grundrechte sowie beim Föderalismus.

Hingegen bewirkte der Beitritt Österreichs zur Europäischen Union am 1. 1. 1995 eine Gesamtänderung der Bundesverfassung und musste daher einer Volksabstimmung unterzogen werden.

Staatsgebiet: Das Staatsgebiet Österreichs blieb – von einigen unwesentlichen Grenzkorrekturen abgesehen[11] – unverändert.

---

9) Matzka, Sozialdemokratie, 153.

10) Forderungen nach einem weitergreifenden Umbau der Verfassung (Stichwort „Dritte Republik“) wurden vereinzelt von FPÖ-Politikern ventiliert, ohne dass jedoch in der Folge ein Gesamtkonzept vorgelegt wurde.

11) BRD: BGBl 1975/491, 1979/389; ČSSR: BGBl 1975/345; Jugoslawien: BGBl 1976/586, 1981/288; Liechtenstein: BGBl 1960/228, 1991/43; Slowenien: BGBl 1997/40; Ungarn: BGBl 1990/657. Änderung der Landesgrenze zwischen Burgenland und Steiermark: BGBl 1987/159.

Staatsbürgerschaft: 1989 wurde neben der Staatsbürgerschaft die Landesbürgerschaft wiedereingeführt. Sie ist gebunden an den ordentlichen Wohnsitz im betreffenden Land (Art 6 Abs 2 B-VG).[12]

Staatliche Symbole: Um Auslegungsschwierigkeiten[13] zu beseitigen, wurden 1981 (BGBl 350) Staatsfarben, -flagge und -wappen geregelt. Als Staatsfeiertag wurde der 26. Oktober bestimmt.[14]

Politische Parteien: Das ParteienG 1975 (BGBl 404) schuf die Rechtsgrundlage für die politischen Parteien und garantierte verfassungsrechtlich die freie Gründung, Existenz und Vielfalt der Parteien sowie ihre Mitwirkung an der politischen Willensbildung. Durch die Hinterlegung ihrer Satzung beim BMI erlangt eine Partei Rechtspersönlichkeit.[15]

Landesverteidigung: Die BReg ist seit 1965 ermächtigt, unter Bedachtnahme auf die immer währende Neutralität Österreichs auf Ersuchen einer internationalen Organisation um Hilfeleistung (zB UNO) militärische Einheiten in das Ausland zu entsenden.[16] Durch den Beitritt zur EU wirkt Österreich darüber hinaus an der *Gemeinsamen Außen- und Sicherheitspolitik* der Union mit, die ua auch „friedenserhaltende Aufgaben sowie Kampfeinsätze bei der Krisenbewältigung einschließlich friedensschaffender Maßnahmen" vorsieht (Art 17 EUV, Art 23f B-VG).

Durch Art 9a (BGBl 1975/368) erfolgte die Verankerung der *umfassenden Landesverteidigung* (bestehend aus der militärischen, geistigen, zivilen und wirtschaftlichen) in der Verfassung. Abs 3 („Jeder männliche österreichische Staatsbürger ist wehrpflichtig ...") legt das die allgemeine Wehrpflicht als Wehrsystem fest[17]. Österreichische Staatsbürgerinnen können seit 1998 freiwillig Dienst im Bundesheer als Soldatinnen leisten (Abs 4).

Seit 1975 besteht für Wehrpflichtige die Möglichkeit, aus Gewissensgründen die Erfüllung der Wehrpflicht zu verweigern und einen Ersatzdienst **(Zivildienst)**[18] zu leisten (Art 9a Abs 3).

---

12) BGBl 1988/685.

13) Vgl. Petrovich/Pachernegg (Hg), Wappengesetz, 8.

14) BGBl 1967/263. Das gestiegene österreichische Selbstwertgefühl und die Festigung des österreichischen Nationalbewusstseins kam darin zum Ausdruck, dass der 26. Oktober, der bis dahin als „Tag der Fahne" gefeiert wurde, zum österreichischen Nationalfeiertag erklärt wurde.

15) Über die Rechtsnatur der politischen Parteien sagt das ParteienG nichts aus. Der OGH stellte 1978 fest, dass „die politischen Parteien keine Körperschaften des öffentlichen Rechtes (seien) und ihre Beziehungen zu den Mitgliedern privatrechtlicher Natur sind" (OGH 9. 11. 1978, 6 Ob 727/78, JBl 1981, 212). Mit Stand vom 31. 12. 2001 haben ca. 750 Parteien ihre Statuten beim BMI hinterlegt.

16) BGBl 1965/173, erweitert durch BGBl I 1997/38.

17) Art 79 (1) B-VG (BGBl 1988/341) schreibt die Einrichtung eines Milizsystems vor.

18) ZivildienstG, BGBl 1974/187.

Rechtsquellen: Die Weiterentwicklung des österreichischen Verfassungsrechts erfolgte teilweise durch Novellierungen des B-VG[19] und zum Teil durch in einfachen Gesetzen enthaltene Verfassungsbestimmungen, zB: ParteienG 1975, ZivildienstG 1974. Das österreichische Verfassungsrecht weist heute eine weitreichende Zersplitterung auf[20]. Die vielfach geforderte amtliche Wiederverlautbarung steht nach wie vor aus.

14.2.2. Die Kompetenzverteilung

Grundsätzlich sind auf dem Gebiet der Kompetenzverteilung zwei **gegenläufige Entwicklungen** zu beobachten.[21] Einerseits setzte sich der Prozess des Ausbaues der Bundeskompetenzen auch in den letzten Jahrzehnten fort. Neben den Schulkompetenzen (1962) betraf dies vor allem neue Rechtsmaterien wie Wirtschaftslenkung, Zivildienst, Daten- und Umweltschutz, die sinnvollerweise in ganz Österreich einheitlich zu gestalten sind. Andererseits erfolgte seit Mitte der 70er-Jahre ein Ausbau des Föderalismus in der Weise, dass der Bund einzelne der von ihm traditionellerweise innegehabten Kompetenzen abtrat und die Länder – insbes. was ihre Möglichkeit betrifft, Verträge abzuschließen – insgesamt aufgewertet wurden.

Die B-VG-Nov. 1962 (BGBl 215) beendete das auf dem Gebiet des **Schul- und Erziehungswesens** bestehende Kompetenzprovisorium[22] im zentralistischen Sinn. Die wesentlichen Angelegenheiten des Schulwesens wurden in Gesetzgebung und Vollziehung Bundessache (Art 14 Abs 1). Wegen der gesellschaftspolitischen Bedeutung regelt die Novelle, dass hinsichtlich bestimmter Schulangelegenheiten (Art 14 Abs 10) der NR (einfache) Bundesgesetze nur in Anwesenheit von mindestens der Hälfte der Mitglieder und mit einer Mehrheit von 2/3 der abgegebenen Stimmen beschließen kann. Das land- und forstwirtschaftliche Schulwesen hingegen wurde 1975 in Gesetzgebung und Vollziehung weitgehend den Ländern übertragen (Art. 14a).

Die Novellen zu den **Wirtschaftslenkungs- oder MarktordnungsG**[23] sahen regelmäßig den (befristeten) Übergang der entsprechenden Verwaltungs- und Gesetzgebungskompetenzen auf den Bund vor. In den Jahren 1983 und 1988 wurden die Kompetenzen

19) Vgl. dazu den Spiegel der Änderungen des B-VG in: Ermacora (Hg), Bundesverfassungsgesetze1, 21.

20) „Die österreichische Bundesverfassung trägt ruinenhaften Charakter; ihr Text ist durch eine Unzahl unsystematischer Novellen und abseitiger Verfassungsnormen zu einem juristischen Irrgarten geworden ..." (Klecatsky/Morscher Hg, Bundesverfassung4, S. V).

21) Vgl. zuletzt die Kompetenzverschiebungen durch BGBl 1993/508.

22) Einzig auf dem Gebiete des Volksbildungswesens sind auch heute noch paktierte Gesetze von Bund und Land erforderlich.

23) Vgl. zB die Kompetenzbestimmungen, die in den zahlreichen Novellen zu folgenden Gesetzen enthalten sind: LandwirtschaftsG, MarktordnungsG, SchrottlenkungsG, LebensmittelbewirtschaftungsG, ViehwirtschaftsG, PreisG, Erdölbevorratungs- und MeldeG, EnergielenkungsG.

des Bundes auf dem Gebiete des **Umweltschutzes** (Luftreinhaltung und Abfallwirtschaft) erweitert (Art 10 Abs 1 Z 12). Auch der **Datenschutz** zählt seit 1978 zu den Angelegenheiten des Bundes.[24]

Seit der 1. Föderalismus-Nov 1974 (BGBl 444) ist eine Stärkung der Länderrechte in organisatorischer und kompetenzmäßiger Hinsicht[25] zu beobachten. Durch Art. 15a B-VG wurde die Möglichkeit sog. **„Gliedschaftsverträge"** geschaffen. Dadurch können Bund und Länder bzw. die Länder untereinander Vereinbarungen über Angelegenheiten ihres jeweiligen Wirkungsbereiches schließen, auf die die Grundsätze des völkerrechtlichen Vertragsrechtes anzuwenden sind. Ein völliges Novum für Österreich ist die seit 1989 bestehende Möglichkeit der Länder, (unter Aufsicht des Bundes) im Rahmen ihres selbstständigen Wirkungsbereiches **Staatsverträge** mit den Nachbarstaaten Österreichs abzuschließen. Die **Länderkompetenzen** wurden zB in folgenden Angelegenheiten ausgeweitet: Binnenschifffahrt, Statistik, Organisation der Landesverwaltung, Kurortewesen, Wohnbauförderung, Berg- und Schiführerwesen.

Supranationales Recht (Übertragung hoheitlicher Befugnisse an nicht österreichische Organe): Durch die Mitgliedschaft Österreichs in zahlreichen internationalen Organisationen und die damit verbundene Abtretung von Hoheitsrechten wurde die Kompetenzaufteilung um eine **weitere Ebene** erweitert. Die Beschlüsse der internationalen Organisationen fallen deshalb aus dem Rahmen des klassischen Völkervertragsrechts, weil vielfach auf das Erfordernis der Einstimmigkeit verzichtet wird und die internationalen Organisationen nicht nur die Mitgliedsstaaten verpflichten, sondern auch unmittelbar Rechte und Pflichten für die Gemeinschaftsbürger schaffen können.[26] Ab etwa 1960 wurde in Österreich die sog. „Lückenlosigkeitstheorie" vertreten. Diese besagte, dass die Abtretung von hoheitlichen Befugnissen nur durch eine Verfassungsbestimmung erfolgen könne und dass die Organe, welche zur Setzung von Hoheitsakten mit Wirkung für Österreich berechtigt sind, in der Bundesverfassung erschöpfend aufgezählt sind. Der 1981 eingeführte Art 9 Abs 2 B-VG[27] brachte diesbezüglich eine Änderung. Nunmehr können durch (einfaches) Bundesgesetz oder gesetzesändernden Staatsvertrag einzelne Hoheitsrechte des Bundes auf zwischenstaatliche Einrichtungen und ihre Organe übertragen werden.

Die bisher weitestgehende Abtretung von Souveränitätsrechten insbesondere im Wirtschaftsbereich erfolgte mit dem **Beitritt zur Europäischen Union** am 1. 1. 1995 (vgl. Kap. 14.5).

---

24) § 2 DSG BGBl 1978/565.

25) BGBl 1974/444, 1983/175, 1984/490, 1987/640.

26) Vgl dazu Neuhold/Hummer/Schreuer (Hg), Handbuch des Völkerrechts I2, 93.

27) BGBl 1981/350.

14.2.3. Die Gesetzgebung des Bundes

Die Ausgestaltung der gesetzgebenden Gewalt wurde nach 1955 nur unbedeutend verändert. Im Jahre 1964[28] erfolgte die Neuregelung der **Transformation völkerrechtlicher Verträge** in das österreichische Recht. Verfassungsändernde StV sind seither ausdrücklich als Verfassungsbestimmungen zu bezeichnen (Art 50 Abs 3). Weiters erhielt der NR das Recht, anlässlich der Genehmigung eines StV zu beschließen, dass dieser Staatsvertrag durch Erlassung von Gesetzen zu erfüllen sei (Erfüllungsvorbehalt des Art 50 Abs 2 bei non-self-executing treaties). In diesem Fall erlangt der StV eine innerstaatliche Rechtswirkung erst durch den Beschluss eines entsprechenden Erfüllungsgesetzes.

Die B-VG-Nov 1964 (Art II) hob darüber hinaus eine Reihe von in den Jahren zuvor geschlossenen StV ausdrücklich in den Rang von Verfassungsgesetzen, zB: einzelne Artikel des StV betreffend die Wiederherstellung des unabhängigen und demokratischen Österreich 1955[29]; Konvention zum Schutz der Menschenrechte und Grundfreiheiten samt Zusatzprotokollen (EMRK); einzelne Bestimmungen der EFTA-Verträge.

Die **Parlamentsreform** 1975[30] schaffte die Sessionen ab und führte das Parlamentsjahr (September bis Juli) ein. Weiters wurden die Oppositionsrechte durch die Erweiterung des Fragerechts sowie die Möglichkeit ausgebaut, dass ein Drittel der Mitglieder des NR Bundesgesetze beim VfGH anfechten kann. 1981 erfolgte eine geringfügige Abänderung des Weges der Gesetzgebung, indem die Übersendung der Gesetzesbeschlüsse zwischen NR und BR sowie die Gegenzeichnung vereinfacht wurden (BGBl 1981/350).

Die im Zuge des Ausbaues des Föderalismus vorgenommene **Aufwertung des Bundesrates** vergrößerte den Einfluss der Länder auf die Bundesgesetzgebung in einem wesentlichen Punkt: Kompetenzeinschränkungen der Länder (Art 44 Abs 2; BGBl 1984/490) bedürfen im BR einer qualifizierten Mehrheit. Der BR bzw. ein Drittel seiner Mitglieder können nunmehr unmittelbar (ohne Vermittlung der BReg) im NR einen Gesetzesantrag stellen (BGBl 1988/341). Soweit politische oder gesetzesändernde StV Angelegenheiten der Länder regeln, bedürfen sie seit 1989 (BGBl 1988/685) neben der Zustimmung des NR auch der des BR.

Dem seit der Abstimmung über das AKW-Zwentendorf 1978 sichtbaren Zug der Zeit zu größerer Bürgerbeteiligung folgte der Verfassungsgesetzgeber durch einen halbherzigen Ausbau des Instrumentariums der direkten Demokratie. 1981 (BGBl 350) wurde die bei einem Volksbegehren notwendige Beteiligung auf 100.000 Stimmberechtigte bzw. 1/6

28) B-VG-Nov BGBl 1964/59.

29) Sie betrafen ua das Anschlussverbot, die Rechte der slowenischen und kroatischen Minderheiten, die demokratischen Einrichtungen des Art 8, die Auflösung „nazistischer" Organisationen.

30) BGBl 1975/409. Die dem österreichischen Parlamentarismus anhaftende mangelnde Transparenz wurde jedoch nicht beseitigt. Nach wie vor sind die (Unter-)Ausschuss-Beratungen des NR, bei denen die politischen Entscheidungen fallen, vertraulich. Der Gang der Beratungen in den (Unter-)Ausschüssen ist mangels Protokollierung nicht einmal dokumentiert.

der Stimmberechtigten dreier Länder gesenkt. Seit 1. Juli 1989 muss das Volksbegehren nicht mehr in Form eines Gesetzesantrags gestellt werden, sondern nur eine durch Bundesgesetz zu regelnde Angelegenheit betreffen (BGBl 1988/685). Gleichzeitig trat Art. 49b in Kraft, der das Instrument der **Volksbefragung** in das B-VG einführte. Auf Beschluss des NR kann eine Angelegenheit von grundsätzlicher und gesamtösterreichischer Bedeutung, zu deren Regelung der Bundesgesetzgeber zuständig ist, einer Volksbefragung unterzogen werden. Nach wie vor sieht das B-VG jedoch keine Möglichkeit vor, dass die Bevölkerung auf dem Wege der unmittelbaren Demokratie eine Volksabstimmung oder eine Volksbefragung über eine Angelegenheit durchsetzen kann.

14.2.4. Die Verwaltung des Bundes

Auch die Staatsgewalt Verwaltung blieb nach 1955 weitgehend unverändert. Seit 1988 besteht für die gesamte öffentliche Verwaltung (einschl. der Länder, Gemeinden und Körperschaften des öffentlichen Rechts) unter Berücksichtigung der Amtsverschwiegenheit die Pflicht, gegenüber jedermann über Angelegenheiten ihres Wirkungsbereiches binnen acht Wochen Auskunft zu erteilen (BGBl 1987/285–287).

Zentralbehörden: 1977 (BGBl 323) wurde die **Vertretung des BPräs** (Art. 64 B-VG) neu geregelt.[31] Ist er verhindert, so gehen seine Funktionen zunächst auf den Bundeskanzler über. Dauert die Verhinderung jedoch länger als 20 Tage oder wurde der BPräs durch Volksabstimmung abgesetzt, so üben die drei Präsidenten des NR als Kollegium die Funktion des BPräs aus. Gleiches gilt, wenn die Stelle des BPräs „dauernd erledigt" ist. Das Kollegium entscheidet mit Stimmenmehrheit.

In den 70er- und 80er-Jahren wurde versucht, durch eine Reihe von Gesetzen die Verwaltung in den Zentralbehörden zu modernisieren und den Anforderungen des modernen Rechtsstaates anzupassen zB: BundesministerienG 1973 bzw. 1986, BundeshaushaltsG 1986, BundesrechenamtsG 1978.

Mittel- und Unterbehörden: 1975[32] wurde im Bereich der mittelbaren Bundesverwaltung der Instanzenzug beträchtlich abgeändert. Der administrative **Instanzenzug** ist nun grundsätzlich nur mehr zweigliedrig und endet beim Landeshauptmann. Nur in Ausnahmefällen (Art 103 Abs 4) reicht er bis zum zuständigen BMin. Nach wie vor nicht verwirklicht ist die ausstehende Demokratisierung der Bezirksverwaltung.

Im Jahre 1991 wurde das aus 1929 stammende Kompetenzprovisorium bzgl. des Sicherheitswesens ersetzt (BGBl 1991/565) und in der Folge mit dem heftig diskutierten SicherheitspolizeiG (SPG, BGBl 1991/566) Organisation und Befugnisse der Sicherheitsbehörden geregelt.

---

31) Zur alten Rechtslage vgl. BGBl 1948/84 und BGBl 1974/208.

32) B-VG-Nov 1974, BGBl 444.

14.2.5. Die Gerichtsbarkeit

Während bereits 1950 die Todesstrafe im ordentlichen Verfahren durch einfaches Bundesgesetz gestrichen wurde[33], entschloss sich der Verfassungsgesetzgeber 1968[34], die Todesstrafe überhaupt abzuschaffen und die Verfassungsbestimmung über die Zulässigkeit von Ausnahmegerichten ersatzlos zu streichen (Art. 83 u. 85).

Ab 1. 7. 1976 erstreckte sich die Zuständigkeit[35] des VfGH und des VwGH auch auf Akte der unmittelbaren Befehls- und Zwangsgewalt, seit 1. 1. 1991 fallen diese in den Aufgabenbereich der Unabhängigen Verwaltungssenate. Der Kreis derjenigen, die berechtigt sind, einen Antrag an den VfGH auf Prüfung der Verfassungswidrigkeit eines Bundes- oder Landesgesetzes zu stellen, wurde erweitert (zB Gerichte 2. Instanz, 1/3 der Mitglieder des NR bzw. BR). Darüber hinaus hat nunmehr (unter den Bedingungen des Art 140 Abs 1) auch der einzelne Staatsbürger das Recht, einen Antrag auf Gesetzesprüfung beim VfGH zu stellen.

Zur Entlastung des VfGH wurde 1981 und 1984[36] die Möglichkeit geschaffen, eine Beschwerde abzulehnen. Mit Wirkung vom 1. 1. 1991 wurden in den Ländern **„Unabhängige Verwaltungssenate“** (UVS) errichtet. Ihre Zuständigkeit erstreckt sich vor allem auf Verwaltungsübertretungen sowie Beschwerden infolge der Ausübung unmittelbarer verwaltungsbehördlicher Befehls- und Zwangsgewalt. Von den Verwaltungssenaten geht der Instanzenzug zum VwGH bzw. VfGH. Die Mitglieder der Verwaltungssenate sind an keine Weisungen gebunden, trotzdem kann man die Senate wegen der mangelnden persönlichen Unabhängigkeit der Mitglieder[37] nicht als Gericht qualifizieren.

14.3. Das Verfassungsrecht der Länder

Lit.: *Adamovich/Funk,* Verfassungsrecht[3], 90; *Baltl,* Österreichische Rechtsgeschichte[6], 321; *Brauneder,* Verfassungsgeschichte[7], 270; *Ermacora,* JBÖffR XVI (1967), 265; *Ermacora,* JBÖffR XXIV (1975), 150; *Ermacora,* JBÖffR XXVI (1977), 195; *Ermacora,* Verfassungslehre, 251; *Ermacora,* Verfassungslehre II (Verfassungsentwicklung seit 1970), 59; *Funk,* Die Entwicklung des Bundesverfassungsrechtes. Die BVG-Nov. von 1973–1975; *Koja,* Das Verfassungsrecht der österreichischen Bundesländer; in: Salzburger Symposium zum Jubiläum 60 Jahre Bundesverfassung; *Neschwara,* Zur Entwicklung des Verfassungsrechts, in: *Schambeck* (Hg.), Parlamentarismus I, 187; *Walter/Mayer,* Bundesverfassungsrecht[9], 336.

---

33) BGBl 1950/130.

34) BGBl 1968/73.

35) Vgl die mehrfachen Änderungen durch BGBl 1975/302, 1981/350, 1988/341, 1988/685.

36) BGBl 1981/350, 1984/296.

37) Da die Mitglieder nur auf sechs Jahre bestellt sind, ist eine den Richtern vergleichbare Unabhängigkeit nicht gegeben. Die Bestellung der Mitglieder erfolgt durch die LReg, somit gerade durch das Organ, das der UVS kontrollieren soll. Zu rechtspolitischen Bedenken in diesem Zusammenhang vgl Kopzina, Verwaltungsgerichte und Verwaltungssenate, ÖJZ 1990, 65.

Ab etwa Mitte der 60er-Jahre begannen die politischen Vertreter der Länder, ihre Forderungen nach Ausbau des Föderalismus und Stärkung der Selbstverwaltung der Länder in mehreren Länderforderungsprogrammen zu artikulieren. Die Früchte dieser Bemühungen waren in den 70er- und 80er-Jahren mehrere B-VG-Nov, in denen die Länderkompetenzen erweitert, die Stellung der Länder als selbst verwaltete Gliedstaaten gestärkt und ihre Mitwirkung an den Entscheidungen des Bundesstaates ausgebaut wurden. Durch das Recht, im Rahmen ihres selbstständigen Wirkungsbereiches und unter Aufsicht des Bundes StV mit den Nachbarstaaten Österreichs abzuschließen (Art 16), sind die Länder Völkerrechtssubjekte geworden (BGBl 1988/685). Diese Entwicklung weist in Richtung Aufbau eines „kooperativen Bundesstaates" *(Ermacora),* in dem Bund und Länder sich nicht mehr in einem hierarchischen Verhältnis gegenüberstehen. Ein Ausdruck dieser Entwicklung ist die 1989 wiedereingeführte Landesbürgerschaft. Zum Teil ohne rechtliche Grundlage schufen sich die Länder zur gemeinsamen Vertretung ihrer Interessen folgende Einrichtungen: *Verbindungsstelle der Bundesländer beim Amt der nö. LReg, Landeshauptmännerkonferenz, Landesamtsdirektorenkonferenz.*

14.3.1. Die Entwicklung des Verfassungsrechts der Länder

Die Gesetzgebung der Länder: Die bis in die späten 60er-Jahre zu beobachtende „Uniformität der Landesverfassungen" *(Walter/Mayer)* war durch den engen rechtlichen Rahmen bedingt, den das B-VG den Landesverfassungen steckte. Anstelle der Rechtsansicht, die Landesverfassungen seien nur Ausführungsgesetze des B-VG, setzte sich jedoch schließlich die Überzeugung von der „relativen Verfassungsautonomie der Länder" *(Koja)* durch. Der Bund überlässt es nunmehr weitgehend den Ländern alleine, ihre Verwaltung zu organisieren, die Zahl der LT-Abgeordneten zu bestimmen oder das Wahlverfahren zu den LT festzulegen[38]. Seit den 70er-Jahren wurden eine Reihe von Landesverfassungen novelliert oder neu erlassen[39], wobei neben dem Ausbau der direkten Demokratie auch erstmals Grundrechte in die Landesverfassungen Eingang fanden.

Neben der Aufwertung des BR erfuhren die LT durch die Einschränkung des Auflösungsrechts des BPräs (Art 100 Abs 1) und die Einschränkung des Zustimmungsrechts der BReg bei bestimmten Landesgesetzesbeschlüssen (Art 97 Abs 2)[40] eine Stärkung. Die B-VG-Nov 1984 schuf ein Notverordnungsrecht der LReg, das diesem bis dahin nur für den Bund vorgesehenen Instrument der außerordentlichen Gesetzgebung nachgebildet ist (Art 97 Abs 3 und 4).

---

38) BGBl 1974/444, 1977/539, 1988/685.

39) Vgl. die Übersicht in *Walter/Mayer*, Bundesverfassungsrecht[10], 337.

40) BGBl 1983/175, 1984/490.

Die Landesverwaltung: Die 1974 vorgenommene Verkürzung des Instanzenzuges bei der mittelbaren Bundesverwaltung (Art 103 Abs 4), der nun regelmäßig beim LH endet, bedeutete zweifellos eine Ausweitung des Einflusses der Länder.

14.3.2. Die Gemeinden

Die Gemeinde-Verfassungsnov 1962 (BGBl 205) löste das seit 1920 bestehende Provisorium des ReichsgemeindeG 1862 ab, folgte jedoch weitgehend der Tradition des österreichischen Gemeinderechts. Die Gemeinden sind Selbstverwaltungskörper mit wirtschaftlicher Eigenständigkeit und hoheitlichen Befugnissen. Sie haben – verfassungsrechtlich garantiert – einen *eigenen* und einen *übertragenen Wirkungsbereich.* Zu Ersterem gehören „alle Angelegenheiten, die im ausschließlichen oder überwiegenden Interesse der in der Gemeinde verkörperten örtlichen Gemeinschaft gelegen und geeignet sind, durch die Gemeinschaft innerhalb ihrer örtlichen Grenzen besorgt zu werden" (Art 118 Abs 2 B-VG). Dazu gehören ua örtliche Sicherheits-, Straßen-, Markt-, Gesundheits- und Baupolizei, Sittlichkeitspolizei. Der übertragene Wirkungsbereich umfasst die Angelegenheiten, die die Gemeinde im Auftrag und nach den Weisungen des Bundes oder des Landes besorgt (Auftragsverwaltung).

Organe der Gemeinde: Gemeinderat, Gemeindevorstand (Stadtrat, Stadtsenat), Bürgermeister. Grundsätzlich wird der Bürgermeister vom Gemeinderat gewählt. Allerdings kann in der Landesverfassung vorgesehen werden, dass die Wahlberechtigten der Gemeinde den Bürgermeister direkt wählen (Art 117 Abs 6 B-VG). Gemeinden mit mindestens 20.000 Einwohnern kann durch Landesgesetz ein eigenes Statut (Stadtrecht) verliehen werden. Eine Stadt mit eigenem Statut hat neben den Aufgaben der Gemeindeverwaltung auch die der Bezirksverwaltung zu besorgen (Art 116 Abs 3). Die Gemeinden stehen auch bei der Besorgung des eigenen Wirkungsbereiches unter der Aufsicht des Bundes und des Landes. Ausdrücklich wird der Grundsatz aufgestellt, dass jedes Grundstück zu einer Gemeinde gehören muss (Art 116 Abs 1). Seit 1988 sind der Österreichische Gemeindebund und der Österreichische Städtebund als Interessenvertretungen der Gemeinden im B-VG verankert.

14.4. Der Ausbau des Rechtsstaates – Grundrechte

Lit.: *Adamovich/Funk,* Verfassungsrecht^3, 35; *Brauneder,* Grundrechte, 28; *Ermacora,* Grundriß der Menschenrechte in Österreich, 1988; *Ermacora,* Handbuch der Grundfreiheiten und der Menschenrechte; *Ermacora,* Verfassungslehre I, 350 und II, 77; *FS Floretta,* 131–328; *Korinek/Gutknecht,* Grundrechtsschutz, in: *Schambeck* (Hg), Bundes-Verfassungsgesetz, 303; *Neuhold/Hummer/Schreuer* (Hg), Völkerrecht I^2, 230; *ÖJT 1964* (Hg.), Die Entwicklung der Grundrechte in Österreich Bd I, 1. und 2. Teil; *Walter/Mayer,* Bundesverfassungsrecht^9, 538.

Verglichen mit den übrigen Gebieten des Verfassungsrechts weisen die Einrichtungen des Rechtsschutzes sowie die Grundrechte in der untersuchten Epoche die am weitesten reichenden Veränderungen auf. Zur Auskunftspflicht der Behörden und dem Ausbau der Verwaltungs- und Verfassungsgerichtsbarkeit vgl. Kap. 14.2.4. und 14.2.5.

14.4.1. Grundrechte

Die Grund- und Freiheitsrechte sind in Österreich nach wie vor nicht in einem Gesetz zusammengefasst, sondern „in hohem Maße unübersichtlich und zersplittert" *(Adamovich/Funk).* Der bereits Mitte der 60er-Jahre eingesetzten *„Kommission zur Reform der Grund- und Freiheitsrechte"* gelang es bislang noch nicht, eine Neukodifikation der Grundrechte in die Wege zu leiten.

Wichtige Impulse zur Weiterentwicklung der Grundrechte gingen in den letzten Jahrzehnten vom internationalen Vertragsrecht aus. Die in diesem Zusammenhang bei weitem am wichtigste Vorschrift ist die **Europäische Menschenrechtskonvention** (EMRK) vom 4. 11. 1950 samt Zusatzprotokollen, die in Österreich seit 1958 rechtswirksam ist[41]. Neben dem Ausbau des Grundrechtskatalogs enthält die EMRK erstmals ein geschlossenes, **übernationales Rechtsschutzsystem**.

Jeder Vertragsstaat der EMRK kann die **Europäische Kommission für Menschenrechte** wegen Verletzung der EMRK durch einen anderen Vertragsstaat anrufen (Staatenbeschwerde). Daneben kann sich auch der Einzelne gem Art 25 EMRK nach Erschöpfung des innerstaatlichen Rechtszuges an die Kommission wenden (Individualbeschwerde). Am Ende des daraufhin einzuleitenden Beschwerdeverfahrens hat entweder das Ministerkomitee des Europarates mit Resolution oder der **Europäische Gerichtshof für Menschenrechte** mit Urteil zu entscheiden. Damit ist für Österreich zum ersten Mal ein über seine Staatsorgane hinausreichender Instanzenzug zum Schutz von Grund- und Freiheitsrechten geschaffen worden.

Klassische (liberale) Grundrechte: Der Katalog der liberalen Grundrechte wurde wie folgt erweitert:

Schutz des Fernmeldegeheimnisses (Art 10a StGG)[42], Verbot der Auslieferung österreichischer Staatsbürger[43], Freiheit der Kunst (Art 17a StGG). Durch das BVG über den Schutz der persönlichen Freiheit 1988[44] erfolgte ein wesentlicher Ausbau dieses Grundrechts. Darin wird zB festgelegt, dass die persönliche Freiheit nur entzogen werden darf, „wenn und soweit dies nicht zum Zweck der Maßnahme außer Verhältnis steht", und dass der Festgenommene „unter Achtung der Menschenwürde und mit möglichster Schonung der Person zu behandeln" sei (Art 1). Schuldhaft, dh Festnahme wegen Verletzung vertraglicher Verpflichtungen, ist ausdrücklich ausgeschlossen.

Die EMRK schützt auch Nichtstaatsbürger und führte ua folgende Grundrechte in die österreichische Rechtsordnung ein: Recht auf Leben, Verbot der Folter sowie unmenschlicher oder erniedrigender Strafen, Verbot der Zwangsarbeit, Verbot der Ausweisung eines österreichischen Staatsangehörigen, Freiheit der Auswanderung, Achtung des Privat- und Familienlebens, Recht, eine Ehe einzugehen und eine Familie zu gründen ... Um insbes. das geltende Verwaltungs(straf)verfahren beibehalten zu können, hat Österreich die Art 5 und 6 der EMRK (Verfahren vor einem Gericht) nur mit einem Vorbehalt unterzeichnet[45].

---

41) In Österreich in Geltung gesetzt durch BGBl 1958/210 und durch BGBl 1964/59 rückwirkend in Verfassungsrang gehoben.

42) BGBl 1974/8.

43) § 12 Auslieferungs- und RechtshilfeG 1979, BGBl 529.

44) BGBl 1988/684.

45) Vgl. 1. Zusatzprotokoll zur EMRK vom 20. März 1952, BGBl 1958/210.

Politische Grundrechte: Die große Mehrzahl der politischen Grundrechte sind im B-VG verankert (zB in den Bestimmungen über die mittelbare und unmittelbare Demokratie). § 2 (1) ZDG schuf 1974 ein Grundrecht auf Wehrdienstbefreiung.

In Erfüllung des *Internationalen Übereinkommens über die Beseitigung aller Formen rassischer Diskriminierung* (BGBl 1972/377) wurde 1973 ein BVG (BGBl 390) erlassen, das es der Gesetzgebung und Vollziehung untersagt, Unterscheidungen „aus dem alleinigen Grund der Rasse, der Hautfarbe, der Abstammung oder der nationalen oder ethnischen Herkunft" (Art 1) vorzunehmen. Der von der UNO initiierte *Internationale Pakt über bürgerliche und politische Rechte* (BGBl 1978/591) wurde 1978 vom NR zwar genehmigt, nicht jedoch in Verfassungsrang gehoben.

Soziale Grundrechte: Zweck der sozialen Grundrechte soll die Sicherung der sozialen Lage des Einzelnen sein (zB Recht auf Arbeit, Bildung oder Wohnung). Die österreichische Rechtsordnung kennt derzeit keine sozialen Grundrechte im Verfassungsrang, da sowohl die Europische Sozial-Charta (BGBl 1969/460) wie auch der *UN-Pakt über wirtschaftliche, soziale und kulturelle Rechte* (BGBl 1978/590) nur als einfache Gesetze in die österreichische Rechtsordnung Eingang fanden.

Frauenspezifische Grundrechte: Wesentliche Impulse zur grundrechtlichen Absicherung der Rechte der Frau kamen von der internationalen Ebene. Die *UN-Konvention über die politischen Rechte der Frau* 1969[46] und die *UN-Konvention zur Beseitigung jeder Form von Diskriminierung der Frau* 1982[47] sollen einerseits jede Beeinträchtigung der Gleichstellung von Mann und Frau verhindern und andererseits Sondermaßnahmen zur beschleunigten Herbeiführung der faktischen Gleichberechtigung erlauben (Art 4 Konvention 1982).

1998 fand dieser Gedanke ausdrücklichen Eingang in das B-VG. In Art. 7 (2) bekennen sich Bund, Länder und Gemeinden „zur tatsächlichen Gleichstellung von Mann und Frau. Maßnahmen zur Förderung der faktischen Gleichstellung von Frauen und Männern insbesondere durch Beseitigung tatsächlich bestehender Ungleichheiten sind zulässig".

14.4.2. Die Volksanwaltschaft

Um das „Gefühl der Ohnmacht des Einzelnen gegenüber der Verwaltung"[48] zurückzudrängen, wurde 1977 nach Vorbild des skandinavischen Ombudsmannes in Österreich die Volksanwaltschaft errichtet.[49] Diese für Österreich vollkommen neue Einrichtung[50] bildet ein unabhängiges Hilfsorgan der gesetzgebenden Gewalt, das als Kontrollorgan außerhalb

46) BGBl 1969/256.

47) BGBl 1982/443.

48) EB 94 BlgNR, 14. GP, 4.

49) BVG 1977/121. Nach einem vierjährigen Probelauf wurden diese Bestimmungen weitgehend unverändert als §§ 148 a-j in das B-VG übernommen (BGBl 1981/350).

50) Kelsen hat allerdings bereits 1929 Überlegungen in die gleiche Richtung angestellt, als er die Einrichtung eines „Anwalts des öffentlichen Rechts" anregte (VVdStRL V (1929), 30).

der Verwaltung und der Gerichte steht *(Adamovich/Funk)*. Die Volksanwaltschaft besteht aus drei unabhängigen und unabsetzbaren Mitgliedern, die vom NR für sechs Jahre gewählt werden. Ihre Aufgabe ist die Kontrolle der hoheitlichen und nichthoheitlichen Verwaltung des Bundes[51] durch die Prüfung behaupteter oder vermuteter Missstände (Art 148a). Seit 1988 ist die Volksanwaltschaft auch berufen, an der Erledigung der an den NR gerichteten Petitionen und Bürgerinitiativen mitzuwirken. Die Volksanwaltschaft besitzt keine rechtliche Entscheidungsgewalt. Von der Möglichkeit der Anfechtung einer Verordnung beim VfGH abgesehen, kann sie im konkreten Fall nur Empfehlungen an die obersten Verwaltungsorgane richten. Die Effektivität der Volksanwaltschaft beruht in der Aufdeckung und Publikmachung von Missständen.

14. 5. Österreich als Teil der Europäischen Union

Lit.: *Dickstein*, Der Verfassungsbegriff der Europäischen Union; *Fischer/Köck*, Europarecht[3]; *Funk*, Verfassungsrecht, 120; *Griller*, Verfassungsfragen der Österreichischen EU-Mitgliedschaft, ZfRV 1995, 89; *Griller/Rill* (Hg), Verfassungsrechtliche Grundfragen der EU-Mitgliedschaft; *Holzinger*, Die Auswirkung der österreichischen EU Mitgliedschaft auf das österreichische Verfassungsrecht, JRP 1996, 160; *Hummer*, Die Europäische Union nach dem Vertrag von Amsterdam; *Hummer/Obwexer*, Österreich in der Europäischen Union; *Kucsko-Stadlmayer*, Der Vorrang des Eu-Rechts vor österreichischem Recht, ecolex 1995, 338; *Öhlinger*, Verfassungsfragen einer Mitgliedschaft zur Europäischen Union; *Öhlinger/Potacs*, Gemeinschaftsrecht und staatliches Recht; *Pernthaler*, Auswirkungen des EU-Rechts auf die Länder; *Rotter*, Unmittelbare Wirksamkeit von EU-Richtlinien unter besonderer Berücksichtigung ihrer Auswirkungen auf das Verwaltungshandeln, ZUV 1998/6,9; *Schweitzer/Hummer*, Europarecht[6]; *Thun-Hohenstein*, Das Verhältnis zwischen österreichischem Recht und dem Recht der Europäischen Union; *Thun-Hohenstein/Cede*, Europarecht[3]; *Walter/Mayer*, Bundesverfassungsrecht[9], 114.

Der Beitritt Österreichs zur Europäischen Union bewirkte eine **Gesamtänderung der Bundesverfassung**, da das demokratische, das bundesstaatliche und das gewaltenteilende Prinzip betroffen waren. Um sicherzustellen, dass der Beitritt verfassungskonform erfolge, wurde folgender Weg eingeschlagen: Der NR verabschiedete ein Bundesverfassungsgesetz, mit dem die „bundesverfassungsgesetzlichen Organe" ermächtigt wurden, „den Beitritt Österreichs zur Europäischen Union entsprechend dem am 12. April 1994 von der Beitrittskonferenz festgelegten Verhandlungsergebnis abzuschließen". Dieser NR-Beschluss wurde am 12. Juni 1994 in einer Volksabstimmung mit 66,58 % der Stimmen angenommen (BGBl 1994/735 und 744). Basierend auf dieser **Ermächtigung** wurde der Beitrittsvertrag mit Genehmigung des NR und Zustimmung des BR durch den BPräs abgeschlossen und in BGBl 1995/45 verlautbart.

51) Durch LandesverfassungG kann ein Land die Volksanwaltschaft auch für den Bereich seiner Verwaltung für zuständig erklären bzw. eine eigene Landesvolksanwaltschaft einrichten (Art 148 i).

14.5.1. Die Europäische Union

Gemäß Art 1 EUV gründeten die „Vertragsparteien untereinander eine Europäische Union ... Grundlage der Union sind die Europäischen Gemeinschaften, ergänzt durch die mit diesem Vertrag eingeführten Politiken und Formen der Zusammenarbeit“. Die EU ist eine **Staatenverbindung mit dem Ziel einer gesteigerten politischen Integration der Mitgliedsstaaten**. Über die Endform bzw. den zukünftig anzustrebenden Grad der Integration herrschen zwischen den Mitgliedsstaaten allerdings noch Auffassungsunterschiede. Während die weiterbestehenden Europäischen Gemeinschaften EG, EGKS und EAG juristische Personen sind, besitzt die EU nach überwiegender Meinung keine Rechtspersönlichkeit. Vielmehr spricht man von einem Organisations- und Regelungsgeflecht mit unterschiedlicher Dichte.

Die EU umfasst **drei Säulen**: Die **Währungs- und Wirtschaftsunion** (getragen von den drei Teilgemeinschaften EG, EGKS, EAG, 1. Säule); die **Gemeinsame Außen- und Sicherheitspolitik** (GASP, 2. Säule) und die **Zusammenarbeit in den Bereichen Justiz und Inneres** (ZBJI, 3. Säule). Der Grad der Integration ist in der ersten Säule weiter fortgeschritten als in den beiden anderen. Nach der Schaffung eines gemeinsamen Wirtschaftsraumes stellte die Vereinheitlichung der Währungen durch die Einführung des Euro in zwei Etappen (1. 1. 1999 und 1. 1. 2002) den bislang letzten Schritt dar.

Die EU weist eine Vielzahl von Organen auf, die sich gegenseitig unterstützen und kontrollieren sollen. Allerdings wird nur ein Organ direkt von den Staatsbürgern der Mitgliedsstaaten gewählt wird. Die wichtigsten EU Organe sind:

* Der **Europäische Rat** setzt sich aus den Staats- und Regierungschefs der Mitgliedsstaaten sowie dem Präsidenten der Kommission zusammen. Er fungiert als politisches Leitorgan, das die „allgemeinen politischen Zielvorstellungen“ festlegt (Art. 4 EUV).

* Der **Rat der Europäischen Gemeinschaft** besteht aus je einem Vertreter jedes Mitgliedsstaates auf Ministerebene und hat insbes. Aufgaben der Normerzeugung (Art 202, 249 EGV.

* Die **Kommission der Europäischen Gemeinschaft** ist ein von den Mitgliedsstaaten unabhängiges Organ, das aus 20 Mitgliedern („Kommissaren“) besteht, die von den Regierungen der Mitgliedstaaten im Einvernehmen auf fünf Jahre ernannt werden. Der Kommission müssen mindestens ein und maximal zwei Staatsangehörige jedes Mitgliedsstaates angehören. Die Kommission wirkt hinsichtlich des Gemeinsamen Marktes sowohl an Verwaltungsaufgaben als auch in der Normsetzung mit. IdR kann der Rat Rechtsakte nur auf Vorschlag der Kommission erlassen.

* Das **Europäische Parlament** besteht aus maximal 700 Mitgliedern. „Die Abgeordneten der Völker der in der Gemeinschaft vereinigten Staaten“ werden in „allgemeiner unmittelbarer Wahl“ auf fünf Jahre gewählt (Art 190). Die Zahl der Abgeordneten pro

Land ist unterschiedlich. Österreich stehen 21 Sitze zu. Trotz des Namens hat das Europäische Parlament kein umfassendes Gesetzgebungsmonopol sondern nur eine Mitwirkungsbefugnis (Art 249ff). Darüber hinaus übt es eine Kontrollfunktion gegenüber der Kommission aus.

* Die Kompetenzen des **Gerichtshofs der Europäischen Gemeinschaft** (EuGH) und des Gerichts erster Instanz (EuGEI) beziehen sich im Wesentlichen auf die Rechtskontrolle im Bereich von EG, EGKS und EAG (Art 220).

* Weitere wichtige EU-Organe sind der *Europäische Rechnungshof*, der *Wirtschafts- und Sozialausschuss*, der *Ausschuss der Regionen*, und die *Europäische Investitionsbank.*

Die der Europäischen Union zugrunde liegenden Verträge (EUV, EGV, EGKSV, EAGV) bilden das **Primärrecht**, die von den Organen der Gemeinschaft erlassenen Normen werden **Sekundärrecht** genannt. Insbesondere zählen dazu *Verordnungen* (die in den einzelnen Mitgliedsstaaten unmittelbar gelten), *Richtlinien* (sie enthalten Regelungsziele, die nähere Durchführung bleibt den Mitgliedsstaaten überlassen) und *Entscheidungen.* Es gilt der Grundsatz, **dass unmittelbar anwendbares Gemeinschaftsrecht dem nationalen Recht (einschl. Verfassungsrecht) vorgeht**.

14.5.2. Die Auswirkungen des EU-Beitritts auf die österreichische Rechtsordnung

Durch den Beitritt in die Europäische Union hat Österreich einen Teil seiner Kompetenzen and die übergeordnete Gemeinschaft abgetreten, wodurch neben Bund, Länder und Gemeinden eine neue Ebene entstanden ist. Der Europäischen Union wurde im B-VG ein eigenes Kapitel (Art 23a – 23f) gewidmet.

An der **Bestellung der EU Organe** wirkt Österreich wie folgt mit. Die 21 von Österreich entsandten Abgeordneten zum **Europäischen Parlament** werden auf Grund des gleichen, unmittelbaren, geheimen und persönlichen Wahlrechts nach dem Verhältniswahlrecht gewählt. Stimmberechtigt sind nicht nur österreichische Staatsbürger, sondern auch EU-Bürger, die ihren Wohnsitz in Österreich haben. Die österreichische Mitwirkung an der Ernennung von Mitgliedern der Kommission, des EUGH (EuGEI), des Rechnungshofes, des Verwaltungsrates der Europäischen Investitionsbank, des Wirtschafts- und Sozialausschusses sowie des Ausschusses der Regionen obliegt der BReg. Sie hat hierbei je nach Organ das Einvernehmen bzw. die Vorschläge des Hauptausschusses des NR, der Länder bzw. des Städte oder Gemeindebundes einzuholen (Art 23 c B-VG).

Wie erwähnt **geht unmittelbar anwendbares Gemeinschaftsrecht dem österreichischen Recht** vor. EU-Verordnungen haben unmittelbare Geltung für jeden, der davon betroffen ist und eine „Durchführung“ durch österreichisches innerstaatliches Recht (zB

Gesetz, Verordnung) ist nur zulässig, wenn die EU-Verordnung dies vorsieht. Um das demokratische und föderative Prinzip zum Tragen zu bringen ist das **österreichische Mitglied der Bundesregierung im Rat je nach Materie an die Mitwirkung des NR, des BR oder der Länder gebunden.** Diese umfasst neben einer generellen Informationspflicht der BReg ua auch Stellungnahmerechte des NR, des BR oder der Länder zu EU-Vorhaben (Art 23d-23f B-VG). Diese Stellungnahmen haben die Wirkung, dass sie das zuständigen Mitglied der BReg bei Verhandlungen oder Abstimmungen in der Europäischen Union binden. Es darf davon nur aus „zwingenden außen- und integrationspolitischen Gründen abweichen".

Literaturverzeichnis

Adamovich Ludwig/Fröhlich Georg, Die neue österreichische Verfassung, 1934
Adamovich Ludwig/Fröhlich Georg, Hg.), Die österreichischen Verfassungsgesetze des Bundes und der Länder, 1925
Adamovich Ludwig/Funk Bernd-Christian, Österreichisches Verfassungsrecht[3], 1985
Adamovich Ludwig, Die Prüfung der Gesetze und Verordnungen durch den österreichischen Verfassungsgerichtshof, 1923
Adamovich Ludwig, Grundriß des österr. Staatsrechtes, 1. Aufl. 1927, 2. Aufl. 1932, 3. Aufl. 1935,4. Aufl. 1947
Adamovich Ludwig, Handbuch des österreichischen Verwaltungsrechts, 5. Auflage 1954, 6. Aufl. 1971
Adamovich Ludwig, Österreichisches Verwaltungsrecht, 1924
Adamovich Ludwig, Verfassungsgesetze[8], 1953
Adamovich K. Ludwig/Funk Bernd-Christian/Holzinger Gerhart, Österreichisches Staatsrecht, 1997
Adam Uwe Dietrich, Judenpolitik im Dritten Reich, 1972
Adler Sigmund, Die Organisation der Centralverwaltung unter Kaiser Maximilian I., 1886
Adler Sigmund, Zur Rechtsgeschichte des adeligen Grundbesitzes in Österreich, 1902
Adler Viktor, Das allgemeine, gleiche und direkte Wahlrecht und das Wahlunrecht in Österreich, 1893
Aegidi Ludwig Karl, Die Schluß-Acte der Wiener Ministerial-Conferenz zur Ausbildung und Befestigung des deutschen Bundes, 1860
Alfred Stegmüller, Erläuterungen zum österreichischen Bundesverfassungsgesetz vom 1. Oktober 1920, 1923
Almond Nino/Lutz Ralf Haswell, The Treaty of St. Germain, Stanford-London-Oxford 1925
Altenstetter Christa, Föderalismus in Österreich, 1969
Angermeier Heinz (Hg.), Säkulare Aspekte der Reformationszeit, 1983
Angermeier Heinz, Die Reichsreform 1410–1555, 1984
Anschütz Gerhard/Thoma Richard (Hg.), Handbuch des Deutschen Staatsrechts, 1930
Appelt Hans, Privilegium minus, 1973
Aretin Karl Otmar, Vom Deutschen Reich zum Deutschen Bund, 1980
Arzt Gunther/Caroni Pio/Kälin Walter (Hg.), Juristenausbildung als Denkmalpflege?, 1993

Bachmann Adolf, Lehrbuch der österreichischen Reichsgeschichte, 1896
Bach Maximilian, Geschichte der Wiener Revolution, 1898
Baethgen Friedrich, Deutschland und Europa im SpMA, 1968
Baltl Hermann/Kocher Gernot, Österreichische Rechtsgeschichte[9], 1997
Bansleben Manfred, Das österreichische Reparationsproblem auf der Pariser Friedenskonferenz, 1988
Barth Barthenheim J. L. E., Das ganze der österreichischen politischen Administration, 1838
Barton Peter (Hg.), Im Zeichen der Toleranz. Aufsätze zur Toleranzgesetzgebung des 18. Jh. im Reiche Joseph II., 1981
Barton Peter, Evangelisch in Österreich, 1987
Bauer Otto, Der Kampf um Wald und Weide. Studien zur österr. Agrargeschichte und Agrarpolitik, 1925
Bayern und Slawen in Oberösterreich. Probleme der Landnahme und Besiedlung (Schriftenreihe des oö. Musealvereins Bd. 10), 1980
Becker Hans-Jürgen ua (Hg.), Rechtsgeschichte als Kulturgeschichte. FS für Adalbert Erler, 1976
Becker Winfried, Der Kurfürstenrat, 1973
Beidtel Ignaz, Geschichte der österreichischen Staatsverwaltung 1740–1848, 1896/8;
Below Georg, Der deutsche Staat des MA, 1914
Benedikt Heinrich (Hg.), Geschichte der Republik Österreich, 1954
Berber Friedrich, Das Staatsideal im Wandel der Weltgeschichte[2], 1978
Berchtold Klaus, Die Verfassungsreform von 1929, 1979
Berchtold Klaus, Österreichische Parteiprogramme 1868–1966, 1967
Bernatzik Edmund, Die Ausgestaltung des Nationalgefühls im 19. Jh., 1912
Bernatzik Edmund, Die österreichischen Verfassungsgesetze mit Erläuterungen[2], 1911
Bernatzik Edmund, Republik und Monarchie, 1919
Bidermann Herm., Geschichte der österreichischen Gesammt-Staats-Idee 1526–1804, Neudruck 1972

Bilgeri Benedikt, Geschichte Vorarlbergs, 1974
Bischoff Ferdinand, Steiermärkisches Landrecht des MA, 1875
Bischof Günther/Leidenfrost Josef, Die bevormundete Nation. Österreich und die Alliierten 1945–1949, 1988
Blau Bruno, Das Ausnahmerecht für die Juden in Deutschland 1933–1945, 1954
Bleicken Jochen, Verfassungs- und Sozialgeschichte des Römischen Kaiserreiches, 1978
Bloch Ernst, Thomas Münzer als Theologe der Revolution[3], 1969
Bloch Marc, Die Feudalgesellschaft (Propyläen), o.J.
BMJ (Hg.), Volksgerichtsbarkeit und Verfolgung von nationalsozialistischen Gewaltverbrechen in Österreich 1945–1972, 1977
BMWF/Österr. Akad. d. Wiss. (Hg.), Österreich im Europa der Aufklärung. Kontinuität und Zäsur in Europa zur Zeit Maria Theresias und Joseph II. Internationales Symposion in Wien 20.–23. 10. 1980, 1985
Böckenförde Ernst Wolfgang (Hg.), Moderne deutsche Verfassungsgeschichte (1815–1918), 1972
Böckenförde Ernst Wolfgang (Hg.), Staatsrecht und Staatsrechtslehre im Dritten Reich, 1985
Borst Arno, Lebensformen im Mittelalter (Propyläen), 1973
Bosl Karl/Möckl Karl (Hg.), Der moderne Parlamentarismus und seine Grundlagen in der ständischen Repräsentation, 1977
Bosl Karl, Die Reichsministerialität der Salier und Staufer, 1950
Botz Gerhard, Die Eingliederung Österreichs in das Deutsche Reich[2], 1976
Botz Gerhard, Gewalt in der Politik. Attentate, Zusammenstöße, Putschversuche, Unruhen in Österreich 1918 bis 1934
Botz Gerhard, Krisenzonen einer Demokratie, 1987
Bracher Karl Dietrich/Sauer Wolfgang/Schulz Gerhard, Die nationalsozialistische Machtergreifung, 1933/34, 2. Aufl. 1962
Bracher Karl Dietrich, Die deutsche Diktatur, 1969
Brandi Karl, Der Augsburger Religionsfriede vom 25. September 1555[2], 1927
Brandt Harm-Hinrich, Der österreichische Neoabsolutismus. Staatsfinanzen und Politik 1848–1860, 1978
Brandweiner Heinrich, Die Rechtsstellung Österreichs, o.J.
Braubach Max, Der Westfälische Friede, 1948
Brauneder Wilhelm/Lachmayer Friedrich, Österreichische Verfassungsgeschichte[6], 1992
Brauneder Wilhelm, Die historische Entwicklung der modernen Grundrechte in Österreich, 1987
Brauneder Wilhelm, Leseverein und Rechtskultur. Der juridisch-politische Leseverein zu Wien 1840–1990, 1992
Broszat Martin, Der Staat Hitlers[8], 1979
Bruckmüller Ernst, Nation Österreich, 1984
Bruckmüller Ernst, Sozialgeschichte Österreichs, 1985
Brunner Otto, Land- und Herrschaft. Grundfragen der territorialen Verfassungsgeschichte Österreichs im MA[6], 1970
Brusatti Alois/Gutkas Karl/Weinzierl Erika, Österreich 1945–1970. 25 Jahre Zweite Republik, 1970
Buchner Rudolf, Maximilian I.[2], 1970
Burmeister Karl Heinz, Geschichte Vorarlbergs, 1980
Butschek Felix, Die österreichische Wirtschaft im 20. Jahrhundert, 1985
Byloff Fritz, Hexenglaube und Hexenverfolgung in den österreichischen Alpenländern, 1934

Christmann Thomas, Das Bemühen von Kaiser und Reich um die Vereinheitlichung des Münzwesens, 1988
Cipolla Carlo/Borchardt Knut (Hg.), Bevölkerungsgeschichte Europas. MA bis Neuzeit, 1971
Conrad Hermann, Der deutsche Staat[2], 1974
Conrad Hermann, Deutsche Rechtsgeschichte [2], 1962
Conrad Hermann, Rechtsstaatliche Bestrebungen im Absolutismus Preußens und Österreichs am Ende des 18. Jh., 1961;
Conrad Hermann, ua (Hg.), Recht und Verfassung des Reiches in der Zeit Maria Theresias, 1964;
Conrad Johann/Elster Ludwig (Hg.), Handwörterbuch der Staatswissenschaften II[3], 1909
Conze Werner (Hg.), Staat und Gesellschaft im deutschen Vormärz 1815–1848, 1962
Cram Kurt-Georg, Iudicium belli. Zum Rechtscharakter des Krieges im deutschen Mittelalter, 1955
Csendes Peter, Geschichte Wiens, 1981
Curschmann Fritz, Hungersnöte im MA, 1900

Czedik Aloys, Der Weg von und zu den Österreichischen Staatsbahnen I, 1913
Czoernig Carl, Österreichs Neugestaltung 1848–1858, 1858

d'Elvert Christian, Zur österreichischen Finanz-Geschichte, mit besonderer Rücksicht auf die böhmischen Länder, 1881
Danneberg Robert/Leuthner Karl, Verfassung und Sozialdemokratie, 1920
Dantscher v. Kollesberg Th., Die politischen Rechte der Unterthanen, 1888
Das Königtum seine geistigen und rechtlichen Grundlagen. Mainau-Vorträge 1954, in: Vorträge und Forschungen, hg. Theodor Mayer, Bd. III, 279, Lindau-Konstanz 1956
Davy Ulrike/Fuchs H./Hofmeister Herbert/Marte Judit/Reiter Ilse (Hg.), Nationalsozialismus und Recht. Rechtssetzung und Rechtswissenschaft in Österreich unter der Herrschaft des Nationalsozialismus, 1990
Deák Istvan, Die rechtmäßige Revolution. Lajos Kossuth und die Ungarn 1848–1849, 1989
Dennewitz Bodo, Verwaltung der Ostmark, 1940
Deutsche Reichstagsakten, hg. v. d. Hist. Komm. b. d. Bayer. Akad. d. Wiss., 1867–1971
Dickmann Fritz (Hg.), Renaissance, Glaubenskämpfe, Absolutismus, (Geschichte in Quellen III), 1966
Dickmann Fritz, Der Westfälische Frieden[2], 1965
Dickstein Michael, Der Verfassungbegriff der Europäischen Union, 1998
Diestelkamp Bernhard, Lehensrecht und spätmittelalterliches Territorium, 1970
Die Städte Mitteleuropas, 1963
Dimmel Nikolaus/Noll Alfred-Johannes (Hg.), Verfassung. Juristisch-politische und sozialwissenschaftliche Beiträge anläßlich des 70-Jahr-Jubiläums des BVG, 1990
Dobesch Gerhard, Die Kelten in Österreich nach den ältesten Berichten der Antike, 1980
Dobretsberger Josef, Vom Sinn und Werden des neuen Staates, 1934
Documenta bohemica bellum tricennale illustratia, 1972
Dopsch Alfons, Die Wirtschaftsentwicklung der Karolingerzeit vornehmlich in Deutschland[3], 1962
Dopsch Heinz/Spatzenegger Hans (Hg.), Geschichte Salzburgs, 1983
DÖW (Hg.), „Anschluß" 1938, 1988
DÖW (Hg.), Österreicher und der Zweite Weltkrieg, 1989
Droege Georg, Deutsche Wirtschafts- und Sozialgeschichte[2], 1972
Drysen Y.G. (Hg.), Die Verhandlungen des Verfassungsausschusses der dt. Nationalversammlung, 1849
Dulckeit Gerhard/Schwarz Fritz/Waldstein Wolfgang, Römische Rechtsgeschichte[8], 1989
Durant Will, Das Zeitalter des Glaubens. Eine Kulturgeschichte des christlichen, islamischen und jüdischen MA[2], 1956
Dusek Peter/Weinzierl Erika/Pelinka Anton, Zeitgeschichte im Aufriß. Österreich von 1918 bis in die 80er Jahre, 1981

Ebel Wilhelm, Geschichte der Gesetzgebung in Deutschland, 1958
Eder Karl, Die Kirche im Zeitalter des konfessionellen Absolutismus (1555–1648), 1949
Eder Karl, Studien zur Reformationsgeschichte Oberösterreichs, 1932 ff
Eichhorn Karl Friedrich, Deutsche Staats- und Rechtsgeschichte, 1844
Eichmann Eduard, Acht und Bann im Reichsrecht des MA, 1909
Eisenmann Louis, Le compromis Austro-hongrois de 1867, 1904
Elias Norbert, Über den Prozeß der Zivilisation, 1969
Ender Otto, Die neue österreichische Verfassung, 1934
Ender Otto, Vorarlbergs Schweizer Anschlußbewegung von 1918–1924, 1952
Endres Robert, Revolution in Österreich 1848, 1947
Engel Eva Maria/Holtz Eberhard (Hg.), Deutsche Könige und Kaiser des MA, 1989
Engels Friedrich, Der deutsche Bauernkrieg[10], 1972
Erler Adalbert/Kaufmann Ekkehart/Stammler Wolfgang (Hg.), Handwörterbuch zur deutschen Rechtsgeschichte (HRG.), 1971ff
Ermacora Felix (Hg.), Österreichische Bundesverfassungsgesetze[1], 1989
Ermacora Felix, 20 Jahre österreichische Neutralität, 1975
Ermacora Felix, Der unbewältigte Friede. St. Germain und die Folgen, 1989
Ermacora Felix, Handbuch der Grundfreiheiten und der Menschenrechte, 1963
Ermacora Felix, Österreichischer Föderalismus. Vom patrimonialen zum kooperativen Bundesstaat, 1976
Ermacora Felix/Baumgartner Gerhard/Strejcek Gerhard, Österreichische Verfassungslehre, 1970/1998

Ermacora Felix, Österreichs Staatsvertrag und Neutralität, 1957
Evans Robert, Das Werden der Habsburgermonarchie 1550-1700, 1986

Fehn K. ua (Hg.), Die Stadt in der europäischen Geschichte, Festschrift Edith Ennen, 1972
Feichtenberger Franz Josef, Die Länderkonferenzen 1945 – Die Wiederherstellung der Republik Österreich, Diss. Wien 1965
Feigl Helmut, Die niederösterreichische Grundherrschaft, 1964
Feigl Helmut, Rechtsentwicklung und Gerichtswesen Oberösterreichs im Spiegel der Weistümer, 1974
Feine Hans Erich, Deutsche Verfassungsgeschichte der Neuzeit[3], 1943
Feine Hans Erich, Kirchliche Rechtsgeschichte. Die Katholische Kirche[5], 1972
Feine Hans Erich, Reich und Kirche. Ausgewählte Abhandlungen zur deutschen kirchlichen Rechtsgeschichte, 1966
Fellner Thomas/Kretschmayr Heinrich, Die österreichische Zentralverwaltung, 1907ff
Festgabe für Fritz Fleiner, 1927
Festgaben zur Ehren von Max Büdinger, 1898
Festschrift für Beumann, 1977
Festschrift für Adalbert Erler, 1976
Festschrift für Ernst Carl Hellbling, 1971
Festschrift für Ernst Carl Hellbling (Aus Österreichs Rechtsleben in Geschichte und Gegenwart), 1981
Festschrift für Hermann Krause (hg. von Gagnér Sten ua), 1975;
Festschrift für Heymann, 1940
Festschrift für Nikolaus Grass, (hg. von Carlen Louis/Steinegger Fritz), 1974
Festschrift für Unger, 1898
Festschrift für Richard Thoma, 1950
Fichtenau Heinrich, Von der Mark zum Herzogtum. Grundlagen und Sinn des „privilegium minus“ für Österreich[2], 1965
Ficker Julius/Puntschart Paul, Vom Reichsfürstenstande, 1861–1923
Filip Jan, Die keltische Zivilisation und ihr Erbe, 1961
Fischel Alfred (Hg.), Die Protokolle des Verfassungsausschusses über die Grundrechte. Ein Beitrag zur Geschichte des österreichischen Reichstages vom 1848, 1912
Fischel Alfred, Das österreichische Sprachenrecht, 1901
Fischer Heinz (Hg.), Das politische System Österreichs[3], 1982
Fischer Heinz/Silvestri Gerhard (Hg.), Texte zur österreichischen Verfassungs-Geschichte, 1970
Fischer Wolfram/Fan Houte Jan/Tellenbenz Hermann/Mieck Ilja/Vittinghoff Friedrich (Hg.), Handbuch der europäischen Wirtschafts- und Sozialgeschichte, 1985
Fischer Peter/Köck Heribert Franz, Europarecht[3], 1997
Fleckenstein Josef, Grundlagen und Beginn der deutschen Geschichte[2], 1980
Fleischer Georg, Verfassung 1934, 1934
Floßmann Ursula (Hg.), Offene Frauenfragen in Wissenschaft, Recht und Politik, 1991.
Floßmann Ursula, Landrechte als Verfassung, 1976
Fraenkel Ernst, Der Doppelstaat, 1974
Frank Hans, Nationalsozialistisches Handbuch für Recht und Gesetzgebung, 1935
Franklin Otto, Das Reichshofgericht im MA, 1867
Franz Günther (Hg.), Quellen zur Geschichte des Bauernkrieges, 1963
Frass Otto, Quellenbuch zur österreichischen Geschichte, 1956
Friedjung Heinrich, Österreich von 1848–1860[2], 1908–1912
Friedjung Heinrich, Der Kampf um die Vorherrschaft in Deutschland 1859–1866, 1898/1908
Frisch Hans, Lehrbuch des österreichischen Verfassungsrechtes, 1932
Fröhlich Georg, Die Bundesverfassung der Republik Österreich, 1930
Fröhlich Georg, Die „Verfassung 1934“ des Bundesstaates Österreich, 1936
Fröschl Erich/Zoitl Helge (Hg.), 4. März 1933, 1984
Fröschl Erich/Zoitl Helge, Der 12. Februar 1934, 1984
Fuchs Albert, Geistige Strömungen in Österreich, 1867–1918
Fuhrmann Horst, Deutsche Geschichte im Hohen MA[2], 1983
Funk Bernd-Christian, Einführung in das österreichische Verfassungsrecht, 2000
Funk Bernd-Christian, Die Entwicklung des Bundesverfassungsrechtes. Die BVG-Nov. von 1973–1975, o. J.

Fürstenau Hermann, Das Grundrecht der Religionsfreiheit nach seiner geschichtlichen Entwicklung und heutigen Geltung in Deutschland, 1891

Gagnér Sten, Studien zur Ideengeschichte der Gesetzgebung, 1960
Gampl Inge, Staat – Kirche – Individuum in der Rechtsgeschichte Österreichs zwischen Reformation und Revolution, 1984
Gebhardt Bruno/Grundmann Herbert (Hg.), Handbuch der deutschen Geschichte[9], 1970
Gebhardt Harwig, Revolution und liberale Bewegung. Die nationale Organisation der konstitutionellen Partei in Deutschland 1848/49, 1974
Gedächtnisschrift für Hermann Conrad, 1979
Gedye G. E. R., Als die Bastionen fielen, 1927–1938
Gerhard Dietrich (Hg.), Ständische Vertretungen in Europa im 17. und 18. Jh., 1969
Gierke Otto, Das deutsche Genossenschaftsrecht, 1868–1913
Gmür Rudolf, Grundriß der deutschen Rechtsgeschichte[5], 1992
Goez Werner, Der Leihezwang. Eine Untersuchung zur Geschichte des deutschen Lehnrechts, 1962
Goldinger Walter, Protokolle des Klubvorstandes der Christlichsozialen Partei 1932–1934, 1980
Goldinger Walter, Geschichte der Republik Österreich, 1962
Good David, Der wirtschaftliche Aufstieg des Habsburgerreiches 1750–1914, 1986
Gratz Gustav/Schüller Richard, Der wirtschaftliche Zusammenbruch Österreich-Ungarns. Die Tragödie der Erschöpfung, 1930
Grotius Hugo, De jure belli ac pacis
Grawert Rolf, Staat und Staatsangehörigkeit, 1973
Griller Stefan/Rill Heinz Peter (Hg.), Verfassungsrechtliche Grundfragen der EU-Mitgliedschaft, 1997
Gruber Karl, Zwischen Befreiung und Freiheit. Der Sonderfall Österreichs, 1953
Gruchmann Lothar, Der Zweite Weltkrieg, 1975
Grüll Georg, Bauer, Herr und Landesfürst. Sozialrevolutionäre Bestrebungen der oberösterreichischen Bauern von 1650 bis 1848, 1963
Gulick Charles, Österreich von Habsburg zu Hitler, 1976
Gumplowicz Ludwig, Das österreichische Staatsrecht, 1891
Gunia Herbert, Der Leihezwang. Ein angeblicher Grundsatz des deutschen Reichsstaatsrechts im Mittelalter, phil. Diss. Berlin 1938
Gutkas Karl, Die Zweite Republik. Österreich 1945–1985, 1985
Gutkas Karl, Geschichte Niederösterreichs, 1984
Gutkas Karl, Kaiser Joseph II., 1989

Hageneder Othmar, Die geistliche Gerichtsbarkeit in Ober- und Niederösterreich, 1967
Haider Siegfried, Geschichte Oberösterreichs, 1987
Hammer Helmut, Österreichs Propaganda zum Feldzug 1809, 1935
Hampl-Kallbrunner Gertraud, Beiträge zur Geschichte der Kleiderordnungen mit besonderer Berücksichtigung Österreichs, 1962
Hantsch Hugo, Die Geschichte Österreichs[4], 1968/69
Hantsch Hugo, Die Nationalitätenfrage im alten Österreich. Das Problem der konstruktiven Reichsgestaltung, 1953
Hartung Fritz (Hg.), Staatsbildende Kräfte der Neuzeit, 1961
Hasenöhrl Victor, Österreichisches Landesrecht im 13. u. 14. Jh., 1867
Hasiba Gernot, Das Notverordnungsrecht in Österreich, 1985
Hasiba Gernot, Die Zweite Bundes-Verfassungsnovelle von 1929, 1976
Hauke Franz, Grundriß des Verfassungsrechts, 1905
Hautmann Hans/Kropf Rudolf, Die österreichische Arbeiterbewegung vom Vormärz bis 1945[3], 1978
Haverkamp Alfred, Aufbruch und Gestaltung, Deutschland 1056–1273, 1984
Heischmann Eugen, Die Anfänge des stehenden Heeres in Österreich, 1925
Heldmann Karl, Das Kaisertum Karls des Großen. Theorie und Wirklichkeit, 1928
Helfert Joseph Alexander, Die österreichische Volksschule. Geschichte, System, Statistik, 1860
Hellbling Ernst/Mayer-Maly Theo/Marcic René (Hg.), Föderalismus in Österreich, 1970
Hellbling Ernst C., Österreichische Verfassungs- und Verwaltungsgeschichte[2], 1974
Hellbling Ernst ua (Hg.), Föderalismus in Österreich, 1970

Henning Friedrich-Wilhelm, Das vorindustrielle Deutschland 800 bis 1800[3], 1977
Henning Friedrich-Wilhelm, Landwirtschaft und ländliche Gesellschaft in Deutschland , 1979
Herm Gerhard, Die Kelten, 1975
Herrnritt Rudolf, Handbuch des österreichischen Verfassungsrechtes, 1909
Herrnritt Rudolf, Nationalität und Recht, dargestellt nach der österreichischen und ausländischen Gesetzgebung, 1899
Heydte von der Friedrich A., Die Geburtsstunde des souveränen Staates, 1967
Hintze Otto, Staat und Verfassung. Gesammelte Abhandlungen zur allgemeinen Verfassungsgeschichte[2], hg. v. Oestreich Gerhard/Hartung Fritz, 1962
Hippel Fritz, Die nationalsozialistische Herrschaftsordnung als Warnung und Lehre[2], 1974
Hirsch Hans, Die hohe Gerichtsbarkeit im deutschen MA[2], 1922
Hirsch Martin/Majer Diemut/Meinck Jürgen (Hg.), Recht, Verwaltung und Justiz im Nationalsozialismus, 1984
Hlawitschka Eduard, Vom Frankenreich zur Formierung der europäischen Staaten und Völkergemeinschaft 840–1046, 1986
Hobsbawm Eric, Nationen und Nationalismus. Mythos und Realität seit 1780, 1991
Hock Carl/Bidermann Hermann, Der österreichische Staatsrath (1760–1848), 1879
Hödl Günther, Habsburg und Österreich 1273–1493, 1988
Hoensch Jörg K., Geschichte Ungarns 1867–1983, 1984
Hoffmann Alfred, (Hg.), Österreich-Ungarn als Agrarstaat. Wirtschaftliches Wachstum und Agrarverhältnisse in Österreich im 19. Jh., 1978
Hofmann Hans-Hubert (Hg.), Die Entstehung des modernen souveränen Staates, 1967
Höhn Reinhard/Maunz Theodor/Swoboda Ernst, Grundfragen der Rechtsauffassung, 1938
Hoke Rudolf, Österreichische und Deutsche Rechtsgeschichte, 1992
Hoke Rudolf/Reiter Ilse (Hg.), Quellensammlung zur österreichischen und deutschen Rechtsgeschichte, 1993
Holotik Ludovit (Hg.), Der österreichisch-ungarischen Ausgleich 1867, 1971
Hörnigk Phillipp Wilhelm, Österreich über alles wenn es nur will (1684), hg. v. Otruba Gustav, 1964
Hubatsch Walther (Hg.), Absolutismus[2], 1988
Huber Alfons/Dopsch Alfons, Österreichische Reichsgeschichte[2], 1901
Huber Alfons, Geschichte der österreichischen Verwaltungs-Organisation bis zum Ausgang des 18. Jh, 1884
Huber Ernst Rudolf (Hg.), Dokumente zur deutschen Verfassungsgeschichte I[3], 1978
Huber Ernst Rudolf, Bau und Gefüge des Reiches, 1941
Huber Ernst Rudolf, Verfassungsrecht des Großdeutschen Reiches[2], 1939
Huemer Peter, Sektionschef Robert Hecht und die Zerstörung der Demokratie in Österreich, 1975
Hugelmann Karl, Das Nationalitätenrecht des alten Österreich, 1934
Hugelmann Karl, Das Recht der Nationalitäten von Österreich, 1880
Hummer Waldemar (Hg), Die Europäische Union nach dem Vertrag von Amsterdam, 1998
Hummer Waldemar/Obwexer Walter, Österreich in der Europäischen Union, 1995/1996
Hussarek Marx, Die Krise und die Lösung des Konkordats vom 18. August 1855 (Archiv für österreichische Geschichte 112. Band, 2. Hälfte) 1932

Imboden Max, Staat und Recht. Ausgewählte Sschriften, 1971
Inst. f. Österreichkunde (Hg.), Die Entwicklung der Verfassung Österreichs, 1963

Jakusch Werner, Die Entwicklung der theoretischen Beurteilung des Schicksals Österreichs zwischen 1938 und 1945, Diss. Wien 1966
Jedlicka Ludwig, Ende und Anfang Österreich 1918/19, 1969
Johe Werner, Die gleichgeschaltete Justiz, 1933–1945, 1967
Johnston William, Österreichische Kultur- und Geistesgeschichte. Gesellschaft und Ideen im Donauraum 1848–1938, 1972
Jung Julius, Römer und Romanen in den Donauländern, 1877
Justi Johann Heinrich Gottlob, Die Grundfeste zu der Macht und Glückseligkeit der Staaten oder ausführliche Vorstellung der gesamten Policey-Wissenschaft, 1760
Kägi Werner, Die Verfassung als rechtliche Grundordnung des Staates, 1945
Kämpf Hellmut (Hg.), Herrschaft und Staat im MA, 1974

Kandler Manfred/Vetters Hermann (Hg.), Der römische Limes in Österreich, 1986
Kann Robert A., Das Nationalitätenproblem der Habsburgermonarchie[2], 1964
Kann Robert A., Geschichte des Habsburgerreiches 1526–1918, 1977
Kathrein Irmgard, Der Bundesrat in der Ersten Republik. Studie über die Entstehung und die Tätigkeit des Bundesrates der Republik Österreich, 1983
Kaufmann Arthur/Backmann Leonhart (Hg.), Widerstandsrecht, 1972
Kaufmann Ekkehard, Aequitatis iudicium. Königsgericht und Billigkeit in der Rechtsordnung des frühen MA, 1959
Kaufmann Ekkehart, Deutsches Recht. Die Grundlagen, 1984
Kelsen Hans/Fröhlich Georg/Merkl Adolf, Die Bundesverfassung vom 1. Oktober 1920, 1922
Kelsen Hans, Die Verfassungsgesetze der Republik Deutsch-Österreich, 1919–1920
Kelsen Hans, Österreichisches Staatsrecht, 1923
Kerekes Lajos Von St. Germain bis Genf. Österreich und seine Nachbarn 1918–1922, 1979
Kern Eduard, Geschichte des Gerichtsverfassungsrechts, 1965
Kern Fritz (Hg.), Historia Mundi VI, 1958
Kern Fritz, Gottesgnadentum und Widerstandsrecht im früheren MA, 1954
Kessel Karl, Der Einbau des Landes Österreich in die Reichsverwaltung und die Auflösung des Landes Österreich, 1939
Keutgen Friedrich, Der deutsche Staat des MA, 1918
Kimminich Otto, Deutsche Verfassungsgeschichte, 1970
Kiszling Rudolf, Die Revolution im Kaisertum Österreich 1848–1849, 1948
Klabouch Jiri, Die Gemeindeselbstverwaltung in Österreich 1848–1918, 1968
Klecatsky Hans R./Morscher Siegbert (Hg.), Die österreichische Bundesverfassung[4], 1987
Kleindel Walter, „Gott schütze Österreich“, 1938
Kleinheyer Gerd/Mikat Paul (Hg.), Beiträge zur Rechtsgeschichte (GS für Hermann Conrad), 1979
Kleinheyer Gerd, Die kaiserlichen Wahlkapitulationen. Geschichte, Wesen und Funktion, 1968
Kleinwächter Friedrich, Der Untergang der österreichisch-ungarischen Monarchie 1920
Kleinwächter Friedrich, Von Schönbrunn bis St. Germain. Die Entstehung der Republik Österreich, 1964
Klingelhöfer Erich, Die Reichsgesetze von 1220, 1231/32 und 1235, 1955
Klüber Johann Ludwig, Öffentliches Recht des Teutschen Bundes und der Bundesstaaten[4], 1840
Kluge Rudolf/Krüger Heinrich, Verfassung und Verwaltung im Großdeutschen Reich (Reichsbürgerkunde)[3], 1941
Kluge Ulrich, Der österreichische Ständestaat, 1934-1938, 1984
Klusaceck Christine/Steiner Herbert/Stimmer Kurt (Hg.), Dokumentation zur österreichischen Zeitgeschichte 1938–1945, 1980
Knight Robert (Hg.), „Ich bin dafür die Sache in die Länge zu ziehen“. Wortprotokolle der österreichischen Bundesregierung über die Entschädigung der Juden, 1988.
Köbler Gerhard, Rechtsgeschichte. Ein systematischer Grundriß[3], 1982
Kocher Gernot, Höchstgerichtsbarkeit und Privatrechtskodifikation, 1979
Koellreutter Otto, Deutsches Verfassungsrecht[3], 1938
Kogon Eugen, Der SS-Staat, 1961
Kohler Josef/Scheel Willy, Die Carolina und ihre Vorgängerinnen. Text, Erläuterung, Geschichte, 1900ff
Koja Friedrich, Das Verfassungsrecht der österreichischen Bundesländer, 1967
Koller Heinrich (Hg.), Reformation Kaiser Siegmunds (MGH, Staatsschriften des SpMA VI), 1964
Kollmann Ottmar, Die Österreichische Verwaltung, 1938
Kolmer Gustav, Parlament und Verfassung in Österreich, 1902–1911
Kommission zur Untersuchung der Lage der politischen Gefangenen (Hg.), Schwarzbuch der österreichischen Diktatur. Recht und Gesetz unter Dr. Schuschnigg, 1934
Königsberger Kreis (Hg.), Untersuchungen zur Lösung der deutschen Frage, 1952
Koschatzky Walter (Hg.), Maria Theresia und ihre Zeit[2], 1980
Krause Hermann, Kaiserrecht und Rezeption, 1952
Kreissler Felix, Von der Revolution zur Annexion, 1970
Kriegk Georg Ludwig, Deutsches Bürgertum im MA, 1969
Kritische Justiz (Hg.), Der Unrechts-Staat, Recht und Justiz im Nationalsozialismus, 1979
Kroeschell Karl, Deutsche Rechtsgeschichte, 1972
Kroeschell Karl, Haus und Herrschaft im frühen deutschen Recht, 1968
Kropatschek Joseph, Österreichs Staatsverfassung, o.J.

Kühnl Reinhard, Formen bürgerlicher Herrschaft, 1971
Kulturamt der Stadt Wien (Hg.), Wien und Europa zwischen den Revolutionen (1789–1848), 1978
Kunisch Johannes, Staatsverfassung und Mächtepolitik. Zur Genese von Staatenkonflikten im Zeitalter des Absolutismus, 1979
Künssberg Eberhard/Tzermias Pavlos, Rechtsgeschichte und Volkskunde, 1965

Lammers Hans-Heinrich (Hg.), Reich und Ostmark, 1938
Lammers M./Pfundtner Hans (Hg.), Grundlagen, Aufbau und Wirtschaftsordnung des nationalsozialistischen Staates, 1936
Lassberg v. Friedrich L. A. Der Schwabenspiegel, 1840
Laudage Johannes (Hg.), Der Investiturstreit, 1989
Laufs Adolf, Rechtsentwicklungen in Deutschland[2], 1978
Leitner Franz, Kirche und Parteien in Österreich nach 1945, 1988
Le Goff Jacques (Hg.), Der Mensch des MA, 1989
Lehmann Hartmut/Lehmann Silke (Hg.), Das Nationalitätenproblem in Österreich 1848–1918, 1973
Leser Norbert, Zwischen Reformismus und Bolschewismus, 1968
Leuchner Joachim, Deutschland im späten MA[2], 1983
Lhotsky Alphons, Geschichte Österreichs seit der Mitte des 13. Jh., 1967
Liertzer Renate, Wahlreformversuche in den österreichischen und böhmischen Ländern Cisleithaniens 1895–1910, Diss. Wien 1980
Lortz Joseph, Die Reformation in Deutschland[4], 1962
Loserth Johann/Mensi Franz, Die Prager Ländertagung 1541–42. Verfassungs- und finanzgeschichtliche Studien zur österreichischen Gesamtstaatsidee, 1913
Low Alfred D., Die Anschlußbewegung in Österreich und Deutschland, 1918–1919, und die Pariser Friedenskonferenz, 1975
Luschin von Ebengreuth Arnold, Geschichte des älteren Gerichtswesens in Österreich o. und u. d. E., 1879
Luschin von Ebengreuth Arnold, Österreichische Reichsgeschichte, 1896
Lütge Friedrich, Geschichte der deutschen Agrarverfassung vom frühen MA bis zum 19. Jh., 1963
Lutz Heinrich/Rumpler Helmut (Hg.), Österreich und die deutsche Frage im 19. und 20. Jh., 1982
Luza Rodamir, Österreich und die großdeutsche Idee in der NS-Zeit, 1977

Maasburg Friedrich, Geschichte der Obersten Justizstelle in Wien (1749–1848), 1879
Maaß Ferdinand, Der Josephinismus, 1950 ff
Macartney C. A., The Habsburg Empire 1790–1918, 1968
Majer Diemut, Grundlagen des nationalsozialistischen Rechtssystems, 1987
Mally Anton Karl, Der österr. Kreis in der Exekutionsordnung des Römisch-Deutschen Reiches, 1967
Mandrou Robert, Staatsräson und Vernunft, 1975
Mann Golo, Wallenstein[3], 1971
Marczali Heinrich, Ungarische Verfassungsgeschichte, 1910
Marczali Heinrich, Ungarisches Verfassungsrecht, 1911
Marek Krystyna, Identity and Continuity of States in Public International Law, 1968
Marin Bernd, Die Paritätische Kommission, 1982
Marx Julius, Die österreichische Zensur im Vormärz, 1959
Marx Julius, Die wirtschaftlichen Ursachen der Revolution von 1848 in Österreich, 1965
Matis Herbert, Österreichs Wirtschaft 1848–1913, 1972
Matzka Manfred (Hg.), Sozialdemokratie und Verfassung, 1985
Maus Ingeborg, Bürgerliche Rechtstheorie und Faschismus, 1980
Mecenseffy Grete, Geschichte des Protestantismus in Österreich, 1956
Meinecke Friedrich, Die Idee der Staatsräson in der neueren Geschichte[3], 1963
Meissl Sebastian/Mulley Klaus-Dieter/Rathkolb Oliver (Hg.), Verdrängte Schuld, Verfehlte Sühne. Entnazifizierung in Österreich 1945–1955, 1986
Mell Anton, Grundriß der Verfassungs- und Verwaltungsgeschichte des Landes Steiermark, 1929
Menger Christian-Friedrich, Deutsche Verfassungsgeschichte der Neuzeit[7], 1990
Mensi Franz, Die Finanzen Österreichs von 1701–1740, 1890
Merkl Adolf, Die ständisch-autoritäre Verfassung Österreichs, 1935
Merkl Adolf, Die Verfassung der Republik Deutschösterreich, 1919

Merton Robert, Auf den Schultern von Riesen. Ein Leitfaden durch das Labyrinth der Gelehrsamkeit, 1983
Messner Johannes, Die berufsständische Ordnung, 1936
Meyer Georg, Das parlamentarischen Wahlrecht, 1901
Meyer Philipp Anton Guido/Zöpfl Heinrich (Hg.), Corpus Iuris Confoederationis Germanicae oder Staatsacten für Geschichte und öffentliches Recht des Deutschen Bundes[3], 1858
Mischler Ernst/Ulbrich Josef (Hg.), Österreichisches Staatswörterbuch[2], Bd. 1-4 1905–1909
Miskolczay Julius, Ungarn in der Habsburger-Monarchie, 1959
Mitteis Heinrich/Lieberich Heinz, Deutsche Rechtsgeschichte[16], 1981
Mitteis Heinrich, Der Staat des hohen MA[7], 1962
Mitteis Heinrich, Lehnrecht und Staatsgewalt, Neudruck: 1958
Möbus Gerhard, Die politischen Theorien im Zeitalter der absoluten Monarchie bis zur Französischen Revolution[2], 1966
Mock Alois/Steiner Ludwig/Khol Andreas (Hg.), Neue Fakten zu Staatsvertrag und Neutralität, 1980
Möckl Karl/Bosl Karl (Hg.), Der moderne Parlamentarismus und seine Grundlagen in der ständischen Repräsentation, 1977
Mokre Hans, Das Verfassungsrecht der österreichischen Länder, 1929
Möller Hans-Michael, Das Regiment der Landsknechte. Untersuchung zu Verfassung, Recht und Selbstverständnis in deutschen Söldnerheeren des 16. Jh., 1976
Mommsen Wilhelm, Richelieu, Elsaß und Lothringen, 1922
Monumenta Habsburgica, 1854–1858
Montesquieu, Vom Geist der Gesetze, 1748
Moraw Peter, Von offener Verfassung zu gestalteter Verdichtung. Das Reich im späten MA (1250–1490), 1989
Moser Johann Jakob, Von der Landeshoheit derer Teutschen Reichsstände überhaupt, 1773
Moser Johann Jakob, Erläuterungen des Westph. Friedens aus Reichshofräthlichen Handlungen, 1775/76
Moser Johann Jakob, Von der teutschen Lehens-Verfassung, 1774
Müller Walter, Entwicklung und Spätformen der Leibeigenschaft am Beispiel der Heiratsbeschränkungen. Die Ehegenoßsame im alemanisch-schweizerischen Raum, 1974
Musil Robert, Der Mann ohne Eigenschaften (zit. nach Rowolt Taschenbuch Ausgabe 1978)

Näf Werner, Die Epochen der neueren Geschichte[2], 1970
Neck Rudolf, (Hg.), Österreich im Jahre 1918, 1968
Neck Rudolf, Arbeiterschaft und Staat im Ersten Weltkrieg 1914–1918, 1968
Nehlsen Hermann, Sklavenrecht zwischen Antike und MA, 1972
Neuhold Hanspeter/Hummer Waldemar/Schreuer Christoph (Hg.), Österreichisches Handbuch des Völkerrechts[3], 1997
Neumann Franz, Behemoth, Struktur und Praxis des Nationalsozialismus 1933–1944, 1977
Nick Rainer/Pelinka Anton, Bürgerkrieg – Sozialpartnerschaft. Das politische System Österreichs, 1. und 2. Republik, ein Vergleich, 1983
Noll Rudolf, Frühes Christentum in Österreich. Von den Anfängen bis um 600 n. Chr., 1954
Nolte Ernst, Die faschistischen Bewegungen, 1969
Nowotny Ernst, Die Transmigration ober- und innerösterreichischer Protestanten nach Siebenbürgen im 18. Jh., 1931

Oberhummer Herrmann, Die Wiener Polizei, 1938
Öhlinger Theo, Verfassungsrecht[2], 1995
Öhlinger Theo, Verfassungsfragen einer Mitgliedschaft zur Europäischen Union, 1999
Öhlinger Theo/Potacs Michael, Gemeinschaftsrecht und staatliches Recht, 1998
Oestreich Gerhard, Geist und Gestalt des frühmodernen Staates, Ausgewählte Aufsätze, 1969
Österreichische Juristenkommission (Hg.), Kritik und Fortschritt im Rechtsstaat, 1997
Österreichischer Juristen Tag 1964 (Hg.), Die Entwicklung der Grundrechte in Österreich Bd I, 1. und 2. Teil, 1964
Osenbrüggen Eduard, Der Hausfrieden, 1857
Österr. Forschungsgemeinschaft (Hg.), Demokratisierung und Verfassung in den Ländern 1918–1920, 1983
Österreich zur Zeit Kaiser Joseph II., Katalog zur nö. Landesausstellung 1980, 1980
Owerdieck Reinhard, Parteien und Verfassungsfrage in Österreich, 1918–1929, 1987

Panzenböck Ernst, Ein deutscher Traum. Die Anschlußidee und Anschlußpolitik bei Karl Renner und Otto Bauer, 1985
Pauley Bruce, Der Weg in den Nationalsozialismus, 1988
Pazout Julius/Tupez Theodor, Österreich im Reformationszeitalter (1526–1617), 1879
Pernthaler Peter, Die Staatsgründungsakte der österreichischen Bundesländer. Eine staatsrechtliche Untersuchung über die Entstehung des Bundesstaates, 1979
Pernthaler Peter, Kompetenzverteilung in der Krise, 1989
Pernthaler Peter (Hg.), Bundesstaatsreform als Instrument der Verwaltungsreform und des europäischen Föderalismus, 1997
Pernthaler Peter, Auswirkungen des EU-Rechts auf die Länder, 1999
Petrikovits Harald, Die römischen Provinzen am Rhein und an der oberen und mittleren Donau im 5. Jh. n. Chr., 1983
Petrovich Alfred/Pachernegg Johann (Hg.), Wappengesetz, 1985
Pfeifer Helfried, Die Ostmark, 1941
Pfeifer Helfried, Die Staatsführung nach deutschem, italienischem und bisherigem österr. Recht, 1938
Pillwein P., Geschichte und Statistik des Erzherzogtums ob der Enns, 1827
Pirchegger Hans, Geschichte der Steiermark, 1920
Pirenne Henry, Sozial- und Wirtschaftsgeschichte Europas im MA[4], 1976
Planitz Hans/Eckhardt Karl August, Deutsche Rechtsgeschichte[2], 1961
Planitz Hans, Die deutsche Stadt im MA[2], 1965
Plaschka Richard/Mack Georg (Hg.), Die Auflösung des Habsburgerreiches. Zusammenbruch und Neuorientierung im Donauraum, 1970
Poetsch Joseph, Die Reichsacht im MA und besonders in der neueren Zeit, 1911
Pölnitz Götz, Jakob Fugger. Kaiser, Kirche und Kapital in der oberdeutschen Renaissance, 1949
Pototschnig Franz/Putzer Peter/Rinnerthaler Alfred (Hg.), Vom Glaubenszwang zur Religionsfreiheit, 1993
Press Volker, Kriege und Krisen. Deutschland 1600-1715, 1991
Pribram Karl, Geschichte der österreichischen Gewerbepolitik von 1740–1860, 1907
Prinz Friedrich, Grundlagen und Anfänge, Deutschland bis 1056, 1985
Pufendorf Samuel, De Statu Imperii Germanici, 1667
Putschek Wolfgang, Ständische Verfassung und autoritäre Verfassungspraxis in Österreich 1933–1938 mit Dokumentenanhang, 1993
Putschögl Gerhard, Die landständische Behördenorganisation in Österreich ob der Enns vom Anfang des 16. bis zur Mitte des 18. Jh., 1978
Pütter Johann Stephan, Der Geist des Westphälischen Friedens, nach dem inneren Gehalte und wahren Zusammenhange der darin verhandelten Gegenstände historisch und systematisch dargestellt, 1795
Pütter Johann Stephan, Institutiones iuris publici germanici, 1802

Rabe Horst, Reich und Glaubensspaltung, Deutschland 1500–1600, 1989
Randelzhofer Albrecht, Völkerrechtliche Aspekte des Heiligen Römischen Reiches nach 1648, 1967
Ranke Leopold, Deutsche Geschichte im Zeitalter der Reformation, hg. v. Willy Andreas, 1957
Rassow Peter, Forschungen zur Reichs-Idee im 16. und 17. Jh., 1955
Rauchensteiner Manfried, Der Sonderfall. Die Besatzungszeit in Österreich 1945–1955, 1979
Rauchensteiner Manfried, Die Zwei. Die große Koalition in Österreich 1945–1966, 1987
Rausch Wilhelm (Hg.), Stadt und Stadtherr im 14. Jh., 1972
Redlich Josef, Das österreichische Staats- und Reichsproblem, 1920–1926
Redlich Josef, Österreichische Regierung und Verwaltung im Weltkriege, 1925
Redlich Oswald, Das Werden einer Großmacht. Österreich 1700–1740, 1938
Rehmann Jan, Die Kirchen im NS-Staat. Untersuchung zur Interaktion ideologischer Mächte, 1986
Reinalter Helmut, Aufgeklärter Absolutismus und Revolution. Zur Geschichte des Jakobinertums und der frühdemokratischen Bestrebungen in der Habsburgermonarchie, 1980
Reinalter Helmut, Der Jakobinismus in Mitteleuropa, 1881
Renner Karl, Denkschrift über die Geschichte der Unabhängigkeitserklärung Österreichs, 1946
Reschauer Heinrich/Smets Moritz, Das Jahr 1848 – Geschichte der Wiener Revolution, 1872
Rettinger Leopold ua (Hg.), Zeitgeschichte, 1982
Reuter Fritz (Hg.), Der Reichstag zu Worms von 1521. Reichspolitik und Luthersache, 1971
Riedler Anton, Ausnahmegesetzgebung in Österreich 1933–1936, 1936

Rieser Herbert, Der Geist des Josephinismus, 1963
Ringel Erwin, Die österreichische Seele[5], 1984
Ripper, Österreichs Weg zum Anschluß – Die Frage der Wirtschaftsangleichung Deutschlands und Österreichs als Vorbereitung des wirtschaftlichen Anschlusses, 1928
Ritter Moriz, Deutsche Geschichte im Zeitalter der Gegenreformation und des Dreißigjährigen Krieges (1555–1648), 1889–1908
Rittler Theodor, Lehrbuch des österreichischen Strafrechts[2], 1954
Rommelfanger Ulrich, Das konsultative Referendum, 1988
Rothenbücher Karl, Die Trennung von Kirche und Staat, 1908
Rotter Manfred, Die dauernde Neutralität, 1981
Rumpler Helmut (Hg.), Deutscher Bund und deutsche Frage 1815–1866, 1990
Rüping Hinrich, Grundriß der Strafrechtsgeschichte, 1981
Rürup Reinhard, Deutschland im 19. Jh. 1815–1871, 1984
Rüthers Bernd, Die unbegrenzte Auslegung[4], 1968

Salzburger Symposium zum Jubiläum 60 Jahre Bundesverfassung, 1980
Sandgruber Roman, Österreichische Agrarstatistik 1750–1918, 1978
Sante Georg Wilhelm (Hg.), Geschichte der deutschen Länder. „Territorien-Ploetz", 1964
Santifaller Leo (Hg.), Urkundenbuch zur Geschichte der Babenberger in Österreich, 1955
Santifaller Leo, Zur Geschichte des ottonisch-salischen Reichskirchensystems, 1964
Saurer Edith, Straße, Schmuggel, Lottospiel. Materielle Kultur und Staat in Niederösterreich, Böhmen und Lombardo-Venetien im frühen 19. Jh., 1989
Schambeck Herbert (Hg.), Das österreichische Bundes-Verfassungsgesetz und seine Entwicklung, 1980
Schambeck Herbert (Hg.), Parlamentarismus und öffentliches Recht in Österreich, 1993
Schambeck Herbert (Hg.), Bundesstaat und Bundesrat in Österreich, 1997
Schärf Adolf, Österreichs Erneuerung 1945–1955[4], 1955
Schausberger Norbert, Der Griff nach Österreich. Der Anschluß, 1978
Schausberger Norbert, Österreich. Der Weg der Republik 1918–1980, 1980
Scheithauer Erich ua, Geschichte Österreichs in Stichworten, 1971 ff
Scheu Heinrich (Hg.), Der Wiener Hochverratsprozeß, 1911
Schiff Walter, Österreichs Agrarpolitik seit der Grundentlastung, 1898
Schimetschek Bruno, Der österreichische Beamte, 1984
Schlesinger Thomas O., Austrian Neutrality and Postwar Europe. The Domestic Roots of a Foreign Policy, 1972
Schlesinger Walter, Beiträge zur deutschen Verfassungsgeschichte des MA, 1963
Schlesinger Walter, Die Entstehung der Landesherrschaft[4], 1973
Schmauss Johann Jacob, Corpus Juris Publici enthaltend des Heil. Röm. Reichs deutscher Nation Grund-Gesetze, 1794
Schmidl Erwin, März 38, Der deutsche Einmarsch in Österreich, 1987
Schmitt Carl, Über die drei Arten des rechtswissenschaftlichen Denkens, 1934
Schnedel-Bubenicek Hanna (Hg.), Vormärz: Wendepunkt und Herausforderung, 1983
Schneider Reinhard/Zimmermann Harald (Hg.), Wahlen und Wählen im MA, 1990
Schober Arnold, Die Römerzeit in Österreich und in den angrenzenden Gebieten Sloweniens[2], o.J.
Scholler Heinrich, Die sozialen Grundrechte in der Paulskirche, Der Staat 13 (1974)
Schorn Hubert, Die Gesetzgebung des Nationalsozialismus als Mittel der Machtpolitik, 1963
Schramm Percy E. (Hg.), Picker Henry, Hitlers Tischgespräch im Führerhauptquartier 1941–1942[2], 1965
Schriftenreihe des Inst. f. Geschichte, Darstellungen II, 1988
Schröder Richard/Künßberg Eberhard, Lehrbuch der deutschen Rechtsgeschichte[7], 1932
Schultz Uwe (Hg.), Mit dem Zehnten fing es an. Eine Kulturgeschichte der Steuer, 1986
Schulze Hans K., Grundstrukturen der Verfassung im MA[2], 1990
Schulze Winfried, Einführung in die Neuere Geschichte[2], 1991
Schulze Winfried, Landesdefension und Staatsbildung, 1973
Schulze Winfried, Reich und Türkengefahr im späten 16. Jh., 1978
Schuschnigg Kurt, Die Bundesverfassung unter Berücksichtigung der zweiten Bundesverfassungsnovelle vom 7. Dez. 1929, o.J.
Schuschnigg Kurt, Die neue Bundesverfassung in Österreich, o.J.

Schuschnigg Kurt, Im Kampf gegen Hitler, 1969
Schuster Heinrich M., Das Wiener Stadtrechts- oder Weichbildbuch, 1873
Schwerin Claudius/Thieme Hans, Grundzüge der deutschen Rechtsgeschichte[4], 1950
Segall Josef, Geschichte und Strafrecht der Reichspolizeiordnung von 1530, 1548 und 1577, 1914
Seidl-Hohenveldern Ignaz, Die Überleitung von Herrschaftsverhältnissen am Beispiel Österreichs, 1982
Seidler Gustav, Studien zur Geschichte und Dogmatik des österreichischen Staatsrechtes, 1864
Seidler Horst/Rett Andreas, Das Reichssippenamt entscheidet, Rassenbiologie im Nationalsozialismus, 1982
Seidler Horst/Rett Andreas, Rassenhygiene, Ein Weg in den Nationalsozialismus, 1988
Seipel Ignaz, Der Kampf um die österreichische Verfassung, 1930
Selb Walter/Hofmeister Herbert (Hg.), Forschungsband Franz von Zeiller (1751–1828), 1980
Seliger Maren/Ucakar, Wien. Politische Geschichte, 1985
Sellert Wolfgang, Über die Zuständigkeitsabgrenzung von Reichshofrat- und Reichskammergericht, 1965
Sieber Johannes, Zur Geschichte des Reichsmatrikelwesens im ausgehenden MA 1422–1521, 1910
Siegfried Klaus-Jörg, Klerikal-Faschismus, 1979
Skottsberg Britta, Der österreichische Parlamentarismus, Göteburg 1940
Slapnicka Harry/Marckhgott G., Aufbau der Demokratie. Politik und Verwaltung Oberösterreichs 1861–1918, 1987
Slapnicka Harry, Oberösterreich unter Kaiser Franz Joseph, 1982
Slokar Johann, Geschichte der österreichischen Industrie und ihrer Förderung unter Kaiser Franz I., 1914
Smend Rudolf, Das Reichskammergericht. Geschichte und Verfassung, 1911
Sohm Rudolf, Die fränkische Reichs- und Gerichtsverfassung, 1871
Sommer Louise, Die österreichischen Kameralisten in dogmengeschichtlicher Darstellung, 1920/25
Sonnenfels Joseph, Grundsätze der Polizey, Handlungen und Finanzen I[6], 1798
Sonnenfels Joseph, Handbuch der inneren Staatsverwaltung, 1798
Southern Richard William, Geistes- und Sozialgeschichte des MA[2], 1980
Southern Richard William, Kirche und Gesellschaft im Abendland des MA, 1976
Spanner Hans, Die richterliche Prüfung von Gesetzen und Verordnungen, 1951
Sprandel Rolf, Verfassung und Gesellschaft im MA[4], 1991
Springer Anton (Hg.), Protokolle des Verfassungs-Ausschusses im österr. Reichtstage 1848–1849, 1885
Srbik Heinrich, Die Beziehungen zwischen Staat und Kirche in Österreich während des Mittelalters, 1904
Srbik Heinrich, Die Schicksalsstunde des alten Reiches, Österreichs Weg 1804–1806, 1937
Srbik Heinrich, Metternich, 1925/1954.
Sribik Heinrich, Studien zur Geschichte des österreichischen Salzwesens, 1917
Stadler Karl R., Hypothek auf die Zukunft. Die Entstehung der österreichischen Republik 1918–1921, 1968
Stadler Karl Rudolf, Österreich 1938–1945 im Spiegel der NS-Akten, 1966
Staff Ilse, Justiz im Dritten Reich, 1978
Steinacker Walter, Die Nationalitätenfrage im alten Ungarn und die Südostpolitik Wiens, 1959
Steinböck Erwin, Österreichs militärisches Potential im März 1938, 1988
Steininger Rolf, Los von Rom? Die Südtirolfrage 1945/46 und das Gruber-De Gasperi-Abkommen, 1987
Stengel Edmund, Abhandlungen und Untersuchungen zur Geschichte des Kaisergedankens im MA, 1965
Stepan Eduard (Hg.), Neu Österreich, 1923
Stiefel Dieter, Entnazifizierung in Österreich, 1981
Stobbe Otto, Geschichte der deutschen Rechtsquellen, 1860
Stolleis Michael, Gemeinwohlformeln im nationalsozialistischen Recht, 1974
Stolz Otto, Geschichte des Landes Tirol, 1955
Stolz Otto, Grundriß der österreichischen Verfassungs- und Verwaltungsgeschichte, 1951
Stoob Heinz (Hg.), Die Stadt. Gestalt und Wandel bis zum industriellen Zeitalter, 1979
Stourzh Gerald/Gradner Margarete (Hg), Historische Wurzeln der Sozialpartnerschaft, 1986
Stourzh Gerald, Die Gleichberechtigung der Nationalitäten in der Verfassung und Verwaltung Österreichs 1848/1918, 1985
Stourzh Gerald, Geschichte des Staatsvertrages 1945–1955. Österreichs Weg zur Neutralität[2], 1980
Strakosch Heinrich, Privatrechtskodifikation und Staatsbildung in Österreich (1753–1811), 1976
Strayer Joseph, Die ma. Grundlagen des modernen Staates, 1975
Strele Kurt, Rechtsstaat und Demokratie in Österreich, 1931
Strnadt Julius, Materialien zur Geschichte der Entwicklung der Gerichtsverfassung und des Verfahrens in den alten Vierteln des Landes oben der Ens, 1909

Stuckart Wilhelm/Harry v. Rosen-v. Hoewel, Verwaltungsrecht[7], 1943
Stuckart Wilhelm/Schiedermair Rolf, Rassen- und Erbpflege in der Gesetzgebung des Reiches[3], 1942
Stuckart Wilhelm/Schiedermair Rolf, Neues Staatsrecht II[18], 1943
Stuckart Wilhelm/Schiedermair Rolf, Neues Staatsrecht[17], 1943
Stupperich Robert, Die Reformation in Deutschland[2], 1980
Sturmberger Hans, Adam Graf Herberstorff. Herrschaft und Freiheit im konfessionellen Zeitalter, 1976
Sturmberger Hans, Aufstand in Böhmen, 1959
Sturmberger Hans, Der Weg zum Verfassungsstaat. Die politische Entwicklung in Oberösterreich von 1792–1861, 1962
Sturmberger Hans, Kaiser Ferdinand II. und das Problem des Absolutismus, 1957
Suerbaum Werner, Vom antiken zum frühmittelalterlichen Staatsbegriff[2], 1970
Schweitzer/Hummer Waldemar, Europarecht[6], 1997

Tálos Emmerich/Hanisch Ernst/Neugebauer Wolfgang (Hg.), NS-Herrschaft in Österreich 1938–1945, 1988
Tálos Emmerich/Neugebauer Wolfgang (Hg.), „Austrofaschismus"[4], 1988
Tautscher Anton, Wirtschaftsgeschichte Österreichs, 1974
Teubler Eugen, Der römische Staat, 1985
Tezner Friedrich, Der Kaiser, 1909
Tezner Friedrich, Die landesfürstliche Verwaltungsrechtspflege in Österreich vom Ausgang des 15. bis zum Ausgang des 18. Jh., 1898
Tezner Friedrich, Technik und Geist des ständisch-monarchischen Staatsrechts, 1901
Thiel Victor, Die innerösterreichische Zentralverwaltung 1664–1749, 1916–1930
Thun-Hohenstein Christoph, Das Verhältnis zwischen österreichischem Recht und dem Recht der Europäischen Union, 1995
Thun-Hohenstein Christoph/Cede Franz, Europarecht[3], 1999
Tomaschek Johann Adolf, Die höchste Gerichtsbarkeit des deutschen Königs und Reiches im XV. Jh., 1865
Tomaschek Johann Adolf, Die Rechte und Freiheiten der Stadt Wien, 1877
Tremel Ferdinand, Land an der Grenze. Eine Geschichte der Steiermark, 1966
Tremmel Ferdinand, Wirtschafts- und Sozialgeschichte Österreichs. Von den Anfängen bis 1955, 1969
Turba Gustav, Die Grundlagen der Pragmatischen Sanktion, 1911
Turba Gustav, Die Pragmatische Sanktion, 1906
Turba Gustav, Geschichte des Thronfolgerechtes, 1903
Turnbull Peter, Österreichs sociale und politische Zustände, 1840

Ucakar Karl, Demokratie und Wahlrecht in Österreich, 1985
Uhde Gustav, Wahl und Volksabstimmung im Führerstaat, Diss. Würzburg 1936
Ulbrich Josef, Das österreichische Staatsrecht[3], 1909
Ulbrich Josef, Grundzüge des österreichischen Verwaltungsrechts, 1884

Valentin Veit, Geschichte der deutschen Revolution von 1848/49, 1930/31
Valjavec Fritz, Der Josephinismus[2], 1945
Valjavec Fritz, Die Entstehung der politischen Strömungen in Deutschland 1770–1815, 1951
Veiter Theodor, Das Recht der Volksgruppen und Sprachminderheiten in Österreich, 1970
Verdroß Alfred, Die immerwährende Neutralität Österreichs, 1977
Verdroß Alfred, Völkerrecht[5], 1964
Verosta Stephan, Die dauernde Neutralität. Ein Grundriß, 1967
Verosta Stephan, Die internationale Stellung Österreichs 1938–1947, 1947
Vierhaus Rudolf (Hg.), Herrschaftsverträge, Wahlkapitulationen, Fundamentalgesetze, 1977
Violand Ernst, Die soziale Geschichte der Revolution in Österreich 1848 (hg. v. Wolfgang Häusler), 1984
Vocelka Karl, Verfassung oder Konkordat? Der publizistische und politische Kampf der österreichischen Liberalen um die Religionsgesetze des Jahres 1868, 1978
Voegelin Erich, Der autoritäre Staat, 1936
Vorträge und Forschungen III (Mainauer-Vorträge 1954), hg. vom Konstanzer Arbeitskreis für ma. Geschichte, 1956

Waas Adolf, Der Mensch im deutschen MA, 1964

Wagenleitner Reinhold (Hg.), Understanding Austria. The Political Reports and Analyses of Martin F. Herz, Political Officer of the US Legation in Vienna 1945–1948 (= Quellen zur Geschichte des 19. und 20. Jahrhunderts. Bd. IV), 1984
Waitz Georg, Abhandlungen zur deutschen Verfassungs- und Rechtsgeschichte, 1896
Waitz Georg, Das alte Recht der salischen Franken, 1846
Waitz Georg, Deutsche Verfassungsgeschichte², 1865ff
Waitz Georg, Grundzüge der Politik, 1862
Walder Ernst (Hg.), Kaiser, Reich und Reformation 1517–1525³, 1966
Walter Friedrich, Die österreichische Zentralverwaltung, 1950ff
Walter Friedrich, Die Theresianische Staatsreform von 1749, 1958
Walter Friedrich, Maria Theresia. Briefe und Aktenstücke in Auswahl², 1968
Walter Friedrich, Österreichische Verfassungs- und Verwaltungsgeschichte von 1500–1955, 1972
Walter Gero, Der Zusammenbruch des Heiligen Römischen Reiches deutscher Nation und die Problematik seiner Restauration in den Jahren 1814/15, 1980
Walter Robert/Mayer Heinz, Grundriß des Bundesverfassungsrechts⁹, 2000
Walter Robert/Thienel Rudolf, Parlament und Bundesverfassung, 1990
Walter Robert, Österreichisches Bundesverfassungsrecht, 1972
Wandruszka Adam/Urbanitsch Peter (Hg.), Die Habsburger Monarchie, 1973–1987
Wandruszka Adam, Leopold II., 1963/1965
Wangermann Ernst, Von Joseph II. zu den Jakobinerprozessen, 1966
Weber Karl, Die mittelbare Bundesverwaltung, 1987
Weber Lothar, Die Parität der Konfessionen in der Reichsverfassung von den Anfängen der Reformation bis zum Untergang des Alten Reiches im Jahre 1806, Diss. Bonn 1961
Weber Max, Staatssoziologie², 1966
Weber Max, Wirtschaft und Gesellschaft⁵, 1980
Weber Wilhelm (Hg.), Österreichs Wirtschaftsstruktur gestern – heute – morgen, 1961
Weinkauff Hermann/Wagner Albrecht, Die deutsche Justiz und der Nationalsozialismus, 1968
Weinzierl Erika/Skalnik Kurt (Hg.), Österreich 1918–1938, 1983
Weinzierl Erika/Skalnik Kurt (Hg.), Österreich. Die Zweite Republik, 1972
Weinzierl Erika/Stadler Karl R. (Hg.), Justiz und Zeitgeschichte VI, 1987
Weinzierl-Fischer Erika, Die österreichischen Konkordate von 1855 und 1933, 1960;
Weinzierl Erika, Zuwenig Gerechte, 1938–1945, 1969
Weis Eberhard, Der Durchbruch des Bürgertums 1776–1847, 1982
Weiß Mathias, Die Ausbreitung des allgemeinen und gleichen, parlamentarischen Wahlrechts in der westlichen Reichshälfte der Habsburgermonarchie, Diss. Heidelberg 1965
Werner Leopold/Klecatsky Hans (Hg.), Das österreichische Bundesverfassungsrecht, 1961
Werunsky Emil, Österreichische Reichs- und Rechtsgeschichte, 1894
Wierer Rudolf, Der Föderalismus im Donauraum, 1960
Wiesflecker Hermann, Maximilian I., 1991
Willoweit Dietmar, Rechtsgrundlagen der Territorialgewalt, 1975
Winkler Franz, Die Diktatur in Österreich, 1935
Winter Eduard, Der Josephinismus und seine Geschichte, 1943
Winter Eduard, Romantismus, Restauration und Frühliberalismus im österreichischen Vormärz, 1968
Wippermann Wofgang, Europäischer Faschismus im Vergleich 1922–1982, 1983
Wiss. Komm. (Hg.), Anschluß 1938, 1981
Wiss. Komm. (Hg.), Das Jahr 1934: 12. Februar, 1975
Wiss. Komm. (Hg.), Das Jahr 1934: 25. Juli, 1975
Wiss. Komm. (Hg.), Das Juli-Abkommen von 1936, 1977
Wiss. Komm. (Hg.), Die österreichische Verfassung von 1918 bis 1938, 1980
Wiss. Komm. (Hg.), Österreich 1927–1938, 1973
Wiss. Komm. (Hg.), Österreich November 1918, 1986
Wiss. Komm. (Hg.), Saint-Germain 1919, 1989
Wittek-Saltzberg Liselotte, Die wirtschaftspolitischen Auswirkungen der Okkupation Österreichs, 1970
Witten Kurt, Völkisch-politische Dezentralisation und Reichsgliederung, 1940
Wittmayer Leo, Österreichisches Verfassungsrecht, 1923
Wodka Josef, Kirche in Österreich, 1959

Wolf Eric (Hg.), Quellenbuch zur Geschichte der Deutschen Rechtswissenschaft 1949
Wolff Fritz, Corpus Evangelicorum und Corpus Catholicorum auf dem Westfälischen Friedenskongreß. Die Einfügung der konfessionellen Ständeverbindungen in die Reichsverfassung, 1966
Wolzendorf Kurt, Staatsrecht und Naturrecht in der Lehre vom Widerstandsrecht des Volkes, 1916
Würtenberger Thomas, Die Legitimität staatlicher Herrschaft, 1973

Zeeden Ernst Walter, Hegemonialkriege und Glaubenskämpfe, 1975
Zeman Z. A. B. , Der Zusammenbruch des Habsburgerreiches 1914–1918, 1963
Zenker Ernst V., Kirche und Staat unter besonderer Berücksichtigung der Verhältnisse in Österreich, 1909
Zenker Ernst Victor, Die Wiener Revolution 1848, 1897
Zentner Christian, Heim ins Reich. Der Anschluß Österreichs 1938, 1988
Zeumer Karl (Hg.), Quellensammlung zur Geschichte der dt. Reichsverfassung in MA und Neuzeit[2], 1913
Zeumer Karl, Die deutschen Städtesteuern, insbesondere die städtischen Reichssteuern im 12./13. Jh., 1878
Zeumer Karl, Heiliges römisches Reich deutscher Nation. Eine Studie über den Reichstitel, 1910
Zibermayr Ignaz, Noricum, Baiern und Österreich, 1956
Zippelius Reinhold, Geschichte der Staatsideen[4], 1980
Zogler Ivan, Der staatsrechtliche Ausgleich zwischen Österreich und Ungarn, 1911
Zöllner Erich (Hg.), Österreich im Zeitalter das aufgeklärten Absolutismus, 1983
Zöllner Erich (Hg.), Revolutionäre Bewegungen in Österreich, 1981
Zöllner Erich (Hg.), Wellen der Verfolgung in der österreichischen Geschichte, 1986
Zöllner Erich, Das babenbergische Österreich, 1978
Zöllner Erich, Der Österreichbegriff, 1988
Zöllner Erich, Geschichte Österreichs. Von den Anfängen bis zur Gegenwart[7], 1984
Zsáky Eva-Marie, Der Weg zu Freiheit und Neutralität. Dokumentation zur österreichischen Außenpolitik 1945–1955, 1980
Zwiedineck-Südenhorst Hans, Deutsche Geschichte, 1905

Stichwortverzeichnis